政府会计制度权威培训用书

U0836537

政府会计制度解读与操作实务指南

张庆龙　王　彦　主编

中国财经出版传媒集团
中国财政经济出版社

图书在版编目（CIP）数据

政府会计制度解读与操作实务指南/张庆龙，王彦主编．—北京：中国财政经济出版社，2018.9

政府会计制度权威培训用书

ISBN 978－7－5095－8508－5

Ⅰ.①政…　Ⅱ.①张…②王…　Ⅲ.①单位预算会计－会计制度－中国－指南　Ⅳ.①F810.6－62

中国版本图书馆CIP数据核字（2018）第209206号

责任编辑：尉　敏　　　　责任校对：杨瑞琦

封面设计：孙俪铭　　　　版式设计：录文通

中国财政经济出版社出版

URL：http：//www.cfeph.cn

E－mail：cfeph@cfeph.cn

社址：北京市海淀区阜成路甲28号　邮政编码：100142

营销中心电话：010－88191537

北京中兴印刷有限公司印刷　各地新华书店经销

710×1000毫米　16开　37.5印张　646 000字

2018年9月第1版　2019年12月北京第5次印刷

定价：120.00元

ISBN 978－7－5095－8508－5

（图书出现印装问题，本社负责调换）

本社质量投诉电话：010－88190744

打击盗版举报热线：010－88191661　QQ：2242791300

前　言

党的十九大报告明确提出，要加快建立现代财政制度，建立权责清晰、财力协调、区域均衡的中央和地方财政关系。建立全面规范透明、标准科学、约束有力的预算制度，全面实施绩效管理。政府会计是财政管理的重要基础，建立现代财政制度，必须加快推进政府会计改革，构建统一、科学、规范的政府会计标准体系，适度分离政府财务会计与预算会计、政府财务报告与决算报告功能，全面、清晰地反映政府财务信息和预算执行信息，为开展政府信用评级、加强资产负债管理、改进政府绩效监督考核、防范财政风险等提供支持，更好地发挥财政在国家治理中的基础和重要支柱作用。

2015年以来，财政部积极推进政府会计标准体系建设工作，制定发布了《政府会计准则——基本准则》，存货、投资、固定资产、无形资产、公共基础设施、政府储备物资共6项具体准则和《政府会计制度——行政事业单位会计科目和报表》（以下简称《制度》）。它们是服务于我国全面深化财税体制改革的重要基础，也是建立统一、科学、规范的政府会计标准体系的重要内容，在我国政府会计发展进程中具有划时代的里程碑意义。

《制度》有机统一了现行政府单位各项会计制度，有利于系统、完整地规范各部门、各单位的会计核算，提高政府会计信息的准确性、全面性、相关性、可比性和及时性，从而全面提升政府会计信息质量。与此同时，《制度》在财务会计核算中引入权责发生制基础，全面反映政府资产负债、收入费用、运行成本、现金流量等信息，并通过建立预算执行与财务结果的对应关系，客观反映支出结果和政策目标的实现程度，为构建科学的政府绩效评价体系、全面实施绩效管理奠定了基础，有利于进一步规范政府行为、提高政府决策能力，促进国家治理体系和治理能力的现代化。

《制度》构建了“财务会计和预算会计适度分离并相互衔接”的会计核算模式。所谓“适度分离”，是指适度分离政府预算会计和财务会计功能，决算报告和财务报告功能，全面反映政府会计主体的预算执行信息和财务信息。主要体现在以下几个方面：一是“双功能”，在同一会计核算系统中实现财务会计和预算会计双重功能，通过资产、负债、净资产、收入、费用五个要素进行财务会计核算，通过预算收入、预算支出和预算结余三个要素进行预算会计核算；二是“双基础”，财务会计采用权责发生制，预算会计采用收付实现制；三是“双报告”，通过财务会计核算形成财务报告，通过预算会计核算形成决算报告。所谓“相互衔接”，是指在同一会计核算系统中政府预算会计要素和相关财务会计要素相互协调，决算报告和财务报告相互补充，共同反映政府会计主体的预算执行信息和财务信息。主要体现在：一是对纳入部门预算管理的现金收支进行“平行记账”。对于纳入部门预算管理的现金收支业务，在进行财务会计核算的同时也应当进行预算会计核算。对于其他业务，仅需要进行财务会计核算。二是财务报表与预算会计报表之间存在勾稽关系。通过编制“本期预算结余与本期盈余差异调节表”并在附注中进行披露，反映单位财务会计和预算会计因核算基础和核算范围不同所产生的本年盈余数（即本期收入与费用之间的差额）与本年预算结余数（本年预算收入与预算支出的差额）之间的差异，从而揭示财务会计和预算会计的内在联系。这种会计核算模式兼顾了现行部门决算报告制度的需要，又能满足部门编制权责发生制财务报告的要求，对于规范政府会计行为，夯实政府会计主体预算和财务管理基础，强化政府绩效管理具有深远的影响。

政府会计制度将自2019年1月1日起在我国各级各类行政事业单位全面实施。从现实情况来看，大多数行政事业单位针对该项实施工作采取了具体措施，但仍然有很多单位财务人员对此项工作感到迷茫，尤其是新旧会计制度的衔接工作与政府会计信息化问题。更为重要的是，政府会计的改革不是简单的会计核算规则发生了变化，还会对单位负责人的管理意识形成冲击，倒逼一个单位整体治理水平的提升。未来，管理会计如何在行政事业单位管理中运用、人工智能技术如何与政府会计改革相互结合、行政事业单位是否适合开展财务共享服务中心建设等问题，都将成为摆在行政事业单位财务人员面前的现实问题，政府会计改革任重而道远。

为了更好地服务于政府会计制度改革，帮助广大行政事业单位财务人员更好地理解政府会计制度改革的相关内容，做好相关实施工作。本书编写组针对政府会计制度培训中的相关热点问题，系统梳理了政府会计制度体系的内容，整合了曾经参与财政部政府会计准则制度研究制定工作的咨询专家资源，与用友政务、天大天财等软件公司联合共同出版了《政府会计制度解读与操作实务指南》一书。本书的编写结合了最新的政府会计准则制度的内容，具有内容新颖、操作性强的特点。本书由北京国家会计学院张庆龙教授与中国人民大学王彦副教授共同担任主编，由北京国家会计学院张庆龙教授负责大纲拟订、总纂、定稿及第一、二、三章执笔工作。其他章节具体分工如下：中国人民大学王彦、王建英副教授负责第四、五、六章撰写工作，首都经贸大学王国生教授负责第七章撰写工作，山西省财政税务专科学校赵爱萍老师负责第八、十一章撰写工作，中国人民大学财务处武雷副处长负责第九、十、十三章的撰写工作，北京国家会计学院杨辉副教授负责第十二章撰写工作，用友政务负责第十四章撰写工作，天大天财段宏勇总经理负责附录撰写工作。

在这里，特别感谢财政部会计司相关领导给予本书的指导和部分资料的提供。本书力求完善，但由于时间仓促、水平有限，难免出现不足之处，敬请各位读者批评指正！

本书编写组

2018 年 9 月

目　　录

第一章

政府会计改革概述

第一节　政府会计改革的背景和意义

政府会计是会计体系的重要分支，它是运用会计专门方法对政府及其组成主体（包括政府所属的行政事业单位等）的资产负债、运行情况、现金流量、预算执行等情况进行全面核算、监督和报告的会计信息系统。长期以来，我国政府领域实施的主要是以收付实现制为基础的预算会计，并不是真正意义上的政府会计。

一、政府预算会计制度体系的现状及特点

我国现行政府预算会计制度体系基本形成于1998年，主要由财政总预算会计、行政单位会计和事业单位会计构成，其中，事业单位会计包括事业单位会计准则、事业单位会计制度以及医院、高等学校、中小学校、科学事业单位、测绘事业单位、地质勘查单位、国有林场与苗圃等若干行业事业单位会计制度。此外，现行预算会计制度体系还包括参与预算执行的国库会计、税收征解会计，以及国有建设单位会计、社会保险基金会计、政府性基金（资金）会计和若干会计核算补充规定等。随着公共财政体制的建立和完善，为了适应财政改革的需要，财政部于2010年率先从医疗卫生行业入手，修订发布了《基层医疗卫生机构会计制度》、《医院会计制度》；2012年，为配合事业单位财务管理改革的需要，适时修订发布了《事业单位会计准则》、《事

业单位会计制度》；在此基础上，又于2013年修订发布了《行政单位会计制度》、《高等学校会计制度》《中小学校会计制度》、《科学事业单位会计制度》，制定发布了《彩票机构会计制度》。

二、政府预算会计制度体系的缺陷

我国现行政府预算会计制度体系是适应财政预算管理的要求建立和逐步发展起来的，为财政资金的运行管理和宏观经济决策发挥了重要的基础性作用。然而，随着我国政府职能转变和公共财政体制的建立和完善，现行政府预算会计制度的缺陷逐渐显现，难以适应新形势的需要，主要表现为：

第一，不能如实反映政府“家底”，不利于加强资产负债管理，防范和降低财政风险。收付实现制基础以及较窄的核算内容，导致现行预算会计制度不能够将政府各项业务活动所形成的财政资源和财政责任都纳入会计核算、监督和报告范围，如实反映政府“家底”。例如，传统的总预算会计制度中，将所有对外权益性投资作为预算支出处理，没有进行投资资产的核算；对于政府投资的公共基础设施、保障性住房等项目，并未纳入行政事业单位会计账簿核算，最终未能在政府资产负债表中反映；对于许多已经发生的、需要在以后期间支付的现时义务并没有被确认为政府负债。

第二，不能客观反映政府公共管理成本，不利于科学地评价各个政府会计主体及各届政府的运营绩效和受托责任的履行情况。在现行预算会计体系下，每一会计期间的收入支出表是以收付实现制为基础来列报每期收入和支出的，因此，每期所列报的收入与当期实际实现的收入往往有一定差距。而每期所列报的支出与当前实际发生的费用也相差甚远，例如，本期发生的购建固定资产等资本性支出，因使多个期间受益按照权责发生制原则应均衡分配为各期间的费用，但收付实现制下将其全部列报为当期支出；本期产生资源耗费发生支付责任但本期没有实际支付的支出，权责发生制下应归属于本期的费用，但收付实现制下并不将其列报为当期支出。这些造成了主体基于实际资源耗费的成本水平得不到客观反映。由于缺乏公共产品的成本核算，收入与支出的比较既不能反映政府或者行政事业单位的成本控制情况和投入产出情况，也不能反映政府或者行政事业单位实际的运营绩效和效率；收入减去支出后的结余既不能反映政府真正可动用的资源，也不能反映政府财政的可持续情况。

第三，会计核算标准不统一，难以完整反映政府整体财务信息和预算执行信息。现行预算会计体系构成复杂，涉及的制度、办法、规定种类繁多、条块分割、口径各异，相互之间核算标准不统一，缺乏有机内在衔接，不能全面、准确、及时地核算反映政府性资金和资源的整体运行状况，也难以对政府性资金和资产使用的全过程进行有效监督，一定程度上造成政府性资金和资源使用中行为不规范、效益不高等问题。另一方面，各预算会计制度之间相互分割的现状也造成难以形成有关各级政府整体资产负债、运营业绩、预算收支执行等情况的综合财务报告和披露制度。

三、政府会计改革的必要性和紧迫性

近年来，全国人大、理论界和实务界专家等纷纷呼吁，要求加快推进政府会计改革，建立能够真实反映政府资产负债等“家底”、成本费用等绩效及预算执行情况的政府会计体系。2006 年，我国《国民经济和社会发展“十一五”规划纲要》提出，要“推进政府会计改革”；2011 年，“十二五”规划纲要再次提出，要“进一步推进政府会计改革，逐步建立政府财务报告制度”；2013 年，中共中央、国务院印发的《党政机关厉行节约反对浪费条例》也明确要求，“推进政府会计改革，进一步健全会计制度，准确核算机关运行经费，全面反映行政成本”。党的十八届三中全会通过的《中共中央关于全面深化改革若干重大问题的决定》提出了“建立权责发生制的政府综合财务报告制度”的重要战略部署，新修订的《预算法》对各级政府提出按年度编制以权责发生制为基础的政府综合财务报告的新要求，《国务院关于加强地方政府性债务管理的意见》（国发〔2014〕43 号）、《国务院关于深化预算管理制度改革的决定》（国发〔2014〕45 号）均明确提出要建立权责发生制政府综合财务报告制度。权责发生制政府综合财务报告制度改革是基于政府会计规则的重大改革，上述法规政策要求充分体现了新时期政府会计改革的必要性和紧迫性，也体现了政府会计改革在加强公共资金管理，推进国家治理体系和治理能力现代化中的重要作用。

四、政府会计改革的重要意义

财政是国家治理的基础和重要支柱，政府会计是财政工作的重要组成部分。党的十八届三中全会做出了全面深化改革的重大决策部署，提出了深化财税体制改革、建立现代财政制度的明确要求。推进政府会计改革是深化财税体制改革、建立现代财政制度的一项重要内容。全面推进政府会计改革，对于建立现代财政制度、建设法治政府、提升国家治理体系和治理能力的现代化都有重要意义。

（一）推进政府会计改革，是建立现代财政制度的迫切需要

财政是国家治理的基础和重要支柱。政府会计是财政管理的一项重要基础工作。通过政府会计改革，在政府领域引入权责发生制理念，在权责发生制下，对资产、负债等会计要素的概念、信息质量特征，都做出了重新界定、提出新的要求，从而保证政府资产、负债等信息得以如实记录、完整反映，有利于全面反映政府财务状况、财政能力和财政责任，有利于进一步加强政府的资产管理和债务风险控制，有利于健全预算管理基础，对于建立全面规范、公开透明的现代预算制度，促进财政可持续发展，具有重要的基础性作用。

（二）推进政府会计改革，是建设法治政府的内在要求

通过政府会计改革，在政府综合财务报告中引入成本、绩效等先进理念，能够合理归集、反映政府的运行费用和履职成本，科学评价政府、部门、单位等耗费公共资源、成本边际等情况，有利于建立并有效实施预算绩效评价制度，有利于合理界定中央与地方政府间的财政关系，有利于科学评价政府履行责任情况和更好接受公众监督，从而为政府依法理财、依法履行职责奠定基础。

（三）推进政府会计改革，是提升国家治理体系和治理能力现代化的重要基础

通过政府会计改革，建立健全政府财务报告体系、政府财务报告审计和公开机制，能够全面、清晰地反映政府预算执行信息和财务状况，满足权力机关、社会公众等对政府财政财务信息全面性、准确性和及时性的需求，并为制定财政中长期规划、国民经济和社会发展中长期规划和国家相关宏观政策提供依据，从而有利于改进和加强财政管理，进一步规范政府行为和提高政府决策能力，促进国家治理体系和治理能力的现代化。

第二节　政府会计改革的国际趋势和经验借鉴

一、政府会计改革的国际趋势

20世纪80年代以来，在新公共管理运动的推动下，澳大利亚、新西兰、英国、加拿大、美国、法国等西方国家都进行了政府会计改革。改革的基本趋势是在政府会计中逐步引入权责发生制基础。这项改革是在当时世界经济一体化和国际竞争日趋激烈，一些国家财政赤字和债务规模不断扩大，收支矛盾日益突出的背景下兴起的。

欧洲主权债务危机爆发以来，如何通过会计核算和财务报告反映政府财政风险、增强政府财政可持续性和透明度等问题在国际上受到前所未有的关注。以预算收支为核算与披露对象的预算会计系统无法披露政府资产、负债与运行成本信息，难以实现政府财务风险的防范目标。面对主权债务危机的影响，各国需尽快建立或完善以权责发生制为基础，以政府财务状况与运行业绩等信息为披露对象的政府会计系统。在上述背景下，国际会计师联合会（IFAC）积极行动，多次致信二十国集团（G20）会议，倡议各国政府推动权责发生制会计改革，建立先进的政府会计准则，提高政府财务信息质量和透明度以及政府财务管理水平。IFAC在2010年6月向G20峰会发出的建议书中指出“所有国家的纳税人、投资者和公民都有权获得有关本国政府的精确和完整的财务信息。他们应该要求本国政府提供全面的财政业绩和财务状况的情况，包括基于权责发生制的盈余或亏损计算方法，以及债务、其他负债、或有负债和担保、未来支出和支撑财力的详细信息。”该建议书还进一步指出，“当前世界上几大互相联系的经济体所采用的收付实现制会计缺乏透明度和受托责任的履行，无法计算评估财政政策和财政可持续性所必需的资产和债务，政府应改用已经要求所有国家上市公司采用的权责发生制会计。这样可更好地说明政府全部债务的状况，极大提高财务管理的质量，为所有利益相关方提供更好的信息。”该建议书传递出两方面的信息：一方面，就政府会计核算而言，权责发生制基础要显著优于收付实现制基础，前者有利于防范政府财务风险，便于纳税人、选民、立法机构代表、监督机构、投资者及债权人评价政府绩效；另一方面，政府会计改革已是大势所趋。随着国际经济一体化进程的不断深化，各国政府参与国际经济事务的程度也逐步加深，会计作为一种通用的国际商务语言，在反映政府资产、负债与成本信息方面应发挥出应有的优势。政府会计在技术层面上的国际趋同有利于各国政府财务状况、运行业绩等信息的横向比较与分析。

目前，一半以上的经济合作与发展组织（OECD）成员国都不同程度地实施了权责发生制政府会计；有20多个国家或地区不同程度地采用或参照基于权责发生制的国际公共部门会计准则（IPSASs），实施本国政府会计改革。改革的实践证明，推进政府会计改革，对于这些国家强化政府的公众受托责任、提高政府公共支出管理水平、增强政府财政透明度、合理评价政府绩效、防范财政风险、增强财政可持续性等都起到了重要作用。

二、政府会计改革的国际经验

国外政府会计改革的主要做法和经验如下：

（一）明确政府会计改革目标，注重改革的顶层设计与路径选择

政府财务报告是政府会计信息的载体，也是披露政府会计综合信息的一种规范化方式。各国政府会计改革始终是围绕政府财务报告这一核心进行的，以全面反映政府的公共受托责任。在政府会计改革顶层设计中，需要界定政府财务报告的使用者和政府财务报告目标，设计规范的政府财务报告编制准则，明确政府财务报告主体，并正确设定政府会计的核算范围，规定政府财务报告的主要内容，同时还需要建立与之配套的审计制度，以保证政府财务报告信息的可靠性。

（二）制定一整套以权责发生制为基础的政府会计准则体系

政府会计准则体系包括概念框架和若干具体准则，全面规范政府各项经济业务和事项的确认、计量和报告行为，并推进该套准则在政府及其所有组成主体的实施。政府会计准则通常由各国会计准则制定机构制定。以美国为例，无论是联邦层面的准则制定机构——联邦会计准则咨询委员会（FASAB），还是州与地方层面的准则制定机构——政府会计准则委员会（GASB），都已制定了较为完善全面的政府会计与报告准则。这些准则基本建立在权责发生制基础上，主要关注资产（如不动产等）、负债（如政府贷款、政府雇员

养老金计划等）、收入（如税收收入等）、费用（如政府资产的折旧等）等政府财务状况与运行绩效等信息。

（三）结合本国国情制定政府会计准则，不全盘照搬国际公共部门政府会计准则

一国的政治体制和经济体制决定了该国的政府会计准则必须贴合该国国情。在制定政府会计准则的过程中，可以积极借鉴国际准则或企业准则，但从各国的成功经验来看，基于本国国情和需要制定政府会计准则是通行做法。例如，即使是采取权责发生制的澳大利亚，对政府会计准则的国际趋同虽然持积极态度，但也不是全盘照搬，而是紧密结合本国国情，在保留本国特色的基础上建立国际会计趋同准则。

（四）权责发生制政府会计改革需要理念的突破和认识的提升

政府会计改革面临的最大阻力在于思想认识不统一，许多政府部门财务人员对于采用收付实现制还是权责发生制核算方式存在异议。政府会计改革不只是一个会计技术变革问题，更多地关系到政府管理理念的转变和政治决策。改革初期，各国政府都十分重视转变改革决策者、政府财务与预算管理人员、公共部门审计人员的理念，使他们认识到权责发生制会计能提供更完整、准确的信息，从而能更正确地衡量公共部门业绩，将他们的管理理念从重视对公共部门的预算投入转变到重视公共部门的产出上来。

（五）强调向权责发生制转变的同时，还需关注收付实现制提供的预算信息

各国的政府会计改革大都以在权责发生制会计核算基础上生成权责发生制的政府综合财务报告为主要目标。但是，政府会计核算实行权责发生制后，资产、负债、收入、费用等的会计处理将包含需按权责发生制进行核算但不导致现金流入、流出的业务，无法直观反映各部门现金流入、流出的实际情况，而现金流量是财政现金管理的重要依据。因此，不少国家政府会计系统仍然采用收付实现制预算会计系统和权责发生制财务会计系统并行的模式。政府及其组成部门在实际工作中对发生的经济业务或事项，分别按照收付实现制和权责发生制在两个系统中进行记录。两个会计系统相互独立，在作用上相互补充，一方面继续发挥收付实现制会计核算的优点，另一方面提高政府资产管理水平和资金运营业绩。

（六）政府会计改革需要强大的会计信息系统的支持

与收付实现制相比，权责发生制政府会计涉及大量操作技术要求较高的业务处理，对信息技术系统建设的要求较高。政府会计改革是一个庞大的系统工程，仅政府年度综合财务报告的编制，就需要在获得政府各部门财务数据的基础上，通过大量数据调整、合并等技术处理才能完成。要确保政府会计改革的顺利推行，信息系统的强大支撑是必需的。

（七）政府会计改革中需要建立相应的人员培训机制

政府会计从收付实现制向权责发生制的转变，对政府会计人员的业务水平提出了更高要求，政府需对相关会计人员提供培训以满足权责发生制政府会计核算的专业需求。从各国政府会计改革成功的经验来看，为确保改革顺利推进，至少需要实施庞大的培训计划，对从业人员进行系统性的培训，或者引入行业协会资格评价，以便对政府会计人员进行管理。

（八）政府会计改革需要有力的法律保障和政策支持

政府会计改革作为一项牵涉范围广、影响力大、技术问题复杂的系统工程，必须得到有力的法律保障和政策支持。全面实施政府会计改革需要坚实的法律基础，以为政府施行权责发生制会计提供法律依据。在政府会计改革组织实施过程中，还需要成立以财政部门牵头，各部委都参与的部际协调委员会，着力推动政府会计改革。

第三节　权责发生制政府综合财务报告制度改革方案

为了将党的十八届三中全会关于“建立权责发生制的政府综合财务报告制度”的战略部署、新预算法关于“各级政府财政部门应当按年度编制以权责发生制为基础的政府综合财务报告”的规定以及国务院有关文件要求落到实处，财政部起草了《权责发生制政府综合财务报告制度改革方案》（以下简称《改革方案》），于2014年12月12日由国务院以“国发［2014］63号文”批转发布。《改革方案》是规划指导新时期政府会计改革顶层设计的纲领性文件，在我国政府会计改革历程中具有重要的里程碑意义。

一、关于改革的指导思想、总体目标和基本原则

（一）指导思想

认真贯彻落实党的十八届二中、三中、四中全会精神，高举中国特色社会主义伟大旗帜，以邓小平理论、“三个代表”重要思想、科学发展观为指导，按照党中央、国务院决策部署，加快推进政府会计改革，逐步建立以权责发生制政府会计核算为基础，以编制和报告政府资产负债表、收入费用表等报表为核心的权责发生制政府综合财务报告制度，提升政府财务管理水平，促进政府会计信息公开，推进国家治理体系和治理能力现代化。

（二）总体目标

权责发生制政府综合财务报告制度改革是基于政府会计规则的重大改革，总体目标是通过构建统一、科学、规范的政府会计准则体系，建立健全政府财务报告编制办法，适度分离政府财务会计与预算会计、政府财务报告与决算报告功能，全面、清晰地反映政府财务信息和预算执行信息，为开展政府信用评级、加强资产负债管理、改进政府绩效监督考核、防范财政风险等提供支持，促进政府财务管理水平提高和财政经济可持续发展。

（三）基本原则

1. 立足中国国情，借鉴国际经验

在充分考虑我国政府财政财务管理特点的基础上，积极借鉴我国企业会计改革的成功做法，吸收国际公共部门会计准则、有关国家政府财务报告制度改革的有益经验，构建具有中国特色的政府综合财务报告制度。

2. 坚持继承发展，注重改革创新

积极吸收近年来完善现行政府会计制度、行政事业单位会计改革以及政府综合财务报告试编中取得的经验，注重制度创新，强化信息技术支撑，准确反映政府资产负债状况和运行成本，促进政府规范管理和有效监督。

3. 坚持公开透明，便于社会监督

按照政府信息公开要求，规范公开内容和程序，促进公开常态化、规范化和法制化，满足各有关方面对政府财务状况信息的需求，进一步增强政府透明度。

4. 做好总体规划，稳妥有序推进

科学合理设计改革总体框架和目标，指导改革有序推进。充分考虑改革的复杂性和艰巨性，先行试点，由易到难，分步实施，积极稳妥地推进改革。

二、关于改革的主要任务

《改革方案》提出，改革的任务主要包括四个方面。

一是建立健全政府会计核算体系。推进财务会计与预算会计适度分离并相互衔接，在完善预算会计功能的基础上，增强政府财务会计功能，夯实政府财务报告核算基础，为中长期财政发展、宏观调控和政府信用评级服务。

二是建立健全政府财务报告体系。政府财务报告主要包括政府部门财务报告和政府综合财务报告。政府部门编制部门财务报告，反映本部门的财务状况和运行情况；财政部门编制政府综合财务报告，反映政府整体的财务状况、运行情况和财政中长期可持续性。

三是建立健全政府财务报告审计和公开机制。政府综合财务报告和部门财务报告按规定接受审计。审计后的政府综合财务报告与审计报告依法报本级人民代表大会常务委员会备案，并按规定向社会公开。

四是建立健全政府财务报告分析应用体系。以政府财务报告反映的信息为基础，采用科学方法，系统分析政府的财务状况、运行成本和财政中长期可持续发展水平。充分利用政府财务报告反映的信息，识别和管理财政风险，更好地加强政府预算、资产和绩效管理，并将政府财务状况作为评价政府受托责任履行情况的重要指标。

这四项改革任务相辅相成。建立健全政府会计核算体系是前提和基础，在会计核算环节引入权责发生制，完善政府财务会计功能，为政府财务报告编制提供坚实的数据支撑；建立健全政府财务报告体系是关键，各级政府和部门需要编制资产负债表、收入费用表等财务报表，分别反映一级政府整体财务状况及各部门的财务状况；建立健全政府财务报告审计和公开机制是保障，政府综合财务报告和部门财务报告编制后，都要按规定接受审计，审计后的政府综合财务报告与审计报告依法报本级人民代表大会常务委员会备案，并按规定向社会公开，以保证财务信息的真实可靠、公开透明；加强政府财务报告分析应用是目的，以政府财务报告反映的信息为基础，系统分析政府的财务状况、运行成本和财政中长期可持续发展水平，促进政府预算、资产、负债和绩效管理加强，尤其是为地方政府发债提供一套可靠的信用评级依据，有利于地方债市场的持续健康发展。

三、关于改革的具体内容

（一）建立政府会计准则体系和政府财务报告制度框架体系

1. 政府会计基本准则和具体准则及应用指南

基本准则用于规范政府会计目标、政府会计主体、政府会计信息质量要求、政府会计核算基础，以及政府会计要素定义、确认和计量原则、列报要求等原则事项。基本准则指导具体准则的制定，并为政府会计实务问题提供处理原则。具体准则依据基本准则制定，用于规范政府发生的经济业务或事项的会计处理，详细规定经济业务或事项引起的会计要素变动的确认、计量、记录和报告。应用指南是对具体准则的实际应用作出的操作性规定。

2. 健全完善政府会计制度

政府会计科目设置要实现预算会计和财务会计双重功能。预算会计科目应准确完整反映政府预算收入、预算支出和预算结余等预算执行信息，财务会计科目应全面准确反映政府的资产、负债、净资产、收入、费用等财务信息。条件成熟时，推行政府成本会计，规定政府运行成本归集和分摊方法等，反映政府向社会提供公共服务支出和机关运行成本等财务信息。

3. 制定政府财务报告编制办法和操作指南

政府财务报告编制办法应当对政府财务报告的主要内容、编制要求、报送流程、数据质量审查、职责分工等作出规定。政府财务报告编制操作指南应当对政府财务报告编制和财务信息分析的具体方法等作出规定。

4. 建立健全政府财务报告审计和公开制度

政府财务报告审计制度应当对审计的主体、对象、内容、权限、程序、法律责任等作出规定。政府财务报告公开制度应当对政府财务报告公开的主体、对象、内容、形式、程序、时间要求、法律责任等作出规定。

（二）编报政府部门财务报告

1. 清查核实资产负债

各部门、各单位要按照统一要求有计划、有步骤地清查核实固定资产、无形资产以及代表政府管理的储备物资、公共基础设施、企业国有资产、应收税款等资产，按规定界定产权归属、开展价值评估；分类清查核实部门负债情况。清查核实后的资产负债统一按规定进行核算和反映。

2. 编制政府部门财务报告

各单位应在政府会计准则体系和政府财务报告制度框架体系内，按时编制以资产负债表、收入费用表等财务报表为主要内容的财务报告。各部门应合并本部门所属单位的财务报表，编制部门财务报告。

3. 开展政府部门财务报告审计

部门财务报告应保证报告信息的真实性、完整性及合规性，接受审计。

4. 报送并公开政府部门财务报告

部门财务报告及其审计报告应报送本级政府财政部门，并按规定向社会公开。

5. 加强部门财务分析

各部门应充分利用财务报告反映的信息，加强对资产状况、债务风险、成本费用、预算执行情况的分析，促进预算管理、资产负债管理和绩效管理有机衔接。

（三）编报政府综合财务报告

1. 清查核实财政直接管理的资产负债

财政部门要清查核实代表政府持有的相关国际组织和企业的出资人权益；代表政府发行的国债、地方政府债券，举借的国际金融组织和外国政府贷款、其他政府债务以及或有债务。清查核实后的资产负债统一按规定进行核算和反映。

2. 编制政府综合财务报告

各级政府财政部门应合并各部门和其他纳入合并范围主体的财务报表，编制以资产负债表、收入费用表等财务报表为主要内容的本级政府综合财务报告。县级以上政府财政部门要合并汇总本级政府综合财务报告和下级政府综合财务报告，编制本行政区政府综合财务报告。

3. 开展政府综合财务报告审计

政府综合财务报告应保证报告信息的真实性、完整性及合规性，接受审计。

4. 报送并公开政府综合财务报告

政府综合财务报告及其审计报告，应依法报送本级人民代表大会常务委员会备案，并按规定向社会公开。

5. 应用政府综合财务报告信息

政府综合财务报告中的相关信息可作为考核地方政府绩效、分析政府财务状况、开展地方政府信用评级、编制全国和地方资产负债表以及制定财政中长期规划和其他相关规划的重要依据。

四、关于改革的配套措施

（一）推动修订相关法律法规

推动修订《中华人民共和国会计法》、《中华人民共和国预算法实施条例》等，为推进改革提供法律保障。

（二）修订完善相关财务制度

根据需要，进一步完善相关行政事业单位财务制度和《行政单位国有资产管理暂行办法》、《事业单位国有资产管理暂行办法》等，保证改革顺利实施。

（三）进一步完善决算报告制度

进一步完善决算报表体系，侧重反映预算收支执行情况，与政府财务报告有机衔接。

（四）优化政府财政管理信息系统

构建覆盖政府财政管理业务全流程的一体化信息系统，不断提高政府财政管理的效率和有效性。

（五）加强政府财务报告编报内部控制

按规定建立和实施行政事业单位内部控制机制，设置充足的财务会计管理岗位，加强政府财务报告编报内部控制，保证政府财务报告真实、完整、合规。

五、关于改革的时间表和路线路

建立权责发生制的政府综合财务报告制度涉及面广，技术性、政策性、敏感性较强，改革将按照先进行试点、由易到难的原则，分阶段、分步骤、分重点逐步推进。在政府会计规则尚未调整完善之前，在现行政府会计制度的基础上，暂按照权责发生制原则和相关报告标准，编制出反映一级政府整体财务状况的财务报告，为加强地方政府性债务管理、开展政府信用评级等提供信息支撑。与此同时，加快推进政府会计改革，建立审计、公开机制和分析应用体系，落实相关配套措施，力争在2020年前建立起具有中国特色的政府会计准则体系和权责发生制政府综合财务报告制度。2014～2015年，重点是建立健全政府会计准则体系和财务报告制度框架体系，清查核实政府资产负债信息，开展政府综合财务报告信息系统建设，为编制政府综合财务报告奠定制度、信息和技术基础。2016～2017年，在前期准备的基础上，开展政府综合财务报告编制试点。2018～2020年，在试点工作基础上，全面开展政府综合财务报告编制工作，建立健全政府财务报告分析应用体系，制定发布政府财务报告审计制度、公开制度等。

六、关于改革的组织保障

各地区、各部门要高度重视权责发生制政府综合财务报告制度改革工作，加强组织领导，明确任务分工和责任，抓好工作落实，确保改革顺利推进。财政部要抓紧制定政府会计准则、政府财务报告编制办法和操作指南等，修订完善相关财务会计制度，并指导地方财政部门做好组织实施工作；审计部门要按规定组织做好政府财务报告审计工作。各部门、各单位要做好部门财务报告编报工作，有关部门要充分利用政府财务报告信息，按照职能分工做好相关监督考核工作。

第二章

政府会计标准体系

第一节　政府会计标准体系的概述

一、政府会计标准体系的构建思路和原则

《改革方案》提出，在建立健全政府会计核算体系时，要推进政府财务会计与预算会计适度分离并相互衔接，在完善预算会计功能的基础上，增强政府财务会计功能。因此，政府会计标准体系建设，应当先构建政府会计的基本框架，在此基础上再逐步完善整个标准体系。在政府会计标准体系建设中，主要遵循以下原则：

一是立足国情、借鉴国际原则。在充分考虑我国政府财政财务管理特点的基础上，吸收我国企业会计准则改革的成功经验，适当借鉴国际公共部门会计准则的最新成果以及国外有关国家政府会计改革的先进经验和做法。

二是继承创新原则。充分吸收现行行政单位会计制度、事业单位会计准则制度和财政总预算会计制度中已被实践证明行之有效的内容，坚持理论和制度创新，强化财务会计功能，准确反映财务会计信息。同时，注重与预算管理等要求相衔接、相协调。

三是归并统一原则。从行政事业单位的通用或共性业务会计处理，以及单位财务报告信息和决算报告信息的可比性出发，归并统一现行行政单位、事业单位和各项行业事业单位会计制度。

四是充分协调原则。政府会计标准体系依据《会计法》、《预算法》等法律法规、规章制定，在严格贯彻《改革方案》要求、着力实现改革目标的前提下，力求与现行行政事业单位财务规则、财务制度、部门预决算制度、行政事业单位国有资产管理规定、基本建设财务规则等要求保持协调。

五是提升质量原则。从财务报告和决算报告的目标以及信息使用者的需要出发，全面提升会计信息质量。在会计核算内容和范围上着力提高会计信息的可靠性、全面性，在财务会计中全面引入权责发生制，着力提高会计信息的相关性，在会计科目设置、账务处理说明上力求内在一致，着力提高会计信息的可比性，在报表设计及填表说明、附注披露中着力提高会计信息的可理解性。

六是务实简化原则。考虑行政事业单位会计工作基础、会计人员接受程度和当前改革所处的阶段，以及核算系统中引入财务会计内容带来的复杂性，在会计确认和计量标准、会计科目设置、核算口径和方法、账务处理设计、报表设计和填制等方面，力求做到贴近实务、方便操作、简便易行。

七是科学立法原则。严格遵循部门规章和会计标准的制定程序，按照立法计划形成征求意见稿之后，广泛征求意见，并通过召开专家座谈会、立法论证会等形式听取专家意见，对意见比较集中的问题进行了反复论证和深入沟通，直到达成共识。

二、政府会计标准体系的组成、关系及适用范围

按照《改革方案》，我国的政府会计标准体系由政府会计准则体系和政府会计制度等组成。政府会计准则体系包括基本准则、具体准则及应用指南。政府会计准则和政府会计制度相互补充，共同规范政府会计主体的会计核算，保证会计信息质量。

（一）政府会计基本准则

政府会计基本准则用于规范政府会计目标、政府会计主体、政府会计信息质量要求、政府会计核算基础，以及政府会计要素定义、确认和计量原则、列报要求等原则事项。基本准则指导具体准则和制度的制定，并为政府会计实务问题提供处理原则。2015 年 10 月，财政部印发了《政府会计准则——基本准则》（以下简称《基本准则》）。

《基本准则》适用于各级政府、各部门、各单位。各级政府指各级政府财

政部门，具体负责财政总会计的核算。各部门、各单位是指与本级政府财政部门直接或者间接发生预算拨款关系的国家机关、军队、政党组织、社会团体、事业单位和其他单位。军队、已纳入企业财务管理体系的单位和执行《民间非营利组织会计制度》的社会团体，其会计核算不适用政府会计准则制度。

（二）政府会计具体准则及应用指南

政府会计具体准则依据《基本准则》制定，用于规范政府发生的经济业务或事项的会计处理原则，详细规定经济业务或事项引起的会计要素变动的确认、计量和报告。应用指南是对具体准则的实际应用作出的操作性规定。2016 年以来，财政部相继出台了存货、投资、固定资产、无形资产、公共基础设施、政府储备物资等政府会计具体准则和固定资产准则应用指南，2018 年上半年还印发了负债、会计调整等政府会计准则征求意见稿。

（三）政府会计制度

政府会计制度依据《基本准则》制定，主要规定政府会计科目及账务处理、报表体系及编制说明等。按照政府会计主体不同，政府会计制度主要由政府财政会计制度和政府单位会计制度组成。2015 年，财政部修订发布了《财政总预算会计制度》（财库〔2015〕192 号），本制度适用于中央，省、自治区、直辖市，设区的市、自治州，县、自治县、不设区的市、市辖区，乡、民族乡、镇等各级政府财政部门的总会计。2017 年 10 月 24 日，财政部印发的《政府会计制度——行政事业单位会计科目和报表》（财会〔2017〕25 号，以下简称《政府会计制度》），适用于各级各类行政单位和事业单位（不包括纳入企业财务管理体系执行企业会计准则和小企业会计准则的单位）。

行政事业单位应当根据政府会计准则规定的原则和《政府会计制度》的要求，对其发生的各项经济业务或事项进行会计核算。

第二节　政府会计基本准则概述

为了积极贯彻落实党的十八届三中全会精神，加快推进政府会计改革，构建统一、科学、规范的政府会计标准体系和权责发生制政府综合财务报告制度，2015 年 10 月 23 日，楼继伟部长签署财政部令第 78 号公布《基本准则》，自 2017 年 1 月 1 日起施行。

一、制定出台《基本准则》的重要意义

制定出台《基本准则》，是财政部积极贯彻落实党的十八届三中全会精神和《改革方案》的重要成果，是全面深化财税体制改革的重要举措，对于构建统一、科学、规范的政府会计准则体系具有重要的基础性作用，在我国政府会计改革进程中具有重要的里程碑意义。

（一）有利于规范政府会计核算，提高政府会计信息质量

《基本准则》继承了多年来我国行政事业单位和财政总预算会计改革的有益经验，吸收了当代政府会计理论研究的最新成果，反映了当前政府会计改革发展的内在需要，体现了国际公共部门会计概念框架的发展动态，从不同角度明确了政府会计标准体系中需要解决的基本问题、基本原则和方法，构建起了统一、科学、规范的政府会计概念体系，为整合现行政府预算会计制度体系，建立国家统一的政府会计标准体系奠定了基础，有利于规范各级政府、各部门、各单位的会计核算，提高政府会计信息的可靠性、全面性、相关性、可比性、及时性和可理解性。

（二）有利于夯实财政管理基础，建立现代财政制度

《基本准则》在完善现行政府预算会计功能的同时，强化政府财务会计功能，在政府会计核算中引入权责发生制原则，对资产、负债等会计要素的概念、信息质量特征，都做出了重新界定、提出了新的要求，从而保证政府资产、负债等信息得以如实记录、完整反映，有利于全面反映政府财务状况，有利于进一步加强政府的资产管理和控制债务风险，有利于健全预算管理基础，对于建立全面规范、公开透明的现代预算制度，促进财政可持续发展，具有重要的基础性作用。

（三）有利于准确反映政府运行成本，科学评价政府绩效

《基本准则》按照权责发生制原则规范了收入和费用要素，在政府财务报告中引入成本、绩效等先进理念，能够合理归集、反映政府的运行费用和履职成本，科学评价政府、部门、单位等耗费公共资源、成本边际等情况，有

利于建立并有效实施预算绩效评价制度，为科学开展考评政府绩效提供扎实有效的信息基础。

（四）有利于提升政府工作透明度，促进国家治理能力的现代化

《基本准则》确立了政府预算会计和财务会计适度分离又相互衔接的政府会计体系，要求政府会计主体同时提供决算报告和财务报告，能够全面、清晰反映政府预算执行信息和财务状况，显著提升财政透明度，满足权力机关、社会公众等对政府财政财务信息全面性、准确性和及时性的需求，从而有利于进一步规范政府行为和提高政府决策能力，促进国家治理能力的现代化。

二、《基本准则》的主要内容

《基本准则》共六章 62 条。

第一章为总则，规定了立法目的和制定依据、适用范围、政府会计体系与核算基础、基本准则定位、报告目标和使用者、会计基本假设和记账方法等。

第二章为政府会计信息质量要求，明确了政府会计信息应当满足的 7 个方面质量要求，即可靠性、全面性、相关性、及时性、可比性、可理解性和实质重于形式。

第三章为政府预算会计要素，规定了预算收入、预算支出和预算结余 3 个预算会计要素的定义、确认和计量标准，以及列示要求。

第四章为政府财务会计要素，规定了资产、负债、净资产、收入和费用 5 个财务会计要素的定义、确认标准、计量属性和列示要求。

第五章为政府决算报告和财务报告，规定了决算报告、财务报告和财务报表的定义、主要内容和构成。

第六章为附则，规定了相关基本概念的定义，明确了施行日期。

三、《基本准则》的重大制度理论创新

《基本准则》继承了多年来我国行政事业单位和财政总预算会计改革的有益经验，反映了当前政府会计改革发展的内在需要和发展方向，是政府会计领域的一次重要制度创新。从《基本准则》内容看，创新主要体现在以下几个方面：

（一）建立了统一的政府会计“概念框架”

在会计准则体系中，基本准则是“顶层设计”，重点在于明确基本原则和方法，构建会计语言的框架体系。针对当前政府会计领域标准、规范不一，制度、办法繁多，部门、行业差异较大的问题，《基本准则》从政府会计主体、会计目标、核算体系、核算基础、会计信息质量、会计要素的确认、计量和报告等不同角度，明确了政府会计准则体系中需要解决的基本问题、基本原则和方法，构建起了统一、科学、规范的政府会计概念体系，为建立国家统一的政府会计准则体系奠定了基础。从会计规则角度而言，《基本准则》为在政府会计具体准则和政府会计制度层面规范政府发生的经济业务或事项的会计处理提供了基本原则，保证了政府会计准则体系的内在一致性。从会计主体而言，《基本准则》适用于各级政府、各部门、各单位（以下称“政府会计主体”），有利于消除各级政府、部门、行业和单位执行不同会计规范所导致的信息差异，打破不同部门、行业的藩篱，各政府会计主体都以统一、规范的会计语言体系处理会计事务、参与政府治理，提高了政府会计信息的可比性。

（二）重构了政府会计核算模式

在系统总结分析传统预算会计体系利弊的基础上，结合我国政府会计的实际情况，《基本准则》明确提出建立政府预算会计和财务会计适度分离又相互衔接的政府会计核算模式，这是政府会计核算模式的重大创新。所谓“适度分离”，其主要体现在以下方面：第一，“双体系”，突破了长期以来政府会计的单一预算会计体系，首次提出政府会计由预算会计和财务会计构成。政府预算管理主要依赖预算会计，其中包括预算收入、预算支出、预算结余三个会计要素，财务管理主要依赖财务会计，其中包括资产、负债、净资产、收入、费用5个会计要素，这样在完善预算会计功能的基础上，强化财务会计功能，更加完整地反映政府会计信息。第二，“双基础”，明确提出财务会计实行权责发生制，预算会计一般实行收付实现制，国务院另有规定的从其规定。这是兼顾了当前实际情况和长远改革方向的制度安排，使得政府会计核算既能反映预算收支等流量信息，又能反映资产、负债等存量信息。第三，“双报告”，要求政府会计主体应当同时编制决算报告和财务报告，并且明确了两种报告的内容和信息使用者范围。所谓“相互衔接”，是指政府预算会计要素和财务会计要素相互协调，决算报告和财务报告相互补充，共同反映政府会计主体的预算执行信息和财务信息。通过这种适度分离又相互衔接的政府会计核算模式，使公共资金管理中的预算管理、财务管理和绩效管理相互联结、融合，全面提高管理水平和资金使用效率，对于规范政府会计行为、夯实政府会计主体预算和财务管理基础、强化政府绩效管理具有深远的影响。

（三）全面引入了权责发生制会计核算原则

党的十八届三中全会《中共中央关于全面深化改革若干重大问题的决定》提出了“建立权责发生制的政府综合财务报告制度”的重要部署，为我国政府会计改革明确了方向。纵观世界各国政府会计改革的基本经验，无一不是在会计核算中逐步引入权责发生制的核算原则。《基本准则》在政府财务会计核算中全面引入了权责发生制会计核算原则，首次提出了收入、费用两个会计要素，科学界定了各个会计要素的定义、确认和计量标准，构建了全面、系统的政府财务报告体系，对于规范权责发生制政府财务报告的内容、口径和信息质量等起到重要的导向作用，为最终建立权责发生制的政府综合财务报告制度奠定可靠基础。当然，考虑到目前预算管理的实际需要，在预算会计中仍然采用收付实现制原则，有利于准确核算预算收支信息，加强预算管理和监督。

（四）充分体现了政府预算管理改革的要求

政府会计是政府预算管理制度的重要组成部分。《基本准则》主要依据《会计法》、《预算法》制定，在诸多方面体现了新《预算法》及相关财政预算管理制度改革的最新要求。在准则实施范围上，与《预算法》的口径保持一致，主要适用于各级政府、各部门和各单位，有利于政府预算、核算和决算的一致性；在界定政府预算收入和预算支出时，体现了新《预算法》中“政府所有收入和支出全部纳入预算”的规定，保证了预算收支信息的全面性和完整性；在界定政府资产时，与财政预算管理和资产管理的要求保持协调，强调了政府资产是政府会计主体控制的、能带来服务潜能的资源，为把公共基础设施、政府储备物资、文物文化资产、保障性住房和自然资源等资产纳入政府资产负债表奠定了基础；在界定政府负债时，充分体现了新《预算法》和最新的政府债务管理的要求，明确将应付政府债券和政府依法担保形成的债务纳入政府负债核算范围。《基本准则》从会计语言的角度为政府预算管理制度改革奠定了基础，也有助于预算管理改革的进一步深化。

第三节 政府会计具体准则及应用指南概述

一、存货、投资、固定资产和无形资产准则概述

为了适应权责发生制政府综合财务报告制度改革需要，规范政府存货、投资、固定资产和无形资产的会计核算，提高会计信息质量，根据《政府会计准则——基本准则》，财政部于2016年7月制定了《政府会计准则第1号——存货》、《政府会计准则第2号——投资》、《政府会计准则第3号——固定资产》和《政府会计准则第4号——无形资产》（以下简称“四项具体准则”）。

（一）四项具体准则的内容及范围

存货准则所规范的存货，是指政府会计主体在开展业务活动及其他活动中为耗用或出售而储存的资产，如材料、产品、包装物和低值易耗品等，以及未达到固定资产标准的用具、装具、动植物等。考虑到政府储备物资的取得、调拨、管理、处置、权属确定等与本准则规范的存货有较大不同，因此将其排除在存货准则范围以外。另外，考虑到政府收储土地规模较大且具有不同于一般存货的显著特点，也对其进行了范围排除。关于政府储备物资、收储土地等，财政部将单独制定相关准则。

投资准则所规范的投资，是指政府会计主体按规定以货币资金、实物资产、无形资产等方式形成的股权和债权投资，分为短期投资和长期投资。政府会计主体外币投资的折算，适用其他相关政府会计准则。另外，关于PPP模式中政府的投资，鉴于其涉及的核算内容较为复杂，财政部拟单独制定相关准则。

固定资产准则所规范的固定资产，是指政府会计主体为满足自身开展业务活动或其他活动需要而控制的，使用年限超过1年（不含1年）、单位价值在规定标准以上，并在使用过程中基本保持原有物质形态的资产，一般包括房屋及构筑物、专用设备、通用设备等。考虑到公共基础设施、政府储备物资、保障性住房为政府会计主体经管的资产，其使用目的和管理方式不同于一般固定资产，且这类资产规模较大，有关管理办法还在研究制定之中，财

政部拟根据具体情况制定相关准则。另外，自然资源资产的定义和内涵尚不明确，是否需要制定相关准则，需要做进一步研究。

无形资产准则所规范的无形资产，是指政府会计主体控制的没有实物形态的可辨认非货币性资产，一般包括专利权、商标权、著作权、土地使用权、非专利技术以及其他财产权利等。

（二）四项具体准则的主要创新与变化

四项具体准则在合理继承现行行政事业单位会计准则制度和财政总预算会计制度有关规定的基础上，立足政府会计主体财务会计核算和权责发生制政府综合财务报告制度改革需要，兼顾当前行政事业单位国有资产管理相关规定，在规范存货、投资、固定资产和无形资产的会计核算方面较现行制度规定有很多创新与变化，主要体现在以下几个方面：

1. 进一步明确资产的会计确认和披露要求

现行行政事业单位会计准则制度对于存货、固定资产、无形资产的会计核算进行了规范，现行财政总预算会计制度和事业单位会计准则制度对于对外投资的会计核算也进行了相应规范，但是主要侧重于相关资产的会计计量和记录问题，特别是会计记录问题，即会计科目的设置及账务处理，很少涉及会计确认和披露问题。四项具体准则遵循基本准则，对存货、投资、固定资产和无形资产的确认、计量和披露问题进行了系统规范，为将符合存货、投资、固定资产和无形资产定义和确认条件的相关资产纳入会计账簿和财务报表提供了统一的会计处理原则，提高了不同政府会计主体对同一经济业务和事项会计处理的可比性，丰富了政府会计信息的内容，有利于权责发生制政府财务报告的编制。

2. 健全完善资产的计价和入账管理要求

现行行政事业单位会计准则制度对接受捐赠、无偿调入和盘盈等方式取得资产入账价值的确定进行了规范，但在实际执行中操作性不强。四项具体准则遵循《基本准则》关于资产计量属性的规定，立足实务需要，兼顾资产管理规定，分别对接受捐赠、无偿调入和盘盈取得资产的初始入账问题进行了规范，相对于现行制度更为科学。以固定资产准则为例，对于接受捐赠的固定资产，其成本应当依次按照相关凭据注明的金额、评估价值、市场价格和名义金额四个层次判断确定；对于无偿调入的资产，其成本按照调出方账面价值确定；对于盘盈的资产，按规定需要评估的，其成本按评估价值确定，其他情况下其成本按照重置成本确定。

3. 全面确立“实提”折旧和摊销的政策要求

现行行政事业单位会计准则制度对单位计提固定资产折旧、无形资产摊销进行了规范，但除医院会计制度和其他少数行业事业单位会计制度外，均规定了“虚提”折旧和摊销的做法，即在按期计提折旧或摊销时冲减非流动资产基金（或资产基金），而非计入支出或费用。这种规定兼顾了预算管理和财务管理的双重需要，在以收付实现制为主要核算基础的现行预算会计制度体系中具有一定的现实意义。但是，据我们了解，“虚提”折旧和摊销的规定在实际工作中执行得并不好，没有充分发挥折旧和摊销等会计信息在单位内部成本费用管理和资产管理中的作用。固定资产和无形资产准则基于权责发生制会计核算要求，分别对政府会计主体的固定资产折旧和无形资产摊销做出统一规范，要求固定资产应计提的折旧（或无形资产的摊销金额）根据用途计入当期费用或者相关资产成本。相对于现行的规定，这是一种“实提”折旧和摊销的做法，有利于客观真实地反映资产价值，有利于推进政府成本会计核算与管理，有利于权责发生制政府财务报告的编制。

4. 全面引入长期股权投资权益法核算

现行事业单位会计制度规定长期股权投资采用成本法进行核算，即长期股权投资的账面余额通常保持不变，仅在追加或收回投资时，相应调整其账面余额，而现行财政总预算会计制度规定股权投资采用权益法核算。为了加强政府资产管理，真实全面地反映政府长期股权投资及其变动情况，投资准则中规定，长期股权投资持有期间通常采用权益法进行核算，即投资最初以投资成本计量，以后根据政府会计主体在被投资单位所享有的所有者权益份额的变动对投资的账面余额进行调整。但是，投资准则在明确规定长期股权投资通常采用权益法的同时保留了成本法。主要考虑是，如果政府会计主体没有决定或参与被投资单位的财务和经营政策的权力，股权投资对政府会计主体的财务影响仅限于取得所分配的股利或利润，这种情况下采用成本法核算，不对被投资企业净资产的变动调整长期股权投资账面余额和确认投资损益，将使会计核算结果更符合相关性原则。

5. 着力强化自行研发无形资产入账成本的核算

现行行政事业单位会计准则制度规定，自行开发并按法律程序申请取得的无形资产，按照依法取得时发生的注册费、聘请律师费等费用确认初始成本，导致自行研发的无形资产账面成本远小于单位实际投入，不利于科研成果绩效评价、促进科技成果转化以及按规定实施科技成果奖励，也不利于落实《改革方案》所提出的“推行政府成本会计”的要求。鉴于此，无形资产准则引入了企业会计中关于自行研发无形资产的会计处理规定，但为便于实务操作，对相关内容进行了适度简化，即政府会计主体自行研究开发项目的支出，应当区分研究阶段支出与开发阶段支出。政府会计主体自行研究开发项目研究阶段的支出，应当于发生时计入当期费用。政府会计主体自行研究开发项目开发阶段的支出，先按合理方法进行归集，如果最终形成无形资产的，应当确认为无形资产；如果最终未形成无形资产的，应当计入当期费用。同时，为了与现行行政事业单位会计制度中的相关规定有效衔接，无形资产准则规定，自行研究开发项目尚未进入开发阶段，或者确实无法区分研究阶段和开发阶段的支出，但按法律程序申请取得无形资产的，可以按照依法取得时发生的注册费、聘请律师费等费用确定无形资产的成本。

此外，四项具体准则立足权责发生制会计核算基础，合理划分资本化支出和费用化支出的界限，凡符合资产确认条件的支出均计入相关资产成本，不符合资产确认条件的支出均计入当期费用。

二、公共基础设施准则概述

为了规范政府公共基础设施的确认、计量和披露，财政部于2017年4月份印发了《政府会计准则第5号——公共基础设施》（以下简称“公共基础设施准则”）。

1. 公共基础设施准则出台背景

公共基础设施是政府资产的重要组成部分。我国政府公共基础设施规模庞大，为经济社会发展提供了强有力的基础支撑条件。但是，由于相关法规制度尚不健全及其他历史原因，通常情况下，行政事业单位仅在其账簿中核算其占有、使用的资产，由政府会计主体控制的、满足社会公共需要的大量的公共基础设施资产因此未入账核算或未恰当核算，导致政府投资形成的巨额公共基础设施资产在政府会计主体资产负债表中未得到全面反映。

从资产的实物形态和相关价值标准而言，政府会计主体控制的公共基础设施与其固定资产有一定的相似性，因此采用权责发生制政府会计的典型国家和地区中，绝大多数都将基础设施作为固定资产的一个类别，在固定资产准则中予以规范。由于我国政府公共基础设施数量众多，在资金来源、建造和管理方式、产权关系、用途等方面与政府会计主体占有、使用的固定资产有较大区别，很多专家学者和实务工作者提出，有关固定资产的会计规定并不能满足公共基础设施核算的需要；公共基础设施作为政府会计主体维护管理的资产，其本身价值及产生的折旧费用等应区别于政府会计主体的固定资产单独核算，以为未来科学评价政府绩效奠定基础。因此，针对公共基础设施制定单独的具体准则，可以更加清晰地体现公共基础设施作为一种特殊类型的政府资产的确认、计量、披露的具体规定，有利于准确核算政府公共基础设施，全面反映政府“家底”。

2. 公共基础设施准则规范的内容及范围

公共基础设施准则所称的公共基础设施，是指政府会计主体为满足社会公共需求而控制的，同时具有以下特征的有形资产：（1）是一个有形资产系统或网络的组成部分；（2）具有特定用途；（3）一般不可移动。公共基础设施主要包括市政基础设施（如城市道路、桥梁、隧道、公交场站、路灯、广场、公园绿地、室外公共健身器材，以及环卫、排水、供水、供电、供气、供热、污水处理、垃圾处理系统等）、交通基础设施（如公路、航道、港口等）、水利基础设施（如大坝、堤防、水闸、泵站、渠道等）和其他公共基础设施。独立于公共基础设施、不构成公共基础设施使用不可缺少组成部分的管理维护用房屋建筑物、设备、车辆等，适用《政府会计准则第 3 号——固定资产》。属于文物文化资产的公共基础设施，适用其他相关政府会计准则。采用政府和社会资本合作模式（即 PPP 模式）形成的公共基础设施的确认和初始计量，适用其他相关政府会计准则。

3. 公共基础设施准则的主要创新

在我国现行行政事业单位会计准则制度中，除 2013 年修订发布的《行政单位会计制度》单独设置了“公共基础设施”会计科目外，其他制度均未规范这类资产的会计核算。公共基础设施准则的主要创新体现在以下方面：

（1）科学界定了公共基础设施的概念。关于公共基础设施的概念，目前在我国尚无公认的定义。本着与政府会计主体占有、使用的固定资产相区别的原则，结合国内政府公共基础设施管理的现状，在合理继承《行政单位会计制度》关于公共基础设施定义的基础上，积极借鉴国际公共部门会计准则和有关国家关于公共基础设施特征的表述，对公共基础设施的概念进行了界定，明确规定该资产是指政府会计主体为满足社会公共需求而控制的有形资产，且同时满足以下特征：①是一个有形资产系统或网络的组成部分；②具有特定用途；③一般不可移动。

（2）明确了公共基础设施的会计确认主体。政府公共基础设施在建造、管理和维护等方面往往涉及多个部门，很多时候还涉及多个政府级次，导致其会计确认主体也不十分明确。公共基础设施准则确立了“谁负责管理维护、谁入账”的原则，即在通常情况下，符合资产确认条件的公共基础设施，应当由按规定对其负有管理维护职责的政府会计主体予以确认。多个政府会计主体共同管理维护的公共基础设施，应当由对该资产负有主要管理维护职责或者承担后续主要支出责任的政府会计主体予以确认。分为多个组成部分由不同政府会计主体分别管理维护的公共基础设施，应当由各个政府会计主体分别对其负责管理维护的公共基础设施的相应部分予以确认。负有管理维护公共基础设施职责的政府会计主体通过政府购买服务方式委托企业或其他会计主体代为管理维护公共基础设施的，该公共基础设施应当由委托方予以确认。

（3）系统规定了公共基础设施的计量要求。公共基础设施准则对公共基础设施的初始计量和后续计量要求进行了全面系统的规定。在初始计量方面，对自行建造、改扩建、接受无偿调入和无偿捐赠、外购等多种方式获得的公共基础设施的初始入账成本进行了规定；在后续计量方面，对于公共基础设施折旧或摊销的资产范围、折旧年限、折旧方法等进行了明确规定，对于公共基础设施无偿调出、对外捐赠、报废或毁损等处置环节的会计处理要求也做了原则性规定。

（4）明确了存量公共基础设施的会计处理原则。考虑到目前实务中有大量的公共基础设施没有纳入政府会计主体的会计核算，或者部分公共基础设施按照其他资产类别进行核算，公共基础设施准则在附则部分对存量资产在本准则首次执行日的会计处理原则进行了规定。对于应当确认为公共基础设施、但已经确认为固定资产、存货或其他资产类别的资产，政府会计主体应当在本准则首次执行日按该资产账面价值重分类为公共基础设施；对于应当确认但尚未入账的存量公共基础设施，政府会计主体应当在本准则首次执行日按照“历史成本/评估价值/重置成本”三个层次依次判断确定其初始入账成本。

三、政府储备物资准则概述

为了规范政府储备物资的确认、计量和披露，财政部于 2017 年 8 月份印发了《政府会计准则第 6 号——政府储备物资》（以下简称“政府储备物资准则”）。

1. 政府储备物资准则的出台背景

我国政府储备物资包括战略及能源物资、抢险抗灾救灾物资、农产品、医药物资和其他重要商品物资，对于保障国家安全、服务国计民生具有重要意义。从资产物质形态看，政府会计主体控制的政府储备物资与其占有、使用的存货具有一定相似性，但政府储备物资在功能作用、管理方式、资金来源、业务流程等方面与存货存在着显著差异：第一，从功能作用来看，政府储备物资是政府会计主体为满足特定公共需求而储备的物资，其主要目的是进行“储备”以用于应对可能发生的特定事件或情况，其规模和种类反映政府维护社会经济稳定、确保国家安全、部署发展战略、应对各类突发事件等的能力，与政府会计主体在开展日常性活动中为自身耗用或出售而储存的存货具有本质区别。第二，从管理方式来看，政府会计主体对于存货一般采取由其自身直接储存的方式进行管理，而我国政府储备物资主要采取委托存储的管理模式，承储单位按照行政管理部门要求进行实际储存和日常管理，行政管理和存储执行相分离。基层代储单位性质也呈现多样化，涉及政府会计主体和企业主体。此外，有些储备物资品种还涉及多个政府会计主体管理以及多级次政府会计主体管理的情况。第三，从资金来源看，存货采购资金来源于部门预算资金，而政府储备物资的收储资金来源更为复杂，除来源于部门预算资金外，还存在来源于银行专项贷款等情况。第四，从日常业务流程来看，政府储备物资具有区别于存货的独特业务内容和环节，如政府储备物资需要根据特定文件规定进行采购、存储、保管、轮换、发出等，发出物资收回往往具有不确定性。鉴于此，需要单独制定准则对政府储备物资的确认、计量和披露等进行规范。

2. 政府储备物资准则规范的内容和范围

政府储备物资准则所称的政府储备物资，是指政府会计主体为满足实施国家安全与发展战略、进行抗灾救灾、应对公共突发事件等特定公共需求而控制的，同时具有下列特征的有形资产：①在应对可能发生的特定事件或情形时动用；②其购入、存储保管、更新（轮换）、动用等由政府及相关部门发布的专门管理制度规范。政府储备物资主要包括战略及能源物资、抢险抗灾救灾物资、农产品、医药物资和其他重要商品物资，通常情况下由政府会计主体委托承储单位存储。企业以及纳入企业财务管理体系的事业单位接受政府委托收储并按企业会计准则核算的储备物资，不适用本准则。

3. 政府储备物资准则的主要创新

（1）科学界定了政府储备物资的概念。关于政府储备物资的概念，有关规章和规范性文件分别从不同角度对其进行了定义，但是，尚缺乏能够涵盖各级各类部门所管理物资的统一的概念界定。在综合考虑我国政府储备物资品种繁多、管理体系复杂等现实情况基础上，我们从区别于存货的角度，对政府储备物资的概念进行了界定，突出强调政府储备物资的目的是为了满足特定公共需求，且同时满足以下特征：①只有在应对特定事件或情形时才能报经批准后动用；②其购入、存储保管、更新（轮换）、动用等由政府及相关部门发布的专门管理制度严格规范。

（2）政府储备物资的会计确认主体。从政府储备物资管理体系来看，往往涉及多个级层的部门、单位，从职责分工角度包括行政管理部门和基层承储单位。行政管理部门负责政府储备物资收储、存储保管、更新（轮换）、动用等的组织管理工作；基层承储单位根据行政管理部门指令进行具体执行与运作。大量调查研究结果表明，能够实质上对政府储备物资实施“控制”的是其行政管理部门而非基层承储单位。因此，政府储备物资准则规定对政府储备物资负有行政管理职责的政府会计主体为政府储备物资的确认主体，对政府储备物资不负有行政管理职责但接受委托负责执行其存储保管等工作的政府会计主体，应当将受托代储的政府储备物资作为受托代理资产核算。另外，由于政府储备物资的“行政管理职责”涉及收储计划、更新（轮换）计划、动用方案等的提出、拟定、审批等，而提出、拟定、审批职责有时存在由不同部门行使的情况，为了进一步明确储备物资的会计确认主体，政府储备物资准则充分考虑现行做法和实务可操作性，将会计确认主体限定为“提出或拟定收储计划、更新（轮换）计划、动用方案等”的主体。

（3）系统规定了政府储备物资的计量要求。在初始计量方面，规定了通过外购、委托加工、接受捐赠、无偿调入、盘盈等多种方式取得政府储备物资的计量要求；在后续计量方面，规定了政府储备物资发出的计价以及不同情形发出储备物资和储备物资报废、毁损、盘亏等情形的会计处理要求。

（4）明确了存量政府储备物资的会计处理原则。对于应当确认为政府储备物资、但已经确认为固定资产、存货或其他资产类别的资产，政府会计主体应当在本准则首次执行日按该资产账面价值重分类为政府储备物资；对于应当确认但尚未入账的存量或政府储备物资，政府会计主体应当在本准则首次执行日按照“历史成本/评估价值/重置成本”三个层次依次判断确定其初始入账成本。

四、固定资产准则应用指南概述

2017 年 2 月，财政部印发了《政府会计准则第 3 号——固定资产》应用指南，对固定资产折旧年限及计提时点等进行了规范。

1. 相关背景

多年来，我国在政府会计领域实行的是以收付实现制为基础的预算会计标准体系，以固定资产和固定基金同时反映固定资产的价值，行政事业单位占有、使用的固定资产一般不要求计提折旧。2010 年以来，财政部先后修订发布的医院会计制度、事业单位会计制度、高等学校会计制度、科学事业单位会计制度和行政单位会计制度等对固定资产计提折旧的会计核算进行了规定，除要求医院“实提”折旧外，其他行政事业单位均采用“虚提”方式计提折旧（即为了满足收付实现制核算需要，在确认当期累计折旧的同时，冲减固定资产基金，而不是确认成本费用），但财政部会同有关行业主管部门除了对医院和科学事业单位的固定资产折旧年限做出规定外，其他行政事业单位的固定资产折旧年限尚未明确。2016 年财政部印发的《政府会计准则第 3 号——固定资产》对政府会计主体计提固定资产折旧做出了统一规定，客观上要求加快建立健全政府固定资产折旧核算标准体系。政府固定资产折旧年限的确定是对政府会计固定资产准则的重要补充，这不仅为政府各单位固定资产折旧年限的确定提供政策依据，更有利于政府会计准则的顺利实施，同时也有利于政府固定资产折旧会计信息的可比，进一步提高政府会计信息质量。因此，以固定资产准则应用指南的形式，制定适用于各级各类行政事业单位的统一的政府固定资产折旧年限，为夯实部门和单位编制权责发生制财务报告和全面反映运行成本奠定核算基础。

2. 关于政府固定资产折旧年限的确定原则

（1）充分考虑政府固定资产分类管理的要求，按照固定资产分类国家标准，分类确定政府固定资产折旧年限。现行的固定资产分类国家标准（GB/T14 885 - 2 010）将固定资产分为六大类，即：土地、房屋及构筑物，通用设备，专用设备，文物和陈列品，图书、档案，家具、用具、装具及动植物等。由于固定资产准则对土地、文物和陈列品、图书、档案、动植物等固定资产不要求提取折旧，因此，目前仅需对房屋及构筑物、通用设备、专用设备及家具、用具、装具等四类固定资产按其类别确定折旧年限。

（2）充分考虑现行相关法规对政府固定资产折旧年限所做的规定及要求，合理借鉴吸收确定政府固定资产折旧年限。我国企业所得税法实施条例对固定资产折旧的最低年限有明确规定，此外我国现行的医院财务制度、科学事业单位财务制度、高等学校教育培养成本监审办法也对固定资产折旧年限做出了明确规定，财政部及地方财政部门对通用办公设备及家具的最低使用年限也有具体规定。对于现行已有的有关政府固定资产折旧年限的规定及要求，只要存在合理性，则尽可能予以借鉴吸收，以减少固定资产准则的执行成本。

（3）充分考虑其他国家对政府固定资产折旧年限所做的相关规定，参照确定我国政府固定资产折旧年限。国际上其他国家同样是依据政府固定资产的物理寿命、经济寿命以及技术寿命来确定折旧年限，但主要参照企业同类资产的折旧年限标准确定政府部门固定资产的折旧年限。由于固定资产折旧年限确定的理论依据相同，且固定资产分类相近，国际上其他国家政府固定资产的折旧年限也可以作为确定我国政府固定资产折旧年限的参考。

（4）充分考虑行政事业单位固定资产管理及其折旧的复杂性，尤其是不同类型的事业单位对固定资产折旧信息的需求及应用程度的客观差异，按照普适性与特殊性相结合的要求，除专用设备外，仅对政府固定资产的最低折旧年限做出规定。各类行政事业单位的主管部门在遵循政府固定资产最低折旧年限的前提下，经财政部批准可以结合其固定资产管理特点对折旧年限做出更为具体的规定。政府会计主体应当在遵循应用指南、主管部门有关折旧年限规定的情况下，根据固定资产的性质和实际使用情况，合理确定其折旧年限。固定资产的折旧年限一经确定，不得随意变更。因改建、扩建等原因而延长固定资产使用年限的，应当重新确定固定资产的折旧年限。对于盘盈、无偿调入、接受捐赠以及置换的固定资产，政府会计主体应当考虑该项资产的新旧程度，按照其尚可使用的年限计提折旧。

3. 关于政府固定资产折旧计提时点的考虑

长期以来，我国会计准则制度均要求固定资产按月计提折旧，当月增加的固定资产，当月不计提折旧，从下月起计提折旧；当月减少的固定资产，当月仍计提折旧，从下月起不计提折旧。这一规定主要沿袭计划经济时期企业采用综合折旧率计提折旧的做法。随着会计信息化不断普及，这一做法已经不合时宜。考虑到政府会计领域（除医院外）目前尚未要求采用权责发生制原则计提固定资产折旧，不会因政策变更而影响相关历史数据，因此，应用指南规定，当月增加的固定资产，当月计提折旧；当月减少的固定资产，当月不计提折旧。固定资产提足折旧后，无论能否继续使用，均不再计提折旧；提前报废的固定资产，也不再补提折旧。已提足折旧的固定资产，可以继续使用的，应当继续使用，规范实物管理。

第四节　政府会计制度概述

为了构建统一、科学、规范的政府会计核算标准体系，夯实政府财务报告的编制基础，2017 年 10 月 24 日，财政部印发了《政府会计制度行政事业单位会计科目和报表》（以下简称《政府会计制度》），自 2019 年 1 月 1 日起施行。这是继《政府会计准则——基本准则》（以下称《基本准则》），存货、投资、固定资产、无形资产、公共基础设施、政府储备物资等 6 项具体准则以及固定资产准则应用指南出台以来，政府会计改革工作取得的又一重要成果，标志着具有中国特色的政府会计标准体系初步建成，在我国政府会计发展进程中具有划时代的里程碑意义。

一、《政府会计制度》的体例结构及主要内容

《政府会计制度》由正文和附录组成。正文包括五部分内容。

第一部分为总说明，主要规范《政府会计制度》的制定依据、适用范围、会计核算模式和会计要素、会计科目设置要求、报表编制要求、会计信息化工作要求和施行日期等内容。

第二部分为会计科目名称和编号，主要列出了财务会计和预算会计两类科目表，共计 103 个一级会计科目，其中，财务会计下有资产、负债、净资产、收入和费用五个要素共 77 个一级科目，预算会计下有预算收入、预算支出和预算结余三个要素共 26 个一级科目。

第三部分为会计科目使用说明，主要对 103 个一级会计科目的核算内容、明细核算要求、主要账务处理等进行详细规定。本部分内容是《政府会计制度》的核心内容。

第四部分为报表格式，主要规定财务报表和预算会计报表的格式，其中，财务报表包括资产负债表、收入费用表、净资产变动表、现金流量表及报表附注，预算会计报表包括预算收入支出表、预算结转结余变动表和财政拨款预算收入支出表。

第五部分为报表编制说明，主要规定了第四部分列出的 7 张报表的编制说明，以及报表附注应披露的内容。

附录为主要业务和事项账务处理举例。本部分采用列表方式，以《政府单位会计制度》第三部分规定的会计科目使用说明为依据，按照会计科目顺序对单位通用业务或共性业务和事项的账务处理进行举例说明。

二、《政府会计制度》的重大变化与创新

《政府会计制度》相对于现行行政事业单位会计制度有以下重大变化与

创新：

（一）重构了政府会计核算模式

在系统总结分析传统单系统预算会计体系利弊的基础上，《政府会计制度》按照《改革方案》和《基本准则》的要求，使“财务会计和预算会计适度分离并相互衔接”的会计核算模式在制度层面真正落地。所谓“适度分离”，是指适度分离政府预算会计和财务会计功能，决算报告和财务报告功能，全面反映政府会计主体的预算执行信息和财务信息。所谓“相互衔接”，是指在同一会计核算系统中政府预算会计要素和相关财务会计要素相互协调，决算报告和财务报告相互补充，共同反映政府会计主体的预算执行信息和财务信息。主要体现在：一是对纳入部门预算管理的现金收支进行“平行记账”。对于纳入部门预算管理的现金收支业务，在进行财务会计核算的同时也应当进行预算会计核算。对于其他业务，仅需要进行财务会计核算。二是财务报表与预算会计报表之间存在勾稽关系。通过编制“本期预算结余与本期盈余差异调节表”并在附注中进行披露，反映单位财务会计和预算会计因核算基础和核算范围不同所产生的本年盈余数（即本期收入与费用之间的差额）与本年预算结余数（本年预算收入与预算支出的差额）之间的差异，从而揭示财务会计和预算会计的内在联系。这种会计核算模式兼顾了现行部门决算报告制度的需要，又能满足部门编制权责发生制财务报告的要求，对于规范政府会计行为，夯实政府会计主体预算和财务管理基础，强化政府绩效管理具有深远的影响。

（二）统一了现行各项单位会计制度

《政府会计制度》有机整合了《行政单位会计制度》、《事业单位会计制度》和医院、基层医疗卫生机构、高等学校、中小学校、科学事业单位、彩票机构、地勘单位、测绘单位、国有林场和苗圃等行业事业单位会计制度的内容。在科目设置、科目和报表项目说明中，一般情况下，不再区分行政和事业单位，也不再区分行业事业单位；在核算内容方面，基本保留了现行各项制度中的通用业务和事项，同时根据改革需要增加各级各类行政事业单位的共性业务和事项；在会计政策方面，对同类业务尽可能作出同样的处理规定。通过会计制度的统一，大大提高了政府各部门、各单位会计信息的可比性，为合并单位、部门财务报表和逐级汇总编制部门决算奠定了坚实的制度基础。

（三）强化了财务会计功能

《政府会计制度》在财务会计核算中全面引入了权责发生制，在会计科目设置和账务处理说明中着力强化财务会计功能，如增加了收入和费用两个财务会计要素的核算内容，并原则上要求按照权责发生制进行核算；增加了应收款项和应付款项的核算内容，对长期股权投资采用权益法核算，确认自行开发形成的无形资产的成本，要求对固定资产、公共基础设施、保障性住房和无形资产计提折旧或摊销，引入坏账准备等减值概念，确认预计负债、待摊费用和预提费用等。在政府会计核算中强化财务会计功能，对于科学编制权责发生制政府财务报告、准确反映单位财务状况和运行成本等情况具有重要的意义。

（四）扩大了政府资产负债核算范围

《政府会计制度》在现行制度基础上，扩大了资产负债的核算范围。除按照权责发生制核算原则增加有关往来账款的核算内容，在资产方面，增加了公共基础设施、政府储备物资、文物文化资产、保障性住房和受托代理资产的核算内容，以全面核算单位控制的各类资产；增加了“研发支出”科目，以准确反映单位自行开发无形资产的成本。在负债方面，增加了预计负债、受托代理负债等核算内容，以全面反映单位所承担的现时义务。此外，为了准确反映单位资产扣除负债之后的净资产状况，《政府会计制度》立足单位会计核算需要、借鉴国际公共部门会计准则相关规定，将净资产按照主要来源分类为累计盈余和专用基金，并根据净资产其他来源设置了权益法调整、无偿调拨净资产等会计科目。资产负债核算范围的扩大，有利于全面规范政府单位各项经济业务和事项的会计处理，准确反映政府“家底”信息，为相关决策提供更加有用的信息。

（五）完善了预算会计功能

根据《改革方案》要求，《政府会计制度》对预算会计科目及其核算内容进行了调整和优化，以进一步完善预算会计功能。在核算内容上，预算会计仅需核算预算收入、预算支出和预算结余。在核算基础上，预算会计除按《预算法》要求的权责发生制事项外，均采用收付实现制核算，有利于避免现在制度下存在的虚列预算收支的问题。在核算范围上，为了体现新《预算法》的精神和部门综合预算的要求，《政府会计制度》将依法纳入部门预算管理的现金收支均纳入预算会计核算范围，如增设了债务预算收入、债务还本支出、投资支出等。调整完善后的预算会计，能够更好地贯彻落实《预算法》的相关规定，更加准确地反映部门和单位预算收支情况，更加满足部门、单位预算和决算管理的需要。

（六）整合了基建会计核算

按照现行制度规定，单位对于基本建设投资的会计核算除遵循相关会计制度规定外，还应当按照国家有关基本建设会计核算的规定单独建账、单独核算，但同时应将基建账相关数据按期并入单位“大账”。《政府会计制度》依据《基本建设财务规则》和相关预算管理规定，在充分吸收《国有建设单位会计制度》合理内容的基础上对单位建设项目会计核算进行了规定。单位对基本建设投资按照本制度规定统一进行会计核算，不再单独建账，大大简化了单位基本建设业务的会计核算，有利于提高单位会计信息的完整性。

（七）完善了报表体系和结构

《政府会计制度》将报表分为预算会计报表和财务报表两大类。预算会计报表由预算收入表、预算结转结余变动表和财政拨款预算收入支出表组成，是编制部门决算报表的基础。财务报表由会计报表和附注构成，会计报表由资产负债表、收入费用表、净资产变动表和现金流量表组成，其中，单位可自行选择编制现金流量表。此外，《政府会计制度》针对新的核算内容和要求对报表结构进行了调整和优化，对报表附注应当披露的内容进行了细化，对会计报表重要项目说明提供了可参考的披露格式、要求按经济分类披露费用信息、要求披露本年预算结余和本年盈余的差异调节过程等。调整完善后的报表体系，对于全面反映单位财务信息和预算执行信息，提高部门、单位会计信息的透明度和决策有用性具有重要的意义。

（八）增强了制度的可操作性

《政府会计制度》在附录中采用列表方式，以《政府会计制度》中规定的会计科目使用说明为依据，按照会计科目顺序对单位通用业务或共性业务和事项的账务处理进行了举例说明。在举例说明时，对同一项业务或事项，在表格中列出财务会计分录的同时，平行列出相对应的预算会计分录（如果有）。通过对经济业务和事项举例说明，能够充分反映《政府单位会计制度》所要求的财务会计和预算会计“平行记账”的核算要求，便于会计人员学习和理解政府会计八要素的记账规则，也有利于单位会计核算信息系统的开发或升级改造。

第三章

政府会计核算模式

第一节　政府会计核算模式概述

政府会计由预算会计和财务会计构成。政府会计核算应当实现预算会计与财务会计适度分离并相互衔接，全面、清晰地反映政府财务信息和预算执行信息，为开展政府信用评级、加强资产负债管理、改进政府绩效监督考核、防范财政风险等提供支持，促进政府财务管理水平提高和财政经济可持续发展。

一、背景及政策依据

我国目前的政府财政报告制度实行以收付实现制政府会计核算为基础的决算报告制度，主要反映政府年度预算执行情况的结果，对准确反映预算收支情况、加强预算管理和监督发挥了重要作用。但随着经济社会发展，仅实行决算报告制度，无法科学、全面、准确地反映政府资产、负债和成本费用，不利于强化政府资产管理、降低行政成本、提升运行效率、有效防范财政风险，难以满足建立现代财政制度、促进财政长期可持续发展和推进国家治理现代化的要求。因此，必须推进政府会计改革，建立全面反映政府资产负债、收入费用、运行成本、现金流量等财务信息的权责发生制政府综合财务报告制度。

《预算法》要求各级政府、各部门和各单位按规定编制决算报告，同时也要求各级政府财政部门应当按年度编制以权责发生制为基础的政府综合财务报告，报告政府整体财务状况、运行情况和财政中长期可持续性，报本级人民代表大会常务委员会备案。

《改革方案》在总体目标中提出，要适度分离政府财务会计与预算会计、政府财务报告与决算报告功能，全面、清晰地反映政府财务信息和预算执行信息。在主要任务中提出，要推进财务会计与预算会计适度分离并相互衔接，在完善预算会计功能的基础上，增强政府财务会计功能，夯实政府财务报告核算基础，为中长期财政发展、宏观调控和政府信用评级服务。在具体内容中提出，政府会计科目设置要实现预算会计和财务会计双重功能。预算会计科目应准确完整地反映政府预算收入、预算支出和预算结余等预算执行信息，财务会计科目应全面准确地反映政府的资产、负债、净资产、收入、费用等财务信息。

《基本准则》规定，政府会计由预算会计和财务会计构成。政府预算会计要素包括预算收入、预算支出与预算结余。政府财务会计要素包括资产、负债、净资产、收入和费用。预算会计实行收付实现制，国务院另有规定的，依照其规定。财务会计实行权责发生制。政府会计主体应当编制决算报告和财务报告。政府决算报告的编制主要以收付实现制为基础，以预算会计核算生成的数据为准。政府财务报告的编制主要以权责发生制为基础，以财务会计核算生成的数据为准。

二、关于政府会计核算模式的解析

政府会计应当实行预算会计和财务会计适度分离又相互衔接的核算模式。

（一）关于政府预算会计和财务会计的“适度分离”

主要体现在以下三个方面：

1. “双功能”

政府会计应当实现预算会计和财务会计双重功能。预算会计应准确完整地反映政府预算收入、预算支出和预算结余等预算执行信息，财务会计应全面准确地反映政府的资产、负债、净资产、收入、费用等财务信息。

2. “双基础”

预算会计实行收付实现制，国务院另有规定的，从其规定；财务会计实行权责发生制。

3. “双报告”

政府会计主体应当编制决算报告和财务报告。政府决算报告，以预算会计核算生成的数据为准；政府财务报告的编制主要以权责发生制为基础，以财务会计核算生成的数据为准。

（二）政府预算会计和财务会计的“相互衔接”

政府预算会计和财务会计“适度分离”，并不是要求政府会计主体分别建立预算会计和财务会计两套账，对同一笔经济业务或事项进行会计核算，而是要求政府预算会计要素和财务会计要素相互协调，决算报告和财务报告相互补充，共同反映政府会计主体的预算执行信息和财务信息。

通过这种适度分离又相互衔接的政府会计核算模式，使公共资金管理中的预算管理 、财务管理和绩效管理相互联结、融合，全面提高管理水平和资金使用效率，对于规范政府会计行为，夯实政府会计主体预算和财务管理基础，强化政府绩效管理具有深远的影响。

三、政府会计核算模式在单位会计中的具体应用

《政府会计制度》规定，单位会计核算应当具备财务会计与预算会计双重功能，实现财务会计与预算会计适度分离并相互衔接，全面、清晰地反映单位财务信息和预算执行信息。

（一）关于预算会计核算

单位预算会计通过预算收入、预算支出和预算结余三个要素，全面反映单位预算收支执行情况。预算会计恒等式为“预算收入 - 预算支出 = 预算结余”。单位预算会计采用收付实现制，国务院另有规定的从其规定。为了保证单位预算会计要素单独循环，在日常核算时，单位应当设置“资金结存”科目，核算纳入部门预算管理的资金的流入、流出、调整和滚存等情况。根据资金支付方式及资金形态，“资金结存”科目应设置“零余额账户用款额度”、“货币资金”、“财政应返还额度”三个明细科目。年末预算收支结转后“资金结存”科目借方余额与预算结转结余科目贷方余额相等。

（二）关于财务会计核算

单位财务会计通过资产、负债、净资产、收入、费用五个要素，全面反

映单位财务状况、运行情况和现金流量情况。反映单位财务状况的等式为“资产－负债＝净资产”，反映运行情况的等式为“收入－费用＝本期盈余”，本期盈余经分配后最终转入净资产。财务会计实行权责发生制。

（三）关于预算会计和财务会计“平行记账”

按照《政府会计制度》，单位预算会计和财务会计“平行记账”的基本规则是，单位对于纳入部门预算管理的现金收支业务，在采用财务会计核算的同时应当进行预算会计核算；对于其他业务，仅需进行财务会计核算。

这里的现金，是指单位的库存现金以及其他可以随时用于支付的款项，包括库存现金、银行存款、其他货币资金、零余额账户用款额度、财政应返还额度，以及通过财政直接支付方式支付的款项。对于单位受托代理的现金以及应上缴财政的现金所涉及的收支业务，仅需要进行财务会计处理，不需要进行预算会计处理。

第二节 收付实现制和权责发生制

一、关于收付实现制

（一）概念

收付实现制也称现金制，是指以现金的实际收付为标志来确定本期收入和支出的会计核算基础。凡在当期实际收到的现金收入和支出，均应作为当期的收入和支出；凡是不属于当期的现金收入和支出，均不应当作为当期的收入和支出。

（二）收付实现制在政府会计中的应用

长期以来，我国政府领域实行的是以收付实现制为核算基础的预算会计体系，主要反映政府预算执行情况，对准确反映预算收支情况、加强预算管理和监督发挥了重要作用。

《基本准则》规定，政府预算会计实行收付实现制，国务院另有规定的，从其规定。上述规定主要根据《预算法》第五十八条制定，即“各级预算的收入和支出实行收付实现制，特定事项按照国务院的规定实行权责发生制的有关情况，应当向本级人民代表大会常务委员会报告”。另外，在《国务院关于深化预算管理制度改革的决定》（国发〔2014〕45号）中明确规定，“规范权责发生制核算，严格权责发生制核算范围，控制核算规模。地方各级财政除国库集中支付年终结余外，一律不得按权责发生制列支。按国务院规定实行权责发生制核算的特定事项，应当向本级人大常委会报告”。

二、关于权责发生制

（一）概念

权责发生制，是指以取得收取款项的权利或支付款项的义务为标志来确定本期收入和费用的会计核算基础。凡是当期已经实现的收入和已经发生的或应当负担的费用，不论款项是否收付，都应当作为当期的收入和费用；凡是不属于当期的收入和费用，即使款项已在当期收付，也不应当作为当期的收入和费用。

（二）权责发生制在政府会计中的应用

《基本准则》规定，政府财务会计实行权责发生制。这是政府会计改革的最大亮点，是建立权责发生制政府综合财务报告制度的重要基础，是贯彻落实十八届三中全会精神和《改革方案》的重要体现。

纵观世界各国政府会计改革的基本经验，无一不是在会计核算中逐步引入权责发生制的核算原则。相对于收付实现制，权责发生制更能够体现经济业务或者事项的本质以及权责义务，例如，预算支出有消耗性支出，也有资本性支出，消耗性支出反映政府当期的运行成本，而资本性支出形成公共资产，其价值是随着资产未来的使用而逐步消耗，按照权责发生制原则，就应当对资本性支出形成的资产计提折旧或摊销，以合理确定各期的成本费用。例如，某行政单位采用直接支付方式购入一项设备，采用财务会计核算，对于资本性的投入应确认一项资产，不能直接列为当期费用，借记“固定资产”，贷记“财政拨款收入”，在固定资产使用过程中，要根据其受益年限按月计提折旧，借记费用类科目，贷记“累计折旧”；而按照预算会计，应当在发生直接支付时就反映当期支出，借记“经费支出”，贷记“财政拨款预算收入”。再如，某事业单位预收到一笔横向课题经费，按照预算会计，在收到款项时应确认“事业预算收入”；但按照财务会计，在收到款项时应首先确认“预收账款”，以后按照课题进度或支出进度分次确认“事业收入”。

第三节　预算会计要素和财务会计要素

一、预算会计要素

（一）预算科目与预算会计科目

《预算法》规定，预算由预算收入和预算支出组成。政府的全部收入和支出都应当纳入预算。我国的政府预算包括一般公共预算、政府性基金预算、国有资本经营预算、社会保险基金预算。《政府收支分类科目》从预算角度对各类预算收支科目进行了详细的规定。

按照《基本准则》，政府预算会计要素包括预算收入、预算支出与预算结余。在政府会计核算中，预算收入和预算支出科目应当按《政府收支分类科目》设置相应的明细科目或进行明细核算。

（二）预算收入

1. 定义

预算收入是指政府会计主体在预算年度内依法取得的并纳入预算管理的现金流入。

2. 确认条件

预算收入一般在实际收到时予以确认，以实际收到的金额计量。

3. 分类

政府单位的预算收入按照来源分为财政拨款预算收入、事业预算收入、非同级财政拨款预算收入、经营预算收入、投资预算收益、债务预算收入、上级补助预算收入、附属单位上缴预算收入、其他预算收入等。

（三）预算支出

1. 定义

预算支出是指政府会计主体在预算年度内依法发生并纳入预算管理的现金流出。

2. 确认条件

预算支出一般在实际支付时予以确认，以实际支付的金额计量。

3. 分类

政府单位的预算支出包括行政支出、事业支出、经营支出、上缴上级支出、对附属单位补助支出、投资支出、其他支出等。

单位按照上述分类口径进行核算的同时，还应当按照《部门预算支出经济分类科目》进行明细核算。

（四）预算结余

预算结余是指政府会计主体预算年度内预算收入扣除预算支出后的资金余额，以及历年滚存的资金余额。

预算结余包括结余资金和结转资金。结余资金是指年度预算执行终了，预算收入实际完成数扣除预算支出和结转资金后剩余的资金。结转资金是指预算安排项目的支出年终尚未执行完毕或者因故未执行，且下年需要按原用途继续使用的资金。

政府单位的预算结余资金一般包括财政拨款结转、财政拨款结余、非财政拨款结转、非财政拨款结余等。

二、政府财务会计要素

按照《基本准则》，政府财务会计要素包括资产、负债、净资产、收入和费用。

（一）资产

1. 定义

资产是指政府会计主体过去的经济业务或者事项形成的，由政府会计主体控制的，预期能够产生服务潜力或者带来经济利益流入的经济资源。服务潜力是指政府会计主体利用资产提供公共产品和服务以履行政府职能的潜在能力。经济利益流入表现为现金及现金等价物的流入，或者现金及现金等价物流出的减少。

2. 确认条件

符合政府资产定义的经济资源，在同时满足以下条件时，确认为资产：(1) 与该经济资源相关的服务潜力很可能实现或者经济利益很可能流入政府会计主体；(2) 该经济资源的成本或者价值能够可靠地计量。

3. 分类

政府会计主体的资产按照流动性，分为流动资产和非流动资产。

流动资产是指预计在1年内（含1年）耗用或者可以变现的资产，包括货币资金、短期投资、应收及预付款项、存货等。

非流动资产是指流动资产以外的资产，包括固定资产、在建工程、无形资产、长期投资、公共基础设施、政府储备资产、文物文化资产、保障性住房和自然资源资产等。

4. 计量属性及应用

政府资产的计量属性主要包括历史成本、重置成本、现值、公允价值和名义金额。

在历史成本计量下，资产按照取得时支付的现金金额或者支付对价的公允价值计量。在重置成本计量下，资产按照现在购买相同或者相似资产所需支付的现金金额计量。在现值计量下，资产按照预计从其持续使用和最终处置中所产生的未来净现金流入量的折现金额计量。在公允价值计量下，资产按照市场参与者在计量日发生的有序交易中，出售资产所能收到的价格计量。

政府会计主体在对资产进行计量时，一般应当采用历史成本。采用重置成本、现值、公允价值计量的，应当保证所确定的资产金额能够持续、可靠地计量。无法采用历史成本、重置成本、现值和公允价值计量属性的，采用名义金额（即人民币1元）计量。

（二）负债

1. 定义

负债是指政府会计主体过去的经济业务或者事项形成的，预期会导致经济资源流出政府会计主体的现时义务。现时义务是指政府会计主体在现行条件下已承担的义务。未来发生的经济业务或者事项形成的义务不属于现时义务，不应当确认为负债。

2. 确认条件

符合政府负债定义的义务，在同时满足以下条件时，确认为负债：（1）履行该义务很可能导致含有服务潜力或者经济利益的经济资源流出政府会计主体；（2）该义务的金额能够可靠地计量。

3. 分类

政府会计主体的负债按照流动性，分为流动负债和非流动负债。

流动负债是指预计在1年内（含1年）偿还的负债，包括短期借款、应付及预收款项、应付职工薪酬、应缴款项等。

非流动负债是指流动负债以外的负债，包括长期借款、长期应付款、应付政府债券和政府依法担保形成的债务等。

4. 计量属性及应用

政府负债的计量属性主要包括历史成本、现值和公允价值。

在历史成本计量下，负债按照因承担现时义务而实际收到的款项或者资产的金额，或者承担现时义务的合同金额，或者按照为偿还负债预期需要支付的现金计量。在现值计量下，负债按照预计期限内需要偿还的未来净现金流出量的折现金额计量。在公允价值计量下，负债按照市场参与者在计量日发生的有序交易中，转移负债所需支付的价格计量。

政府会计主体在对负债进行计量时，一般应当采用历史成本。采用现值、公允价值计量的，应当保证所确定的负债金额能够持续、可靠地计量。

（三）净资产

净资产是指政府会计主体资产扣除负债后的净额，其金额取决于资产和负债的计量。

政府单位的净资产一般包括累计盈余、专用基金等。

（四）收入

1. 定义

收入是指报告期内导致政府会计主体净资产增加的、含有服务潜力或者经济利益的经济资源的流入。

政府单位的收入按照来源一般包括财政拨款收入、事业收入、非同级财政拨款收入、经营收入、上级补助收入、附属单位上缴收入、捐赠收入、投资收益、利息收入、其他收入等。

2. 确认条件

收入的确认应当同时满足以下条件：

（1）与收入相关的含有服务潜力或者经济利益的经济资源很可能流入政府会计主体；

（2）含有服务潜力或者经济利益的经济资源流入会导致政府会计主体的资产增加或者负债减少；

（3）流入金额能够可靠地计量。

（五）费用

1. 定义

费用是指报告期内导致政府会计主体净资产减少的、含有服务潜力或者经济利益的经济资源的流出。

政府单位的费用按照功能一般分为业务活动费用、单位管理费用、资产处置费用、所得税费用、上缴上级费用、对附属单位补助费用、其他费用等。业务活动费用按照经济分类可分为工资和福利费用、商品和服务费用、对个人和家庭补助费用、对企业补助费用、固定资产折旧费用、无形资产摊销费用、公共基础设施折旧（摊销）费用、计提专用基金等。

2. 确认条件

费用的确认应当同时满足以下条件：

（1）与费用相关的含有服务潜力或者经济利益的经济资源很可能流出政府会计主体；

（2）含有服务潜力或者经济利益的经济资源流出会导致政府会计主体资产减少或者负债增加；

（3）流出金额能够可靠地计量。

第四节　政府决算报告和财务报告

一、政府决算报告

（一）内容及目标

决算报告是综合反映政府会计主体年度预算收支执行结果的文件，应当包括决算报表和其他应当在决算报告中反映的相关信息和资料。

决算报告一般分为财政总决算和部门决算。财政总决算由一级政府财政部门根据财政总预算会计核算的结果进行编制；部门决算由部门、单位根据政府单位预算会计核算的结果进行编制。

决算报告的目标是向决算报告使用者提供与政府预算执行情况有关的信息，综合反映政府会计主体预算收支的年度执行结果，有助于决算报告使用者进行监督和管理，并为编制后续年度预算提供参考和依据。政府决算报告使用者包括各级人民代表大会及其常务委员会、各级政府及其有关部门、政府会计主体自身、社会公众和其他利益相关者。

（二）《预算法》对决算的一般要求

1. 决算草案由各级政府、各部门、各单位，在每一预算年度终了后按照国务院规定的时间编制。编制决算草案的具体事项，由国务院财政部门部署。

2. 编制决算草案，必须符合法律、行政法规，做到收支真实、数额准确、内容完整、报送及时。决算草案应当与预算相对应，按预算数、调整预算数、决算数分别列出。一般公共预算支出应当按其功能分类编列到项，按其经济性质分类编列到款。

3. 各部门对所属各单位的决算草案，应当审核并汇总编制本部门的决算草案，在规定的期限内报本级政府财政部门审核。各级政府财政部门对本级各部门决算草案审核后发现有不符合法律、行政法规规定的，有权予以纠正。

4. 国务院财政部门编制中央决算草案，经国务院审计部门审计后，报国务院审定，由国务院提请全国人民代表大会常务委员会审查和批准。县级以上地方各级政府财政部门编制本级决算草案，经本级政府审计部门审计后，报本级政府审定，由本级政府提请本级人民代表大会常务委员会审查和批准。乡、民族乡、镇政府编制本级决算草案，提请本级人民代表大会审查和批准。

二、政府财务报告

（一）内容和目标

政府财务报告是反映政府会计主体某一特定日期的财务状况和某一会计期间的运行情况和现金流量等信息的文件。政府财务报告应当包括财务报表和其他应当在财务报告中披露的相关信息和资料。财务报表是对政府会计主体财务状况、运行情况和现金流量等信息的结构性表述。

财务报表包括会计报表和附注。会计报表至少应当包括资产负债表、收入费用表和现金流量表。资产负债表是反映政府会计主体在某一特定日期的财务状况的报表。收入费用表是反映政府会计主体在一定会计期间运行情况的报表。现金流量表是反映政府会计主体在一定会计期间现金及现金等价物流入和流出情况的报表。附注是对在资产负债表、收入费用表、现金流量表等报表中列示项目所作的进一步说明，以及对未能在这些报表中列示项目的说明。

政府财务报告主要分为政府部门财务报告和政府综合财务报告。政府部门编制部门财务报告，反映本部门的财务状况和运行情况；财政部门编制政府综合财务报告，反映政府整体的财务状况、运行情况和财政中长期可持续性。

政府财务报告的目标是向财务报告使用者提供与政府财务状况、运行情况和现金流量等有关信息，反映政府会计主体公共受托责任的履行情况，有助于财务报告使用者作出决策或者进行监督和管理。政府财务报告使用者包括各级人民代表大会常务委员会、债权人、各级政府及其有关部门、政府会计主体自身和其他利益相关者。

（二）《改革方案》对政府财务报告编报的要求

1. 编报政府部门财务报告

（1）清查核实资产负债。各部门、各单位要按照统一要求有计划、有步骤地清查核实固定资产、无形资产以及代表政府管理的储备物资、公共基础设施、企业国有资产、应收税款等资产，按规定界定产权归属、开展价值评估；分类清查核实部门负债情况。清查核实后的资产负债统一按规定进行核算和反映。

（2）编制政府部门财务报告。各单位应在政府会计准则体系和政府财务报告制度框架体系内，按时编制以资产负债表、收入费用表等财务报表为主要内容的财务报告。各部门应合并本部门所属单位的财务报表，编制部门财务报告。

（3）开展政府部门财务报告审计。部门财务报告应保证报告信息的真实性、完整性及合规性，接受审计。

（4）报送并公开政府部门财务报告。部门财务报告及其审计报告应报送本级政府财政部门，并按规定向社会公开。

（5）加强部门财务分析。各部门应充分利用财务报告反映的信息，加强对资产状况、债务风险、成本费用、预算执行情况的分析，促进预算管理、资产负债管理和绩效管理有机衔接。

2. 编报政府综合财务报告

（1）清查核实财政直接管理的资产负债。财政部门要清查核实代表政府持有的相关国际组织和企业的出资人权益；代表政府发行的国债、地方政府债券，举借的国际金融组织和外国政府贷款、其他政府债务以及或有债务。清查核实后的资产负债统一按规定进行核算和反映。

（2）编制政府综合财务报告。各级政府财政部门应合并各部门和其他纳入合并范围主体的财务报表，编制以资产负债表、收入费用表等财务报表为主要内容的本级政府综合财务报告。县级以上政府财政部门要合并汇总本级政府综合财务报告和下级政府综合财务报告，编制本行政区政府综合财务报告。

（3）开展政府综合财务报告审计。政府综合财务报告应保证报告信息的真实性、完整性及合规性，接受审计。

（4）报送并公开政府综合财务报告。政府综合财务报告及其审计报告，应依法报送本级人民代表大会常务委员会备案，并按规定向社会公开。

（5）应用政府综合财务报告信息。政府综合财务报告中的相关信息可作为考核地方政府绩效、分析政府财务状况、开展地方政府信用评级、编制全国和地方资产负债表以及制定财政中长期规划和其他相关规划的重要依据。

三、政府单位编制财务报表和预算会计报表的一般要求

政府单位应当按照下列规定编制财务报表和预算会计报表：

第一，财务报表的编制主要以权责发生制为基础，以单位财务会计核算生成的数据为准；预算会计报表的编制主要以收付实现制为基础，以单位预算会计核算生成的数据为准。

第二，财务报表由会计报表及其附注构成。会计报表一般包括资产负债表、收入费用表和净资产变动表。单位可根据实际情况自行选择编制现金流量表。

第三，预算会计报表至少包括预算收入支出表、预算结转结余变动表和财政拨款预算收入支出表。

第四，单位应当至少按照年度编制财务报表和预算会计报表。

第五，单位应当根据本制度规定编制真实、完整的财务报表和预算会计报表，不得违反本制度规定随意改变财务报表和预算会计报表的编制基础、编制依据、编制原则和方法，不得随意改变本制度规定的财务报表和预算会计报表有关数据的会计口径。

第六，财务报表和预算会计报表应当根据登记完整、核对无误的账簿记录和其他有关资料编制，做到数字真实、计算准确、内容完整、编报及时。

第七，财务报表和预算会计报表应当由单位负责人和主管会计工作的负责人、会计机构负责人（会计主管人员）签名并盖章。

第五节　会计信息质量要求

一、会计信息质量要求概述

政府会计信息质量关系到国家财政经济决策、权力机关监督和政府绩效评价等重大问题，会计信息质量要求是对政府会计提供高质量会计信息的基本规范，是使决算报告和财务报告中所提供会计信息满足“受托责任”和“决策有用”应具备的质量特征。

《基本准则》明确了政府会计信息应当满足的 7 个质量要求，即可靠性、全面性、相关性、及时性、可比性、可理解性和实质重于形式。这与现行预算会计制度中提出的会计信息质量要求基本一致，也与国际公共部门会计概念框架中提出的信息质量特征相适应。其中，可靠性、全面性、相关性是对会计信息质量的实质性要求，是会计信息应具备的基本质量特征，及时性、可比性、可理解性是对会计信息质量的形式性要求，是对可靠性、全面性、相关性等首要质量要求的补充和完善，实质重于形式是对会计信息的约束性要求，在对某些特殊经济业务或者事项进行处理时，需要根据这一质量要求来把握其会计处理原则。

7 个信息质量要求中的每一项都是整体不可或缺的一部分，并相互配合共同帮助实现会计核算的目标。但是在实践中，并非所有的质量要求都能够完全达到，可能需要在一些要求之间达成平衡或做出权衡。另外，这些信息质量要求适用于政府会计主体的所有财务和非财务信息，包括历史和前瞻性信息以及说明性信息。但是，这些质量要求能够达到的程度可能不同，取决于不确定性程度和编制决算报告和财务报告时的主观评价，也取决于其他相关法律法规对不同政府会计主体决算报告和财务报告的特殊要求。

二、可靠性

可靠性，是指政府会计主体应当以实际发生的经济业务或者事项为依据进行会计核算，如实反映各项会计要素的情况和结果，保证会计信息真实可靠。

可靠性是高质量会计信息的重要基础和关键所在，要求政府会计主体应当以实际发生的经济业务或者事项为依据进行确认、计量和报告，如实反映符合确认和计量要求的各项会计要素及其他相关信息，保证会计信息真实可靠、内容完整。如果会计主体以虚假的业务或事项进行确认、计量、报告，属于违法行为，不仅会严重损害会计信息质量，而且会误导使用者，导致会计秩序混乱。

三、全面性

全面性，是指政府会计主体应当将发生的各项经济业务或者事项统一纳入会计核算，确保会计信息能够全面反映政府会计主体预算执行情况和财务状况、运行情况、现金流量等。

全面性体现了《会计法》、《预算法》和《改革方案》等法律法规对会计核算内容的要求，从而保证了会计信息的完整性。例如，《预算法》第四条规定，预算由预算收入和预算支出组成。政府的全部收入和支出都应当纳入预算。又如，单位会计核算的资产不仅要包括单位占有、使用的资产，还要包括受托管理的资产，以及负有经管责任的公共基础设施、政府储备物资、文物文化资产、保障性住房和自然资源资产等。再如，对于基本建设投资业务，行政事业单位应当统一纳入单位“大账”进行核算，不再需要单独建账，这也体现了会计信息全面性的要求。另外，在符合重要性和成本效益原则的前提下，政府会计主要应保证会计信息的完整性，其中包括应当编报的报表及其附注内容等应当保持完整，不能随意遗漏或者减少应予披露的信息，与使用者决策相关的有用信息都应当充分披露。

四、相关性

相关性，是指政府会计主体提供的会计信息，应当与反映政府会计主体公共受托责任履行情况以及报告使用者决策或者监督、管理的需要相关，有助于报告使用者对政府会计主体过去、现在或者未来的情况作出评价或者预测。

会计信息是否有用，是否具有价值，关键是看其与使用者的决策需要是否相关，是否有助于决策或者提高决策水平。相关的会计信息应当能够有助于使用者评价政府会计主体过去的决策，证实或者修正过去的有关预测，因而具有反馈价值。相关的会计信息还应当具有预测价值，有助于使用者根据财务报告所提供的会计信息预测政府会计主体未来的财务状况、运行情况和现金流量。会计信息质量的相关性要求，是以可靠性为基础的，两者之间是统一的，并不矛盾，不应将两者对立起来。也就是说，会计信息在可靠性前提下，尽可能地做到相关性，以满足报告使用者的决策需要。

五、及时性

及时性，是指政府会计主体对已经发生的经济业务或者事项，应当及时进行会计核算，不得提前或者延后。

会计信息的价值在于帮助信息使用者做出经济决策，具有时效性。即使是可靠的、全面的、相关的会计信息，如果不及时提供，就失去了时效性，对于使用者的效用就大大降低，甚至不再具有实际意义。在会计确认、计量和报告过程中贯彻及时性，一是要求及时收集会计信息，即在经济业务或者事项发生后，及时收集整理各种原始单据或者凭证；二是要求及时处理会计信息，即按照国家统一的会计制度的规定，及时对经济业务或者事项进行确认或者计量，并编制报告；三是要求及时传递会计信息，即按照国家规定的有关时限，及时地将编制的报告传递给信息使用者，便于其及时使用和决策。

六、可比性

可比性，是指同一政府会计主体不同时期发生的相同或者相似的经济业务或者事项，应当采用一致的会计政策，不得随意变更。确需变更的，应当将变更的内容、理由及其影响在附注中予以说明。不同政府会计主体发生的相同或者相似的经济业务或者事项，应当采用一致的会计政策，确保政府会计信息口径一致，相互可比。

七、可理解性

可理解性，是指政府会计主体提供的会计信息应当清晰明了，便于报告使用者理解和使用。

政府会计主体编制决算报告和财务报告、提供会计信息的目的在于使用，而要使使用者有效使用会计信息，应当能让其了解会计信息的内涵，弄懂会计信息的内容，这就要求决算报告和财务报告所提供的会计信息应当清晰明了，易于理解。只有这样，才能提高会计信息的有用性，实现财务报告的目标，满足向信息使用者提供决策有用信息的要求。会计信息使用者通过阅读、分析、使用决算报告和财务报告信息，能够了解政府会计主体的过去和现状，以及政府会计主体净资产或价值的变化过程，预测未来发展趋势，从而作出科学决策。

会计信息是一种专业性较强的信息产品，在强调会计信息的可理解性要求的同时，还应假定使用者具有一定的有关政府会计主体业务活动和会计方面的知识，并且愿意付出努力去研究这些信息。对于某些复杂的信息，如经济业务本身较为复杂或者会计处理较为复杂，但其与使用者的经济决策相关的，政府会计主体就应当在决算报告和财务报告中予以充分披露。

八、实质重于形式

实质重于形式，是指政府会计主体应当按照经济业务或者事项的经济实质进行会计核算，不限于以经济业务或者事项的法律形式为依据。

政府会计主体发生的经济业务或事项在多数情况下其经济实质和法律形式是一致的，但在有些情况下也会出现不一致。例如，单位通过融资租赁取得一项设备，尽管从法律上讲该项设备的所有权不属于本单位，但从经济实质上讲已经将与该设备所有权有关的全部或绝大部分风险和报酬转移给单位，因此，应当将该设备确认为本单位的资产。又如，关联交易中，通常情况下，关联交易只要交易价格是公允的，关联交易属于正常交易，按照准则规定进行确认、计量、报告；某些情况下，关联交易有可能会出现不公允：虽然这个交易的法律形式没有问题，但从交易的实质来看，可能会出现关联方之间转移利益或操纵价格的行为，损害会计信息质量。由此可见，在会计职业判断中，正确贯彻实质重于形式原则至关重要。

第六节　会计科目设置

一、政府单位会计科目的设置情况

为了连续、系统、全面地核算和监督经济业务或事项所引起的各项会计要素的增减变化，有必要对会计要素的具体内容按照其不同的特点和经济管理要求进行科学的分类，并事先确定分类核算的项目名称，规定其核算内容。这种对会计要素的具体内容进行分类核算的项目，称为会计科目。政府单位会计包括财务会计和预算会计，相应地，政府单位会计科目也包括财务会计科目和预算会计科目。《政府会计制度》共设置103个一级会计科目，其中77个财务会计科目，26个预算会计科目。

（一）关于财务会计科目设置

单位财务会计包括资产、负债、净资产、收入、费用五个要素，相应地，《政府会计制度》设置了五类财务会计科目，其中收入、费用和净资产科目属于新增科目。

1. 资产类科目

资产类一级科目共35个，包括：

（1）资金类科目：库存现金、银行存款、其他货币资金、零余额账户用款额度、财政应返还额度。

（2）应收款项类科目：应收票据、应收账款、预付账款、应收股利、应收利息、其他应收款。

（3）存货类科目：在途物品、库存物品、自制物品。

（4）传统非流动资产科目：固定资产、无形资产。

（5）投资类科目：短期投资、长期债券投资、长期股权投资。

（6）备抵类科目：坏账准备、固定资产累计折旧、无形资产累计摊销、公共基础设施累计折旧（摊销）、保障性住房累计折旧。

（7）经管类资产科目：公共基础设施、政府储备物资、保障性住房、文物文化资产。

（8）成本归集分摊类科目：待摊费用、工程物资、在建工程、研发支出、长期待摊费用、待处理财产损益。

（9）特殊资产：受托代理资产。

2. 负债类科目

负债类一级科目共计 16 个，包括：

（1）借款类科目：短期借款、长期借款。

（2）应付及预收类科目：应付票据、应付账款、应付利息、应付职工薪酬、预收账款、应付政府补贴款、长期应付款、预提费用。

（3）暂收及应缴类科目：其他应付款、应交增值税、其他应交税费、应缴财政款。

（4）预计负债科目：预计负债。

（5）特殊负债：受托代理负债。

3. 净资产类科目

净资产类一级科目共计 7 个，包括：

（1）期末（年末）需结转的科目：本年盈余、本年盈余分配、无偿调拨净资产、以前年度盈余调整。

（2）年末不需结转的科目：累计盈余、专用基金、权益法调整。

4. 收入类科目

收入类一级科目共计 11 个，按照收入来源分为财政拨款收入、事业收入、上级补助收入、附属单位上缴收入、经营收入、非同级财政拨款收入、投资收益、租金收入、利息收入、捐赠收入、其他收入。

5. 费用类科目

费用类一级科目共计 8 个，按照功能分为业务活动费用、单位管理费用、经营费用、资产处置费用、上缴上级费用、对附属单位补助费用、所得税费用、其他费用。

（二）关于预算会计科目设置

单位预算会计包括预算收入、预算支出和预算结余三个要素，相应地，《政府会计制度》设置了三类预算会计科目。预算类会计科目基本与现行行政事业单位的会计科目一致。

1. 预算收入类科目

预算收入类一级科目共计 9 个，主要按照资金来源设置。为了与财务会计收入类科目相区别，在每个科目中增加了“预算”二字。预算收入类科目包括财政拨款预算收入、事业预算收入、上级补助预算收入、附属单位上缴预算收入、经营预算收入、非同级财政拨款预算收入、投资预算收益、债务预算收入、其他预算收入，其中“债务预算收入”是本次新增科目。

2. 预算支出类科目

预算支出类一级科目共计 8 个，主要按照功能设置。预算支出类科目包括行政支出、事业支出、经营支出、上缴上级支出、对附属单位补助支出、投资支出、债务还本支出、其他支出。其中“投资支出”、“债务还本支出”属于本次新增科目。

3. 预算结余类科目

预算结余类一级科目共计 9 个，主要包括：

（1）与财政资金相关的科目：财政拨款结转、财政拨款结余。

（2）与非财政专项资金相关的科目：非财政拨款结转。

（3）与其他资金相关的科目：其他结余、经营结余、非财政拨款结余分配、非财政拨款结余、专用结余。

（4）特殊预算结余科目：资金结存。

二、政府单位运用会计科目的具体要求

第一，单位应当按照《政府会计制度》的规定设置和使用会计科目。在不影响会计处理和编制报表的前提下，单位可以根据实际情况自行增设或减少某些会计科目。

第二，单位应当执行《政府会计制度》统一规定的会计科目编号，以便于填制会计凭证、登记账簿、查阅账目，实行会计信息化管理。《政府会计制度》采用 4 位数字代码对一级会计科目进行编码，对明细科目的编码规则未做具体要求。

第三，单位在填制会计凭证、登记会计账簿时，应当填列会计科目的名称，或者同时填列会计科目的名称和编号，不得只填列会计科目编号、不填列会计科目名称。

第四，单位设置明细科目或进行明细核算，除遵循《政府会计制度》规定外，还应当满足权责发生制政府部门财务报告和政府综合财务报告编制的其他需要。

第四章

预算收入的核算

第一节　预算收入核算概述

一、预算收入核算的内容

1. 预算收入的概念

根据《基本准则》规定，预算收入是指政府会计主体在预算年度内依法取得的并纳入预算管理的现金流入。对于行政事业单位来说，预算收入就是指行政事业单位在预算年度内依法取得的并纳入单位预算管理的现金流入。

2. 对行政事业单位预算收入的理解

对行政事业单位预算收入的理解，要注意以下几个方面：

（1）行政事业单位的预算收入必须是依法取得。行政事业单位的预算收入依法取得的含义是：预算收入的资金来源是法律法规允许的。如行政事业单位依照预算法规从财政部门取得的财政预算拨款，行政事业单位取得不被法律法规禁止的其他收入等。如果法律法规禁止行政事业单位将取得的资金作为收入，那么行政事业单位的会计核算中就不能将这些资金作为预算收入核算。例如，有关规定对行政事业单位执收的行政事业性收费、罚没款项，行政事业单位处置资产、行政单位出租资产收到的资金等，要求实行“收支两条线”管理。行政事业单位收到属于收支两条线管理的资金时，就不能作为预算收入。

（2）行政事业单位属于预算收入的资金要纳入单位预算管理。行政事业单位属于预算收入的资金要纳入单位预算管理要求：行政事业单位的全部收入要纳入单位预算，统一核算，统一管理。这里，行政事业单位的收入，是指本单位能够使用、分配的资金。纳入行政事业单位本单位预算管理的资金，才能作为预算收入核算。

事业单位从银行的借款，是单位为使用而筹集的，要纳入单位预算管理，借款的资金就属于预算收入。而行政事业单位的其他应付款中收取其他单位或个人的押金、收到受托代理的资金、收到按照规定应当上缴财政的资金等，因单位不能分配或使用，就不纳入单位预算管理，自然也不属于单位的预算收入。

依照行政事业单位预算管理的相关规定，对各单位之间财政结余资金的调剂，不纳入单位预算收支的范围。因此，行政事业单位获得财政部门从其他单位调剂调入的财政拨款结余资金，不作为单位的预算收入，只作为预算结余的增加。

还在采取实拨资金方式进行财政拨款的地方，上级行政事业单位收到的同级财政部门拨款中包含下级单位的财政拨款，由于下级单位的财政拨款列入的是下级单位的预算，不在收到拨款的上级单位预算之中，所以，上级行政事业单位对收到的下级单位的财政拨款，不能作为本单位的预算收入。

行政事业单位的财政拨款预算收入都纳入本级政府财政预算管理，财政部门按照财政预算拨付给行政事业单位的财政资金，既是财政部门（财政总预算会计）的预算支出，也是行政事业单位的预算收入。如果财政部门因某种原因，暂时拨付给行政事业单位使用但尚未纳入财政支出预算的财政资金，行政事业单位不能将其作为预算收入。

（3）行政事业单位属于预算收入的资金要纳入当年度预算管理。行政事业单位取得的财政拨款资金，也是财政部门纳入财政预算的财政资金，但是，财政部门如果因某种需要，将纳入下年度财政预算的资金在本年度提前预拨给行政事业单位，财政部门（财政总预算会计）拨款时不能列入财政预算支出，接受拨款的行政事业单位也不能将收到的财政资金列入当年预算收入。行政事业单位要待到下个财政预算年度，再将预收的财政资金确认为当年预算收入。

（4）行政事业单位的预算收入是取得的货币资金。根据预算收入的定义，预算收入核算的对象属于广义现金的范畴，即货币资金。在行政事业单位的资产中，准备随时用于单位支付的资产为货币资产，包括库存现金、银行存款、其他货币资金、零余额账户用款额度、财政应返还额度。行政事业单位一般只有在取得货币资产时，才可能形成预算收入。

如果行政事业单位只是取得了非货币资产，而没有取得货币资产，就不作为预算收入核算。如行政事业单位接受无偿调入、接受捐赠的实物资产和无形资产等，就只能作资产增加的核算，而不确认预算收入。

在实行国库集中支付的情况下，当进行财政直接支付时，行政事业单位通过财政部门直接向单位购买商品和劳务的供应商支付了资金，这相当于行政事业单位从财政部门获得了资金的同时又耗用了资金。因此，行政事业单位在财政直接支付时，既确认预算收入，同时也确认预算支出。

行政事业单位如果出现货币资金的溢余（如库存现金盘盈），对于这种情况，可以视为货币资产的增加，作预算收入处理。

二、预算收入的分类

1. 行政事业单位预算收入的划分

行政事业单位对预算收入一般按照构成预算收入的资金来源渠道进行划分，其目的是向会计信息使用者反映行政事业单位的各种资金来源的预算收入及其数量。按照资金来源划分的预算收入包括：

（1）财政拨款预算收入。

财政拨款预算收入是指行政事业单位从同级政府财政部门取得的各类财政拨款。这里的同级政府是指事业单位和拨款的财政部门同属一级政府，又称本级政府。同级政府财政部门根据政府财政预算向作为本级政府财政预算单位的行政事业单位拨付财政资金，行政事业单位收到这种财政资金，就形成单位的财政拨款预算收入。如果财政资金的来源是同级政府财政，但是作为这些财政资金的同级政府财政预算单位是其他的政府部门或单位，那么行政事业单位即使获得这样的财政资金，也不作为本单位的财政拨款预算收入。

（2）事业预算收入。

事业预算收入是指事业单位通过开展专业业务活动及其辅助活动取得的现金流入。所谓专业业务活动，是指事业单位根据本单位专业特点所从事或开展的主要业务活动，如教育事业单位的教学活动、科学事业单位的科研活动、卫生健康事业单位的医疗保健服务活动、文化事业单位的演出活动等。辅助活动是指与专业业务活动相关、直接为专业业务活动服务的技术支持活动、后勤保障活动及其他有关活动。通过开展上述活动取得的收入，均作为事业预算收入核算。因开展专项事业活动而取得的本级政府横向转拨财政款和非本级政府的财政专项拨款，也属于事业预算收入；事业单位实行“收支两条线”管理上缴财政专户的资金，由财政返还时也属于事业预算收入。

（3）上级补助预算收入

上级补助预算收入是指事业单位从主管部门或上级单位取得的非财政补助的现金流入。事业单位的上级单位有时会出于帮助事业单位解决活动中的资金需要，定期或定向给事业单位一些财政拨款以外的资金。这种资金包括上级单位自己可分配使用的非财政资金，以及上级单位集中其他下级单位的资金。事业单位收到上级单位拨付的这类非财政拨款资金，就作为单位的上级补助预算收入。

（4）附属单位上缴预算收入

附属单位上缴预算收入是指事业单位取得的附属独立核算单位根据有关规定上缴的现金流入，包括附属单位上缴的收入等。附属单位因偿还事业单位为附属单位在支出中垫支的各种费用而交给事业单位的资金，不能作为附属单位上缴预算收入，其中事业单位已经列入预算支出的，还应当冲减事业单位的相关预算支出（当年度）或调整事业单位预算结余（以前年度）。

（5）经营预算收入。

经营预算收入是指事业单位在专业业务活动以及辅助活动之外开展非独立核算营利性活动取得的现金流入。有些事业单位在为社会提供公益服务的同时，利用自身资源，开展一些以营利为目的的业务，如单位非独立核算的单位食堂对外提供市场定价的餐饮服务，事业单位按市场价格出售单位制作的产品等。事业单位开展这些活动的目的，不是为了完成事业任务，而是为了获得收益，补充事业单位的资金来源。因此，这些活动属于单位的经营活动，其收入纳入单位预算管理成为事业单位的经营预算收入。另外，如果事业单位从事经营活动的单位是完全独立核算的单位，那就是独立于事业单位的另一个会计主体，那么即使该单位将经营活动取得的收入上缴给事业单位，也不是事业单位自身的经营预算收入。

（6）债务预算收入。

债务预算收入是指事业单位按照规定从银行和其他金融机构等借入的、纳入部门预算管理的、不以财政资金作为偿还来源的债务本金。事业单位在向金融机构借款过程中支付的银行贷款手续费等，应当作为其他预算支出，不能冲减债务预算收入。行政事业单位在业务活动中因资金周转困难，从上级部门、其他单位取得的临时借款，不纳入单位预算管理，不属于债务预算收入。

（7）非同级财政拨款预算收入。

非同级财政拨款预算收入是指行政事业单位从非同级政府财政部门取得的财政拨款，包括本级横向转拨财政款和非本级财政拨款。行政事业单位通常不直接取得跨政府层级的财政拨款，但有时因为完成某项特定任务，行政事业单位也能从上级或下级政府的财政部门或主管部门获得财政拨款。行政事业单位获得这种财政拨款，就属于非同级财政拨款预算收入。有些本级政府财政资金，由财政部门按照财政预算切块分配给某些政府主管部门，这些政府主管部门是财政资金的预算单位。而后再由这些政府主管部门分配给具体的资金使用单位，即将本级政府财政资金横向转拨。作为这种财政资金使用单位的行政事业单位，获得有关主管部门转拨来的财政预算资金，就属于本单位的非同级财政拨款预算收入。

如果行政事业单位需要因接受拨款向拨款或转拨款单位提供对等的事业服务，那么取得的非同级财政拨款资金，就属于单位的事业预算收入。

（8）投资预算收益。

投资预算收益是指事业单位取得的按照规定纳入部门预算管理的属于投资收益性质的现金流入，包括股权投资收益、出售或收回债券投资所取得的收益和债券投资利息收入。其中，股权投资收益又包括：事业单位收到的被投资企业向股东分配的现金股利或利润；转让股权投资取得的现金净收入留给单位的部分（如果留给单位的部分包括原投资支出，要再扣除原投资支出）。出售或收回债券投资所取得的收益是指出售或收回债券投资所得的现金净收入中扣除原投资支出后的差额。出售债券投资的现金净收入扣除原投资支出为负数的，为负的投资预算收益。

（9）其他预算收入。

其他预算收入是指行政事业单位除财政拨款预算收入、事业预算收入、上级补助预算收入、附属单位上缴预算收入、经营预算收入、债务预算收入、非同级财政拨款预算收入、投资预算收益之外的纳入部门预算管理的现金流入，包括捐赠预算收入、利息预算收入、租金预算收入、现金盘盈收入等。其中，捐赠预算收入不包括行政事业单位收到的捐赠款项中捐赠人指定其他受赠人的资金；利息预算收入不包括事业单位债券投资取得的债券利息。

2. 各类预算收入的辨别

行政事业单位对预算收入进行会计处理时，要注意区分以下具有相同特征、容易混淆的预算收入。

（1）财政拨款预算收入与上级补助预算收入。在财政拨款采用实拨资金方式下，财政拨款和上级补助都是从上级单位拨到的本单位银行账户的资金。但是前者是财政部门拨付的财政资金；后者是非财政资金，是主管部门或上级单位用自身组织的收入或者集中下级单位的收入拨给行政事业单位的资金。

（2）财政拨款预算收入与财政专户返还的事业预算收入。尽管两者都由财政部门按照单位预算拨付，但前者是财政部门从国库拨给事业单位的财政预算资金，后者则是学校等事业单位取得的实行“收支两条线”管理的事业活动收入资金。只是这些事业活动收入不能在从服务对象收到资金时就用于单位开支，而是要按照财政管理要求，先上缴财政专户存放，经过财政部门按照单位预算审核批准拨付事业单位后，事业单位才能将收到的资金确认为单位的事业预算收入。

（3）非同级财政拨款预算收入与财政拨款收入。行政事业单位取得的非同级政府财政拨款中，从同级政府的其他部门单位取得的财政资金是本级政府的财政资金，行政事业单位的财政拨款预算收入也是本级政府的财政资金。如何区分两者，要看这些财政资金的财政预算单位是否为本单位。本单位属于该财政资金的财政预算单位，就是本单位的财政拨款预算收入；同级政府的其他部门单位是财政预算单位，按照该单位预算取得的本级政府财政资金，而后又再分配转拨给本单位的，就不是本单位的财政拨款预算收入。

（4）非同级财政拨款预算收入与事业预算收入。行政事业单位收到同级政府的其他部门单位或者非同级政府的财政部门或业务部门单位的非同级财政拨款，有两种情况：一种是要求接受资金的行政事业单位为这种拨款提供对等专项服务，如接受项目资金的条件是要完成项目并提供项目研究成果等；另一种则不一定有这种对等交换要求。显然，前者属于政府购买服务，所以收到的财政资金属于单位提供服务获得的事业收入，按照事业预算收入处理；后者属于单位的非同级财政拨款预算收入。

（5）事业预算收入与经营预算收入。事业单位取得经营预算收入的经营活动有些和单位取得事业预算收入的事业活动形式一样，从形式上看都是专业业务活动及其辅助活动，都进行收费。如何判定单位活动取得的现金流入是事业预算收入还是经营预算收入，就要看该活动是否具有营利性。如果事业单位开展该活动的目的不是为了完成单位的事业任务，而是为了获取高于活动成本的收入，那就属于以营利为目的的经营活动，从而取得的现金流入就属于经营预算收入；否则，就属于事业预算收入。

（6）附属单位上缴预算收入与投资预算收益。事业单位的附属单位中，有一些已经转为企业法人。这类企业上缴事业单位的收入是附属单位上缴预算收入还是投资预算收益，要看事业单位与其所属的企业法人之间的产权关系及经济关系。如果事业单位与所属企业法人在产权、资产、职工福利等方面没有厘清，事业单位还承担着所属企业的职工福利、负债偿还，或者还由所属企业化单位免费使用事业单位资产等，那么事业单位所属的企业上缴的这部分收入就是事业单位的附属单位上缴预算收入；如果事业单位与其举办的企业化单位之间产权明晰、财务上各自独立，事业单位与所属单位是投资与被投资的关系，事业单位所属单位上缴的收入的性质是因为投资关系而向投资者分配的企业利润，就属于事业单位的投资预算收益。

三、预算收入的确认

1. 国库集中支付方式的预算收入确认

在国库集中支付方式下，行政事业单位的财政拨款预算收入的确认包括以下几种情况：

（1）通过财政直接支付使用本年度预算财政拨款的，在财政直接支付时确认财政拨款预算收入。

（2）通过财政授权支付使用财政拨款的，在收到财政部门下达的财政授权支付额度时确认财政拨款预算收入。

（3）年末，在确认财政应返还额度时，对尚未直接支付的本年度财政拨款，以及尚未下达授权支付额度的本年度财政拨款，确认财政拨款预算收入。

2. 其他方式的预算收入确认

在不采用国库集中支付方式的其他方式下，行政事业单位的各项预算收入是否确认，可以分为两种情况：

（1）收到现金时确认预算收入。在大多数情况下，行政事业单位收到现金（包括银行存款和库存现金等）时，确认相应的预算收入。

（2）收到现金时不确认预算收入。有些情况下，行政事业单位收到现金时不确认预算收入，这些情况主要包括以下几种：

①收到其他应付款中的押金等资金，因为将来需要退回给交付押金的单位和个人，所以不纳入单位的预算管理，因此不确认预算收入。

②预收财政部门的列入下年预算的财政拨款，或者收到没有纳入财政预算的财政暂借款项，因为财政部门没有纳入本年预算，所以单位也不确认本年预算收入。

③收到直接计入专用基金的资金，如留本基金本金，因为不纳入单位预算管理，所以不确认预算收入。

④收到处置资产、行政事业性收费的资金，因为要上缴财政，所以不确认预算收入。

⑤收到单位受托代理的资金，因为不纳入本单位预算管理，所以不确认预算收入。

（3）确认预算收入的几种特殊情况。

①还在采取实拨资金方式进行财政拨款的地方，当尚不能确定下级单位的预算具体数额、将下级单位的预算包含在上级行政事业单位预算之中的情况下，上级行政事业单位收到财政拨款（含下级单位的预算，但数额尚未确定）时，全部都确认为预算收入；而到确定了下级单位的预算数（此时原包含在上级行政事业单位预算中的下级单位预算，已经从上级行政事业单位预算中分割出来，转为下级单位的预算），上级行政事业单位向下级单位转拨财政款项时，上级行政事业单位需要对原登记的预算收入进行冲减，而下级单位则将收到的财政拨款（由上级行政事业单位转拨）确认预算收入。

②有些对收入实行“收支两条线”管理、差额上缴的事业单位，取得的事业收入要部分上缴财政。事业单位收到这样的收入时要对取得的收入进行划分，划分为应当上缴财政的部分和留在单位使用的部分。事业单位收到这种收入后，在没有划分之前，不确认预算收入。待到划分清楚时，将留归单位的部分确认预算收入。上缴财政的部分，如果是上缴财政专户管理，将来财政部门按照单位预算拨回事业单位的，在拨回时确认预算收入。

③行政事业单位对收到财政部门预拨的属于下年财政预算的款项，在到下年预拨款项所属的预算年度，确认预算收入。行政事业单位收到财政部门暂付的没有列入财政预算的款项，待到该财政款项纳入了财政预算和单位预算的，确认预算收入。

④属于增值税一般纳税人或小规模纳税人的事业单位，在销售产品收到购买方支付的销项税额时，作为预算收入确认。

⑤事业单位向金融机构等的借款资金，纳入单位预算管理，收到时确认预算收入。

第二节 财政拨款预算收入的核算

一、财政拨款预算收入核算的账户设置

1. 资金结存的账户设置

行政事业单位要设置“资金结存”总账科目，核算行政事业单位各种纳入预算管理的资金的流入、流出、调整和滚存等情况。平时，“资金结存”科目的借方登记资金结存的增加数，贷方登记资金结存的减少数，期末余额为借方余额，反映单位尚未使用的纳入预算管理的资金结存数。

在“资金结存”总账科目下，新制度规定了需要统一设置的明细科目。

（1）“零余额账户用款额度”明细科目。本明细科日核算实行国库集中支付的单位根据财政部门批复的用款计划收到和支用的零余额账户用款额度。年末结账注销零余额账户用款额度后，本明细科目应无余额。

（2）“货币资金”明细科目。本明细科目核算单位以库存现金、银行存款、其他货币资金形态存在的资金。本明细科目年末借方余额反映单位尚未使用的货币资金。

（3）“财政应返还额度”明细科目。本明细科目核算实行国库集中支付的单位可以使用的以前年度财政直接支付资金额度和财政应返还的财政授权支付资金额度。本明细科目下可设置“财政直接支付”、“财政授权支付”两个明细科目进行明细核算。本明细科目年末借方余额，反映单位尚未使用的以前年度的财政资金额度。

2. 财政拨款预算收入的账户设置

行政事业单位要设置“财政拨款预算收入”总账科目，核算行政事业单位从同级政府财政部门取得的各类财政拨款。平时，“财政拨款预算收入”科目的贷方余额，反映单位获得财政资金拨款的本年累计数。年终结账时，将本科目本年发生额转入“财政拨款结转”科目。年终结转后本科目应无余额。

在“财政拨款预算收入”总账科目下，新制度规定了需要统一设置的明细科目。

根据预算管理的要求，行政事业单位的财政拨款预算收入首先要与不同

财政预算的预算资金拨款对接，还要按照部门预算的基本支出拨款和项目支出拨款分别管理。基本支出拨款要按人员经费和日常公用经费分别管理；项目支出拨款，还要按照每个项目分别管理。为满足预算管理要求，对财政拨款预算收入的会计核算需要分别反映一般公共预算拨款和政府性基金预算拨款等不同的财政预算拨款，还要反映基本支出拨款和项目支出拨款，也要反映人员经费拨款和日常公用经费拨款。

有两种或两种以上财政拨款的行政事业单位，首先应当在“财政拨款预算收入”总账科目下，按照财政预算的种类或财政资金的类别分别设置二级明细科目进行明细核算，包括“一般公共预算拨款”、“政府性基金预算拨款”、“财政专用基金拨款”等。

根据编制政府部门决算报表的需要，行政事业单位应当按照《政府收支分类科目》中支出功能分类科目的项级科目设置三级明细科目进行明细核算。

行政事业单位还应当在三级明细科目下，设置“基本支出拨款”和“项目支出拨款”两个明细科目，分别核算单位按照单位基本预算和项目预算取得用于基本支出和项目支出的财政拨款资金。其中，在“基本支出拨款”明细科目下，应当按照“人员经费”和“日常公用经费”进行明细核算；在“项目支出拨款”明细科目下，应当按照每个项目进行明细核算。

大多数行政事业单位只使用一般公共财政预算财政资金拨款，在“财政拨款预算收入”总账科目下可以不设置上述的二级明细科目，其他层级的明细科目随之上提一级。表4－1为财政拨款预算收入明细科目表示例[①]。

表4－1　　财政拨款预算收入明细科目表

<table>
<tr><th>总账科目</th><th>二级明细科目</th><th>三级明细科目</th><th>四级明细科目</th><th>五级明细科目</th></tr>
<tr><td rowspan="5">财政拨款预算收入</td><td rowspan="4">一般公共预算拨款</td><td rowspan="4">政府支出功能分类的项级科目</td><td rowspan="2">基本支出拨款</td><td>人员经费</td></tr>
<tr><td>日常公用经费</td></tr>
<tr><td rowspan="2">项目支出拨款</td><td>××项目</td></tr>
<tr><td>××项目</td></tr>
<tr><td>政府性基金预算拨款</td><td>同上</td><td>同上</td><td>同上</td></tr>
</table>

① 新制度没有对会计账户中各层级明细科目的层级设置提出统一规定。本书对预算会计账户设置的各层级明细科目设置遵循的原则是：新制度有规定的按照新制度规定设置；上下层级科目具有逻辑关系的按照逻辑关系设置；其他的按照项目少的明细科目放在上层级、项目多的放在下层级设置。实务中，单位可以根据自己的会计系统条件，自行决定各级明细科目的层级顺序。

二、财政拨款预算收入的账务处理

1. 财政直接支付方式下的账务处理

采用国库集中支付方式进行财政直接支付时，根据财政零余额账户代理银行转来的“财政直接支付入账通知书”中的财政资金支付数额，借记“行政支出”、“事业支出”等科目，贷记“财政拨款预算收入”科目。年末，按照财政部门批复的财政资金预算指标数与财政直接支付实际支出的差额，借记“资金结存——财政应返还额度——财政直接支付”科目，贷记“财政拨款预算收入”科目。因差错更正、购货退回等发生本年度财政直接支付的资金收回时，借记“财政拨款预算收入”科目，贷记“行政支出”、“事业支出”等科目。

2. 财政授权支付方式下的账务处理

政府单位在得到财政部门下达的财政资金授权支付额度时，根据单位零余额账户代理银行转来的“财政授权支付额度到账通知书”，经与财政部门批准的授权支付额度预算计划核对无误后，借记“资金结存——零余额账户用款额度”科目，贷记“财政拨款预算收入”科目。年末，按照本年度财政授权支付预算指标数大于零余额账户用款额度下达数的差额，借记“资金结存——财政应返还额度——财政授权支付”科目，贷记“财政拨款预算收入”科目。

3. 实拨资金方式下的账务处理

通过实拨资金方式获取财政资金拨款的行政事业单位，按本期预算收到财政拨款时，根据开户银行发来的银行存款进账单中标明的财政拨款到账金额，借记“资金结存——货币资金”科目，贷记“财政拨款预算收入”科目。收到财政部门预拨下年的经费时，本年不做预算会计账户的登记，待到下年时，借记“资金结存——货币资金”科目，贷记“财政拨款预算收入”科目。

4. 年末转账时的账务处理

年末转账时，将“财政拨款预算收入”科目本期发生额结转至财政拨款结转，借记“财政拨款预算收入”科目，贷记“财政拨款结转”科目。

三、财政拨款预算收入主要业务核算举例[1]

1. 财政直接支付方式下的财政拨款预算收入核算

【例 4－1】 资料：某水利部门的事业单位（水利监测）实行国库集中支付。

要求：编制该单位根据下述业务进行预算会计记账的会计分录。

（1）收到财政零余额账户代理银行转来的财政直接支付入账通知书，采用财政直接支付方式支付采购电脑等办公设备款 10 万元，支出功能分类为水利监测。

借：事业支出——财政拨款支出——水利监测——基本支出——其他资本性支出（办公设备购置费）　100 000

　　贷：财政拨款预算收入——水利监测——基本支出拨款——日常公用经费　100 000

（2）当年通过财政直接支付采购的一批硒鼓入库时发现质量问题，硒鼓已退回。接到财政零余额账户代理银行转来的财政直接支付退款通知书，退回相关货款 2 万元。

借：财政拨款预算收入——水利监测——基本支出拨款——日常公用经费　20 000

　　贷：事业支出——财政拨款支出——水利监测——基本支出——商品和服务支出（专用材料费）　20 000

（3）收到财政零余额账户代理银行的"财政直接支付入账通知书"，财政直接支付电费 3.5 万元，其中 1.5 万元使用财政应返还额度。

借：事业支出——财政拨款支出——水利监测——基本支出——商品和服务支出（电费）　35 000

　　贷：资金结存——财政应返还额度　15 000

　　　　财政拨款预算收入——水利监测——基本支出拨款——日常公用经费　20 000

2. 财政授权支付下的财政拨款预算收入核算

【例 4－2】 资料：某水利部门的行政单位取得单位零余额账户代理银行转来的财政授权支付额度到账通知书，本月取得财政授权额度 19 万元，其中

---

① 假定举例单位只获得一般公共预算拨款。

用于专项办公楼维修业务8万元，用于水利资金专项审计项目11万元。

要求：编制该单位根据上述资料进行预算会计记账的会计分录。

借：资金结存——零余额账户用款额度　　190 000

　　贷：财政拨款预算收入——一般行政管理事务——项目支出拨款——办公楼维修　　80 000

　　　　——水利行业业务管理——项目支出拨款——水利资金审计　　110 000

3. 年末确认财政拨款收入的核算

【例4－3】 资料：年末，某行政单位确认本年用于基本支出中日常公用经费的财政直接支付预算指标数为1 700万元，本年财政直接支付的实际支出数为1 695.5万元；确认财政授权支付预算指标数为40万元，已下达单位零余额账户用款额度37万元。

要求：编制该单位根据上述资料进行预算会计记账的会计分录。

借：资金结存——财政应返还额度——财政直接支付　　45 000

　　贷：财政拨款预算收入——行政运行——基本支出拨款——日常公用经费　　45 000

借：资金结存——财政应返还额度——财政授权支付　　30 000

　　贷：财政拨款预算收入——行政运行——基本支出拨款——日常公用经费　　30 000

4. 实拨资金方式下的财政拨款收入核算

【例4－4】 资料：某行政单位尚未实行国库集中支付，在实拨资金方式下，该单位发生如下业务。

要求：编制该单位根据下述业务进行预算会计记账的会计分录。

（1）收到银行存款进账单，财政部门拨入人员经费30万元，其中有7万元为下属单位的人员经费①。

借：资金结存——货币资金　　230 000

　　贷：财政拨款预算收入——行政运行——基本支出拨款——人员经费　　230 000

（2）收到财政部门拨入日常公用经费26万元，其中包括暂时不能确定金额、需要转拨下属单位的日常公用经费。

借：资金结存——货币资金　　260 000

① 收到下属单位的人员经费核算，参见本书财政拨款收入部分的核算举例。

贷：财政拨款预算收入——行政运行——基本支出拨款——日常公用经费　260 000

(3) 根据已批准的下级预算，明确向下属单位转拨日常公用经费 16 万元。

借：财政拨款预算收入——行政运行——基本支出拨款——日常公用经费　160 000

贷：资金结存——货币资金　160 000

(4) 年底时收到银行存款进账单，财政部门拨付属于下年预算的明年 1 月份的××项目经费 5 万元。

年末收到财政部门拨款时：

不确认财政拨款预算收入，登记备查账簿。

第二年 1 月：

借：资金结存——货币资金　50 000

贷：财政拨款预算收入——一般行政管理事务——项目支出拨款——××项目　50 000

第三节　事业预算收入的核算

一、事业预算收入核算的账户设置

事业单位要设置“事业预算收入”总账科目，核算本单位开展专业业务活动及辅助活动取得的现金流入。平时，“事业预算收入”科目的贷方余额，反映单位取得事业收入资金的本年累计数。年终结账时，将本科目本年发生额转入“其他结余”、“非财政拨款结转”科目。年终结转后，本科目应无余额。

在“事业预算收入”总账科目下，新制度规定了需要设置的明细科目。

根据编制政府部门决算报表的需要，事业单位应当按照《政府收支分类科目》中支出功能分类科目的项级科目设置二级明细科目进行明细核算。

事业单位还应当在二级明细科目下，设置“非专项收入”和“专项收入”两个三级明细科目。其中，在“非专项收入”明细科目下，应当按照事业收入的项目进行明细核算，在“专项收入”明细科目下，还应当按照每个专项项目进行明细核算。

对于因开展科研及辅助活动等，从非同级财政部门取得的经费拨款，应当在三级明细科目“专项收入”科目下先设置“非同级财政拨款”明细科目和“其他资金收入”四级明细科目，分别核算单位因从事事业活动取得的非同级财政拨款资金和其他资金，再按照每个项目进行明细核算。

如果事业单位的事业收入中没有专项收入，在“事业预算收入”总账科目下不需要设置“项目收入”明细科目级以下明细科目。如果事业单位的事业收入中没有非同级财政拨款的专项收入，在“项目收入”明细科目下可以直接按照每个项目设置明细科目。

如果事业单位或事业主管部门对事业预算收入有其他明细核算要求，在“非项目收入”明细科目下还可以设置满足其要求的明细科目进行明细核算。表4－2为事业预算收入明细科目表示例。

表4－2　　事业预算收入明细科目表

<table>
<tr><th>总账科目</th><th>二级明细科目</th><th>三级明细科目</th><th>四级明细科目</th><th>五级明细科目</th></tr>
<tr><td rowspan="6">事业预算收入</td><td rowspan="6">政府支出功能分类的项级科目</td><td rowspan="2">非专项收入</td><td>非同级财政拨款</td><td>××收入</td></tr>
<tr><td>其他资金收入</td><td>××收入</td></tr>
<tr><td rowspan="4">专项收入</td><td rowspan="2">非同级财政拨款</td><td>××项目</td></tr>
<tr><td>××项目</td></tr>
<tr><td rowspan="2">其他资金收入</td><td>××项目</td></tr>
<tr><td>××项目</td></tr>
</table>

二、事业预算收入核算的账务处理

事业单位收到属于事业预算收入的资金时，按照实际收到的款项金额（含增值税的金额），借记“资金结存——货币资金”，贷记“事业预算收入”科目。

采用财政专户返还方式管理的事业预算收入，事业单位收到从财政专户返还的收入资金时，按照实际收到的返还金额，借记“资金结存——货币资金”科目，贷记“事业预算收入”科目。

年末转账时，将“事业预算收入”科目本期发生额中的项目资金收入结转至非财政拨款结转，借记“事业预算收入”科目下各项目资金收入明细科目，贷记“非财政拨款结转”科目；将“事业预算收入”科目本期发生额中的非项目资金收入结转至其他结余，借记“事业预算收入”科目下各非项目资金收入明细科目，贷记“其他结余”科目。

三、事业预算收入主要业务核算举例

1. 实行“收支两条线”管理的事业预算收入核算

【例 4-5】 资料：某普通高校发生以下与事业收入相关的业务。

要求：编制该单位根据下述资料进行预算会计记账的会计分录。

(1) 开学时，收到学生缴纳的学费 1 400 万元，存入学校银行账户。

不登记预算会计账户。

(2) 月底将本月累计收到的学费 2 360 万元缴入财政专户。

不登记预算会计账户。

(3) 收到财政部门返还的学费收入（非专项）1 500 万元，存入单位银行账户。

借：资金结存——货币资金　　15 000 000

　贷：事业预算收入——高等教育——非专项收入——学费收入

　　15 000 000

2. 取得非同级财政拨款的事业预算收入核算

【例 4-6】 资料：某科学事业单位中标某政府主管部门使用本级政府财政拨款资金招标的高科技应用研究科研任务，获得××项目拨款 100 万元，款项已经拨入该科学事业单位银行账户。

要求：编制该单位根据上述资料进行预算会计记账的会计分录。

借：资金结存——货币资金　　1 000 000

　贷：事业预算收入——高科技研究——非同级财政拨款——专项收入——××项目　　1 000 000

3. 其他资金来源的事业预算收入核算

【例 4-7】 资料：某文化事业单位举办大型文化艺术活动，共计收到非专项收入 110 万元，已存入本单位银行账户。

要求：编制该单位根据上述资料进行预算会计记账的会计分录。

借：资金结存——货币资金　　1 100 000

　贷：事业预算收入——文化活动——非项目收入——演出收入

　　1 100 000

第四节　上级补助预算收入的核算

一、上级补助预算收入核算的账户设置

有上级补助预算收入的事业单位，要设置“上级补助预算收入”总账科目，核算从主管部门和上级单位取得的非财政补助现金流入。平时，“上级补助预算收入”科目的贷方余额，反映单位取得主管部门和上级单位补助资金的本年累计数。年终结账时，将本科目本年发生额转入“其他结余”、“非财政拨款结转”科目。年终结转后，本科目应无余额。

在“上级补助预算收入”总账科目下，新制度规定了需要设置的明细科目。

根据编制政府部门决算报表的需要，事业单位应当按照《政府收支分类科目》中支出功能分类科目的项级科目设置二级明细科目进行明细核算。

有两个以上发放补助的上级单位的，事业单位还应当在二级明细科目下，按照发放补助单位设置三级明细科目。

上级补助预算收入中如有专项资金收入，事业单位还应当在三级明细科目下设置“非专项补助”和“专项补助”两个四级明细科目。其中，在“非专项补助”明细科目下，按照补助项目进行明细核算；在“专项补助”明细科目下，还应当按照每个专项项目进行明细核算。

事业单位的上级补助预算收入如果没有专项资金，可以直接在三级明细科目下，按照补助项目进行明细核算。表4－3为上级补助预算收入明细科目表示例。

表4－3　上级补助预算收入明细科目表

总账科目	二级明细科目	三级明细科目	四级明细科目	五级明细科目
上级补助预算收入	政府支出功能分类的项级科目	××上级单位	非专项补助	××补助
				××补助
			专项补助	××项目
				××项目
		××上级单位	同上	同上

二、上级补助预算收入核算的账务处理

1. 收到补助款时，借记“资金结存”科目，贷记“上级补助预算收入”科目；缴回补助款时，作相反的会计分录。

2. 年末转账时，将“上级补助预算收入”科目中的专项资金收入结转到非财政拨款结转，借记本科目下各专项资金收入明细科目，贷记“非财政拨款结转——本年收支结转”科目。将本科目本年发生额中的非专项资金转入其他结余，借记“上级补助预算收入”科目，贷记“其他结余”科目。

三、上级补助预算收入核算举例

【例4－8】 资料：某小学收到上级主管单位拨来的专项补助资金6万元，用于校园活动场地的建设。

要求：编制该单位根据上述资料进行预算会计记账的会计分录。

借：资金结存——货币资金　　60 000

　　贷：上级补助预算收入——小学教育——专项收入——校园活动场地建设　　60 000

第五节　附属单位上缴预算收入的核算

一、附属单位上缴预算收入核算的账户设置

有附属单位上缴预算收入的事业单位，要设置“附属单位上缴预算收入”总账科目，核算单位取得附属独立核算单位根据有关规定上缴的现金流入。平时，“附属单位上缴预算收入”科目的贷方余额，反映单位取得附属单位上缴资金的本年累计数。年终结账时，将本科目本年发生额转入“其他结余”、“非财政拨款结转”科目。年终结转后，本科目应无余额。

在“附属单位上缴预算收入”总账科目下，新制度规定了需要设置的明细科目。

根据编制政府部门决算报表的需要，事业单位应当按照《政府收支分类科目》中支出功能分类科目的项级科目设置二级明细科目进行明细核算。

有两个以上上缴收入附属单位的，事业单位还应当在二级明细科目下，按照上缴收入的附属单位设置三级明细科目。

附属单位上缴预算收入中如有专项资金收入，事业单位还应当在三级明细科目下设置“非专项缴款”和“专项缴款”两个四级明细科目。其中，在“非专项缴款”明细科目下，按照缴款项目进行明细核算；在“专项缴款”明细科目下，还应当按照每个专项项目进行明细核算。

事业单位的附属单位上缴预算收入如果没有专项资金，可以直接在三级明细科目下，按照缴款项目进行明细核算。表4-4为附属单位上缴预算收入明细科目表示例。

表4-4　　附属单位上缴预算收入明细科目表

总账科目	二级明细科目	三级明细科目	四级明细科目	五级明细科目
附属单位上缴预算收入	政府支出功能分类的项级科目	××附属单位	非专项缴款	××缴款
				××缴款
			专项缴款	××项目
				××项目
		××附属单位	同上	同上

二、附属单位上缴预算收入核算的账务处理

1. 收到附属单位缴来的款项时，按照实际收到的金额，借记“资金结存”等科目，贷记“附属单位上缴预算收入”科目。

2. 年末转账时，将“附属单位上缴预算收入”科目本期发生额中的专项资金收入结转至非财政补助结转，借记“附属单位上缴预算收入”科目下各专项资金收入明细科目，贷记“非财政补助结转——本年收支结转”科目；将“附属单位上缴预算收入”科目本期发生额中的非专项资金收入结转至其他结余，借记“附属单位上缴预算收入”科目下各非专项资金收入明细科目，贷记“其他结余”科目。

三、附属单位上缴预算收入核算举例

【例4-9】资料：某大型综合医院有附属的体检中心（事业法人），发生

如下上缴收入有关的业务：

（1）体检中心按比例上缴收入45万元。

（2）体检中心上缴用于新医疗大楼建造的专项资金100万元。

要求：编制该单位根据上述资料进行预算会计记账的会计分录。

（1）借：资金结存——货币资金 450 000

贷：附属单位上缴预算收入——体检中心——非专项缴款——体检收入缴款 450 000

（2）借：资金结存——货币资金 1 000 000

贷：附属单位上缴预算收入——体检中心——专项缴款——新医疗大楼建设 1 000 000

第六节 经营预算收入的核算

一、经营预算收入核算的账户设置

有经营活动的事业单位，要设置“经营预算收入”总账科目，核算单位在专业业务活动及其辅助活动之外开展非独立核算经营活动取得的现金流入。平时，“经营预算收入”科目的贷方余额，反映单位取得经营活动收入资金的本年累计数。年终结账时，将本科目本年发生额转入“经营结余”科目。年终结转后，本科目应无余额。

在“经营预算收入”总账科目下，新制度规定了需要设置的明细科目。

根据编制政府部门决算报表的需要，事业单位应当按照《政府收支分类科目》中支出功能分类科目的项级科目设置二级明细科目进行明细核算。

事业单位还应当在二级明细科目下，按照经营活动的种类设置三级明细科目；在三级明细科目下，按照经营活动收入的具体项目设置四级明细科目，进行明细核算。表4－5为经营预算收入明细科目表示例。

二、经营预算收入核算的账务处理

1. 事业单位开展经营活动收讫提供服务或出售商品的价款、增值税等款

表4-5 经营预算收入明细科目表

总账科目	二级明细科目	三级明细科目	四级明细科目
经营预算收入	政府支出功能分类的项级科目	××活动	××项目
			××项目
		××活动	同上

项时，按照实际收到的金额，借记“资金结存——货币资金”科目，贷记“经营预算收入”科目。

2. 年末转账时，将本科目本年发生额结转入经营结余，借记本科目，贷记“经营结余——本年收支结余”科目。

三、经营预算收入的核算举例

【例4-10】资料：某高等职业学院的非独立核算的加工厂开展经营活动，按照市场价格制造销售机器设备，该学院属于增值税一般纳税人。销售设备合同约定：设备总价款为100万元，买方在合同签订时支付30%的价款，设备交付时支付65%的价款，设备交付半年后再支付5%的价款。该工厂收到买方预付的第一笔货款30万元；该工厂制造该设备发生的成本费用为：支付资金10万元，职工薪酬20万元，加工设备折旧费15万元，使用材料6万元；该单位按期完成制造设备；将设备交付购买方，按照合同规定收到买方65万元货款和16万元的增值税（销项税）；设备交付半年后收到买方支付的5万元。

要求：编制该单位根据上述资料进行预算会计记账的会计分录。

（1）收到买方预付设备款30万元。

借：资金结存——货币资金 300 000

贷：经营预算收入——高等职业教育——产品销售——制造设备销售收入 300 000

（2）制造设备支付资金10万元。

借：经营支出 100 000

贷：资金结存——货币资金 100 000

（3）设备制造完成。

不登记预算会计账户。

(4) 设备销售结转成本费用。

不登记预算会计账户。

(5) 设备交货时收到买方付设备款65万元和16万元增值税（销项税）。

借：资金结存——货币资金　810 000

贷：经营预算收入——高等职业教育——产品销售——制造设备销售收入　810 000

(6) 收到买方付设备款尾款5万元。

借：资金结存——货币资金　50 000

贷：经营预算收入——高等职业教育——产品销售——制造设备销售收入　50 000

第七节　债务预算收入的核算

一、债务预算收入核算的账户设置

有从银行等金融机构借款的事业单位，要设置“债务预算收入”总账科目，核算事业单位按照规定从银行和其他金融机构等借入的、纳入部门预算管理的、不以财政资金作为偿还来源的债务本金。平时，“债务预算收入”科目的贷方余额，反映事业单位本年截至期末从银行和其他金融机构等借入的贷款本金的本年累计数。年终结账时，将本科目本年发生额转入“其他结余”、“非财政拨款结转”科目。年终结转后，本科目应无余额。

在“债务预算收入”总账科目下，新制度规定了需要设置的明细科目。

根据编制政府部门决算报表的需要，事业单位应当按照《政府收支分类科目》中支出功能分类科目的项级科目设置二级明细科目进行明细核算。

事业单位还应当在二级明细科目下，按照贷款单位、贷款种类设置三级、四级明细科目，进行明细核算。

债务预算收入中如有专项资金收入，事业单位还应当在四级明细科目下设置“非专项债务”和“专项债务”两个五级明细科目。其中，在“专项债务”明细科目下，还应当按照每个专项项目进行明细核算。

有银行或非银行金融机构借款的事业单位，如果只有一家贷款单位或贷款种类，或者没有专项贷款，可以适当减少债务预算收入明细科目的层级。表4－6为债务预算收入明细科目表示例。

表4－6　　债务预算收入明细科目表

<table>
<tr><th>总账科目</th><th>二级明细科目</th><th>三级明细科目</th><th>四级明细科目</th><th>五级明细科目</th></tr>
<tr><td rowspan="5">债务预算收入</td><td rowspan="5">政府支出功能分类的项级科目</td><td rowspan="4">××银行</td><td>非专项债务</td><td></td></tr>
<tr><td rowspan="2">专项债务</td><td>××项目</td></tr>
<tr><td>××项目</td></tr>
<tr><td>同上</td><td>同上</td></tr>
<tr><td>××银行</td><td>同上</td><td>同上</td></tr>
</table>

二、债务预算收入核算的账务处理

事业单位借入各项短期或长期借款时，按照实际借入的金额，借记“资金结存——货币资金”科目，贷记“债务预算收入”科目。

年末转账时，将“债务预算收入”科目本年发生额中的专项资金收入转入非财政拨款结转，借记“债务预算收入”科目下各专项资金收入明细科目，贷记“非财政拨款结转——本年收支结转”科目；将“债务预算收入”科目本年发生额中的非专项资金收入转入其他结余，借记“债务预算收入”科目下各非专项资金收入明细科目，贷记“其他结余”科目。

三、债务预算收入的核算举例

【例4－11】 资料：某普通高等学校经批准从A银行借入为期三年的基建专项贷款用于工程建设，还款资金由该学校自筹。20××年7月1日借入1 000万元贷款，已经存入单位银行账户。

要求：编制该单位根据上述资料进行预算会计记账的会计分录。

借：资金结存——货币资金　　10 000 000

　贷：债务预算收入——A银行——专项债务——基建专项贷款

　　10 000 000

第八节　非同级财政拨款预算收入的核算

一、非同级财政拨款预算收入核算的账户设置

有非同级财政拨款的行政事业单位，要设置“非同级财政拨款预算收入”总账科目，核算单位从上下级政府财政部门或主管部门取得的财政拨款，以及从本级政府其他主管部门取得横向转拨的财政款。平时，“非同级财政拨款预算收入”科目的贷方余额，反映行政事业单位取得非同级财政拨款预算收入的本年累计数。年终结账时，将本科目本年发生额转入“其他结余”、“非财政拨款结转”科目。年终结转后，本科目应无余额。

在“非同级财政拨款预算收入”总账科目下，新制度规定了需要设置的明细科目。

根据编制政府部门决算报表的需要，行政事业单位应当按照《政府收支分类科目》中支出功能分类科目的项级科目设置二级明细科目进行明细核算。

行政事业单位还应当在二级明细科目下，按照收入的类别、来源设置三级、四级明细科目，进行明细核算。

非同级财政拨款预算收入中如有专项资金收入，行政事业单位还应当在四级明细科目下设置“非专项拨款”和“专项拨款”两个五级明细科目。其中，在“专项拨款”明细科目下，还应当按照每个专项项目进行明细核算。

有非同级财政拨款的行政事业单位，如果只有一个拨款单位或拨款种类，或者没有专项拨款，可以相应减少非同级财政拨款预算收入明细科目的层级。表4－7为非同级财政拨款预算收入明细科目表示例。

表4－7　　非同级财政拨款预算收入明细科目表

<table>
<tr><th>总账科目</th><th>二级明细科目</th><th>三级明细科目</th><th>四级明细科目</th><th>五级明细科目</th><th>六级明细科目</th></tr>
<tr><td rowspan="5">非同级财政拨款预算收入</td><td rowspan="5">政府支出功能分类的项级科目</td><td rowspan="4">××拨款单位</td><td rowspan="3">××拨款</td><td>非专项拨款</td><td></td></tr>
<tr><td rowspan="2">专项拨款</td><td>××项目拨款</td></tr>
<tr><td>××项目拨款</td></tr>
<tr><td>××拨款</td><td>同上</td><td>同上</td></tr>
<tr><td>××拨款单位</td><td>同上</td><td>同上</td><td>同上</td></tr>
</table>

二、非同级财政拨款预算收入核算的账务处理

行政事业单位取得非同级财政拨款预算收入时，按照实际收到的金额，借记“资金结存——货币资金”科目，贷记“非同级财政拨款预算收入”科目。

年末转账时，将“非同级财政拨款预算收入”科目本年发生额中的专项资金收入转入非财政拨款结转，借记“非同级财政拨款预算收入”科目下各专项资金收入明细科目，贷记“非财政拨款结转——本年收支结转”科目；将“非同级财政拨款预算收入”科目本年发生额中的非专项资金收入转入其他结余，借记“非同级财政拨款预算收入”科目下各非专项资金收入明细科目，贷记“其他结余”科目。

三、非同级财政拨款预算收入核算举例

【例4-12】 资料：某部属高校收到开户银行的到账通知，收到所在地某市财政拨付给本单位的一笔经费2 000万元，用于该市与该高校共建发展。

要求：编制该单位根据上述资料进行预算会计记账的会计分录。

借：资金结存——货币资金　　20 000 000

　　贷：非同级财政拨款预算收入——高等教育——某市财政——学校共建　　20 000 000

【例4-13】 资料：某省普通高校所属非独立核算科研单位收到开户银行的50万元到账通知，收到本省某科学主管部门转拨的科普经费，用于开展科学普及活动。

要求：编制该单位根据上述资料进行预算会计记账的会计分录。

借：资金结存——货币资金　　500 000

　　贷：非同级财政拨款预算收入——高等教育——某科学主管部门——科普经费　　500 000

第九节 投资预算收益的核算

一、投资预算收益核算的账户设置

有对外投资的事业单位，要设置“投资预算收益”总账科目，核算单位取得的按照规定纳入部门预算管理的属于投资收益性质的现金流入，包括股权投资收益、出售或收回债券投资所取得的收益和债券投资利息收入。平时，“投资预算收益”科目的贷方发生额，反映事业单位因投资取得纳入单位预算管理的属于投资收益性质的现金流入的本年累计数，借方发生额反映事业单位出售或到期收回本年度取得的短期、长期债券价款小于投资支出的金额。年终结账时，将“投资预算收益”科目本年贷方发生额减去借方发生额后的净额转入“其他结余”科目。年终结转后，本科目应无余额。

新制度规定，“投资预算收益”总账科目下，应当按照《政府收支分类科目》中“支出功能分类科目”的项级科目等进行明细核算。

事业单位应当按照《政府收支分类科目》中支出功能分类科目的项级科目设置二级明细科目进行明细核算。

事业单位还应当在二级明细科目下，按照投资收益的来源等设置三级、四级明细科目，进行明细核算。表4－8为投资预算收益明细科目表示例。

表4－8 投资预算收益明细科目表

总账科目	二级明细科目	三级明细科目	四级明细科目
投资预算收益	政府支出功能分类的项级科目	股权投资	现金股利和利润
			收回投资收益
		债券投资	债券利息
			收回投资收益

二、投资预算收益核算的主要账务处理

（1）收到债券投资的利息时，按照实际收到的金额，借记“资金结

存——货币资金”科目，贷记“投资预算收益”科目。

（2）取得持有长期股权投资被投资单位分派的现金股利或利润时，按照实际收到分得的金额，借记“资金结存——货币资金”科目，贷记“投资预算收益”科目。

（3）出售或到期收回本年度取得的短期、长期债券，其收回的本金视同当期投资支出的收回，按照实际取得的价款或实际收到的本息金额，借记“资金结存——货币资金”科目，按照取得债券时“投资支出”科目的发生额，贷记“投资支出”科目，按照其差额，贷记或借记“投资预算收益”科目。

（4）出售或到期收回以前年度取得的短期、长期债券，不冲减当期预算支出，而是调整预算结余。按照实际取得的价款或实际收到的本息金额，借记“资金结存——货币资金”科目，按照取得债券时“投资支出”科目的发生额，贷记“其他结余”科目，按照其差额，贷记或借记“投资预算收益”科目。

（5）出售、转让以非货币性资产取得的长期股权投资时，确定按照规定纳入单位预算管理的金额（按照实际取得的价款扣减支付的相关费用和应缴财政款后的余额）后，借记“资金结存——货币资金”科目，贷记“投资预算收益”科目。

（6）出售、转让以货币资金取得的长期股权投资的，其账务处理参照出售或到期收回债券投资。

（7）年末转账时，将“投资预算收益”科目本年发生额结转至其他结余科目，借记或贷记本科目，贷记或借记“其他结余”科目。

三、投资预算收益核算举例

【例4-14】 资料：某普通高校因资金需要，经批准提前在市场上转让了一笔债券投资。该投资为3年期国债，购买成本为50.25万元。已收到转让价款50万元。

要求：编制该单位根据上述资料进行预算会计记账的会计分录。

借：资金结存——货币资金　　500 000

　　投资预算收益——高等教育——债券投资——收回投资收益

　　　　2 500

　贷：投资支出　　502 500

【例 4-15】 资料：某事业单位获得所独资出资的出版公司利润分红 170 万元，款项已经进入单位银行账户。

要求：编制该单位根据上述资料进行预算会计记账的会计分录。

借：资金结存——货币资金　　1 700 000

　　贷：投资预算收益——出版公司——股权投资——利润　　1 700 000

【例 4-16】 资料：某科学事业单位转让以前年度使用科技创新成果投资的股权投资，收回转让价款 280 万元，款项已经进入单位银行账户；该投资的现金投资支出为 40 万元；根据规定，该投资所得的收入全部纳入单位预算管理。

要求：编制该单位根据上述资料进行预算会计记账的会计分录。

借：资金结存——货币资金　　2 800 000

　　贷：其他结余　　400 000

　　　　投资预算收益——应用技术研究与开发——股权投资——收回投资收益　　2 400 000

第十节　其他预算收入的核算

一、其他预算收入核算的账户设置

行政事业单位应当设置“其他预算收入”总账科目，核算单位除财政拨款预算收入、事业预算收入、上级补助预算收入、附属单位上缴预算收入、经营预算收入、债务预算收入、非同级财政拨款预算收入、投资预算收益之外的纳入部门预算管理的现金流入，包括捐赠预算收入、利息预算收入、租金预算收入、现金盘盈收入等。平时，“其他预算收入”科目的贷方余额，反映行政事业单位取得其他预算收入的本年累计数。年终结账时，将本科目本年发生额转入“其他结余”、“非财政拨款结转”科目。年终结转后，本科目应无余额。

行政事业单位发生的捐赠预算收入、利息预算收入、租金预算收入金额较大或业务较多的，可单独设置“6 603 捐赠预算收入”、“6 604 利息预算收入”、“6 605 租金预算收入”等科目。

新制度规定，“其他预算收入”总账科目下，应当按照《政府收支分类科目》中“支出功能分类科目”的项级科目等进行明细核算。

行政事业单位应当按照《政府收支分类科目》中支出功能分类科目的项级科目设置二级明细科目进行明细核算。

不单独设置“6 603 捐赠预算收入”、“6 604 利息预算收入”、“6 605 租金预算收入”总账科目的行政事业单位，可以在二级明细科目下，设置“捐赠预算收入”、“利息预算收入”、“租金预算收入”、“现金盘盈收入”三级明细科目。

其他预算收入中如有专项资金收入，行政事业单位还应当在三级明细科目下设置“非专项收入”和“专项收入”两个四级明细科目。其中，在“专项收入”明细科目下，还应当按照每个专项项目进行明细核算。表 4 – 9 为其他预算收入明细科目表示例。

表 4 – 9 其他预算收入明细科目表

<table>
<tr><th>总账科目</th><th>二级明细科目</th><th>三级明细科目</th><th>四级明细科目</th><th>五级明细科目</th></tr>
<tr><td rowspan="6">其他预算收入</td><td rowspan="6">政府支出功能分类的项级科目</td><td rowspan="3">捐赠预算收入</td><td>非专项收入</td><td></td></tr>
<tr><td rowspan="2">专项收入</td><td>× ×项目</td></tr>
<tr><td>× ×项目</td></tr>
<tr><td>利息预算收入</td><td>同上</td><td>同上</td></tr>
<tr><td>租金预算收入</td><td>同上</td><td>同上</td></tr>
<tr><td>现金盘盈收入</td><td>同上</td><td>同上</td></tr>
</table>

二、其他预算收入核算的主要账务处理

接受捐赠现金资产、收到银行存款利息、收到资产承租人支付的租金时，按照实际收到的金额，借记“资金结存——货币资金”科目，贷记“其他预算收入”科目。

每日现金账款核对中如发现现金溢余，按照溢余的现金金额，借记“资金结存——货币资金”科目，贷记本科目。经核实，属于应支付给有关个人和单位的部分，按照实际支付的金额，借记“其他预算收入”科目，贷记“资金结存——货币资金”科目。

收到其他预算收入时，按照收到的金额，借记“资金结存——货币资金”

科目，贷记“其他预算收入”科目。

年末转账时，将“其他预算收入”科目本年发生额中的专项资金收入转入非财政拨款结转，借记“其他预算收入”科目下各专项资金收入明细科目，贷记“非财政拨款结转——本年收支结转”科目；将“其他预算收入”科目本年发生额中的非专项资金收入转入其他结余，借记“其他预算收入”科目下各非专项资金收入明细科目，贷记“其他结余”科目。

三、其他预算收入核算举例

【例 4－17】 资料：某综合医院发生以下与其他收入相关的经济业务。

要求：编制该单位根据下述资料进行预算会计记账的会计分录。

（1）接到开户银行的到账通知书，本期银行存款利息 1.8 万元，记入单位银行账户。

借：资金结存——货币资金　　18 000

　　贷：其他预算收入——综合医院——利息收入　　18 000

（2）单位现金发现盘盈 1 000 元，经核查无法查明原因，经批准作为单位其他预算收入。

借：资金结存——货币资金　　1 000

　　贷：其他预算收入——综合医院——现金盘盈收入　　1 000

（3）接受社会公众捐赠用于医院专项购置应急公共防疫医护人员的物资保障款 20 万元。

借：资金结存——货币资金　　200 000

　　贷：其他预算收入——综合医院——捐赠收入——专项收入——防疫物资购置　　200 000

第五章

预算支出的核算

第一节　预算支出核算概述

一、预算支出核算的内容

1. 预算支出的概念

根据《政府会计准则——基本准则》规定，预算支出是指政府会计主体在预算年度内依法发生并纳入预算管理的现金流出。对于行政事业单位来说，预算支出就是指行政事业单位在预算年度内依法发生并纳入单位预算管理的现金流出。

2. 对行政事业单位预算支出的理解

对行政事业单位预算支出的理解，要注意以下方面：

（1）行政事业单位属于预算支出的资金要纳入本年度单位预算管理。与行政事业单位的预算收入的预算管理要求一样，行政事业单位的全部支出也要纳入单位预算，统一核算，统一管理。因此，纳入行政事业单位预算管理的资金使用，才能作为预算支出核算。

例如，依照行政事业单位预算管理的相关规定，对各单位之间财政结余资金的调剂，不纳入单位预算收支的范围。因此，行政事业单位按照财政部门要求将财政拨款结余资金调剂调出，就不作为单位的支出确认，只作为预算结余的减少。

又如，行政事业单位使用财政部门临时垫付、没有纳入预算的资金，就不能确认预算支出。之后如果财政部门将该资金纳入了财政预算和单位预算，才能确认预算支出。

行政事业单位如果使用财政部门预拨属于下年预算的财政资金，由于使用时尚未确认该资金的预算收入，也就不能确认预算支出。要待到下年预算期确认该资金的预算收入时，才能确认该资金的预算支出。

（2）行政事业单位的预算支出是货币资金的消耗或分配。与行政事业单位预算收入核算的对象一样，行政事业单位的预算支出核算的对象也是货币资金。

根据预算支出的定义，预算支出属于现金从会计主体的流出。行政事业单位一般只有在发生货币资金的耗费、损失，或者因分配导致货币资金流出单位时，才可能产生预算支出。

如果行政事业单位只是减少了非货币资产，而没有减少货币资金，就不作为预算支出核算。如行政单位无偿调出实物资产和无形资产等，就不能确认预算支出。

行政事业单位在维持单位运转和提供公共服务时，因购买物品和服务、支付薪酬等导致货币资金的直接减少，都导致预算支出的发生。

在实行国库集中支付的情况下，当进行财政直接支付时，行政事业单位通过财政部门直接向单位购买商品和劳务的供应商等支付了资金，这相当于行政事业单位从财政部门获得了货币资金的同时又耗用了货币资金。因此，行政事业单位在进行财政直接支付时，既确认预算收入，同时也确认预算支出。

有些情况下，行政事业单位支付的资金尚不能确定是否真正耗用掉（如向出差职工支付的借款，没用完的部分需要退回），那么也可以不作为预算支出处理，而是在报销时作为预算支出处理。

当行政事业单位出现货币资金的损失（如库存现金盘亏），作预算支出处理。

二、预算支出的分类

行政事业单位对预算支出一般按照预算资金使用或分配的用途进行划分，其目的是向会计信息使用者反映行政事业单位的各种预算资金使用的活动、分配的去向及其数量。按照预算资金使用的活动和分配去向划分，预算支出包括：

1. 行政支出

行政支出是指行政单位履行其职责实际发生的各项现金流出。行政单位依据所赋予的政府职能，进行相应的政府管理等活动，以及为了保障政府管理等活动顺利进行的单位运转活动，如单位自身的党政管理活动等。行政单位所有这些从事的活动中所消耗的预算资金，都属于行政支出。

2. 事业支出

事业支出是指事业单位开展专业业务活动及其辅助活动实际发生的各项现金流出。形成事业支出的专业业务活动及其辅助活动与第 4 章在事业预算收入中相同，这里不再赘述。

3. 经营支出

经营支出是指事业单位在专业业务活动及其辅助活动之外开展非独立核算经营活动实际发生的各项现金流出。形成经营支出的非独立核算经营活动与第 4 章在经营预算收入中相同，这里不再赘述。

4. 上缴上级支出

上缴上级支出是指事业单位按照财政部门和主管部门的规定上缴上级单位款项发生的现金流出。上缴上级支出的资金来源都属于非财政资金，一般是事业活动或经营活动等形成。

5. 对附属单位补助支出

对附属单位补助支出是指事业单位用财政拨款预算收入之外的收入对附属单位补助发生的现金流出。资金包括事业单位自己可分配使用的非财政资金，或是从其他单位取得的非财政资金。事业单位向附属单位支付的这类非财政拨款资金，就成为单位的对附属单位补助支出。

6. 投资支出

投资支出是指事业单位以货币资金对外投资发生的现金流出。事业单位在开展单位各种活动中会结存、积淀一些非财政资金。为了提高这些资金的使用效益，事业单位可以根据相关规定，经批准进行投资。有些事业单位为了更好地利用专业活动成果，进行对外股权投资，如将科技成果作价投资促进科技成果转化。事业单位投资使用的货币资金也要纳入预算管理，事业单位以货币资金投资发生的现金流出，就是单位的投资支出。

7. 债务还本支出

债务还本支出是指事业单位偿还自身承担的纳入预算管理的从金融机构举借的债务本金的现金流出。事业单位自身承担还款责任的借款纳入单位预算管理，因此，偿还这些纳入预算付息管理的债务本金的现金流出，就构成事业单位的债务还本支出。事业单位因债务引起的利息支出，则属于事业单位的其他支出。

8. 其他支出

其他支出是指行政单位除行政支出、事业支出、经营支出、上缴上级支出、对附属单位补助支出、投资支出、债务还本支出以外的各项现金流出，包括利息支出、对外捐赠现金支出、现金盘亏损失、接受捐赠（调入）和对外捐赠（调出）非现金资产发生的税费支出、资产置换过程中发生的相关税费支出、罚没支出等。

三、预算支出的确认

1. 国库集中支付方式的预算支出确认

在国库集中支付方式下，行政事业单位的行政支出、事业支出中使用财政拨款的预算支出确认包括以下几种情况：

（1）通过财政直接支付使用本年度预算财政拨款的，在财政直接支付时，与确认财政拨款预算收入同时确认财政拨款的预算支出。

（2）通过财政直接支付使用以前年度预算财政拨款的，在使用财政应返还额度时确认财政拨款的预算支出。

（3）通过财政授权支付使用财政拨款的，在使用财政授权支付额度进行付款（不包括从单位零余额账户提取现金）时确认财政拨款的预算支出。

2. 其他支付方式的预算支出确认

在不采用国库集中支付方式的其他支付方式下，行政事业单位的各项预算支出是否确认可以分为两种情况：

（1）支付现金时确认预算支出。在大多数情况下，行政事业单位支付现金（包括银行存款和库存现金等）时，确认相应的预算支出。

（2）支付现金时不确认预算支出。有些情况下，行政事业单位支付现金时不确认预算支出，主要包括以下几种情况：

①支付其他应收款中的押金等资金，因为押金将来需要收回，所以不纳入单位的预算管理，因此不确认预算支出。

②使用预收财政部门的列入下年预算的财政拨款，或者使用没有纳入财政预算的财政暂借款项，因为财政部门和单位都没有将该款项纳入本期预算，所以单位使用时不确认预算支出。

③使用按照结余分配提取的专用结余，直接减少专用结余，不确认预算支出。

④将收到处置资产、行政事业性收费的资金上缴财政，因为该资金不纳

入单位预算管理，所以不确认预算支出。

⑤支付其他应付款中应退回的押金等，因为该资金不纳入单位预算管理，所以不确认预算支出。

⑥支付单位受托代理的资金，因为资金不纳入单位预算管理，所以不确认预算支出。

（3）确认预算支出的几种特殊情况。

①行政事业单位因单位职工出差暂借款等支付的暂付款项，可以选择两种方式中的一种确认预算支出：在支付暂付款时确认预算支出；在职工出差回来报销暂付款时确认预算支出。

②行政事业单位使用财政部门预拨的属于下年财政预算的款项，待到下年预拨款项所属的预算年度，确认预算支出。行政事业单位使用财政部门暂付的没有列入财政预算的款项，待到该财政款项纳入了财政预算和单位预算，确认预算支出。

③属于增值税一般纳税人或小规模纳税人的事业单位，在购买商品或服务支付增值税进项税额时确认预算支出。

④提取项目管理费或间接费时不确认支出，使用提取的管理费或间接费时确认预算支出。

⑤按照预算收入提取并列当期费用的专用基金，提取时不确认支出，使用时确认预算支出。

⑥事业单位向银行及非银行金融机构等归还借款的资金，纳入单位预算管理，归还时确认预算支出。

⑦因退货等原因收回已经确认预算支出的资金，属于本年确认预算支出的，冲减本年的预算支出；属于以前年度确认预算支出的，增加预算结余，不冲减本年预算支出。

第二节　行政支出、事业支出的核算

一、行政支出、事业支出核算的账户设置

1. 行政支出的总账科目设置

行政单位要设置“行政支出”总账科目，核算行政单位履行其职责活动

中实际发生的各项现金流出。平时，“行政支出”科目的借方余额，反映行政单位行政支出的本年累计数。年终结账时，将本科目本年发生额转入“其他结余”科目。年终结转后，本科目应无余额。

2. 事业支出的总账科目设置

事业单位要设置“事业支出”总账科目，核算事业单位从事专业业务活动及其辅助活动中实际发生的各项现金流出。平时，“事业支出”科目的借方余额，反映事业单位事业支出的本年累计数。年终结账时，将本科目本年发生额转入“其他结余”科目。年终结转后，本科目应无余额。

事业单位发生教育、科研、医疗、行政管理、后勤保障等活动的，可在本科目下设置相应的明细科目进行核算，或根据财政部的补充规定，分别设置“7201 教育支出”、“7202 科研支出”、“7203 医疗支出”、“7204 行政管理支出”、“7205 后勤保障支出”等总账会计科目进行核算。

3. “行政支出”、“事业支出”科目下明细科目设置

在“行政支出”、“事业支出”总账科目下，新制度规定了需要统一设置的明细科目。

行政事业单位的行政支出和事业支出首先要划分各种资金来源的支出。其中，使用两种以上财政预算资金的，还要按照不同财政预算的财政资金支出分别核算单位的支出；在政府性基金预算拨款支出科目下，还要按照不同的政府性基金分别核算单位的支出。

根据编制政府部门决算报表的需要，行政事业单位应当按照《政府收支分类科目》中支出功能分类科目的项级科目设置明细科目进行支出明细核算。

根据部门预算管理的要求，单位预算的预算支出要按照基本支出和项目支出分别管理及核算。其中，项目支出还要按照每个项目分别管理及核算。在行政支出、事业支出核算中，使用财政拨款预算收入中的项目支出拨款资金形成的支出，要通过“财政拨款支出”科目下的“项目支出”明细科目核算；使用事业预算收入、上级补助预算收入、附属单位上缴预算收入、非同级财政拨款预算收入、债务预算收入、其他预算收入中专项资金形成的支出，都要通过“非财政专项资金支出”科目下的“项目支出”明细科目核算。

为了反映行政事业单位在履行职能活动中使用经费的具体用途，行政事业单位还应当按照《政府收支分类科目》中的部门预算支出经济分类科目的款级科目设置明细科目进行明细核算。

为了解决行政事业单位发生暂付款时，需要确认支出但尚不能确认支出的具体部门预算支出经济分类款级科目的情况，还应当在核算部门预算支出

经济分类科目的明细科目同级设置“待处理”明细科目进行核算。表 5 - 1 为行政支出、事业支出明细科目表示例。

表 5 - 1　　行政支出、事业支出明细科目表

总账科目	二级明细科目	三级明细科目	四级明细科目	五级明细科目	六级明细科目	七级明细科目	
行政支出事业支出（教育支出、科研支出、医疗支出、行政管理支出、后勤保障支出）	财政拨款支出	一般公共预算拨款支出	支出功能分类项级科目	基本支出	部门预算支出经济分类款级科目		
					待处理		
				项目支出	××项目	部门预算支出经济分类款级科目	
						待处理	
					××项目	同上	
		政府性基金预算拨款支出	××××基金拨款	支出功能分类项级科目	基本支出		
					项目支出	××项目	部门预算支出经济分类款级科目
							待处理
						××项目	同上
			××××基金拨款	支出功能分类项级科目	同上	同上	同上
	非财政专项资金支出	一般公共预算拨款支出	支出功能分类项级科目	项目支出	××项目	部门预算支出经济分类款级科目待处理	
					待处理		
				××项目	××项目	同上	
	其他资金支出	一般公共预算拨款支出	支出功能分类项级科目	基本支出	部门预算支出经济分类款级科目待处理		
		一般公共预算拨款支出	支出功能分类项级科目	项目支出	××项目	部门预算支出经济分类款级科目	
					××项目		
				项目支出	××项目	同上	

大多数行政事业单位只使用一般财政预算资金拨款，在“行政支出”、“事业支出”总账科目下可以不设置表 5 - 1 中财政拨款支出下的三级明细科

目、政府性基金拨款支出下的四级明细科目，其下属层级的明细科目随之上提层级。

二、行政支出、事业支出的主要账务处理

行政单位在进行履行职能的活动中，事业单位在进行专业业务活动及其辅助活动中，发生如下业务的账务处理：

（1）支付职工薪酬工，支付单位外部人员劳务费，交纳对职工和单位外部人员代扣代缴的个人所得税，支付购买存货、固定资产、无形资产等以及在建工程支付相关款项（包括预付账款、应付账款），支付或交纳增值税和其他应缴税费，按照实际支付的金额，借记“行政支出”或“事业支出”总账科目及相关明细科目，根据所使用资金的取得方式，贷记“财政拨款预算收入”或“资金结存”科目及其明细科目。

（2）行政事业单位支付单位职工预借差旅费、会议费等暂付款，单位采用付款时登记预算支出方式的，在职工预借款时，根据支付借款金额，借记“行政支出”或“事业支出”总账科目及其明细科目，贷记“财政拨款预算收入”或“资金结存”科目及其明细科目。其中，对按照部门预算支出经济分类款级科目设置的明细科目，支付暂付款时不能确认支出的经济分类具体款级项目的，先通过“待处理”明细科目列支。待职工出差回来报销时，根据原始凭证显示的预借款项的实际经济用途，借记“行政支出”或“事业支出”科目下实际发生的部门预算支出经济分类款级科目的明细科目，贷记“行政支出”或“事业支出”科目下“待处理”明细科目；并按照使用预借款实际发生支出的金额与预借款的差额，做增加支出或冲减支出的账务处理。

行政事业单位支付单位职工预借差旅费、会议费等暂付款，单位采用报销时登记预算支出方式的，在职工借款时不作预算会计的账务处理，在职工报销时根据原始凭证显示的实际支付金额，借记“行政支出”或“事业支出”总账科目及其明细科目，贷记“财政拨款预算收入”或“资金结存”科目及其明细科目。

（3）单位或单位职工使用公务卡支付商品采购费用、出差差旅费等，行政事业单位向公务卡发卡银行支付单位报销的公务卡消费资金时，按照实际支付的金额，借记“行政支出”或“事业支出”总账科目及其明细科目，贷记“资金结存——零余额账户用款额度”科目。

（4）当行政事业单位因购货退回款项，或发生错误更正，属于当年支出

收回的，按照收回金额，借记“财政拨款预算收入”或“资金结存”科目，贷记“行政支出”或“事业支出”科目。如果是退回往年款项，则不通过“行政支出”或“事业支出”科目核算。

年末，将“行政支出”或“事业支出”科目本年发生额中的财政拨款支出部分转入财政拨款结转，借记“财政拨款结转——本年收支结转”科目，贷记“行政支出”或“事业支出”科目下财政拨款支出明细科目金额；将“行政支出”或“事业支出”科目发生额中非财政专项资金支出部分转入非财政拨款结转，借记“非财政拨款结转——本年收支结转”科目，贷记“行政支出”或“事业支出”科目下非财政专项资金支出明细科目；将“行政支出”或“事业支出”科目发生额中其他资金支出部分转入“其他资金结转结余”科目，贷记本科目。

三、行政支出、事业支出的主要业务核算举例

【例5-1】资料：某行政单位（该单位只使用一般公共预算财政资金）支付在职人员基本工资24万元、津（补）贴20万元，退休人员退休费9.6万元，应扣个人所得税2.88万元，款项已采用财政直接支付方式支付。

要求：编制该单位根据上述资料进行预算会计记账的会计分录。

借：行政支出——财政拨款支出——行政运行——基本支出

——工资福利支出（基本工资） 240 000

——工资福利支出（津贴补贴） 200 000

——个人和家庭补助支出（退休费） 96 000

贷：财政拨款收入——行政运行——基本支出拨款——人员经费

536 000

【例5-2】资料：某行政单位（该单位只使用一般公共预算财政资金）按照基本预算购置复印机等办公设备，支付价款1.5万元，使用单位零余额账户用款额度支付。

要求：编制该单位根据上述资料进行预算会计记账的会计分录。

借：行政支出——财政拨款支出——行政运行——基本支出——其他资本性支出（办公设备购置） 15 000

贷：资金结存——零余额账户用款额度 15 000

【例5-3】资料：某水利部门的事业单位的职工因配合水利执法监督出差，从单位非财政拨款非项目资金中预借现金3 000元，该单位采用暂付款借

款时列支方式；该职工出差回来，报销差旅费 3 300 元，印刷费 200 元，会计向该职工支付现金 500 元。

要求：编制该单位根据上述资料进行预算会计记账的会计分录。

预借款时：

借：事业支出——其他资金支出——水利执法监督——基本支出——待处理　3 000

　贷：资金结存——货币资金　3 000

报销时：

借：事业支出——其他资金支出——水利执法监督——基本支出——商品和服务支出（差旅费）　3 300

——商品和服务支出（印刷费）　200

　贷：资金结存——货币资金　500

　　事业支出——其他资金支出——水利执法监督——基本支出——待处理　3 000

【例 5－4】 资料：某行政单位（该单位只使用一般公共预算财政资金）员工领用办公材料时，发现本年度使用财政拨款购买的办公材料存在质量问题，退回供应商，并接到单位零余额账户代理银行通知，退回办公材料的货款 24 000 元已收回。

要求：编制该单位根据上述资料进行预算会计记账的会计分录。

借：资金结存——零余额账户用款额度　24 000

　贷：行政支出——财政拨款支出——行政运行——基本支出——商品和服务支出（办公费）　24 000

【例 5－5】 资料：某水利工程运行管理事业单位（该单位只使用一般公共预算财政资金）职工报销公务卡消费资金 28 030 元。其中：报销差旅费 17 200 元，报销办公用品购买费 8 000 元，报销公车车辆维修费 2 830 元。单位已使用零余额账户支付 28 030 元。

要求：编制该单位根据上述资料进行预算会计记账的会计分录。

借：事业支出——财政拨款支出——水利工程运行与维护——基本支出

——商品和服务支出（差旅费）　17 200

——商品和服务支出（办公费）　8 000

——商品和服务支出（公务用车运行维护费）　2 830

　贷：资金结存——零余额账户用款额度　28 030

【例 5-6】 资料：某水利部门事业单位用地方水利建设基金预算拨款购买价值 5 万元的水泵一套，用于城市防洪项目。收到财政零余额账户代理银行通知，已通过财政直接支付购买水泵款项 5 万元。

要求：编制该单位根据上述资料进行预算会计记账的会计分录。

借：事业支出——财政拨款支出——政府性基金预算拨款支出——地方水利建设基金——项目支出——城市防洪项目——其他资本性支出（专用设备购置） 50 000

贷：财政拨款预算收入——政府性基金预算拨款——地方水利建设基金——项目支出拨款——城市防洪项目 50 000

【例 5-7】 资料：某行政单位（该单位只使用一般公共预算财政资金）通过财政直接支付方式支付施工单位办公楼大修改造项目工程款 100 万元。

要求：编制该单位根据上述资料进行预算会计记账的会计分录。

借：行政支出——财政拨款支出——一般行政管理事务——项目支出——其他资本性支出（大型修缮） 1 000 000

贷：财政拨款预算收入——一般行政管理事务——项目支出拨款——办公楼大修 1 000 000

【例 5-8】 资料：某市水利部门的事业单位开出银行转账支票，使用上级省政府财政部门通过省水利厅拨付指定用于本市城市水质监测专项的资金支付专业公司咨询费 8 000 元。

要求：编制该单位根据上述资料进行预算会计记账的会计分录。

借：事业支出——非财政拨款专项支出——水质监测——项目支出——城市治理专项——商品和服务支出（咨询费） 8 000

贷：资金结存——货币资金 8 000

【例 5-9】 资料：某水利部门事业单位开出支票，使用单位自筹资金，支付水利工程维护某业务专项的临时工劳务费 30 000 元（税后）。

要求：编制该单位根据上述资料进行预算会计记账的会计分录。

借：事业支出——其他资金支出——水利工程运行与维护——项目支出——某业务专项——商品和服务支出（劳务费） 30 000

贷：资金结存——货币资金 30 000

第三节 经营支出的核算

经营支出核算的账户设置

有经营活动的事业单位，要设置“经营支出”总账科目，核算单位在专业业务活动及其辅助活动之外开展非独立核算经营活动发生的各项现金流出。平时，“经营支出”科目的借方余额，反映单位从事经营活动消耗资金的本年累计数。年终结账时，将“经营支出”科目本年发生额转入“其他结余”科目。年终结转后，“经营支出”科目应无余额。

在“经营支出”总账科目下，新制度规定了需要设置的明细科目。

根据编制政府部门决算报表的需要，事业单位应当按照《政府收支分类科目》中支出功能分类科目的项级科目设置二级明细科目进行明细核算。

事业单位应当按照经营活动类别、项目设置三级和四级明细科目进行明细核算。

事业单位还应当按照《政府收支分类科目》中的部门预算支出经济分类科目的款级科目设置五级明细科目进行明细核算。表 5 - 2 为经营支出明细科目表示例。

表 5 - 2　　经营支出明细科目表

<table>
<tr><th>总账科目</th><th>二级明细科目</th><th>三级明细科目</th><th>四级明细科目</th><th>五级明细科目</th></tr>
<tr><td rowspan="4">经营支出</td><td rowspan="4">政府支出功能分类的项级科目</td><td rowspan="3">××活动</td><td rowspan="2">××项目支出</td><td>部门预算支出经济分类款级科目</td></tr>
<tr><td>待处理</td></tr>
<tr><td>××项目支出</td><td>同上</td></tr>
<tr><td>××活动</td><td>同上</td><td>同上</td></tr>
</table>

经营支出核算的账务处理与事业支出核算的账务处理类似，所以本节不再对经营支出核算的账务处理进行说明，也不对经营支出的核算业务举例。学习经营支出核算的账务处理和核算业务举例，参见上节事业支出核算的账务处理和核算业务举例。

第四节　上缴上级支出和对附属单位补助支出的核算

一、上缴上级支出和对附属单位补助支出核算的账户设置

1. 上缴上级支出核算的账户

有上缴上级支出的事业单位，要设置“上缴上级支出”总账科目，核算事业单位按照财政部门和主管部门的规定上缴上级单位款项发生的现金流出。平时，“上缴上级支出”科目的借方余额，反映单位上缴上级资金的本年累计数。年终结账时，将“上缴上级支出”科目本年发生额转入“其他结余”科目。年终结转后，“上缴上级支出”科目应无余额。

在“上缴上级支出”总账科目下，新制度规定了需要设置的明细科目。

根据编制政府部门决算报表的需要，事业单位应当按照《政府收支分类科目》中支出功能分类科目的项级科目设置二级明细科目进行明细核算。

事业单位应当按照上缴款项的项目设置三级明细科目进行明细核算。

事业单位还应当按照《政府收支分类科目》中的部门预算支出经济分类科目的款级科目设置四级明细科目进行明细核算。表 5－3 为上缴上级支出明细科目表示例。

表 5－3　　上缴上级支出明细科目表

总账科目	二级明细科目	三级明细科目	四级明细科目
上缴上级支出	政府支出功能分类的项级科目	××上缴资金项目	部门预算支出经济分类款级科目
		××上缴资金项目	同上

如果事业单位上缴资金的收缴单位为两个以上，还应当按照收缴上缴款项的单位设置三级明细科目进行核算。表 5－3 中的三级、四级明细科目层级随之下移。

2. 对附属单位补助支出核算的账户

有对附属单位补助支出的事业单位，要设置“对附属单位补助支出”总

账科目，核算事业单位用财政拨款预算收入之外的收入对附属单位补助发生的现金流出。平时，“对附属单位补助支出”科目的借方余额，反映单位对附属单位补助支出资金的本年累计数。年终结账时，将“对附属单位补助支出”科目本年发生额转入“其他结余”科目。年终结转后，“对附属单位补助支出”科目应无余额。

在“对附属单位补助支出”总账科目下，新制度规定了需要设置的明细科目。

根据编制政府部门决算报表的需要，事业单位应当按照《政府收支分类科目》中支出功能分类科目的项级科目设置二级明细科目进行明细核算。

事业单位应当按照补助支出的补助项目和接受补助单位设置三级、四级明细科目进行明细核算。

事业单位还应当按照《政府收支分类科目》中的部门预算支出经济分类科目的款级科目设置五级明细科目进行明细核算。表 5－4 为上缴上级支出明细科目表示例。

表 5－4　　对附属单位补助支出明细科目表

总账科目	二级明细科目	三级明细科目	四级明细科目	五级明细科目
上缴上级支出	政府支出功能分类的项级科目	××补助项目	××单位	部门预算支出经济分类款级科目
			××单位	同上
		××补助项目	同上	同上

二、上缴上级支出、对附属单位补助支出的主要账务处理

1. 上缴上级支出业务的账务处理

（1）按照规定将款项上缴上级单位的，按照实际上缴的金额，借记“上缴上级支出”科目，贷记“资金结存”科目。

（2）年末，将“上缴上级支出”科目本年发生额转入其他结余，借记“其他结余”科目，贷记“上缴上级支出”科目。

2. 对附属单位补助支出业务的账务处理

（1）发生对附属单位补助支出时，按照实际补助的金额，借记“对附属单位补助支出”科目，贷记“资金结存——货币资金”科目。

（2）年末，将“对附属单位补助支出”科目本年发生额转入其他结余，借记“其他结余”科目，贷记“对附属单位补助支出”科目。

三、上缴上级支出、对附属单位补助支出的核算举例

【例5－10】资料：某广电事业单位通过银行转账，向上级主管单位缴纳核定的电视业务收入100万元。

要求：编制该单位根据上述资料进行预算会计记账的会计分录。

借：上缴上级支出——电视——其他支出　　1 000 000

　　贷：资金结存——货币资金　　1 000 000

【例5－11】资料：某普通高校通过银行转账，向独立核算的附属中学拨付操场翻修补助12万元。

要求：编制该单位根据上述资料进行预算会计记账的会计分录。

借：对附属单位补助支出——高等教育——修缮费补助——附中——其他支出　　120 000

　　贷：资金结存——货币资金　　120 000

第五节　投资支出的核算

一、投资支出核算的账户设置

有对外投资的事业单位，要设置“投资支出”总账科目，核算事业单位以货币资金对外投资发生的现金流出。平时，“投资支出”科目的借方余额，反映单位对投资支出资金的本年累计数。年终结账时，将“投资支出”科目本年发生额转入“其他结余”科目。年终结转后，“投资支出”科目应无余额。

在“投资支出”总账科目下，新制度规定了需要设置的明细科目。

根据编制政府部门决算报表的需要，事业单位应当按照《政府收支分类科目》中支出功能分类科目的项级科目设置二级明细科目进行明细核算。

事业单位应当按照投资支出的投资类型和投资对象设置三级、四级明细科目进行明细核算。

事业单位还应当按照《政府收支分类科目》中的部门预算支出经济分类

科目的款级科目设置五级明细科目进行明细核算。表 5 – 5 为投资支出明细科目表示例。

表 5 – 5　　投资支出明细科目表

<table>
<tr><th>总账科目</th><th>二级明细科目</th><th>三级明细科目</th><th>四级明细科目</th><th>五级明细科目</th></tr>
<tr><td rowspan="5">投资支出</td><td rowspan="5">政府支出功能分类的项级科目</td><td rowspan="2">股权投资</td><td>× ×企业</td><td>部门预算支出经济分类款级科目</td></tr>
<tr><td>× ×企业</td><td>同上</td></tr>
<tr><td rowspan="2">长期债券投资</td><td>× ×债券</td><td>同上</td></tr>
<tr><td>× ×债券</td><td>同上</td></tr>
<tr><td>短期投资</td><td>同上</td><td>同上</td></tr>
</table>

事业单位只有一种投资类型或者只有一个投资企业或只有一个债券投资品种的，可以减少表 5 – 5 中三级或四级明细科目，减少明细科目的下属层级明细科目随之上移层级。

二、投资支出核算的账务处理

以货币资金对外投资时，按照投资金额和所支付的相关税费金额的合计数，借记“投资支出”科目，贷记“资金结存”科目。

出售、对外转让或到期收回本年度以货币资金取得的对外投资的，如果按规定将投资收益纳入单位预算，按照实际收到的金额，借记“资金结存”科目，按照取得投资时“投资支出”科目的发生额，贷记“投资支出”科目，按照其差额，贷记或借记“投资预算收益”科目；如果按规定将投资收益上缴财政的，按照取得投资时“投资支出”科目的发生额，借记“资金结存”科目，贷记“投资支出”科目。

出售、对外转让或到期收回以前年度以货币资金取得的对外投资的，如果按规定将投资收益纳入单位预算，按照实际收到的金额，借记“资金结存”科目，按照取得投资时“投资支出”科目的发生额，贷记“其他结余”科目，按照其差额，贷记或借记“投资预算收益”科目；如果按规定将投资收益上缴财政的，按照取得投资时“投资支出”科目的发生额，借记“资金结存”科目，贷记“其他结余”科目。

年末，将“投资支出”科目本年发生额转入其他结余，借记“其他结余”科目，贷记“投资支出”科目。

三、投资支出的核算举例

【例5-12】资料：某普通高校，发生以下投资业务：

（1）某年使用历年积累的非财政拨款结余资金购买××三年期定期付息的国债30.3万元（含应收利息3 000元），同时支付交易所相关佣金3 000元。

（2）购买国债的当年12月31日，接到投资账户银行通知，收到上述国债发放利息6 000元，其中包括购买时包含的国债应收利息3 000元。

（3）购买上述国债后的第二年1月1日，由于使用资金需要，提前出售上述购买的国债，收到出售国债资金305 000元。按照相关管理规定，货币投资收回的本金和收益，都纳入单位预算管理。

要求：编制该单位根据上述资料进行预算会计记账的会计分录。

（1）借：投资支出——高等教育——长期债券投资——××国债——其他支出　　306 000

　　贷：资金结存——货币资金　　306 000

（2）借：资金结存——货币资金　　6 000

　　贷：投资支出——高等教育——长期债券投资——××国债——其他支出　　3 000

　　　投资预算收益　　3 000

（3）借：资金结存——货币资金　　305 000

　　贷：其他结余　　303 000

　　　投资预算收益　　2 000

【例5-13】资料：某事业单位与政府财政投资主导的投资基金合作成立产业园有限公司，该单位使用非财政资金200万元，以及单位创新科研成果的设备（评估价值1 000万元）进行投资，已经以出资获得产业园有限公司股权凭证。

要求：编制该单位根据上述资料进行预算会计记账的会计分录。

借：投资支出——科技成果转化与扩散——股权投资——产业园有限公司——其他支出　　2 000 000

　　贷：资金结存——货币资金　　2 000 000

第六节　债务还本支出的核算

一、债务还本支出核算的账户设置

有向银行及其他非银行金融机构借款的事业单位，要设置“债务还本支出”总账科目，核算事业单位向银行及其他金融机构偿还贷款本金的现金流出。平时，“债务还本支出”科目的借方余额，反映单位本年债务还本支出资金的累计数。年终结账时，将“债务还本支出”科目本年发生额转入“其他结余”科目。年终结转后，“债务还本支出”科目应无余额。

在“债务还本支出”总账科目下，新制度规定了需要设置的明细科目。

根据编制政府部门决算报表的需要，事业单位应当按照《政府收支分类科目》中支出功能分类科目的项级科目设置二级明细科目进行明细核算。

事业单位应当按照投资支出的贷款单位和贷款种类设置三级、四级明细科目进行明细核算。

事业单位还应当按照《政府收支分类科目》中的部门预算支出经济分类科目的款级科目设置五级明细科目进行明细核算。表5－6为债务还本支出明细科目表示例。

表5－6　　债务还本支出明细科目表

<table>
<tr><th>总账科目</th><th>二级明细科目</th><th>三级明细科目</th><th>四级明细科目</th><th>五级明细科目</th></tr>
<tr><td rowspan="3">债务还本支出</td><td rowspan="3">政府支出功能分类的项级科目</td><td rowspan="2">××银行</td><td>××贷款</td><td>部门预算支出经济分类款级科目</td></tr>
<tr><td>××贷款</td><td>同上</td></tr>
<tr><td>××银行</td><td>同上</td><td>同上</td></tr>
</table>

事业单位贷款只有一个贷款银行、或只有一种贷款的，可以减少表5－6中三级或四级明细科目，减少明细科目的下属层级明细科目随之上移层级。

二、债务还本支出核算的账务处理

（1）偿还各项短期或长期借款时，按照偿还的借款本金，借记“债务还本支出”科目，贷记“资金结存——货币资金”科目。

（2）年末，将“债务还本支出”科目本年发生额转入其他结余，借记“其他结余”科目，贷记“债务还本支出”科目。

三、债务还本支出核算举例

【例 5－14】 资料：接［例 4－11］，某普通高等学校经批准从 A 银行借入为期三年的基建专项贷款用于工程建设，还款资金由该学校自筹。20××年 7 月 1 日借入 1 000 万元贷款，已经存入单位银行账户；该贷款年利息率为 6%，每年 7 月 1 日用银行存款支付已完贷款年度利息（60 万元）；三年后该单位用非专项资金通过银行转账支付偿还的贷款本金（1 000 万元）和第三贷款年度的利息（60 万元）。

要求：根据上述业务，编制该单位归还贷款时进行预算会计记账的会计分录。

借：债务还本支出——高等教育——A 银行——基建专项贷款——其他支出　　10 000 000

其他支出——利息支出——高等教育——A 银行——基建专项贷款——国内债务付息　　600 000

贷：资金结存————货币资金　　10 600 000

第七节　其他支出的核算

一、其他支出核算的账户设置

行政事业单位要设置“其他支出”总账科目，核算行政事业单位除行政支出、事业支出、经营支出、上缴上级支出、对附属单位补助支出、投资支出、债务还本支出以外的各项现金流出，包括利息支出、对外捐赠现金支出、现金盘亏损失、接受捐赠（调入）和对外捐赠（调出）非现金资产发生的税费支出、资产置换过程中发生的相关税费支出、罚没支出等。平时，“其他支出”科目的借方余额，反映单位本年其他支出资金流出的累计数。年终结账时，将“其他支出”科目本年发生额转入“其他结余”科目。年终结转后，“其他支出”科目应无余额。

事业单位发生利息支出、捐赠支出等其他支出金额较大或业务较多的，可单独设置“7902 利息支出”、“7903 捐赠支出”等总账科目。

在“其他支出”总账科目下，新制度规定了需要设置的明细科目。

首先，行政事业单位的其他支出要按照各种其他支出的大类设置二级明细科目，包括“利息支出”、“对外捐赠现金支出”、“现金盘亏损失”、“接受和对外捐赠非现金资产费用支出”、“资产置换费用支出”、“资产调拨费用支出”、“罚没支出”等。

其次，行政事业单位的其他支出要划分核算各种资金来源的支出三级明细科目，包括“财政拨款支出”、“非财政专项资金支出”、“其他资金支出”明细科目。其中，使用两种以上财政预算资金的，还要按照不同财政预算的财政资金支出分别核算单位的支出；在政府性基金预算拨款支出科目下，还要按照不同的政府性基金分别核算单位的支出。

根据编制政府部门决算报表的需要，行政事业单位的其他支出应当按照《政府收支分类科目》中支出功能分类科目的项级科目设置明细科目进行明细核算。

根据部门预算管理的要求，单位预算的预算支出要按照基本支出和项目支出分别管理及核算。其中，项目支出还要按照每个项目分别管理及核算。在其他支出核算中，使用财政拨款预算收入中的项目支出拨款资金形成的支出，要通过“财政拨款支出”科目下的“项目支出”明细科目核算；使用事业预算收入等预算收入中专项资金形成的其他支出，都要通过“非财政专项资金支出”科目下的“项目支出”明细科目核算。

为了反映行政事业单位其他支出资金的具体用途，行政事业单位还应当按照《政府收支分类科目》中的部门预算支出经济分类科目的款级科目在“其他支出”科目中设置明细科目进行明细核算。表 5 -7 为其他支出明细科目表示例。

表 5－7　　其他支出明细科目表

<table>
<tr><th>总账科目</th><th>二级明细科目</th><th>三级明细科目</th><th>四级明细科目</th><th>五级明细科目</th><th>六级明细科目</th><th>七级明细科目</th><th>八级明细科目</th><th>九级明细科目</th></tr>
<tr><td rowspan="12">其他支出</td><td rowspan="12">利息支出</td><td rowspan="7">财政拨款支出</td><td rowspan="3">一般公共预算拨款支出</td><td rowspan="3">支出功能分类项级科目</td><td>基本支出</td><td>部门预算支出经济分类款级科目</td><td></td><td></td></tr>
<tr><td rowspan="2">项目支出</td><td>××项目</td><td rowspan="2">部门预算支出经济分类款级科目</td><td rowspan="2"></td></tr>
<tr><td>××项目</td></tr>
<tr><td rowspan="4">政府性基金预算拨款支出</td><td rowspan="3">××××基金拨款</td><td rowspan="3">支出功能分类项级科目</td><td>基本支出</td><td>部门预算支出经济分类款级科目</td><td></td></tr>
<tr><td rowspan="2">项目支出</td><td>××项目</td><td rowspan="2">部门预算支出经济分类款级科目</td></tr>
<tr><td>××项目</td></tr>
<tr><td>××××基金拨款</td><td>同上</td><td>同上</td><td>同上</td><td>同上</td></tr>
<tr><td rowspan="2">非财政专项资金支出</td><td rowspan="2">一般公共预算拨款支出</td><td rowspan="2">支出功能分类项级科目</td><td>项目支出</td><td>××项目</td><td>部门预算支出经济分类款级科目</td><td></td></tr>
<tr><td></td><td>××项目</td><td>同上</td><td></td></tr>
<tr><td rowspan="3">其他资金支出</td><td rowspan="3">一般公共预算拨款支出</td><td>支出功能分类项级科目</td><td>基本支出</td><td>部门预算支出经济分类款级科目</td><td></td><td></td></tr>
<tr><td rowspan="2"></td><td>项目支出</td><td>××项目</td><td>部门预算支出经济分类款级科目</td><td></td></tr>
<tr><td></td><td>××项目</td><td>同上</td><td></td></tr>
</table>

续表

总账科目	二级明细科目	三级明细科目	四级明细科目	五级明细科目	六级明细科目	七级明细科目	八级明细科目	九级明细科目
其他支出	对外捐赠现金支出	非财政专项资金支出	一般公共预算拨款支出	支出功能分类项级科目	项目支出	××项目	部门预算支出经济分类款级科目	
						××项目	同上	
		其他资金支出	一般公共预算拨款支出	支出功能分类项级科目	基本支出	部门预算支出经济分类款级科目		
					项目支出	××项目	部门预算支出经济分类款级科目	
						××项目	同上	
	现金盘亏损失	支出功能分类项级科目	一般公共预算拨款支出	基本支出	部门预算支出经济分类款级科目			
	……							

大多数行政事业单位只使用一般财政预算资金拨款，在“其他支出”总账科目下可以不设置表5－7中财政拨款支出下的四级明细科目、政府性基金拨款支出下的五级明细科目，其下属层级的明细科目随之上提层级。其他层级的明细科目中，如果行政事业单位业务核算中不需要的，也可以取消该层级明细科目。

二、其他支出核算的账务处理

1. 利息支出

支付银行借款利息时，按照实际支付金额，借记“其他支出”科目，贷记“资金结存”科目。

2. 对外捐赠现金资产

对外捐赠现金资产时，按照捐赠金额，借记“其他支出”科目，贷记“资金结存——货币资金”科目。

3. 现金盘亏损失

每日现金账款核对中如发现现金短缺，按照短缺的现金金额，借记“其他支出”科目，贷记“资金结存——货币资金”科目。经核实，属于应当由有关人员赔偿的，按照收到的赔偿金额，借记“资金结存——货币资金”科目，贷记“其他支出”科目。

4. 接受捐赠（无偿调入）和对外捐赠（无偿调出）非现金资产发生的税费支出

接受捐赠（无偿调入）非现金资产发生的归属于捐入方（调入方）的相关税费、运输费等，以及对外捐赠（无偿调出）非现金资产发生的归属于捐出方（调出方）的相关税费、运输费等，按照实际支付金额，借记“其他支出”科目，贷记“资金结存”科目。

5. 资产置换过程中发生的相关税费支出

资产置换过程中发生的相关税费，按照实际支付金额，借记“其他支出”科目，贷记“资金结存”科目。

6. 其他支出

发生罚没等其他支出时，按照实际支出金额，借记“其他支出”科目，贷记“资金结存”科目。

三、其他支出核算举例

【例 5-15】 资料：某中学（高中）经批准使用单位非财政拨款、非专项资金向灾区捐赠现金 2 万元，已经通过银行转账支付给灾区当地民政部门。另外，向灾区捐赠一批教学设备，通过银行转账支付向灾区运输捐赠物资的物流公司运输费 5 000 元。

要求：编制该单位根据上述资料进行预算会计记账的会计分录。

（1）捐赠现金 2 万元。

借：其他支出——捐赠支出——其他资金支出——高中教育——基本支出——赠与　　20 000

　　贷：资金结存——货币资金　　20 000

（2）支付运输费 5 000 元。

借：其他支出——捐赠支出——其他资金支出——高中教育——基本支出——商品和服务支出（其他交通费用）　　5 000

　　贷：资金结存——货币资金　　5 000

第六章

预算结余的核算

第一节　预算结余核算概述

一、预算结余概述

在新制度中规定的预算结余，涉及本期预算收支差额、各项结转结余、资金结存。

本期预算收支差额是指本期预算收入减去本期预算支出后的差额。由于目前预算收入和预算支出都是代表一个预算期间[①]的预算收入和预算支出，所以，又可以把本期预算收入和本期预算支出简称为预算收入和预算支出。本期预算收支差额用公式表示如下：

预算收入 - 预算支出 = 本期预算收支差额　　(6.1)

各项结转结余是指各个预算期间本期预算收支差额的累积数额。对于某个预算期间来说，以前年度的各项结转结余加上本期收支差额就等于本期期末的各项结转结余。各项结转结余与本期预算收支差额的关系用公式表示如下：

期初各项结转结余 + 本期预算收支差额 = 期末各项结转结余

又可以表示为：

① 目前，中国的政府预算都是年度预算，预算期间为公历年度。

期初各项结转结余 + 预算收入 − 预算支出 = 期末各项结转结余　　　(6.2)

资金结存是指纳入预算管理的货币资金。当预算收入发生时，意味着纳入预算管理的资金流入，因此，资金结存增加；当预算支出发生时，意味着纳入预算管理的资金流出，因此，资金结存减少。所以，通常资金结存与预算收入和预算支出的关系可以用公式表示如下：

资金结存期间变动 = 预算收入 − 预算支出　　　(6.3)

通常情况下，由于预算收入减去预算支出等于本期预算收支差额，因此，预算期间资金结存的变动也就等于本期预算收支差额，进而累积的预算收支差额（即各项结转结余）也就等于累积的资金结存。用公式表示如下：

资金结存（账户为借方余额） = 各项结转结余（账户为贷方余额）

(6.4)

如果发生了不记入预算收入或预算支出的各项结转结余的变动（如列入以前年度预算支出的资金退回造成的结转结余增加）等，也会同时发生资金结存的同方向、同金额变化，不影响上述等式（6.4）成立。

根据以上各个公式，可以推导出资金结存、预算收入、预算支出、各项结转结余的相互关系（如图 6 − 1 所示）。

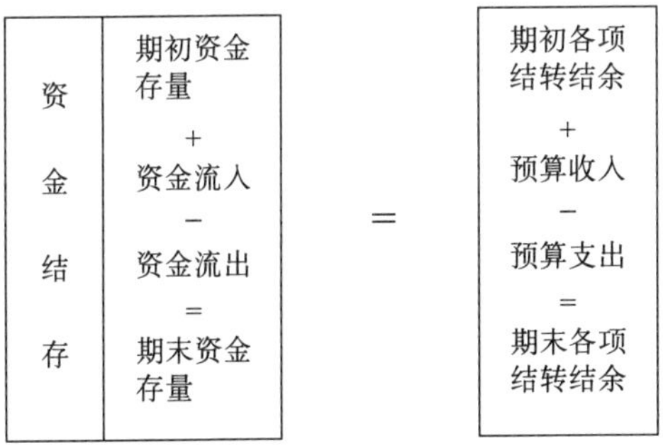

图 6 − 1

从设置账户和记账的角度划分，资金结存的账户是预算收入类账户、预算支出类账户、各项结转结余账户核算的对应账户。新制度设置了“资金结存”账户，从而使在预算会计账户之间进行借贷平衡记账得以实现。

二、各项结转结余的划分

“结转”和“结余”的概念源于财政部发布的《中央部门财政拨款结转和结余资金管理办法》（财预〔2010〕7 号）。在办法规定中，对财政资金定义了“结转”和“结余”的概念。

财政拨款结转资金是指当年支出预算已执行但尚未完成，或因故未执行，下年需按原用途继续使用的财政拨款资金。

财政拨款结余资金是指支出预算工作目标已完成，或由于受政策变化、计划调整等因素影响工作终止，当年剩余的财政拨款资金。

以后，在财政部发布的《事业单位财务规则》（财政部令 68 号）、《行政单位财务规则》（财政部令 71 号）规定中，将“结转”和“结余”的概念扩大到财政拨款以外的预算资金。

在新制度中，根据预算资金的来源、资金继续使用的预算管理约束，将行政事业单位的结转结余分为五大类：财政拨款结转，财政拨款结余，非财政拨款结转，非财政拨款结余，专用结余。

1. 财政拨款结转

财政拨款结转，是指行政单位当年预算已执行但尚未完成，或因故未执行，下一年度需要按照原用途继续使用的同级财政拨款结转的滚存资金。它包括基本支出结转和项目支出结转。基本支出结转是指用于单位基本预算支出的当期和滚存财政拨款结转；项目支出结转是指用于单位项目预算支出、项目当年已执行但尚未完成形成的当期和滚存财政拨款结转，或项目因故当期未执行，需要推迟到下年执行形成的当期或滚存财政拨款结转。

2. 财政拨款结余

财政拨款结余，是指支出预算工作目标已完成，或由于受政策变化、计划调整等因素影响工作终止，当年剩余的同级财政拨款结余的滚存资金。能称为财政拨款结余的只有已完成项目但尚未用完的财政拨款资金，或由于受政策变化、计划调整等因素影响，项目中止或撤销形成剩余的财政拨款资金。属于财政拨款结转的项目支出结转资金中，某一预算年度安排的项目支出连续两年仍未使用完形成剩余的财政拨款资金，也视同财政拨款结余资金管理。

3. 非财政拨款结转

非财政拨款结转，是指行政事业单位同级财政拨款以外的预算资金来源中，具有专项项目限定用途，而项目尚未完成、需要继续用于原指定项目用途的剩余资金。行政事业单位的非财政拨款结转包括单位的事业预算收入、上级补助预算收入、附属单位上缴预算收入、非同级财政拨款预算收入、债务预算收入、其他预算收入中有限定项目用途的收入资金，在项目没有完成时的剩余资金。当非财政拨款结转资金使用的项目完成或终止后，有的缴回给项目的出资人，不缴回给出资人的部分留给单位，如不再限定用途，可转为非财政拨款结余。

4. 非财政拨款结余

非财政拨款结余，是指无限定用途的非同级财政拨款资金的剩余资金。非财政拨款结余由行政事业单位取得事业预算收入、上级补助预算收入、附属单位上缴预算收入、经营预算收入、非同级财政拨款预算收入、债务预算收入、投资预算收益、其他预算收入的资金（扣除其中有限定项目用途的资金），与这些资金使用的支出相抵后的结余累积形成。

5. 专用结余

专用结余，是指事业单位按照财务制度规定从非财政拨款结余中提取的具有限定用途的资金，包括职工福利基金，以及其他按照规定设立、从非财政拨款结余中提取的专用基金等。

第二节　财政拨款结转的核算

一、财政拨款结转核算的账户设置

行政事业单位要设置“财政拨款结转”总账科目，核算单位取得的同级财政拨款结转资金的调整、收支结转、调剂和滚存情况。“财政拨款结转”总账科目借方登记财政拨款结转资金的减少，贷方登记财政拨款结转资金的增加，年末余额在贷方，反映财政拨款结转资金年末的累计余额。

在“财政拨款结转”总账科目下，新制度规定了需要设置的明细科目。

为了说明财政拨款结转资金增加、减少变动的原因，编制财政拨款预算收入支出表，要在“财政拨款结转”总账科目下设置以下二级明细科目：

“年初余额调整”明细科目，核算因发生会计差错更正、以前年度支出收回等原因，需要调整财政拨款结转的金额。

“归集调入”明细科目，核算按照规定从其他单位调入财政拨款结转资金时，实际调增的额度数额或调入的资金数额。

“归集调出”明细科目，核算按照规定向其他单位调出财政拨款结转资金时，实际调减的额度数额或调出的资金数额。

“归集上缴”明细科目，核算按照规定上缴财政拨款结转资金时，实际核销的额度数额或上缴的资金数额。

"单位内部调剂"明细科目，核算经财政部门批准对财政拨款结余资金改变用途，调整用于本单位其他未完成项目而增加财政拨款结转的调整金额。

"本年收支结转"明细科目，核算单位本年度财政拨款收支相抵后的余额。

"累计结转"明细科目，核算单位滚存的财政拨款结转资金。

根据编制政府部门决算报表的需要，事业单位应当按照《政府收支分类科目》中支出功能分类科目的项级科目设置三级明细科目进行明细核算。

由于单位预算分为基本预算和项目预算，作为预算会计要反映财政拨款结转的基本预算和项目预算执行情况，因此，财政拨款结转的预算会计核算上需要分别反映财政拨款基本支出结转和项目支出结转，以及每个项目的财政拨款结转。由于行政事业单位财政拨款的人员经费和公用经费不能混用，因此，在对财政拨款结转的基本结转，要分为人员经费结转和公用经费结转。所以，为了满足对财政拨款结转资金的预算管理和资金管理要求，在"财政拨款结转"总账科目中，要设置"基本支出结转"、"项目支出结转"四级明细科目，并在"基本支出结转"明细科目下，设置"人员经费"和"日常公用经费"两个五级明细科目；在"项目支出结转"明细科目下，按照每个项目设置五级明细科目。

如果行政事业单位使用的财政拨款包括两个以上的财政预算资金，那么由于行政事业单位的财政拨款结转要和财政部门的财政预算对接，单位在进行财政拨款结转核算时，首先要按照一般公共预算拨款结转、政府性基金预算拨款结转等分别设置二级明细科目，其他的明细科目层级随之下移。为了方便举例和突出重点，以下只按照单位只有一般公共预算财政拨款举例，不再设置"一般公共预算拨款"二级的相关明细科目。财政拨款结转的会计科目设置举例见表6－1。

二、财政拨款结转核算的账务处理

1. 与会计差错更正、以前年度支出收回相关的账务处理

（1）因发生会计差错更正退回以前年度国库直接支付、授权支付款项或财政性货币资金，或者因发生会计差错更正增加以前年度国库直接支付、授权支付支出或财政性货币资金支出，属于以前年度财政拨款结转资金的，借记或贷记"资金结存——财政应返还额度、零余额账户用款额度、货币资

表 6-1　　　　　　　　财政拨款结转明细科目表

<table>
<tr><th>总账科目</th><th>二级明细科目</th><th>三级明细科目</th><th>四级明细科目</th><th>五级明细科目</th></tr>
<tr><td rowspan="10">财政拨款结转</td><td rowspan="4">年初余额调整</td><td rowspan="4">支出功能分类</td><td rowspan="2">基本支出结转</td><td>人员经费</td></tr>
<tr><td>日常公用经费</td></tr>
<tr><td rowspan="2">项目支出结转</td><td>××项目</td></tr>
<tr><td>××项目</td></tr>
<tr><td>归集调入</td><td>同上</td><td>同上</td><td>同上</td></tr>
<tr><td>归集调出</td><td>同上</td><td>同上</td><td>同上</td></tr>
<tr><td>归集上缴</td><td>同上</td><td>同上</td><td>同上</td></tr>
<tr><td>单位内部调剂</td><td>同上</td><td>同上</td><td>同上</td></tr>
<tr><td>本年收支结转</td><td>同上</td><td>同上</td><td>同上</td></tr>
<tr><td>累计结转</td><td>同上</td><td>同上</td><td>同上</td></tr>
</table>

金”科目，贷记或借记本科目（年初余额调整）。

（2）因购货退回、预付款项收回等发生以前年度支出又收回国库直接支付、授权支付款项或收回财政性货币资金，属于以前年度财政拨款结转资金的，借记“资金结存——财政应返还额度、零余额账户用款额度、货币资金”科目，贷记本科目（年初余额调整）。

2. 与财政拨款结转结余资金调整业务相关的账务处理

（1）按照规定从其他单位调入财政拨款结转资金的，按照实际调增的额度数额或调入的资金数额，借记“资金结存——财政应返还额度、零余额账户用款额度、货币资金”科目，贷记本科目（归集调入）。

（2）按照规定向其他单位调出财政拨款结转资金的，按照实际调减的额度数额或调出的资金数额，借记本科目（归集调出），贷记“资金结存——财政应返还额度、零余额账户用款额度、货币资金”科目。

（3）按照规定上缴财政拨款结转资金或注销财政拨款结转资金额度的，按照实际上缴资金数额或注销的资金额度数额，借记本科目（归集上缴），贷记“资金结存——财政应返还额度、零余额账户用款额度、货币资金”科目。

（4）经财政部门批准对财政拨款结余资金改变用途，调整用于本单位基本支出或其他未完成项目支出的，按照批准调剂的金额，借记“财政拨款结余——单位内部调剂”科目，贷记本科目（单位内部调剂）。

3. 与年末财政拨款结转和结余业务相关的账务处理

（1）年末，将“财政拨款预算收入”科目本年发生额转入本科目，借记“财政拨款预算收入”科目，贷记本科目（本年收支结转）；将“行政支出”、

“事业支出”科目中“财政拨款支出”明细科目本年发生额转入本科目，借记本科目（本年收支结转），贷记“行政支出”、“事业支出”（财政拨款支出）科目。

（2）年末冲销有关明细科目余额。将本科目（本年收支结转、年初余额调整、归集调入、归集调出、归集上缴、单位内部调剂）余额转入本科目（累计结转）。结转后，本科目除“累计结转”明细科目外，其他明细科目应无余额。

（3）年末完成上述结转后，应当对财政拨款结转各明细项目执行情况进行分析，按照有关规定将符合财政拨款结余性质的项目余额转入财政拨款结余，借记本科目（累计结转），贷记“财政拨款结余——结转转入”科目。

三、财政拨款结转核算举例

【例6-1】资料：某体育管理中心（事业单位）年末有关预算收支科目当年发生额见表6-2，年末单位“财政拨款结转”科目除“累计结转”明细科目外，其余各明细科目余额见表6-3，该单位发生以下与财政拨款结转有关的业务。

（1）年初，上年发生的一项场馆中央控制系统维修费用，因对方报价清单错误，今年退回零余额账户用款额度维修款项1.2万元。

（2）年初，财政部门拨来财政调剂资金4.5万元，增加单位财政应返还额度，用于全运会赛事的准备。

（3）年末将有关预算收支科目的财政拨款预算收入和支出转入“财政拨款结转”科目。

（4）将表6-2中“财政拨款结转”科目各明细科目余额转入“累计结转”科目。

表6-2　××体育管理中心预算收支科目发生额明细表　单位：元

总账科目	二级明细科目	三级明细科目	四级明细科目	五级明细科目	借方金额	贷方金额
财政拨款预算收入						28 700 000
	运动项目管理	基本支出				23 500 000
			人员经费			16 300 000
			日常公用经费			7 200 000

续表

总账科目	二级明细科目	三级明细科目	四级明细科目	五级明细科目	借方金额	贷方金额
						5 200 000
	体育场馆	项目支出	场馆大修			200 000
	体育竞赛	项目支出	全运会专项			5 000 000
上级补助预算收入						730 000
	运动项目管理	非专项收入				470 000
	体育竞赛	项目收入	全运会专项			260 000
事业预算收入						4 120 000
	运动项目管理	非专项收入				4 000 000
	体育交流与合作	项目收入	××市体育管理培训			70 000
	运功项目管理		体育管理研究			50 000
经营预算收入						167 000
附属单位上缴预算收入						355 000
	运动项目管理	非专项收入				105 000
	体育竞赛	项目收入	全运会专项			250 000
投资预算收益	运动项目管理					4 000
其他预算收入						600 000
	运动项目管理	非专项收入				400 000
	体育竞赛	项目收入	全运会专项			200 000
事业支出						
	财政拨款支出				28 012 900	
		运动项目管理	基本支出		23 257 900	
				基本工资	6 320 500	
				退休费	2 705 600	
				津贴补贴	5 653 000	
				住房公积金	1 620 900	

续表

总账科目	二级明细科目	三级明细科目	四级明细科目	五级明细科目	借方金额	贷方金额
				办公费	1 930 000	
				水费	480 000	
				电费	767 000	
				取暖费	140 000	
				维护费	420 300	
				差旅费	600 600	
				会议费	350 000	
				劳务费	195 000	
				工会经费	140 000	
				专用设备购置	1 935 000	
			项目支出		4 755 000	
		体育场馆		场馆大修	115 000	
		体育竞赛		全运会专项	4 640 000	
	其他资金支出				3 000 000	
	非财政专项资金支出				761 000	
		体育场馆	全运会专项		692 000	
		体育交流与合作	××市体育管理培训		69 000	
经营支出		运动项目管理			168 000	
上缴上级支出		运动项目管理			300 000	
对附属单位补助支出		运动项目管理			500 000	
投资支出	国债	运动项目管理			200 000	

要求：编制该事业单位根据上述资料进行预算会计记账的会计分录（本例题略去单位支出的功能分类）。

（1）退回零余额账户用款额度维修款项 1.2 万元。

借：资金结存——零余额账户用款额度　　12 000

　　贷：财政拨款结转——年初余额调整——体育运动管理——基本支出结转——日常公用经费结转　　12 000

（2）调剂调入财政拨款结转资金 4.5 万元。

借：资金结存——财政应返还额度　　45 000

贷：财政拨款结转——归集调入——体育竞赛——项目支出结转——全运会专项　45 000

(3) 年末将有关预算收支科目的财政拨款预算收入和支出转入“财政拨款结转”科目。

①结转财政拨款预算收入。

借：财政拨款预算收入——运动项目管理——基本支出——人员经费　16 300 000

——运动项目管理——基本支出——日常公用经费　7 200 000

——体育场馆——项目支出——场馆大修　200 000

——体育竞赛——项目支出——全运会专项　5 000 000

贷：财政拨款结转——本年收支结转——运动项目管理——基本支出结转——人员经费　16 300 000

——本年收支结转——运动项目管理——基本支出结转——日常公用经费　7 200 000

——体育场馆——项目支出结转——场馆大修　200 000

——体育竞赛——项目支出结转——全运会专项　5 000 000

②结转财政拨款支出。

借：财政拨款结转——本年收支结转——运动项目管理——基本支出结转——人员经费　16 300 000

——本年收支结转——运动项目管理——基本支出结转——日常公用经费　6 957 900

——体育场馆——项目支出结转——场馆大修　115 000

——体育竞赛——项目支出结转——全运会专项　4 640 000

贷：事业支出——财政补助支出——运动项目管理——基本支出　23 257 900

——体育场馆——项目支出——场馆大修　115 000

——体育竞赛——项目支出——全运会专项　4 640 000

（4）将表6－3明细科目余额转入“累计结转”科目。

表6－3 **财政拨款结转明细科目余额表**

单位：元

二级明细科目	三级明细科目	四级明细科目	五级明细科目	借方余额	贷方余额
本年收支结转	运动项目管理	基本支出结转	人员经费		0
			日常公用经费		242 100
	体育场馆	项目支出结转	场馆大修		85 000
	体育竞赛	项目支出结转	全运会专项		360 000
归集调入	体育竞赛	项目支出结转	全运会专项		45 000
年初余额调整	运动项目管理	基本支出结转	日常公用经费		12 000

借：财政拨款结转——本年收支结转——运动项目管理——基本支出结转——日常公用经费 242 100

——体育场馆——项目支出结转——场馆大修 85 000

——体育竞赛——项目支出结转——全运会专项 360 000

——归集调入——体育竞赛——项目支出结转——全运会专项 45 000

——年初余额调整——运动项目管理——基本支出结转——日常公用经费 12 000

贷：财政拨款结转——累计结转——运动项目管理——基本支出结转——日常公用经费 254 100

——体育场馆——项目支出结转——场馆大修 85 000

——体育竞赛——项目支出结转——全运会专项 405 000

第三节 财政拨款结余的核算

一、财政拨款结余核算的账户设置

行政事业单位要设置“财政拨款结余”总账科目，核算单位的同级财政拨款结余资金的调整、转入、调剂和滚存情况。“财政拨款结余”总账科目借方登记财政拨款结余资金的减少，贷方登记财政拨款结余资金的增加，年末余额在贷方，反映财政拨款结余资金年末的累计余额。

在“财政拨款结余”总账科目下，新制度规定了需要设置的明细科目。

在“财政拨款结余”总账科目下，设置“结转转入”、“年初余额调整”、“归集上缴”、“单位内部调剂”和“累计结余”二级明细科目。其中，“结转转入”明细科目用于核算行政事业单位将本单位完成项目的财政拨款结余资金从“财政拨款结转”科目转入“财政拨款结余”科目的金额；“单位内部调剂”明细科目用于核算经财政部门批准对财政拨款结余资金改变用途，调整用于本单位其他未完成项目而减少财政拨款结余的调整金额；“累计结余”明细科目用于核算单位滚存的财政拨款结余资金。

在“财政拨款结余”总账科目下，要按照《政府收支分类科目》中支出功能分类科目的项级科目设置三级明细科目进行明细核算；在“财政拨款结余”总账科目下，还要按照每个结余资金的项目设置四级明细科目，核算各个项目的结余资金情况。

有一般公共预算拨款、政府性基金预算拨款两种或两种以上财政预算资金拨款的行政事业单位，还应当在“财政拨款结余”总账科目下，按照财政预算资金的种类分别设置二级明细科目，其他层级的明细科目随之下移层级。财政拨款结余的会计科目设置举例见表6－4。

表6－4　　财政拨款结余明细科目表

<table>
<tr><th>总账科目</th><th>二级明细账科目</th><th>三级明细账科目</th><th>四级明细账科目</th><th>五级明细账科目</th></tr>
<tr><td rowspan="8">财政拨款结余</td><td rowspan="7">一般公共预算拨款结余</td><td rowspan="2">年初余额调整</td><td rowspan="2">支出功能分类项级科目</td><td>××项目</td></tr>
<tr><td>××项目</td></tr>
<tr><td rowspan="2">结转转入</td><td rowspan="2">支出功能分类项级科目</td><td>××项目</td></tr>
<tr><td>××项目</td></tr>
<tr><td>归集上缴</td><td>同上</td><td>同上</td></tr>
<tr><td>单位内部调剂</td><td>同上</td><td>同上</td></tr>
<tr><td>累计结余</td><td>同上</td><td>同上</td></tr>
<tr><td>政府性基金预算拨款结余</td><td>同上</td><td>同上</td><td>同上</td></tr>
</table>

二、财政拨款结余核算的账务处理

经财政部门批准对财政拨款结余资金改变用途，调整用于本单位基本支出或其他未完成项目支出的，按照批准调剂的金额，借记本科目（单位内部调剂），贷记“财政拨款结转——单位内部调剂”科目。

按照规定上缴财政拨款结余资金或注销财政拨款结余资金额度的，按照实际上缴资金数额或注销的资金额度数额，借记本科目（归集上缴），贷记“资金结存——财政应返还额度、零余额账户用款额度、货币资金”科目。

年末，对财政拨款结转各明细项目执行情况进行分析，按照有关规定将符合财政拨款结余性质的项目余额转入财政拨款结余，借记“财政拨款结转——累计结转”科目，贷记本科目（结转转入）。

年末冲销有关明细科目余额。将本科目（年初余额调整、归集上缴、单位内部调剂、结转转入）余额转入本科目（累计结余）。结转后，本科目除“累计结余”明细科目外，其他明细科目应无余额。

三、财政拨款结余核算举例

【例 6－2】资料：接［例 6－1］，该体育管理中心发生以下财政拨款结余有关业务：

（1）年初，去年结余的全民体育普及专项款为 3.5 万元，经批准，将其调剂用于本年度的全运会赛事项目。去年结余的一项场馆大修资金 5 万元，按要求上缴财政。

（2）年末，结转本年已完成项目的资金结余。本年度场馆大修完工，累计结余资金 40 000 元。

（3）年末，将上述财政拨款结余业务形成的财政拨款结余各明细科目的余额转入“累计结余”。

要求：编制该单位根据上述资料进行预算会计记账的会计分录。

借：财政拨款结余——内部调剂——群众体育——全民体育普及专项

35 000

贷：财政拨款结转——内部调剂——体育竞赛——项目支出——全运会专项

35 000

借：财政拨款结余——归集上缴——体育场馆——项目支出结余——场

50 000

馆大修——运动场馆

贷：资金结存——财政应返还额度 50 000

借：财政拨款结转——累计结转——体育场馆——项目支出结转——场馆大修——运动场馆 40 000

贷：财政拨款结余——结转转入——体育场馆——项目支出结余——场馆大修——运动场馆 40 000

年末，将财政拨款结余各明细科目的余额转入“累计结余”：

借：财政拨款结余——结转转入——体育场馆——项目支出结余——场馆大修——运动场馆 40 000

贷：财政拨款结余——累计结余——体育场馆——项目支出结余——场馆大修——运动场馆 40 000

借：财政拨款结余——累计结余——群众体育——全民体育普及专项 35 000

贷：财政拨款结余——内部调剂——群众体育——全民体育普及专项 35 000

第四节 非财政拨款结转的核算

一、非财政拨款结转核算的账户设置

行政事业单位要设置“非财政拨款结转”总账科目，核算单位的非同级财政拨款结转资金的调整、收支转入、转出和滚存情况。“非财政拨款结转”总账科目借方登记非财政拨款结转资金的减少，贷方登记非财政拨款结转资金的增加，年末余额在贷方，反映非财政拨款结转资金年末的累计余额。

在“非财政拨款结转”总账科目下，新制度规定了需要设置的明细科目。

在“非财政拨款结转”总账科目下，设置“年初余额调整”、“缴回资金”、“项目间接费用或管理费”、“本年收支结转”和“累计结转”二级明细科目。其中，“缴回资金”明细科目用于核算单位按照规定向出资单位缴回完成或终止项目的非财政拨款结转资金；“项目间接费用或管理费”明细科目用于核算单位取得的科研项目预算收入中，按照规定计提的项目间接费用或管理费；“累计结转”明细科目用于核算单位滚存的非财政拨款结转资金。

在“非财政拨款结转”总账科目下，要按照《政府收支分类科目》中支出功能分类科目的项级科目设置三级明细科目，进行明细核算，

在“非财政拨款结转”总账科目下，还要按照每个非财政拨款结转资金的项目设置四级明细科目，核算各个项目的非财政拨款结转资金情况。表6-5为非财政拨款结转的明细科目表示例。

表6-5　　非财政拨款结转明细科目表

总账科目	二级明细科目	三级明细科目	四级明细科目
非财政拨款结转	年初余额调整	支出功能分类	项目1
		同上	项目2
		同上	……
	缴回资金	同上	同上
	项目间接费用或管理费	同上	同上
	本年收支结转	同上	同上
	累计结转	同上	同上

二、非财政拨款结转核算的账务处理

（1）按照规定从科研项目预算收入中提取项目管理费或间接费时，按照提取金额，借记本科目（项目间接费用或管理费），贷记“非财政拨款结余——项目间接费用或管理费”科目。

（2）因会计差错更正收到或支出非同级财政拨款货币资金，属于非财政拨款结转资金的，按照收到或支出的金额，借记或贷记“资金结存——货币资金”科目，贷记或借记本科目（年初余额调整）。

因收回以前年度支出等收到非同级财政拨款货币资金，属于非财政拨款结转资金的，按照收到的金额，借记“资金结存——货币资金”科目，贷记本科目（年初余额调整）。

（3）按照规定缴回非财政拨款结转资金的，按照实际缴回资金数额，借记本科目（缴回资金），贷记“资金结存——货币资金”科目。

（4）年末，将事业预算收入、上级补助预算收入、附属单位上缴预算收入、非同级财政拨款预算收入、债务预算收入、其他预算收入本年发生额中的专项资金收入转入本科目，借记“事业预算收入”、“上级补助预算收入”、

“附属单位上缴预算收入”、“非同级财政拨款预算收入”、“债务预算收入”、“其他预算收入”科目下各专项资金收入明细科目，贷记本科目（本年收支结转）；将行政支出、事业支出、其他支出本年发生额中的非财政拨款专项资金支出转入本科目，借记本科目（本年收支结转），贷记“行政支出”、“事业支出”、“其他支出”科目下各非财政拨款专项资金支出明细科目。

（5）年末冲销有关明细科目余额。将本科目（年初余额调整、项目间接费用或管理费、缴回资金、本年收支结转）余额转入本科目（累计结转）。结转后，本科目除“累计结转”明细科目外，其他明细科目应无余额。

（6）年末完成上述结转后，应当对非财政拨款专项结转资金各项目情况进行分析，将留归本单位使用的非财政拨款专项（项目已完成）剩余资金转入非财政拨款结余，借记本科目（累计结转），贷记“非财政拨款结余——结转转入”科目。

三、非财政拨款结转核算举例

【例6-3】资料：接［例6-1］，该体育管理中心本年度发生以下与非财政专项资金相关的结转业务：

（1）年末，根据表6-2年末预算收支科目发生额表，对非财政拨款专项资金进行预算收支转账。

（2）本单位取得的科研项目“体育管理研究”项目50 000元，根据单位管理要求，从项目预算收入金额中计提5%管理费。

（3）年末，将上述业务形成的非财政拨款结转明细科目余额转入累计结转明细科目。

（4）体育管理培训项目完成，结余部分资金，根据与对方的协议，留归本单位使用。

要求：编制该单位根据上述资料进行预算会计记账的会计分录（本例题略去单位支出的功能分类）。

（1）年末，根据表6-2年末预算收支科目发生额表，对非财政拨款专项资金进行预算收支转账。

①专项收入转账。

借：事业预算收入——项目收入——体育交流与合作——××市体育管理培训　70 000

——项目收入——运动项目管理——体育管理研究　50 000

上级补助预算收入——项目收入——体育竞赛——全运会专项

260 000

附属单位上缴预算收入——项目收入——体育竞赛——全运会专项

250 000

其他预算收入——项目收入——体育竞赛——全运会专项

200 000

贷：非财政拨款结转——本年收支结转——体育交流与合作——××市体育管理培训

70 000

——体育竞赛——全运会专项 710 000

——运动项目管理——体育管理研究

50 000

②专项支出转账。

借：非财政拨款结转——本年收支结转——体育交流与合作——××市体育管理培训

69 000

——体育竞赛——全运会专项 692 000

贷：事业支出——非财政专项资金支出——体育交流与合作——××市体育管理培训

69 000

——体育竞赛——全运会专项

692 000

（2）本单位取得的科研项目“体育管理研究“项日 50 000 元，根据单位管理要求，从项目预算收入金额中计提 5% 管理费。

借：非财政拨款结转——项目间接费用或管理费——运动项目管理——体育管理研究

2 500

贷：非财政拨款结余——项目间接费用或管理费 2 500

（3）年末，将上述业务形成的非财政拨款结转明细科目余额转入累计结转明细科目。

借：非财政拨款结转——本年收支结转——体育交流与合作——××市体育管理培训

1 000

——体育竞赛——全运会专项

18 000

贷：非财政拨款结转——累计结转——体育交流与合作——××市体育管理培训

1 000

——体育竞赛——全运会专项

18 000

借：非财政拨款结转——累计结转——运动项目管理——体育管理研究　2 500

贷：非财政拨款结转——项目间接费用或管理费用——运动项目管理——体育管理研究　2 500

（4）体育管理培训项目完成，结余部分资金，根据与对方的协议，留归本单位使用。

借：非财政拨款结转——累计结转——体育交流与合作——××市体育管理培训　1 000

贷：非财政拨款结余——结转转入　1 000

第五节　非财政拨款结余的核算

一、非财政拨款结余资金核算的业务流程

行政事业单位每个预算期的非财政拨款、非专项资金的结余，年末都要最终转入“非财政拨款结余”科目中，以反映单位累积的非财政拨款、非专项资金的结余。但是在此之前，行政事业单位需要对非财政拨款、非专项资金进行预算收支转账，核算出本预算期非财政拨款、非专项资金的预算收支结余。其中，事业单位还要对本期结余的非财政拨款、非专项资金进行分配，提取专用结余。在进行预算收支转账和分配完毕后，要将本期的非财政拨款、非专项资金结余都转入“非财政拨款结余”科目中。此外，在预算期间，对累积的非财政拨款结余资金发生的变化也要进行核算。例如，对以前年度列支出的预算资金收回、非财政拨款专项资金留归单位、提取专项资金的项目间接费用或管理费等导致累积的非财政拨款结余变动的核算等。

二、非财政拨款结余核算的账户设置

1.“其他结余”科目

行政事业单位要设置“其他结余”科目，核算单位本年度除财政拨款收支、非同级财政专项资金收支和经营收支以外各项收支相抵后的余额。“其他

结余”科目借方登记有关预算支出的年末结转数，贷方登记有关预算收入的年末结转数。预算收支结转后，“其他结余”科目的余额如果在贷方（正结余），反映单位本年度非财政拨款、非专项资金的预算收入（不含经营预算收入）减去支出（不含经营支出）的剩余金额；该科目年末预算收支结转后的余额如果在借方（负结余），反映单位本年度非财政拨款、非专项资金的预算收入（不含经营预算收入）减去支出（不含经营支出）后的余额为“赤字”。年末行政单位将其他结余转入“非财政拨款结余”科目、事业单位将其他结余转入“非财政拨款结余分配”科目后，“其他结余”科目应无余额。

2. “经营结余”科目

有经营活动的事业单位要设置“经营结余”科目，核算单位本年度经营活动收支相抵后余额弥补以前年度经营亏损后的余额。“经营结余”科目借方登记经营支出的年末结转数，贷方登记经营预算收入的年末结转数。经营预算收支结转后，“经营结余”科目的余额如果在贷方（正结余），反映单位本年度经营预算收入减去经营支出的剩余金额；该科目年末预算收支结转后的余额如果在借方（负结余），反映单位本年度经营预算收入减去经营支出后的余额为“赤字”。年末，事业单位将“经营结余”科目贷方余额转入“非财政拨款结余分配”科目后，“经营结余”科目应无余额；如果预算收入支出结转后“经营结余”科目为借方余额，则不将“经营结余”科目借方余额转入“非财政拨款结余分配”科目，“经营结余”科目留有期末借方余额，反映事业单位经营活动的亏损。

在“经营结余”总账科目下，事业单位可以按照经营活动的类别设置明细科目。

3. “非财政拨款结余分配”科目

事业单位要设置“非财政拨款结余分配”总账科目，核算单位本年度非财政拨款结余分配的情况和结果。“非财政拨款结余分配”科目借方登记本年其他结余（负结余）的转入数，以及提取专用基金的提取数，贷方登记本年其他结余、经营结余（正结余）的转入数。分配后将“非财政拨款结余分配”科目贷方余额或借方余额转入“非财政拨款结余”科目后，“非财政拨款结余分配”科目应无余额。

4. “非财政拨款结余”科目

行政事业单位要设置“非财政拨款结余”总账科目，核算单位历年滚存的非限定用途的非同级财政拨款结余资金，主要为非财政拨款结余扣除结余分配后滚存的金额。非财政拨款结余的增加登记“非财政拨款结余”科目贷方，非财政拨款结余的减少登记“非财政拨款结余”科目借方，年末“非财政拨款结余”科目的最终余额在贷方，反映单位历年滚存的非限定用途的非同级财政拨款结余资金。

在“非财政拨款结余”总账科目下，新制度规定了需要设置的明细科目。

为了说明非财政拨款结余资金增加、减少变动的原因，要在“非财政拨款结余”总账科目下设置以下二级明细科目：

（1）“年初余额调整”明细科目，核算因发生会计差错更正、以前年度支出收回等原因，需要调整非财政拨款结余的资金。

（2）“项目间接费用或管理费”明细科目，核算单位取得的科研项目预算收入中，按照规定计提的项目间接费用或管理费数额。

（3）“结转转入”明细科目，核算按照规定留归单位使用，由单位统筹调配，纳入单位非财政拨款结余的非同级财政拨款专项剩余资金。

（4）“累计结余”明细科目，核算单位历年滚存的非同级财政拨款、非专项结余资金。

年末经二级明细科目转账后的“累计结余”明细科目贷方余额，反映单位非同级财政拨款滚存的非专项结余资金数额。

三、非财政拨款结余核算的账务处理

1. 其他结余的账务处理

（1）年末，将事业预算收入、上级补助预算收入、附属单位上缴预算收入、非同级财政拨款预算收入、债务预算收入、其他预算收入本年发生额中的非专项资金收入以及投资预算收益本年发生额转入本科目，借记“事业预算收入”、“上级补助预算收入”、“附属单位上缴预算收入”、“非同级财政拨款预算收入”、“债务预算收入”、“其他预算收入”科目下各非专项资金收入明细科目和“投资预算收益”科目，贷记本科目（“投资预算收益”科目本年发生额为借方净额时，借记本科目，贷记“投资预算收益”科目）；将行政支出、事业支出、其他支出本年发生额中的非同级财政、非专项资金支出，以及上缴上级支出、对附属单位补助支出、投资支出、债务还本支出本年发生额转入本科目，借记本科目，贷记“行政支出”、“事业支出”、“其他支出”科目下各非同级财政、非专项资金支出明细科目和“上缴上级支出”、“对附属单位补助支出”、“投资支出”、“债务还本支出”科目。

（2）年末，完成上述（1）结转后，行政单位将本科目余额转入“非财政拨款结余”科目，借记本科目，贷记“非财政拨款结余——累计结余”科目；事业单位将本科目余额转入“非财政拨款结余分配”科目。当本科目为贷方余额时，借记本科目，贷记“非财政拨款结余——累计结余”或“非财政拨款结余分配”科目；当本科目为借方余额时，借记“非财政拨款结余——累计结余”或“非财政拨款结余分配”科目，贷记本科目。

2. 经营结余的账务处理

（1）年末，将经营预算收入本年发生额转入本科目，借记“经营预算收入”科目，贷记本科目；将经营支出本年发生额转入本科目，借记本科目，贷记“经营支出”科目。

（2）年末，完成上述（1）结转后，如本科目为贷方余额，将本科目贷方余额转入“非财政拨款结余分配”科目，借记本科目，贷记“非财政拨款结余分配”科目；如本科目为借方余额，为经营亏损，不予结转。

3. 非财政拨款结余分配的账务处理

（1）年末，将“其他结余”科目余额转入本科目，当“其他结余”科目为贷方余额时，借记“其他结余”科目，贷记本科目；当“其他结余”科目为借方余额时，借记本科目，贷记“其他结余”科目。

年末，将“经营结余”科目贷方余额转入本科目，借记“经营结余”科目，贷记本科目。

（2）根据有关规定提取专用基金的，按照提取的金额，借记本科目，贷记“专用结余”科目。

（3）年末，完成上述（1）至（2）处理后，将本科目余额转入非财政拨款结余。当本科目为借方余额时，借记“非财政拨款结余——累计结余”科目，贷记本科目；当本科目为贷方余额时，借记本科目，贷记“非财政拨款结余——累计结余”科目。

4. 非财政拨款结余的账务处理

除了将“其他结余”和“非财政拨款结余分配”科目余额转入本科目的转账外，本科目其他业务的账务处理如下：

（1）按照规定从科研项目预算收入中提取项目管理费或间接费时，借记“非财政拨款结转——项目间接费用或管理费”科目，贷记本科目（项目间接费用或管理费）。

（2）有企业所得税缴纳义务的事业单位实际缴纳企业所得税时，按照缴纳金额，借记本科目（累计结余），贷记“资金结存——货币资金”科目。

（3）因会计差错更正收到或支出非同级财政拨款货币资金，属于非财政拨款结余资金的，按照收到或支出的金额，借记或贷记“资金结存——货币资金”科目，贷记或借记本科目（年初余额调整）。

因收回以前年度支出等收到非同级财政拨款货币资金，属于非财政拨款结余资金的，按照收到的金额，借记“资金结存——货币资金”科目，贷记本科目（年初余额调整）。

（4）年末，将留归本单位使用的非财政拨款专项（项目已完成）剩余资金转入本科目，借记“非财政拨款结转——累计结转”科目，贷记本科目（结转转入）。

（5）年末冲销有关明细科目余额。将本科目（年初余额调整、项目间接费用或管理费、结转转入）余额结转入本科目（累计结余）。结转后，本科目除“累计结余”明细科目外，其他明细科目应无余额。

四、非财政拨款结余核算举例

【例6－4】资料：接［例6－1］，年末，该体育管理中心根据表6－2年末收支科目发生额表，分别结转非财政非专项资金收支中的经营收支和非经营收支。

要求：编制该单位根据上述资料进行预算会计记账的会计分录。

（1）结转非专项非经营的预算收入。

借：事业预算收入——运动项目管理　4 000 000
　　上级补助预算收入——运动项目管理　470 000
　　附属单位上缴预算收入——运动项目管理　105 000
　　投资预算收益——运动项目管理　4 000
　　其他预算收入——运动项目管理　400 000
　　贷：其他结余　4 979 000

（2）结转非专项非经营的支出。

借：其他结余　4 000 000
　　贷：事业支出——其他资金支出——运动项目管理　3 000 000
　　　　上缴上级支出——运动项目管理　300 000
　　　　对附属单位补助支出——运动项目管理　500 000
　　　　投资支出——运动项目管理——国债　200 000

（3）结转经营预算收入。

借：经营预算收入——体育场馆　167 000

贷：经营结余 167 000

（4）结转经营支出。

借：经营结余 168 000

贷：经营支出——体育场馆 168 000

【例6-5】资料：接［例6-1］，该体育管理中心计算出“其他结余”、“经营结余”借贷方差额并转账，然后对“非财政拨款结余分配”科目余额进行分配，发生以下业务：

（1）将其他结余余额转入“非财政拨款结余分配”科目。

（2）由于经营结余情况为亏损，因此不转入“非财政补助结余分配”科目。

（3）根据规定，从结余中计提职工福利基金150 000元。

（4）将“非财政拨款结余分配”科目余额转入“非财政拨款结余”科目。

要求：编制该单位根据上述资料进行预算会计记账的会计分录。

（1）将其他结余余额转入“非财政拨款结余分配”科目。

借：其他结余 979 000

贷：非财政拨款结余分配 979 000

（2）由于经营结余情况为亏损，因此不转入“非财政补助结余分配”科目。

（3）根据规定，从结余中计提职工福利基金150 000元。

借：非财政拨款结余分配 150 000

贷：专用结余——职工福利基金 150 000

（4）将“非财政拨款结余分配”科目余额转入“非财政拨款结余”科目。

借：非财政拨款结余分配 829 000

贷：非财政拨款结余——累计结余 829 000

【例6-6】资料：接［例6-1］，该体育管理中心发生以下与非财政拨款结余有关的业务：

（1）按规定缴纳所得税，银行转账支付所得税25 000元。

（2）年末，将【例6-3】中转入本科目“结转转入”明细科目的金额1 000元，转入“累计结余”明细科目。

要求：编制该单位根据上述资料进行预算会计记账的会计分录。

（1）按规定缴纳所得税，银行转账支付所得税25 000元。

借：非财政拨款结余——累计结余 25 000

贷：资金结存——货币资金 25 000

（2）年末，将【例6-3】中转入本科目“结转转入”明细科目的金额

1 000元，转入“累计结余”明细科目。

借：非财政拨款结余——结转转入　　　　1 000

　　贷：非财政拨款结余——累计结余　　　　1 000

第六节　专用结余的核算

一、专用结余核算的账户设置

有按照规定从非财政拨款结余中提取专用基金的事业单位，要设置“专用结余”总账科目，核算单位按照规定从非财政拨款结余中提取的具有专门用途的资金的变动和滚存情况。该科目贷方发生额登记专用结余的提取数，借方登记专用结余的使用数，期末余额在贷方，反映事业单位从非财政拨款结余中提取的具有专门用途的资金的滚存数。

在“专用结余”总账科目下，新制度规定需要按照专用结余的类别设置二级明细科目。比如“职工福利基金”等。

二、专用结余核算的账务处理

根据有关规定从本年度非财政拨款结余或经营结余中提取基金的，按照提取金额，借记“非财政拨款结余分配”科目，贷记本科目。

根据规定使用从非财政拨款结余或经营结余中提取的专用基金时，按照使用金额，借记本科目，贷记“资金结存——货币资金”科目。

三、专用结余核算举例

【例6－7】资料：某体育管理中心动用职工福利基金3万元购置专门用于职工娱乐活动的设备。

要求：编制该单位根据上述资料进行预算会计记账的会计分录。

借：专用结余——职工福利基金　　　　30 000

　　贷：资金结存——货币资金　　　　30 000

因从非财政拨款结余中提取专用基金的专用结余核算举例，参见【例6－5】。

第七章

资产类科目的核算

第一节　货币资金

货币资金是指单位在运营过程中处于货币形态的那部分资金，包括库存现金、银行存款、零余额账户用款额度和其他货币资金。

一、库存现金

（一）库存现金的管理

库存现金是指由出纳人员保管，供日常零星开支使用的一种货币资金。现金是单位全部资产中流动性最强的资产，单位的经济业务活动始于现金，或者终于现金。现金可以充当交易媒介随时支用，也可以立即投入流通，还可以随时存入银行。由于现金收付频繁，容易出现差错，甚至还可能被挪用或侵吞。因此，单位必须严格遵守《现金管理暂行条例》、《现金管理暂行条例实施细则》及其他关于现金管理的各项规定，加强和健全现金管理制度，正确进行现金核算，监督现金使用的合法性与合理性，确保现金的安全与完整。

1. 现金使用范围

按照国务院颁布的《现金管理暂行条例》，单位可用现金支付的款项有：职工工资、津贴；个人服务报酬；根据国家规定发给个人的各种奖金；各种劳保、福利费用以及国家规定的对个人的其他支出；向个人收购农副产品和其他物资的价款；出差人员须随身携带的差旅费；结算起点以下的零星支出；中国人民银行确定需要支付现金的其他支出。除上述款项以外的结算业务，应通过银行办理转账结算。

2. 现金收支业务的管理要求

单位办理现金收支应当依照下列规定办理：①取得现金收入应当于当日送存开户银行，当日送存确有困难的，由开户银行确定送存时间；②支付现金，可以从本单位库存现金限额中支付或从开户银行提取，不得从本单位的现金收入中直接支付（即坐支）。因特殊情况需要坐支现金的，应当事先报经开户银行审查批准，由开户银行核定坐支范围和限额。坐支单位应当定期向开户银行报送坐支金额和使用情况；③从开户银行提取现金时，应当写明用途，由本单位财会部门负责人签字盖章，经开户银行审核后，予以支付。

3. 遵守库存现金限额

库存现金的限额是指为了保证单位日常零星开支的需要，允许单位保留的库存现金的最高金额。该限额一般由单位的开户银行根据单位业务的实际需要，按照《现金管理暂行条例》核定。库存现金限额一经核定，单位应当按核定的限额控制库存现金，超过库存限额部分的现金须及时解交开户银行，以保证现金的安全。需要增加或减少库存现金限额的单位，需向开户银行提出申请，由银行重新核定。

（二）库存现金日常收支业务

为了反映库存现金的增减变动情况，单位应设置“库存现金”科目核算库存现金收支和结存情况。该科目的借方登记库存现金的增加额；贷方登记库存现金减少额；期末借方余额，反映单位实际持有的库存现金。

单位应当设置“库存现金日记账”，由出纳人员根据收付款凭证，按照业务发生顺序逐笔登记。每日终了，应当计算当日的现金收入合计额、现金支出合计额和结余额，将结余额与实际库存额核对，做到账款相符。有外币现金的单位，还应当分别按照人民币和外币进行明细核算。

需要说明的是，“库存现金”科目应当设置“受托代理资产”明细科目，核算单位受托代理、代管的现金。

单位的一切现金收支，都必须取得或填制原始凭证，作为收付款的书面证明。同时对证明收付款的一切原始凭证都应进行认真审核。根据复核无误的收付款凭证办理现金收入和支付，还要做好现金日记账的登记工作。

1. 库存现金的增加

单位从银行等金融机构提取现金，按照实际提取的金额，借记“库存现金”科目，贷记“银行存款”科目；将现金存入银行等金融机构，借记“银行存款”科目，贷记“库存现金”科目。按规定从单位零余额账户提取现金，借记“库存现金”科目，贷记“零余额账户用款额度”科目。

事业单位因提供服务、商品或者其他事项收到现金，按实际收到的金额，借记“库存现金”科目，贷记“事业收入”、“应收账款”等相关科目，按照应交的增值税，贷记“应交增值税”科目。因购买服务、商品或者其他事项支付现金，按照实际支付的金额，借记“业务活动费用”、“单位管理费用”、“库存物品”等相关科目，贷记“库存现金”科目，按照缴纳的增值税（增值税一般纳税人），借记“应交增值税——应交税金”科目。

单位单位收到受托代理、代管的现金时，按照实际收到的金额，借记“库存现金——受托代理资产”科目，贷记“受托代理负债”科目；支付受托代理、代管的现金时，按照实际支付的金额，借记“受托代理负债”科目，贷记“库存现金——受托代理资产”科目。

2. 库存现金的减少

单位内部职工出差等原因从财会部门借出现金时，按照实际支付的金额，借记“其他应收款”科目，贷记“库存现金”科目；出差人员报销差旅费时，按照实际报销的金额，借记“业务活动费用”、“单位管理费用”等科目，按照实际借出的现金金额，贷记“其他应收款”科目，按照其差额，借记或贷记“库存现金”科目。单位将现金退回单位零余额账户，借记“零余额账户用款额度”科目，贷记“库存现金”科目。以库存现金对外捐赠，按照实际捐出的金额，借记“其他费用”科目，贷记“库存现金”科目。

【例7－1】2×19年5月10日，某事业单位根据发生的库存现金收支业务，编制相关的会计分录。

（1）签发现金支票，从银行提取现金6 000元备用。编制该单位对上述资料进行财务会计记账的会计分录：

借：库存现金	6 000	
贷：银行存款		6 000

（2）支付现金500元购买零星办公用品，并直接交行政管理部门使用。编制该单位对上述资料进行财务会计记账的会计分录：

借：单位管理费用	500	
贷：库存现金		500

同时，编制该单位对上述资料进行预算会计记账的会计分录：

借：事业支出 500

  贷：资金结存——货币资金 500

（3）职工张某出差预借差旅费1 500元，以现金付讫。张某出差归来报销差旅费2 000元，以现金补足差额。

①张某预借差旅费，编制该单位对上述资料进行财务会计记账的会计分录：

借：其他应收款——职工张某 1 500

  贷：库存现金 1 500

②张某报销差旅费，编制该单位对上述资料进行财务会计记账的会计分录：

借：单位管理费用 2 000

  贷：其他应收款——职工张某 1 500

    库存现金 500

同时，编制该单位对上述资料进行预算会计记账的会计分录：

借：事业支出 2 000

  贷：资金结存——货币资金 2 000

（4）开展专业活动取得零星现金收入3 000元，编制该单位对上述资料进行财务会计记账的会计分录：

借：库存现金 3 000

  贷：事业收入 3 000

同时，编制该单位对上述资料进行预算会计记账的会计分录：

借：资金结存——货币资金 3 000

  贷：事业预算收入 3 000

二、银行存款

银行存款是指单位存入银行和其他金融机构的各种存款。按照国家有关规定，任何独立核算的单位都必须在当地银行开设账户。单位在银行开设账户以后，除规定可用现金直接支付的款项外，其他一切货币收支业务，都必须通过银行存款账户进行结算。

为了反映银行存款增减变动情况，单位应设置“银行存款”科目核算银行存款收支和结存情况。该科目的借方登记银行存款的增加额；贷方登记银行存款的减少额；期末借方余额，反映单位存在银行或其他金融机构的款项。

单位应当按开户银行或其他金融机构、存款种类及币种等，分别设置“银行存款日记账”，由出纳人员根据收付款凭证，按照业务的发生顺序逐笔登记，每日终了应结出余额。“银行存款日记账”应定期与“银行对账单”核对，至少每月核对一次。月度终了，单位银行存款账面余额与银行对账单余额之间如有差额，必须逐笔查明原因，并按月编制“银行存款余额调节表”调节相符。

单位将款项存入银行或者其他金融机构时，借记“银行存款”科目，贷记“库存现金”、“事业收入”、“经营收入”、“其他收入”等相关科目；提取现金时，借记“库存现金”科目，贷记“银行存款”科目；以银行存款支付相关费用时，借记“业务活动费用”、“单位管理费用”等相关科目，贷记“银行存款”科目，涉及增值税业务，应借记“应交增值税——应交税金（进项税额）”科目（增值税一般纳税人单位）或将增值税计入相关资产成本或相关成本费用（小规模纳税人单位）；收到银行存款利息，借记“银行存款”科目，贷记“利息收入”等科目。支付银行手续费等时，借记“业务活动费用”、“单位管理费用”等科目，贷记“银行存款”科目。

收到受托代理、代管的银行存款时，借记“银行存款——受托代理资产”科目，贷记“受托代理负债”科目；支付受托代理、代管的银行存款时，编制相反的会计分录。

【例 7－2】 2×19 年 6 月份，某事业单位（为增值税一般纳税人）根据发生的银行存款业务，编制相关的会计分录。

（1）开展非独立核算的经营活动销售产品一批，开具的增值税专用发票上注明的价款为 16 000 元，增值税为 2 560 元，全部款项存入银行。编制该单位对上述资料进行财务会计记账的会计分录：

借：银行存款	18 560	
贷：经营收入		16 000
应交增值税——应交税金（销项税额）		2 560

同时，编制该单位对上述资料进行预算会计记账的会计分录：

借：资金结存——货币资金	18 560	
贷：经营预算收入		18 560

（2）购进专业业务活动需要的材料一批，增值税专用发票注明的价款为 50 000 元，增值税为 8 500 元，全部款项以零余额账户支付。编制该单位对上述资料进行财务会计记账的会计分录：

借：库存物品　　58 500
　　贷：银行存款　　58 500

同时，编制该单位对上述资料进行预算会计记账的会计分录：

借：事业支出　　58 500
　　贷：资金结存——零余额账户用款额度　　58 500

(3) 接到银行结息通知，第二季度取得银行存款利息收入5 000元，并转入银行存款账户。编制该单位对上述资料进行财务会计记账的会计分录：

借：银行存款　　5 000
　　贷：利息收入　　5 000

同时，编制该单位对上述资料进行预算会计记账的会计分录：

借：资金结存——货币资金　　5 000
　　贷：其他预算收入　　5 000

(4) 暂收某单位交纳的保证金1 200元存入银行。编制该单位对上述资料进行财务会计记账的会计分录：

借：银行存款　　1 200
　　贷：其他应付款　　1 200

(5) 收到银行转来的电费结算通知，本月电费31 600元。其中，专业活动用电20 000元（含税），非独立核算经营部门用电10 000元，支付增值税1 600元。电费通过零余额账户结算。编制该单位对上述资料进行财务会计记账的会计分录：

借：业务活动费用　　20 000
　　经营费用　　10 000
　　应交增值税——应交税金（进项税额）　　1 600
　　贷：零余额账户用款额度　　31 600

同时，编制该单位对上述资料进行预算会计记账的会计分录：

借：事业支出　　20 000
　　经营支出　　11 600
　　贷：资金结存——零余额账户用款额度　　31 600

三、汇兑损益

在经济日益全球化的趋势下，单位与境外政府或组织的经济交往日益扩大，外币业务日趋频繁，外币收支数额也在不断增加，加强外币核算并提供外币会计信息已成为单位会计工作的重要内容之一。

单位发生外币业务的，应当按照业务发生当日或当期期初的即期汇率，将外币金额折算为人民币金额记账，并登记外币金额和汇率。期末，各种外币账户的期末余额，应当按照期末的即期汇率折算为人民币，作为外币账户期末人民币余额。调整后的各种外币账户人民币余额与原账面余额的差额，作为汇兑损益计入当期费用。外币业务的具体会计处理方法如下：

（1）单位以外币购买物资、设备等，按照购入当日的即期汇率将支付的外币或应支付的外币折算为人民币金额，借记“库存物品”等科目，贷记“银行存款”科目、“应付账款”等科目的外币账户。涉及增值税业务的，按照支付或应付的增值税税额，借记“应交增值税——应交税金（进项税额）”科目。

（2）事业单位销售物品、提供服务以外币收取相关款项时，按照收入确认当日的即期汇率将收取的外币或应收取的外币折算为人民币金额，借记“银行存款”科目、“应收账款”等科目、贷记“事业收入”等相关科目。

（3）期末，根据各外币银行存款账户按照期末汇率调整后的人民币余额与原账面人民币余额的差额，作为汇兑损益，借记或贷记“银行存款”科目，贷记或借记“业务活动费用”、“单位管理费用”等科目（“应收账款”、“应付账款”等科目涉及外币账户期末汇率调整的业务相关核算方法，同理）。

【例 7－3】某事业单位 2×19 年第四季度期初有关外币科目的余额如表 7－1所示。

表 7－1　外币科目余额表

单位：元

项目	美元金额	汇率（美元：人民币）	折合人民币金额
银行存款（美元户）	1 500 000	1：6.2	9 300 000
应收账款（美元户）	100 000	1：6.2	620 000
应付账款（美元户）	585 000	1：6.2	3 627 000

2×19 年 12 月份，该单位发生以下与外币有关的业务或事项（不考虑增值税因素）：

（1）5 日，自国外以外币购买库存物品一批，价款 218 000 美元，货款尚未支付。当日市场汇率为 1 美元＝6.3 元人民币。编制该单位对上述资料进行财务会计记账的会计分录：

借：库存物品　　1 373 400

贷：应付账款（美元户）　　1 373 400

（2）8 日，从境外购进物资一批，价款共计 220 000 美元，款项由外币存款支付，当日市场汇率为 1 美元 =6.3 元人民币。编制该单位对上述资料进行财务会计记账的会计分录：

借：库存物品　　1 386 000

　　贷：银行存款（美元户）　　1 386 000

同时，编制该单位对上述资料进行预算会计记账的会计分录：

借：事业支出　　1 386 000

　　贷：资金结存——货币资金　　1 386 000

（3）18 日，对外转让科技成果，以外币计算相关款项为 200 000 美元。该款项已符合收入确认条件，但款项尚未收到。当日市场汇率为 1 美元 =6.3 元人民币。编制该单位对上述资料进行财务会计记账的会计分录：

借：应收账款（美元户）　　1 260 000

　　贷：事业收入　　1 260 000

（4）22 日，偿还应付境外某部门款项 800 000 美元，款项已通过美元账户划转。当日市场汇率为 1 美元 =6.35 元人民币。编制该单位对上述资料进行财务会计记账的会计分录：

借：应付账款（美元户）　　5 080 000

　　贷：银行存款（美元户）　　5 080 000

同时，编制该单位对上述资料进行预算会计记账的会计分录：

借：事业支出　　5 080 000

　　贷：资金结存——货币资金　　5 080 000

（5）25 日，收到本年 11 月对外提供 A 项目服务款项 100 000 美元，存入银行。当日市场汇率为 1 美元 =6.3 元人民币。编制该单位对上述资料进行财务会计记账的会计分录：

借：银行存款（美元户）　　630 000

　　贷：应收账款（美元户）　　630 000

同时，编制该单位对上述资料进行预算会计记账的会计分录：

借：资金结存——货币资金　　630 000

　　贷：事业预算收入　　630 000

12 月 31 日，市场汇率为 1 美元 =6.1 元人民币。该单位 2×19 年 12 月份外币相关科目发生额和外币科目按 12 月 31 日市场汇率计价的期末余额如表 7－2所示。

表 7-2　外币相关科目情况表　单位：元

会计科目	期初余额		借方发生额		贷方发生额		期末余额（2×19 年 12 月 31 日）	
	美元金额	折合人民币金额	美元金额	折合人民币金额	美元金额	折合人民币金额	美元金额	折合人民币金额
银行存款（美元户）	1 500 000	9 300 000	100 000	630 000	1 020 000	6 466 000	580 000	3 538 000
应收账款（美元户）	100 000（借方）	620 000（借方）	200 000	1 260 000	100 000	630 000	200 000（借方）	1 220 000（借方）
应付账款（美元户）	585 000（贷方）	3 627 000（贷方）	800 000	5 080 000	218 000	1 373 400	3 000（贷方）	18 300（贷方）

外币汇兑损益计算结果如下：

银行存款当期产生的汇兑差额 = 3 538 000 －（9 300 000 + 630 000 － 6 466 000）= 74 000（元）

应收账款当期产生的汇兑差额 = 1 220 000 －（620 000 + 1 260 000 － 630 000）= －30 000（元）

应付账款当期产生的汇兑差额 = 18 300 －（3 627 000 + 1 373 400 － 5 080 000）= 97 900（元）

根据表 7-2，该单位编制 2×19 年 12 月 31 日外币汇兑损益的会计分录如下：

借：银行存款（美元户）　74 000
　　业务活动费用　53 900
　　贷：应收账款（美元户）　30 000
　　　　应付账款（美元户）　97 900

同时，编制该单位对上述资料进行预算会计记账的会计分录：

借：资金结存——货币资金　74 000
　　贷：事业支出　74 000

三、零余额账户用款额度

零余额账户用款额度的内容及其核算方法与国库集中收付制度内容直接相关。在介绍零余额账户用款额度核算方法前，先对国库集中收付制度内容作一说明。

（一）国库集中收付制度

国库集中收付制度，又称国库单一账户制度，是指财政部门在中央银行或商业银行设立国库单一账户体系，将所有财政收支都纳入国库单一账户体系管理。该制度主要包括三个方面内容：一是建立国库单一账户体系，将所有财政性资金都纳入国库单一账户体系管理；二是所有财政收入直接缴入国库或财政专户；三是财政性资金统一通过国库单一账户体系支付到商品和劳务供应者或用款单位。

实行国库集中收付制度，财政性资金按发出支付令的主体不同分为两种支付方式：一是由财政部门发出支付令，称为财政直接支付方式；二是由预算单位经财政部门授权自行发出支付令，称为财政授权支付方式。与财政资金支付方式相适应，财政资金支付程序具体分为财政直接支付程序和财政授权支付程序。

1. 财政直接支付程序

财政直接支付是指预算单位根据财政部门批复的部门预算和用款计划，提出用款申请，由财政部门开具支付令，向财政国库支付执行机构提出支付申请，财政国库支付执行机构根据批复的部门预算和资金使用计划及相关要求对支付申请审核无误后，向代理银行发出支付令，并通知中国人民银行国库部门，通过代理银行进入全国银行清算系统实时清算，通过国库单一账户体系，直接将财政性资金支付到收款人（即商品和劳务供应者，下同）或用款单位账户。

实行财政直接支付的支出内容包括：工资支出、工程采购支出、物品和服务采购支出。其具体程序如图 7-1 所示。

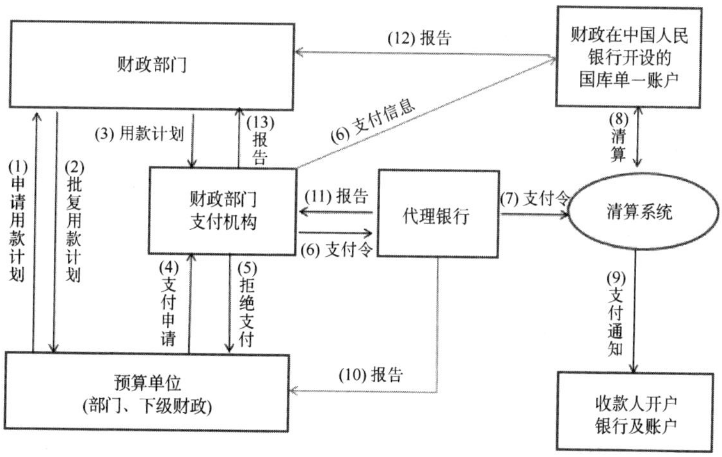

图 7-1　财政直接支付程序

2. 财政授权支付

财政授权支付是国库集中支付的另一种方式，是指预算单位按照部门预算和用款计划确定资金用途，根据财政部门授权，自行开具支付令送代理银行，通过国库单一账户体系中的单位零余额账户或特设专户，将财政性资金支付到收款人或用款单位账户。财政授权支付的支出范围是指除财政直接支付支出以外的全部支出，包括未实行财政直接支付的购买支出和零星支出。财政授权支付程序如图 7 -2 所示。

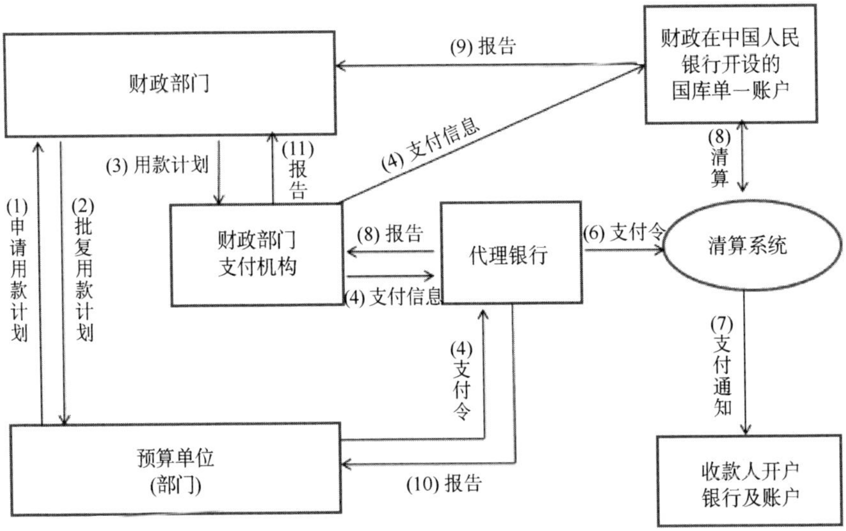

图 7 -2　财政授权支付程序

（二）零余额账户用款额度

零余额账户用款额度是指实行国库集中支付的单位，根据财政部门批复的用款计划收到的零余额账户用款额度。

具体来说，零余额账户用款额是财政部门按照预算和批准的用款计划，通过国库集中支付代理银行下达到预算单位零余额账户的资金使用额度，是一种新的无纸化的货币形式，具有与现金和各种存款基本相同的支付结算功能，因此，也是单位可以支配的流动资产形式之一。财政授权的转账业务一律通过单位零余额账户办理。需要说明两点：一是单位在商业银行开设的单位零余额账户不是实存资金账户，而是一个过渡性的待结算账户，通过该账户反映的用款额度不是实际的货币资金；二是单位零余额账户的用款额度具有与人民币存款相同的支付结算功能，可办理转账、汇兑、委托收款和提取现金等支付结算业务。可以向本单位按账户管理规定保留的相应账户划拨工会经费、住房公积金及提租补贴，以及划拨经财政部门批准的特殊款项。

为了反映零余额账户用款额度增减变动情况，单位应当设置“零余额账户用款额度”科目。该科目借方登记收到授权支付到账额度；贷方登记支用的零余额用款额度；期末借方余额，反映单位尚未支用的零余额用款账户额度。“零余额账户用款额度”科目年末应无余额。

1. 零余额账户用款额度的增加和减少

在财政授权支付方式下，单位收到代理银行盖章的“财政授权支付到账通知书”（如表7－3所示）时，根据通知书所列数额，借记“零余额账户用款额度”科目，贷记“财政拨款收入”科目。

表7－3　　财政授权支付额度到账通知书

________：

你单位________月份的财政授权支付额度已经北京市财政局核准，特予通知。

银行（签章）　　单位部门预算编码：　　零余额账户账号：　　单位：元

资金性质	预算科目或收费项目编码	预算科目或收费项目名称	项目	预算文号	财政授权支付额度	备注

*本通知书一式二联，第一联预算单位作财政授权支付额度到账通知；第二联代理银行备查。

单位按规定支用额度时，借记有关科目，贷记“零余额账户用款额度”科目；从零余额账户提取现金时，借记“库存现金”科目，贷记“零余额账户用款额度”科目；向按账户管理规定保留的相应账户划拨工会经费、住房公积金及提租补贴以及经财政部门批准的特殊款项时，借记“银行存款”等科目，贷记“零余额账户用款额度”科目。

【例7－4】2×19年12月份，某行政单位根据发生的国库集中支付业务，编制相关的会计分录。

(1) 2日，收到代理银行转来的“财政授权支付额度到账通知书”，通知书中注明的本月授权额度为500 000元。编制该单位对上述资料进行财务会计记账的会计分录：

借：零余额账户用款额度 500 000

　　贷：财政拨款收入 500 000

同时，编制该单位对上述资料进行预算会计记账的会计分录：

借：资金结存——零余额账户用款额度 500 000

　　贷：财政拨款预算收入 500 000

(2) 5日，采用国库授权支付方式支付职工薪酬3 000 000元，通过银行转账划入职工个人账户。编制该单位对上述资料进行财务会计记账的会计分录：

借：应付职工薪酬 3 000 000

　　贷：零余额账户用款额度 3 000 000

同时，编制该单位对上述资料进行预算会计记账的会计分录：

借：行政支出 3 000 000

　　贷：资金结存——零余额账户用款额度 3 000 000

(3) 14日，从零余额账户提取现金50 000元备用。编制该单位对上述资料进行会计记账的会计分录：

借：库存现金 50 000

　　贷：零余额账户用款额度 50 000

(4) 25日，购买办公用品2 000元直接交行政管理部门使用，款项从零余额账户中支付。编制该单位对上述资料进行财务会计记账的会计分录：

借：业务活动费用 2 000

　　贷：零余额账户用款额度 2 000

同时，编制该单位对上述资料进行预算会计记账的会计分录：

借：行政支出 2 000

　　贷：资金结存——零余额账户用款额度 2 000

(5) 30日，以零余额账户用款支付行政办公大楼日常维修费50 000元。编制该单位对上述资料进行财务会计记账的会计分录：

借：业务活动费用 50 000

　　贷：零余额账户用款额度 50 000

同时，编制该单位对上述资料进行预算会计记账的会计分录：

借：行政支出　　50 000

　　贷：资金结存——零余额账户用款额度　　50 000

2. 国库授权支付额度的退回

有时，单位因购货退回等发生国库授权支付额度退回的，应按照退回金额，借记“零余额账户用款额度”科目，贷记“库存物品”等科目。

【例7－5】2×19年1月10日，甲事业单位从上海乙公司购进专业活动所用材料一批，全部款项为500 000元，以零余额账户支付。因材料存在质量问题，全部退回。2月20日接到银行通知，退回的材料款已全部转入零余额账户。

（1）1月10日购进材料，编制该单位对上述资料进行财务会计记账的会计分录：

借：库存物品　　500 000

　　贷：零余额账户用款额度　　500 000

同时，编制该单位对上述资料进行预算会计记账的会计分录：

借：事业支出　　500 000

　　贷：资金结存——零余额账户用款额度　　500 000

（2）2月20日，收到退回的材料款。编制该单位对上述资料进行财务会计记账的会计分录：

借：零余额账户用款额度　　500 000

　　贷：库存物品　　500 000

编制该单位对上述资料进行预算会计记账的会计分录：

借：资金结存——零余额账户用款额度　　500 000

　　贷：事业支出　　500 000

3. 零余额账户用款额度的期末注销

年度终了，单位根据代理银行提供的对账单作注销额度的相关账务处理，借记“财政应返还额度——财政授权支付”科目，贷记“零余额账户用款额度”科目。

单位本年度财政授权支付预算指标数大于零余额账户用款额度下达数的，根据未下达的用款额度，借记“财政应返还额度——财政授权支付”科目，贷记“财政拨款收入”科目。

下年初，单位根据代理银行提供的上年度注销额度恢复到账通知书（如表7－4）作恢复额度的相关账务处理，借记“零余额账户用款额度”科目，贷记“财政应返还额度——财政授权支付”科目。单位收到财政部门批复的上年末下达零余额账户用款额度的，借记“零余额账户用款额度”科目，贷记“财政应返还额度——财政授权支付”科目。

表 7－4　　　　财政授权支付注销额度到账通知单

________：

你单位________月份的财政授权支付额度已经北京市财政局核准，特予通知。

银行（签章）　　　单位部门预算编码：　　　零余额账户账号：　　　单位：元

资金性质	预算科目或收费项目编码	预算科目或收费项目名称	项目	预算文号	财政授权支付额度	备注

＊本通知书一式二联，第一联预算单位作财政授权支付额度到账通知；第二联代理银行备查。

【例 7－6】 某事业单位 2×19 年度财政授权支付年终结余资金为 360 000 元。2×20 年 2 月 15 日，该单位收到代理银行转来的《财政授权支付额度恢复到账通知书》，恢复 2×19 年度财政授权支付额度 360 000 元。根据以上资料，该单位应当做如下账务处理：

（1）2×19 年注销财政授权支付年终结余资金。编制该单位对上述资料进行财务会计记账的会计分录：

借：财政应返还额度——财政授权支付　　　360 000

　　贷：零余额账户用款额度　　　360 00

同时，编制该单位对上述资料进行预算会计记账的会计分录：

借：资金结存——财政应返还额度　　　360 000

　　贷：资金结存——零余额账户用款额度　　　360 000

（2）2×20 年恢复财政授权支付额度。编制该单位对上述资料进行财务会计记账的会计分录：

借：零余额账户用款额度　　　360 000

　　贷：财政应返还额度——财政授权支付　　　　　　360 000

同时，编制该单位对上述资料进行预算会计记账的会计分录：

借：资金结存——零余额账户用款额度　　　　　　360 000

　　贷：资金结存——财政应返还额度　　　　　　360 000

四、其他货币资金

（一）其他货币资金的内容

其他货币资金是指单位除库存现金、银行存款、零余额账户用款额度以外的货币资金。就性质而言，其他货币资金同现金和银行存款同属于货币资金，但其存放地点和用途不同于现金和银行存款，因此，在会计上应分别核算。其他货币资金的主要内容包括外埠存款、银行本票存款、银行汇票存款、信用卡存款等其他货币资金。

1. 外埠存款

外埠存款是指单位到外地进行临时或零星采购时，汇往采购地银行开立采购专户的款项。

2. 银行本票存款

银行本票存款是指单位为取得银行本票按规定存入银行的款项。

3. 银行汇票存款

银行汇票存款是指单位为取得银行汇票按规定存入银行的款项。

4. 信用卡存款

信用卡存款是指单位为取得信用卡按规定存入银行的款项。

（二）其他货币资金的账务处理

为了反映和监督其他货币资金的收支和结存情况，单位应当设置“其他货币资金”科目，借方登记其他货币资金的增加，贷方登记其他货币资金的减少，期末余额在借方，反映单位实际持有的其他货币资金。

“其他货币资金”科目应设置“外埠存款”、“银行本票存款”、“银行汇票存款”、“信用卡存款”等明细科目，进行明细核算。

单位到外地进行临时或零星采购并在采购地银行开立采购专户，将款项委托本地银行汇往采购地开立专户时，借记“其他货币资金”科目，贷记“银行存款”科目。收到采购员交来供应单位发票账单等报销凭证时，借记

“库存物品”等科目，贷记“其他货币资金”科目。将多余的外埠存款转回本地银行时，根据银行的收账通知，借记“银行存款”科目，贷记“其他货币资金”科目。

单位将款项交存银行取得银行本票、银行汇票，按照取得的银行本票、银行汇票金额，借记“其他货币资金”科目，贷记“银行存款”等科目。使用银行本票、银行汇票发生支付，按照实际支付金额，借记“库存物品”等科目，贷记“其他货币资金”科目。如有余款或因本票、汇票超过付款期等原因而退回款项，按照退款金额，借记“银行存款”科目，贷记“其他货币资金”科目。

单位将款项交存银行取得信用卡，按照交存金额，借记“其他货币资金”科目，贷记“银行存款”科目。用信用卡购物或支付有关费用，借记相关科目，贷记“其他货币资金”科目。单位信用卡在使用过程中，需向其账户续存资金的，按照续存金额，借记“其他货币资金”科目，贷记“银行存款”科目。

【例 7-7】某事业单位为增值税小规模纳税人，2×19 年根据发生的其他货币资金业务，编制相关的会计分录。

(1) 6 月 5 日，向银行申请办理银行汇票购买专业活动用材料，通过转账划入银行汇票存款专户 50 000 元。6 月 20 日，购买材料一批并验收入库，取得的增值税专用发票上注明的价款为 40 000 元，增值税税额为 6 800 元。全部款项用银行汇票办理结算，多余款项 3 200 元已退回开户银行。

①取得银行汇票，编制该单位对上述资料进行财务会计记账的会计分录：

借：其他货币资金——银行汇票存款　　50 000

　　贷：银行存款　　50 000

②使用银行汇票购买的材料验收入库，编制该单位对上述资料进行财务会计记账的会计分录：

借：库存物品　　46 800

　　贷：其他货币资金——银行汇票存款　　46 800

同时，编制该单位对上述资料进行预算会计记账的会计分录：

借：事业支出　　46 800

　　贷：资金结存——货币资金　　46 800

③收到开户银行退回多余款项，编制该单位对上述资料进行财务会计记账的会计分录：

借：银行存款　　3 200

贷：其他货币资金——银行汇票存款 3 200

（2）8月10日，为取得银行本票，向银行提交“银行本票申请书”，并将10 000元资金转存银行本票专户。8月15日，用银行本票购买办公用品10 000元并直接交付使用。

①8月10日取得银行本票，编制该单位对上述资料进行财务会计记账的会计分录：

借：其他货币资金——银行本票存款 10 000

贷：银行存款 10 000

②8月15日购买办公用品，编制该单位对上述资料进行财务会计记账的会计分录：

借：单位管理费用 10 000

贷：其他货币资金——银行本票存款 10 000

同时，编制该单位对上述资料进行预算会计记账的会计分录：

借：事业支出 10 000

贷：资金结存——货币资金 10 000

（3）10月15日向银行申领信用卡，并转存资金30 000元。10月25日，该单位用信用卡支付购书款5 500元。

①申领信用卡，编制该单位对上述资料进行财务会计记账的会计分录：

借：其他货币资金——信用卡存款 30 000

贷：银行存款 30 000

②支付购书款，编制该单位对上述资料进行财务会计记账的会计分录：

借：固定资产 5 500

贷：其他货币资金——信用卡存款 5 500

同时，编制该单位对上述资料进行预算会计记账的会计分录：

借：事业支出 5 500

贷：资金结存——货币资金 5 500

第二节 应收及预付款项

应收及预付款项是指单位在其业务活动过程中形成的短期债权，如财政应返还额度、应收票据、应收账款、预付账款和其他应收款项。

一、财政应返还额度

财政应返还额度是指实行国库集中支付的单位年终应收财政下年度返还的资金额度，即反映结转下年使用的用款额度。

为了反映财政应返还额度的增减变动情况，单位应设置“财政应返还额度”科目，核算实行国库集中支付的单位应收财政返还的资金额度。该科目借方登记财政应返还额度增加数；贷方登记财政应返还额度减少数；期末借方余额，反映单位应收财政下年度返还的资金额度。该科目应当设置“财政直接支付”、“财政授权支付”两个明细科目进行明细核算。

（一）财政直接支付方式

在财政直接支付方式下，年度终了，单位根据本年度财政直接支付预算指标数与当年财政直接支付实际支出数的差额，借记“财政应返还额度——财政直接支付”科目，贷记“财政补助收入”科目。

下年度恢复财政直接支付额度后，单位以财政直接支付方式发生实际支出时，借记有关科目，贷记“财政应返还额度——财政直接支付”科目。

（二）财政授权支付方式

在财政授权支付方式下，年度终了，单位依据代理银行提供的对账单作注销额度的相关账务处理，借记“财政应返还额度——财政授权支付”科目，贷记“零余额账户用款额度”科目。单位本年度财政授权支付预算指标数大于零余额账户用款额度下达数的，根据未下达的用款额度，借记“财政应返还额度——财政授权支付”科目，贷记“财政拨款收入”科目。

下年初，单位依据代理银行提供的额度恢复到账通知书作恢复额度的相关账务处理，借记“零余额账户用款额度”科目，贷记“财政应返还额度——财政授权支付”科目。单位收到财政部门批复的上年末未下达零余额账户用款额度时，借记“零余额账户用款额度”科目，贷记“财政应返还额度——财政授权支付”科目。

【例 7 -8】 2×19 年 12 月 31 日，某行政单位预算结余资金为 200 000 元。其中，财政直接支付（甲项目）年终结余资金为 130 000 元，财政授权支付年终结余资金为 70 000 元。2×20 年 2 月 12 日，该单位收到《财政直接支付额度恢复到账通知书》，恢复 2×19 年度财政直接支付额度 130 000 元；收到代理银行转来的《财政授权支付额度恢复到账通知书》，恢复2×19年度财政授权支付额度70 000元。2×20年3月5日，使用甲项目上年预算结余资金60 000元支付相关支出。根据以上资料，该单位应当做如下账务处理：

（1）财政直接支付方式。

①2×19年12月31日，年末结转本年度预算指标数大于当年实际支付数的差额，编制该单位对上述资料进行财务会计记账的会计分录：

借：财政应返还额度——财政直接支付　130 000

　　贷：财政拨款收入　130 000

同时，编制该单位对上述资料进行预算会计记账的会计分录：

借：资金结存——财政应返还额度　130 000

　　贷：财政拨款预算收入　130 000

②2×20年使用2×19年财政直接支付额度支付款项，编制该单位对上述资料进行财务会计记账的会计分录：

借：业务活动费用　60 000

　　贷：财政应返还额度——财政直接支付　60 000

同时，编制该单位对上述资料进行预算会计记账的会计分录：

借：行政支出　100 000

　　贷：资金结存——财政应返还额度　100 000

（2）财政授权支付方式。

①2×19年12月31日，注销零余额账户用款额度，编制该单位对上述资料进行财务会计记账的会计分录：

借：财政应返还额度——财政授权支付　70 000

　　贷：零余额账户用款额度　70 000

同时，编制该单位对上述资料进行预算会计记账的会计分录：

借：资金结存——财政应返还额度　70 000

　　贷：资金结存——零余额账户用款额度　70 000

②2×20年2月12日恢复财政支付额度，编制该单位对上述资料进行财务会计记账的会计分录：

借：零余额账户用款额度　70 000

　　贷：财政应返还额度——财政授权支付　70 000

同时，编制该单位对上述资料进行预算会计记账的会计分录：

借：资金结存——零余额账户用款额度　70 000

　　贷：资金结存——财政应返还额度　70 000

二、应收票据

（一）应收票据概述

应收票据是指事业单位因开展经营活动销售产品、提供有偿服务等而收到的商业汇票。事业单位与其他单位发生业务活动，除用现金直接支付外，还可以用票据作为结算工具。在我国实务中，作为应收票据核算的是商业汇票，包括银行承兑汇票和商业承兑汇票。

1. 商业汇票的概念

商业汇票是指出票人签发的，委托付款人在指定日期无条件支付确定的金额给收款人或者持票人的票据。在银行开立存款账户的法人以及其他组织之间须具有真实的交易关系或债权债务关系，才能使用商业汇票。商业汇票的付款期限由交易双方商定，但最长不得超过 6 个月。商业汇票可以背书转让，符合条件的商业汇票可向银行申请贴现。

2. 商业汇票的种类

商业汇票按其承兑人的不同，分为商业承兑汇票和银行承兑汇票。前者是由银行以外的付款人承兑的票据；后者则是由在承兑银行开立存款账户的存款人签发的，是由银行承兑的票据。按是否计息，商业汇票可分为不带息商业汇票和带息商业汇票。不带息商业汇票是指商业汇票到期时，承兑人只按票面金额（即面值）向收款人或被背书人支付票款的票据。带息票据是指商业汇票到期时，承兑人必须按票面金额加上应计利息向收款人或被背书人支付票款的票据。

（二）应收票据取得与到期收回

为了反映应收票据增减变动情况，事业单位应设置“应收票据”科目。该科目的借方登记取得的商业汇票的票面金额；贷方登记到期收回的商业汇票的票面余额；期末借方余额，反映单位持有的商业汇票票面金额。其明细账应当按照开出、承兑商业汇票的单位设置并进行明细核算。

事业单位应当设置“应收票据备查簿”，逐笔登记每一应收票据的种类、号数、出票日期、到期日、票面金额、交易合同号以及付款人、承兑人、背书人姓名或单位名称、背书转让日、贴现日期、贴现率和贴现净额、收款日期、收回金额和退票情况等资料。应收票据到期结清票款或退票后，应当在备查簿内逐笔注销。

事业单位因销售产品、提供服务等收到商业汇票，按照商业汇票的票面金额，借记“应收票据”科目，按照确认的收入金额，贷记“事业收入”、“经营收入”等科目。涉及增值税销项税额的，还应进行相应的处理。

票据到期收回票款时，按照实际收到的商业汇票票面金额，借记“银行存款”科目，贷记本科目。因付款人无力支付票款，收到银行退回的商业承兑汇票、委托收款凭证、未付票款通知书或拒付款证明等，按照商业汇票的票面金额，借记“应收账款”科目，贷记“应收票据”科目。

【例 7-9】 M 事业单位为增值税小规模纳税人，2×19 年根据发生的应收票据业务，编制相关的会计分录。

（1）4 月 1 日，该单位所属非独立核算部门向 N 公司销售一批产品，开具的增值税普通发票上注明的货款（含税）为 61 800 元，款项已存入银行。收到 N 公司商业承兑汇票一张，面值为 61 800 元，期限为 6 个月，票面年利率为 4.2%。编制该单位对上述资料进行财务会计记账的会计分录：

借：应收票据——N 公司　　61 800
　　贷：经营收入　　60 000
　　　　应交增值税　　1 800

不含税销售额 = 含税销售额 ÷（1 + 征收率）= 61 800 ÷（1 + 3%）= 60 000（元）

（2）10 月 1 日，持有 N 公司签发的商业承兑汇票到期，将收回的款项 63 097.8元转存银行。编制该单位对上述资料进行财务会计记账的会计分录：

借：银行存款　　63 097.8
　　贷：应收票据——N 公司　　61 800
　　　　经营费用　　1 297.8

同时，编制该单位对上述资料进行预算会计记账的会计分录：

借：资金结存——货币资金　　63 097.8
　　贷：经营预算收入　　63 097.8

如果 N 公司签发并承兑的票据到期，但其无力支付票款。M 事业单位编制对上述资料进行财务会计记账的会计分录：

借：应收账款——N 公司　　61 800
　　贷：应收票据——N 公司　　61 800

（三）商业汇票贴现与转让

1. 商业汇票贴现

商业汇票贴现是指事业单位持有的应收票据到期前如果需要变现，将未到期的商业汇票背书后转让给银行，银行受理后，从票据到期值中扣除按银行贴现率计算确定的贴现利息，将余额付给事业单位。在贴现中，银行向贴现单位收取的利息为贴现利息；银行计算贴现利息使用的利率为贴现率；贴现单位从银行获得的票据到期值扣除贴现利息后的货币资金称为贴现所得。相关概念的计算公式如下：

贴现所得 = 票据到期值 - 贴现利息

贴现利息 = 票据到期值 × 贴现率 × 贴现期

贴现期 = 票据期限 - 票据已持有期限

按照中国人民银行《支付结算办法》的规定，实付贴现金额按票面金额扣除贴现日至汇票到期前 1 日的利息计算，承兑人在异地的，贴现期限及贴现利息的计算应另加 3 天的划款日期。

事业单位持未到期的商业汇票向银行贴现，按照实际收到的金额（即扣除贴现息后的净额），借记“银行存款”科目，按照贴现息金额，借记“经营费用”等科目，按照商业汇票的票面金额，贷记“应收票据”科目（无追索权）或“短期借款”科目（有追索权）。

附追索权的商业汇票到期未发生追索事项的，按照商业汇票的票面金额，借记“短期借款”科目，贷记“应收票据”科目。

【例 7-10】 2×19 年 5 月 2 日，甲事业单位将非独立核算经营活动中取得的不带息商业承兑汇票向银行贴现。该票据出票日为 3 月 23 日、期限为 6 个月、面值为 110 000 元。甲单位与承兑单位在同一票据交换区域内，银行年贴现率为 4.75%，该单位与银行签订的协议中规定，商业汇票无追索权。该单位票据贴现支付贴现息 2 090 元，实际取得贴现款 107 910 元已转存银行。编制该单位对上述资料进行财务会计记账的会计分录：

借：银行存款	107 910	
经营费用——利息支出	2 090	
贷：应收票据——乙单位		110 000

同时，编制该单位对上述资料进行预算会计记账的会计分录：

借：资金结存——货币资金	107 910	
贷：经营预算收入		107 910

2. 商业汇票背书转让以取得物资

事业单位持有的商业汇票到期前，可将汇票背书转让以取得所需要的物资。事业单位将商业汇票背书转让以取得所需物资时，按照取得物资的成本，借记“库存物品”等科目，按照商业汇票的票面金额，贷记“应收票据”科目，如有差额，借记或贷记“银行存款”等科目。

【例7-11】 2×19年3月5日，甲事业单位（小规模纳税人）将持有的乙公司商业汇票背书转让给丙公司，采购非独立核算经营活动所需的材料，取得的增值税专用发票上注明的材料款为45 000元，增值税为7 200元，该票据的面值为50 000元。另以转账支票补付材料价差2 200元。编制该单位对上述资料进行财务会计记账的会计分录：

借：库存物品　52 200

　　贷：应收票据——乙公司　50 000

　　　　银行存款　2 200

同时，编制该单位对上述资料进行预算会计记账的会计分录：

借：经营支出　2 200

　　贷：资金结存——货币资金　2 200

三、应收账款

（一）应收账款的概念

应收账款是指事业单位提供服务、销售产品等应收取的款项，以及单位因出租资产、出售物资等应收取的款项。应收账款是单位在结算过程中形成的流动资产，属于单位的短期债权，它体现了单位对其他单位或者个人的货币、商品或者劳务的一种索取权。

关于应收账款主要应从以下三个方面理解：一是应收账款是事业单位开展日常运营活动过程中应收取的款项；二是应收账款是具有流动资产性质的短期债权，不包括长期债权如对外长期债权投资等；三是应收账款仅指本单位应收其他单位的款项，不包括本单位付出的各类存出保证金，如租入资产的保证金。

为了反映应收账款增减变动情况，单位应设置“应收账款”科目核算单位因开展业务活动应收取的款项。该科目的借方登记应收账款的增加额；贷方登记应收账款的减少额；期末借方余额，反映单位尚未收回的应收账款。其明细账应当按照对方单位（或个人）设置并进行明细核算。

（二）应收账款收回后无需上缴财政

单位发生应收账款时，按照应收未收金额，借记“应收账款”科目，贷记“事业收入”、“经营收入”、“租金收入”、“其他收入”等科目。涉及增值税业务的，按照应交增值税，贷记“应交增值税——应交税金（销项税额）”科目（增值税一般纳税人）、“应交增值税”科目（增值税小规模纳税人）。收回应收账款时，按照实际收到的金额，借记“银行存款”等科目，贷记“应收账款”科目。

【例7-12】甲事业单位为增值税一般纳税人。2×19年6月，该单位根据发生的非独立核算经营业务，编制相关的会计分录。

（1）15日，向乙公司提供技术服务，取得的增值税专用发票上注明的劳务款为30 000元，增值税为1 800元，并已经税务机关认证。全部款项尚未收到。编制该单位对上述资料进行财务会计记账的会计分录：

借：应收账款——乙公司　　31 800

　　贷：经营收入　　30 000

　　　　应交增值税——应交税金（销项税额）　　1 800

（2）25日，收到乙公司劳务款及税款31 800元，存入银行，该款项不需要上缴财政。编制该单位对上述资料进行财务会计记账的会计分录：

借：银行存款　　31 800

　　贷：应收账款——乙公司　　31 800

同时，编制该单位对上述资料进行预算会计记账的会计分录：

借：资金结存——货币资金　　31 800

　　贷：经营预算收入　　31 800

（三）应收账款收回后需要上缴财政

1. 出租资产发生的应收租金

事业单位出租资产发生应收未收租金款项时，按照应收未收金额，借记“应收账款”科目，贷记“应缴财政款”科目。收回应收账款时，按照实际收到的金额，借记“银行存款”等科目，贷记“应收账款”科目。

2. 出售物资发生的应收款项

事业单位出售物资发生应收未收款项时，按照应收未收金额，借记“应收账款”科目，贷记“应缴财政款”科目，涉及增值税业务的，按照应交的增值税，贷记“应交增值税——应交税金（销项税额）”科目。收回应收账款时，按照实际收到的金额，借记“银行存款”等科目，贷记“应收账款”科目。

【例7-13】2×19年，某事业单位根据发生的应收账款业务，编制相关的会计分录。

7 月 1 日，将一处闲置门面房以经营租赁方式出租给某商户，双方约定每月租金 18 000 元（含税），并按月支付。截至 8 月 31 日，尚未收到商户应交纳的当月租金。9 月 30 日，收到商户交纳的 7 月和 8 月租金，共计36 000元。该租金收回后应上缴财政。编制该单位对上述资料进行财务会计记账的会计分录：

①7 月、8 月确认当月应收租金。

借：应收账款	18 000	
贷：应缴财政款		18 000

②9 月份收回租金。

借：银行存款	36 000	
贷：应收账款		36 000

③9 月份上缴租金。

借：应缴财政款	36 000	
贷：银行存款		36 000

四、坏账及其会计处理

（一）坏账核算方法

事业单位的应收账款，有时因债务人拒付、破产、死亡等种种原因不能如数收回而使单位蒙受损失。在会计上，无法收回的应收账款被称为“坏账”，由此发生的损失称为“坏账损失”。

事业单位发生坏账损失可以在其发生的当期列作费用，也可以在应收账款形成后，按一定方法对坏账预先估计入账。因此，坏账的核算有直接转销法和备抵法。

采用直接转销法时，日常核算中对应收款项可能发生的坏账损失不予考虑，只有在实际发生坏账时，才作为坏账损失计入当期费用，同时直接冲销应收款项，即借记“其他费用”科目，贷记“应收账款”等科目。

备抵法，是指按期对预计可能产生的坏账损失计提坏账准备，将确认坏账损失计入当期资产损失，当某一应收账款的全部或部分被确定为坏账时，应根据其金额冲减坏账准备，同时转销相应的应收账款金额的一种核算方法。

根据规定，事业单位采用备抵法核算坏账。

（二）坏账损失估计方法

事业单位应当于每年年末，对收回后不需上缴财政的应收账款进行全面检查，如发生不能收回的迹象，应当计提坏账准备。能否正确估计坏账损失是恰当运用备抵法的关键，事业单位可以采用应收款项余额百分比法、账龄分析法、个别认定法等方法计提坏账准备。坏账准备计提方法一经确定，不得随意变更。如需变更，应当按照规定报经批准，并在财务报表附注中予以说明。

1. 应收款项余额百分比法

应收款项余额百分比法是指按应收款项余额的一定比例计算提取坏账准备的一种方法。这种方法是建立在坏账损失与应收款项余额直接相关的基础上，认为应收款项的余额越大，产生坏账的风险也就越高。因此，当期坏账准备应根据应收款项期末余额乘以规定的坏账比例计算确定。提取坏账的比例，可以按照以往的数据资料确定，也可以按规定的百分率计算。年度终了，单位应提取的坏账准备大于已提取的坏账准备时，应按其差额提取；反之，则按其差额冲减坏账准备。

2. 账龄分析法

账龄分析法是指根据顾客欠款时间长短来估计坏账的一种方法。采用这种方法，假设欠款时间越长（即账龄越长），客户的信用级别越低，以致偿债能力越差，账款收回的可能性也就越小，估计的坏账损失也应越高。具体估计坏账金额时，需要根据顾客欠款时间长短将其划分为若干组，分析每笔应收款项赊欠时间的长短，根据其不同的挂账期间，分别估计坏账金额，然后加总各组估计金额，确认为应收款项期末的坏账金额。

3. 个别认定法

个别认定法是指根据每笔应收账款的具体情况确定其坏账金额的一种方法。

根据上述方法计算出坏账损失金额，当期应补提或冲减的坏账准备金额的计算公式如下：

当期应补提或冲减的坏账准备 = 当期按应收账款计算应计提的坏账准备金额 - “坏账准备”科目贷方余额（或 + ）“坏账准备”科目借方余额

（三）坏账准备的账务处理

为了反映事业单位坏账准备计提、转销等情况，事业单位应设置“坏账准备”科目。该科目贷方登记当期计提的坏账准备金额，借方登记实际发生的坏账损失金额和冲减的坏账准备金额；期末贷方余额，反映事业单位提取的坏账准备金额。

事业单位提取坏账准备时，借记“其他费用”科目，贷记“坏账准备”科目；冲减坏账准备时，借记“坏账准备”科目，贷记“其他费用”科目。

事业单位对于账龄超过规定年限并确认无法收回的应收账款、其他应收款，应当按照有关规定报经批准后，按照无法收回的金额，借记“坏账准备”科目，贷记“应收账款”、“其他应收款”科目。

事业单位已核销的应收账款、其他应收款在以后期间又收回的，按照实际收回金额，借记“应收账款”、“其他应收款”科目，贷记“坏账准备”科目；同时，借记“银行存款”等科目，贷记“应收账款”、“其他应收款”科目。

【例 7-14】 2×19 年至 2×21 年，某事业单位根据发生的坏账业务，编制相关的会计分录。

（1）2×19 年末，该单位应收账款余额为 2 000 000 元，提取坏账准备的比例为 3‰，“坏账准备”账户余额为零。

2×19 年应提取坏账准备 =2 000 0 000×3‰=6 000（元）

编制该单位对上述资料进行财务会计记账的会计分录：

借：其他费用　　6 000

　　贷：坏账准备　　6 000

（2）2×20 年发生坏账损失 12 000 元，其中甲单位 2 000 元，乙单位 10 000元，年末应收账款为 2 400 000 元。

坏账准备应保留的余额 =2 400 000×3‰=7 200（元）

“坏账准备”账户已有余额 =6 000（贷方）-12 000（借方）=-6 000（元）

应提取的坏账准备 =7 200+6 000=13 200（元）

编制该单位对上述资料进行财务会计记账的会计分录：

借：其他费用　　13 200

　　贷：坏账准备　　13 200

（3）2×21 年已冲销的上年乙单位应收账款 10 000 元又收回，年末应收账款 2 600 000 元。

①确认收回的应收账款，编制该单位对上述资料进行财务会计记账的会计分录：

借：应收账款——乙单位　　10 000

贷：坏账准备 10 000

借：银行存款 10 000

贷：应收账款——乙单位 10 000

同时，编制该单位对上述资料进行预算会计记账的会计分录：

借：资金结存——货币资金 10 000

贷：其他预算收入 10 000

②年末，确认冲销多提的坏账准备：

坏账准备余额 =2 600 000 ×3‰ =7 800（元）

“坏账准备”账户已有贷方余额 =7 200 +10 000 =17 200（元）

应提取的坏账准备 =7 800—17 200 = -9 400（元）

编制该单位对上述资料进行财务会计记账的会计分录：

借：坏账准备 9 400

贷：其他费用 9 400

五、预付账款和待摊费用

（一）预付账款

1. 预付账款的概念

预付账款是指单位按照购货、服务合同或协议规定预付给供应单位（或个人）的款项，以及按照合同规定向承包工程的施工企业预付的备料款和工程款。预付货款如同应收账款一样，是结算中的资金占用，反映了单位的短期债权。但两者性质不同，应收账款是应向购货方收取的款项，而预付账款则是预先付给供货方的款项，款项已经付出，但对方的义务尚未履行完毕，要求对方履行义务仍是单位的权力。单位预付给供应单位一定数额的款项，目的主要是掌握存货等物资货源、劳务供应的渠道，以避免未来价格变动及市场风险。

为了反映预付账款增减变动情况，单位应设置“预付账款”科目。该科目的借方登记预付账款的增加额；贷方登记预付账款的减少额；期末借方余额，反映单位实际预付但尚未结算的款项。

“预付账款”科目应当按照供应单位（或个人）及具体项目进行明细核算；对于基本建设项目发生的预付账款，还应当在本科目所属基建项目明细科目下设置“预付备料款”、“预付工程款”、“其他预付款”等明细科目，进行明细核算。

2. 预付账款的确认和结算

单位根据购货、服务合同或协议规定预付款项时，按照预付金额，借记“预付账款”科目，贷记“财政拨款收入”、“零余额账户用款额度”、“银行存款”等科目。

单位收到所购资产或服务时，按照购入资产或服务的成本，借记“库存物品”、“固定资产”、“无形资产”、“业务活动费用”等相关科目，按照应交的增值税，借记“应交增值税——应交税金（进项税额）”科目，按照相关预付账款的账面余额，贷记“预付账款”科目，按照实际补付的金额，贷记“财政拨款收入”、“零余额账户用款额度”、“银行存款”等科目。

单位根据工程进度结算工程价款及备料款时，按照结算金额，借记“在建工程”科目，按照相关预付账款的账面余额，贷记“预付账款”科目，按照实际补付的金额，贷记“财政拨款收入”、“零余额账户用款额度”、“银行存款”等科目。

单位发生预付账款退回的，按照实际退回金额，借记“财政拨款收入”（本年直接支付）、“财政应返还额度”（以前年度直接支付）、“零余额账户用款额度”、“银行存款”等科目，贷记“预付账款”科目。

3. 预付账款的核销

单位应当于每年年末，对预付账款进行全面检查。如果有确凿证据表明预付账款不再符合预付款项性质，或者因供应单位破产、撤销等原因可能无法收到所购货物、服务的，应当先将其转入其他应收款，再按照规定进行处理。将预付账款账面余额转入其他应收款时，借记“其他应收款”科目，贷记“预付账款”科目。

【例 7－15】 甲事业单位为增值税小规模纳税人。2×19 年至 2×20 年，该单位根据发生的预付账款业务，编制相关的会计分录。

（1）2×19 年 5 月从乙公司订购专业活动用材料 100 件，货款共计 50 000 元，按订货合同规定，应先向供货单位预付货款 20 000 元，交货后再补足余款。

①5 月 8 日以零余额账户预付货款 20 000 元，编制该单位对上述资料进行财务会计记账的会计分录：

借：预付账款 ——乙公司	20 000	
贷：零余额账户用款额度		20 000

同时，编制该单位对上述资料进行预算会计记账的会计分录：

借：事业支出　　　　20 000

　　贷：资金结存——零余额账户用款额度　　　　20 000

②5 月 20 日收到所订购的材料并验收入库，取得的增值税专用发票注明的价款为 50 000 元，增值税为 8 500 元。编制该单位对上述资料进行财务会计记账的会计分录：

借：库存物品　　　　58 500

　　贷：预付账款——乙公司　　　　58 500

③5 月 25 日以银行存款补付所购材料款的余款，编制该单位对上述资料进行财务会计记账的会计分录：

借：预付账款——乙公司　　　　38 500

　　贷：银行存款　　　　38 500

同时，编制该单位对上述资料进行预算会计记账的会计分录：

借：事业支出　　　　38 500

　　贷：资金结存——货币资金　　　　38 500

（2）2×19 年 12 月 15 日，单位所属科技服务部预付丙科研所技术服务费 50 000 元，款项从零余额账户支付。26 日，收到技术服务结算清单，共发生服务费 28 000 元。31 日，收到丙科研所退回的预付账款 15 000 元，存入零余额账户。

①15 日预付服务费，编制该单位对上述资料进行财务会计记账的会计分录：

借：预付账款 ——丙科研所　　　　50 000

　　贷：零余额账户用款额度　　　　50 000

同时，编制该单位对上述资料进行预算会计记账的会计分录：

借：事业支出　　　　50 000

　　贷：资金结存——零余额账户用款额度　　　　50 000

②26 日报销技术服务费，编制该单位对上述资料进行财务会计记账的会计分录：

借：业务活动费用　　　　28 000

　　贷：预付账款——丙科研所　　　　28 000

③31 日收到丙科研所退回的预付款，编制该单位对上述资料进行财务会计记账的会计分录：

借：零余额账户用款额度　　　　15 000

　　贷：预付账款——丙科研所　　　　15 000

同时，编制该单位对上述资料进行预算会计记账的会计分录：

借：资金结存——零余额账户用款额度　　15 000

　　贷：事业支出　　15 000

（3）2×20 年 2 月 10 日，有确凿证据表明预付丙科研所技术服务费余款 7 000 元因该研究所撤销而无法收回，予以转账。编制该单位对上述资料进行财务会计记账的会计分录：

借：其他应收款——丙科研所　　7 000

　　贷：预付账款——丙科研所　　7 000

（二）待摊费用

1. 待摊费用的概念

单位在持续运营过程中发生的费用有些是跨期的，即应由几个会计期间共同负担，如预付保险费、预付租金、取暖费用、书报费等。它们虽然在某月支付或发生，但这些费用的受益期是以后的几个月甚至全年，为了正确计算各个会计期间的业务成果，必须按照权责发生制的要求，严格划分费用的归属期，分月摊入各月成本费用。

待摊费用是指单位已经支付，但应当由本期和以后各期分别负担的分摊期在 1 年以内（含 1 年）的各项费用，如预付航空保险费、预付租金等。摊销期限在 1 年以上的租入固定资产改良支出和其他费用，应当通过“长期待摊费用”科目核算，不作为待摊费用核算。

待摊费用应当在其受益期限内分期平均摊销，如预付航空保险费应在保险期的有效期内、预付租金应在租赁期内分期平均摊销，计入当期费用。

需要说明的是，有些费用受益期限虽然超过 1 个月，如果费用不大，例如，预付零星报刊订阅费，为了简化核算工作，也可以不作为待摊费用处理，而直接计入支付月份的费用。

2. 待摊费用的账务处理

为了反映待摊费用的增减变动情况，单位应设置“待摊费用”科目。该科目借方登记待摊费用的增加额；贷方登记按规定转销或摊销的待摊费用。期末借方余额，反映单位各种已支付但尚未摊销的分摊期在 1 年以内（含 1 年）的费用。

“待摊费用”明细账应按费用种类设置。

单位发生待摊费用时，按照实际预付的金额，借记“待摊费用”科目，贷记“财政拨款收入”、“零余额账户用款额度”、“银行存款”等科目。

待摊费用应在一定期限内进行摊销。待摊费用的摊销期限，有的可以明确确定，例如，预付固定资产租金等，其摊销期限可以根据预付期限确定；有的则不能明确确定，例如领用低值易耗品的摊销期限不易确定，这就需要根据具体情况测定。

行政事业单位按照受益期限分期平均摊销时，按照摊销金额，借记“业务活动费用”、“单位管理费用”、“经营费用”等科目，贷记“待摊费用”科目。

需要说明的是，如果某项待摊费用已经不能使单位受益，应当将其摊余金额一次全部转入当期费用。按照摊销金额，借记“业务活动费用”、“单位管理费用”、“经营费用”等科目，贷记“待摊费用”科目。

【例 7－16】 2×19 年 12 月 15 日，某行政单位预付 2×20 年行政办公用房租金 240 000 元，款项以银行存款支付。根据以上资料，该单位应当做如下账务处理：

（1）预付办公用房租金，编制该单位对上述资料进行财务会计记账的会计分录：

借：待摊费用　　240 000

　　贷：银行存款　　240 000

同时，编制该单位对上述资料进行预算会计记账的会计分录：

借：行政支出　　240 000

　　贷：资金结存——货币资金　　240 000

（2）2×20 年每月摊销费用，编制该单位对上述资料进行财务会计记账的会计分录：

借：业务活动费用　　20 000

　　贷：待摊费用　　20 000

六、应收股利和应收利息

（一）应收股利

应收股利是指事业单位持有长期股权投资应当收取的现金股利或应当分得的利润。作为事业单位一项短期债权，其形成主要来源于两个方面：一是取得长期股权投资时，所支付的价款中所包含的已宣告但尚未发放的现金股利；二是持有股权投资期间，被投资单位宣告发放现金股利或利润的，投资单位按应享有的份额，确认的应收股利或利润。

为了反映应收股利增减变动情况，事业单位应设置“应收股利”科目。该科目借方登记应收股利的增加；贷方登记应收股利的减少；期末借方余额，反映事业单位尚未收到的现金股利或利润。其明细账按被投资单位设置并进行明细核算。

事业单位取得长期股权投资，按照支付的价款中所包含的已宣告但尚未发放的现金股利，借记“应收股利”科目，按照确定的长期股权投资成本，借记“长期股权投资”科目，按照实际支付的金额，贷记“银行存款”等科目。收到取得投资时实际支付价款中所包含的已宣告但尚未发放的现金股利时，按照收到的金额，借记“银行存款”科目，贷记“应收股利”科目。

事业单位持有长期股权投资期间，被投资单位宣告发放现金股利或利润的，按照应享有的份额，借记“应收股利”科目，贷记“投资收益”（成本法）或“长期股权投资”（权益法）科目。

事业单位实际收到现金股利或利润时，按照收到的金额，借记“银行存款”等科目，贷记“应收股利”科目。

【例 7-17】 2×19 年至 2×20 年，甲事业单位根据发生的股权投资业务，编制相关的会计分录。

(1) 1 月 5 日，以银行存款 2 050 000 元投资于乙企业，所支付的款项中包括已宣告但尚未发放的现金股利 50 000 元。该投资占乙企业所有者权益的份额为 25%，采用权益法核算。1 月 20 日，收到现金股利 50 000 元，存入银行。

①确认长期股权投资，编制该单位对上述资料进行财务会计记账的会计分录：

借：长期股权投资	2 000 000	
应收股利——乙企业	50 000	
贷：银行存款		2 050 000

同时，编制该单位对上述资料进行预算会计记账的会计分录：

借：投资支出	2 050 000	
贷：资金结存——货币资金		2 050 000

②收到现金股利，编制该单位对上述资料进行财务会计记账的会计分录：

借：银行存款	50 000	
贷：应收股利——乙企业		50 000

同时，编制该单位对上述资料进行预算会计记账的会计分录：

借：资金结存——货币资金　　50 000

　　贷：投资支出　　50 000

（2）2×19 年，乙企业实现利润 1 800 000 元。2×20 年 3 月 10 日，乙企业宣告分派 2×19 年度的现金股利 600 000 元；3 月 20 日，收到全部现金股利，存入银行。

①乙企业实现利润，甲事业单位应确认长期股权投资和投资收益，会计分录略。

②甲事业单位确认应分享的现金股利。

确认应分享的现金股利 = 600 000 × 25% = 150 000（元）

编制该单位对上述资料进行财务会计记账的会计分录：

借：应收股利——乙企业　　150 000

　　贷：投资收益　　150 000

③收到全部现金股利，编制该单位对上述资料进行财务会计记账的会计分录：

借：银行存款　　150 000

　　贷：应收股利——乙企业　　150 000

同时，编制该单位对上述资料进行预算会计记账的会计分录：

借：资金结存——货币资金　　150 000

　　贷：投资预算收入　　150 000

（二）应收利息

应收利息是指事业单位长期债券投资等应收取的利息。其形成主要来源于两个方面：一是取得债权投资时，所支付的价款中所包含的已到付息期但尚未支付的利息；二是在持有债权投资期间，资产负债表日按投资的面值、票面利率计算的利息所确认的应收债权投资的利息。应收利息是单位的短期债权，属于流动资产的组成部分。

为了反映应收利息增减变动情况，事业单位应设置“应收利息”科目。该科目借方登记应收利息的增加；贷方登记应收利息的减少；期末借方余额，反映事业单位应收未收的债券投资等应收利息。应按被投资单位设置明细账并进行明细核算。

需要说明的是，事业单位购入的到期一次还本付息的长期债券投资持有期间取得的利息，在“长期债券投资——应收利息”科目核算。

事业单位取得长期债券投资，按照确定的投资成本，借记“长期债券投资”科目，按照支付的价款中包含的已到付息期但尚未领取的利息，借记“应收利息”科目，按照实际支付的金额，贷记“银行存款”等科目。收到取得投资时实际支付的价款中所包含的已到付息期但尚未领取的利息时，按照收到的金额，借记“银行存款”等科目，贷记“应收利息”科目。

事业单位按期计算确认长期债券投资利息收入时，对于分期付息、一次还本的长期债券投资，按照以票面金额和票面利率计算确定的应收未收利息金额，借记“应收利息”科目，贷记“投资收益”科目。

事业单位实际收到应收利息时，按照收到的金额，借记“银行存款”等科目，贷记“应收利息”科目。

【例7-18】2×19年至2×20年，某事业单位根据发生的债权投资业务，编制相关的会计分录。

(1) 2×19年7月1日，以银行存款购入5年期国债200 000元，年利率为3%，每年付息一次、到期还本。假设该单位每年6月30日和12月31日确认应收利息，每年7月1日收到利息。编制该单位对上述资料进行财务会计记账的会计分录：

借：长期债券投资　　200 000

　　贷：银行存款　　200 000

同时，编制该单位对上述资料进行预算会计记账的会计分录：

借：投资支出　　200 000

　　贷：资金结存——货币资金　　200 000

(2) 2×19年12月31日确认应收利息。

应确认的利息收入＝200 000×3%×6/12＝3 000（元）

编制该单位对上述资料进行财务会计记账的会计分录：

借：应收利息　　3 000

　　贷：投资收益　　3 000

2×20年6月30日确认利息收入的会计处理，同2×19年12月31日，略。

(3) 2×20年7月1日收到全年利息，编制该单位对上述资料进行财务会计记账的会计分录：

借：银行存款　　6 000

　　贷：应收利息　　6 000

同时，编制该单位对上述资料进行预算会计记账的会计分录：

借：资金结存——货币资金　　6 000

贷：投资预算收入　　6 000

七、其他应收款

（一）其他应收款的内容

其他应收款是指单位除财政应返还额度、应收票据、应收账款、预付账款、应收股利、应收利息以外的其他各项应收及暂付款项，如职工预借的差旅费、已经偿还银行尚未报销的本单位公务卡欠款、拨付给内部有关部门的备用金、应向职工收取的各种垫付款项、支付的可以收回的订金或押金、应收的上级补助和附属单位上缴款项等。其他应收款虽然与单位专业及辅助业务活动无直接联系，但它们也是单位流动资产的重要组成部分，加强对其他应收款的核算与管理具有重要的意义。

（二）其他应收款的形成和收回

为了反映其他应收款的增减变动情况，单位应设置“其他应收款”科目。该科目借方登记其他应收款项发生额；贷方登记收回的其他应收款项；期末借方余额，反映单位尚未收回的其他应收款。其明细账应当按照其他应收款的类别以及债务单位（或个人）设置并进行明细核算。

单位发生其他各种应收及暂付款项时，按照实际发生金额，借记“其他应收款”科目，贷记“零余额账户用款额度”、“银行存款”、“库存现金”、“上级补助收入”、“附属单位上缴收入”等科目。涉及增值税业务的，根据应交增值税，贷记“应交增值税”科目；收回其他各种应收及暂付款项时，按照收回的金额，借记“库存现金”、“银行存款”等科目，贷记“其他应收款”科目。

单位偿还尚未报销的本单位公务卡欠款时，按照偿还的款项，借记“其他应收款”科目，贷记“零余额账户用款额度”、“银行存款”等科目；持卡人报销时，按照报销金额，借记“业务活动费用”、“单位管理费用”等科目，贷记“其他应收款”科目。

年末对预付账款进行全面检查时，如果有确凿证据表明预付账款不再符合预付款项性质，应当先将其转入其他应收款，借记“其他应收款”科目，贷记“预付账款”科目，再按照规定进行相关的处理。

【例7-19】2×19年10月份，某事业单位根据发生的其他应收款业务，编制相关的会计分录。

(1) 10 日，职工张林某参加科技会议预借差旅费 5 000 元。财会部门对其借款单据审核无误并付讫现金。编制该单位对上述资料进行财务会计记账的会计分录：

借：其他应收款——张林 5 000

贷：库存现金 5 000

(2) 20 日，职工张林报销差旅费 5 300 元，经核准予以报销，并以现金补付差额 300 元。编制该单位对上述资料进行会计记账的会计分录：

借：单位管理费用 5 300

贷：其他应收款——张林 5 000

库存现金 300

同时，编制该单位对上述资料进行预算会计记账的会计分录：

借：事业支出 5 300

贷：资金结存——货币资金 5 300

(三) 备用金

备用金，是指单位财会部门为了便于日常零星开支的需要而预付给单位某些部门或职工备用的款项。其特点是先领后用，用后报销。备用金的管理，有定额备用金制度和非定额备用金制度两种。定额备用金制度是指根据使用部门工作的实际需要，先核定其备用金定额并依此拨付备用金，使用后再拨付现金补足其定额的制度。非定额备用金制度是指为了满足临时性需要而暂付给有关部门和个人现金，使用后实报实销的制度。领取备用金的单位和个人必须严格按照规定的用途使用，不得挪作他用。备用金使用后，应及时填写报销单据，连同有关原始凭证，经单位负责人审批后，向财会部门报账。财会部门应做好备用金的核算与管理工作。

单位内部实行备用金制度的，有关部门使用备用金以后应当及时到财务部门报销并补足备用金。财务部门核定并发放备用金时，按照实际发放金额，借记“其他应收款”科目，贷记“库存现金”等科目。根据报销金额用现金补足备用金定额时，借记“业务活动费用”、“单位管理费用”等科目，贷记“库存现金”等科目，报销数和拨补数都不再通过“其他应收款”科目核算。

【例 7－20】 某事业单位后勤服务部门备用金实行定额管理制度。2×19 年，该单位根据发生的其他应收款业务，编制会计分录如下：

(1) 1 月 10 日，财务部门开出现金支票拨付后勤服务部门备用金定额

5 000元。编制该单位对上述资料进行财务会计记账的会计分录：

借：其他应收款——后勤服务部门　　5 000

　　贷：银行存款　　5 000

（2）3月10日，后勤服务部门报销购买办公用品支出1 800元，经财会部门审核后报销，并以现金补足定额。编制该单位对上述资料进行财务会计记账的会计分录：

借：单位管理费用　　1 800

　　贷：库存现金　　1 800

同时，编制该单位对上述资料进行预算会计记账的会计分录：

借：事业支出　　1 800

　　贷：资金结存——货币资金　　1 800

（3）6月1日，因后勤服务部门业务范围扩大，需增加备用金定额3 000元，经审核予以拨付现金3 000元。会计处理方法同1月10日。

（4）12月31日该单位核销并收回备用金8 000元，编制该单位对上述资料进行财务会计记账的会计分录：

借：库存现金　　8 000

　　贷：其他应收款——后勤服务部门　　8 000

（四）其他应收款的清查

1. 事业单位其他应收款的清查

事业单位应当于每年年末，对其他应收款进行全面检查，如发生不能收回的迹象，应当计提坏账准备。对于账龄超过规定年限、确认无法收回的其他应收款，按照规定报经批准后予以核销。按照核销金额，借记“坏账准备”科目，贷记“其他应收款”科目。核销的其他应收款应当在备查簿中保留登记；已核销的其他应收款在以后期间又收回的，按照实际收回金额，借记“其他应收款”科目，贷记“坏账准备”科目；同时，借记“银行存款”等科目，贷记“其他应收款”科目。

2. 行政单位其他应收款的清查

行政单位应当于每年年末，对其他应收款进行全面检查。对于超过规定年限、确认无法收回的其他应收款，应当按照有关规定报经批准后予以核销。核销的其他应收款应在备查簿中保留登记。

经批准核销其他应收款时，按照核销金额，借记“资产处置费用”科目，贷记“其他应收款”科目。已核销的其他应收款在以后期间又收回的，按照收回金额，借记“银行存款”等科目，贷记“其他收入”科目。

【例7－21】 2×19年12月31日，某行政单位对其他应收款进行全面检查时，发现年初代行政管理部门张某偿还的公务卡欠款3 000元一直未办理报销手续，报经批准后予以核销。2×20年3月10日，已核销的其他应收款又如数收回。

(1) 2×19年12月31日编制该单位对上述资料进行财务会计记账的会计分录：

借：资产处置费用　　3 000
　　贷：其他应收款　　3 000

(2) 2×20年3月10日编制该单位对上述资料进行财务会计记账的会计分录：

借：银行存款　　3 000
　　贷：其他收入　　3 000

同时，编制该单位对上述资料进行预算会计记账的会计分录：

借：资金结存——货币资金　　3 000
　　贷：其他预算收入　　3 000

第三节　存货

一、存货概述

(一) 存货的概念

存货是指单位在开展业务活动及其他活动中为耗用或出售而储存的资产，如材料、产品、包装物和低值易耗品等，以及未达到固定资产标准的用具、装具、动植物等。单位从事行政管理、各类研究工作、技术开发活动以及各种服务活动，除了要有必要的货币资金外，还必须具有一定数量的材料、燃料、包装物和低值易耗品等存货。这些存货经常处于不断购买、耗用或者重置之中，它们既是单位流动资产十分重要的组成部分，也是单位从事各类行政、事业活动的物质基础。

（二）存货的特点

存货是单位业务活动较为活跃的因素，它不停地被重置或被加工出来，然后又不停地被销售、耗用，它具有以下特点：

（1）存货属于流动资产，具有较快的变现能力和较强的流动性。但其流动性不及现金和应收款项；而且其时效性强，发生潜在损失的可能性也更大。

（2）存货是有形资产，有别于专利权、商标权等无形资产。

（3）存货与固定资产同为有形资产，但其价值转移方式与固定资产不同。存货在正常的业务活动中，不断地处于销售和重置、耗用和重置之中，在1年内能够有规律地转换为货币资金或其他资产。而固定资产使用周期长，其价值分期转移。

（4）存货具有时效性和发生潜在损失的可能性。单位取得存货及时耗用，可以发挥其作用，但长期不能耗用的存货很可能成为积压物资，形成损失。

（5）单位持有存货的基本目的是为了耗用而非出售。

（三）存货的分类

单位存货可以按照不同的性质进行如下分类：

（1）材料。材料是指使用后就消耗掉或者逐渐消耗掉，不能保持原有形态的各种原材料，包括主要材料、辅助材料、外购半成品和修理用备件等。

（2）燃料。燃料是指使用后就消失掉的各种固体、液体和气体燃料。

（3）包装物。包装物是指为包装本单位有关产品而储备的各种包装容器。

（4）低值易耗品。低值易耗品是指单位价值较低、容易损耗、不够固定资产标准，不属于材料、燃料和包装物范围的各种用具、装具等。

（5）动植物。动植物是指单位确认为存货的动物和植物。

二、存货的计价

（一）存货取得的计价

《政府会计准则第1号——存货》指出：“存货在取得时应当按照成本进行初始计量。”单位取得存货的方式不同，其成本构成内容也不尽相同。

单位购入的存货，其成本包括购买价款、相关税费、运输费、装卸费、保险费以及使得存货达到目前场所和状态所发生的归属于存货成本的其他支出。

单位自行加工的存货，其成本包括耗用的直接材料费用、发生的直接人工费用和按照一定方法分配的与存货加工有关的间接费用。委托加工的存货，其成本包括委托加工前存货成本、委托加工的成本（如委托加工费以及按规定应计入委托加工存货成本的相关税费等）以及使存货达到目前场所和状态所发生的归属于存货成本的其他支出。

单位通过置换取得的存货，其成本按照换出资产的评估价值，加上支付的补价或减去收到的补价，加上为换入存货发生的其他相关支出确定。

单位接受捐赠的存货，其成本按照有关凭据注明的金额加上相关税费、运输费等确定；没有相关凭据可供取得，但按规定经过资产评估的，其成本按照评估价值加上相关税费、运输费等确定；没有相关凭据可供取得、也未经资产评估的，其成本比照同类或类似资产的市场价格加上相关税费、运输费等确定；没有相关凭据且未经资产评估、同类或类似资产的市场价格也无法可靠取得的，按照名义金额入账，相关税费、运输费等计入当期费用。

单位无偿调入的存货，其成本按照调出方账面价值加上相关税费、运输费等确定。

单位盘盈的存货，按规定经过资产评估的，其成本按照评估价值确定；未经资产评估的，其成本按照重置成本确定。

（二）存货发出的计价

具有较快的变现能力和明显的流动性是存货的重要特点之一。在单位持续运营过程中，其存货始终处于流动状态，原有的存货不断流出，新的存货又不断流入。而在某一会计期间内，同一种存货可以分不同批次购入。受产地、市价、运费等变动因素影响，各次购入存货的单价或单位采购成本又有所不同。当单位发出存货时，就必须采用一定的方法确定其发出成本。库存物品在发出时，应当根据实际情况采用个别计价法、先进先出法或者加权平均法确定发出物资的实际成本。计价方法一经确定，不得随意变更。

根据《政府会计准则第 1 号——存货》的规定，单位应当根据实际情况采用先进先出法、加权平均法或者个别计价法确定发出存货的实际成本。计价方法一经确定，不得随意变更。

1. 个别计价法

个别计价法是指对存货逐一辨认，分别按各自购入或取得时的成本计价，以确定发出和结存存货的实际成本。个别计价法的特征是注重所发出存货具体项目的实物流转与成本流转之间的联系，逐一辨认各批发出存货和期末存货所属的购进批别或生产批别，分别按其购入或生产时所确定的单位成本作为计算各批发出存货和期末存货的成本。

【例 7－22】 2×19 年 5 月份，某单位库存甲材料收入、发出及购进单价成本如表 7－5 所示：

表 7－5　库存甲材料收发资料

金额单位：元

日期	收入			发出			库存		
	数量	单价	总额	数量	单价	总额	数量	单价	总额
5 月 1 日							200	10	2 000
8 日	600	9.5	5 700				800		
12 日				400			400		
16 日	300	10.50	3 150				700		
27 日				200			500		
31 日				240			260		
合计	900	—	8 850	840	—	—	260	—	—

该单位 12 日发出的 400 件，有 100 件是上期结转下来的，有 300 件为 8 日购入的，27 日发出的 200 件中为 8 日购进的；31 日发出的 240 件为 16 日购进的。采用个别计价法计算发出和结存甲材料成本如下：

发出甲材料成本＝100×10＋300×9.5＋200×9.5＋240×10.5＝8 270（元）

期末结存甲材料成本＝100×10＋100×9.5＋60×10.5＝2 580（元）

根据计算结果，编制该单位对上述资料进行财务会计记账的会计分录（假定全部用于经营活动）：

借：经营费用　　8 270

　贷：库存物品——甲材料　　8 270

个别计价法是一种合理而准确的存货计价方法。但这种方法的前提是需要对发出存货和结存存货的批次进行具体认定，以辨别其所属的收入批次，所以计算工作量较大。个别计价法适用于一般不能替代使用的存货料，以及为特定项目专门购入或制造的存货。

2. 先进先出法

先进先出法是指按库存中最早进货存货的价格进行发出存货计价的一种方法。这种方法是以“先收到的存货先发出使用”这样的实物流转假设为前提，并根据这种假设的成本流转顺序对发出存货和期末库存存货进行计价。

即本期发出存货的成本是按存货中早期进货的价格计算，在发出存货的数量超过库存中最早进货的数量时，超过部分要依次按后一批收进的存货单价计算。期末结存的存货按库存中近期进货的价格计算。

采用这种方法时，要依次查明有关各批次的实际单位成本，核算手续比较烦琐。适用于收、发存货业务次数不多的单位。

【例7－23】 承［例7－22］，根据表7－5资料，按先进先出法计算甲材料发出和结存成本结果如表7－6所示。

表7－6　甲材料明细账（简式）

（按先进先出法计算）　金额单位：元

日期	收入			发出			库存		
	数量	单价	总额	数量	单价	总额	数量	单价	总额
5月1日							200	10	2 000
8日	600	9.5	5 700				200 600	10 9.5	7 700
12日				200 200	10 9.5	3 900	400	9.5	3 800
16日	300	10.5	3 150				400 300	9.5 10.5	6 950
27日				200	9.5	1 900	200 300	9.5 10.5	5 050
31日				200 40	9.5 10.5	2 320	260	10.5	2 730
合计	900	—	8 850	840	—	8 070	260	—	2 730

3. 加权平均法

加权平均法有“月末一次加权平均法”和“移动加权平均法”之分。在此仅介绍月末一次加权平均法。

月末一次加权平均法是指以月初存货数量加上当月全部进货数量作为权数，去除当月全部进货成本加上月初存货成本，计算出存货的加权平均单位成本，以此为基础计算当月发出存货的成本和期末存货的成本的一种方法。其计算公式如下：

$$\text{存货加权平均单位成本}=\frac{\text{期初库存存货的实际成本}+\text{本期各批进货成本之和}}{\text{期初库存存货数量}+\text{本期各批进货数量之和}}$$

本期发出存货成本 = 本期发出存货的数量 × 存货加权平均单位成本 (7.1)

或

本期发出存货成本 = （期初库存存货的实际成本 + 本期各批进货成本之和） - 本期期末库存存货成本 (7.2)

期末库存存货成本 = 期末库存存货的数量 × 存货加权平均单位成本

注：公式（7.1），一般称为正算（顺算）成本法；公式（7.2），则称为倒算（到挤）成本法。

【例 7 - 24】 承例［7 - 22］，根据表 7 - 5 资料，采用加权平均法计算结果如下：

甲材料单位成本 = （2 000 + 5 700 + 3 150） ÷ （200 + 600 + 300） = 9.86（元）

本月发出甲材料成本 = 840 × 9.86 = 8 282.40（元）

月末库存甲材料成本 = （2 000 + 5 700 + 3 150） - 8 282.40 = 2 567.60（元）

采用加权平均法，只在月末计算月份内发出存货和结存存货的成本，这样可以大大简化存货核算工作，但平时不能确定发出存货成本和结存存货金额，当市场存货价格上涨时，加权平均成本会小于其现行成本。

（三）期末存货价值的确定

会计期末，为了客观、真实、准确地反映单位期末存货的实际价值，单位在编制资产负债表时，要确定“存货”项目的金额，这个过程即确定期末存货的价值。

单位期末存货的价值通常采用历史成本计价。这里所讲的“历史成本”是指根据存货发出计价方法（如先进先出法、个别计价法等）计算确定的期末存货价值。

三、在途物品

在途物品是指单位采购材料等物资时货款已付或已开出商业汇票但尚未验收入库的在途物品的采购成本。有时，单位购进材料等物资尤其是异地购进的，由于付款与材料等物资收到的时间不尽一致，会出现款项已付但材料等物资尚未收到的情况，单位应将此材料物品作为在途物品核算。

为了反映在途物资的增减变动情况，单位应设置“在途物品”科目。该科目借方登记购入材料等物资的采购成本的金额；贷方登记所购材料等物资到达验收入库的金额；期末借方余额，反映单位在途物资的采购成本。其明细科目按照供应单位和物资品种设置并进行明细核算。

单位购入材料等物品，按照确定的物品采购成本的金额，借记“在途物品”科目，按照实际支付的金额，贷记“财政拨款收入”、“零余额账户用款额度”、“银行存款”等科目。涉及增值税业务的，应借记“应交增值税”科目。所购材料等物品到达验收入库，按照确定的库存物品成本金额，借记“库存物品”科目，按照物品采购成本金额，贷记“在途物品”科目，按照使得入库物品到达目前场所和状态所发生的其他支出，贷记“银行存款”等科目。

【例 7－25】 某事业单位属于增值税一般纳税人。2×19 年 6 月份，该单位根据发生的库存物品采购业务，编制相关的会计分录。

(1) 5 日，采用财政直接支付方式购买非独立核算经营活动用材料一批，发票及账单已收到，增值税专用发票上注明的价款为 20 000 元，增值税税额 3 200 元，已经税务机关认证。另以零余额账户存款支付保险费 1 000 元，增值税税额 60 元，材料尚未到达。编制该单位对上述资料进行财务会计记账的会计分录：

借：在途物品　　21 000

　　应交增值税——应交税金（进项税额）　　3 260

　　贷：财政拨款收入　　23 200

　　　　零余额账户用款额度　　1 060

同时，编制该单位对上述资料进行预算会计记账的会计分录；

借：经营支出　　24 260

　　贷：财政拨款预算收入　　23 200

　　　　资金结存——零余额账户用款额度　　1 060

(2) 20 日，该单位购进的材料已收到，并验收入库。编制该单位对上述资料进行财务会计记账的会计分录：

借：库存物品　　21 000

　　贷：在途物品　　21 000

四、库存物品

库存物品是指单位在开展业务活动及其他活动中为耗用或出售而储存的各种材料、产品、包装物、低值易耗品以及达不到固定资产标准的用具、装具、动植物，以及已完成测绘、地质勘察、设计成果等的成本。

需要说明的是，单位随买随用的零星办公用品，可以在购进时直接列作费用；直接储存管理的各项应急或救灾储备物资等，作为储备物资核算；在建工程和基本建设中购买和使用的材料物资，作为工程物资核算。

（一）库存物品的取得

1. 外购库存物品

单位外购的库存物品，其成本包括购买价款、相关税费、运输费、装卸费、保险费以及其他使得库存物品到达目前场所和状态所发生的其他支出。

单位外购的库存物品验收入库，按照确定的成本，借记“库存物品”科目，贷记“财政拨款收入”、“零余额账户用款额度”、“银行存款”、“应付账款”、“在途物品”等科目。涉及增值税业务的，还应进行增值税相关内容的处理。如被认定为增值税一般纳税人的事业单位，应按照支付的增值税，借记“应交增值税——应交税金（进项税额）”科目，被认定为增值税小规模纳税人的事业单位，应将支付的增值税计入物资成本。

【例 7-26】2×19 年 8 月，甲事业单位根据发生的外购库存物品业务，编制相关的会计分录。

（1）10 日，从乙单位购进专业业务活动用材料并验收入库。增值税专用发票注明的价款为 60 000 元，增值税税额为 9 600 元。款项采用财政直接支付方式结算。编制该单位对上述资料进行会计记账的会计分录：

借：库存物品　　69 600

　贷：财政拨款收入　　69 600

同时，编制该单位对上述资料进行预算会计记账的会计分录：

借：事业支出　　69 600

　贷：财政拨款预算收入　　69 600

（2）15 日，从丙单位购进用于增值税应税项目的材料一批，增值税专用发票注明的价款为 80 000 元，增值税税额为 12 800 元，已经税务机关认证，材料验收入库。款项以零余额账户付讫。编制该单位对上述资料进行财务会计记账的会计分录：

借：库存物品　　80 000

　应交增值税——应交税金（进项税额）　　12 800

　贷：零余额账户用款额度　　92 800

同时，编制该单位对上述资料进行预算会计记账的会计分录：

借：事业支出　　92 800

贷：资金结存——零余额账户用款额度　　92 800

2. 接受捐赠的库存物品

捐赠的基本特征在于其无偿性，这也是捐赠有别于财产其他转让方式的显著标志。接受捐赠的库存物品是单位无偿取得资产所有权的一种方式。它具有无偿、自愿、公益性等特征。

单位以这种方式取得库存物品，有时会取得相关凭证，有时无法取得相关凭证，因此，其入账价值应根据不同情况区别处理。单位接受捐赠库存物品并取得相关凭证，库存物品成本按照有关凭据注明的金额加上相关税费、运输费等确定；没有相关凭据可供取得，但按规定经过资产评估的，其成本按照评估价值加上相关税费、运输费等确定；没有相关凭据可供取得、也未经评估的，其成本比照同类或类似资产的市场价格加上相关税费、运输费等确定；没有相关凭据且未经评估、同类或类似资产的市场价格也无法可靠取得的，按照名义金额入账，相关税费、运输费等计入当期费用。

单位接受捐赠的库存物品验收入库，按照确定的成本，借记“库存物品”科目，按照发生的相关税费、运输费等，贷记“银行存款”等科目，按照其差额，贷记“捐赠收入”科目。

接受捐赠的库存物品按照名义金额入账的，按照名义金额，借记“库存物品”科目，贷记“捐赠收入”科目；同时，按照发生的相关税费、运输费等，借记“其他费用”科目，贷记“银行存款”等科目。

【例 7-27】 2×19 年，甲事业单位根据发生的库存物品受赠业务，编制相关的会计分录。

（1）6 月 10 日，接受境外乙公司捐赠零配件、消耗材料，有关凭据注明的金额为 100 000 元人民币。以银行存款支付接受捐赠发生的相关费用 8 000 元。编制该单位对上述资料进行财务会计记账的会计分录：

借：库存物品　　108 000

　　贷：捐赠收入　　100 000

　　　　银行存款　　8 000

同时，编制该单位对上述资料进行预算会计记账的会计分录：

借：其他支出　　8 000

　　贷：资金结存——货币资金　　8 000

（2）8 月 16 日，接受国内丙公司捐赠一批材料 1 000 千克，该批材料既没有相关凭据，也未经评估，但同类材料的市场价格为每千克 80 元。材料运达单位，以银行存款支付运输费 3 000 元，不考虑相关税金。编制该单位对上述资料进行财务会计记账的会计分录：

借：库存物品　　83 000

　　贷：银行存款　　3 000

　　　　捐赠收入　　80 000

同时，编制该单位对上述资料进行预算会计记账的会计分录：

借：其他支出　　3 000

　　贷：资金结存——货币资金　　3 000

（3）12 月 25 日，接受国内丁公司捐赠一批办公物品，单位按照名义金额入账。另以零余额账户支付相关税费 5 000 元。编制该单位对上述资料进行财务会计记账的会计分录：

借：库存物品　　1

　　贷：捐赠收入　　1

借：其他费用　　5 000

　　贷：零余额账户用款额度　　5 000

同时，编制该单位对上述资料进行预算会计记账的会计分录：

借：其他支出　　5 000

　　贷：资金结存——零余额账户用款额度　　5 000

3. 无偿调入库存物品

经主管部门和财政部门批准，单位可以从上级或系统内无偿调入存货，以调整和优化资产配置，满足公益事业发展的需要。

单位无偿调入的库存物品验收入库，按照确定的成本，借记“库存物品”科目，按照发生的相关税费、运输费等，贷记“银行存款”等科目，按照其差额，贷记“无偿调拨净资产”科目。

【例 7 - 28】 2×19 年 12 月 20 日，甲单位从系统内部乙单位无偿调入一批材料，该批材料在乙单位的账面价值为 250 000 元。以银行存款支付调入材料发生的相关费用 8 000 元。编制该单位对上述资料进行财务会计记账的会计分录：

借：库存物品　　258 000

　　贷：银行存款　　8 000

　　　　无偿调拨净资产　　250 000

同时，编制该单位对上述资料进行预算会计记账的会计分录：

借：其他支出　　8 000

　　贷：资金结存——货币资金　　8 000

4. 换入库存物品

置换，通常是指以非货币性交易的方式变更资产所有权或占用、使用权的一种资产处置方式。通过资产置换，可以降低资产成本、满足需要，同时，调整资产结构、改善资产状况。

一般来说，单位通过置换取得的库存物品，其成本按照换出资产的评估价值，加上支付的补价或减去收到的补价，加上为换入库存物品发生的其他相关支出确定。

（1）换入库存物品未涉及补价。置换换入的库存物品验收入库，按照确定的成本，借记“库存物品”科目，按照换出资产的账面余额，贷记相关资产科目（换出资产为固定资产、无形资产的，还应当借记“固定资产累计折旧”、“无形资产累计摊销”科目），按照置换过程中发生的其他相关支出，贷记“银行存款”等科目，按照借贷方差额，借记“资产处置费用”科目或贷记“其他收入”科目。

（2）换入库存物品涉及补价。涉及补价的，分别以下两种情况处理：①支付补价的，按照确定的成本，借记“库存物品”科目，按照换出资产的账面余额，贷记相关资产科目（换出资产为固定资产、无形资产的，还应当借记“固定资产累计折旧”、“无形资产累计摊销”科目），按照支付的补价和置换过程中发生的其他相关支出，贷记“银行存款”等科目，按照借贷方差额，借记“资产处置费用”科目或贷记“其他收入”科目。②收到补价的，按照确定的成本，借记“库存物品”科目，按照收到的补价，借记“银行存款”等科目，按照换出资产的账面余额，贷记相关资产科目（换出资产为固定资产、无形资产的，还应当借记“固定资产累计折旧”、“无形资产累计摊销”科目），按照置换过程中发生的其他相关支出，贷记“银行存款”等科目，按照补价扣减其他相关支出后的净收入，贷记“应缴财政款”科目，按照借贷方差额，借记“资产处置费用”科目或贷记“其他收入”科目。

【例 7-29】 2×19 年，甲单位根据库存物品置换业务，编制相关的会计分录。

（1）5 月份，经批准以一台科研设备换入乙单位一批科研材料。科研设备账面余额为 350 000 元，累计折旧 70 000 元。换出科研设备的评估价值为 300 000 元，以银行存款支付补价 20 000 元、其他费用 10 000 元。编制该单位对上述资料进行财务会计记账的会计分录：

借：库存物品	330 000
固定资产累计折旧	70 000

贷：固定资产　350 000
　　银行存款　30 000
　　其他收入　20 000

同时，编制该单位对上述资料进行预算会计记账的会计分录：

借：其他支出　30 000
　贷：资金结存——货币资金　30 000

（2）10 月份，经批准以一批 M 材料换入乙单位一批 N 科研材料。该批 M 材料的账面价值为 70 000 元，评估价值为 75 000 元。收到乙单位支付的补价 10 000 元存入零余额账户用款额度，另以银行存款支付运输等费用 4 000 元。编制该单位对上述资料进行财务会计记账的会计分录：

借：库存物品——N 材料　69 000
　　零余额账户用款额度　10 000
　　资产处置费用　1 000
　贷：库存物品——M 材料　70 000
　　　银行存款　4 000
　　　应缴财政款　6 000

（二）库存物品的发出

1. 单位开展业务活动领用

单位开展业务活动等领用库存物品，按照领用物品的实际成本，借记“业务活动费用”、“单位管理费用”、“经营费用”等科目，贷记“库存物品”科目。

单位领用低值易耗品、包装物，采用一次转销法摊销的，在首次领用时将其账面余额一次性摊销计入有关成本费用，借记有关科目，贷记“库存物品”科目。

采用五五摊销法摊销低值易耗品、包装物的，首次领用时，将其账面余额的 50% 摊销计入有关成本费用，借记有关科目，贷记“库存物品”科目；使用完时，将剩余的账面余额转销计入有关成本费用，借记有关科目，贷记“库存物品”科目。

【例 7－30】 2×19 年 3 月 10 日，某公立医院住院部领用新购入的医疗器械 10 件。其中，中型器械 4 件，单位成本 500 元，小型器械 6 件，单位成本 300 元。该医院资产管理制度规定，领用中型医疗器械采用五五摊销法摊销，小型医疗器械则采用一次转销法。根据以上资料，该单位应当做如下账务处理：

（1）摊销中型医疗器械成本，编制该单位对上述资料进行财务会计记账的会计分录：

借：业务活动费用 1 000（4×500×50%）

　　贷：库存物品 1 000

（2）摊销小型医疗器械成本。编制该单位对上述资料进行财务会计记账的会计分录：

借：业务活动费用 1 800

　　贷：库存物品 1 800

2. 出售库存物品

库存物品出售分为可自主出售和不可自主出售两种方式。前者是指单位有权决定出售对象和价格；后者则是经批准后方可出售。单位按照规定自主出售发出库存物品，按照出售物品的实际成本，借记“经营费用”等科目，贷记“库存物品”科目。单位经批准对外出售的库存物品（不含可自主出售的库存物品）发出时，按照库存物品的账面余额，借记“资产处置费用”科目，贷记“库存物品”科目；同时，按照收到的价款，借记“银行存款”等科目，按照处置过程中发生的相关费用，贷记“银行存款”等科目，按照其差额，贷记“应缴财政款”科目。

【例7-31】 2×19年10月20日，某事业单位（小规模纳税人）对外出售库存物品取得收入183 600元存入银行，其中，自主出售经营活动持有的库存物品收入120 000元，增值税3 600元，非自主出售库存物品收入60 000元。该批库存物品成本为150 000元，其中，自主出售库存物品成本100 000元，非自主出售库存物品成本50 000元。

（1）确认收入，编制该单位对上述资料进行财务会计记账的会计分录：

借：银行存款 183 600

　　贷：经营收入 120 000

　　　　应缴财政款 60 000

　　　　应交增值税 3 600

同时，编制该单位对上述资料进行预算会计记账的会计分录：

借：资金结存——货币资金 123 000

　　贷：经营预算收入 123 000

（2）结转出售成本，编制该单位对上述资料进行财务会计记账的会计分录：

①自主出售库存物品：

借：经营费用　　100 000

　　贷：库存物品　　100 000

②非自主出售库存物品：

借：资产处置费用　　50 000

　　贷：库存物品　　50 000

3. 对外捐赠的库存物品

单位经批准对外捐赠的库存物品发出时，按照库存物品的账面余额和对外捐赠过程中发生的归属于捐出方的相关费用合计数，借记“资产处置费用”科目，按照库存物品账面余额，贷记“库存物品”科目，按照对外捐赠过程中发生的归属于捐出方的相关费用，贷记“银行存款”等科目。

【例7－32】 2×19年8月10日，甲事业单位向西部乙单位捐赠一批材料，价值为50 000元。对外捐赠材料手续已办妥，材料已出库。另以银行存款支付由甲单位承担的材料运输费2 000元。编制该单位对上述资料进行财务会计记账的会计分录：

借：资产处置费用　　52 000

　　贷：库存物品　　50 000

　　　　银行存款　　2 000

同时，编制该单位对上述资料进行预算会计记账的会计分录：

借：其他支出　　2 000

　　贷：资金结存——货币资金　　2 000

4. 无偿调出的库存物品

经批准无偿调出的库存物品发出时，按照库存物品的账面余额，借记“无偿调拨净资产”科目，贷记“库存物品”科目；同时，按照无偿调出过程中发生的归属于调出方的相关费用，借记“资产处置费用”科目，贷记“银行存款”等科目。

【例7－33】 10月份，上级主管部门将甲事业单位一批科研材料无偿调剂给丙单位，该批材料的账面余额200 000元。甲单位以银行存款支付承担的相关费用4 500元。编制该单位对上述资料进行财务会计记账的会计分录：

借：无偿调拨净资产　　200 000

　　贷：库存物品　　200 000

借：资产处置费用　　4 500

　　贷：银行存款　　4 500

同时，编制该单位对上述资料进行预算会计记账的会计分录：

借：其他支出　　4 500

　　贷：资金结存——货币资金　　4 500

5. 置换换出的库存物品

单位以持有库存物品置换换入库存物品、长期股权投资、固定资产和无形资产等，其入账价值按照换出库存物品的评估价值加上支付的补价或减去收到的补价，加上换入资产发生的其他相关支出确定。

单位以持有库存物品置换换入库存物品、长期股权投资、固定资产和无形资产时收到补价的，按照确定的换入资产成本，借记"库存物品"、"长期股权投资"、"固定资产"、"无形资产"等科目，按照换出库存物品的账面余额，贷记"库存物品"科目，按照收到的补价，借记"银行存款"等科目，按照补价扣减其他相关支出后的净收入，贷记"应缴财政款"科目，按照借贷方差额，借记"资产处置费用"科目或贷记"其他收入"科目。

【例 7－34】 2×19 年 6 月 10 日，甲事业单位以其库存物品与乙单位办公设备进行置换，该库存物品账面余额 150 000 元，评估价值为 160 000 元，甲事业单位置换资产收到乙单位支付补价 13 000 元存入银行，同时以银行存款支付与资产置换相关的费用 3 000 元。

（1）换入资产，编制该单位对上述资料进行财务会计记账的会计分录：

办公设备入账价值＝160 000＋3 000—13 000＝150 000（元）

借：固定资产　　150 000

　　银行存款　　13 000

　　贷：库存物品　　150 000

　　　　银行存款　　3 000

　　　　应缴财政款　　10 000

（2）支付应缴财政款，编制该单位对上述资料进行会计记账的会计分录：

借：应缴财政款　　10 000

　　贷：银行存款　　10 000

五、加工物品

（一）加工物品概述

加工物品是指单位自制或委托外单位加工的各种物资以及未完成的测绘、地质勘察、设计成果等。加工物品按其加工单位的不同，分为自制物品和委托加工物品。其中，自制物品是指单位组织内部人力、物资和设备自行加工的物品，委托加工物品是指单位将库存物品作为原材料委托其他单位加工的物品。

为了反映加工物品的增减变动情况，单位应设置“加工物品”科目。该科目借方登记为加工物品领用材料成本、发生的直接人工费用、分配的间接费用以及其他费用；贷方登记加工完成并验收入库物资的全部实际成本。期末借方余额，反映单位自制加工但尚未完工的各种物资的实际成本。

“加工物品”科目应设置“自制物品”、“委托加工物品”两个一级明细科目，并按照物品类别或品种设置明细账进行明细核算。“自制物品”一级明细科目应当设置“直接材料”、“直接人工”、“其他直接费用”等二级明细科目归集自制物品发生的直接材料、直接人工（专门从事物品制造人员的人工费）等直接费用；对于自制物品发生的间接费用，应当在“加工物品”科目“自制物品”一级明细科目下单独设置“间接费用”二级明细科目予以归集，期末，再按照一定的分配标准和方法，分配计入有关物品的成本。

（二）自制物品

自行加工物品必然要发生一定的耗费，为加工存货而发生耗费构成了物品加工成本。

1. 自制物品的成本构成及其分类

（1）直接费用。按照费用的发生与加工物品的关系来区分，加工费用分为直接费用和间接费用。其中，直接费用是指加工物品时，能够直接计入物品成本的费用。加工物品中，领用材料或物资、加工工人薪酬等都属于直接费用。直接费用可以根据原始凭证直接计入某种物品成本。

（2）间接费用。间接费用是指加工物品时，不能直接计入物品成本的费用。属于间接费用的，需要选择适当的分配标准，在不同物品之间进行合理分摊，再计入物品成本。间接费用一般可以按生产工人工资、生产工人工时、机器工时、耗用材料的数量或成本、直接费用（直接材料和直接人工）或产品产量等进行分配。间接费用可根据自己的具体情况自行选择分配方法。分配方法一经确定，不得随意变更。

2. 自制物品的账务处理程序

单位为自制物品领用材料等，按照材料成本，借记“加工物品——自制物品（直接材料）”科目，贷记“库存物品”科目；为专门从事物品制造的人员发生的直接人工费用，按照实际发生的金额，借记“加工物品——自制物品（直接人工）”科目，贷记“应付职工薪酬”科目；为自制物品发生的其他直接费用，按照实际发生的金额，借记“加工物品——自制物品（其他直接费用）”科目，贷记“零余额账户用款额度”、“银行存款”等科目。

单位为自制物品发生的间接费用，按照实际发生的金额，借记“加工物品——自制物品（间接费用）”科目，贷记“零余额账户用款额度”、“银行存款”、“应付职工薪酬”、“固定资产累计折旧”、“无形资产累计摊销”等科目。间接费用一般按照生产人员工资、生产人员工时、机器工时、耗用材料的数量或成本、直接费用（直接材料和直接人工）或产品产量等进行分配。单位可根据具体情况自行选择间接费用的分配方法。分配方法一经确定，不得随意变更。

单位已经制造完成并验收入库的物品，按照所发生的实际成本（包括耗用的直接材料费用、直接人工费用、其他直接费用和分配的间接费用），借记“库存物品”科目，贷记“加工物品——自制物品”科目。自制物品账务处理程序如图 7 - 3 所示。

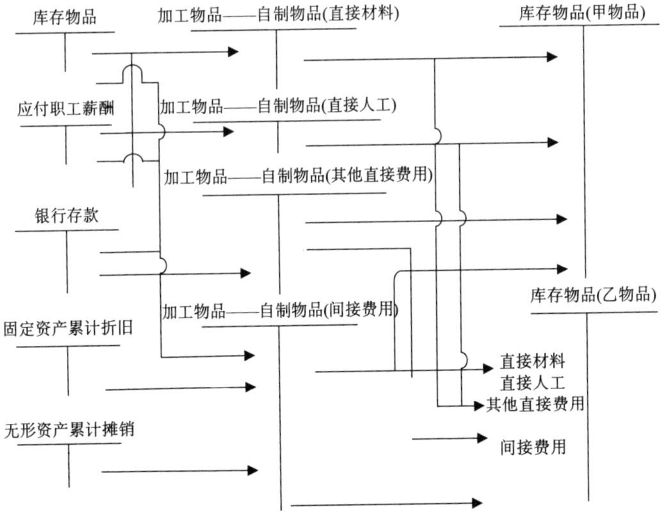

图 7 - 3 自制物品账务处理程序

【例 7-35】某科研单位为增值税一般纳税人，2×19 年 5 月，对外承接一项科研设备的研制任务，合同约定，设备总价款为 500 000 元，合同签订时支付 30% 的价款，设备交付时支付 65% 的价款，设备交付半年后再支付 5% 的价款。该科研单位根据发生的自制物品业务，编制相关的会计分录。

（1）5 月 10 日收到客户预付的第一笔货款 150 000 元存入银行，编制该单位对上述资料进行财务会计记账的会计分录：

借：银行存款　　150 000

　　贷：预收账款　　150 000

同时，编制该单位对上述资料进行预算会计记账的会计分录：

借：资金结存——货币资金　　150 000

　　贷：事业预算收入　　150 000

（2）5 月至 8 月，为研制该设备以零余额账户支付相关费用 50 000 元，确认职工薪酬 100 000 元，计提加工设备折旧费 75 000 元，领用库存物品 30 000元。编制该单位对上述资料进行会计记账的会计分录：

借：加工物品——研制设备　　255 000

　　贷：银行存款　　50 000

　　　　应付职工薪酬　　100 000

　　　　固定资产累计折旧　　75 000

　　　　库存物品　　30 000

同时，编制该单位对上述资料进行预算会计记账的会计分录：

借：事业支出　　50 000

　　贷：资金结存——货币资金　　50 000

（3）9 月 5 日，该单位按期完成制造设备，结转完工设备加工成本。编制该单位对上述资料进行财务会计记账的会计分录：

借：库存物品　　255 000

　　贷：加工物品——研制设备　　255 000

（三）委托加工物品

单位从外部购入物品的性能不一定完全能满足运营活动的需要。因此，有时需要将物品送往外部委托其他单位进行加工，制成另一种材料（如纸张加工成商标纸，木材加工成木箱，钢材加工成专用工具等），以满足活动的需要。委托外部加工物品发出后，虽然其保管地点发生了转移，但仍属于单位加工物品范畴。物品经过加工不仅实物形态、性能发生变化，使用价值也随之变化，而且，在其加工过程中要消耗材料，还要发生各种费用支出等，从而使委托加工物品的价值相应增加。

单位发给外单位加工的材料时，按照其实际成本，借记“加工物品——委托加工物品”科目，贷记“库存物品”科目；支付加工费、运输费等费用，按照实际支付的金额，借记“加工物品——委托加工物品”科目，贷记“零余额账户用款额度”、“银行存款”等科目。涉及增值税业务的，还应该进行与增值税相关业务的处理；委托加工完成的材料等验收入库，按照加工前发出材料的成本和加工、运输成本等，借记“库存物品”等科目，贷记“加工物品——委托加工物品”科目。

【例7-36】 2×19年3月，甲事业单位根据发生的委托加工业务（为增值税应税业务），编制相关的会计。

(1) 5日，委托乙企业加工一批M材料，发出材料成本为50 000元。编制该单位对上述资料进行财务会计记账的会计分录：

借：加工物品——委托加工物品——M材料　50 000

　贷：库存物品　50 000

(2) 8日，开出转账支票，支付材料运输费用3 000元、增值税300元。编制该单位对上述资料进行财务会计记账的会计分录：

借：加工物品——委托加工物品——M材料　3 000

　　应交增值税——应交税金（进项税额）　300

　贷：银行存款　3 300

同时，编制该单位对上述资料进行预算会计记账的会计分录：

借：经营支出　3 300

　贷：资金结存——货币资金　3 300

(3) 15日，以零余额账户存款支付乙企业加工费用40 000元、增值税6 400元。编制该单位对上述资料进行财务会计记账的会计分录：

借：加工物品——委托加工物品——M材料　40 000

　　应交增值税——应交税金（进项税额）　6 400

　贷：零余额账户用款额度　46 400

同时，编制该单位对上述资料进行预算会计记账的会计分录：

借：经营支出　46 400

　贷：资金结存——零余额账户用款额度　46 400

(4) 20日，收回委托加工完毕物品并验收入库，结转其全部成本。编制该单位对上述资料进行财务会计记账的会计分录：

借：库存物品——M 材料　　93 000

　　贷：加工物品——委托加工物品——M 材料　　93 000

第四节　投资

一、投资概述

投资是事业单位按规定以货币资金、实物资产、无形资产等方式形成的债权或股权投资。

从理论上讲，由于事业单位是专门向社会提供公共服务的非营利性组织，国家对事业单位提供的经费是用于公益事业的发展，其占有使用的资产不应该用于对外投资。但从目前实际情况看，以下原因使对外投资成为事业单位一种客观存在的经济现象：一是《事业单位财务规则》规定，事业单位“在保证单位正常运转和事业发展的前提下，按照国家有关规定可以对外投资的，应当履行相关审批程序。”事业单位开展对外投资活动有了相关法律依据；二是一些事业单位也确实需要通过对外投资方式推动科技成果转化或缓解财政经费供给不足，以实现其特定公益目标。需要说明的是，对外投资仅是事业单位业务活动的辅助活动，因此，必须在保证单位正常运转和事业发展的前提下，按照国家有关规定开展对外投资活动，不得使用财政拨款及其结余进行对外投资，不得从事股票、期货、基金、企业债券等投资，国家另有规定的除外。

按照投资目的分类，事业单位可以将投资分为短期投资与长期投资两类。其中，短期投资是指事业单位依法取得的，持有时间不准备超过 1 年（含 1 年）的投资；长期投资是指事业单位取得的除短期投资以外的债权和股权性质的投资。

二、短期投资

（一）短期投资的特点

与长期投资相比，单位的短期投资具有以下特点：

（1）投资对象主要是国债投资。

（2）短期投资具有高度的变现性，可根据需要随时变现，其流动性在事业单位的资产中仅次于货币资金。

（3）投资的目的是谋求高于银行存款利息收入的利益。

（二）短期投资的账务处理

为了核算短期投资的增减变动情况，事业单位应设置“短期投资”科目核算单位依法取得的，持有时间不超过1年（含1年）的投资。该科目的借方登记短期投资的取得成本；贷方登记短期投资处置时结转的实际成本；期末借方余额反映单位持有的短期投资成本。其明细账应当按照国债投资的种类等设置并进行明细核算。

事业单位取得短期投资时，按照确定的投资成本，借记“短期投资”科目，贷记“银行存款”等科目。收到取得投资时实际支付价款中包含的已到付息期但尚未领取的利息，按照实际收到的金额，借记“银行存款”科目，贷记“短期投资”科目。

事业单位收到短期投资持有期间的利息，按照实际收到的金额，借记“银行存款”科目，贷记“投资收益”科目。

事业单位出售短期投资或到期收回短期投资本息，按照实际收到的金额，借记“银行存款”科目，按照出售或收回短期投资的账面余额，贷记“短期投资”科目，按照其差额，借记或贷记“投资收益”科目。涉及增值税业务的，按照应交的增值税，贷记“应交增值税——转让金融商品应交增值税”科目。

【例7-37】2×19年，某事业单位根据发生的购买国债业务，编制相关的会计分录。

（1）1月1日，用银行存款510 000（包括已到期但尚未领取的利息10 000元）元购入面值为500 000元的国债，期限为5年期、年利率4%，利息于每年6月30日支付。该单位将购入的国债划分为短期投资。编制该单位对上述资料进行财务会计记账的会计分录：

借：短期投资	510 000	
贷：银行存款		510 000

同时，编制该单位对上述资料进行预算会计记账的会计分录：

借：投资支出	510 000	
贷：资金结存——货币资金		510 000

(2) 收到购买时已到付息期但尚未领取的利息。编制该单位对上述资料进行财务会计记账的会计分录：

借：银行存款　　10 000

　　贷：短期投资　　10 000

同时，编制该单位对上述资料进行预算会计记账的会计分录：

借：资金结存——货币资金　　10 000

　　贷：投资支出　　10 000

(3) 6 月 30 日收到国债的半年利息。

半年利息 $=500\ 000\times4\%\times1/2=10\ 000$ (元)

编制该单位对上述资料进行财务会计记账的会计分录：

借：银行存款　　10 000

　　贷：投资收益　　10 000

同时，编制该单位对上述资料进行预算会计记账的会计分录：

借：资金结存——货币资金　　10 000

　　贷：投资预算收益　　10 000

(4) 7 月 10 日，对外转让部分国债，其面值 200 000 元，取得转让价款 203 000 元，不考虑相关税费。编制该单位对上述资料进行财务会计记账的会计分录：

借：银行存款　　203 000

　　贷：短期投资　　200 000

　　　　投资收益　　3 000

同时，编制该单位对上述资料进行预算会计记账的会计分录：

借：资金结存——货币资金　　203 000

　　贷：投资支出　　200 000

　　　　投资预算收益　　3 000

三、长期投资

(一) 长期股权投资概述

长期股权投资是指事业单位通过投资拥有被投资单位的股权并成为被投资单位的股东，按所持股份比例享有权益并承担责任。事业单位通过长期股权投资获得投资回报，促进公益事业的发展，确保实现特定的公益目标。长期股权投资一般有两种投资形式，一是直接投资形式，二是间接投资形式。直接投资是指将现金或资产投入被投资单位，由被投资单位向投资者出具出资证明书，确认其股权。间接投资是指投资者投资于某被投资单位时，是通过在证券市场上购买被投资单位的股票而形成的长期股权投资。根据事业单位财务规则的规定，事业单位不得使用财政拨款及其结余进行对外投资，不得从事股票、期货、基金、政府单位债券等投资，国家另有规定的除外。可见，事业单位长期股权投资一般是指直接投资。长期股权投资具有投资大、投资期限长、风险大以及能获得高收益等特点。

（二）长期股权投资的取得

为了反映长期股权投资的增减变动情况，事业单位应设置“长期股权投资”科目。该科目借方登记长期投资的增加数；贷方登记长期投资的收回、冲减数；期末借方余额，反映政府单位持有的对外投资成本。

“长期股权投资”科目一般应当按照被投资单位进行明细核算。如果长期股权投资采用权益法核算的，还应当分别“成本”、“损益调整”、“其他权益变动”进行明细核算。

长期股权投资在取得时，应当按照其实际成本作为初始投资成本。长期股权投资取得的方式不同，其实际成本内容也有所不同。

1. 支付现金取得投资

事业单位以现金取得的长期股权投资，按照实际支付的价款（包括购买价款以及税金、手续费等相关税费）作为投资成本，借记“长期股权投资 ”科目，按支付的价款中包含的已宣告但尚未发放的现金股利，借记“应收股利”科目；按实际支付的全部价款，贷记“银行存款”等科目。实际收到购买时包含的已宣告但尚未发放的现金股利时，借记“银行存款”等科目，贷记“应收股利”科目。

【例 7－38】 2×19 年 1 月初，某事业单位使用非财政拨款资金 480 000 元投资于北方公司，占该公司全部股权的比例为 20%，有权参与其经营决策，并按照股权比例享有净利润和其他所有者权益，采用权益法核算，支付的价款中，包括已宣告尚未发放的现金股利 20 000 元；另支付交易费用 15 000 元。全部款项以银行存款付讫。5 月底收到北方公司宣告发放的全部现金股利。编制相关的会计分录如下：

（1）购入股票，编制该单位对上述资料进行财务会计记账的会计分录：

借：长期股权投资——成本　　　　475 000

应收股利　　20 000

贷：银行存款　　495 000

同时，编制该单位对上述资料进行预算会计记账的会计分录：

借：投资支出　　495 000

贷：资金结存——货币资金　　495 000

（2）收到现金股利，编制该单位对上述资料进行财务会计记账的会计分录：

借：银行存款　　20 000

贷：应收股利　　20 000

同时，编制该单位对上述资料进行预算会计记账的会计分录：

借：资金结存——货币资金　　20 000

贷：投资支出　　20 000

2. 以非现金资产置换取得投资

事业单位以现金以外的其他资产置换取得的长期股权投资，其成本按照换出资产的评估价值加上支付的补价或减去收到的补价，加上换入长期股权投资发生的其他相关支出确定。

（1）未涉及补价取得长期股权投资。

事业单位置换取得的长期股权投资，按照确定的成本，借记“长期股权投资”科目，按照换出资产的账面余额，贷记相关资产科目（换出资产为固定资产、无形资产的，还应当借记“固定资产累计折旧”、“无形资产累计摊销”科目），按照置换过程中发生的其他相关支出，贷记“银行存款”等科目，按照借贷方差额，借记“资产处置费用”科目或贷记“其他收入”科目。

（2）涉及补价取得长期股权投资。

①支付补价取得长期股权投资。事业单位置换取得长期股权投资需要支付补价的，按照确定的成本，借记“长期股权投资”科目，按照换出资产的账面余额，贷记相关资产科目（换出资产为固定资产、无形资产的，还应当借记“固定资产累计折旧”、“无形资产累计摊销”科目），按照支付的补价和置换过程中发生的其他相关支出，贷记“银行存款”等科目，按照借贷方差额，借记“资产处置费用”科目或贷记“其他收入”科目。

②收到补价取得长期股权投资。事业单位置换取得长期股权投资收到支付补价的，按照确定的成本，借记“长期股权投资”科目，按照收到的补价，借记“银行存款”等科目，按照换出资产的账面余额，贷记相关资产科目

（换出资产为固定资产、无形资产的，还应当借记“固定资产累计折旧”、“无形资产累计摊销”科目），按照置换过程中发生的其他相关支出，贷记“银行存款”等科目，按照补价扣减其他相关支出后的净收入，贷记“应缴财政款”科目，按照借贷方差额，借记“资产处置费用”科目或贷记“其他收入”科目。

【例7-39】 2×19年8月，甲事业单位经批准将科研设备与乙事业单位持有的对丙公司长期股权投资进行置换。在置换日，科研设备的账面原价为2 000 000元，已计提折旧为1 200 000元，评估价为770 000元；乙公司持有的长期股权投资账面余额为850 000元。置换过程中，甲事业单位以银行存款支付补价50 000元、相关税费10 000元。编制甲事业单位对上述资料进行财务会计记账的会计分录：

借：长期股权投资——成本　　830 000
　　固定资产累计折旧　　1 200 000
　　资产处置费用　　30 000
　　贷：固定资产　　2 000 000
　　　　银行存款　　60 000

同时，编制该单位对上述资料进行预算会计记账的会计分录：

借：其他支出　　60 000
　　贷：资金结存——货币资金　　60 000

如果甲事业单位在资产置换过程中收到乙事业单位支付的补价金额为40 000元，其他资料不变。编制该单位对上述资料进行财务会计记账的会计分录：

借：长期股权投资——成本　　800 000
　　固定资产累计折旧　　1 200 000
　　银行存款　　40 000
　　贷：固定资产　　2 000 000
　　　　应缴财政款　　30 000
　　　　银行存款　　10 000

3. 接受捐赠的长期股权投资

事业单位接受捐赠的长期股权投资，其成本按照有关凭据注明的金额加上相关税费确定；没有相关凭据可供取得，但按规定经过资产评估的，其成本按照评估价值加上相关税费确定；没有相关凭据可供取得、也未经资产评估的，其成本比照同类或类似资产的市场价格加上相关税费确定。

事业单位接受捐赠的长期股权投资，按照确定的投资成本，借记“长期股权投资”科目，贷记“捐赠收入”科目。

【例 7－40】2×19 年 8 月，M 事业单位接受 N 公司捐赠其持有的 G 公司股票 100 000 股，类似股票的市场价格每股为 5 元。另以银行存款支付相关费用 12 000 元。根据以上资料，编制该单位对上述资料进行财务会计记账的会计分录：

借：长期股权投资——成本	512 000	
贷：捐赠收入		500 000
银行存款		12 000

同时，编制该单位对上述资料进行预算会计记账的会计分录：

借：其他支出	12 000	
贷：资金结存——货币资金		12 000

4. 无偿调入的长期股权投资

事业单位无偿调入长期股权投资，其成本按照调出方账面价值加上相关税费确定。无偿调入的长期股权投资，按照确定的投资成本，借记“长期股权投资”科目，贷记“无偿调拨净资产”科目。

【例 7－41】2×19 年 10 月，M 事业单位的上级主管部门将 N 事业单位持有的长期股权投资调入 M 事业单位。该投资在 N 事业单位的账面价值为 200 000元，调入时，M 事业单位以银行存款支付相关费用 5 000 元。编制该单位对上述资料进行财务会计记账的会计分录：

借：长期股权投资——成本	205 000	
贷：无偿调拨净资产		200 000
银行存款		5 000

同时，编制该单位对上述资料进行预算会计记账的会计分录：

借：其他支出	5 000	
贷：资金结存——货币资金		5 000

5. 以未入账无形资产取得的长期股权投资

如果事业单位以未入账的无形资产取得的长期股权投资，按照评估价值加相关税费作为投资成本，借记“长期股权投资”科目，按照发生的相关税费，贷记“银行存款”、“其他应交税费”等科目，按其差额，贷记“其他收入”科目。

【例 7－42】2×19 年 12 月，甲事业单位以其未入账专利技术投资于乙单位。经评估，该专利技术价值为 100 000 元，以银行存款支付资产评估和投资活动相关费用26 000元。编制该单位对上述资料进行财务会计记账的会计分录：

借：长期股权投资——成本 126 000

贷：其他收入 100 000

银行存款 26 000

同时，编制该单位对上述资料进行预算会计记账的会计分录：

借：其他支出 26 000

贷：资金结存——货币资金 26 000

（三）长期股权投资的持有

按照财务会计理论，投资单位取得长期股权投资并按初始投资成本计价后，根据对被投资单位实施影响或控制程度，应分别采用成本法或权益法进行核算。

1. 成本法

成本法是指投资按照投资成本计量的方法。成本法下，除投资方追加投资、收回投资等外，长期股权投资的账面价值一般保持不变。被投资单位宣告分派利润或现金股利，投资方按应享有的份额确认为当期投资收益。

被投资单位宣告发放现金股利或利润时，事业单位按照应收的金额，借记“应收股利”科目，贷记“投资收益”科目。收到现金股利时，按照实际收到的金额，借记“银行存款”等科目，贷记“应收股利”科目。

【例7－43】2×19年甲事业单位根据长期股权投资业务，编制相关的会计分录。

（1）经批准，1月份以货币资金3 000 000元投资乙公司，取得乙公司有表决权20%的股份。采用成本法核算此项投资。编制该单位对上述资料进行财务会计记账的会计分录：

借：长期股权投资——成本 3 000 000

贷：银行存款 3 000 000

同时，编制该单位对上述资料进行预算会计记账的会计分录：

借：投资支出 3 000 000

贷：资金结存——货币资金 3 000 000

（2）6月30日，乙公司宣告从历年积累中分配利润2 500 000元。甲事业单位按照其持有比例确定可分回的金额为500 000元。编制该单位对上述资料进行财务会计记账的会计分录：

借：应收股利　　500 000

　　贷：投资收益　　500 000

（3）7月10日，收到乙公司分派的全部利润并存入银行。编制该单位对上述资料进行财务会计记账的会计分录：

借：银行存款　　500 000

　　贷：应收股利　　500 000

同时，编制该单位对上述资料进行预算会计记账的会计分录：

借：资金结存——货币资金　　500 000

　　贷：投资预算收益　　500 000

2. 权益法

权益法是指长期股权投资按照实际成本入账后，根据被投资单位经营损益状况，按其持有被投资单位股份的比例以及股利的分配作出相应调整的方法。被投资单位当期实现收益或其他所有者权益增加，投资方按比例相应调高“长期股权投资”科目；发生亏损或其他所有者权益减少，投资方则按比例调低“长期股权投资”科目；收到发放的股利，也要减少“长期股权投资”科目。在权益法下，“长期股权投资”科目的账面价值已不是长期股权投资的原始成本，而是投资方在被投资单位净资产中应享有的份额。

具体来说，被投资单位实现净利润时，投资单位按照应享有的份额，借记“长期股权投资——损益调整”科目，贷记“投资收益”科目；按照应负担的被投资单位发生净亏损的份额，借记“投资收益”科目，贷记“长期股权投资——损益调整”科目，但以“长期股权投资”科目的账面余额减记至零为限。发生亏损的被投资单位以后年度又实现净利润的，按照收益分享额弥补未确认的亏损分担额等后的金额，借记“长期股权投资——损益调整”科目，贷记“投资收益”科目。

被投资单位宣告分派的现金股利或利润时，投资单位按照应享有的现金股利或利润的份额，借记“应收股利”科目，贷记“长期股权投资——损益调整”科目。

被投资单位发生除净损益和利润分配以外的所有者权益变动时，投资单位按照应享有的份额，借记“权益法调整”科目，贷记“长期股权投资——其他权益变动”科目；或做相反会计分录。

【例7-44】2×19年至2×21年，甲事业单位根据长期股权投资业务，编制相关的会计分录。

（1）2×19年1月5日，以银行存款920 000元投资于乙公司，另支付相关交易费用14 500元，享有乙公司所有者权益份额的35%，采用权益法核算长期股权投资。编制该单位对上述资料进行财务会计记账的会计分录：

借：长期股权投资——成本　　934 500

　　贷：银行存款　　934 500

同时，编制该单位对上述资料进行预算会计记账的会计分录：

借：投资支出　　934 500

　　贷：资金结存——货币资金金　　934 500

（2）2×19年，乙公司全年实现净利润800 000元。

应享有的投资收益＝800 000×35%＝280 000（元）

编制该单位对上述资料进行会计记账的会计分录：

借：长期股权投资——损益调整　　280 000

　　贷：投资收益　　280 000

需要说明的是，如果2×19年乙公司不仅获得净利润，其他权益还增加285 715元，甲事业单位还应编制如下会计分录：

应享有的其他权益＝285 715×35%＝100 000（元）

编制该单位对上述资料进行财务会计记账的会计分录：

借：长期股权投资——其他权益变动　　100 000

　　贷：权益法调整　　100 000

2×19年末，“长期股权投资”科目余额（不包括其他权益变动）＝934 500＋280 000＝1 214 500（元）。

（3）2×20年5月，乙公司宣告分派现金股利1 000 000元。

现金股利＝1 000 000×35%＝350 000（元）

编制该单位对上述资料进行财务会计记账的会计分录：

借：应收股利——乙公司　　350 000

　　贷：长期股权投资——损益调整　　350 000

2×20年末，“长期股权投资”科目余额＝1 214 500—350 000＝864 500（元）。

（4）2×20年，乙公司全年发生巨额亏损2 800 000元。

应承担投资损失＝2 800 000×35%＝980 000（元）

尚未弥补亏损额＝980 000－864 500＝115 500（元）

编制该单位对上述资料进行财务会计记账的会计分录：

借：投资收益　　864 500

　　贷：长期股权投资——损益调整　　864 500

（5）2×21 年乙公司全年实现净利润 380 000 元。

应确认的投资收益 = 380 000 × 35% − 115 500 = 17 500（元）

编制该单位对上述资料进行财务会计记账的会计分录：

借：长期股权投资——损益调整　　17 500

　　贷：投资收益　　17 500

（四）长期股权投资的处置

1. 长期股权投资的出售（转让）

事业单位按照规定报经批准出售（转让）长期股权投资时，应当区分长期股权投资的取得方式分别进行处理。

（1）处置以现金取得的长期股权投资。事业单位处置以现金取得的长期股权投资，按照实际取得的价款，借记“银行存款”等科目，按照被处置长期股权投资的账面余额，贷记“长期股权投资”科目，按照尚未领取的现金股利或利润，贷记“应收股利”科目，按照发生的相关税费等支出，贷记“银行存款”等科目，按照借贷方差额，借记或贷记“投资收益”科目。

【例 7－45】 承［例 7－44］，假定 2×20 年 1 月初，甲事业单位将持有乙公司股权投资的 20% 处置，取得价款 260 000 元存入银行，获得的投资收益纳入单位预算管理。

处置前，“长期股权投资——成本”科目余额为 934 500 元，“长期股权投资——损益调整”科目借方余额 280 000 元，无其他权益。

处置长期股权投资的金额 =（934 500 + 280 000）× 20% = 242 900（元）

编制该单位对上述资料进行财务会计记账的会计分录：

借：银行存款　　260 000

　　贷：长期股权投资——成本　　186 900

　　　　　　　　　　——损益调整　　56 000

　　　　投资收益　　17 100

同时，编制该单位对上述资料进行预算会计记账的会计分录：

借：资金结存——货币资金　　260 000

　　贷：其他结余　　186 900

　　　　投资预算收益　　73 100

（2）处置以现金以外的其他资产取得的长期股权投资。事业单位处置以现金以外的其他资产取得的长期股权投资，按照被处置长期股权投资的账面余额，借记“资产处置费用”科目，贷记“长期股权投资”科目；同时，按照实际取得的价款，借记“银行存款”等科目，按照尚未领取的现金股利或利润，贷记“应收股利”科目，按照发生的相关税费等支出，贷记“银行存款”等科目，按照贷方差额，贷记“应缴财政款”科目。按照规定将处置时取得的投资收益纳入本单位预算管理的，应当按照所取得价款大于被处置长期股权投资账面余额、应收股利账面余额和相关税费支出合计的差额，贷记“投资收益”科目。

2. 核销长期股权投资

事业单位持有的长期股权投资因被投资单位破产清算等原因，有确凿证据表明长期股权投资发生损失，按照规定报经批准后予以核销时，按照予以核销的长期股权投资的账面余额，借记“资产处置费用”科目，贷记“长期股权投资”科目。

3. 置换转出长期股权投资

（1）置换资产不涉及补价。事业单位置换转出长期股权投资时，按照换入资产确定的成本，借记资产相关科目，按照换出长期股权投资的账面余额，贷记“长期股权投资”科目，按照置换过程中发生的其他相关支出，贷记“银行存款”等科目，按照借贷方差额，借记“资产处置费用”科目或贷记“其他收入”科目。

（2）置换资产涉及补价。事业单位如果置换资产涉及补价的，分别以下情况处理：

①置换转出长期股权投资需要支付补价的，其会计处理方法与置换资产不涉及补价相同。

②置换转出长期股权投资收到补价的，按照换出长期股权投资的评估价值减去收到的补价，加上换入长期股权投资发生的其他相关支出确定换入资产的成本，借记相关资产科目，按照收到的补价，借记“银行存款”等科目，按照换出长期股权投资的账面余额，贷记“长期股权投资”科目，按照置换过程中发生的其他相关支出，贷记“银行存款”等科目，按照补价扣减其他相关支出后的净收入，贷记“应缴财政款”科目，按照借贷方差额，借记“资产处置费用”科目或贷记“其他收入”科目。

需要说明的是，事业单位采用权益法核算的长期股权投资的处置，除进行上述账务处理外，还应结转原直接计入净资产的相关金额，借记或贷记“权益法调整”科目，贷记或借记“投资收益”科目。

【例 7-46】 2×19 年 6 月 30 日，经批准，甲事业单位将持有对乙公司的长期股权投资与丙公司的房产置换。该长期股权投资评估价为 3 600 000 元，收到丙公司支付补价150 000元，支付相关费用25 000元，全部款项通过银行存款结算。转让前，长期股权投资明细科目为：成本3 000 000元，损益调整350 000元，其他权益变动100 000元。编制该单位对上述资料进行财务会计记账的会计分录：

置换取得房产入账价值＝3 600 000－150 000＋25 000＝3 475 000（元）

借：固定资产　　3 475 000
　　银行存款　　150 000
　　贷：长期股权投资——成本　　3 000 000
　　　　　　　　　　——损益调整　　350 000
　　　　　　　　　　——其他权益变动　　100 000
　　　　银行存款　　25 000
　　　　应缴财政款　　150 000

借：权益法调整　　100 000
　　贷：投资收益　　100 000

同时，编制该单位对上述资料进行预算会计记账的会计分录：

借：其他支出　　25 000
　　贷：资金结存——货币资金　　25 000

（五）成本法与权益法之间的转换

事业单位对长期股权投资采用的核算方法不是一成不变的，当持有被投资单位股份的比例发生变化时，事业单位应该改变长期股权投资核算方法，由成本法改为权益法，或者由权益法改为成本法。

1. 权益法改为成本法

事业单位因处置部分长期股权投资等原因而对处置后的剩余股权投资由权益法改按成本法核算的，应当按照权益法下“长期股权投资”科目账面余额作为成本法下“长期股权投资”科目账面余额。

其后，被投资单位宣告分派现金股利或利润时，属于单位已计入投资账面余额的部分，按照应分得的现金股利或利润份额，借记“应收股利”科目，贷记“长期股权投资”科目。

2. 成本法改为权益法

事业单位因追加投资等原因对长期股权投资的核算从成本法改为权益法的，应当按照成本法下“长期股权投资”科目账面余额与追加投资成本的合计金额，借记“长期股权投资——成本”科目，按照成本法下“长期股权投资”科目账面余额，贷记“长期股权投资”科目，按照追加投资的成本，贷记“银行存款”等科目。

【例 7－47】 2×19 年 1 月 3 日，甲事业单位经批准向乙公司投资，以银行存款支付投资款 495 000 元，取得乙公司所有者权益的份额为 30%，采用权益法核算。2×19 年乙公司实现净利润 105 000 元。2×20 年 1 月 5 日，该单位将持有的乙公司 20% 股权出售，收取价款 375 000 元存入银行。

（1）确认长期股权投资初始投资成本 495 000 元，会计分录略。

（2）2×19 年 12 月 31 日采用权益法确认投资收益 31 500（105 000×30%）元，编制该单位对上述资料进行财务会计记账的会计分录：

借：长期股权投资——损益调整　　31 500
　　贷：投资收益　　31 500

（3）2×20 年 1 月 5 日处置长期股权投资，编制该单位对上述资料进行财务会计记账的会计分录：

借：银行存款　　375 000
　　贷：长期股权投资——投资成本
　　　　　　330 000（495 000÷30%×20%）
　　　　　　——损益调整　　21 000（105 000×20%）
　　　　投资收益　　24 000

同时，编制该单位对上述资料进行预算会计记账的会计分录：

借：资金结存——货币资金　　375 000
　　贷：其他结余　　330 000
　　　　投资预算收益　　45 000

（4）确定剩余投资的账面价值。该事业单位处置投资后，剩余投资的账面价值计算过程如下：

初始投资成本＝495 000－330 000＝165 000（元）

损益调整＝31 500－21 000＝10 500（元）

合计：175 500 元

编制该单位对上述资料进行财务会计记账的会计分录：

借：长期股权投资　　175 500
　　贷：长期股权投资——成本　　165 000
　　　　　　——损益调整　　10 500

四、长期债券投资

长期债券投资是指事业单位购入的在1年内（不含1年）不能变现或不准备随时变现的国债等债权性质的投资。长期债券投资反映了国债等证券发行单位与投资者（企业、事业单位或个人）之间的债权、债务关系。债券投资者能按约定的利率收取利息，到期收回本金，但无权参与债券发行单位的经营管理决策。投资长期债券可以转让，但在债权债务方约定的期限内一般不能要求债务单位提前偿还本金。

（一）长期债券投资的取得

为了反映长期债券投资的增减变动情况，事业单位应设置“长期债权投资”科目。该科目借方登记长期债券投资的增加数；贷方登记长期债券投资的收回、冲减数；期末借方余额，反映事业单位持有的长期债券投资的价值。

长期债券投资在取得时，应当按照实际成本作为初始投资成本。取得长期债券投资按照确定的投资成本，借记“长期债券投资——成本”科目，按照支付的价款中包含的已到付息期但尚未领取的利息，借记“应收利息”科目，按照实际支付的金额，贷记“银行存款”等科目。

实际收到取得债券时所支付价款中包含的已到付息期但尚未领取的利息时，借“银行存款”科目，贷记“应收利息”科目。

【例7-48】2×19年7月1日，某事业单位购入5年期、年利率为4%、面值为600 000元的国库券，到期一次还本付息。另支付有关税费12 000元。全部款项以银行存款付讫。编制该单位对上述资料进行财务会计记账的会计分录：

借：长期债券投资——成本	612 000	
贷：银行存款		612 000

同时，编制该单位对上述资料进行预算会计记账的会计分录：

借：投资支出	612 000	
贷：资金结存——货币资金		612 000

（二）长期债券投资的持有

事业单位持有长期债券投资期间，应按期以债券票面金额与票面利率计算确认利息收入，并计入投资收益。如为到期一次还本付息的债券投资，确认债券利息收入时，应借记“长期债券投资——应计利息”科目，贷记“投资收益”科目；如为分期付息、到期一次还本的债券投资，则应借记“应收利息”科目，贷记“投资收益”科目。

事业单位收到分期支付的利息时，按照实际收到的金额，借记“银行存款”等科目，贷记“应收利息”科目。

【例7-49】 承［例7-48］，2×19年12月31日该事业单位确认债券利息收入时，编制会计分录如下：

应确认债券利息收入 = 600 000 × 4% × 6/12 = 12 000（元）

编制该单位对上述资料进行财务会计记账的会计分录：

借：长期债券投资——应计利息　　12 000

　　贷：投资收益　　12 000

2×20年至2×23年每年12月31日：

应确认债券利息收入 = 600 000 × 4% × 1 = 24 000（元）

编制该单位对上述资料进行财务会计记账的会计分录：

借：长期债券投资——应计利息　　24 000

　　贷：投资收益　　24 000

2×24年6月30日确认债券利息收入，编制会计分录同2×19年12月31日（略）。

（三）对外出售长期债券投资

事业单位对外出售长期债券投资，按照实际收到的金额，借记“银行存款”科目，按照长期债券投资的账面余额，贷记“长期债券投资”科目，按照已记入“应收利息”科目但尚未收取的金额，贷记“应收利息”科目，按照其差额，贷记或借记“投资收益”科目。涉及增值税业务的，按照应交增值税，贷记“应交增值税——转让金融商品应交增值税”科目。

【例7-50】 承［例7-48］，假设2×23年6月末，该单位将国债的60%转让，实际收到价款450 000元，存入银行。取得的投资收益纳入单位预算管理。

（1）确认当年1月至6月应计利息，编制该单位对上述资料进行财务会计记账的会计分录：

借：长期债券投资——应计利息　　12 000

　　贷：投资收益　　12 000

（2）处置投资，编制该单位对上述资料进行财务会计记账的会计分录：

借：银行存款　　450 000
　　贷：长期债券投资——成本　　367 200
　　　　　　　　　　——应计利息　　57 600
　　　　投资收益　　25 200

同时，编制该单位对上述资料进行预算会计记账的会计分录：

借：资金结存——货币资金　　450 000
　　贷：其他结余　　367 200
　　　　投资预算收益　　82 800

（四）到期收回长期债券投资

事业单位将持有的长期债券投资到期收回，按照实际收到的金额，借记“银行存款”科目，按照长期债券投资的账面余额，贷记“长期债券投资”科目，按照相关应收利息金额，贷记“应收利息”科目，按照其差额，贷记“投资收益”科目。

【例 7-51】 承［例 7-48］，2×24 年 7 月 1 日，该单位持有的剩余国库券到期收回其本息，存入银行。取得的投资收益纳入单位预算管理。编制该单位对上述资料进行财务会计记账的会计分录：

借：银行存款　　292 800
　　贷：长期债券投资——成本　　244 800
　　　　　　　　　　——应计利息　　48 000

同时，编制该单位对上述资料进行预算会计记账的会计分录：

借：资金结存——货币资金　　292 800
　　贷：其他结余　　244 800
　　　　投资预算收益　　48 000

第五节 固定资产

一、固定资产概述

（一）固定资产的概念及特点

固定资产是指单位为满足自身开展业务活动或其他活动需要而控制的，使用年限超过1年（不含1年）、单位价值在规定标准以上，并在使用过程中基本保持原有物质形态的资产，一般包括房屋及构筑物、专用设备、通用设备等。单位价值虽未达到规定标准，但是使用年限超过1年（不含1年）的大批同类物资，如图书、家具、用具、装具等，应当确认为固定资产。

从上述概念可见，固定资产具有以下特征：

第一，固定资产是有形资产。与专利权、商标权等无形资产相比，固定资产是具有实物形态的资产，可以多次参加政府单位的运营活动，在若干会计期间内保持其原有的实物形态，其价值也会随着使用而逐渐、分期转移。

第二，固定资产的使用期限超过1年或长于1年的一个经营周期。与存货等资产相比，固定资产不会在1年内或超过1年的一个营业周期内变现或者耗用，能在较长的时期内发挥作用。

第三，持有固定资产的目的是用于运营而非销售。单位取得固定资产的目的是为了科研、教育、医疗服务、出租给他人或日常运营管理，而不是用于出售。

总之，资产单位价值在规定的标准之上，具有持久、耐用性，在使用过程中基本保持原有物质形态，以自用为原则，这些是固定资产的主要特点。

（二）固定资产的分类

固定资产一般分为六类：房屋及构筑物；专用设备；通用设备；文物和陈列品；图书、档案；家具、用具、装具及动植物。

（1）房屋和建筑物。即单位拥有占有权和使用权的房屋、建筑物及其附属设施。其中，房屋包括办公用房、业务用房、库房、职工宿舍用房、职工食堂、锅炉房等；建筑物包括道、围墙、水塔等；附属设施包括房屋、建筑物内的电梯、通讯线路、输电线路、水气管道等。

（2）专用设备。即单位根据业务工作的实际需要购置的各种具有专门性能和专门用途的设备，如学校的教学仪器、科研单位的科研仪器、医院的医疗器械等。

（3）一般设备。即单位用于业务工作的通用性设备，办公用的家具、交通工具等。

（4）文物和陈列品。即博物馆、展览馆、纪念馆等文化事业单位的各种文物和陈列品，如古物、字画、纪念物品等。

（5）图书、档案。即专业图书馆、文化馆贮藏的书籍，以及单位贮藏的统一管理使用的业务用书，如单位图书馆（室）、阅览室的图书等。

（6）家具、用具、装具及动植物。其中，属于非流动资产的动植物，包括经济林、薪炭林、产畜和役畜等。持有资产是为产出农产品、提供劳务或出租等目的。

（三）固定资产账簿体系及运用的基本要求

1.“固定资产”与“固定资产累计折旧”总账科目

“固定资产”科目是用来核算固定资产的原值。其借方登记增加的固定资产原值，贷方登记减少的固定资产原值；借方余额为实有固定资产的原值。为了反映固定资产增减变动及结存的详细情况，单位应当设置“固定资产登记簿”和“固定资产卡片”，按固定资产类别设置明细账，进行明细核算。

“固定资产累计折旧”科目是用来核算固定资产的累计折旧。它是“固定资产”科目的调整科目。该科目贷方登记固定资产累计折旧的增加额；借方登记固定资产因减少而注销的折旧额；期末贷方余额，反映了单位提取的固定资产折旧累计数。

2.“固定资产”明细账

单位应当设置“固定资产登记簿”和“固定资产卡片”，按照固定资产类别、项目和使用部门进行明细核算。

（1）固定资产登记簿。该登记簿是按固定资产类别开设账页，并按其来源、使用情况、保管部门设专栏进行登记，主要是以价值形式序时反映固定资产的增减变动情况，并每月结出余额。

（2）固定资产卡片。该卡片是反映各项固定资产详细情况的明细账，应按固定资产的项目设立，每项一张。在固定资产卡片中，应该记录该项固定资产的编号、名称、规格、技术特征、技术资料编号、附属物、使用单位、所在地点、购建年份、开始使用日期、中间停用日期、原值、预计使用年限、折旧率以及转移调拨、报废清理等情况。

3. 固定资产科目运用的基本要求

（1）单位购入需要安装的固定资产，应当先通过“在建工程”科目核算，安装完毕交付使用时再转入“固定资产”科目核算。

（2）单位以借入、经营租赁租入方式取得的固定资产，不通过“固定资产”科目核算，应当设置备查簿进行登记。

（3）单位采用融资租入方式取得的固定资产，通过“固定资产”科目核算，并在“固定资产”科目下设置“融资租入固定资产”明细科目。

（4）单位经批准在境外购买具有所有权的土地，作为固定资产，通过“固定资产”科目核算；单位应当在“固定资产”科目下设置“境外土地”明细科目，进行相应明细核算。

二、固定资产的取得

单位取得固定资产时，应当按照成本进行初始计量。

（一）外购的固定资产

单位外购的固定资产，其成本包括购买价款、相关税费以及固定资产交付使用前所发生的可归属于该项资产的运输费、装卸费、安装费和专业人员服务费等。涉及增值税业务的，还应进行相关的账务处理。如果单位以一笔款项购入多项没有单独标价的固定资产，应当按照各项固定资产同类或类似资产市场价格的比例对总成本进行分配，分别确定各项固定资产的入账成本。

单位购入不需安装的固定资产，验收合格时，按照确定的固定资产成本，借记“固定资产”科目，贷记“财政拨款收入”、“零余额账户用款额度”、“应付账款”、“银行存款”等科目。

单位购入固定资产扣留质量保证金的，应当在取得固定资产时，按取得固定资产的成本，借记“固定资产”科目（不需安装）或“在建工程”科目（需要安装），按照实际支付的金额，贷记“财政拨款收入”、“零余额账户用款额度”、“应付账款”、“银行存款”等科目，按照质量保证金额贷记“其他应付款”［扣留期在 1 年以内（含 1 年）］或“长期应付款”［扣留期超过 1 年］科目。质保期满支付质量保证金时，借记“其他应付款”、“长期应付款”科目，贷记“财政拨款收入”、“零余额账户用款额度”、“银行存款”等科目。

【例 7－52】 2×19 年，某事业单位根据外购专业业务活动固定资产业务，编制相关的会计分录。

（1）3 月 20 日，采用财政直接支付方式购入一台不需要安装的设备，设备价款为 60 000 元。另以银行存款支付运输费、保险费等费用 4 310 元，支付相关的增值税 690 元。编制该单位对上述资料进行财务会计记账的会计分录：

借：固定资产　65 000
　　贷：财政拨款收入　60 000
　　　　银行存款　5 000

同时，编制该单位对上述资料进行预算会计记账的会计分录：

借：事业支出　65 000
　　贷：财政拨款预算收入　60 000
　　　　资金结存——货币资金　5 000

（2）6 月 10 日，采用财政授权支付方式购入甲、乙、丙三种型号的专用设备，共支付设备款 130 000 元，另以银行存款支付运输费 5 000 元、装卸费等费用 3 000 元，不考虑增值税因素。三种设备的市场价格分别为 75 000 元、45 000 元和 30 000 元，购入设备的成本总额按各种设备市场价格比例分摊，其结果如表 7－7 所示。

表 7－7　甲、乙、丙三套设备购置成本分摊表　金额单位：元

设备类别	市场价格	比例（%）	分摊购置成本	分摊相关费用	成本合计
甲设备	75 000	50	65 000	4 000	69 000
乙设备	45 000	30	39 000	2 400	41 400
丙设备	30 000	20	26 000	1 600	27 600
合计	150 000	100	130 000	8 000	138 000

根据表 7－7 的资料，编制该单位对上述资料进行财务会计记账的会计分录：

借：固定资产——专用设备——甲设备　69 000
　　　　　　——专用设备——乙设备　41 400
　　　　　　——专用设备——丙设备　27 600
　　贷：零余额账户用款额度　130 000

银行存款　　　　　　　　　　　　　　　　　　8 000

同时，编制该单位对上述资料进行预算会计记账的会计分录：

借：事业支出　　　　　　　　　　　　　　138 000

　贷：资金结存——零余额账户用款额度　　　　130 000

　　　　　　——货币资金　　　　　　　　　　　8 000

（3）10 月 10 日，通过银行转账支付购买一套专用设备用于专业业务活动，全部价款为 300 000 元，签订合同后支付第一笔货款 50 000 元；该设备验收时支付剩余货款，设备无需安装即可投入使用；该单位收到设备并支付扣除质量保证金 15 000 元（质保期 1 年）后的剩余货款，达到保质期后再支付质量保证金。

①支付第一笔款项 50 000 元，编制该单位对上述资料进行财务会计记账的会计分录：

借：预付账款　　　　　　　　　　　　　　50 000

　贷：银行存款　　　　　　　　　　　　　　50 000

同时，编制该单位对上述资料进行预算会计记账的会计分录：

借：事业支出　　　　　　　　　　　　　　50 000

　贷：资金结存——货币资金　　　　　　　　50 000

②收到设备并支付扣除质量保证金后的剩余款项 235 000 元，编制该单位对上述资料进行财务会计记账的会计分录：

借：固定资产　　　　　　　　　　　　　　300 000

　贷：银行存款　　　　　　　　　　　　　　235 000

　　　预付账款　　　　　　　　　　　　　　50 000

　　　其他应付款　　　　　　　　　　　　　15 000

同时，编制该单位对上述资料进行预算会计记账的会计分录：

借：事业支出　　　　　　　　　　　　　　235 000

　贷：资金结存——货币资金　　　　　　　　235 000

（二）自行建造的固定资产

事业单位所需要的固定资产，除了外购等方式取得外，有时还根据运营活动的特殊需要利用自有的人力、物力条件自行建造。

事业单位自行建造的固定资产交付使用时，按照自行建造资产交付使用前所发生的全部必要支出确定固定资产成本，编制借记“固定资产”科目，贷记“在建工程”科目的会计分录。已交付使用但尚未办理竣工决算手续的固定资产，按照估计价值入账，待办理竣工决算后再按照实际成本调整原来的暂估价值。具体账务处理方法参见本节“在建工程”相关内容。

（三）融资租入的固定资产

1. 融资租赁的基本特征

融资租赁是指实质上转移了与资产所有权相关的全部风险和报酬的租赁。与经营租赁（或临时租赁）相比，融资租赁具有租赁期限较长的特点，租赁费用包括了资产的价款、租赁费、借款利息等，而且在租赁期满，即使租赁资产的所有权不转移，租赁人实质上承担了租赁资产的绝大部分风险，是租赁资产实质上的所有人。因此，当资产融资租入后，在租赁合同到期前，承租单位承担着一种长期应付款的债务，直至合同到期付清全部的租赁费，承租单位方可解除长期负债责任。

2. 固定资产的取得

单位融资租赁取得的固定资产，其成本按照租赁协议或者合同确定的租赁价款、相关税费以及固定资产交付使用前所发生的可归属于该项资产的运输费、途中保险费、安装调试费等确定。

单位融资租入的固定资产，按照确定的成本，借记“固定资产”科目（不需安装）或“在建工程”科目（需安装），按照租赁协议或者合同确定的租赁付款额，贷记“长期应付款”科目，按照支付的运输费、途中保险费、安装调试费等金额，贷记“财政拨款收入”、“零余额账户用款额度”、“银行存款”等科目。单位定期支付租金时，按照实际支付金额，借记“长期应付款”科目，贷记“财政拨款收入”、“零余额账户用款额度”、“银行存款”等科目。

【例 7－53】 2×19 年，某事业单位根据融资租入设备业务，编制相关的会计分录。

（1）以融资租赁方式租入经营活动所需要的设备 1 台并投入使用。租赁合同议定：租赁价款为 154 000 元，租期 4 年。以零余额账户支付运输费 3 000元、安装调试费 2 000 元、途中保险费 1 000 元，共计 6 000 元。编制该单位对上述资料进行财务会计记账的会计分录：

借：固定资产——融资租入固定资产	160 000	
贷：长期应付款		154 000
零余额账户用款额度		6 000

同时，编制该单位对上述资料进行预算会计记账的会计分录：

借：事业支出　　6 000

　　贷：资金结存——零余额账户用款额度　　6 000

（2）按租赁协议规定，租赁价款分4年于每年年初支付。以零余额账户支付第1年租赁费38 500元。编制该单位对上述资料进行财务会计记账的会计分录：

借：长期应付款　　38 500

　　贷：零余额账户用款额度　　38 500

同时，编制该单位对上述资料进行预算会计记账的会计分录：

借：事业支出　　38 500

　　贷：资金结存——零余额账户用款额度　　38 500

需要说明的是，如果单位按规定跨年度分期付款购入固定资产的账务处理，应参照融资租入固定资产的处理方法。

（四）接受捐赠的固定资产

有时，单位增加的固定资产是来自国内单位、个人或国际组织或境外个人的捐赠。单位接受捐赠的固定资产，其成本按照有关凭据注明的金额加上相关税费、运输费等确定；没有相关凭据可供取得，但按规定经过资产评估的，其成本按照评估价值加上相关税费、运输费等确定；没有相关凭据可供取得、也未经评估的，其成本比照同类或类似资产的市场价格加上相关税费、运输费等确定；没有相关凭据且未经评估、同类或类似资产的市场价格也无法可靠取得的，相关税费、运输费等计入当期费用。如受赠的系旧的固定资产，在确定其初始入账成本时应当考虑该项资产的新旧程度。

单位接受捐赠的固定资产，按照确定的固定资产成本，借记“固定资产”科目（不需安装）或“在建工程”科目（需安装），按照发生的相关税费、运输费等，贷记“零余额账户用款额度”、“银行存款”等科目，按照其差额，贷记“捐赠收入”科目。

单位接受捐赠的固定资产按照名义金额入账的，按照名义金额，借记“固定资产”科目，贷记“捐赠收入”科目；按照发生的相关税费、运输费等，借记“其他费用”科目，贷记“零余额账户用款额度”、“银行存款”等科目。

【例7－54】 2×19年10月，某行政单位接受境外公益组织捐赠一台不需要安装的办公设备，未取得相关凭据，也无法可靠取得同类或类似固定资产。接受捐赠资产发生相关税费、运输费等12 000元，以银行存款付讫。根据以上资料，该单位应当做如下账务处理：

（1）确认固定资产，编制该单位对上述资料进行财务会计记账的会计分录：

借：固定资产　　1

　　贷：捐赠收入　　1

（2）支付相关税费，编制该单位对上述资料进行财务会计记账的会计分录：

借：其他费用　　12 000

　　贷：银行存款　　12 000

同时，编制该单位对上述资料进行预算会计记账的会计分录：

借：行政支出　　12 000

　　贷：资金结存——货币资金　　12 000

（五）无偿调入的固定资产

无偿调入固定资产是单位之间转移国有资产的一种行为。调入的主体主要是主管部门和财政部门。固定资产通过在单位之间的调剂，一是优化事业资产配置，提高国有资产利用率和财政资金使用效益，二是对预算配置资产的补充。

单位无偿调入的固定资产，按照确定的固定资产成本，借记“固定资产”科目（不需安装）或“在建工程”科目（需安装），按照发生的相关税费、运输费等，贷记“零余额账户用款额度”、“银行存款”等科目，按照其差额，贷记“无偿调拨净资产”科目。

【例 7－55】 2×19 年 5 月 10 日，甲行政单位经批准从乙单位无偿调入汽车一辆，调出方账面价值为 150 000 元。因调入车辆发生相关费用为 3 000 元，以零余额账户支付。编制该单位对上述资料进行财务会计记账的会计分录：

借：固定资产——通用设备　　153 000

　　贷：无偿调拨净资产　　150 000

　　　　银行存款　　3 000

同时，编制该单位对上述资料进行预算会计记账的会计分录：

借：行政支出　　3 000

　　贷：资金结存——零余额账户用款额度　　3 000

（六）置换取得的固定资产

一般来说，资产置换是指置换双方主要以存货、固定资产、无形资产和长期股权投资等非货币性资产进行的交换。通过资产置换，可以满足双方运营的需要，发挥资产的潜能，同时，一定程度上可以减少货币资金的流出。

1. 置换资产不涉及补价

单位通过置换取得固定资产不涉及补价的，其成本按照换出资产的评估价值加上换入固定资产发生的其他相关支出确定。通过置换换入固定资产时，按照确定的成本，借记“固定资产”科目，按照换出资产的账面余额，贷记相关资产科目（换出资产为固定资产、无形资产的，还应当借记“固定资产累计折旧”、“无形资产累计摊销”科目），按照支付的补价和置换过程中发生的其他相关支出，贷记“银行存款”等科目，按照借贷方差额，借记“资产处置费用”科目或贷记“其他收入”科目。

2. 置换资产涉及补价

补价是指对资产置换中不等价部分用货币资金所作的平衡。通过置换取得固定资产涉及补价时，换入固定资产成本是按照换出资产的评估价值加上支付的补价或减去收到的补价，加上换入固定资产发生的其他相关支出确定。

（1）换入固定资产支付补价的，应将支付的补价计入固定资产成本，其余账务处理与不涉及补价的处理相同。

（2）换入固定资产收到补价的，按照换出资产的评估价值减去收到的补价，加上换入固定资产发生的其他相关支出确定固定资产成本，借记“固定资产”科目，按照收到的补价，借记“银行存款”等科目，按照换出资产的账面余额，贷记相关资产科目（换出资产为固定资产、无形资产的，还应当借记“固定资产累计折旧”、“无形资产累计摊销”科目），按照置换过程中发生的其他相关支出，贷记“银行存款”等科目，按照补价扣减其他相关支出后的净收入，贷记“应缴财政款”科目，按照借贷方差额，借记“资产处置费用”科目或贷记“其他收入”科目。

【例 7－56】 2×19 年 5 月 10 日，甲事业单位根据发生的固定资产置换业务，编制相关的会计分录。

（1）经批准，以一批库存物品与乙单位车辆进行置换。换出库存物品账面价值为 250 000 元，评估价值为 280 000 元。甲事业单位以银行存款支付补价 20 000 元、相关税费 15 000 元。编制该单位对上述资料进行财务会计记账的会计分录：

借：固定资产——通用设备——车辆　　315 000
　　贷：库存物品　　250 000
　　　　银行存款　　35 000
　　　　其他收入　　30 000

同时，编制该单位对上述资料进行预算会计记账的会计分录：

借：其他支出　　35 000
　　贷：资金结存——货币资金　　35 000

（2）经批准，将闲置的设备与丙单位生产的一批办公家具进行置换，换入的办公家具作为固定资产管理。设备的账面原价为100 000元，在交换日的累计折旧为35 000元，评估价值为87 000元。办公家具的账面价值为80 000元，评估价值85 000元。甲事业单位收到丙单位支付补价15 000元，以零余额账户支付换入家具的运输费等8 000元。编制该单位对上述资料进行财务会计记账的会计分录：

借：固定资产——通用设备　　80 000
　　固定资产累计折旧　　35 000
　　银行存款　　15 000
　　贷：固定资产　　100 000
　　　　银行存款　　8 000
　　　　应缴财政款　　7 000
　　　　其他收入　　15 000

三、固定资产折旧

（一）固定资产折旧概述

1. 固定资产折旧的概念

折旧是指在固定资产使用寿命内，按照确定的方法对应计的折旧额进行系统分摊。其中，应计折旧额是指应当计提折旧的固定资产的原价扣除其预计净残值后的金额。

我们知道，固定资产属于长期资产，其特点是可以连续多次参加各类公共服务活动，并始终基本上保持原来的实物形态，但其价值会随着资产的使用和时间的流逝逐渐损耗，直至报废或以其他方式处置。为了如实反映固定资产在报告时点的实际价值，提供固定资产在报告期间的损耗信息，加强单位的资产管理与成本核算，按照会计制度的要求，单位需要对固定资产计提折旧，使固定资产价值符合其实际情况，否则，固定资产账面始终反映的是初始成本，资产负债表固定资产数额不能反映其扣除损耗后的账面净值。

2. 固定资产折旧范围

计算折旧要明确哪些固定资产应计提折旧，即折旧范围。根据《政府会计准则第 3 号——固定资产》的规定，单位应当对除下列各项资产以外的其他固定资产计提折旧：文物和陈列品；动植物；图书、档案；以名义金额计量的固定资产。

3. 影响折旧的因素

单位计算各期折旧额的依据或者说影响折旧的因素主要有以下三个方面：①应折旧金额，单位固定资产的应折旧金额为其成本；②净残值，是指预计的固定资产报废时可以收回的残余价值扣除预计清理费用后的数额。根据规定，单位计提固定资产折旧不考虑预计净残值；③使用寿命，一般为固定资产预计使用年限。

4. 折旧起讫时间

《政府会计准则第 3 号——固定资产》应用指南规定，固定资产一般应当按月计提折旧，当月增加的固定资产，当月开始计提折旧；当月减少的固定资产，当月不再计提折旧。固定资产提足折旧后，无论能否继续使用，均不再计提折旧；提前报废的固定资产，也不再补提折旧。已提足折旧的固定资产，可以继续使用的，应当继续使用，规范管理。

需要说明两点，一是固定资产因改建、扩建或修缮等而延长其使用年限的，应当按照重新确定的固定资产的成本以及重新确定的折旧年限，重新计算折旧额；二是单位计提融资租入固定资产折旧时，应当采用与自有固定资产相一致的折旧政策。能够合理确定租赁期届满时将会取得租入固定资产所有权的，应当在租入固定资产尚可使用年限内计提折旧；无法合理确定租赁期届满时能够取得租入固定资产所有权的，应当在租赁期与租入固定资产尚可使用年限两者中较短的期间内计提折旧。

（二）固定资产折旧的计算方法

会计上计算折旧的方法很多，有年限平均法、工作量法、加速折旧法等。根据《政府会计准则第 3 号——固定资产》规定，单位一般应当采用年限平均法或者工作量法计提固定资产折旧。

1. 年限平均法

年限平均法也称直线法，是指将固定资产的应折旧金额按均等的数额在其预计使用期内分配于每一会计期间的一种方法。年限平均法建立在固定资产服务潜力随时间的延续而减退，与其使用程度无关的假设上。因此，固定资产的折旧费可以均衡地摊配于其使用年限内的各个期间。年限平均法是目前会计实务中应用最为广泛的折旧计算方法。采用年限平均法，固定资产年折旧额的计算公式为：

固定资产年折旧额 = 应折旧金额（成本）÷预计使用年限

固定资产月折旧额 = 固定资产年折旧额 ÷12

在实际工作中，为了反映固定资产在一定时期内的损耗程度并简化核算，各期折旧额一般根据固定资产原值乘以该期折旧率计算确定。固定资产折旧率是指一定时期内固定资产折旧额与固定资产原始成本的比率 。

【例 7－57】 某单位行政管理用设备一台，其原值 280 000 元，预计使用年限为 10 年，采用年限平均法计提折旧。该设备折旧计算结果如下：

设备年折旧额 = 280 000 ÷10 = 28 000（元）

设备月折旧率 = ［（28 000 ÷280 000）÷12］×100% ≈0.83%

设备月折旧额 = 280 000 ×0.83% = 2 324（元）

年限平均法的优点是直观、计算简单，并且是以固定资产的使用时间为计算折旧的基础，所以能够较好地反映无形损耗对固定资产的影响。

2. 工作量法

工作量法是按照固定资产实际完成的工作总量计算折旧的一种方法。采用这种方法，每期计提的折旧随当期固定资产提供工作量的多少而变动。提供的工作量多，就多提折旧；反之，则少提折旧。每一工作量所负担的折旧费是相同不变的。这里所讲的工作量可以是车辆行驶的里程数、也可以是机器完成的工作时数或生产产品的产量数。

采用工作量法计提折旧，应先以固定资产在使用年限内预计总工作量（如总工作时数或总产量）去除应计折旧总额，算出每一工作量应分摊的折旧，然后乘以当期的实际工作量，求出该期应计提的折旧额。其计算公式为：

$$\text{单位折旧额} = \frac{\text{固定资产原值}}{\text{预计总工作量（总里程、总工时、总产量等）}}$$

当期折旧额 = 当期工作量 × 单位折旧额

【例 7－58】 某单位一台仪器的原价为 60 000 元，预计可使用 40 000 小时，按工作量法计提折旧。2 ×19 年 10 月份，该仪器工作 3 600 小时，其月折旧额计算结果如下：

仪器单位小时折旧额 = 60 000 ÷ 40 000 = 1.5（元/小时）

仪器本月折旧额 = 3 600 × 1.5 = 5 400（元）

工作量法的优点是：简单明了、容易计算，且计提的折旧额与固定资产的使用程度相联系，既充分考虑了固定资产有形损耗因素的影响，也符合配比原则。其缺点是：只重视有形损耗对固定资产的影响，而忽视了无形损耗对固定资产的作用。另外，要准确预计固定资产在其使用期间的预计总工作量也比较困难。

工作量法主要适用于车辆、船舶等运输工具，以及大型精密设备的折旧计算。

（三）固定资产折旧的账务处理

单位固定资产应当按月计提折旧，并根据用途计入当期费用或者相关资产成本。计提折旧时，按照实际计提的金额，借记“业务活动费用”、“单位管理费用”等科目，贷记“固定资产累计折旧”科目。

【例 7 – 59】 2 × 19 年 1 月，某事业单位固定资产计提折旧情况如表 7 – 8 所示。

表 7 – 8　　固定资产折旧计算表

2 × 19 年 1 月　　单位：元

	资产类别	上月初资产折旧额	上月增加资产折旧额	上月减少资产折旧额	本月资产折旧额
行政管理部门	房屋	130 000	5 000		135 000
	设备	120 000	——		120 000
教学部门	设备	60 000	12 000	2 000	70 000
科研部门	设备	38 000			38 000
后勤管理部门	运输车辆	52 000			52 000
合计		400 000	17 000	2 000	415 000

根据表 7 – 8，编制该单位对上述资料进行会计记账的会计分录：

借：单位管理费用——固定资产折旧费　　307 000

　　业务活动费用——固定资产折旧费　　108 000

　　贷：固定资产累计折旧　　415 000

注：表中要以上月折旧额为基础来计算本月折旧额，是因为本月折旧额根据本月初在用资产计算，本月内增加和减少的资产不增减折旧额。而上月

折旧额，即上月初在用资产折旧额，加上上月增加资产折旧额，减去上月减少资产折旧额，正是上月末，即本月初在用资产的折旧额。

四、固定资产的后续支出

固定资产投入使用后，单位为了适应新技术发展的需要，或者为维护或提高固定资产的使用效能，往往需要对现有固定资产进行维护、改建、扩建或者改良。通常将固定资产投入使用后再发生的支出，称为固定资产的后续支出。

（一）符合固定资产确认条件的后续支出

单位为增加固定资产使用效能或延长其使用年限而发生改建、扩建或修缮等业务活动并将固定资产转入改建、扩建时，按照固定资产的账面价值，借记“在建工程”科目，按照固定资产已计提折旧，借记“固定资产累计折旧”科目，按照固定资产的账面余额，贷记“固定资产”科目；发生的改建、扩建等后续支出，借记“在建工程”科目，贷记“财政拨款收入”、“零余额账户用款额度”、“银行存款”等科目；固定资产改建、扩建等完成交付使用时，按照在建工程成本，借记“固定资产”科目，贷记“在建工程”科目。具体核算方法参见第五节“在建工程”。

（二）不符合固定资产确认条件的后续支出

单位发生不符合固定资产确认条件的后续支出，如为维护固定资产的正常使用而发生的日常修理等支出，应当将支出计入当期损益或相关资产成本，借记“业务活动费用”、“单位管理费用”、“经营费用”等科目，贷记“财政拨款收入”、“零余额账户用款额度”、“银行存款”等科目。

【例7-60】2×19年5月10日，某行政单位以银行存款支付行政办公用房的维修费23 500元。编制该单位对上述资料进行财务会计记账的会计分录：

借：业务活动费用　　23 500

　　贷：银行存款　　23 500

同时，编制该单位对上述资料进行预算会计记账的会计分录：

借：行政支出　　23 500

　　贷：资金结存——货币资金　　23 500

五、固定资产的处置

固定资产的处置是指单位对其占有、使用的固定资产进行产权转让或者注销产权的行为。处置方式包括出售、出让、转让、对外捐赠、报废、报损等。

（一）固定资产出售（或转让）

单位在运营过程中，对那些不适用或不需用而闲置的固定资产应予以出售转让。出售（转让）的固定资产，其占有、使用权甚至是所有权发生了变化，与之相应的资产账面余额、累计折旧一并转销。

单位报经批准出售、转让固定资产，按照被出售、转让固定资产的账面价值，借记“资产处置费用”科目，按照固定资产已计提的折旧，借记“固定资产累计折旧”科目，按照固定资产账面余额，贷记“固定资产”科目；同时，按照收到的价款，借记“银行存款”等科目，按照处置过程中发生的相关费用，贷记“银行存款”等科目，按照其差额，贷记“应缴财政款”科目。

（二）固定资产的对外捐赠

单位报经批准对外捐赠固定资产，按照固定资产已计提的折旧，借记“固定资产累计折旧”科目，按照被处置固定资产账面余额，贷记“固定资产”科目，按照捐赠过程中发生的归属于捐出方的相关费用，贷记“银行存款”等科目，按照其差额，借记“资产处置费用”科目。

（三）固定资产的无偿调出

单位报经批准无偿调出固定资产，按照固定资产已计提的折旧，借记“固定资产累计折旧”科目，按照被处置固定资产账面余额，贷记“固定资产”科目，按照其差额，借记“无偿调拨净资产”科目；同时，按照无偿调出过程中发生的归属于调出方的相关费用，借记“资产处置费用”科目，贷记“银行存款”等科目。

（四）固定资产的换出

单位报经批准置换换出固定资产，按照确定的换入资产入账价值借记相关资产科目，按照换出固定资产的累计折旧，借记“固定资产累计折旧”科目，按照换出固定资产的账面余额，贷记“固定资产”科目，按照置换过程中发生的其他相关支出以及支付的补价，贷记“银行存款”等科目，按照借贷方差额，借记“资产处置费用”科目或贷记“其他收入”科目。

单位换出固定资产收到补价的，按照确定的换入资产成本，借记相关资产科目，按照收到的补价，借记“银行存款”等科目，按照换出资产的累计折旧借记“固定资产累计折旧”科目，按照换出固定资产的账面余额，贷记“固定资产”科目，按照置换过程中发生的其他相关支出，贷记“银行存款”等科目，按照补价扣减其他相关支出后的净收入，贷记“应缴财政款”科目，按照借贷方差额，借记“资产处置费用”科目或贷记“其他收入”科目。

【例 7-61】 2×19 年，某事业单位（增值税一般纳税人）根据发生的固定资产减少业务，编制相关的会计分录。

（1）5 月 20 日，经有关部门批准有偿转让不再使用的专用设备一台，该设备原值为 600 000 元，已经计提折旧 200 000 元；按照评估价格出售，获得出售价款 522 000 元存入银行；以银行存款支付有关拆卸费、运输费 2 500 元；按照出售收入应当缴纳有关税费 72 000 元；将出售该设备的净收入上缴国库。编制该单位对上述资料进行财务会计记账的会计分录：

①注销设备账面余额。

借：资产处置费用	400 000	
固定资产累计折旧	200 000	
贷：固定资产		600 000

②收到出售设备款 522 000 元。

借：银行存款	522 000	
贷：应缴财政款		450 000
应交增值税——应交税金（销项税额）		72 000

③支付拆卸费用等 2 500 元。

借：应缴财政款	2 500	
贷：银行存款		2 500

④将出售设备净收入上缴国库。

借：应缴财政款	447 500	
贷：银行存款		447 500

（2）8 月 31 日，经批准对外捐赠一项医疗设备，该设备账面余额 500 000 元，已计提折旧 150 000 元，捐赠过程中支付相关费用 6 000 元。

借：固定资产累计折旧　　150 000
　　资产处置费用　　356 000
　　贷：固定资产　　500 000
　　　　银行存款　　6 000

同时，编制该单位对上述资料进行预算会计记账的会计分录：

借：其他支出　　6 000
　　贷：资金结存——货币资金　　6 000

（3）12 月 20 日，经批准无偿调出一辆班车，该班车账面余额 450 000 元，已计提折旧 250 000 元，无偿调出过程中以零余额账户支付相关费用 15 000元。

①转销班车账面余额和累计折旧，编制该单位对上述资料进行财务会计记账的会计分录：

借：无偿调拨净资产　　200 000
　　固定资产累计折旧　　250 000
　　贷：固定资产　　450 000

②支付相关费用，编制该单位对上述资料进行财务会计记账的会计分录：

借：资产处置费用　　15 000
　　贷：零余额账户用款额度　　15 000

同时，编制该单位对上述资料进行预算会计记账的会计分录：

借：其他支出　　15 000
　　贷：资金结存——零余额账户用款额度　　15 000

六、固定资产毁损或报废

固定资产毁损是指由于对折旧年限估计不准确或非正常原因造成的提前报废，如确定预计使用年限时未考虑无形损耗而在技术进步时必须淘汰的固定资产，以及由于管理不善或自然灾害造成的固定资产毁损等。固定资产报废是指固定资产已达到使用年限和未达到使用年限而出现老化、损坏、市场型号淘汰等问题，经科学鉴定或按有关规定，已不能继续使用，必须对其进行产权注销的一种资产处置形式。

单位发生固定资产毁损或报废业务时，应先将固定资产予以转销，按照固定资产的账面价值，借记“待处理财产损溢——待处理财产价值”科目，按照已计提的折旧，借记“固定资产累计折旧”，按照固定资产账面余额，贷记“固定资产”科目，涉及增值税业务的，按照应交的增值税，贷记“应交增值税——应交税金（进项税额转出）”科目；报经批准处理时，借记“资产处置费用”科目，贷记“待处理财产损溢——待处理财产价值”科目。

单位处理毁损、报废实物资产过程中取得的残值或残值变价收入、保险理赔和过失人赔偿等，借记“库存现金”、“银行存款”、“库存物品”、“其他应收款”等科目，贷记“待处理财产损溢——处理净收入”科目；处理毁损、报废实物资产过程中发生的相关费用，借记“待处理财产损溢——处理净收入”科目，贷记“库存现金”、“银行存款”等科目；处理收支结清，如果处理收入大于相关费用的，按照处理收入减去相关费用后的净收入，借记“待处理财产损溢——处理净收入”科目，贷记“应缴财政款”等科目；如果处理收入小于相关费用的，按照相关费用减去处理收入后的净支出，借记“资产处置费用”科目，贷记“待处理财产损溢——处理净收入”科目。

【例 7-62】 2×19 年，某事业单位根据发生的固定资产毁损业务，编制相关的会计分录。

（1）因遭受水灾而毁损研究设备一台，该设备原价 200 000 元，已计提折旧 160 000 元。将毁损的设备转入待处理资产。编制该单位对上述资料进行财务会计记账的会计分录：

借：待处理财产损溢——待处理财产价值　　40 000

　　固定资产累计折旧　　160 000

　　贷：固定资产　　200 000

（2）清理设备取得残料变价收入 15 000 元存入银行，经保险公司核定应赔偿损失 14 400 元，尚未收到赔款。设备报废，以现金支付清理费用 6 000 元。编制该单位对上述资料进行财务会计记账的会计分录：

①确认残值变价收入：

借：银行存款　　15 000

　　其他应收款　　14 400

　　贷：待处理财产损溢——处理净收入　　29 400

②支付清理费用：

借：待处理资产损溢——处理净收入　　6 000

　　贷：库存现金　　6 000

（3）按规定，清理设备净收入应缴入国库。

借：待处理财产损溢——处理净收入　　23 400

　　贷：应缴财政款　　23 400

(4) 设备清理完毕，确认资产损失并转销待处理财产价值。

借：资产处置费用　　40 000

　　贷：待处理财产损溢——待处理财产价值　　40 000

第六节　在建工程

一、在建工程核算内容

在建工程是指已经发生必要支出，但尚未达到交付使用状态的建设项目工程。单位无论是新建、改建、扩建还是进行技术改造、设备更新等，在建工程所发生的各种建筑和安装支出均属于资本性支出，所形成的资产为固定资产。在建工程核算内容包括：

(一) 建筑安装工程投资

建筑安装工程投资是指单位发生的构成建设项目实际支出的建筑工程和安装工程发生的实际成本，不包括被安装设备本身的价值以及按照合同规定支付给施工单位的预付备料款和预付工程款。

(二) 设备投资

设备投资是指单位发生的构成建设项目实际支出的各种设备的实际成本。

(三) 待摊投资

待摊投资是指单位发生的构成建设项目实际支出的、按照规定应当分摊计入有关工程成本和设备成本的各项间接费用和税费支出。

(四) 其他投资

其他投资是指单位发生的构成建设项目实际支出的房屋购置支出，基本畜禽、林木等购置、饲养、培育支出，办公生活用家具、器具购置支出，软件研发和不能计入设备投资的软件购置等支出。此外，还包括单位为进行可行性研究而购置的固定资产，以及取得土地使用权支付的土地出让金。

（五）待核销基建支出

待核销基建支出是指建设项目发生的江河清障、航道清淤、飞播造林、补助群众造林、水土保持、城市绿化、取消项目的可行性研究费以及项目整体报废等不能形成资产部分的基建投资支出。

（六）基建转出投资

基建转出投资是指为建设项目配套而建成的、产权不归属本单位的专用设施的实际成本。

二、工程物资

工程物资是指单位为在建工程准备的各种物资，包括工程用材料、设备等。工程物资在工程施工中起着举足轻重的作用，其核算与管理水平直接关系到工程施工能否顺利进行，是影响工程成本高低和工程质量的重要因素。

为了反映工程物资的增减变动情况，单位应设置"工程物资"科目。该科目的借方登记工程物资的增加额；贷方登记工程物资的减少额。期末借方余额反映单位为在建工程准备的各种物资的成本。

"工程物资"科目可按照"库存材料"、"库存设备"等工程物资类别进行明细核算。

单位购入为工程准备的物资，按照确定的物资成本，借记"工程物资"科目，贷记"财政拨款收入"、"零余额账户用款额度"、"银行存款"、"应付账款"等科目。购进工程物资涉及增值税，按照增值税专用发票注明的增值税，借记"应交增值税——应交税金（进项税额）"科目。单位领用工程物资，按照物资成本，借记"在建工程"科目，贷记"工程物资"科目。工程完工后将领出的剩余物资退库时做相反的会计分录。工程完工后将剩余的工程物资转作本单位存货等的，按照物资成本，借记"库存物品"等科目，涉及增值税业务的，按照应确认的增值税，借记"应交增值税——应交税金（进项税额）"科目。

【例 7－63】 某事业单位为增值税一般纳税人，2×19 年 3 月初"工程物资"科目余额为 10 000 元，3 月份根据发生的工程物资业务（属于增值税应税业务），编制相关的会计分录。

（1）购进工程专用设备，增值税专用发票注明的价款 200 000 元，增值税税额 32 000 元，设备已入库，款项尚未支付。增值税已经税务机关认证。编制该单位对上述资料进行财务会计记账的会计分录：

借：工程物资——库存设备　200 000
　　应交增值税——应交税金（进项税额）　32 000
　　贷：应付账款　232 000

（2）以财政零余额账户支付设备款 232 000 元，编制该单位对上述资料进行财务会计记账的会计分录：

借：应付账款　232 000
　　贷：零余额账户用款额度　232 000

同时，编制该单位对上述资料进行预算会计记账的会计分录：

借：事业支出　232 000
　　贷：资金结存——零余额账户用款额度　232 000

（3）购进工程物资一批，增值税专用发票注明的价款为 300 000 元，增值税税额为 48 000 元，发生运输费等费用 20 000 元，增值税专用发票注明的增值税 2 000 元，增值税已经税务机关认证，全部款项以银行存款支付。编制该单位对上述资料进行财务会计记账的会计分录：

借：工程物资——库存材料　320 000
　　应交增值税——应交税金（进项税额）　50 000
　　贷：银行存款　370 000

同时，编制该单位对上述资料进行预算会计记账的会计分录：

借：事业支出　370 000
　　贷：资金结存——货币资金　370 000

（4）本月为工程项目领用设备成本 200 000 元、材料成本 280 000 元。编制该单位对上述资料进行财务会计记账的会计分录：

借：在建工程　480 000
　　贷：工程物资——库存设备　200 000
　　　　　　　　——库存材料　280 000

（5）工程完工，将剩余工程物资 40 000 元转作单位存货。编制该单位对上述资料进行财务会计记账的会计分录：

借：库存物品　40 000
　　贷：工程物资——库存材料　40 000

三、建筑安装工程投资

建筑安装工程投资是指单位发生的构成基本建设实际支出的建筑工程和安装工程的实际支出，不包括被安装设备本身的价值以及按合同规定支付给施工单位的预付备料款和预付工程款。

为了反映在建的建设项目工程实际成本增减变动情况，单位应设置“在建工程”科目。该科目借方登记各项在建工程实际支出；贷方登记工程完工转出成本；期末借方余额，反映政府单位尚未完工的在建工程发生的实际成本。“在建工程”科目应设置“建筑安装工程投资”、“设备投资”、“待摊投资”、“其他投资”、“预付工程款”、“待核销基建支出”、“基建转出投资”等明细科目。

单位将固定资产等资产转入改建、扩建等时，按照固定资产等资产的账面价值，借记“在建工程——建筑安装工程投资”科目，按照已计提的折旧或摊销，借记“固定资产累计折旧”等科目，按照固定资产等资产的原值，贷记“固定资产”等科目。

固定资产等资产改建、扩建过程中涉及替换（或拆除）原资产的某些组成部分的，按照被替换（或拆除）部分的账面价值，借记“待处理财产损溢”科目，贷记“在建工程——建筑安装工程投资”科目。

对于发包建筑安装工程，单位应根据建筑安装工程价款结算账单与施工企业结算工程价款时，按照应承付的工程价款，借记“在建工程——建筑安装工程投资”科目，按照预付工程款余额，贷记“预付账款”科目，按照其差额，贷记“财政拨款收入”、“零余额账户用款额度”、“银行存款”、“应付账款”等科目。

单位自行施工的小型建筑安装工程，按照发生的各项支出金额，借记“在建工程——建筑安装工程投资”科目，贷记“工程物资”、“零余额账户用款额度”、“银行存款”、“应付职工薪酬”等科目。

单位工程竣工，办妥竣工验收交接手续交付使用时，按照建筑安装工程成本（含应分摊的待摊投资），借记“固定资产”等科目，贷记“在建工程——建筑安装工程投资”科目。

【例 7－64】 2×19 年，某事业单位根据发生的在建工程业务，编制相关的会计分录。

(1) 1 月 5 日，与甲公司签订发包建筑安装工程合同，对单位科研大楼进行扩建。

①4 月 10 日，将科研大楼停止使用转入扩建工程。该大楼的账面余额为 16 000 000 元，累计折旧 4 000 000 元。编制该单位对上述资料进行财务会计记账的会计分录：

借：在建工程——建筑安装工程投资　12 000 000

　　固定资产累计折旧　4 000 000

　　贷：固定资产　16 000 000

②4 月 20 日，扩建中拆除楼房部分设施的账面价值为 800 000 元。编制该单位对上述资料进行财务会计记账的会计分录：

借：待处理财产损溢——待处理资产价值　800 000

　　贷：在建工程——建筑安装工程投资　800 000

③6 月 30 日，按照合同预付工程款 1 300 000 元，款项以财政直接支付结算。编制该单位对上述资料进行财务会计记账的会计分录：

借：预付账款　1 300 000

　　贷：财政拨款收入　1 300 000

同时，编制该单位对上述资料进行预算会计记账的会计分录：

借：事业支出　1 300 000

　　贷：财政拨款预算收入　1 300 000

④12 月 25 日，根据建筑安装工程价款结算账单与施工企业结算工程款共计 1 500 000 元，其工程余款以财政零余额账户结算。编制该单位对上述资料进行财务会计记账的会计分录：

借：在建工程——建筑安装工程投资　1 500 000

　　贷：预付账款　1 300 000

　　　　零余额账户用款额度　200 000

同时，编制该单位对上述资料进行预算会计记账的会计分录：

借：事业支出　200 000

　　贷：资金结存——零余额账户用款额度　200 000

⑤12 月 31 日，结转科研大楼扩建完工成本。编制该单位对上述资料进行会计记账的会计分录：

借：固定资产　12 700 000

　　贷：在建工程——建筑安装工程投资　12 700 000

（2）3 月 5 日开始自行施工小型建筑安装工程。该工程领用物资 130 000 元，以银行存款支付与工程相关的费用 35 000 元，确认应付工程人员薪酬

20 000元。5月20日工程竣工，已办妥竣工验收交接手续并交付使用。

①领用物资，编制该单位对上述资料进行财务会计记账的会计分录：

借：在建工程——建筑安装工程投资 130 000

贷：工程物资 130 000

②支付相关费用，编制该单位对上述资料进行财务会计记账的会计分录：

借：在建工程——建筑安装工程投资 35 000

贷：银行存款 35 000

同时，编制该单位对上述资料进行预算会计记账的会计分录：

借：事业支出 35 000

贷：资金结存——货币资金 35 000

③确认应付职工薪酬，编制该单位对上述资料进行会计记账的会计分录：

借：在建工程——建筑安装工程投资 20 000

贷：应付职工薪酬 20 000

④工程竣工交付使用，结转建筑安装工程完工成本。编制该单位对上述资料进行会计记账的会计分录：

借：固定资产 185 000

贷：在建工程——建筑安装工程投资 185 000

四、设备投资

设备投资是指单位发生的构成基本建设实际支出的各种设备的实际成本，包括交付安装的需要安装设备、不需要安装设备和为生产准备的不够固定资产标准的工具、器具的实际成本。

单位设备投资通过“在建工程——设备投资”明细科目核算，并在该明细科目下应设置“在安装设备”、“不需安装设备”和“工具及器具”三个明细科目，并按单项工程和设备、工具、器具的类别、品名、规格等进行明细核算。

单位购入设备时，按照购入成本，借记“在建工程——设备投资”科目，贷记“财政拨款收入”、“零余额账户用款额度”、“银行存款”等科目。

单位设备安装完毕，办妥竣工验收交接手续交付使用时，按照设备投资成本（含设备安装工程成本和分摊的待摊投资），借记“固定资产”等科目，贷记“在建工程——设备投资”科目。

单位将不需要安装的设备和达不到固定资产标准的工具、器具交付使用时，按照相关设备、工具、器具的实际成本，借记“固定资产”、“库存物品”科目，贷记“在建工程——设备投资”科目。

【例7-65】2×19年，某公立医院根据医疗设备购进业务，编制相关的会计分录。

(1) 3月5日，以4 000 000元从某医疗设备公司购入医疗设备及其相关器具，如表7-9所示。另支付相关费用50 000元，不考虑增值税。全部款项以银行存款支付。

表7-9　医疗设备及器具费用分配表　金额单位：元

种类	市场价格	分摊成本			
		比例（%）	买价	相关费用	合计
M医疗设备（需要安装）	2 310 000	60	2 400 000	30 000	2 430 000
N医疗设备（不需要安装）	1 155 000	30	1 200 000	15 000	1 215 000
G医疗器具	385 000	10	400 000	5 000	405 000
合计	3 850 000		4 000 000	50 000	4 050 000

根据表7-9，编制该单位对上述资料进行财务会计记账的会计分录：

借：在建工程——设备投资——在安装设备　2 430 000
　　　　　　　　　　　——不需安装设备　1 215 000
　　　　　　　　　　　——工具及器具　405 000
　　贷：银行存款　4 050 000

同时，编制该单位对上述资料进行预算会计记账的会计分录：

借：事业支出　4 050 000
　　贷：资金结存——货币资金　4 050 000

(2) 以银行存款支付M医疗设备安装费30 000元。编制该单位对上述资料进行会计记账的会计分录：

借：在建工程——设备投资——在安装设备　30 000
　　贷：银行存款　30 000

同时，编制该单位对上述资料进行预算会计记账的会计分录：

借：事业支出　30 000
　　贷：资金结存——货币资金　30 000

(3) M医疗设备安装完毕，办妥竣工验收交接手续交付使用，结转完工成本。编制该单位对上述资料进行财务会计记账的会计分录：

借：固定资产——M医疗设备　2 460 000

贷：在建工程——设备投资——在安装设备 2 460 000

（4）结转不需要安装设备和达不到固定资产标准的工具、器具的成本。编制该单位对上述资料进行财务会计记账的会计分录：

借：固定资产——N 医疗设备 1 215 000

库存物品 405 000

贷：在建工程——设备投资——不需安装设备 1 215 000

——工具及器具 405 000

五、待摊投资

（一）待摊投资的内容

待摊投资是指单位发生的构成基本建设实际支出的、按照规定应当分摊计入有关工程成本和在安装设备成本的各项间接费用和税费支出。待摊投资包括以下内容：①勘察费、设计费、研究试验费、可行性研究费及项目其他前期费用。②土地征用及迁移补偿费、土地复垦及补偿费、森林植被恢复费及其他为取得土地使用权、租用权而发生的费用。③土地使用税、耕地占用税、契税、车船税、印花税及按规定缴纳的其他税费。④项目建设管理费、代建管理费、临时设施费、监理费、招投标费、社会中介审计（审查）费及其他管理性质的费用。项目建设管理费是指项目建设单位从项目筹建之日起至办理竣工财务决算之日止发生的管理性质的支出，包括不在原单位发工资的工作人员工资及相关费用，办公费、办公场地租用费、差旅交通费、劳动保护费、工具用具使用费、固定资产使用费、招募生产工人费、技术图书资料费（含软件）、业务招待费、施工现场津贴、竣工验收费等。⑤项目建设期间发生的各类借款利息、债券利息、贷款评估费、国外借款手续费及承诺费、汇兑损益、债券发行费用及其他债务利息支出或融资费用。⑥工程检测费、设备检验费、负荷联合试车费及其他检验检测类费用。⑦固定资产损失、器材处理亏损、设备盘亏及毁损、报废工程净损失及其他损失。⑧系统集成等信息工程的费用支出。⑨其他待摊性质支出。

单位待摊投资通过“在建工程——待摊投资”明细科目核算，并在该明细科目下按上述明细科目进行明细核算，其中有些费用（如建设单位工程管理费等）还应按费用项目进行明细核算。

（二）待摊投资的归集

单位建设工程发生的构成建设项目实际支出的、按照规定应当分摊计入有关工程成本和设备成本的各项间接费用和税费支出，先在“在建工程——待摊投资”明细科目中归集。

单位发生的构成待摊投资的各类费用，按照实际发生金额，借记“在建工程——待摊投资”科目，贷记“财政拨款收入”、“零余额账户用款额度”、“银行存款”、“应付利息”、“长期借款”、“其他应交税费”、“固定资产累计折旧”、“无形资产累计摊销”等科目；对于建设过程中试生产、设备调试等产生的收入，按照取得的收入金额，借记“银行存款”等科目，按照依据有关规定应当冲减建设工程成本的部分，贷记“在建工程——待摊投资”科目，按照其差额贷记“应缴财政款”或“其他收入”科目。

由于自然灾害、管理不善等原因造成的单项工程或单位工程报废或毁损，扣除残料价值和过失人或保险公司等赔款后的净损失，报经批准后计入继续施工的工程成本的，按照工程成本扣除残料价值和过失人或保险公司等赔款后的净损失，借记“在建工程——待摊投资”科目，按照残料变价收入、过失人或保险公司赔款等，借记“银行存款”、“其他应收款”等科目，按照报废或毁损的工程成本，贷记“在建工程——建筑安装工程投资”科目。

（三）待摊投资的分配

待摊投资是单位在项目建设过程中发生的共同费用，根据收益原则，应将待摊投资在交付使用资产和未完成工程之间合理分配。对于能够确定应由某项交付使用资产负担的待摊投资，应直接计入该项交付使用资产的成本；对于不能确定负担对象的待摊投资，则应采用科学、合理的方法摊入相关工程成本、在安装设备成本等。待摊投资的分配方法，可按照下列公式计算：

某项固定资产应分配的待摊投资 = 该项固定资产的建筑工程成本或该项固定资产（设备）的采购成本和安装成本合计 × 分配率

公式中的分配率主要采用以下两种方法：

(1) 按照实际分配率分配。按照实际分配率分配是指按照上期结转和本期实际发生的建筑安装工程投资、需安装设备和其他投资中应负担待摊的数额，以及应分摊的待摊投资实际数来计算出实际分配率进行分摊待摊投资的方法。这种方法一般适用于建设工期较短、整个项目的所有单项工程一次竣工的建设项目。其分配率的计算公式如下：

实际分配率 = 待摊投资明细科目余额 ÷（建筑工程明细科目余额 + 安装工程明细科目余额 + 设备投资明细科目余额）×100%

（2）按照概算分配率分配。按照概算分配率分配是指按照工程设计概算中所列的各项投资，如建安投资、设备投资和其他投资中应负担的部分来预定分配率进行分摊待摊投资的方法。这种方法适用于建设工期长、单项工程分期分批建成投入使用的建设项目。其分配率的计算公式如下：

概算分配率 =（概算中各待摊投资项目的合计数 - 其中可直接分配部分）÷（概算中建筑工程、安装工程和设备投资合计）×100%

单位按照合理的分配方法分配待摊投资，借记“在建工程——建筑安装工程投资、设备投资”科目，贷记“在建工程——待摊投资”科目。

【例 7 - 66】 2×19 年 1 月份，某事业单位经批准启动 M 项目建设工程，整个工程包括建筑工程和设备投资 2 个单项工程。2×19 年至 2×20 年，该事业单位根据发生的待摊投资业务，编制相关的会计分录。

（1）2×19 年，以银行存款支付勘察费、设计费、临时设施费、社会中介审计等费用共计 150 000 元。编制该单位对上述资料进行财务会计记账的会计分录：

借：在建工程——待摊投资	150 000	
贷：银行存款		150 000

同时，编制该单位对上述资料进行预算会计记账的会计分录：

借：事业支出	150 000	
贷：资金结存——货币资金		150 000

（2）2×19 年确认应交土地使用税、耕地占用税等相关税费 20 000 元，分配筹建机构工作人员的薪酬 30 000 元，确认项目建设期间分期付息的长期借款利息 25 000 元。编制该单位对上述资料进行财务会计记账的会计分录：

借：在建工程——待摊投资	75 000	
贷：其他应交税费		20 000
应付职工薪酬		30 000
应付利息		25 000

（3）2×20 年支付工程检测、竣工验收费等费用 20 000 元。编制该单位对上述资料进行财务会计记账的会计分录：

借：在建工程——待摊投资	20 000	
贷：银行存款		20 000

同时，编制该单位对上述资料进行预算会计记账的会计分录：

借：事业支出　　20 000

　　贷：资金结存——货币资金　　20 000

（4）2×20年建设过程中试生产、设备调试等工作取得收入45 000元，依据有关规定全部收入冲减建设工程成本。编制该单位对上述资料进行财务会计记账的会计分录：

借：银行存款　　45 000

　　贷：在建工程——待摊投资　　45 000

同时，编制该单位对上述资料进行预算会计记账的会计分录：

借：资金结存——货币资金　　45 000

　　贷：事业支出　　45 000

（5）2×20年12月末，M项目建设工程全部完工。结转完工成本前，“在建工程——建筑工程投资”科目余额为8 000 000元，“在建工程——设备投资”科目余额为2 000 000元，“在建工程——待摊投资”科目余额为200 000元。

①分配待摊投资。

分配率＝200 000÷（8 000 000＋2 000 000）×100%＝2%

建筑工程投资应分摊的待摊投资＝8 000 000×2%＝160 000（元）

设备投资应分摊的待摊投资＝2 000 000×2%＝40 000（元）

编制该单位对上述资料进行财务会计记账的会计分录：

借：在建工程——建筑工程投资　　160 000

　　在建工程——设备投资　　40 000

　　贷：在建工程——待摊投资　　200 000

②结转完工固定资产成本。编制该单位对上述资料进行财务会计记账的会计分录：

借：固定资产——房屋　　8 160 000

　　　　　　——设备　　2 040 000

　　贷：在建工程——建筑工程投资　　8 160 000

　　　　　　　　——设备投资　　2 040 000

六、其他投资

其他投资是指单位发生的构成基本建设实际支出的房屋购置、基本畜禽、林木等购置、饲养、培育支出以及取得各种无形资产和递延资产发生的支出。

此外，还包括役畜、新建单位办公生活用家具、器具购置以及为进行可行性研究而购置的固定资产，取得土地使用权支付的土地出让金。

单位发生的其他投资业务应通过“在建工程——其他投资”明细科目核算。在该明细科目下还应设置“房屋购置”、“基本畜禽支出”、“林木支出”、“办公生活用家具、器具购置”、“可行性研究固定资产购置”、“无形资产”和“递延资产”明细科目，并再按资产类别进行明细核算。

单位为建设工程发生的房屋购置支出，基本畜禽、林木等的购置、饲养、培育支出，办公生活用家具、器具购置支出，软件研发和不能计入设备投资的软件购置等支出，按照实际发生金额，借记“在建工程——其他投资”科目，贷记“财政拨款收入”、“零余额账户用款额度”、“银行存款”等科目；工程完成将形成的房屋、基本畜禽、林木等各种财产以及无形资产交付使用时，按照其实际成本，借记“固定资产”、“无形资产”等科目，贷记“在建工程——其他投资”科目。

【例7－67】 2×19年，某行政单位为建设办公大楼发生其他投资业务，编制相关的会计分录。

（1）以财政直接支付方式支付大楼周边林木等的购置、培育等费用200 000元。编制该单位对上述资料进行财务会计记账的会计分录：

借：在建工程——其他投资——林木支出　　200 000

　　贷：财政拨款收入　　200 000

同时，编制该单位对上述资料进行预算会计记账的会计分录：

借：行政支出　　200 000

　　贷：财政拨款预算收入　　200 000

（2）以银行存款支付器具购置费150 000元，不能计入设备投资的软件购置等支出30 000元。编制该单位对上述资料进行财务会计记账的会计分录：

借：在建工程——其他投资——器具购置　　150 000

　　　　　　　　　　　　——无形资产　　30 000

　　贷：银行存款　　180 000

同时，编制该单位对上述资料进行预算会计记账的会计分录：

借：行政支出　　180 000

　　贷：资金结存——货币资金　　180 000

（3）工程完成确认相关资产。编制该单位对上述资料进行会计记账的会计分录：

借：固定资产　　350 000

无形资产	30 000
贷：在建工程——其他投资——林木支出	200 000
——器具购置	150 000
——无形资产	30 000

七、待核销基建支出

待核销基建支出是指基建项目发生的江河清障、航道清淤、飞播造林、补助群众造林、水土保持、城市绿化、取消项目的可行性研究费以及项目报废等不能形成资产部分的基建投资支出。这部分投资支出和固定资产的建造没有直接联系，所以不应该计入交付使用资产成本，拨款单位应该在基建拨款中冲转，投资借款单位应该转给生产单位，由生产单位从规定的还款资金来源中归还银行借款。

单位发生的待核销基建支出通过“在建工程——待核销基建支出”明细科目核算。该明细科目还应按照待核销基建支出的类别设置明细账，进行明细核算。

单位建设项目发生的江河清障、航道清淤、飞播造林、补助群众造林、水土保持、城市绿化等不能形成资产的各类待核销基建支出，按照实际发生金额，借记“在建工程——待核销基建支出”科目，贷记“财政拨款收入”、“零余额账户用款额度”、“银行存款”等科目。

单位因故取消建设项目发生的可行性研究费，按照实际发生金额，借记“在建工程——待核销基建支出”科目，贷记“在建工程——待摊投资”科目。

由于自然灾害等原因发生的建设项目整体报废所形成的净损失，报经批准后转入待核销基建支出，按照项目整体报废所形成的净损失，借记“在建工程——待核销基建支出”科目，按照报废工程回收的残料变价收入、保险公司赔款等，借记“银行存款”、“其他应收款”等科目，按照报废的工程成本，贷记“在建工程——建筑安装工程投资”等科目。

单位建设项目竣工验收交付使用时，对发生的待核销基建支出进行冲销，借记“资产处置费用”科目，贷记“在建工程——待核销基建支出”科目。

【例7-68】 2×19年8月份，某事业单位根据发生的待核销基建支出业务，编制相关的会计分录。

(1) 10日，该单位发生航道清淤费500 000元，用银行存款支付。编制该单位对上述资料进行财务会计记账的会计分录：

借：在建工程——待核销基建支出　　500 000

　　贷：银行存款　　500 000

同时，编制该单位对上述资料进行预算会计记账的会计分录：

借：事业支出　　500 000

　　贷：资金结存——货币资金　　500 000

（2）20日，M建设项目经可行性研究，确定取消不再建设，将已发生的可行性研究费80 000元转入待核销基建支出。编制该单位对上述资料进行财务会计记账的会计分录：

借：在建工程——待核销基建支出　　80 000

　　贷：在建工程——待摊投资　　80 000

（3）28日，N建筑安装工程项目因水灾导致整体报废，G建筑安装工程项目共发生建筑安装工程支出300 000元，发生净损失200 000元，经上级部门批准予以核销。编制该单位对上述资料进行财务会计记账的会计分录：

借：在建工程——待核销基建支出　　200 000

　　贷：在建工程——建筑安装工程投资　　200 000

（4）月末，结转待核销基建支出。编制该单位对上述资料进行财务会计记账的会计分录：

借：资产处置费用　　780 000

　　贷：在建工程——待核销基建支出　　780 000

第七节　无形资产

一、无形资产概述

（一）无形资产的概念和特征

无形资产是指单位控制的没有实物形态的可辨认非货币性资产，如专利权、商标权、著作权、土地使用权、非专利技术等。资产满足下列条件之一的，符合无形资产定义中的可辨认性标准：一是能够从单位中分离或者划分出来，并能单独或者与相关合同、资产或负债一起，用于出售、转移、授予许可、租赁或者交换。二是源自合同性权利或其他法定权利，无论这些权利是否可以从单位或其他权利和义务中转移或者分离。

无形资产虽然不存在物质实体，但它体现了基于法律或合同关系所赋予的单位各项特殊的权利，或者反映了单位在运营上能够得到某种优越的经济利益或形成服务潜力，即使没有物质实体，但它们可能具有很大的潜在价值。

无形资产一般具有以下特征：

1. 不具有实物形态

不具有独立的物质实体，是无形资产区别于其他资产的显著标志。虽然无形资产没有实物形态，但却具有价值。其价值往往是通过无形的知识形态、法律或合同所赋予的某种法定或特许的权利（如专利权、商标权）等方式来表现的，难以通过人们的感觉器官所直接触摸或感受到。

2. 属于非货币性长期资产

无形资产虽然不具有物质实体，但能在单位若干运行期内使用或发挥作用，预期能够产生服务潜力或带来未来的经济利益。因而，无形资产属于一项长期资产，并且是非货币性资产。非货币性资产是指货币性资产以外的资产，如存货、固定资产、无形资产、股权投资以及不准备持有至到期的债券投资等。

3. 持有资产的目的是供运营活动使用

无形资产与运营活动密切相关，行政单位拥有无形资产的目的是为了提供公共服务和监管社会事务，其产生服务潜力或带来经济利益只能在运营中得以体现。如果脱离了运营活动，它仅是处在一种“准备”状态，只有被利用时方可产生服务能力或经济利益。

4. 带来的服务潜力或经济利益具有不确定性

受单位外部因素、有形资产使用状况的影响，无形资产提供的服务潜力或带来的未来经济利益具有较大的不确定性，有些无形资产确认的账面价值与以后实际价值往往出现较大差距。多数情况下，无形资产的潜在价值可能是分布在零至很大金额的范围内，具有高度不确定性。

（二）无形资产的内容

单位的无形资产包括专利权、商标权、著作权、土地使用权、非专利技术等。

1. 专利权

专利权是指国家专利注册机构授予专利申请人在法定期限内对其发明创造成果所享有的专有权利，包括独家制造、出售其专利产品或转让其专利等权利。该权利受国家法律保护，任何单位和个人，未经专利人许可，不得擅自利用专利人拥有的专利，否则构成侵权行为，须承担法律责任，赔偿经济损失。需要指出的是，专利权虽然允许专利人独家使用或者控制，但专利权并不能保证一定能够给专利人带来经济效益。有的专利可能没有经济价值或者只有很小的经济价值，有的专利可能会被其他更有经济价值的专利所淘汰等。专利权受法律保护的时间是有限的，例如，我国专利法规定，发明专利的法定有效时间为20年，实用新型和外观设计专利的法定有效时间为15年。但是，随着科学技术的迅猛发展，专利的实际经济寿命往往短于其法定期限。

2. 商标权

商标权是指专门在某类指定的商品或产品上使用特定的名称或图案的权利。经商标局核准注册的商标为注册商标，商标注册人享有商标专用权，受法律保护。商标权包括独占使用权和禁止权。其中，独占使用权是指商标权享有人在商标注册的范围内独家使用其商标的权利，这种权利是商标权具有独占性的法律表现；禁止权是指商标权享有人排除和禁止他人对商标独占使用权进行侵犯的权利，这种权利是商标权具有排他性的法律表现。

3. 著作权

著作权又称版权，是指作者对其创作的文学、科学和艺术作品依法享有的某些特殊权利。根据《中华人民共和国著作权法》的规定，中国公民、法人和非法人单位的作品，不论是否发表，均享有著作权，受国家法律保护。著作权一般包括以下人身权和财产权：发表权、署名权、修改权、保护作品完整权、使用权和获得报酬权。著作权人依法拥有的著作权除法律另有规定者外，未经著作权人许可或者转让，他人不得占有和行使；出版者、表演者、录音录像制作者、广播电台、电视台等依法取得的他人著作权，不得侵犯作者的署名权、修改权、保护作品完整权和获得报酬权。侵害他人著作权的，应当根据情况，承担相应的民事责任，同时著作权行政管理部门有权给予没收非法所得、罚款等行政处罚。

4. 土地使用权

土地使用权是指国家准许政府单位在规定期间内对国有土地享有开发、利用和经营的权利。根据我国土地管理法的规定，我国土地实行公有制，任何单位和个人不得侵占、买卖或者以其他形式非法转让。

土地使用权具有以下特点：一是相对独立性。在土地使用权存续期间，其他任何单位和个人，包括土地的所有者，均不得任意收回土地或者非法干预土地使用权人的合法活动。二是使用内容的充分性。土地使用权人在法定范围内拥有对土地实际占有、使用、收益和处分的权利。三是土地使用权是一种物权，即有对物的请求权。如可能丧失占有时，有返还请求权；正常使用受到侵害时，有除去妨害请求权；在发生被妨害的危险时，有防止请求权。

5. 非专利技术

非专利技术又称专有技术，是指不为外界所知、在生产经营活动中已采用了的、不享有法律保护的、可以带来经济效益的各种技术和诀窍。政府单位的非专利技术一般是指政府单位在组织事业收入或经营收入过程中取得的有关生产、经营和管理等方面的知识、经验和技巧。需要说明的是，由于非专利技术的发明创造者不愿意或者来不及申请专利，或者虽然提出了专利申请而没有取得专利权，因此，非专利技术不受专利法的保护，主要依靠发明创造者自我保密的方式来维持其独占权。

上述无形资产按期限划分，分为使用年限有限和使用年限不确定两类无形资产。前者的使用年限为法律所规定，例如，专利权、著作权、商标权等；后者法律上未对其使用年限作出规定，即该类资产为单位提供服务的潜力或者带来经济利益的期限不确定。

（三）无形资产的确认

单位一项资产如果在会计上确认为无形资产，除满足无形资产定义外，还必须同时满足下列条件：第一，与该无形资产相关的服务潜力很可能实现或者经济利益很可能流入单位；第二，该无形资产的成本或者价值能够可靠地计量。这两个条件的内涵前已述及，不再赘述。

二、无形资产的取得

为了反映无形资产增减变动情况，单位应设置“无形资产”科目。该科目借方登记取得无形资产的成本；贷方登记处置无资资产的成本；期末借方余额，反映政府单位无形资产的原价。其明细账应当按照无形资产的类别等设置并进行明细分类核算。

无形资产在取得时，应当按照成本进行初始计量。由于无形资产取得方式不同，其成本初始计量方法也有所不同。

（一）外购的无形资产

单位外购的无形资产，其成本包括购买价款、相关税费以及可归属于该项资产达到预定用途所发生的其他费用。外购无形资产时，按照确定的成本，借记“无形资产”科目，贷记“财政拨款收入”、“零余额账户用款额度”、“应付账款”、“银行存款”等科目。

【例7－69】 2×19年10月份，某事业单位购入一项专利权，其价值150 000元，相关费用13 200元，全部款项以银行存款支付。编制该单位对上述资料进行财务会计记账的会计分录：

借：无形资产——专利权	163 200	
贷：银行存款		163 200

同时，编制该单位对上述资料进行预算会计记账的会计分录：

借：事业支出	163 200	
贷：资金结存——货币资金		163 200

需要说明的是，单位购入的不构成相关硬件不可缺少组成部分的应用软件，作为无形资产核算。非大批量购入、单价小于1 000元的无形资产，可以于购买的当期将其成本一次性全部转销。

（二）委托软件公司开发的软件

委托软件公司开发的软件，视同外购的无形资产进行处理。合同中约定预付开发费用的，按照预付金额，借记“预付账款”科目，贷记“财政拨款收入”、“零余额账户用款额度”、“银行存款”等科目。软件开发完成交付使用并支付剩余或全部软件开发费用时，按照软件开发费用总额，借记“无形资产”科目，按照相关预付账款金额，贷记“预付账款”科目，按照支付的剩余金额，贷记“财政拨款收入”、“零余额账户用款额度”、“银行存款”等科目。

【例7－70】 2×19年，某事业单位根据委托软件公司开发软件的业务，编制相关的会计分录。

（1）3月初，开展非独立核算经营活动中，委托乙软件公司开发软件，预付开发费300 000元。该单位收到代理银行转来的支付乙公司软件开发费的“财政直接支付入账通知书”，通知书中注明的金额为300 000元。编制该单位对上述资料进行财务会计记账的会计分录：

借：预付账款	300 000	

贷：财政拨款收入 300 000

同时，编制该单位对上述资料进行预算会计记账的会计分录：

借：经营支出 300 000

贷：财政拨款预算收入 300 000

（2）10月末，软件开发完成交付使用，收到乙软件公司开具的软件开发结算凭证，共发生支出350 000元。编制该单位对上述资料进行财务会计记账的会计分录：

借：无形资产 350 000

贷：预付账款 350 000

（3）11月初，以零余额账户支付剩余的费用50 000元。编制该单位对上述资料进行财务会计记账的会计分录：

借：预付账款 50 000

贷：零余额账户用款额度 50 000

同时，编制该单位对上述资料进行预算会计记账的会计分录：

借：经营支出 50 000

贷：资金结存——零余额账户用款额度 50 000

（三）自行研究开发无形资产

单位为了提供公共事业服务质量，往往会在单位内部投入巨额的资金致力于研究开发活动，自行研究开发无形资产。内部研究项目的开发，必须投入人力和物力，发生各种支出。例如，科研人员的薪酬、设备的折旧、外购相关技术发生的支出等。

单位自行研究开发活动分为研究和开发两个阶段，其中，研究是指为获取并理解新的科学或技术知识而进行的独创性的有计划调查；开发是指在进行生产或使用前，将研究成果或其他知识应用于某项计划或设计，以生产出新的或具有实质性改进的材料、装置、产品等。与此相适应，自行研究开发支出分为研究阶段支出与开发阶段支出。

为了反映研发支出的增减变动情况，单位应设置“研发支出”科目。该科目借方登记研发支出的增加额；贷方登记期末转入当期费用或无形资产成本的研发支出；期末借方余额，反映单位正在进行的自行研究开发项目开发阶段发生的费用。其明细账可按自行研究开发项目，并分别“研究支出”、“开发支出”设置明细科目进行明细核算。

1. 研究阶段的支出

单位在研究阶段发生支出时，按照从事研究及其辅助活动人员计提的薪酬，研究活动领用的库存物品，发生的与研究活动相关的管理费、间接费和其他各项费用，借记“研发支出——研究支出”科目，贷记“应付职工薪酬”、“库存物品”、“财政拨款收入”、“零余额账户用款额度”、“固定资产累计折旧”、“银行存款”等科目。

期（月）末，将“研发支出”科目归集的研究阶段的支出金额转入当期费用时，借记“业务活动费用”等科目，贷记“研发支出——研究支出”科目。

2. 开发阶段的支出

与研究阶段相比，开发阶段在一定程度上具备了形成一项新产品或新技术的基本条件。

单位在开发阶段发生支出时，按照从事开发及其辅助活动人员计提的薪酬，开发活动领用的库存物品，发生的与开发活动相关的管理费、间接费和其他各项费用，借记“研发支出——开发支出”科目，贷记“应付职工薪酬”、“库存物品”、“财政拨款收入”、“零余额账户用款额度”、“固定资产累计折旧”、“银行存款”等科目。自行研究开发项目完成，达到预定用途形成无形资产的，按照“研发支出——开发支出”科目归集的开发阶段的支出金额，借记“无形资产”科目，贷记“研发支出——开发支出”科目。

单位应于每年年度终了，评估研究开发项目是否能达到预定用途，如预计不能达到预定用途（如无法最终完成开发项目并形成无形资产的），应当将已发生的开发支出金额全部转入当期费用，借记“业务活动费用”等科目，贷记“研发支出——开发支出”科目。

单位自行研究开发项目涉及增值税进项税额的，按照增值税税额，借记“应交增值税——应交税金（进项税额）”科目，贷记“银行存款”等科目。

【例7－71】 2×19年至2×20年，某事业单位根据自行研究开发非专利技术业务，编制相关的会计分录。

（1）2×19年1月至2月为研究阶段，共发生咨询费200 000元，材料费600 000元，全部以银行存款支付。确认研发人员薪酬500 000元。假定2月末集中进行账务处理。

①支付相关费用。编制该单位对上述资料进行财务会计记账的会计分录：

借：研发支出——研究支出	1 300 000	
贷：银行存款		800 000
应付职工薪酬		500 000

同时，编制该单位对上述资料进行预算会计记账的会计分录：

借：事业支出　　800 000

　　贷：资金结存——货币资金　　800 000

②月末，将研发支出转入当期费用。编制该单位对上述资料进行财务会计记账的会计分录：

借：业务活动费用　　1 300 000

　　贷：研发支出——研究支出　　1 300 000

（2）2×19 年 3 月进入开发阶段，至年末共领用材料 1 000 000 元，确认开发人员薪酬 800 000 元，专用设备折旧费用 600 000 元。编制该单位对上述资料进行财务会计记账的会计分录：

借：研发支出——开发支出　　2 400 000

　　贷：库存物品　　1 000 000

　　　　应付职工薪酬　　800 000

　　　　固定资产累计折旧　　600 000

（3）年末，自行研究开发项目完成，经确认达到预定用途形成无形资产的开发支出为 2 000 000 元。编制该单位对上述资料进行财务会计记账的会计分录：

借：无形资产——专利权　　2 000 000

　　业务活动费用　　400 000

　　贷：研发支出——开发支出　　2 400 000

（四）置换取得的无形资产

单位通过置换取得的无形资产，其成本按照换出资产的评估价值加上支付的补价或减去收到的补价，再加上换入无形资产发生的其他相关支出确定。

单位置换换入无形资产，按照确定的成本，借记“无形资产”科目，按照换出资产的账面余额，贷记相关资产科目（换出资产为固定资产、无形资产的，还应当借记“固定资产累计折旧”、“无形资产累计摊销”科目），按照置换过程中发生的其他相关支出，贷记“银行存款”等科目，按照借贷方差额，借记“资产处置费用”科目或贷记“其他收入”科目。涉及补价的，其账务处理参照固定资产置换换入固定资产的规定进行账务处理。

【例 7－72】2×19 年 6 月，甲单位为了提高产品质量，以其持有的对乙公司的长期股权投资交换丙单位拥有的一项专利权。在交换日，甲单位持有的长期股权投资账面余额为 3 000 000 元，评估价值为 3 500 000 元，以银行存款支付相关费用6 000元。丙单位专利技术的账面原价为3 800 000元，累计已摊销金额为500 000元。编制该单位对上述资料进行财务会计记账的会计分录：

借：无形资产　3 506 000
　贷：银行存款　6 000
　　长期股权投资　3 000 000
　　其他收入　500 000

同时，编制该单位对上述资料进行预算会计记账的会计分录：

借：其他支出　6 000
　贷：资金结存——货币资金　6 000

（五）接受捐赠的无形资产

单位接受捐赠的无形资产，其成本按照有关凭据注明的金额加上相关税费确定；没有相关凭据可供取得，但按规定经过资产评估的，其成本按照评估价值加上相关税费确定；没有相关凭据可供取得、也未经资产评估的，其成本比照同类或类似资产的市场价格加上相关税费确定；没有相关凭据且未经资产评估、同类或类似资产的市场价格也无法可靠取得的，按照名义金额入账，相关税费计入当期费用。

单位接受捐赠的无形资产，按照确定的无形资产成本，借记“无形资产”科目，按照发生的相关税费等，贷记“零余额账户用款额度”、“银行存款”等科目，按照其差额，贷记“捐赠收入”科目。

单位接受捐赠的无形资产按照名义金额入账的，按照名义金额，借记“无形资产”科目，贷记“捐赠收入”科目；同时，按照发生的相关税费等，借记“其他费用”科目，贷记“零余额账户用款额度”、“银行存款”等科目。

【例7－73】2×19年5月10日，甲单位与乙单位签订捐赠协议，协议规定，乙单位向甲单位捐赠一项著作权。该著作权没有相关凭据、同类或类似无形资产的市场价格也无法取得，该著作权按照名义金额入账。编制该单位对上述资料进行财务会计记账的会计分录：

借：无形资产　1
　贷：捐赠收入　1

（六）无偿调入的无形资产

单位无偿调入的无形资产，其成本按照调出方的账面价值加上相关税费确定。无偿调入无形资产时，按照确定的无形资产成本，借记“无形资产”科目，按照发生的相关税费等，贷记“零余额账户用款额度”、“银行存款”等科目，按照其差额，贷记“无偿调拨净资产”科目。

【例 7-74】 2×19 年 2 月 15 日，甲事业单位根据财政部门批准，从乙政府单位无偿调入一项专利权，该专利权的账面余额为 200 000 元，累计摊销为 50 000 元，用零余额账户支付有关费用 6 000 元。编制该单位对上述资料进行财务会计记账的会计分录：

借：无形资产	156 000	
贷：零余额账户用款额度		6 000
无偿调拨净资产		150 000

同时，编制该单位对上述资料进行预算会计记账的会计分录：

借：其他支出	6 000	
贷：资金结存——零余额账户用款额度		6 000

三、无形资产摊销

（一）无形资产摊销的概述

无形资产摊销是指在无形资产使用寿命内，按照确定的方法对应摊销金额进行系统分摊。无形资产属于非流动资产，且其能长期为单位提供公共服务潜力或经济利益，其价值也会随着提供公共服务或带来经济利益而递减，无形资产成本也应在各个会计期间进行合理摊配，以便正确反映无形资产价值，提供相关的会计信息。

（二）无形资产的摊销期和摊销方法

按照《政府会计准则第 4 号——无形资产》的规定，对于使用年限有限的无形资产，单位应当在持有期间对其取得成本予以摊销。

1. 无形资产的摊销期

关于无形资产的摊销年限，《政府会计准则第 4 号——无形资产》规定如下：①法律规定了有效年限的，按照法律规定的有效年限作为摊销年限；②法律没有规定有效年限的，按照相关合同或单位申请书中的受益年限作为摊销年限；③法律没有规定有效年限、相关合同或单位申请书也没有规定受益年限的，应当根据无形资产为政府会计主体带来服务潜力或经济利益的实际情况，预计其使用年限；④非大批量购入、单价小于 1 000 元的无形资产，可以于购买的当期将其成本一次性全部转销。

2. 无形资产的摊销方法

理论上讲，无形资产摊销可能存在多种方法。单位选用不同的摊销方法，将影响无形资产使用寿命期间内不同时期的摊销费用。《政府会计准则第 4 号——无形资产》规定，单位应当采用年限平均法或者工作量法对无形资产进行摊销，应摊销金额为其成本，不考虑预计残值。

（1）年限平均法。年限平均法又称直线法，是指将无形资产的应计摊销额均衡地分摊到无形资产预计使用寿命内的一种方法。采用这种方法计算的每期摊销额均相等。计算公式如下：

每年摊销额 = 无形资产应计摊销额 ÷ 预计摊销年限

每月摊销额 = 无形资产年摊销额 ÷ 12

【例 7－75】 某事业单位自行开发并依法取得一项专利权，取得时发生的注册费 30 000 元、聘请律师费 18 000 元。按有关法律规定，该专利权的有效年限不超过 5 年，采用年限平均法进行摊销。该专利权摊销额计算方法如下：

专利权年摊销额 =（30 000 + 18 000）÷ 5 = 9 600（元）

（2）工作量法。工作量法是指按照无形资产实际完成的工作总量计算摊销额的一种方法。采用这种方法，每期计提的摊销额随当期无形资产提供工作量的多少而变动，提供的工作量多，就多摊销；反之，则少摊销，而每一工作量所负担的摊销费是相同的。

【例 7－76】 某事业单位持有一项专利权并按工作量法摊销。该专利权的取得成本为 100 000 元，可为单位提供的服务数量为 50 000 件。2 × 19 年 6 月使用专利提供服务的数量为 6 000 件。该专利权 6 月份的摊销计算结果如下：

专利权单位摊销额 = 100 000 ÷ 50 000 = 2（元/件）

本月专利权摊销额 = 6 000 × 2 = 12 000（元）

（三）无形资产摊销的账务处理

为了反映无形资产摊销的增减变动情况，单位应设置“无形资产累计摊销”科目。该科目的贷方登记计提的无形资产摊销额；借方登记因无形资产减少而转销的摊销额。期末贷方余额反映单位计提的无形资产摊销累计数。其明细账应当按照所对应的无形资产设置并进行明细分类核算。

单位按月对无形资产进行摊销时，按照应摊销金额，借记“业务活动费用”、“单位管理费用”、“加工物品”、“在建工程”等科目，贷记“无形资产累计摊销”科目。

【例7－77】2×19年5月份，某事业单位无形资产摊销的计算结果如表7－10所示：

表7－10　无形资产摊销计算表　金额单位：元

项目	入账成本	摊销期限（月）	本月摊销额	借记科目
专利权甲	36 000	80	450	业务活动费用
专利权乙	108 000	180	600	加工物品
土地使用权	600 000	240	2 500	单位管理费用
合计	——	——	3 550	——

根据表7－10，编制该单位对上述资料进行财务会计记账的会计分录：

借：业务活动费用　450
　　加工物品　600
　　单位管理费用　2 500
　　贷：无形资产累计摊销　3 550

四、无形资产的后续支出

无形资产投入使用后，单位为了适应新技术发展的需要，或者为维护或提高无形资产的使用效能，往往需要对现有无形资产进行漏洞修补、技术维护、升级改造或扩展其功能等工作。将无形资产投入使用后发生的相关支出，称为无形资产的后续支出。按照后续支出是否计入无形资产成本，将无形资产的后续支出分为计入无形资产的后续支出和计入事业（或经营）支出的后续支出两类。

（一）符合无形资产确认条件的后续支出

单位为增加无形资产的使用效能对其进行升级改造或扩展其功能时，如需暂停对无形资产进行摊销的，按照无形资产的账面价值，借记“在建工程”科目，按照无形资产已摊销金额，借记“无形资产累计摊销”科目，按照无形资产的账面余额，贷记“无形资产”科目。无形资产后续支出符合无形资产确认条件的，按照支出的金额，借记“无形资产”科目（无需暂停摊销的）或“在建工程”科目（需暂停摊销的），贷记“财政拨款收入”、“零余额账户用款额度”、“银行存款”等科目。暂停摊销的无形资产升级改造或扩展功能等完成交付使用时，按照在建工程成本，借记“无形资产”科目，贷记“在建工程”科目。

【例7－78】2×19年1月1日，某事业单位取得一项软件系统，其价款为600 000元，摊销期限为5年。2×21年3月10日，对该软件系统进行升级改造（无需暂停摊销），用零余额账户用款额度支付软件公司劳务费150 000元。经升级改造，软件系统使用期限延长2年。根据以上资料，该单位应当做如下账务处理：

（1）取得软件系统以及升级改造前摊销的会计分录略。

（2）支付升级改造费。编制该单位对上述资料进行财务会计记账的会计分录：

借：无形资产　　150 000

　　贷：零余额账户用款额度　　150 000

同时，编制该单位对上述资料进行预算会计记账的会计分录：

借：事业支出　　150 000

　　贷：资金结存——零余额账户用款额度　　150 000

（3）计提2×21年软件系统的摊销额（按年摊销）：

$$软件系统账面价值 = 600\,000 - \frac{600\,000}{5 \times 12} \times (2 \times 12 + 3) = 330\,000（元）$$

软件系统升级后成本＝330 000＋150 000＝480 000（元）

$$软件系统摊销额 = \frac{480\,000}{4 \times 12 + 9} \times 9 = 75\,790（元）$$

编制该单位对上述资料进行会计记账的会计分录：

借：业务活动费用——无形资产　　75 790

　　贷：无形资产累计摊销　　75 790

（二）不符合无形资产确认条件的后续支出

为保证无形资产正常使用发生的日常维护等支出，借记“业务活动费用”、“单位管理费用”等科目，贷记“财政拨款收入”、“零余额账户用款额度”、“银行存款”等科目。

【例7－79】2×19年5月20日，某事业单位对其研究工作采用的软件系统进行技术维护，用零余额账户用款额度支付软件公司劳务费30 000元。编制该单位对上述资料进行会计记账的会计分录：

借：业务活动费用　　30 000

　　贷：零余额账户用款额度　30 000

同时，编制该单位对上述资料进行预算会计记账的会计分录：

借：事业支出　30 000

　　贷：资金结存——零余额账户用款额度　30 000

五、无形资产的减少

（一）无形资产的出售、转让

按照无形资产管理理论，无形资产的转让方式有两种：一是转让所有权，即转让方将无形资产的所有权完全让渡给受让方，不再对该项无形资产拥有占有、使用、收益、处分等权利；二是转让使用权，即转让方仅将无形资产的使用权让渡给受让方，受让方根据合同的规定使用无形资产，转让方仍保留对无形资产的所有权，对其仍拥有占有、使用、收益、处分的权利。单位必须根据法律、法规的规定转让无形资产。转让所有权时应当合理计价，必要时还应当经过法定资产评估机构的评估，确保单位的权益不受侵害。

单位报经批准出售、转让无形资产，按照被出售、转让无形资产的账面价值，借记“资产处置费用”科目，按照无形资产已计提的摊销，借记“无形资产累计摊销”科目，按照无形资产账面余额，贷记“无形资产”科目；同时，按照收到的价款，借记“银行存款”等科目，按照处置过程中发生的相关费用，贷记“银行存款”等科目，按照其差额，贷记“应缴财政款”科目（按照规定应上缴无形资产转让净收入的）或“其他收入”科目（按照规定将无形资产转让收入纳入本单位预算管理的）。

【例7-80】2×19年3月，M事业单位将某项专利权出售，该专利权成本为300 000元，已累计摊销金额为160 000元。出售专利权取得价款80 000元，应缴增值税为48 000元，全部价税款存入银行。另以零余额账户支付其他费用1 500元。处置净收入确认为本单位其他收入。编制该单位对上述资料进行财务会计记账的会计分录：

借：资产处置费用　140 000

　　无形资产累计摊销　160 000

　　银行存款　80 000

　　贷：无形资产——专利权　300 000

　　　　应交增值税——应交税金（销项税额）　48 000

零余额账户用款额度　　　　1 500

其他收入　　　　30 500

同时，编制该单位对上述资料进行预算会计记账的会计分录：

借：资金结存——货币资金　　　　80 000

　　贷：其他预算收入　　　　80 000

（二）无形资产的无偿调出、对外捐赠

无论是无形资产无偿调出，还是以无形资产对外捐赠，它们的共同之处都是以不取得货币收入为目的而减少单位资产的行为。但无偿调出是一种被动行为，其行为主体是财政部门或主管部门；而对外捐赠则是一种主动行为，其行为主体是单位。无偿调出及对外捐赠无形资产的核算内容主要有：

（1）单位报经批准对外捐赠无形资产，按照无形资产已计提的摊销，借记“无形资产累计摊销”科目，按照被处置无形资产账面余额，贷记“无形资产”科目，按照捐赠过程中发生的归属于捐出方的相关费用，贷记“银行存款”等科目，按照其差额，借记“资产处置费用”科目。

（2）单位报经批准无偿调出无形资产，按照无形资产已计提的摊销，借记“无形资产累计摊销”科目，按照被处置无形资产账面余额，贷记“无形资产”科目，按照其差额，借记“无偿调拨净资产”科目；同时，按照无偿调出过程中发生的归属于调出方的相关费用，借记“资产处置费用”科目，贷记“银行存款”等科目。

【例 7－81】2×19 年 12 月，某行政单位根据发生的土地使用权调出业务，编制相关的会计分录。

（1）经批准无偿调出一项土地使用权，该资产账面余额为 1 800 000 元，已提摊销 1 200 000 元。编制该单位对上述资料进行财务会计记账的会计分录：

借：无形资产累计摊销　　　　1 200 000

　　无偿调拨净资产　　　　600 000

　　贷：无形资产　　　　1 800 000

（2）以银行存款支付与资产调出相关的费用 35 000 元。编制该单位对上述资料进行财务会计记账的会计分录：

借：资产处置费用　　　　35 000

　　贷：银行存款　　　　35 000

同时，编制该单位对上述资料进行预算会计记账的会计分录：

借：其他支出　　35 000
　　贷：资金结存——货币资金　　35 000

（三）置换换出无形资产

单位以无形资产换入库存物品、固定资产等资产时，按照确定的成本，借记“库存物品”、“固定资产”等科目，按照换出无形资产的账面余额，贷记“无形资产”科目，按照换出无形资产的累计摊销，借记“无形资产累计摊销”科目，按照置换过程中支付的补价和置换过程中发生的其他相关支出，贷记“银行存款”等科目，按照借贷方差额，借记“资产处置费用”科目或贷记“其他收入”科目。

如果资产置换中收到补价的，按照确定的换入资产成本，借记“库存物品”、“固定资产”等科目，按照收到的补价，借记“银行存款”等科目，按照换出无形资产的账面余额，贷记“无形资产”科目，按照换出无形资产的累计摊销，借记“无形资产累计摊销”科目，按照置换过程中发生的其他相关支出，贷记“银行存款”等科目，按照补价扣减其他相关支出后的净收入，贷记“应缴财政款”科目，按照借贷方差额，借记“资产处置费用”科目或贷记“其他收入”科目。

【例 7－82】 2×19 年 5 月 20 日，甲公立医疗科研机构将拥有的一项专利权与乙医院的医疗设备进行置换。该专利权的账面余额为 120 000 元，累计摊销 40 000 元，评估价值为 90 000 元。换入的医疗设备账面余额为 160 000 元，累计折旧为 100 000 元。在专利权置换过程中，甲公立医疗科研机构以银行存款支付相关费用 5 000 元，收到乙医院支付补价 28 000 元并存入银行。编制该单位对上述资料进行财务会计记账的会计分录：

借：银行存款　　28 000
　　固定资产　　67 000
　　无形资产累计摊销　　40 000
　　资产处置费用　　13 000
　　贷：无形资产　　120 000
　　　　银行存款　　5 000
　　　　应缴财政款　　23 000

（四）无形资产核销

单位拥有的无形资产如果不能为其提供服务潜力或带来未来经济利益，

应按照规定予以核销。报经批准核销无形资产时，按照待核销无形资产的账面价值，借记“资产处置费用”科目，按照已计提摊销，借记“无形资产累计摊销”科目，按照无形资产的账面余额，贷记“无形资产”科目。

【例7-83】M事业单位拥有一项专利权，因不能提供未来服务予以报废处理。该专利权的账面余额为120 000元，采用直线法摊销，摊销期限为10年，已摊销4年。编制该单位对上述资料进行财务会计记账的会计分录：

报废时累计摊销额＝（120 000÷10）×4＝48 000（元）

借：资产处置费用	72 000	
无形资产累计摊销	48 000	
贷：无形资产——专利权		120 000

第八节　公共基础设施

一、公共基础设施概述

（一）公共基础设施的内容

一般来说，公共基础设施是指政府部门占有并直接负责维护管理、供社会公众使用的工程性公共基础设施资产。包括城市交通设施、公共照明设施、环保设施、防灾设施、健身设施、广场及公共构筑物等其他公共设施。《政府会计准则第5号——公共基础设施》指出，公共基础设施是指政府会计主体为满足社会公共需求而控制的，同时具有以下特征的有形资产：①是一个有形资产系统或网络的组成部分；②具有特定用途；③一般不可移动。

具体来说，公共基础设施主要包括以下内容：

1. 市政基础设施

市政基础设施是指城市道路、桥梁、隧道、公交场站、路灯、广场、公园绿地、室外公共健身器材，以及环卫、排水、供水、供电、供气、供热、污水处理、垃圾处理系统等资产。

2. 交通基础设施

交通基础设施是指公路基础设施（如公路照明、公路通信、通风、景观、防护、防撞、标志标牌、绿化、标示）、航道基础设施（如航道构筑物设施、助航设施、安全设施以及监控设施）、港口基础设施（如码头主体、护岸结构、引桥及作业区域、后方堆场、仓储设施，导助航设施）等资产。

3. 水利基础设施

水利基础设施是指大坝、堤防、水闸、泵站、渠道等资产。

4. 其他公共基础设施

其他公共基础设施是指除市政基础设施、交通基础设施以外的公共基础设施，如公共厕所、城市景观照明设施等。

需要说明的是：与公共基础设施配套使用的修理设备、工具器具、车辆等动产，作为管理公共基础设施单位的固定资产核算，不作为公共基础设施核算；与公共基础设施配套、供单位在公共基础设施管理中自行使用的房屋构筑物等，能够与公共基础设施分开核算的，作为单位的固定资产核算，不作为公共基础设施核算；属于文物文化资产的公共基础设施，不作为公共基础设施核算。

公共基础设施的取得、维持以及重置是单位履职和开展业务活动的重要内容，也是会计核算的主要对象之一。通过对公共基础设施的核算，可以反映单位使用公共财政资金和管理公共资产的受托责任履行情况，为政府进行宏观决策、正确进行资源配置提供科学的的依据。

（二）公共基础设施的特征

（1）公共基础设施是一个系统或网络的组成部分。如公路设施是由公路构筑物设施、安全设施、通讯设施、监控设施、环境保护设施、收费设施、服务设施以及场站设施等构成的系统或网络，尽管每一个子系统或网络有其独立的作用，但组合在一起才产生预期的服务潜力或者带来经济利益。

（2）公共基础设施具有专用性且没有其他用途，也具有不可移动性。公共基础设施的专用性表现在它们为社会生产和居民生活提供公共条件和公共服务而非为特定单位的经营管理所使用。如果不具有公共性和公益性，如政府的某些交通部门为进行交通管理而购建的设备、设施以及构建的房屋建筑物等不属于公共基础设施的范畴。公共基础设施具有地点固定，一旦建造完成，不可移动的特点。

（3）公共基础设施具有投资多、施工期限和使用寿命长、投资回报社会化等特点。例如路基、路面、桥梁、隧道等公路构筑物设施，航道及驳岸、船闸、跨航道建筑物等航道构筑物设施，码头、泊位等船舶靠泊设施等都体现了这些特点。

（三）公共基础设施的确认

单位将一项资产视为公共基础设施时，应同时满足下列两个条件：（1）与该公共基础设施相关的服务潜力很可能实现或者经济利益很可能流入政府会计主体；（2）该公共基础设施的成本或者价值能够可靠地计量。单位在作此判断时，还应当根据具体情况对公共基础设施进行确认。例如，对于自建或外购的公共基础设施，单位应当在该项公共基础设施验收合格并交付使用时确认；对于无偿调入、接受捐赠的公共基础设施，政府会计主体应当在开始承担该项公共基础设施管理维护职责时确认。

公共基础设施的各组成部分具有不同使用年限或者以不同方式提供公共产品或服务，适用不同折旧率或折旧方法且可以分别确定各自原价的，应当分别将各组成部分确认为该类公共基础设施的一个单项公共基础设施。

单位在购建公共基础设施时，能够分清购建成本中的构筑物部分与土地使用权部分的，应当将其中的构筑物部分和土地使用权部分分别确认为公共基础设施；不能分清购建成本中的构筑物部分与土地使用权部分的，应当整体确认为公共基础设施。

二、公共基础设施的取得

为了反映公共基础设施及其累计折旧增减变动情况，单位应设置“公共基础设施”科目。该科目借方登记公共基础设施的增加额；贷方登记公共基础设施的减少额；期末借方余额，反映公共基础设施的原值。其明细账应当按照公共基础设施的类别和项目设置并进行明细核算。

单位取得公共基础设施的方式主要包括自行建造、接受其他单位无偿调入、接受捐赠、外购等。无论采用何种取得方式，应当按照取得公共基础设施的成本入账。

（一）自行建造的公共基础设施

单位自行建造的公共基础设施，其成本包括完成批准的建设内容所发生的全部必要支出，包括建筑安装工程投资支出、设备投资支出、待摊投资支出和其他投资支出。公共基础设施完工交付使用时，按照在建工程的成本，借记“公共基础设施”科目，贷记“在建工程”科目；已交付使用但尚未办理竣工决算手续的公共基础设施，按照估计价值入账，待办理竣工决算后再按照实际成本调整原来的暂估价值。

（二）无偿调入的公共基础设施

单位接受其他单位无偿调入的公共基础设施，其成本按照该项公共基础设施在调出方的账面价值加上归属于调入方的相关费用确定。接受其他单位无偿调入的公共基础设施，按照确定的成本，借记“公共基础设施”科目，按照发生的归属于调入方的相关费用，贷记“财政拨款收入”、“零余额账户用款额度”、“银行存款”等科目，按照其差额，贷记“无偿调拨净资产”科目；无偿调入的公共基础设施成本无法可靠取得的，按照发生的相关税费、运输费等金额，借记“其他费用”科目，贷记“财政拨款收入”、“零余额账户用款额度”、“银行存款”等科目。

（三）接受捐赠的公共基础设施

单位接受捐赠的公共基础设施，其成本按照有关凭据注明的金额加上相关费用确定；没有相关凭据可供取得，但按规定经过资产评估的，其成本按照评估价值加上相关费用确定；没有相关凭据可供取得、也未经资产评估的，其成本比照同类或类似资产的市场价格加上相关费用确定。如受赠的系旧的公共基础设施，在确定其初始入账成本时应当考虑该项资产的新旧程度。单位接受捐赠的公共基础设施，应按照确定的成本，借记“公共基础设施”科目，按照发生的相关费用，贷记“财政拨款收入”、“零余额账户用款额度”、“银行存款”等科目，按照其差额，贷记“捐赠收入”科目；接受捐赠的公共基础设施成本无法可靠取得的，按照发生的相关税费等金额，借记“其他费用”科目，贷记“财政拨款收入”、“零余额账户用款额度”、“银行存款”等科目。

（四）外购的公共基础设施

单位外购的公共基础设施，其成本包括购买价款、相关税费以及公共基础设施交付使用前所发生的可归属于该项资产的运输费、装卸费、安装费和专业人员服务费等。单位外购的公共基础设施，按照确定的成本，借记“公共基础设施”科目，贷记“财政拨款收入”、“零余额账户用款额度”、“银行存款”等科目。

需要说明两点：一是对于包括不同组成部分的公共基础设施，只有总成本、没有单项组成部分成本的，单位可以按照各单项组成部分同类或类似资产的成本或市场价格比例对总成本进行分配，分别确定公共基础设施中各单项组成部分的成本；二是对于成本无法可靠取得的公共基础设施，单位应当设置备查簿进行登记，待成本能够可靠确定后按照规定及时入账。

【例 7－84】 2×19 年，某省公路管理局根据发生的公共基础设施业务，编制相关会计分录：

（1）1 月 5 日，该省 M 连接线工程竣工并确认公共交通基础设施，其工程成本共计 125 000 000 元，其中建筑安装工程投资支出 100 000 000 元，待摊投资支出 20 000 000 元，其他投资支出 5 000 000 元。编制该单位对上述资料进行财务会计记账的会计分录：

借：公共基础设施　　125 000 000

　　贷：在建工程　　125 000 000

（2）3 月 8 日，从省外某公路管理单位无偿调入通讯设备并确认为公共基础设施，调出单位的账面价值为 1 500 000 元，调入单位以银行存款支付运输费、安装费 30 000 元。编制该单位对上述资料进行财务会计记账的会计分录：

借：公共基础设施　　1 530 000

　　贷：银行存款　　30 000

　　　　无偿调拨净资产　　1 500 000

同时，编制该单位对上述资料进行预算会计记账的会计分录：

借：其他支出　　30 000

　　贷：资金结存——货币资金　　30 000

（3）6 月 10 日，接受 N 公司捐赠公路沿线配套的公共健身器材一批，该批器材相关凭据注明的金额为 180 000 元。公路管理局以零余额账户存款支付相关费用 20 000 元。编制该单位对上述资料进行财务会计记账的会计分录：

借：公共基础设施　　200 000

　　贷：零余额账户用款额度　　20 000

　　　　捐赠收入　　180 000

同时，编制该单位对上述资料进行预算会计记账的会计分录：

借：其他支出　　20 000

　　贷：资金结存——零余额账户用款额度　　20 000

（4）8 月 20 日，购入一批公路安全设施并交付使用，共支出 256 000 元，其中，以财政直接支付设施款项 200 000 元，以零余额账户支付设施的安装费和专业人员服务费56 000元。编制该单位对上述资料进行财务会计记账的会计分录：

借：公共基础设施　　256 000

　贷：财政拨款收入　　200 000

　　零余额账户用款额度　　56 000

同时，编制该单位对上述资料进行预算会计记账的会计分录：

借：行政支出　　256 000

　贷：财政拨款预算收入　　200 000

　　资金结存——零余额账户用款额度　　56 000

三、公共基础设施折旧

（一）公共基础设施折旧的概念

公共基础设施折旧是指在公共基础设施预计使用寿命内，按照确定的方法对应折旧金额进行系统分摊。

一般来说，公共基础设施具有价值高、使用寿命长、能够提供未来服务潜力或经济利益的特征。为了准确核算政府运行费用，监督和考核政府绩效，单位应当在初始确认公共基础设施时分析判断其使用年限，对使用年限有限的公共基础设施应当计提折旧，对于使用年限不确定的公共基础设施不提折旧。

（二）计提公共基础设施折旧应考虑的因素

1. 计提公共基础设施折旧的基础

公共基础设施应计提的折旧总额为其成本，计提公共基础设施折旧时不考虑预计净残值。

政府会计主体应当对暂估入账的公共基础设施计提折旧，实际成本确定后不需调整原已计提的折旧额。

2. 公共基础设施折旧的年限

单位应当根据公共基础设施的性质和使用情况，合理确定公共基础设施的折旧年限。在确定公共基础设施的折旧年限时，应当考虑下列因素：①设计使用年限或设计基准期；②预计实现服务潜力或提供经济利益的期限；③预计有形损耗和无形损耗；④法律或者类似规定对资产使用的限制。

对于政府会计主体接受无偿调入、捐赠的公共基础设施，应当考虑该项资产的新旧程度，按照其尚可使用的年限计提折旧。

3. 公共基础设施折旧的要求

公共基础设施应当按月计提折旧，并计入当期费用。当月增加的公共基础设施，当月开始计提折旧；当月减少的公共基础设施，当月不再计提折旧。

处于改建、扩建等建造活动期间的公共基础设施，应当暂停计提折旧。因改建、扩建等原因而延长公共基础设施使用年限的，应当按照重新确定的公共基础设施的成本和重新确定的折旧年限计算折旧额，不需调整原已计提的折旧额。

公共基础设施提足折旧后，无论能否继续使用，均不再计提折旧；已提足折旧的公共基础设施，可以继续使用的，应当继续使用，并规范实物管理；提前报废的公共基础设施，不再补提折旧。

对于确认为公共基础设施的单独计价入账的土地使用权，应确认无形资产并按照相关规定进行摊销。

单位应当对公共基础设施计提折旧，但持续进行良好的维护使得其性能得到永久维持的公共基础设施和确认为公共基础设施的单独计价入账的土地使用权除外。

（三）公共基础设施的折旧方法和账务处理

公共基础设施一般应当采用年限平均法或者工作量法计提公共基础设施折旧。年限平均法和工作量法在“固定资产”一节中已有说明，不再赘述。

为了反映公共基础设施累计折旧的增减变动情况，单位应设置“公共基础设施累计折旧”科目。该科目贷方登记公共基础设施累计折旧额的增加额；借方登记公共基础设施累计折旧的减少额；期末贷方余额，反映单位提取的公共基础设施折旧累计数。其明细账应当按照所对应公共基础设施的类别及项目设置并进行明细核算。

单位按月计提公共基础设施折旧时，按照应计提的折旧额，借记“业务活动费用”科目，贷记“公共基础设施累计折旧”科目；按月对确认为公共基础设施的单独计价入账的土地使用权进行摊销时，按照应计提的摊销额，借记“业务活动费用”科目，贷记“公共基础设施累计摊销”科目。

【例7-85】2×19年6月30日，某行政单位计提公共基础设施折旧350 000元。编制该单位对上述资料进行财务会计记账的会计分录：

借：业务活动费用　　　　350 000

贷：公共基础设施累计折旧　　350 000

四、与公共基础设施有关的后续支出

公共基础设施建成后，由于雨水侵蚀、交通事故等无法预计和避免的因素的影响，使其不能正常发挥作用或其功能受到影响。单位为了维持公共基础设施的使用性，定期或不定期对其进行维护，并发生相关的支出。

（一）资本性后续支出

公共基础设施的后续支出是指在公共基础设施使用期间，为了增加公共基础设施使用效能或延长其使用年限，发生的改建、扩建、大型修缮或者维修养护等支出。

单位在原有公共基础设施基础上进行改建、扩建等建造活动后的公共基础设施，其成本按照原公共基础设施账面价值加上改建、扩建等建造活动发生的支出，再扣除公共基础设施被替换部分的账面价值后的金额确定。

单位将公共基础设施转入改建、扩建时，按照公共基础设施的账面价值，借记“在建工程”科目，按照公共基础设施已计提折旧，借记“公共基础设施累计折旧（摊销）”科目，按照公共基础设施的账面余额，贷记“公共基础设施”科目。

为增加公共基础设施使用效能或延长其使用年限而发生的改建、扩建等后续支出，借记“在建工程”科目，贷记“财政拨款收入”、“零余额账户用款额度”、“银行存款”等科目。

为建造公共基础设施借入的专门借款的利息，属于建设期间发生的，计入该公共基础设施在建工程成本；不属于建设期间发生的，计入当期费用。

公共基础设施改建、扩建完成，竣工验收交付使用时，按照在建工程的成本，借记“公共基础设施”科目，贷记“在建工程”科目。

【例7－86】2×19年3月至9月，某行政单位根据对城市交通设施进行改扩建业务，编制相关的会计分录。

（1）2×19年3月31日，将公共基础设施转入改建、扩建，该设施账面原价为50 000 000元，已计提折旧为30 000 000元。编制该单位对上述资料进行财务会计记账的会计分录：

借：在建工程　　20 000 000

　　公共基础设施累计折旧　　30 000 000

贷：公共基础设施　　50 000 000

（2）改造中购入工程物资6 000 000元，款项以财政直接支付结算；以零余额账户支付工程人员薪酬2 000 000元。编制该单位对上述资料进行财务会计记账的会计分录：

借：在建工程　　8 000 000

　　贷：财政拨款收入　　6 000 000

　　　　零余额账户用款额度　　2 000 000

同时，编制该单位对上述资料进行预算会计记账的会计分录：

借：行政支出　　8 000 000

　　贷：财政拨款预算收入　　6 000 000

　　　　资金结存——零余额账户用款额度　　2 000 000

（3）2×19年9月20日公共基础设施改建、扩建完成，结转在建工程完工成本。编制该单位对上述资料进行会计记账的会计分录：

借：公共基础设施　　28 000 000

　　贷：在建工程　　28 000 000

（二）日常维修支出

公共基础设施建成后，由于雨水侵蚀、交通事故等无法预计和避免的因素的影响，政府部门为了维持公共基础设施的使用性，定期或不定期对其进行维护。

为保证公共基础设施正常使用发生的日常维修等支出，借记“业务活动费用”、“单位管理费用”等科目，贷记“财政拨款收入”、“零余额账户用款额度”、“银行存款”等科目。

五、公共基础设施的处置

单位按照规定报经批准处置公共基础设施，分别以下情况处理：

（1）报经批准对外捐赠公共基础设施，按照公共基础设施已计提的折旧或摊销，借记“公共基础设施累计折旧（摊销）”科目，按照被处置公共基础设施账面余额，贷记“公共基础设施”科目，按照捐赠过程中发生的归属于捐出方的相关费用，贷记“银行存款”等科目，按照其差额，借记“资产处置费用”科目。

（2）报经批准无偿调出公共基础设施，按照公共基础设施已计提的折旧或摊销，借记“公共基础设施累计折旧（摊销）”科目，按照被处置公共基础设施账面余额，贷记“公共基础设施”科目，按照其差额，借记“无偿调拨净资产”科目；同时，按照无偿调出过程中发生的归属于调出方的相关费用，借记“资产处置费用”科目，贷记“银行存款”等科目。

【例 7－87】 2×19 年 10 月，M 城市市政管理部门经批准将一批供电设施捐赠给 N 市，该设施账面余额为 3 500 000 元，累计折旧 500 000 元。捐赠过程中，捐出部门以银行存款支付相关费用 20 000 元。

（1）转销无偿调出公共基础设施已计提的折旧和账面余额。编制该单位对上述资料进行财务会计记账的会计分录：

借：公共基础设施累计折旧　500 000
　　无偿调拨净资产　3 000 000
　　贷：公共基础设施　3 500 000

（2）支付与捐赠资产相关的支出。编制该单位对上述资料进行财务会计记账的会计分录：

借：资产处置费用　20 000
　　贷：银行存款　20 000

同时，编制该单位对上述资料进行预算会计记账的会计分录：

借：其他支出　20 000
　　贷：资金结存——货币资金　20 0000

第九节　政府储备物资

一、政府储备物资概述

（一）政府储备物资的概念及内容

一般来说，政府储备物资是指单位直接储存管理的各项政府应急或救灾储备物资等。《政府会计准则第 6 号——政府储备物资》指出：“政府储备物资，是指政府会计主体为满足实施国家安全与发展战略、进行抗灾救灾、应对公共突发事件等特定公共需求而控制的，同时具有下列特征的有形资产：

(1)在应对可能发生的特定事件或情形时动用;(2)其购入、存储保管、更新(轮换)、动用等由政府及相关部门发布的专门管理制度规范。"

需要说明的是,负责采购并拥有储备物资调拨权力的单位(简称"采购单位")将政府储备物资交由其他单位或企业(简称"代储单位")代为储存的,由采购单位通过"政府储备物资"科目核算政府储备物资,代储单位将受托代储的政府储备物资作为受托代理资产核算。

政府储备物资是政府资产的重要组成部分,范围十分广泛,主要包括战略及能源物资、抢险抗灾救灾物资、农产品、医药物资和其他重要商品物资。它们对于保障国家安全、实施宏观调控、服务国计民生具有重要的意义。

(二)政府储备物资的特征

与存货相比,政府储备物资具有以下特点:

第一,单位取得政府储备物资是为了满足特定公共需求,如维护社会经济稳定、确保国家安全、应对各类突发事件等而储备的物资,而持有存货目的则是为了自身耗用或出售。

第二,单位对政府储备物资主要采取委托存储的管理模式。

第三,政府储备物资的收储资金来源复杂,除来源于部门预算资金外,还存在来源于银行专项贷款等;而存货采购资金来源于部门预算资金。

二、政府储备物资的取得

为了反映政府储备物资的增减变动情况,单位应设置"政府储备物资"科目。该科目借方登记单位储备物资的增加额;贷方登记单位储备物资的减少额;期末借方余额,反映单位管理的政府储备物资的实际成本。其明细账应当按照政府储备物资的种类、品种、存放地点等设置并进行明细核算。

单位取得储备物资时,应当按照其成本入账。

(一)购入政府储备物资

单位购入政府储备物资验收入库时,按照确定的成本,借记"政府储备物资"科目,贷记"财政拨款收入"、"零余额账户用款额度"、"银行存款"等科目。

(二)委托加工方式取得政府储备物资

单位采用委托加工方式取得政府储备物资业务的,其会计处理方法参照委托加工物品。

（三）接受捐赠政府储备物资

单位接受捐赠的政府储备物资，其成本按照有关凭据注明的金额加上政府会计主体承担的相关税费、运输费等确定；没有相关凭据可供取得，但按规定经过资产评估的，其成本按照评估价值加上政府会计主体承担的相关税费、运输费等确定；没有相关凭据可供取得、也未经资产评估的，其成本比照同类或类似资产的市场价格加上政府会计主体承担的相关税费、运输费等确定。

单位接受捐赠的政府储备物资验收入库，按照确定的成本，借记“政府储备物资”科目，按照单位承担的相关税费、运输费等，贷记“零余额账户用款额度”、“银行存款”等科目，按照其差额，贷记“捐赠收入”科目。

（四）无偿调入的政府储备物资

单位接受无偿调入的政府储备物资验收入库，按照确定的成本，借记“政府储备物资”科目，按照单位承担的相关税费、运输费等，贷记“零余额账户用款额度”、“银行存款”等科目，按照其差额，贷记“无偿调拨净资产”科目。

【例 7－88】 2×19 年某行政单位根据发生的政府储备物资业务，编制相关的会计分录。

（1）3 月 10 日，根据规定购入政府储备物资一批并验收入库，其成本总额为 5 000 000 元，以财政直接支付方式结算款项。另以银行存款支付运费等相关费用 60 000 元。编制该单位对上述资料进行财务会计记账的会计分录：

借：政府储备物资	5 060 000	
贷：财政拨款收入		5 000 000
银行存款		60 000

同时，编制该单位对上述资料进行预算会计记账的会计分录：

借：行政支出	5 060 000	
贷：财政拨款预算收入		5 000 000
资金结存——货币资金		60 000

（2）5 月 25 日，收到乙单位捐赠的政府储备物资一批并验收入库，取得的捐赠凭据上注明的金额为 250 000 元。以零余额账户支付运输费等 20 000 元。编制该单位对上述资料进行财务会计记账的会计分录：

借：政府储备物资　　270 000

　　贷：零余额账户用款额度　　20 000

　　　　捐赠收入　　250 000

同时，编制该单位对上述资料进行预算会计记账的会计分录：

借：其他支出　　20 000

　　贷：资金结存——零余额账户用款额度　　20 000

(3) 10月18日，经批准从丙单位无偿调入政府储备物资并验收入库，调出时该批物资的账面价值为120 000元，以银行存款支付运输费等6 000元。编制该单位对上述资料进行财务会计记账的会计分录：

借：政府储备物资　　126 000

　　贷：无偿调拨净资产　　120 000

　　　　银行存款　　6 000

同时，编制该单位对上述资料进行预算会计记账的会计分录：

借：其他支出　　6 000

　　贷：资金结存——货币资金　　6 000

三、政府储备物资的发出

单位应当严格执行国家有关法律法规、规章、规范性文件、标准规范，严格执行政府储备物资出库指令，接受有关部门和单位监督，保证国家储备物资数量准确、质量合格、储存安全。

单位经批准因动用而发出无需收回的政府储备物资的，按照发出物资的账面余额，借记“业务活动费用”科目，贷记“政府储备物资”科目；因动用而发出需要收回或者预期可能收回的政府储备物资的，在发出物资时，按照发出物资的账面余额，借记“政府储备物资——发出”科目，贷记“政府储备物资——在库”科目；按照规定的质量验收标准收回物资时，按照收回物资原账面余额，借记“政府储备物资——在库”科目，按照未收回物资的原账面余额，借记“业务活动费用”科目，按照物资发出时登记在“政府储备物资——发出”科目所属明细科目中的余额，贷记“政府储备物资——发出”科目。

单位因行政管理主体变动等原因而将政府储备物资调拨给其他主体的，按照无偿调出政府储备物资的账面余额，借记“无偿调拨净资产”科目，贷记“政府储备物资”科目。

单位对外销售政府储备物资并将销售收入纳入单位预算统一管理的，发出物资时，按照发出物资的账面余额，借记“业务活动费用”科目，贷记“政府储备物资”科目；实现销售收入时，按照确认的收入金额，借记“银行存款”、“应收账款”等科目，贷记“事业收入”等科目；对外销售政府储备物资并按照规定将销售净收入上缴财政的，发出物资时，按照发出物资的账面余额，借记“资产处置费用”科目，贷记“政府储备物资”科目；取得销售价款时，按照实际收到的款项金额，借记“银行存款”等科目，按照发生的相关税费，贷记“银行存款”等科目，按照销售价款大于所承担的相关税费后的差额，贷记“应缴财政款”科目。

【例 7-89】 2019 年，某事业单位根据发生的政府储备物资发出业务，编制相关的会计分录。

(1) 8 月 5 日，经批准发出需要收回的政府储备物资一批，该批物资账面余额为 600 000 元；11 月 20 日，收回已发出的该批物资，经质量验收，符合标准的物资账面余额为 450 000 元。编制该单位对上述资料进行财务会计记账的会计分录：

借：政府储备物资——发出	600 000	
贷：政府储备物资——在库		600 000
借：政府储备物资——在库	450 000	
业务活动费用	150 000	
贷：政府储备物资——发出		600 000

(2) 10 月 20 日，经批准对外销售甲类和乙类两种政府储备物资，其中销售甲类物资取得收入 1 500 000 元存入银行，该物资的账面余额为 1 200 000 元，规定销售收入纳入单位预算统一管理；销售乙类物资取得收入 800 000 元存入银行，账面余额为 650 000 元，按规定已将销售净收入上缴财政。

①销售甲类物资，编制该单位对上述资料进行财务会计记账的会计分录：

发出物资：

借：业务活动费用	1 200 000	
贷：政府储备物资		1 200 000

确认实现销售收入，编制该单位对上述资料进行财务会计记账的会计分录：

借：银行存款	1 500 000	
贷：事业收入		1 500 000

同时，编制该单位对上述资料进行预算会计记账的会计分录：

借：资金结存——货币资金　　1 500 000

　　贷：事业预算收入　　1 500 000

②销售乙类物资，编制该单位对上述资料进行财务会计记账的会计分录：

发出物资：

借：资产处置费用　　650 000

　　贷：政府储备物资　　650 000

确认实现销售收入：

借：银行存款　　800 000

　　贷：应缴财政款　　800 000

第十节　待处理财产损溢

单位持有的各类资产发生以下情形，应作为待处理财产损溢处理：①自然损耗、意外灾害造成的毁损；②管理不善或责任者的过失造成的毁损；③因手续不健全或制度不严密而发生的资产盘盈或盘亏；④由于计量或检验不准确，造成多收多付或少收少付等。待处理财产损溢应及时查明原因，按照规定程序报批处理。

单位应设置“待处理财产损溢”科目，核算其在资产清查过程中查明的各种资产盘盈、盘亏和报废、毁损的价值。借方登记资产盘亏、毁损的金额及盘盈转销金额；贷方登记资产的盘盈金额及盘亏、毁损的转销金额。期末如为借方余额，反映尚未处理完毕的各种资产的净损失；期末如为贷方余额，反映尚未处理完毕的各种资产净溢余。年末，经批准处理后，“待处理财产损溢”科目一般应无余额。

“待处理财产损溢”科目应当按照待处理的资产项目进行明细核算；对于在资产处理过程中取得收入或发生相关费用的项目，还应当设置“待处理财产价值”、“处理净收入”明细科目，进行明细核算。

单位资产清查中查明的资产盘盈、盘亏、报废和毁损，一般应当先记入本科目，按照规定报经批准后及时进行账务处理。年末结账前一般应处理完毕。

一、账款核对时发现的库存现金短缺或溢余

每日账款核对中发现现金短缺或溢余，属于现金短缺，按照实际短缺的金额，借记“待处理财产损溢”科目，贷记“库存现金”科目；属于现金溢余，按照实际溢余的金额，借记“库存现金”科目，贷记“待处理财产损溢”科目。

如为现金短缺，属于应由责任人赔偿或向有关人员追回的，借记“其他应收款”科目，贷记本科目；属于无法查明原因的，报经批准核销时，借记“资产处置费用”科目，贷记“待处理财产损溢”科目。

如为现金溢余，属于应支付给有关人员或单位的，借记“待处理财产损溢”科目，贷记“其他应付款”科目；属于无法查明原因的，报经批准后，借记“待处理财产损溢”科目，贷记“其他收入”科目。

【例 7－90】 2×19 年 5 月份，某行政单位发生现金溢余或短缺业务，编制相关的会计分录。

（1）20 日现金清查时，发现库存现金比其账面余额多 150 元，原因待查。经查，20 日现金长款原因不明，31 日经批准确认为其他收入。

①现金溢余时，编制该单位对上述资料进行财务会计记账的会计分录：

借：库存现金　　150

　　贷：待处理财产损溢　　150

同时，编制该单位对上述资料进行预算会计记账的会计分录：

借：资金结存——货币资金　　150

　　贷：其他预算收入　　150

②经查，溢余的现金属于出纳工作失误多收某单位的款项，尚未退还该单位。编制该单位对上述资料进行财务会计记账的会计分录：

借：待处理财产损溢　　150

　　贷：其他应付款　　150

（2）25 日现金清查时，发现库存现金比其账面余额少 180 元，原因待查。经查，25 日现金短缺 100 元为出纳员张洁的责任，已收到赔款 100 元；其余短缺无法查明原因，经批准确认为资产损失。

①现金短缺时，编制该单位对上述资料进行财务会计记账的会计分录：

借：待处理财产损溢　　180

　　贷：库存现金　　180

同时，编制该单位对上述资料进行预算会计记账的会计分录：

借：其他支出　　180

　　贷：资金结存——货币资金　　180

②现金短缺报经批准时，编制该单位对上述资料进行财务会计记账的会计分录：

借：库存现金　　100

　　资产处置费用　　80

　　贷：待处理财产损溢　　180

同时，编制该单位对上述资料进行预算会计记账的会计分录：

借：资金结存——货币资金　　100

　　贷：其他支出　　100

二、资产清查过程中发现的各类资产盘盈

这里所说的各类资产包括：存货、固定资产、无形资产、公共基础设施、政府储备物资、文物文化资产、保障性住房等资产。

单位发生各类资产盘盈并将资产转入待处理资产时，按照确定的成本，借记“库存物品”、“固定资产”、“无形资产”、“公共基础设施”、“政府储备物资”、“文物文化资产”、“保障性住房”等科目，贷记“待处理财产损溢”科目。

单位按照规定报经批准后处理时，对于盘盈的流动资产，借记“待处理财产损溢”科目，贷记“单位管理费用”（事业单位）或“业务活动费用”（行政单位）科目。对于盘盈的非流动资产，如属于本年度取得的，按照当年新取得相关资产进行账务处理；如属于以前年度取得的，按照前期差错处理，借记“待处理财产损溢”科目，贷记“以前年度盈余调整”科目。

【例7-91】 2×19年6月30日，某单位进行资产清查盘点，发现有一台使用中的设备未入账。该型号设备存在活跃市场，市场价格为60 000元。7月10日，收到上级主管部门批复意见，将盘盈资产作为前期差错处理。根据以上资料，该单位应当做如下账务处理：

（1）设备盘盈，编制该单位对上述资料进行财务会计记账的会计分录：

借：固定资产　　60 000

　　贷：待处理财产损溢——待处理财产价值　　60 000

（2）转销盘盈设备，编制该单位对上述资料进行财务会计记账的会计

分录：

借：待处理财产损溢——待处理财产价值　　60 000

　　贷：以前年度盈余调整　　60 000

三、资产清查过程中发现的各类资产盘亏或者毁损、报废

单位发生各类资产盘亏或者毁损、报废并将资产转入待处理资产时，借记“待处理财产损溢——待处理财产价值”科目［盘亏、毁损、报废固定资产、无形资产、公共基础设施、保障性住房的，还应借记“固定资产累计折旧”、“无形资产累计摊销”、“公共基础设施累计折旧（摊销）”、“保障性住房累计折旧”科目］，贷记“库存物品”、“固定资产”、“无形资产”、“公共基础设施”、“政府储备物资”、“文物文化资产”、“保障性住房”、“在建工程”等科目。涉及增值税业务的，相关账务处理参见“应交增值税”科目。

报经批准处理时，借记“资产处置费用”科目，贷记“待处理财产损溢——待处理财产价值”科目。

单位处理毁损、报废实物资产过程中取得的残值或残值变价收入、保险理赔和过失人赔偿等，借记“库存现金”、“银行存款”、“库存物品”、“其他应收款”等科目，贷记“待处理财产损溢——处理净收入”科目；处理毁损、报废实物资产过程中发生的相关费用，借记“待处理财产损溢——处理净收入”科目，贷记“库存现金”、“银行存款”等科目。

单位处理收支结清，如果处理收入大于相关费用的，按照处理收入减去相关费用后的净收入，借记“待处理财产损溢——处理净收入”科目，贷记“应缴财政款”等科目；如果处理收入小于相关费用的，按照相关费用减去处理收入后的净支出，借记“资产处置费用”科目，贷记“待处理财产损溢——处理净收入”科目。

【例 7－92】 某事业单位为增值税一般纳税人。2×19 年 12 月根据库存物品发生的毁损业务，编制会计分录如下：

（1）20 日，财产清查时，发现材料毁损一批，其成本为 60 000 元，取得材料时支付的增值税进项税额为 9 600 元。将毁损的材料转入待处理资产，同时，将增值税一并转出（毁损材料为管理不善所致）。编制该单位对上述资料进行财务会计记账的会计分录：

借：待处理财产损溢——待处理财产价值　　69 600

　　贷：库存物品　　60 000

应交增值税——应交税金（进项税额转出）　　　　9 600

（2）22 日，处置毁损材料时取得残料变价收入 5 000 元存入银行，应收保险理赔款 20 000 元，向责任者索赔 10 000 元。编制该单位对上述资料进行财务会计记账的会计分录：

借：银行存款　　　　5 000

其他应收款——某保险公司　　　　20 000

——某责任者　　　　10 000

贷：待处理财产损溢——待处理净收入　　　　35 000

（3）23 日，以银行存款支付清理毁损材料的相关费用 7 000 元。编制该单位对上述资料进行财务会计记账的会计分录：

借：待处理财产损溢——待处理净收入　　　　7 000

贷：银行存款　　　　7 000

（4）经批准转销待处理财产价值。编制该单位对上述资料进行财务会计记账的会计分录：

借：资产处置费用　　　　69 600

贷：待处理财产损溢——待处理财产价值　　　　69 600

（5）结转待处理净收入。编制该单位对上述资料进行财务会计记账的会计分录：

借：待处理财产损溢——待处理净收入　　　　38 000

贷：应缴财政款　　　　38 000

第十一节　其他资产

一、文物文化资产

（一）文物文化资产概述

1. 文物文化资产的内涵

文物文化资产是指用于展览、教育或研究等目的的历史文物、艺术品以及其他具有文化或者历史价值并作长期或者永久保存的典藏等。其中，文物资产是指用于纪念和展出等目的、具有一定价值和历史意义的并作长期或者永久保存的古董和历史文物等；文化资产是指用于纪念和展出等目的、具有一定价值和文化内涵的并作长期或者永久保存的艺术品和文化用品等。

2. 文物文化资产的特征

与其他资产相比，文物文化资产一般具有以下显著特征[①]：

第一，它们在文化、环境、教育和历史方面的价值不可能在纯粹以市场价格为依据的财务价值中得到完全反映；

第二，法律和（或）法定义务可能禁止或严厉限制它们通过销售进行处置；

第三，它们通常具有不可替代性，即使它们的实体状态恶化，其价值却可能日益增长。

第四，它们的使用寿命可能难以估计，有些可能会长达几百年。

（二）文物文化资产的取得

为了反映文物文化资产的增减变动情况，单位应设置“文物文化资产”科目。该科目借方登记文物文化资产的增加；贷方登记文物文化资产的减少；期末借方余额，反映单位期末文物文化资产的价值。

单位应当设置文物文化资产登记簿和文物文化资产卡片，按文物文化资产类别等设置明细账，进行明细核算。

单位取得文物文化资产应当按照取得时的实际成本入账。取得时的实际成本包括买价、包装费、运输费、交纳的有关税金等相关费用，以及为使文物文化资产达到预定可使用状态前所发生的必要支出。

1. 外购的文物文化资产

单位外购的文物文化资产，按照取得时实际支付的购买价款、相关税费以及可归属于该项资产达到预定用途前所发生的其他支出（如运输费、安装费、装卸费等），借记“文物文化资产”科目，贷记“财政拨款收入”、“零余额账户用款额度”、“银行存款”等科目。

2. 从其他单位无偿调入的文物文化资产

单位接受其他单位无偿调入的文物文化资产，其成本按照该项资产在调出方的账面价值加上归属于调入方的相关费用确定。单位调入文物文化资产时，按照确定的成本，借记“文物文化资产”科目，按照发生的归属于调入

---

① 《国际公共部门会计准则第 17 号——不动产、厂房和设备》。

方的相关费用，贷记“零余额账户用款额度”、“银行存款”等科目，按照其差额，贷记“无偿调拨净资产”科目。单位无偿调入的文物文化资产成本无法可靠取得的，按照发生的归属于调入方的相关费用，借记“其他费用”科目，贷记“零余额账户用款额度”、“银行存款”等科目。

3. 接受捐赠的文物文化资产

单位接受捐赠的文物文化资产，其成本按照有关凭据注明的金额加上相关费用确定；没有相关凭据可供取得，但按照规定经过资产评估的，其成本按照评估价值加上相关费用确定；没有相关凭据可供取得、也未经评估的，其成本比照同类或类似资产的市场价格加上相关费用确定。单位接受捐赠文物文化资产时，按照确定的成本，借记“文物文化资产”科目，按照发生的相关税费、运输费等金额，贷记“零余额账户用款额度”、“银行存款”等科目，按照其差额，贷记“捐赠收入”科目。单位接受捐赠的文物文化资产成本无法可靠取得的，按照发生的相关税费、运输费等金额，借记“其他费用”科目，贷记“零余额账户用款额度”、“银行存款”等科目。

对于成本无法可靠取得的文物文化资产，单位应当设置备查簿进行登记，待成本能够可靠确定后按照规定及时入账。

【例 7-93】 2×19 年，某事业单位根据发生的文物文化资产业务，编制相关的会计分录。

(1) 1 月 10 日，因开展业务活动的需要，以零余额账户存款购买一件艺术品，其价款 100 000 元。另以现金支付运输费和装卸费共计 2 000 元，不考虑增值税。编制该单位对上述资料进行财务会计记账的会计分录：

借：文物文化资产	102 000	
贷：零余额账户用款额度		100 000
库存现金		2 000

同时，编制该单位对上述资料进行预算会计记账的会计分录：

借：事业支出	102 000	
贷：资金结存——零余额账户用款额度		100 000
——货币资金		2 000

(2) 5 月 20 日，经批准，接受其他单位无偿调入 3 件文物文化资产，该项资产在调出单位的账面价值为 150 000 元，调入时发生由本单位负担的运输费为 4 000 元，以银行存款付讫。编制该单位对上述资料进行财务会计记账的会计分录：

借：文物文化资产	154 000	

贷：银行存款 4 000

无偿调拨净资产 150 000

同时，编制该单位对上述资料进行预算会计记账的会计分录：

借：其他支出 4 000

贷：资金结存——货币资金 4 000

（3）10 月 5 日，接受某画家捐赠的一幅画作，该画家的画作在市场上交易活跃，其所捐赠的画作估计市价为 50 000 元。以银行存款支付举办捐赠仪式相关费用 3 000 元。编制该单位对上述资料进行财务会计记账的会计分录：

借：文物文化资产 53 000

贷：捐赠收入 50 000

银行存款 3 000

同时，编制该单位对上述资料进行预算会计记账的会计分录：

借：其他支出 3 000

贷：资金结存——货币资金 3 000

（三）文物文化资产的处置

单位文物文化资产的处置主要包括对外捐赠、无偿调出两种方式。

单位报经批准对外捐赠文物文化资产时，按照被处置文物文化资产的账面余额和捐赠过程中发生的归属于捐出方的相关费用合计数，借记“资产处置费用”科目，按照被处置文物文化资产账面余额，贷记“文物文化资产”科目，按照捐赠过程中发生的归属于捐出方的相关费用，贷记“银行存款”等科目；报经批准无偿调出文物文化资产，按照被处置文物文化资产账面余额，借记“无偿调拨净资产”科目，贷记“文物文化资产”科目；同时，按照无偿调出过程中发生的归属于调出方的相关费用，借记“资产处置费用”科目，贷记“银行存款”等科目。

【例 7-94】 2×19 年 10 月，甲事业单位根据发生的文物文化资产处置业务，编制相关的会计分录。

（1）经批准，对外捐赠文物文化资产，被处置文物文化资产的账面余额 200 000 元，以银行存款支付由该单位负担的相关费用 6 000 元。编制该单位对上述资料进行财务会计记账的会计分录：

借：资产处置费用 206 000

贷：文物文化资产 200 000

银行存款 6 000

同时，编制该单位对上述资料进行预算会计记账的会计分录：

借：其他支出　　6 000

　　贷：资金结存——货币资金　　6 000

（2）报经批准，无偿调出文物文化资产，被调出文物文化资产的账面余额为150 000元，调出过程中发生由本单位负担的相关费用2 000元。编制该单位对上述资料进行会计记账的会计分录：

借：无偿调拨净资产　　150 000

　　贷：文物文化资产　　150 000

借：资产处置费用　　2 000

　　贷：银行存款　　2 000

同时，编制该单位对上述资料进行预算会计记账的会计分录：

借：其他支出　　2 000

　　贷：资金结存——货币资金　　2 000

二、保障性住房

（一）保障性住房的取得

为了反映保障性住房的增减变动情况，单位应设置“保障性住房”科目。该科目借方登记增加的保障性住房原值；贷方登记减少的保障性住房原值；期末借方余额，反映保障性住房的原值。“保障性住房”科目应按照保障性住房的类别、项目等设置明细账并进行明细核算。

保障性住房的取得方式主要有外购、自行建造、接受其他单位无偿调入、接受捐赠、融资租赁取得等，无论何种方式取得的保障性住房，应当在取得时按其成本入账。

1. 外购的保障性住房

单位外购的保障性住房，其成本包括购买价款、相关税费以及可归属于该项资产达到预定用途前所发生的其他支出。外购的保障性住房，按照确定的成本，借记“保障性住房”科目，贷记“财政拨款收入”、“零余额账户用款额度”、“银行存款”等科目。

2. 自行建造的保障性住房

单位自行建造的保障性住房交付使用时，按照在建工程成本，借记“保障性住房”科目，贷记“在建工程”科目。已交付使用但尚未办理竣工决算手续的保障性住房，按照估计价值入账，待办理竣工决算后再按照实际成本调整原来的暂估价值。

3. 无偿调入的保障性住房

单位接受其他单位无偿调入的保障性住房，其成本按照该项资产在调出方的账面价值加上归属于调入方的相关费用确定。无偿调入的保障性住房，按照确定的成本，借记“保障性住房”科目，按照发生的归属于调入方的相关费用，贷记“零余额账户用款额度”、“银行存款”等科目，按照其差额，贷记“无偿调拨净资产”科目。

此外，单位接受捐赠、融资租赁取得的保障性住房，参照“固定资产”科目的相关规定进行处理。

（二）保障性住房的折旧

单位持有的保障性住房会随着时间的推移被消耗，预期产生的服务潜力或者带来经济利益的能力会逐渐降低、丧失。

根据规定，单位应当参照《政府会计准则第 3 号——固定资产》及其应用指南的相关规定，按月对其控制的保障性住房计提折旧。

为了反映保障性住房累计折旧的增减变动情况，单位应设置“保障性住房累计折旧”科目，其性质和结构与“固定资产累计折旧”相同。

单位按月计提保障性住房折旧时，按照应计提的折旧额，借记“业务活动费用”科目，贷记“保障性住房累计折旧”科目。

（三）保障性住房的出租

按照规定出租保障性住房并将出租收入上缴同级财政，按照收取的租金金额，借“银行存款”等科目，贷记“应缴财政款”科目。

（四）保障性住房的处置

单位按照规定报经批准处置保障性住房，应当分别以下情况处理：

1. 无偿调出保障性住房

单位报经批准无偿调出保障性住房，按照保障性住房已计提的折旧，借记“保障性住房累计折旧”科目，按照被处置保障性住房账面余额，贷记“保障性住房”科目，按照其差额，借记“无偿调拨净资产”科目；同时，按照无偿调出过程中发生的归属于调出方的相关费用，借记“资产处置费用”科目，贷记“银行存款”等科目。

2. 出售保障性住房

单位报经批准出售保障性住房，按照被出售保障性住房的账面价值，借记“资产处置费用”科目，按照保障性住房已计提的折旧，借记“保障性住房累计折旧”科目，按照保障性住房的账面余额，贷记“保障性住房”科目；同时，按照收到的价款，借记“银行存款”等科目，按照出售过程中发生的相关费用，贷记“银行存款”等科目，按照其差额，贷记“应缴财政款”科目。

单位应当定期对保障性住房进行清查盘点。对于发生的保障性住房盘盈、盘亏、毁损或报废等，其会计处理方法可参照固定资产盘盈、盘亏、毁损或报废的账务处理。

三、长期待摊费用

（一）长期待摊费用的概念

长期待摊费用是指单位已经发生但应由本期和以后各期负担的分摊期限在1年以上（不含1年）的各项费用，如以经营租赁方式租入的固定资产发生的改良支出等。长期待摊费用本质上是一种费用，但由于这些费用所产生的服务潜力或者带来的经济利益要期待于将来，并且这些费用支出数额较大，如果将其全部计入支出年度，则不能正确反映当期的财务状况和运行情况，因此，需要对这些费用进行分期摊销处理。

（二）长期待摊费用的核算

为了反映长期待摊费用的增减变动情况，单位应设置“长期待摊费用”科目，借方登记单位发生的待摊费用；贷方登记各期摊销的费用；期末借方余额，反映单位尚未摊销完毕的长期待摊费用。其明细账应按长期待摊费用的种类设置并进行明细核算。

单位发生长期待摊费用时，按照支出金额，借记“长期待摊费用”科目，贷记“财政拨款收入”、“零余额账户用款额度”、“银行存款”等科目；按照受益期间摊销长期待摊费用时，按照摊销金额，借记“业务活动费用”、“单位管理费用”、“经营费用”等科目，贷记“长期待摊费用”科目。

需要说明的是，如果某项长期待摊费用已经不能使单位受益，应当将其摊余金额一次全部转入当期费用。按照摊销金额，借记“业务活动费用”、“单位管理费用”、“经营费用”等科目，贷记“长期待摊费用”科目。

【例 7 - 95】2×19 年，某事业单位（小规模纳税人）对以经营租赁方式租入的研发大楼进行改造，根据发生的相关业务，编制会计分录如下：

(1) 以财政直接支付方式支付购进大楼改造工程所需物资成本 120 000 元，增值税 19 200 元。编制该单位对上述资料进行财务会计记账的会计分录：

借：工程物资　　139 200

　　贷：财政拨款收入　　139 2 000

同时，编制该单位对上述资料进行预算会计记账的会计分录：

借：事业支出　　139 2 00

　　贷：财政拨款预算收入　　139 2 00

(2) 研发大楼改造工程耗用工程物资 110 000 元，应确认的职工薪酬为 58 400 元，用银行存款支付其他费用 23 600 元。编制该单位对上述资料进行财务会计记账的会计分录：

借：在建工程——租入固定资产改良支出　　192 000

　　贷：工程物资　　110 000

　　　　应付职工薪酬　　58 400

　　　　银行存款　　23 600

同时，编制该单位对上述资料进行预算会计记账的会计分录：

借：事业支出　　23 600

　　贷：资金结存——货币资金　　23 600

(3) 研发大楼改造工程完工，将全部工程支出转入长期待摊费用。编制该单位对上述资料进行财务会计记账的会计分录：

借：长期待摊费用——租入固定资产改良支出　　192 000

　　贷：在建工程——租入固定资产改良支出　　192 000

(4) 研发大楼投入使用，按租期 4 年、分月摊销研发大楼改造工程支出。

每月摊销额 = 192 000 ÷ 4 ÷ 12 = 4 000（元）

编制该单位对上述资料进行财务会计记账的会计分录：

借：业务活动费用　　4 000

　　贷：长期待摊费用——租入固定资产改良支出　　4 000

四、受托代理资产

（一）受托代理资产的概念

受托代理资产是指单位接受委托方委托管理的各项资产，包括受托指定转赠的物资、受托储存管理的物资等。

在受托代理交易过程中，单位通常只是从委托方收到受托资产，并按照委托人的意愿将资产转赠给指定的其他组织或个人，或者按照有关规定将资产转交给指定的其他组织或个人，单位本身并不拥有受托资产的所有权和使用权，它只是在交易过程中起中介作用。

（二）受托转赠的物资

为了反映受托转赠物资的增减变动情况，单位应设置“受托代理资产”科目。该科目借方登记受托代理资产增加；贷方登记受托代理资产减少；期末为借方余额，反映单位的受托代理资产中实物资产的价值。其明细账应当按照资产的种类和委托人设置并进行明细核算；属于转赠资产的，还应当按照受赠人设置并进行明细核算。

需要说明的是，单位管理的罚没物资也应当通过“受托代理资产”科目核算；单位收到的受托代理资产为现金和银行存款的，不通过“受托代理资产”科目核算，应当通过“库存现金”、“银行存款”科目进行核算。

单位接受委托人委托需要转赠给受赠人的物资，其成本按照有关凭据注明的金额确定。接受委托转赠的物资验收入库，按照确定的成本，借记“受托代理资产——受托转赠物资”科目，贷记“受托代理负债”科目；受托协议约定由受托方承担相关税费、运输费等的，还应当按照实际支付的相关税费、运输费等金额，借记“其他费用”科目，贷记“银行存款”等科目。

单位将受托转赠物资交付受赠人时，按照转赠物资的成本，借记“受托代理负债”科目，贷记“受托代理资产——受托转赠物资”科目。

有时，转赠物资的委托人取消了对捐赠物资的转赠要求，且不再收回捐赠物资的，应当将转赠物资转为单位的存货、固定资产等。按照转赠物资的成本，借记“受托代理负债”科目，贷记“受托代理资产——受托转赠物资”科目；同时，借记“库存物品”、“固定资产”等科目，贷记“其他收入”科目。

【例 7 - 96】 2×19 年，甲事业单位根据发生的受托转赠物资业务，编制相关的会计分录。

（1）8 月 10 日，接受委托转赠的抗旱物资一批并验收入库，该批物资凭据注明的金额为 350 000 元。编制该单位对上述资料进行财务会计记账的会计分录：

借：受托代理资产——受托转赠物资　　　　350 000

贷：受托代理负债　　350 000

（2）8月15日，支付由本单位承担的保管费1 800元。编制该单位对上述资料进行财务会计记账的会计分录：

借：其他费用　　1 800

　　贷：银行存款　　1 800

同时，编制该单位对上述资料进行预算会计记账的会计分录：

借：其他支出　　18 000

　　贷：资金结存——货币资金　　18 000

（3）8月31日，委托人取消了对捐赠物资的转赠要求、且不再收回捐赠物资，将转赠物资50 000元转为存货，其余部分确认为固定资产。编制该单位对上述资料进行财务会计记账的会计分录：

借：受托代理负债　　350 000

　　贷：受托代理资产——受托转赠物资　　350 000

借：库存物品　　50 000

　　固定资产　　300 000

　　贷：其他收入　　350 000

（三）受托储存管理的物资

单位接受委托人委托存储保管的物资，其成本按照有关凭据注明的金额确定。接受委托储存的物资验收入库，按照确定的成本，借记"受托代理资产——受托储存管理物资"科目，贷记"受托代理负债"科目；发生由受托单位承担的与受托存储保管的物资相关的运输费、保管费等费用时，按照实际发生的费用金额，借记"其他费用"等科目，贷记"银行存款"等科目；根据委托人要求交付或发出受托存储保管的物资时，按照发出物资的成本，借记"受托代理负债"科目，贷记"受托代理资产——受托储存管理物资"科目。

【例7－97】2×19年4月，甲事业单位根据发生的受托储存管理物资业务，编制相关的会计分录。

（1）5日，接受乙单位委托储存物资一批并验收入库，委托储存管理物资的有关凭据上注明的物资成本为1 500 000元。编制该单位对上述资料进行财务会计记账的会计分录：

借：受托代理资产——受托储存管理物资　　1 500 000

　　贷：受托代理负债　　1 500 000

（2）8日，以银行存款支付由本单位承担的运输费2 000元、保管费等费用26 000元，并计入相关费用。编制该单位对上述资料进行财务会计记账的会计分录：

借：其他费用　　28 000
　　贷：银行存款　　28 000

同时，编制该单位对上述资料进行预算会计记账的会计分录：

借：其他支出　　28 000
　　贷：资金结存——货币资金　　28 000

（3）根据乙单位要求，将受托储存物资交付乙单位。编制该单位对上述资料进行会计记账的会计分录：

借：受托代理负债　　1 500 000
　　贷：受托代理资产——受托储存管理物资　　1 500 000

（四）罚没物资

单位取得罚没物资时，其成本按照有关凭据注明的金额确定。罚没物资验收（入库），按照确定的成本，借记“受托代理资产”科目，贷记“受托代理负债”科目。罚没物资成本无法可靠确定的，单位应当设置备查簿进行登记；按照规定处置或移交罚没物资时，按照罚没物资的成本，借记“受托代理负债”科目，贷记“受托代理资产”科目。处置时取得款项的，按照实际取得的款项金额，借记“银行存款”等科目，贷记“应缴财政款”等科目。

第八章

负债类科目的核算

负债是指政府会计主体过去的经济业务或者事项形成的，预期会导致经济资源流出政府会计主体的现时义务。现时义务是指政府会计主体在现行条件下已承担的义务。未来发生的经济业务或者事项形成的义务不属于现时义务，不应当确认为负债。

政府会计主体的负债按其流动性，分为流动负债和非流动负债。流动负债是指预计在 1 年内（含 1 年）偿还的负债，包括短期借款、应交税费、应付及预收款项、应付职工薪酬、应缴款项等。非流动负债是指流动负债以外的负债，包括长期借款、长期应付款、应付政府债券和政府依法担保形成的债务等。

第一节　短期借款和长期借款

一、短期借款

短期借款是指事业单位经批准向银行或其他金融机构等借入的期限在 1 年内（含 1 年）的各种借款。短期借款一般是事业单位为了满足经营活动或者是为了抵偿某项债务而借入的。

事业单位应当设置“短期借款”科目，核算短期借款的取得、偿还等情况。该科目贷方登记实际借入的短期借款本金，借方登记偿还的借款本金，期末贷方余额反映事业单位尚未偿还的短期借款本金。本科目可按借款种类和债权人进行明细核算。

事业单位借入各种短期借款时，借记“银行存款”科目，贷记“短期借款”科目。如果短期借款按季度支付利息或利息是在借款到期时连同本金一起归还，并且数额较大，事业单位于月末应采用预提方式进行短期借款利息的核算。在资产负债表日，事业单位应当按照计算确定的短期借款利息费用，借记“其他费用”科目，贷记“应付利息”科目；实际支付利息时，借记“应付利息”科目，贷记“银行存款”科目。归还短期借款时，借记“短期借款”科目，贷记“银行存款”科目。

【例8-1】资料：20X1年4月1日，某事业单位以3.6%的年利率向某银行借入一笔款项，借款本金100 000元，期限为6个月，按季付息。在每月末计提当月应付利息。6月30日支付第一季度利息。9月30日到期归还本息。编制相关的会计分录。

(1) 4月1日，借入短期借款。编制该单位对上述资料进行财务会计记账的会计分录：

借：银行存款　　100 000

　　贷：短期借款　　100 000

同时，编制该单位对上述资料进行预算会计记账的会计分录：

借：资金结存——货币资金　　100 000

　　贷：债务预算收入　　100 000

(2) 4~8月每月末计提当月应付利息，编制该单位对上述资料进行财务会计记账的会计分录：

借：其他费用　　300

　　贷：应付利息　　300

每月应计提的利息金额 = 100 000 × 3.6% ÷ 12 = 300（元）

(3) 6月30日，第一次支付利息，编制该单位对上述资料进行财务会计记账的会计分录：

借：其他费用　　300

　　应付利息　　600

　　贷：银行存款　　900

同时，编制该单位对上述资料进行预算会计记账的会计分录：

借：其他支出　　900

　　贷：资金结存——货币资金　　900

(4) 9月30日，到期归还本息，编制该单位对上述资料进行财务会计记账的会计分录：

借：短期借款 100 000

其他费用 300

应付利息 600

贷：银行存款 100 900

同时，编制该单位对上述资料进行预算会计记账的会计分录：

借：债务还本支出 100 000

其他支出 900

贷：资金结存——货币资金 100 900

二、长期借款

长期借款是指事业单位经批准向银行或其他金融机构等借入的期限超过1年（不含1年）的各种借款本息。

事业单位应当设置“长期借款”科目，核算长期借款的取得、偿还等情况。该科目贷方登记实际借入的长期借款本金，借方登记偿还的借款本金，期末贷方余额反映事业单位尚未偿还的长期借款本金。本科目应当设置“本金”和“应计利息”明细科目，并按照贷款单位和贷款种类进行明细核算。

事业单位借入各种长期借款时，借记“银行存款”科目，贷记“长期借款——本金”科目。在资产负债表日，事业单位应当按照计算确定的长期借款利息费用，借记“其他费用”科目，如为购建固定资产等支付的专门借款利息且属于工程项目建设期间的应借记“在建工程”科目，贷记“应付利息”科目（对于一次还本付息的长期借款，贷记“长期借款——应计利息”科目）；实际支付利息时，借记“应付利息”科目，贷记“银行存款”科目。归还长期借款本金和利息时，借记“长期借款——本金”科目、“长期借款——应计利息”科目，贷记“银行存款”科目。

【例8-2】 资料：20×1年1月1日，某事业单位为建造一幢办公楼借入一笔期限为2年的长期专门借款1 000 000元，款项已存入银行。借款利率为9%，期满后一次还清本金和全部利息。20×1年年初，该单位以银行存款支付工程价款400 000元，20×2年年初，又以银行存款支付工程价款600 000元。该办公楼于20×2年6月30日完工，达到预定可使用状态。假定不考虑其他因素。编制相关的会计分录。

（1）20×1年1月1日，借入长期借款，编制该单位对上述资料进行财务会计记账的会计分录：

借：银行存款　　1 000 000

　　贷：长期借款——本金　　1 000 000

同时，编制该单位对上述资料进行预算会计记账的会计分录：

借：资金结存——货币资金　　1 000 000

　　贷：债务预算收入　　1 000 000

（2）20×1年年初，支付工程款，编制该单位对上述资料进行财务会计记账的会计分录：

借：在建工程——办公楼　　400 000

　　贷：银行存款　　400 000

同时，编制该单位对上述资料进行预算会计记账的会计分录：

借：事业支出　　400 000

　　贷：资金结存——货币资金　　400 000

（3）20×1年12月31日，计算应计入工程成本的利息费用，编制该单位对上述资料进行财务会计记账的会计分录：

借款利息＝1 000 000×9%＝90 000（元）

借：在建工程——办公楼　　90 000

　　贷：长期借款——应计利息　　90 000

（4）20×2年年初，支付工程款，编制该单位对上述资料进行财务会计记账的会计分录：

借：在建工程——办公楼　　600 000

　　贷：银行存款　　600 000

同时，编制该单位对上述资料进行预算会计记账的会计分录：

借：事业支出　　600 000

　　贷：资金结存——货币资金　　600 000

（5）20×2年6月30日，工程完工达到预定可使用状态，编制该单位对上述资料进行财务会计记账的会计分录：

应计入工程成本的借款利息＝（1 000 000×9%÷12）×6＝45 000（元）

借：在建工程——办公楼　　45 000

　　贷：长期借款——应计利息　　45 000

借：固定资产——办公楼　　1 135 000

　　贷：在建工程——办公楼　　1 135 000

（6）20×2年12月31日，计算当年7～12月的利息费用，偿还本金和利息，编制该单位对上述资料进行财务会计记账的会计分录：

应计入其他费用的借款利息 =（1 000 000 × 9% ÷ 12）× 6 = 45 000（元）

借：长期借款——本金　　1 000 000

　　　　　——应计利息　　135 000

　其他费用　　45 000

　贷：银行存款　　1 180 000

同时，编制该单位对上述资料进行预算会计记账的会计分录：

借：债务还本支出　　1 000 000

　其他支出　　180 000

　贷：资金结存——货币资金　　1 180 000

第二节　应交税费

政府会计主体在一定时期内取得经营收入或发生特定经营行为，要按照税法规定交纳各种税费，如增值税、城市维护建设税、教育费附加等。这些应交的税费，应按照权责发生制的原则确认，在尚未交纳之前，形成政府会计主体的一项负债。

一、应交增值税

（一）增值税概述

增值税是以商品（含货物、加工修理修配劳务、服务、无形资产或不动产，以下统称商品）在流转过程中产生的增值额为计税依据而征收的一种流转税。按照我国现行增值税制度的规定，在我国境内销售货物、加工修理修配劳务、服务、无形资产和不动产以及进口货物的单位和个人为增值税的纳税人。其中，“单位”是指企业、行政单位、事业单位、军事单位、社会团体及其他单位；“服务”是指提供交通运输服务、建筑服务、现代服务等。

根据经营规模大小及会计核算水平的健全程度，增值税纳税人分为一般纳税人和小规模纳税人。计算增值税的方法分为一般计税方法和简易计税方法。

1. 一般计税方法

增值税的一般计税方法，是先按当期销售额和适用的税率计算出销项税额，然后以该销项税额对当期购进项目支付的税款（即进项税额）进行抵扣，从而间接算出当期的应纳税额，应纳税额的计算公式为：

应纳税额 = 当期销项税额 - 当期进项税额

“当期销项税额”是指一般纳税人当期销售货物、加工修理修配劳务、服务、无形资产和不动产时按照销售额和增值税税率计算并收取的增值税税额。

“当期进项税额”是指一般纳税人当期购进货物、加工修理修配劳务、应税服务、无形资产和不动产，支付或者负担的增值税税额。

当期销项税额小于当期进项税额不足抵扣时，其不足部分可以结转下期继续抵扣。

一般纳税人采用的增值税税率分为16%、10%、6%和零税率。

2. 简易计税方法

增值税的简易计税方法，是按照销售额与征收率的乘积计算应纳税额，不得抵扣进项税额，应纳税额的计算公式为：

应纳税额 = 销售额 × 征收率

公式中的“销售额”不包括其应纳税额，如果纳税人采用销售额和应纳税额合并定价方法的，应按照公式“销售额 = 含税销售额/（1 + 征收率）”还原为不含税销售额计算。

采用简易计税方法的增值税征收率为3%，财政部和国家税务总局另有规定的除外。

增值税一般纳税人计算增值税大多采用一般计税方法，小规模纳税人一般采用简易计税方法。

（二）增值税核算应设置的科目

单位应设置“应交增值税”科目，核算按照税法规定计算应交纳的增值税。属于增值税一般纳税人的单位，应当在“应交增值税”科目下设置“应交税金”、“未交税金”、“预交税金”、“待抵扣进项税额”、“待认证进项税额”、“待转销项税额”、“简易计税”、“转让金融商品应交增值税”、“代扣代交增值税”等明细科目。

（1）“应交税金”明细科目，该明细账内应设置“进项税额”、“已交税金”、“转出未交增值税”、“减免税款”、“销项税额”、“进项税额转出”、“转出多交增值税”等专栏。“进项税额”专栏，记录单位购进货物、加工修理修配劳务、服务、无形资产或不动产而支付或负担的、准予从当期销项税额中抵扣的增值税税额；“已交税金”专栏，记录单位当月已交纳的应交增值税税额；“转出未交增值税”和“转出多交增值税”专栏，分别记录一般纳税人月度终了转出当月应交未交或多交的增值税税额；“减免税款”专栏，记录单位按照现行增值税制度规定准予减免的增值税税额；“销项税额”专栏，记录单位销售货物、加工修理修配劳务、服务、无形资产或不动产应收取的增值税税额；“进项税额转出”专栏，记录单位购进货物、加工修理修配劳务、服务、无形资产或不动产等发生非正常损失以及其他原因而不应从销项税额中抵扣、按照规定转出的进项税额。

（2）“未交税金”明细科目，核算单位月度终了从“应交税金”或“预交税金”明细科目转入当月应交未交、多交或预缴的增值税税额，以及当月交纳以前期间未交的增值税税额。

（3）“预交税金”明细科目，核算单位转让不动产、提供不动产经营租赁服务等，以及其他按照现行增值税制度规定应预缴的增值税税额。

（4）“待抵扣进项税额”明细科目，核算单位已取得增值税扣税凭证并经税务机关认证，按照现行增值税制度规定准予以后期间从销项税额中抵扣的进项税额。

（5）“待认证进项税额”明细科目，核算单位由于未经税务机关认证而不得从当期销项税额中抵扣的进项税额。包括：一般纳税人已取得增值税扣税凭证并按规定准予从销项税额中抵扣，但尚未经税务机关认证的进项税额；一般纳税人已申请稽核但尚未取得稽核相符结果的海关缴款书进项税额。

（6）“待转销项税额”明细科目，核算单位销售货物、加工修理修配劳务、服务、无形资产或不动产，已确认相关收入（或利得）但尚未发生增值税纳税义务而需于以后期间确认为销项税额的增值税税额。

（7）“简易计税”明细科目，核算单位采用简易计税方法发生的增值税计提、扣减、预缴、缴纳等业务。

（8）“转让金融商品应交增值税”明细科目，核算单位转让金融商品发生的增值税税额。

（9）“代扣代交增值税”明细科目，核算单位购进在境内未设经营机构的境外单位或个人在境内的应税行为代扣代缴的增值税。

属于增值税小规模纳税人的单位只需在“应交增值税”科目下设置“转让金融商品应交增值税”、“代扣代交增值税”明细科目。

（三）一般纳税人的账务处理

1. 取得资产、接受劳务

（1）单位购买用于增值税应税项目的资产或服务等时，按照应计入相关成本费用或资产的金额，借记“在途物品”、“库存物品”、“固定资产”、“经营费用”等科目，按照当月已认证的可抵扣增值税税额，借记“应交增值税——应交税金（进项税额）”科目，按照当月未认证的可抵扣增值税额，借记“应交增值税——待认证进项税额”科目；按照应付或实际支付的金额，贷记“应付账款”、“应付票据”、“银行存款”等科目。发生退货的，如原增值税专用发票已做认证，应根据税务机关开具的红字增值税专用发票做相反的会计分录；如原增值税专用发票未做认证，应将发票退回并做相反的会计分录。

经税务机关认证为不可抵扣进项税时，借记“应交增值税——应交税金（进项税额）”科目，贷记“应交增值税——待认证进项税额”科目，同时，将进项税额转出，借记相关成本费用科目，贷记“应交增值税——应交税金（进项税额转出）”科目。

【例 8-3】资料：20×1 年 4 月 3 日，某事业单位（为增值税一般纳税人）开展非独立核算经营活动，购买所用物资一批，取得的增值税专用发票上注明的物资价款为 60 000 元，增值税税额为 9 600 元，款项以银行存款支付，当日收到物资，已验收入库。编制相关的会计分录。

20×1 年 4 月 3 日，购入物资，编制该单位对上述资料进行财务会计记账的会计分录：

借：库存物品	60 000	
应交增值税——应交税金（进项税额）	9 600	
贷：银行存款		69 600

同时，编制该单位对上述资料进行预算会计记账的会计分录：

借：经营支出	69 600	
贷：资金结存——货币资金		69 600

【例 8-4】资料：20×1 年 4 月 8 日，某事业单位（为增值税一般纳税人）开展非独立核算经营活动，以银行存款支付经营业务咨询费，取得的增值税专用发票上注明的价款为 3 000 元，增值税税额为 180 元。编制相关的会计分录。

20×1 年 4 月 8 日，支付经营业务咨询费，编制该单位对上述资料进行财务会计记账的会计分录：

借：经营费用　　3 000
　　应交增值税——应交税金（进项税额）　　180
　　贷：银行存款　　3 180

同时，编制该单位对上述资料进行预算会计记账的会计分录：

借：经营支出　　3 180
　　贷：资金结存——货币资金　　3 180

（2）购进应税不动产或不动产在建工程的进项税额分年抵扣。单位作为增值税一般纳税人，自 2016 年 5 月 1 日后取得并按固定资产核算的不动产或不动产在建工程，按取得增值税专用发票上注明的价款，借记“固定资产”、“在建工程”等科目，其进项税额自取得之日起分 2 年从销项税额中抵扣，按照增值税专用发票上注明的增值税税额的 60% 作为当期可抵扣的进项税额，借记“应交增值税——应交税金（进项税额）”科目，按照增值税专用发票上注明的增值税税额的 40% 作为自本月起第 13 个月可抵扣的进项税额，借记“应交增值税——待抵扣进项税额”科目；按照应付或实际支付的金额，贷记“应付账款”、“应付票据”、“银行存款”等科目。尚未抵扣的进项税额待以后期间允许抵扣时，按照允许抵扣的金额，借记“应交增值税——应交税金（进项税额）”科目，贷记“应交增值税——待抵扣进项税额”科目。

【例 8－5】 资料：20×1 年 4 月 15 日，某事业单位（为增值税一般纳税人）开展非独立核算经营活动，购入一间仓库作为固定资产核算，并于当月投入使用。取得的增值税专用发票上注明的价款为 300 000 元，增值税税额为 30 000 元，款项以银行存款支付。不考虑其他因素。编制相关的会计分录。

①20×1 年 4 月 15 日购入仓库，编制该单位对上述资料进行财务会计记账的会计分录：

当月可抵扣的进项税额＝30 000×60%＝18 000（元）

借：固定资产　　300 000
　　应交增值税——应交税金（进项税额）　　18 000
　　　　　　　——应交税金（待抵扣进项税额）　　12 000
　　贷：银行存款　　330 000

同时，编制该单位对上述资料进行预算会计记账的会计分录：

借：经营支出　　330 000
　　贷：资金结存——货币资金　　330 000

②20×2 年 4 月允许抵扣剩余的增值税进项税额，编制该单位对上述资料进行财务会计记账的会计分录：

借：应交增值税——应交税金（进项税额） 12 000

贷：应交增值税——待抵扣进项税额 12 000

（3）单位因发生非正常损失或改变用途等，原已计入进项税额、待抵扣进项税额或待认证进项税额，但按照现行增值税制度规定不得从销项税额中抵扣的，借记“待处理财产损溢”、“固定资产”等科目，贷记“应交增值税——应交税金（进项税额转出）”科目、“应交增值税——待抵扣进项税额”科目或“应交增值税——待认证进项税额”科目。单位购进时已全额抵扣进项税额的货物或服务等转用于不动产在建工程的，其已抵扣进项税额的40%的应于转用当期转出，应借记“应交增值税——待抵扣进项税额”科目，贷记“应交增值税——应交税金（进项税额转出）”科目。原不得抵扣且未抵扣进项税额的固定资产等，因改变用途等用于允许抵扣进项税额的应税项目的，应按照允许抵扣的进项税额，借记“应交增值税——应交税金（进项税额）”科目，贷记“固定资产”等科目。固定资产等资产经上述调整后，应按照调整后的账面价值在剩余尚可使用年限内计提折旧或摊销。

【例8-6】 资料：20×1年5月，某事业单位（为增值税一般纳税人）开展非独立核算经营活动，发生有关业务如下：

①10日，用于经营活动的库存A物品因管理不善发生火灾损失。该物品的实际成本为50 000元，相关增值税专用发票上注明的增值税税额为8 000元。

②15日，领用上月为经营活动购入的一批B物品，用于仓库工程建设项目。该批物品的实际成本为100 000元，相关增值税专用发票上注明的增值税税额为16 000元。

编制相关的会计分录。

①10日，库存A物品因管理不善发生火灾损失，编制该单位对上述资料进行财务会计记账的会计分录：

借：待处理财产损溢 58 000

贷：库存物品——A物品 50 000

应交增值税——应交增值税（进项税额转出） 8 000

②15日，工程领用库存B物品，编制该单位对上述资料进行财务会计记账的会计分录：

借：在建工程——仓库 100 000

贷：库存物品——B物品 100 000

借：应交税费——待抵扣进项税额 16 000

贷：应交增值税——应交税金（进项税额转出）　　16 000

（4）按照现行增值税制度规定，境外单位或个人在境内发生应税行为，在境内未设有经营机构的，以购买方为增值税扣缴义务人。境内一般纳税人购进服务或资产时，按照应计入相关成本费用或资产的金额，借记“经营费用”、“库存物品”、“固定资产”等科目，按照可抵扣的增值税税额，借记“应交增值税——应交税金（进项税额）”科目，按照应付或实际支付的金额，贷记“银行存款”、“应付账款”等科目，按照应代扣代缴的增值税税额，贷记“应交增值税——代扣代交增值税”科目。实际缴纳代扣代缴增值税时，按照代扣代缴的增值税税额，借记“应交增值税——代扣代交增值税”科目，贷记“银行存款”等科目。

【例8－7】 资料：20×1年5月，某事业单位（为增值税一般纳税人）开展非独立核算经营活动，向一境外单位进行业务咨询，发生咨询费42 400元。该境外单位在境内未设有经营机构，由该事业单位代扣代缴增值税税款，合同约定税款由境外单位承担。假定不考虑其他税费。编制相关的会计分录。

①计算应代扣代缴增值税：42 400÷（1＋6%）×6%＝2 400（元）

实际支付给境外单位款项＝42 400－2 400＝40 000（元）

②发生业务咨询费，编制该单位对上述资料进行财务会计记账的会计分录：

借：经营费用　　42 400

　　贷：其他应付款　　42 400

③代扣增值税，编制该单位对上述资料进行财务会计记账的会计分录：

借：其他应付款　　2 400

　　贷：应交增值税——代扣代交增值税　　2 400

④缴纳代扣增值税，编制该单位对上述资料进行财务会计记账的会计分录：

借：应交增值税——代扣代交增值税　　2 400

　　贷：银行存款　　2 400

同时，编制该单位对上述资料进行预算会计记账的会计分录：

借：应交增值税——应交增值税（进项税额）　　2 400

　　贷：经营费用　　2 400

2. 销售资产、提供服务

（1）单位销售资产或提供服务，应当按照应收或已收的金额，借记“应收账款”、“应收票据”、“银行存款”等科目，按照确认的收入金额，贷记

“经营收入”、“事业收入”等科目，按照现行增值税制度规定计算的销项税额（或采用简易计税方法计算的应纳增值税税额），贷记“应交增值税——应交税金（销项税额）”或“应交增值税——简易计税”科目。发生销售退回的，应根据按照规定开具的红字增值税专用发票做相反的会计分录。

按照政府会计制度及相关政府会计准则确认收入的时点早于按照增值税制度确认增值税纳税义务发生时点的，应将相关销项税额记入“应交增值税——待转销项税额”科目，待实际发生纳税义务时再转入“应交增值税——应交税金（销项税额）”或“应交增值税——简易计税”科目。

按照增值税制度确认增值税纳税义务发生时点早于按照政府会计制度及相关政府会计准则确认收入的时点的，应按照应纳增值税税额，借记“应收账款”科目，贷记“应交增值税——应交税金（销项税额）”科目或“应交增值税——简易计税”科目。

【例8-8】 资料：20×1年5月，某事业单位（为增值税一般纳税人）开展非独立核算经营活动，发生有关业务如下：

①10日，对外提供培训服务，开具的增值税专用发票上注明的价款为10 000元，增值税税额为600元。服务已提供，款项当日收到并存入银行。

②18日，对外销售一批物品，开具的增值税专用发票上注明的价款为15 000元，增值税税额为2 400元，提货单和增值税专用发票已交给买方，约定款项下月支付。该批物品的实际成本为12 000元。

编制相关的会计分录。

①10日，对外提供培训服务，编制该单位对上述资料进行财务会计记账的会计分录：

借：银行存款	10 600	
贷：经营收入		10 000
应交增值税——应交税金（销项税额）		600

同时，编制该单位对上述资料进行预算会计记账的会计分录：

借：资金结存——货币资金	10 600	
贷：经营预算收入		10 600

②18日，对外销售一批物品，编制该单位对上述资料进行财务会计记账的会计分录：

借：应收账款	17 400	
贷：经营收入		15 000
应交增值税——应交税金（销项税额）		2 400

借：经营费用　　12 000

　　贷：库存物品　　12 000

（2）金融商品转让按照规定以盈亏相抵后的余额作为销售额。金融商品实际转让月末，如产生转让收益，则按照应纳税额，借记“投资收益”科目，贷记“应交增值税——转让金融商品应交增值税”科目；如产生转让损失，则按照可结转下月抵扣税额，借记“应交增值税——转让金融商品应交增值税”科目，贷记“投资收益”科目。交纳增值税时，应借记“应交增值税——转让金融商品应交增值税”科目，贷记“银行存款”等科目。年末，“应交增值税——转让金融商品应交增值税”科目如有借方余额，则借记“投资收益”科目，贷记“应交增值税——转让金融商品应交增值税”科目。

【例8-9】资料：20×1年3月1日，某事业单位开展非独立核算经营活动，以100 000元出售持有的一项短期投资，出售价款当日收存银行。该项投资实际取得成本为84 100元。不考虑其他因素。编制相关的会计分录。

编制该单位对上述资料进行财务会计记账的会计分录：

出售该项投资应纳增值税 =（100 000 - 84 100）÷（1 + 6%）×6% = 900（元）

借：银行存款　　100 000

　　贷：短期投资　　84 100

　　　　投资收益　　15 900

借：投资收益　　900

　　贷：应交增值税——转让金融商品应交增值税　　900

同时，编制该单位对上述资料进行预算会计记账的会计分录：

借：资金结存——货币资金　　100 000

　　贷：投资支出　　84 100

　　　　投资预算收益　　15 900

3. 月末转出多交增值税和未交增值税

月度终了，单位应当将当月应交未交或多交的增值税自“应交税金”明细科目转入“未交税金”明细科目。当月应交未交的增值税，借记“应交增值税——应交税金（转出未交增值税）”科目，贷记“应交增值税——未交税金”科目；当月多交的增值税，借记“应交增值税——未交税金”科目，贷记“应交增值税——应交税金（转出多交增值税）”科目。

【例8-10】资料：20×1年5月31日，某事业单位（为增值税一般纳税人）将尚未交纳的增值税税款3 000元进行转账。不考虑其他因素。编制相关的会计分录。

编制该单位对上述资料进行财务会计记账的会计分录：

借：应交增值税——应交税金（转出未交增值税） 3 000

　　贷：应交增值税——未交税金 3 000

4. 交纳增值税

（1）当月交纳当月的增值税，借记“应交增值税——应交税金（已交税金）”科目，贷记“银行存款”等科目。

（2）当月交纳以前期间未交的增值税，借记“应交增值税——未交税金”科目，贷记“银行存款”等科目。

（3）预交增值税，借记“应交增值税——预交税金”科目，贷记“银行存款”等科目。月末，单位应将“预交税金”明细科目余额转入“未交税金”明细科目，借记“应交增值税——未交税金”科目，贷记“应交增值税——预交税金”科目。

（4）减免增值税，对于当期直接减免的增值税，借记“应交增值税——应交税金（减免税款）”科目，贷记“经营费用”等科目。

按照现行增值税制度规定，单位初次购买增值税税控系统专用设备支付的费用以及缴纳的技术维护费允许在增值税应纳税额中全额抵减，按规定抵减的增值税应纳税额，借记“应交增值税——应交税金（减免税款）”科目，贷记“经营费用”等科目。

【例8－11】 资料：20×1年6月，某事业单位（为增值税一般纳税人）当月的增值税销项税额合计为12 000元，增值税进项税额转出合计为1 600元，增值税进项税额合计为8 000元。30日，该单位用银行存款交纳当月增值税税款2 000元。编制相关的会计分录。

编制该单位对上述资料进行财务会计记账的会计分录：

该单位当月应交增值税＝12 000＋1 600－8 000＝5 600（元）

借：应交增值税——应交税金（已交税金） 2 000

　　贷：银行存款 2 000

同时，编制该单位对上述资料进行预算会计记账的会计分录：

借：经营支出 2 000

　　贷：资金结存——货币资金 2 000

【例8－12】 承［例8－10］，20×1年6月，该事业单位交纳5月份未交增值税3 000元。编制相关的会计分录。

编制该单位对上述资料进行财务会计记账的会计分录：

借：应交增值税——未交税金　　3 000

　　贷：银行存款　　3 000

同时，编制该单位对上述资料进行预算会计记账的会计分录：

借：经营支出　　3 000

　　贷：资金结存——货币资金　　3 000

【例 8-13】 资料：20×1 年 5 月，某事业单位因开展非独立核算经营活动，申请为增值税一般纳税人，初次购买增值税税控系统专用设备作为固定资产核算，取得的增值税专用发票上注明的价款为 35 000 元，增值税税额为 5 600 元，价款和税款以银行存款支付。编制相关的会计分录。

①取得设备，支付价款和税款，编制该单位对上述资料进行财务会计记账的会计分录：

借：固定资产　　40 600

　　贷：银行存款　　40 600

同时，编制该单位对上述资料进行预算会计记账的会计分录。

借：经营支出　　40 600

　　贷：资金结存——货币资金　　40 600

②按规定抵减增值税应纳税额，编制该单位对上述资料进行财务会计记账的会计分录。

借：应交增值税——应交税金（减免税款）　　40 600

　　贷：经营费用　　40 600

（四）小规模纳税人的账务处理

小规模纳税人购买资产或服务时，按应付或实际支付的全部款项（包括支付的增值税税额），借记“在途物品”、“库存物品”、“在建工程”、“固定资产”、“经营费用”等科目，贷记“应付账款”、“应付票据”、“银行存款”等科目。

小规模纳税人销售资产或服务时，按全部价款（包括应交的增值税额），借记“银行存款”等科目，按不含税的销售额，贷记“经营收入”等科目，按应交的增值税，贷记“应交增值税”科目。

【例 8-14】 资料：20×1 年 5 月，某事业单位（为增值税小规模纳税人）开展非独立核算经营活动，发生的有关业务如下，编制相关的会计分录。

①10 日，购入材料一批，取得的增值税专用发票上注明的价款为 10 000 元，增值税税额为 1 600 元，款项以银行存款支付，材料已验收入库。

②20 日，销售物品一批，开具的增值税普通发票价税款合计为 16 480 元，款项已存入银行。该批物品的实际成本为 12 000 元。该单位适用的增值税征收率为 3%。

③31 日，用银行存款交纳增值税 480 元。

①10 日，购入材料，编制该单位对上述资料进行财务会计记账的会计分录。

借：库存物品　11 600

　　贷：银行存款　11 600

同时，编制该单位对上述资料进行预算会计记账的会计分录。

借：经营支出　11 600

　　贷：资金结存——货币资金　11 600

②20 日，销售物品，编制该单位对上述资料进行财务会计记账的会计分录：

计算应交增值税：16 480 ÷（1 +3%）×3% =480（元）

借：银行存款　16 480

　　贷：经营收入　16 000

　　　　应交增值税　480

借：经营费用　12 000

　　贷：库存物品　12 000

同时，编制该单位对上述资料进行预算会计记账的会计分录：

借：资金结存——货币资金　16 480

　　贷：经营预算收入　16 480

③31 日，交纳增值税，编制该单位对上述资料进行财务会计记账的会计分录：

借：应交增值税　480

　　贷：银行存款　480

同时，编制该单位对上述资料进行预算会计记账的会计分录：

借：经营支出　480

　　贷：资金结存——货币资金　480

二、其他应交税费

单位应设置“其他应交税费”科目，核算单位按照税法等规定计算应交纳的除增值税以外的各种税费，包括城市维护建设税、教育费附加、地方教育费附加和企业所得税等税费。单位代扣代缴的个人所得税，也通过本科目核算。该科目贷方登记应交纳的各种税费，借方登记实际交纳的税费；期末贷方余额反映单位尚未交纳的税费，期末借方余额反映单位多交的税费。本科目按应交税费种类进行明细核算。

1. 发生纳税义务

发生城市维护建设税、教育费附加、地方教育费附加等纳税义务的，按照税法规定计算的应缴税费金额，借记“业务活动费用”、“单位管理费用”、“经营费用”等科目，贷记“其他应交税费——应交城市维护建设税、应交教育费附加、应交地方教育费附加”等科目。

按照税法规定计算应代扣代缴职工（含长期聘用人员）、其他人员的个人所得税，借记“应付职工薪酬”、“业务活动费用”、“单位管理费用”、“经营费用”等科目，贷记“其他应交税费——应交个人所得税”科目。

发生企业所得税纳税义务的，按照税法规定计算的应交所得税额，借记“所得税费用”科目，贷记“其他应交税费——单位应交所得税”科目。

2. 交纳各种税费

单位实际交纳上述各种税费时，借记“其他应交税费——应交城市维护建设税、应交教育费附加、应交地方教育费附加、应交个人所得税”等科目，贷记“零余额账户用款额度”、“银行存款”等科目。

【例 8-15】 资料：20×1 年 12 月，某事业单位（为增值税小规模纳税人）开展非独立核算经营活动，当月实际应交增值税为 5 000 元，适用的城市维护建设税率为 7%，教育费附加为 3%，地方教育费附加为 2%；当月应代扣代缴的职工个人所得税为 13 600 元；根据规定计算出当年应缴纳企业所得税 8 000 元。20×2 年 1 月初，该单位以银行存款向税务机关交纳上述各种税费。编制相关的会计分录。

①20X1 年 12 月，计算并确认应交纳的城市维护建设税、教育费附加和地方教育费附加分别为：5 000×7% =350（元），5 000×3% =150（元），5 000×2% =100（元），编制该单位对上述资料进行财务会计记账的会计分录：

借：经营费用	600	
贷：其他应交税费——应交城市维护建设税		350
——应交教育费附加		150
——应交地方教育费附加		100

②20×1 年 12 月，代扣个人所得税，编制该单位对上述资料进行财务会

计记账的会计分录：

借：应付职工薪酬　13 600

　贷：其他应交税费——应交个人所得税　13 600

③20X1 年 12 月，确认当年企业所得税：

借：所得税费用　8 000

　贷：其他应交税费——单位应交所得税　8 000

④20×2 年 1 月初，交纳各种税费，编制该单位对上述资料进行财务会计记账的财务处理：

借：应交增值税——未交税金　5 000

　其他应交税费——应交城市维护建设税　350

　——应交教育费附加　150

　——应交地方教育费附加　100

　——应交个人所得税　13 600

　——单位应交所得税　8 000

　贷：银行存款　27 200

同时，编制该单位对上述资料进行预算会计记账的会计分录：

借：经营支出　5 600

　事业支出　13 600

　非财政拨款结余——累计结余　8 000

　贷：资金结存——货币资金　27 200

第三节　应缴财政款

单位的应缴财政款是指单位取得或应收的按照规定应当上缴财政的款项，包括应缴国库的款项和应缴财政专户的款项。

单位应当设置“应缴财政款”科目，核算应缴入国库和应缴入财政专户的各类款项。该科目贷方登记应缴国库款和应缴财政专户款的增加，借方登记实际缴纳的金额，期末贷方余额反映单位应缴入国库和应缴入财政专户但尚未缴纳的款项。该科目按照应缴财政款项的类别进行明细核算；年终清缴后，一般应无余额。单位取得或应收按照规定应缴财政的款项时，借记“银行存款”、“应收账款”等科目，贷记“应缴财政款”科目；单位实际上缴款项时，借记“应缴财政款”科目，贷记“银行存款”等科目。

【例8－16】资料：20×1年9月20日，某高校收到学费共计15 000 000元，款项已存入银行。20×1年10月10日，以银行存款上缴财政专户学费15 000 000元。编制相关的会计分录。

（1）20×1年9月20日，收到学费，编制该单位对上述资料进行财务会计记账的会计分录：

借：银行存款　　15 000 000

　　贷：应缴财政款　　15 000 000

（2）20×1年10月10日，上缴学费，编制该单位对上述资料进行财务会计记账的会计分录：

借：应缴财政款　　15 000 000

　　贷：银行存款　　15 000 000

因为学费属于未纳入该单位预算管理资金，所以预算会计不需要进行账务处理。

【例8－17】资料：20×1年11月，某行政单位经批准以20 000元出售了一台旧专用设备，款项已收存银行。该设备账面原价为100 000元，已提折旧84 000元。20×1年12月，将出售旧设备所得价款上缴财政国库，款项以银行存款支付。编制相关的会计分录。

（1）20×1年11月，将该设备账面价值转入处置，编制该单位对上述资料进行财务会计记账的会计分录：

借：资产处置费用　　16 000

　　固定资产累计折旧　　84 000

　　贷：固定资产　　100 000

（2）20×1年11月，收到出售设备价款，编制该单位对上述资料进行财务会计记账的会计分录：

借：银行存款　　20 000

　　贷：应缴财政款　　20 000

（3）20×1年12月，上缴出售设备价款，编制该单位对上述资料进行财务会计记账的会计分录：

借：应缴财政款　　20 000

　　贷：银行存款　　20 000

第四节　应付职工薪酬

一、职工薪酬的内容

职工薪酬是指单位按有关规定应付给职工（含长期聘用人员）及为职工支付的各种薪酬，包括基本工资、国家统一规定的津贴补贴、规范津贴补贴（绩效工资）、改革性补贴、社会保险费（如职工基本养老保险费、职业年金、基本医疗保险费等）、住房公积金等。

1. 津贴补贴

津贴补贴是指为补偿职工特殊或额外的劳动消耗和因其他原因支付给职工的津贴，以及为保证职工工资水平不受物价影响支付给职工的物价补贴等。

2. 社会保险费

社会保险费是指单位按照国家规定的基准和比例计算，向社会保险经办机构缴存的职工基本养老保险费、职业年金、基本医疗保险费等。

基本养老保险费由单位和个人共同负担。单位缴纳基本养老保险费（以下简称单位缴费）的比例为本单位工资总额的20%，个人缴纳基本养老保险费（以下简称个人缴费）的比例为本人缴费工资的8%，由单位代扣。

职业年金所需费用由单位和工作人员个人共同承担。单位缴纳职业年金费用的比例为：本单位工资总额的8%，个人缴费比例为本人缴费工资的4%，由单位代扣。单位与个人缴费基数与基本养老保险缴费基数一致。

基本医疗保险费由用人单位和职工共同缴纳。用人单位缴费率应控制在职工工资总额的6%左右，职工缴费率一般为本人工资收入的2%。

3. 住房公积金

住房公积金是指单位按照《住房公积金管理条例》规定的基准和比例计算，向住房公积金管理机构缴存的住房公积金。

二、应付职工薪酬的核算

单位应当设置“应付职工薪酬”科目，核算职工薪酬的确认、结算等情况。该科目贷方登记应付职工薪酬的增加，借方登记实际支付或结转的职工薪酬金额，期末贷方余额反映单位应付未付的职工薪酬。本科目应当根据国家有关规定按照“基本工资”（含离退休费）、“国家统一规定的津贴补贴”、“规范津贴补贴（绩效工资）”、“改革性补贴”、“社会保险费”、“住房公积金”、“其他个人收入”等进行明细核算。其中，“社会保险费”、“住房公积金”明细科目的核算内容包括单位从职工工资中代扣代缴的社会保险费、住房公积金，以及单位为职工计算缴纳的社会保险费、住房公积金。

1. 确认职工薪酬

（1）从事专业及其辅助活动人员的职工薪酬，借记“业务活动费用”、“单位管理费用”等科目，贷记“应付职工薪酬”科目。

（2）应由在建工程、加工物品、自行研发无形资产负担的职工薪酬，借记“在建工程”、“加工物品”、“研发支出”等科目，贷记“应付职工薪酬”科目。

（3）从事专业及其辅助活动之外的经营活动人员的职工薪酬，借记“经营费用”科目，贷记“应付职工薪酬”科目。

（4）因解除与职工的劳动关系而给予的补偿，借记“单位管理费用”等科目，贷记“应付职工薪酬”科目。

【例 8－18】资料：20×1 年 12 月，某事业单位应付职工工资总额为 1 000 000元，“工资费用分配表”中列示从事专业业务活动人员的工资为 650 000元，从事后勤管理活动人员的工资为 350 000 元。

编制该单位对上述资料进行财务会计记账的会计分录：

借：业务活动费用　　650 000
　　单位管理费用　　350 000
　　贷：应付职工薪酬——工资　　1 000 000

【例 8－19】资料：20×1 年 12 月，某事业单位根据国家规定的计提标准，计算应负担的职工社会保险费为 360 000 元、住房公积金 120 000 元，其中：从事专业业务活动人员的社会保险费和住房公积金分别为 234 000 元、78 000元，从事后勤管理活动人员社会保险费和住房公积金分别为 126 000 元、42 000元。

编制该单位对上述资料进行财务会计记账的会计分录：

借：业务活动费用　　312 000
　　单位管理费用　　168 000
　　贷：应付职工薪酬——社会保险费　　360 000

——住房公积金　　120 000

2. 发放职工薪酬

（1）单位向职工支付工资、津贴补贴等薪酬时，按照实际支付的金额，借记“应付职工薪酬”科目，贷记“财政拨款收入”、“零余额账户用款额度”、“银行存款”等科目；按照税法规定代扣的职工个人所得税，借记“应付职工薪酬”科目，贷记“其他应交税费——应交个人所得税”。

（2）从应付职工薪酬中代扣为职工垫付的水电费、房租等费用时，按照实际扣除的金额，借记“应付职工薪酬——基本工资”科目，贷记“其他应收款”等科目。

从应付职工薪酬中代扣职工个人负担的社会保险费和住房公积金时，按照代扣的金额，借记“应付职工薪酬——基本工资”科目，贷记“应付职工薪酬——社会保险费、住房公积金”科目。

（3）按照国家有关规定缴纳职工社会保险费和住房公积金时，按照实际支付的金额，借记“应付职工薪酬——社会保险费、住房公积金”科目，贷记“财政拨款收入”、“零余额账户用款额度”、“银行存款”等科目。

【例 8-20】 资料：20×1 年 12 月，某行政单位结算应发工资总额为 1 000 000元，通过零余额账户实际支付职工工资及津贴 680 000 元，按规定代扣代缴个人所得税 40 000 元，代扣职工个人负担的社会保险费 120 000 元、住房公积金 100 000 元，代垫职工家属楼水费 5 000 元。

编制该单位对上述资料进行财务会计记账的会计分录：

借：应付职工薪酬——工资、津贴　　1 000 000

　　贷：零余额账户用款额度　　735 000

　　　　其他应交税费——应交个人所得税　　40 000

　　　　应付职工薪酬——社会保险费　　120 000

　　　　　　　　　　——住房公积金　　100 000

　　　　其他应收款——代垫职工水费　　5 000

同时，编制该单位对上述资料进行预算会计记账的会计分录：

借：行政支出　　735 000

　　贷：资金结存——零余额账户用款额度　　735 000

【例 8-21】 资料：20×1 年 12 月，某行政单位通过零余额账户向社会保险经办机构缴纳社会保险费 480 000 元，向住房公积金管理中心缴纳住房公积金 220 000 元；以银行存款上缴代扣的个人所得税 40 000 元。编制相关的会计分录。

(1) 缴纳社会保险费和住房公积金时，编制该单位对上述资料进行财务会计记账的会计分录：

借：应付职工薪酬——社会保险费　480 000
　　　　　　　　——住房公积金　220 000
　　贷：零余额账户用款额度　700 000

同时，编制该单位对上述资料进行预算会计记账的会计分录：

借：行政支出　700 000
　　贷：资金结存——零余额账户用款额度　700 000

(2) 缴纳代扣的个人所得税，编制该单位对上述资料进行财务会计记账的会计分录：

借：其他应交税费——应交个人所得税　40 000
　　贷：银行存款　40 000

同时，编制该单位对上述资料进行预算会计记账的会计分录：

借：行政支出　40 000
　　贷：资金结存——货币资金　40 000

第五节　应付和预收款项

政府会计主体的应付及预收款项是指其在开展业务活动中发生的各项债务，包括应付票据、应付账款、其他应付款等应付款项和预收账款。

一、应付票据

应付票据是指事业单位因购买材料、物资等而开出、承兑的商业汇票，包括银行承兑汇票和商业承兑汇票。

事业单位应当设置"应付票据"科目，核算应付票据的增加、到期支付等情况。该科目贷方登记应付票据的增加，借方登记应付票据到期时的支付或结转，期末贷方余额反映事业单位开出、承兑的尚未到期的商业汇票票面金额。事业单位开出、承兑商业汇票时，借记"库存物品"、"固定资产"等科目，贷记"应付票据"科目。以商业汇票抵付应付账款时，借记"应付账款"科目，贷记"应付票据"科目。支付银行承兑汇票的手续费时，借记

“经营费用”等科目，贷记“银行存款”等科目。商业汇票到期，收到银行支付到期票据的付款通知时，借记“应付票据”科目，贷记“银行存款”科目；本单位无力支付银行承兑汇票票款的，借记“应付票据”科目，贷记“短期借款”科目；本单位无力支付商业承兑汇票票款的，借记“应付票据”科目，贷记“应付账款”科目。

事业单位还应当设置“应付票据备查簿”，详细登记每一应付票据的种类、号数、出票日期、到期日、票面金额、交易合同号、收款人姓名或单位名称，以及付款日期和金额等资料。应付票据到期结清票款后，上述内容应当在备查簿内逐笔注销。

我国商业汇票的付款期限不超过6个月，单位应将应付票据作为流动负债管理和核算。

【例8－22】资料：20×1年6月1日，某事业单位（为增值税小规模纳税人）开展非独立核算经营活动，购入一批物资，取得的增值税普通发票价税款合计为69 600元。同日，该单位开出并经银行承兑的不带息商业汇票一张，面值69 600元、期限3个月。交纳银行承兑手续费34.8元。9月1日，该单位通知其开户银行以银行存款支付票款。编制相关的会计分录。

①6月1日，开出银行承兑汇票购入物资，编制该单位对上述资料进行财务会计记账的会计分录：

借：库存物品　　69 600

　贷：应付票据　　69 600

②6月1日，支付商业汇票承兑手续费，编制该单位对上述资料进行财务会计记账的会计分录：

借：经营费用　　34.8

　贷：银行存款　　34.8

同时，编制该单位对上述资料进行预算会计记账的会计分录：

借：经营支出　　34.8

　贷：资金结存——货币资金　　34.8

③9月1日，支付商业汇票款，编制该单位对上述资料进行财务会计记账的会计分录：

借：应付票据　　69 600

　贷：银行存款　　69 600

同时，编制该单位对上述资料进行预算会计记账的会计分录：

借：经营支出　　69 600

贷：资金结存——货币资金 69 600

【例 8－23】承［例 8－22］，假设上述银行承兑汇票到期时该单位无力支付票款。编制相关的会计分录。

9 月 1 日，无力支付商业汇票款，编制该单位对上述资料进行财务会计记账的会计分录：

借：应付票据 69 600

贷：短期借款 69 600

同时，编制该单位对上述资料进行预算会计记账的会计记录：

借：经营支出 69 600

贷：债务预算收入 69 600

【例 8－24】承［例 8－22］，假设上述业务该单位开具的是商业承兑汇票，到期时无力支付票款。编制相关的会计分录。

编制该单位对上述资料进行财务会计记账的会计分录：

借：应付票据 69 600

贷：应付账款 69 600

二、应付账款

应付账款是指单位因购买物资、接受服务、开展工程建设等而应付的偿还期限在 1 年以内（含 1 年）的款项 。

单位应当设置“应付账款”科目，核算应付账款的发生、偿还、核销等情况。该科目贷方登记单位购买物资、接受服务等而发生的应付账款，借方登记偿还的款项、或开出商业汇票抵付应付账款的款项、或核销无法支付的应付账款，期末贷方余额反映单位尚未支付的应付账款。本科目应按债权人进行明细核算。

单位收到购入物资、接受服务等尚未付款时，根据发票及账单等有关凭证，借记“库存物品”、“业务活动费用”等科目，贷记“应付账款”科目；偿还应付账款或开出商业汇票抵付应付账款时，借记“应付账款”科目，贷记“零余额账户用款额度”、“银行存款”、“应付票据”等科目；无法偿付或债权人豁免偿还的应付账款报经批准核销时，借记“应付账款”科目，贷记“其他收入”科目。单位应将已核销的应付账款在备查簿中保留登记。

【例 8－25】资料：20×1 年 6 月 9 日，某事业单位（为增值税小规模纳税人）购入一批物资，取得的增值税普通发票价税款合计为 23 200 元，物资已验收入库，款项尚未支付。7月5日，该单位通知其开户银行以银行存款支付上月所欠货款23 200元。编制相关的会计分录。

（1）6月9日，购入物资，编制该单位对上述资料进行财务会计记账的会计分录：

借：库存物品　　23 200

　　贷：应付账款　　23 200

（2）7月5日，支付欠款，编制该单位对上述资料进行财务会计记账的会计分录：

借：应付账款　　23 200

　　贷：银行存款　　23 200

同时，编制该单位对上述资料进行预算会计记账的会计分录：

借：事业支出　　23 200

　　贷：资金结存——货币资金　　23 200

【例8-26】资料：20×1年12月31日，某单位确认一笔应付货款5 300元无法支付，向有关部门报经批准后予以核销。编制相关的会计分录。

编制该单位对上述资料进行财务会计记账的会计分录：

借：应付账款　　5 300

　　贷：其他收入　　5 300

三、预收账款

预收账款是指事业单位按合同规定事先收取但尚未结算的款项。

事业单位应当设置“预收账款”科目，核算预收账款的取得、偿付等情况。该科目贷方登记从付款方预收的款项，借方登记实际结算的款项，期末贷方余额反映事业单位按合同规定预收但尚未结算的款项。事业单位从付款方预收款项时，借记“银行存款”科目，贷记“预收账款”科目；确认有关收入时，借记“预收账款”科目，贷记“经营收入”等科目，按照付款方补付或退回付款方的金额，借记或贷记“银行存款”科目；无法偿付或债权人豁免偿还的预收账款报经批准核销时，借记“预收账款”科目，贷记“其他收入”科目。单位应将已核销的预收账款在备查簿中保留登记。

【例8-27】资料：20×1年6月3日，甲事业单位（为增值税小规模纳税人）开展非独立核算经营活动，与乙公司签订合同，向乙公司销售一批物品，价税款合计72 100元；乙公司在合同签订后1周内向甲单位预付货款

42 000 元，剩余货款在交货后付清。20×1 年 6 月 9 日，甲单位收到乙公司预付货款 42 000 元存入银行，6 月 19 日甲单位将货物发运到乙公司，并让主管税务机关代开增值税专用发票，价款 70 000 元、增值税税额 2 100 元，乙公司验收货物后付清剩余货款。编制相关的会计分录。

①20×1 年 6 月 9 日，收到乙公司预付的货款，编制甲单位对上述资料进行财务会计记账的会计分录：

借：银行存款 42 000

贷：预收账款 42 000

同时，编制甲单位对上述资料进行预算会计记账的会计分录：

借：资金结存——货币资金 42 000

贷：经营预算收入 42 000

②6 月 19 日，向乙公司发货并收到其补付的货款，编制甲单位对上述资料进行财务会计记账的会计分录：

借：预收账款 42 000

银行存款 30 100

贷：经营收入 70 000

应交增值税 2 100

同时，编制甲单位对上述资料进行预算会计记账的会计分录：

借：资金结存——货币资金 30 100

贷：经营预算收入 30 100

四、应付利息

应付利息是指事业单位按照合同约定应支付的借款利息，包括短期借款、分期付息到期还本的长期借款等应支付的利息。

事业单位应当设置“应付利息”科目，核算应付利息的发生、支付情况。该科目贷方登记按照合同约定计算的应付利息，借方登记实际支付的利息，期末贷方余额反映事业单位应付未付的利息。本科目应当按照债权人等进行明细核算。为建造固定资产、公共基础设施等借入的专门借款的利息，属于建设期间发生的，按期计提利息费用时，按照计算确定的金额，借记“在建工程”科目，贷记“应付利息”科目；不属于建设期间发生的，按期计提利息费用时，按照计算确定的金额，借记“其他费用”科目，贷记“应付利息”科目。对于其他借款，按期计提利息费用时，按照计算确定的金额，借记“其他费用”科目，贷记“应付利息”科目。实际支付应付利息时，按照支付的金额，借记“应付利息”科目，贷记“银行存款”等科目。举例参见【例 8 – 1】。

五、其他应付款

其他应付款是指单位除应交增值税、其他应交税费、应缴财政款、应付职工薪酬、应付票据、应付账款、应付政府补贴款、应付利息、预收账款以外的其他各项偿还期限在 1 年内（含 1 年）的应付及暂收款项，如收取的押金、存入保证金、已经报销但尚未偿还银行的本单位公务卡欠款等。

同级政府财政部门预拨的下期预算款和没有纳入预算的暂付款项，以及采用实拨资金方式通过本单位转拨给下属单位的财政拨款，也通过本科目核算。

单位应当设置“其他应付款”科目，核算其他应付款的增减变动及其结存情况。该科目贷方登记其他应付款的增加，借方登记实际支付的款项，期末贷方余额反映单位尚未支付的其他应付款。本科目应当按照其他应付款的类别以及债权人等进行明细核算。发生其他应付及暂收款项时，借记“银行存款”等科目，贷记“其他应付款”科目。支付（或退回）其他应付及暂收款项时，借记“其他应付款”科目，贷记“银行存款”等科目。无法偿付或债权人豁免偿还的其他应付款报经批准核销时，借记“其他应付款”科目，贷记“其他收入”科目。单位应将已核销的其他应付款在备查簿中保留登记。

收到同级政府财政部门预拨的下期预算款和没有纳入预算的暂付款项，按照实际收到的金额，借记“银行存款”等科目，贷记“其他应付款”科目；待到下一预算期或批准纳入预算时，借记“其他应付款”科目，贷记“财政拨款收入”科目。采用实拨资金方式通过本单位转拨给下属单位的财政拨款，按照实际收到的金额，借记“银行存款”科目，贷记“其他应付款”科目；向下属单位转拨财政拨款时，按照转拨的金额，借记“其他应付款”科目，贷记“银行存款”科目。

本单位公务卡持卡人报销时，按照审核报销的金额，借记“业务活动费用”、“单位管理费用”等科目，贷记“其他应付款”科目；偿还公务卡欠款时，借记“其他应付款”科目，贷记“零余额账户用款额度”等科目。

【例 8 – 28】 资料：20 × 1 年 12 月 15 日，某行政单位发生有关业务：收到同级政府财政部门预拨的下年预算款 600 000 元；20 × 1 年 12 月 20 日，张明报销出差费用 2 400 元，张明出差时已用公务卡支付了相关费用。20×2 年 1 月 10 日，偿还张明公务卡欠款 2 400 元。编制相关的会计分录。

①20×1 年 12 月 15 日，收到同级政府财政部门预拨的下年预算款，编制该单位对上述资料进行财务会计记账的会计分录：

借：银行存款　　600 000

　　贷：其他应付款　　600 000

②20×1 年 12 月 20 日，张明报销出差费用，编制该单位对上述资料进行财务会计记账的会计分录：

借：业务活动费用　　2 400

　　贷：其他应付款　　2 400

③20×2 年 1 月 1 日，预拨的款项到预算期，编制该单位对上述资料进行财务会计记账的会计分录：

借：其他应付款　　600 000

　　贷：财政拨款收入　　600 000

同时，编制该单位对上述资料进行预算会计记账的会计分录：

借：资金结存——资金结存　　600 000

　　贷：财政拨款预算收入　　600 000

④20×2 年 1 月 10 日，偿还张明公务卡，编制该单位对上述资料进行财务会计记账的会计分录：

借：其他应付款　　2 400

　　贷：零余额账户用款额度/银行存款　　2 400

同时，编制该单位对上述资料进行预算会计记账的会计分录：

借：行政支出　　2 400

　　贷：资金结存——零余额账户用款额度/货币资金　　2 400

第六节　预计负债

预计负债是指单位对因或有事项所产生的现时义务而确认的负债，如对未决诉讼等确认的负债。或有事项是指过去的交易或事项形成的，其结果须由某些未来事项的发生或不发生才能决定的不确定事项，如未决诉讼、债务担保等。单位发生的与或有事项有关的义务同时符合以下三个条件时确认为预计负债：①该义务是单位承担的现时义务；②履行该义务很可能导致经济资源流出单位；③该义务的金额能够可靠地计量。

单位应当设置“预计负债”科目，核算预计负债的形成、支付或冲销等情况。该科目贷方登记预计负债的增加，借方登记支付或冲销的预计负债，期末贷方余额反映单位已确认但尚未支付的预计负债。本科目应当按照预计负债的项目进行明细核算。单位确认预计负债时，按照预计的金额，借记“业务活动费用”、“经营费用”、“其他费用”等科目，贷记“预计负债”科目。实际偿付预计负债时，按照偿付的金额，借记“预计负债”科目，贷记“银行存款”、“零余额账户用款额度”等科目。单位应当在资产负债表日根据确凿证据需要对已确认的预计负债账面余额进行调整。

【例 8－29】 资料：20×1 年 11 月 10 日，甲事业单位因安全事故被王某起诉。20×1 年 12 月 31 日，甲事业单位未接到法院的判决。甲单位聘请的律师认为败诉的可能性为 60%，预计要支付的赔偿金额、诉讼费用等支出在 200 000～260 000 元之间，其中，诉讼费 10 000 元。编制相关的会计分录。

甲单位败诉的可能性为 60%，即很可能败诉，且赔偿金额、诉讼费用等支出能可靠计量，因此，甲单位应在 20×1 年 12 月 31 日确认一项预计负债，金额为：

（200 000＋260 000）÷2＝230 000（元）

编制甲单位对上述资料进行财务会计记账的会计分录：

20×1 年 12 月 31 日，确认一项预计负债：

借：单位管理费用——诉讼费	10 000	
其他费用	220 000	
贷：预计负债		230 000

【例 8－30】 承［例 8－29］，20×2 年 5 月 6 日，甲事业单位收到法院的判决书，需支付赔偿金额、诉讼费用共计 230 000 元；当日，甲单位以银行存款支付完毕。不考虑其他因素。编制相关的会计分录。

20×2 年 5 月 6 日，支付预计负债，编制甲单位对上述资料进行财务会计记账的会计分录：

借：预计负债	230 000	
贷：银行存款		230 000

同时，编制甲单位对上述资料进行预算会计记账的会计分录：

借：其他支出	230 000	
贷：资金结存——货币资金		230 000

第七节　其他负债

一、预提费用

预提费用是指单位预先提取的已经发生但尚未支付的费用，如预提租金费用等。

单位应当设置“预提费用”科目，核算单位费用的提取、支付情况。该科目贷方登记预先提取的费用，借方登记支付的费用，期末贷方余额反映已预提但尚未支付的各项费用。本科目应当按照预提费用的种类进行明细核算。单位按期预提租金等费用时，按照预提的金额，借记“业务活动费用”、“单位管理费用”、“经营费用”等科目，贷记“预提费用”科目。实际支付款项时，按照支付的金额，借记“预提费用”科目，贷记“零余额账户用款额度”、“银行存款”等科目。

事业单位按规定从科研项目收入中提取的项目间接费用或管理费，也通过本科目核算。对于提取的项目间接费用或管理费，应当在本科目下设置“项目间接费用或管理费”明细科目，并按项目进行明细核算。单位按照从科研项目收入中提取的项目间接费用或管理费金额，借记“单位管理费用”科目，贷记“预提费用——项目间接费用或管理费”科目；按照实际使用的已提取的项目间接费用或管理费金额，借记“预提费用——项目间接费用或管理费”科目，贷记“银行存款”等科目。

【例 8－31】 资料：20×1 年 1 月 1 日，甲行政单位向乙公司租入一台办公设备，租期为 1 年。合同规定，年租金为 12 000 元，年末一次支付。甲单位在每月末确认租金费用。不考虑其他因素，编制相关的会计分录。

编制甲单位对上述资料进行财务会计记账的会计分录：

甲单位每月的租金费用＝12 000÷12＝1 000（元）

①20×1 年每月月末，甲单位预提当月租金费用，编制甲单位对上述资料进行财务会计记账的会计分录：

借：业务活动费用	1 000	
贷：预提费用		1 000

②20×1 年 12 月 31 日，甲单位支付当年租金费用，编制该单位对上述资料进行财务会计记账的会计分录：

借：业务活动费用　　1 000

　　预提费用　　11 000

　　贷：银行存款/零余额账户用款额度　　12 000

同时，编制该单位对上述资料进行预算会计记账的会计分录：

借：行政支出　　12 000

　　贷：资金结存——货币资金/零余额账户用款额度　　12 000

【例 8－32】 资料：20×1 年 4 月 30 日，某事业单位按规定从当月科研项目收入中提取项目间接费用或管理费 30 000 元。20×1 年 5 月 4 日，该单位使用已提取的项目间接费用 2 900 元。不考虑其他因素。编制相关的会计分录。

①20×1 年 4 月 30 日，该单位提取项目间接费用或管理费，编制该单位对上述资料进行财务会计记账的会计分录：

借：单位管理费用　　30 000

　　贷：预提费用——项目间接费用或管理费　　30 000

同时，编制该单位对上述资料进行预算会计记账的会计分录：

借：非财政拨款结转——项目间接费用或管理费　　30 000

　　贷：非财政拨款结余——项目间接费用或管理　　30 000

②20×1 年 5 月 4 日，该单位使用已提取的项目间接费用，编制该单位对上述资料进行财务会计记账的会计分录：

借：预提费用——项目间接费用或管理费　　2 900

　　贷：银行存款　　2 900

同时，编制该单位对上述资料进行预算会计记账的会计分录：

借：事业支出　　2 900

　　贷：资金结存——货币资金　　2 900

二、长期应付款

长期应付款是指单位发生的偿还期限超过 1 年（不含 1 年）的应付款项，如以融资租赁方式取得固定资产应付的租赁费、跨年度分期付款购入固定资产的价款等。

单位应当设置“长期应付款”科目，核算长期应付款的增加、偿还等情况。该科目贷方登记长期应付款的增加，借方登记实际偿付的款项，期末贷方余额反映单位尚未支付的长期应付款。本科目应当按照长期应付款的类别以及债权人进行明细核算。发生长期应付款时，借记“固定资产”、“在建工程”等科目，贷记“长期应付款”科目；支付长期应付款时，借记“长期应付款”科目，贷记“财政拨款收入”、“零余额账户用款额度”、“银行存款”等科目；无法偿付或债权人豁免偿还的长期应付款报经批准核销时，借记“长期应付款”科目，贷记“其他收入”科目。单位应将已核销的长期应付款在备查簿中保留登记。

【例 8 - 33】 资料：20×1 年 1 月 4 日，某事业单位采用分期付款方式购入一台不需要安装的专用设备用于专业活动。按照合同约定，该单位每年年末以银行存款支付购买价款 500 000 元，连续支付 3 年，共计 1 500 000 元。当日收到此台专用设备并投入使用。编制相关的会计分录。

（1）20×1 年 1 月 4 日，购入专用设备，编制该单位对上述资料进行财务会计记账的会计分录：

借：固定资产　　1 500 000

　　贷：长期应付款　　1 500 000

（2）20×1 年末、20×2 年末、20×3 年末支付购买价款时，编制该单位对上述资料进行财务会计记账的会计分录：

借：长期应付款　　500 000

　　贷：银行存款　　500 000

同时，编制该单位对上述资料进行预算会计记账的会计分录：

借：事业支出　　500 000

　　贷：资金结存——货币资金　　500 000

三、受托代理负债

受托代理负债是指单位接受委托取得受托代理资产时形成的负债。

单位应当设置“受托代理负债”科目，核算受托代理负债的增加、偿还等情况。该科目贷方登记受托代理负债的增加，借方登记实际交付的款项或资产，期末贷方余额反映单位尚未交付或发出受托代理资产形成的受托代理负债金额。收到受托代理资产时，借记“库存现金——受托代理资产”、“银行存款——受托代理资产”、“受托代理资产”科目，贷记“受托代理负债”科目；交付或发出受托代理资产时，借记“受托代理负债”科目，贷记“库存现金——受托代理资产”、“银行存款——受托代理资产”、“受托代理资产”科目。

【例 8－34】资料：20×1 年 8 月 20 日，甲行政单位收到乙企业委托转赠给当地山区希望小学的资金 300 000 元和一批图书 100 000 元，款项已收存银行。20×1 年 9 月 1 日，甲行政单位按照乙企业的要求，将图书和该笔资金转赠给希望小学，款项以银行存款支付。编制相关的会计分录。

（1）20×1 年 8 月 20 日，收到受托代理资金时，编制该单位对上述资料进行财务会计记账的会计分录：

借：银行存款——受托代理资产　　300 000

　　贷：受托代理负债　　300 000

收到图书时：

借：受托代理资产——图书　　100 000

　　贷：受托代理负债　　100 000

（2）20×1 年 9 月 1 日，支付受托代理资金时，编制该单位对上述资料进行财务会计记账的会计分录：

借：受托代理负债　　300 000

　　贷：银行存款——受托代理资产　　300 000

转赠图书时：

借：受托代理负债　　100 000

　　贷：受托代理资产——图书　　100 000

第九章

收入类科目的核算

收入是政府会计主体履行职能、开展业务活动的重要保障。本章阐述了收入的概念、分类、确认和计量原则，辨析收入和预算收入的区别与联系，并就每个具体收入科目逐项进行分析和说明。

第一节　收入概述

一、收入的概念

《政府会计准则——基本准则》第四十二条规定，“收入是指报告期内导致政府会计主体净资产增加的、含有服务潜力或者经济利益的经济资源的流入”。把握这个概念，要注意以下几个关键点：

（一）收入是经济资源的流入

经济资源是指反映政府会计主体依法履职和开展业务的活动过程中取得的、能够以货币计量的资源，包括货币资金、债权和非货币性资产等。凡未形成经济资源流入的交易或事项，不属于收入。

（二）经济资源应含有服务潜力或者经济利益

政府会计主体的经济资源流入，既可以是需要在未来期间提供服务，即具有服务潜力，如财政拨款等；也可以是已经提供服务获得的经济补偿，即产生经济利益，如事业收入等。凡不具有服务潜力或经济利益的经济资源流入，如提供服务收取应交增值税等，不属于收入。

（三）收入会导致净资产增加

收入的形式为资产的增加或负债的减少所形成的净资产增加，但是不包含专用基金和无偿调入资产等净资产的增加。

（四）收入是报告期内的收入

报告期是指从某一时间点起始至另一时间点终止的期间，可以是月度，也可以是季度，还可以是半年度，最长可达到年度。因此，从时间范围看，收入可以分为月度收入、季度收入、半年度收入和年度收入。

需要注意的是，原《行政单位财务规则》第十五条规定“收入是指行政单位依法取得的非偿还性资金”，《事业单位财务规则》第十四条规定“收入是指事业单位为开展业务及其他活动依法取得的非偿还性资金”。这里所指的收入是按照《中华人民共和国预算法》核算的预算收入，是基于收付实现制为基础的，与本章所提的以权责发生制为基础核算的收入是两个口径，不能混淆。

二、收入的分类

政府会计制度根据收入来源分类，将收入分为五大类，共设置了11个收入总账科目。收入按照来源分类，可以清晰、准确地反映政府会计主体取得收入的渠道，研究分析各渠道的收入情况和对政府会计主体的影响，以及满足不同政府会计报表使用者的需要。把11个总账科目分别归入五类。

（一）财政拨款

由于政府会计主体包括了与本级政府财政部门直接或者间接发生预算拨款关系的国家机关、军队、政党组织、社会团体、事业单位和其他单位，因此，政府会计主体在取得财政拨款时应当确认收入。“直接”是指本级政府财政部门按照经费领拨关系直接将拨款拨给政府会计主体；“间接”是指本级政府财政部门通过政府会计主体主管部门，按照经费领拨关系将拨款拨给政府会计主体。

（二）事业收入

事业收入是指政府会计主体（事业单位）开展相关专业业务活动及其辅助活动取得的收入。政府会计主体的范围非常广泛，既包括属于行政机关的政府一级预算，（中央，省、自治区、直辖市，设区的市、自治州，县、自治县、不设区的市、市辖区，乡、民族乡、镇），也包括政府设立的、以社会服务为主要宗旨的各级各类事业单位。这些事业单位的资金来源与行政单位不同，并不是全额由各级财政予以保障，而是需要结合自身设立宗旨和发展目标，开展相关专业业务活动及其辅助活动，从而取得一定的资金以维持单位运转。不同行业的政府会计主体开展业务活动的内容不同，因此，不同行业政府会计主体事业收入的表现形式有所不同。例如，教学单位的事业收入主要表现为教学事业收入；医疗单位的事业收入主要表现为医疗事业收入；科研单位的事业收入主要表现为科研事业收入等。

（三）上下级往来收入

包括上级补助收入和附属单位上缴收入。事业单位在开展社会服务时，有时会从主管部门或上级单位取得一定的补助经费，这些资金一般是事业单位主管部门或上级单位为事业单位实现特定目标或完成特殊任务拨付的，带有资助性质。事业单位可以根据业务开展需要，经批准设立一些附属单位，比如设立培训中心、疗养所等，一般地，这些单位区别于政府会计主体，是独立运行、独立核算的，其取得的收入根据与事业单位的协定或约定，上缴一定的比例或数额。因此，有必要单独分类确认和反映收到上级单位划拨资金和收到下级单位上缴款项的行为。

（四）经营收入

事业单位除了开展专业业务活动及其辅助活动之外，为事业发展需要或弥补事业经费不足，也为社会提供各种有偿服务，如内部招待所接待外部宾客等。这些活动的目的与事业单位开展的专业业务活动目标不同，一般带有一些营利性质。因此，有必要单独分类确认和反映。

（五）其他收入

无法归集到上述四项的收入统称其他收入。其他收入包括非同级财政拨款收入、投资收益、捐赠收入、利息收入和租金收入等。本轮政府会计制度在会计科目设置上，考虑到以往单位大量的资金被纳入“其他收入”科目进行核算，难以对单位收入构成进行更为科学、准确的分析，专门将其他收入中有特点、好归集、易分析的款项单独成类，减少其他收入在收入构成分析中所占的比例，使得政府会计报表使用者能够更加直观、准确地了解单位收入情况。

由于行政单位履职所需经费是由国家各级财政予以保障的，按照原制度财务制度、资产管理制度，一是单位不得发生经营、投资等活动，也就不会产生收益；二是因资产出租等取得的资金按规定应上缴国库，不会形成行政单位收入。因此，上述科目中第二至四类以及第五类中的投资收益，仅适用于事业单位。

三、收入的确认

（一）确认条件

根据《政府会计准则——基本准则》第四十三条规定，收入在同时满足以下三个条件的情况下方能确认：

第一，与收入相关的含有服务潜力或者经济利益的经济资源很可能流入政府会计主体。首先，与收入相关的经济资源必须具有服务潜力或经济利益，也就是能够提升政府会计主体有效服务社会的能力，或者能够为政府会计主体持续经营、稳步发展提供资金；其次，政府经济资源流入的可能性较大。

第二，含有服务潜力或者经济利益的经济资源流入会导致政府会计主体资产增加或者负债减少。经济资源的流入直接反映为政府会计主体收入的增加，进而影响到政府会计主体净资产同方向变动。根据“资产－负债＝净资产”这一会计恒等式，净资产的增加必然会反映为资产同方向变动（增加）或负债反方向变动（减少）。

第三，流入金额能够可靠地计量。可靠性是指当政府会计主体能够取得反映经济资源流入金额的信息，该信息没有重要错误或偏向，并且能够如实反映其应当反映的情况供政府会计主体作为判断依据。如果信息存在重大问题或偏差，且无法如实反映情况，则不能作为政府会计主体确认收入的判断依据。

（二）确认时间

收入可以在一段期间内分期确认，也可以在某一时点一次性确认。

1. 在一段期间内分期确认

在一段期间内分期确认收入，是指按照财政部门批复的年度财政拨款预算，在年度内分期确认收入；或在一段期间内为完成单项合同约定的履约义务陆续提供服务，在合同约定的期间内分期确认收入。例如，国库集中支付财政拨款收入的确认时间，在财政直接支付条件下，发生资金耗费时，根据收到的“财政直接支付入账通知书”确认收入；在财政授权支付条件下，根据收到的“财政授权支付额度到账通知书”确认收入。又如，开展科研活动，根据合同总收入和合同完成进度分期确认收入。再如，租金收入，应在租赁期间分期确认收入。在一段期间内分期确认收入，实质上也是在一段期间内某一时点确认收入。

2. 在某一时点一次性确认收入

在某一时点一次性确认收入，是指除了上述情况以外确认的收入。例如，财政返还资金、上级补助收入、附属单位上缴收入、非同级财政拨款收入等，可以在实际收到时确认收入；又如，一次性提供服务的事业收入、经营收入等，在提供服务以后收到资金或取得收款权利时确认收入；再如，对外投资收入、接受捐赠收入、其他收入等，在享有权益收到资金或取得收款权利时确认收入。

四、收入的计量

政府会计主体取得的收入，根据不同的对价形式，可以分别采用不同的计量方法。

1. 根据实际收到的货币资金计量

政府会计主体取得收入的对价如为货币资金，应根据实际收到的金额计量。例如，财政拨款收入、上级补助收入、附属单位上缴收入、非同级财政拨款收入、货币资金捐赠收入等，应根据实际收到的货币资金金额计量。财政直接支付和财政授权支付收到的“财政直接支付入账通知书”、“财政授权支付额度到账通知书”可以视为收到货币资金。

2. 根据合同约定的金额计量

政府会计主体在满足收入确认条件时，确认事业收入、经营收入、利息收入等，如果尚未收到货币资金，应根据合同约定的价格或利率计算的金额计量。

3. 根据评估的金额计量

政府会计主体在满足收入确认条件时，确认事业收入、经营收入、非货币性资产捐赠收入等，对价如为非货币性资产，应根据非货币性资产的评估金额计量。

4. 根据名义金额计量

政府会计主体在满足收入确认条件时，确认非货币性捐赠收入等，对价如不能可靠计量，应根据名义金额（即 1 元）计量。

五、收入和预算收入的区别与联系

对于政府会计主体而言，收入和预算收入的确认是两个既有区别又有相同之处的事情。两者的区别主要体现在以下四个方面：

1. 核算基础不同

收入确认和计量的基础是权责发生制，而预算收入确认的基础是收付实现制。

2. 确认时点不同

收入在同时满足三个条件的情况下确认，而预算收入是在预算年度内政府会计主体依法取得并纳入预算管理的现金流入时确认。

3. 表现形式不同

收入的表现形式是产生经济资源的流入，可以在当时就反映为现金及现金等价物，也可以反映为一项未来会产生现金流入的债权，还可以是一项实物资产的形成；预算收入的表现形式仅为现金流入。

4. 确认口径不同

政府会计主体取得银行借款、提供服务收取的应交增值税不确认收入；而提供服务实际收到的应交增值税则确认预算收入。

从上述 1、2 分析可以看出，由于收入和预算收入采用不同的核算基础，形成了两者的时间性差异，即在一个年度内两者确认和计量的金额大多是不同的。但从长期来看，政府会计主体取得的收入和预算收入应当是一致的。当然，在实际工作中大量存在了满足收入确认条件，同时也满足预算收入确认条件的事项，这时两者确认的时点、金额就是一致的。

从 3、4 分析可以看出，由于收入和预算收入概念的界定，形成了两者的永久性差异，即无论时间长短，有部分可以确认为收入的事项永远无法确认为预算收入。比如政府会计主体在收到捐赠的固定资产时，确认了收入；但由于没有现金的流入，不能确认为预算收入。

第二节　财政拨款收入

一、核算范围

“财政拨款收入”科目核算单位从同级政府财政部门取得的各类财政拨款。这里的“单位”是指政府会计主体，既包括行政单位，也包括事业单位；“同级财政部门”是指中央级单位对应的是财政部，省、自治区、直辖市属单位对应的是本省（自治区）财政厅或直辖市财政局，设区的市、自治州，县、自治县、不设区的市、市辖区所属单位对应的是本行政辖区财政局，乡、民族乡、镇单位对应的是本行政辖区财政所；“各类财政拨款”是指全口径财政拨款，包括政府性基金和一般公共预算拨款等，无论何种形式，只要是同级政府财政部门根据经费领拨关系，拨给政府会计主体的经费，均应计入财政拨款收入。

需要说明的是，并不是单位取得的所有财政拨款均通过“财政拨款收入”科目核算。是否确认为财政拨款收入可以通过几个特征来进行判断：一是判断是否属于本期；二是判断是否纳入预算；三是判断是否属于本单位；四是判断是否同级政府财政部门拨付；五是判断是否按照经费领拨关系拨付，即俗称是否纳入与财政的“对账单”。按照这五个判断标准，以下六种拨款不纳入核算范围：

第一，同级政府财政部门预拨的下期预算款。资金属于预拨性质，按规定应纳入下一预算期间确认。因此，不确认为本期财政拨款收入。

第二，没有纳入预算的暂付款项。资金属于临时性质，因此，不确认为收入。

第三，采用实拨资金方式通过本单位转拨给下属单位的财政拨款。资金不属于本单位，因此，不确认为本单位收入。

第四，本级政府财政部门以政府购买服务方式拨付的财政拨款。资金未纳入财政部门对账范围，因此，不确认为财政拨款收入。

第五，主管部门或上级单位以政府购买服务方式拨付的财政拨款。资金未纳入财政部门对账范围，因此，不确认为财政拨款收入。

第六，非本级政府财政拨款拨付的财政拨款。资金不属于同级政府财政部门拨付，因此，不确认为财政拨款收入。

上述六项业务在取得资金时均不通过“财政拨款收入”科目核算，其中第一至第三项通过“其他应付款”科目核算，第四至第五项根据实际情况通过“事业收入”、“非同级财政拨款收入”科目核算，第六项通过“非同级财政拨款收入”核算。

二、确认基础和时点

财政拨款收入的确认与原制度确认方法一致。

国库集中支付方式下在不同时点确认财政拨款收入，一是国库授权支付方式下，单位在实际收到财政部门拨款通知单时确认财政拨款收入；二是国库直接支付方式下，单位在办理完支付手续，收到财政直接支付令时确认财政拨款收入。财政部门以实拨资金方式拨付的，单位在实际收到经费时确认财政拨款收入。

三、明细科目设置

《中国人民共和国预算法》（修订）第五条规定，“预算包括一般公共预算、政府性基金预算、国有资本经营预算、社会保险基金预算”。单位可以根据这四大拨款种类进行明细核算。

从制度要求来看，并未规定“财政拨款收入”明细科目必须按照预算管理要求设置明细科目。如果单位为了与财政拨款预算收入逐一比对，也可根据管理需求需要，在拨款种类下设置“基本支出”和“项目支出”两个明细科目，在“基本支出”明细科目下按照“人员经费”和“日常公用经费”进行明细核算，在“项目支出”明细科目下按照具体项目进行明细核算；同时，按照《政府收支分类科目》中“支出功能分类科目”的项级科目进行明细核算。

四、主要账务处理

单位取得财政拨款收入主要分财政直接支付方式、财政授权支付方式和其他方式（实拨资金方式）。

（一）财政直接支付方式

财政直接支付方式下，根据收到的“财政直接支付入账通知书”及相关原始凭证，按照通知书中的直接支付入账金额，借记“库存物品”、“固定资产”、“业务活动费用”、“单位管理费用”、“应付职工薪酬”等科目，贷记“财政拨款收入”科目。涉及增值税业务的，相关账务处理参见“应交增值税”科目。

【例 9－1】 资料：20×1 年 3 月，某行政单位使用一般公共预算的基本支出经费，以财政直接支付方式购置一批业务活动用办公用品，价款 5 万元。办公用品已于购买后随即使用。该单位已收到“财政直接支付入账通知书”及办公用品购置发票等相关原始凭证。编制相关的会计分录。

①编制该单位对上述资料进行财务会计记账的会计分录：

借：业务活动费用　　50 000

　　贷：财政拨款收入——一般公共预算——基本支出（日常公用支出）　　50 000

②同时，编制该单位对上述资料进行预算会计记账的会计分录：

借：行政支出　　50 000

　　贷：财政拨款预算收入——一般公共预算——基本支出（日常公用支出）　　50 000

年末，根据本年度财政直接支付预算指标数与当年财政直接支付实际支付数的差额，借记“财政应返还额度——财政直接支付”科目，贷记“财政拨款收入”科目。

【例 9－2】 资料：20×1 年 12 月 31 日，某单位接到上级主管部门下发的年度财政直接支付预算指标对账表，表中注明年度财政直接支付预算额度 5 000 万元，其中，基本支出 2 000 万元，已全部执行完毕；项目支出 3 000 万元，已执行 2 800 万元，尚未执行 200 万元。编制相关的会计分录。

①编制该单位对上述资料进行财务会计记账的会计分录：

借：财政应返还额度　　2 000 000

　　贷：财政拨款收入——一般公共预算（项目支出）　　2 000 000

②同时，编制该单位对上述资料进行预算会计记账的会计分录：

借：资金结存——财政应返还额度　　2 000 000

　　贷：财政拨款预算收入——一般公共预算（项目支出）　　2 000 000

（二）财政授权支付方式

财政授权支付方式下，根据收到的“财政授权支付额度到账通知书”，按照通知书中的授权支付额度，借记“零余额账户用款额度”科目，贷记“财政拨款收入”科目。

【例9－3】 资料：20×1年1月，某单位收到上级主管部门拨付的专项资金1 000万元。该单位已收到“财政授权支付额度到账通知书”及预算批复文件等相关原始凭证。编制相关的会计分录。

①编制该单位对上述资料进行财务会计记账的会计分录：

借：零余额账户用款额度　　10 000 000

　贷：财政拨款收入——一般公共预算（项目支出）　　10 000 000

②同时，编制该单位对上述资料进行预算会计记账的会计分录：

借：资金结存——零余额账户用款额度　　10 000 000

　贷：财政拨款预算收入——一般公共预算（项目支出）

　　10 000 000

年末，本年度财政授权支付预算指标数大于零余额账户用款额度下达数的，根据未下达的用款额度，借记“财政应返还额度——财政授权支付”科目，贷记“财政拨款收入”科目。

【例9－4】 资料：20×1年12月31日，某单位接到上级主管部门下发的年度财政授权支付预算指标对账表，表中注明年度财政授权支付预算额度8 000万元，其中，基本支出6 000万元，已全部执行完毕；项目支出2 000万元，已执行1 500万元，尚未执行500万元。编制相关的会计分录。

编制该单位对上述资料进行财务会计记账的会计分录：

借：财政应返还额度　　5 000 000

　贷：财政拨款收入——一般公共预算（项目支出）　　5 000 000

同时，编制该单位对上述资料进行预算会计记账的会计分录：

借：资金结存——财政应返还额度　　5 000 000

　贷：财政拨款预算收入——一般公共预算（项目支出）

　　5 000 000

（三）其他方式

其他方式下收到财政拨款收入时，按照实际收到的金额，借记“银行存款”等科目，贷记“财政拨款收入”科目。

【例9－5】资料：20×1年10月，某事业单位收到上级主管部门拨付的专项资金20万元，资金已拨至该单位基本存款账户。该单位已收到银行回单及预算批复文件等相关原始凭证。编制相关的会计分录。

编制该单位对上述资料进行财务会计记账的会计分录：

借：银行存款　200 000

　　贷：财政拨款收入——一般公共预算——项目支出　200 000

同时，编制该单位对上述资料进行预算会计记账的会计分录：

借：资金结存——货币资金　200 000

　　贷：财政拨款预算收入——一般公共预算（项目支出）　200 000

（四）国库直接支付款项退回

因差错更正或购货退回等发生国库直接支付款项退回的，属于以前年度支付的款项，按照退回金额，借记“财政应返还额度——财政直接支付”科目，贷记“以前年度盈余调整”、“库存物品”等科目；属于本年度支付的款项，按照退回金额，借记“财政拨款收入”科目，贷记“业务活动费用”、“库存物品”等科目。

【例9－6】资料：20×1年3月，某行政单位使用一般公共预算的基本支出经费，以财政直接支付方式购入一批价值20万元的材料，材料已于购入当月被全部领用。9月，因部分材料质量存在缺陷，该单位经与供应商协商，该供应商同意退回部分货款。单位于10月收到退货款4万元，并按规定办理完毕财政直接支付额度的恢复手续。编制相关的会计分录。

①编制该单位对上述资料进行财务会计记账的会计分录：

借：财政拨款收入——一般公共预算——基本支出　40 000

　　贷：业务活动费用　40 000

②同时，编制该单位对上述资料进行预算会计记账的会计分录：

借：财政拨款预算收入——一般公共预算（基本支出）　40 000

　　贷：行政支出　40 000

五、期末结账

期末，将“财政拨款收入”科目本期贷方发生额转入“本期盈余”，借记“财政拨款收入”科目，贷记“本期盈余”科目。期末结转后，科目无余额。

第三节 事业收入

一、核算范围

“事业收入”科目核算事业单位开展专业业务活动及其辅助活动实现的收入，不包括从同级政府财政部门取得的各类财政拨款。“专业业务活动及其辅助活动”是指与事业单位成立宗旨和主要职能相关的活动，类似于企业的主营业务活动，比如高等学校的专业业务活动根据其成立宗旨和主要职能，确定事业活动包括教学、科研及其辅助活动。事业收入是由事业单位主管部门和上级部门用于弥补事业单位因完成特定任务或达到特定目标，所需资金不足而拨付的补助资金。

由于行政单位履职所需经费由各级财政予以保障，因此，事业收入科目仅限事业单位使用。

二、确认基础和时点

采用财政专户返还方式管理的事业收入确认方式与原制度方法一致，按照国家有关规定，在收到返还款时予以确认。这样的做法，主要是考虑单位在取得款项时，并不拥有其所有权，而是按照国家规定需要上缴财政。单位通过财政专户将款项上缴财政后，财政是否能够于预算年度当年足额返还存在一定的不确定性，也就是无法满足收入确认的必要条件；而财政返还后，相关经济资源能够完全确定流入单位并带来资产的增加，且金额能够可靠计量，从而满足了收入确认的三个条件，应当将其确认为事业收入。

除采用财政专户返还方式管理的事业收入外，事业收入的确认按照权责发生制原则，在满足收入确认条件时予以确认，无需以现实的货币资金流入为前提。

三、明细科目设置

“事业收入”科目应当按照事业收入的类别、来源等进行明细核算。一般地，可以将收入的类别作为一级明细科目，并辅之以收入来源进行核算。类别层级较多的，也可设置多层明细科目，例如，高等学校与教学活动相关的事业收入可以根据收费项目，再细分为学费、委托培养费和培训费等；科研单位与科学研究相关的事业收入可以根据类型，再细分为技术转让、技术开发、技术咨询和技术服务等。

按照财务报表附注披露要求，事业收入需要分为“来自财政专户管理资金”、“本单位内部单位”、“本部门以外同级政府部门”和“其他”4种类型。其中，“来自财政专户管理资金”是指单位按照批准的行政事业性收费后，按规定上缴财政并由财政返还的资金；“本部门内部单位”是指有共同主管部门的政府会计主体，例如，某省科技厅下属的科研单位，共同隶属于科技厅，相互可以称为本部门内部单位；“本部门以外同级政府部门”是指除本部门内部单位外，与政府会计主体属于同一预算级次的政府部门，比如前述各科研单位，与省财政厅、教育厅等，都属于省级预算单位，这些厅局对于科研单位而言就是本部门以外同级政府部门；“其他”是指除前三项以外的所有单位。

对于因开展科研及其辅助活动从非同级政府财政部门取得的经费拨款，考虑到编制政府综合财务报告和政府部门财务报告等要求，需要单独归集和反映，一是便于编制政府报告时进行部门内部和跨部门收支、往来业务的抵消，二是集中体现国家R&D投入。因此，还应单设“非同级财政拨款”明细科目进行核算。“非同级财政拨款”的定义、范围详见本章第七节“非同级财政拨款收入”。

四、主要账务处理

（一）采用财政专户返还方式管理的事业收入

收到应上缴财政专户的事业收入时，按照实际收到或应收的金额，借记“银行存款”、“应收账款”等科目，贷记“应缴财政款”科目。

向财政专户上缴款项时，按照实际上缴的款项金额，借记“应缴财政款”科目，贷记“银行存款”等科目。

收到从财政专户返还的事业收入时，按照实际收到的返还金额，借记“银行存款”等科目，贷记“事业收入”科目。

【例9-7】 资料：20×1年12月5日，某事业单位收到A单位交来的培训费30万元，该款项属于上缴财政范围。12月10日，该单位将30万元通过财政专户上缴财政。12月29日，该单位收到上级主管部门拨付返还款20万元，资金已拨至该单位基本存款账户。

①12月5日，编制该单位对上述资料进行财务会计记账的会计分录：

借：银行存款　　300 000

　　贷：应缴财政款——应缴财政专户款　　300 000

②12月10日，编制该单位对上述资料进行财务会计记账的会计分录：

借：应缴财政款——应缴财政专户款　　300 000

　　贷：银行存款　　300 000

③12月29日，编制该单位对上述资料进行财务会计记账的会计分录：

借：银行存款　　200 000

　　贷：事业收入——教育事业收入——培训费（A单位）　　200 000

同时，编制该单位对上述资料进行预算会计记账的会计分录：

借：资金结存——货币资金　　200 000

　　贷：事业预算收入　　200 000

（二）采用预收款方式确认的事业收入

实际收到预收款项时，按照收到的款项金额，借记“银行存款”等科目，贷记“预收账款”、“应交增值税”（收款时开具增值税专用发票）科目。以合同完成进度确认事业收入时，按照基于合同完成进度计算的金额，借记“预收账款”科目，贷记“事业收入”、“应交增值税”（确认收入时开具增值税专用发票）科目。

科研事业收入的确认主要采用预收款方式。合同完成进度可以采用不同的方法确定。一种方法是按照合同规定的期限确定完工程度；另一种方法是按照资源消耗程度确定完工程度。

1. 按照合同规定的期限确定完工程度

按照合同规定的期限确定完工程度，是指按照时间进度确定完工程度。比如合同规定的科研项目研究期限为2年，如果合同签订时间为1月1日，那么在第1年结束时可以认为项目完成进度为50%；如果合同签订时间为7月1日，那么到当年12月31日可以认为项目完成进度为25%。这样的做法虽然符合合同约定，理论也可行，但从实际工作角度出发，很多科研单位的科研项目已逾万计，如果逐一确认，将耗费大量的人力、物力，不符合成本效益原则。

2. 按照资源消耗程度确定

按照资源消耗程度确定，是指按照实际发生的耗费确定完工程度，也就是按照实际发生的耗费确认科研事业收入。实际发生的耗费，可以采用权责发生制按照实际发生的费用确认，也可以采用收付实现制按照实际发生的支出确认。

（1）采用权责发生制按照实际发生的费用确认，是指在确认事业收入时，按照权责发生制下已经确认的费用金额，直接确认事业收入。这种做法的优点：一是符合配比原则；二是事业收入和对应的费用没有差额，不需要纳入应纳税所得额缴纳企业所得税，剩余的科研经费可以足额由项目负责人继续使用，不会带来额外的税收负担。缺点是科研项目形成的实物资产耗费未能全额体现。

（2）采用收付实现制按照实际发生的支出确认，是指在确认科研事业收入时，按照收付实现制下已经确认的支出金额，直接确认科研事业收入。这种做法的优缺点与第（1）点的做法正好相反。

实际工作中，单位可以根据自身的规模、管理水平、基础材料等，选择上述方法中的一种。需要注意的是，一旦选定不得随意调整。如果选择按照权责发生制下已经确认的费用金额确认事业收入，则在项目结项时，应当将剩余款项全额确认事业收入。

【例 9－8】 资料：20×1 年 3 月 1 日，某事业单位与 B 公司签订科学研究技术咨询服务合同，同时收到款项，不含增值税的金额为 100 万元，增值税税额为 6 万元，已经开具增值税专用发票；研究期限为 2 年。该单位采用按照资源消耗程度方式计量事业收入。至 20×1 年 12 月 31 日，该事业单位已实际发生费用 80 万元。编制相关的会计分录。

①3 月 1 日，编制该单位对上述资料进行财务会计记账的会计分录：

借：银行存款	1 060 000	
贷：预收账款		1 000 000
应交增值税——销项税额		60 000

同时，编制该单位对上述资料进行预算会计记账的会计分录。

借：资金结存——货币资金	1 060 000	
贷：事业预算收入		1 060 000

②12 月 31 日，编制该单位对上述资料进行会计记账的会计分录：

借：预收账款	800 000	
贷：事业收入——科研技术咨询（B 公司）		800 000

（三）采用应收款方式确认的事业收入

满足事业收入确认条件但尚未收到款项时，根据应收的金额，借记“应收账款”科目，根据确认收入的金额，贷记“事业收入”科目；根据应交增值税，贷记“应交增值税”科目。实际收到款项时，借记“银行存款”等科目，贷记“应收账款”科目。

【例9－9】 资料：20×1年7月1日，某事业单位为C公司提供了一项技术咨询服务，不含增值税的合同金额为10万元，增值税税额为0.6万元。付款日为9月1日，付款时开具增值税专用发票。9月1日，该事业单位收到全部款项，并开具增值税专用发票。编制相关的会计分录。

①7月1日，编制该单位对上述资料进行财务会计记账的会计分录：

借：应收账款　　100 000

　　贷：事业收入——技术咨询服务（C公司）　　100 000

②9月1日，编制该单位对上述资料进行财务会计记账的会计分录：

借：银行存款　　106 000

　　贷：应收账款　　100 000

　　　　应交增值税——销项税额　　6 000

同时，编制该单位对上述资料进行预算会计记账的会计分录：

借：资金结存——货币资金　　106 000

　　贷：事业预算收入　　106 000

（四）其他方式下确认的事业收入

其他方式下确认的事业收入，按照实际收到的金额，借记“银行存款”、“库存现金”等科目，贷记“事业收入”、“应交增值税”科目。

【例9－10】 资料：20×1年10月，某事业单位因开展专业业务活动，收到D公司的汇款25万元（免征增值税项目），资金已汇至该单位基本存款账户。编制相关的会计分录。

编制该单位对上述资料进行财务会计记账的会计分录：

借：银行存款　　250 000

　　贷：事业收入——其他事业收入（D公司）　　250 000

同时，编制该单位对上述资料进行会计记账的会计分录：

借：资金结存——货币资金　　250 000

　　贷：事业预算收入　　250 000

五、期末结账

期末，将“事业收入”科目本期发生额转入本期盈余，借记“事业收入”科目，贷记“本期盈余”科目。期末结转后，该科目应无余额。

第四节 上级补助收入

一、核算范围

“上级补助收入”科目核算事业单位从主管部门和上级单位取得的非财政拨款收入。“主管单位”是指事业单位按照行政隶属关系归属的部门或单位；“上级单位”是指与事业单位无行政隶属关系但发生经费领拨关系的部门或单位；“非财政拨款”是指经费来源是捐赠等社会资金。比如，民政部门接受公益捐赠后，转拨给所属事业单位按捐赠人指定用途执行的资金。一般地，上级补助收入是由事业单位主管部门和上级部门用于弥补事业单位因完成特定任务或达到特定目标，所需资金不足而拨付的补助资金。

由于行政单位履职所需经费由各级财政予以保障，因此，“上级补助收入”科目仅限事业单位使用。

二、确认基础和时点

按照权责发生制原则确认上级补助收入，在满足收入确认条件时予以确认，无需以现实的货币资金流入为前提。

三、明细科目设置

“上级补助收入”科目按照发放补助单位、补助项目等设置明细科目。一般地，可以将发放补助单位作为一级明细科目，再根据补助款项的具体内容下设明细科目。

四、主要账务处理

确认上级补助收入时，按照应收或实际收到的金额，借记“其他应收款”、“银行存款”等科目，贷记“上级补助收入”科目。

【例 9－11】 资料：20×1 年 2 月，某事业单位收到上级主管部门发来的拨款通知单，注明拨付该单位 A 补助资金 10 万元，B 补助资金 30 万元。经查，10 万补助已拨至其基本存款账户，30 万元补助资金尚未收到。编制相关的会计分录。

编制该单位对上述资料进行财务会计记账的会计分录：

借：银行存款　　100 000

　　贷：上级补助收入——主管部门——A 补助　　100 000

借：其他应收款　　300 000

　　贷：上级补助收入——主管部门——B 补助　　300 000

同时，编制该单位对上述资料进行预算会计记账的会计分录：

借：资金结存——货币资金　　100 000

　　贷：上级补助预算收入　　100 000

实际收到应收的上级补助款时，按照实际收到的金额，借记“银行存款”等科目，贷记“其他应收款”科目。

五、期末结账

期末，将“上级补助收入”科目本期发生额转入本期盈余，借记“上级补助收入”科目，贷记“本期盈余”科目。期末结转后，该科目应无余额。

第五节　附属单位上缴收入

一、核算范围

“附属单位上缴收入”科目核算事业单位取得的附属独立核算单位按照有关规定上缴的收入。“附属单位”是指事业单位附属的独立核算单位，一般应为法人单位。由于行政单位履职所需经费由各级财政予以保障，因此，“附属单位上缴收入”科目仅限事业单位使用。

附属单位以协议或合同等形式，按照规定标准或比例缴纳给事业单位各项收入。事业单位因投资关系取得的被投资企业上缴利润，纳入“投资收益”科目核算。附属单位归还事业单位垫付的费用，如工资、水电、房租等不通过“附属单位上缴收入”科目核算。

二、确认基础和时点

附属单位上缴收入的确认按照权责发生制原则，在满足收入确认条件时予以确认。比如，在事业单位与附属单位签订了上缴协议或正式下达了上缴任务，并明确了上缴内容和金额时，就可以据此确认收入，无需以现实的货币资金流入为前提。

事业单位在合并附属单位财务报表时，应当将附属单位上缴的费用与本单位形成的收入予以抵消。

三、明细科目设置

“附属单位上缴收入”科目应当按照附属单位、缴款项目等进行明细核算。一般地，可以将附属单位作为一级明细科目，再根据缴款项目的具体内容下设明细科目。

四、主要账务处理

确认附属单位上缴收入时，按照应收或收到的金额，借记“其他应收款”、“银行存款”等科目，贷记“附属单位上缴收入”科目。实际收到应收附属单位上缴款时，按照实际收到的金额，借记“银行存款”等科目，贷记“其他应收款”科目。

【例9－12】 资料：20×1年3月，某事业单位与A附属单位签订上缴协议，注明A单位应当于12月31日前上缴管理费200万元，折旧费30万元。协议签订当天，A单位将200万元交至该单位基本存款账户。编制相关的会计分录。

编制该单位对上述资料进行财务会计记账的会计分录：

借：银行存款　　2 000 000

　　贷：附属单位上缴收入——A附属单位——管理费　　2 000 000

借：其他应收款　　300 000

　　贷：附属单位上缴收入——A附属单位——折旧费　　300 000

同时，编制该单位对上述资料进行预算会计记账的会计分录：

借：资金结存——货币资金　　2 000 000

　　贷：附属单位上缴预算收入　　2 000 000

五、期末结账

期末，将“附属单位上缴收入”科目本期发生额转入本期盈余，借记“附属单位上缴收入”科目，贷记“本期盈余”科目。期末结转后，该科目应无余额。

第六节　经营收入

一、核算范围

“经营收入”科目核算事业单位在专业业务活动及其辅助活动之外开展非独立核算经营活动取得的收入。“专业业务活动及其辅助活动”是指与事业单位成立宗旨和主要职能相关的活动，类似于企业的主营业务活动；“非独立核算经营活动”是指事业单位不便或无法独立核算的，消耗物资或款项金额较小的经营活动。由于行政单位履职所需经费由各级财政予以保障，因此，“经营收入”科目仅限事业单位使用。

有些单位将开具了增值税发票作为通过“经营收入”科目核算的唯一标准，这种理解是片面的、不准确的。只有符合经营收入定义的资源流入，才能通过该科目进行核算，与是否开票没有一一对应关系。

经营收入主要是由事业单位利用单位自有生活服务设施、自身服务能力为社会提供各类有偿服务取得的资金。由于各事业单位职能不同，掌握的资源不同，服务的项目和从事的经营活动内容也存在一定的差异。

二、确认基础和时点

经营收入的确认与原制度做法一致，即按照权责发生制原则，在提供服务或发出存货，同时收讫价款或者取得索取价款的凭据时，按照实际收到或应收的金额予以确认，无需以现实的货币资金流入为前提。

原制度的《事业单位财务规则》第二十二条规定，“事业单位在开展非独立核算经营活动中，应当正确归集实际发生的各项费用数；不能归集的，应当按照规定的比例合理分摊。经营支出应当与经营收入配比。”在这里，虽然制度并没有明确写出使用权责发生制核算，但要求“收支配比”已经反映了经营活动核算要求。

三、明细科目设置

“经营收入”科目按照经营活动类别、项目和收入来源等进行明细核算。一般地，可以将经营活动类别作为一级明细科目，再根据具体经营项目下设明细科目，并辅之以收入来源明细核算。

四、主要账务处理

实现经营收入时，按照确定的收入金额，借记“银行存款”、“应收账款”、“应收票据”等科目，贷记“经营收入”科目。

【例 9-13】 资料：20×1 年起，某事业单位批准同意非独立核算 A 部门对外提供翻译服务。翻译服务不属于该单位专业业务活动及其辅助活动范围。3 月，A 部门与 B 公司签订了翻译服务合同，按合同约定 A 部门在 3 个月内完成翻译工作并将成果提交给 B 公司后，B 公司支付翻译费 21.2 万元，其中不含增值税的金额为 20 万元，增值税为 1.2 万元。6 月 1 日，A 部门完成了翻译工作并将成果提交给 B 公司，收到全部价款。编制相关的会计分录。

6 月 1 日收到价款时，编制该单位对上述资料进行财务会计记账的会计分录：

借：银行存款	212 000	
贷：经营收入——A 部门——翻译费（B 公司）		200 000
应交增值税——销项税额		12 000

同时，编制该单位对上述资料进行预算会计记账的会计分录：

借：资金结存——货币资金　　212 000

　　贷：经营预算收入　　212 000

五、期末结账

期末，将“经营收入”科目本期发生额转入本期盈余，借记“经营收入”科目，贷记“本期盈余”科目。期末结转后，该科目应无余额。

第七节　非同级财政拨款收入

一、核算范围

“非同级财政拨款收入”科目核算单位从非同级政府财政部门取得的经费拨款，包括从同级政府其他部门取得的横向转拨财政款、从上级或下级政府财政部门取得的经费拨款等。

事业单位因开展科研及其辅助活动从非同级政府财政部门取得的经费拨款，应当通过“事业收入——非同级财政拨款”科目核算，不通过本科目核算。

二、确认基础和时点

非同级财政拨款收入的确认按照权责发生制原则，在满足收入确认条件时予以确认，无需以现实的货币资金流入为前提。

三、明细科目设置

“非同级财政拨款收入”科目按照本级横向转拨财政款和非本级财政拨款进行明细核算，并按照收入来源进行明细核算。本级、非本级是针对单位预算编报关系而言，隶属于中央管理的，俗称中央单位；隶属于各级地方管理的，俗称地方单位。“本级横向”是指与本单位预算编报关系一致，且不是本单位上级主管部门的单位，比如中国科学院，隶属于中央管理，教育部对于其而言就是本级横向；“非本级”是指与本单位预算编报关系不一致的单位，比如对于北京市民政局，由于其隶属北京市政府管理，民政部就是非本级单位。

按照财务报表附注披露要求，收入来源需要分为“本部门以外同级政府部门”、“本部门以外非同级”两种类型。如果单位主管部门拨付的、未纳入财政补助的款项，或者本部门内部单位转拨的、资金来源确认为财政资金的款项，也可增设“本部门内部单位”这一收入来源。其中“本部门内部单位”是指有共同主管部门的政府会计主体，比如某省卫生厅直属的各医院，共同隶属于卫生厅，相互可以称为本部门内部单位；“本部门以外同级政府部门”是指除本部门内部单位外，与政府会计主体属于同一预算级次的政府部门，比如上述医院，与办公厅、农业厅等，都属于省级预算单位，这些厅局对于医院而言就是本部门以外同级政府部门；“本部门以外非同级”是指与政府会计主体不属于同一预算级次的单位，比如上述医院，中央级单位对其就是非同级单位了。

四、主要账务处理

确认非同级财政拨款收入时，按照应收或实际收到的金额，借记“其他应收款”、“银行存款”等科目，贷记“非同级财政拨款收入”科目。

【例 9-14】 资料：20×1 年 2 月，某省级事业单位收到省组织部发来的拨款通知单，注明拨付该单位人才计划资助经费 50 万元。省组织部不是该单位的上级主管部门。经查，款项尚未到账。编制相关的会计分录。

编制该单位对上述资料进行财务会计记账的会计分录：

借：其他应收款　　500 000

　　贷：非同级财政拨款收入——本级横向转拨财政款——省组织部（人才计划资助）　　500 000

未发生纳入预算管理的货币资金变动，预算会计不需记账。待单位实际取得货币资金时，再借记“资金结存——货币资金”科目，贷记“非同级财政拨款预算收入”科目。

【例 9-15】 资料：20×1 年 2 月，某中央级事业单位收到所在地财政厅发来的拨款通知单，注明拨付该单位精神文明建设经费 10 万元。经查，款项已同时拨至单位基本存款账户。编制相关的会计分录。

编制该单位对上述资料进行财务会计记账的会计分录：

借：银行存款　100 000

　　贷：非同级财政拨款收入——非本级财政拨款——省财政厅（精神文明建设经费）　100 000

同时，编制该单位对上述资料进行预算会计记账的会计分录：

借：资金结存——货币资金　100 000

　　贷：非同级财政拨款预算收入　100 000

五、期末结账

期末，将“非同级财政拨款收入”科目本期发生额转入本期盈余，借记“非同级财政拨款收入”科目，贷记“本期盈余”科目。期末结转后，该科目应无余额。

第八节　投资收益

一、核算范围

“投资收益”科目核算事业单位股权投资和债券投资所实现的收益或发生的损失。事业单位在投资持有期间取得的利息、股利或利润，以及按照权益法核算长期股权投资时被投资单位实现的净损益，出售或到期收回长、短期债券投资确认的投资收益或投资损失，按照规定报经批准出售（转让）长期股权投资时将处置时取得的投资收益纳入本单位预算管理的投资收益，均通过“投资收益”科目核算。

二、确认基础和时点

短期投资利息在实际取得时确认投资收益，即无论采用收付实现制还是权责发生制，确认时点是一致的。

长期债券投资利息在“分次计息、一次还本”或“一次还本付息”时，需根据合同或协议的约定，按期预计利息并确认投资收益，即需要采用权责发生制原则确认应属于当期的收益。为了简化会计核算，溢价、折价不需要摊销。

以成本法核算的长期股权投资在持有期间，当被投资单位宣告分派现金股利或利润时，根据权责发生制原则，确认应归属于当期的应收股利和投资收益。

以权益法核算的长期股权投资在持有期间，当被投资单位实现净损益时，根据权责发生制原则，按照应享有的份额确认应归属于当期的投资收益，或按照应分担的份额确认应归属于当期的投资损失。

出售或到期收回长短期债券投资，应根据收到的价款与长期股权投资账面价值的差额确认投资收益或投资损失。

按照规定报经批准出售（转让）长期股权投资时，如处置时收到的金额包括允许纳入本单位预算管理的收益（国家允许事业单位留用的部分），确认为投资收益；如果规定需要上缴财政的，不确认为投资收益，应当确认为一项负债。

三、明细科目设置

“投资收益”科目应当按照投资的种类等进行明细核算。例如，可以设置“股权投资”和“债券投资”明细科目，也可以设置“短期投资”和“长期投资”明细科目，再按照被投资单位设置明细科目。

四、主要账务处理

第一，收到短期投资持有期间的利息，按照实际收到的金额，借记“银行存款”科目，贷记“投资收益”科目。

【例 9-16】 资料：20×1 年 1 月 1 日，某事业单位经批准购入短期国债 100 万，期限 6 个月，年利率 4%。3 月末，该单位收到第一季度利息 1 万元。编制相关的会计分录。

编制该单位对上述资料进行财务会计记账的会计分录：

借：银行存款	10 000	
贷：投资收益——债券投资（短期投资）		10 000

同时，编制该单位对上述资料进行预算会计记账的会计分录：

借：资金结存——货币资金　　10 000

　　贷：投资预算收益　　10 000

第二，出售或到期收回短期债券本息，按照实际收到的金额，借记“银行存款”科目，按照出售或收回短期投资的成本，贷记“短期投资”科目，按照其差额，贷记或借记“投资收益”科目。涉及增值税业务的，相关账务处理参见第八章“应交增值税”部分。

【例9-17】 承［例9-16］，6月30日，某事业单位到期收回短期投资，其中本金100万元、第二季度利息1万元。编制相关的会计分录。

编制该单位对上述资料进行财务会计记账的会计分录：

借：银行存款　　1 010 000

　　贷：短期投资　　1 000 000

　　　　投资收益——债券投资（短期投资）　　10 000

同时，编制该单位对上述资料进行预算会计记账的会计分录：

借：资金结存——货币资金　　1 010 000

　　贷：投资支出　　1 000 000

　　　　投资预算收益　　10 000

第三，持有的分期付息、一次还本的长期债券投资，按期确认利息收入时，按照计算确定的应收未收利息，借记“应收利息”科目，贷记“投资收益”科目；持有的到期一次还本付息的债券投资，按期确认利息收入时，按照计算确定的应收未收利息，借记“长期债券投资——应计利息”科目，贷记“投资收益”科目。

【例9-18】 资料：20×1年1月1日，某事业单位经批准购入分期付息、到期还本的5年期国债1 000万元，年利率4%，付息日为每年1月1日。3月末，该单位按规定确认第一季度利息10万元。编制相关的会计分录。

编制该单位对上述资料进行财务会计记账的会计分录：

借：应收利息　　100 000

　　贷：投资收益——债券投资（长期投资）　　100 000

第四，出售长期债券投资或到期收回长期债券投资本息，按照实际收到的金额，借记“银行存款”等科目，按照债券初始投资成本和已计未收利息金额，贷记“长期债券投资——成本、应计利息”科目（到期一次还本付息债券）或“长期债券投资”、“应收利息”科目（分期付息债券），按照其差额，贷记或借记“投资收益”科目。涉及增值税业务的，相关账务处理参见

第八章“应交增值税”科目。

【例 9－19】 资料：20×1 年 12 月 31 日，某事业单位出售已持有 3 年的长期国债，取得的价款 3 650 万元已全部计入单位基本存款账户。该笔国债票面金额为 3 000 万元，期限为 10 年，年利率为 8%，到期一次还本付息，已确认应计利息 720 万元。编制相关的会计分录。

编制该单位对上述资料进行财务会计记账的会计分录：

借：银行存款	36 500 000	
投资收益——债权投资（长期投资）	700 000	
贷：长期债权投资——本金		30 000 000
——应计利息		7 200 000

同时，编制该单位对上述资料进行预算会计记账的会计分录：

借：资金结存——货币资金	36 500 000	
贷：投资支出		30 000 000
投资预算收益		6 500 000

长期债权投资在按期确认投资收益时，因不发生纳入预算管理的货币资金变动，预算会计不需记账，产生的差额在出售或到期付息时确认。

第五，采用成本法核算的长期股权投资持有期间，被投资单位宣告分派现金股利或利润时，按照宣告分派的现金股利或利润中属于单位应享有的份额，借记“应收股利”科目，贷记“投资收益”科目。

【例 9－20】 资料：20×1 年 4 月 10 日，某事业单位收到被投资单位 A 公司发出的通告，宣布按照每股 0.2 元的标准发放现金股利；4 月 25 日，该事业单位收到现金股利 10 万元。该单位持有 A 公司股份 50 万股，股份份额占比 1%，采用成本法进行核算。编制相关的会计分录。

①4 月 10 日，A 公司宣告发放现金股利，编制该单位对上述资料进行财务会计记账的会计分录：

借：应收股利	100 000	
贷：投资收益——股权投资（A 公司）		100 000

未发生纳入预算管理的货币资金变动，预算会计不需记账。在单位实际收到 50 万元股利时，借记“资金结存——货币资金”科目，贷记“投资预算收益”科目。

②4 月 25 日，收到现金股利，编制该单位对上述资料进行财务会计记账的会计分录：

借：银行存款	100 000	

贷：应收股利 100 000

同时，编制该单位对上述资料进行预算会计记账的会计分录：

借：资金结存——货币资金 100 000

贷：投资预算收益 100 000

第六，采用权益法核算的长期股权投资持有期间，按照应享有或应分担的被投资单位实现的净损益的份额，借记或贷记“长期股权投资——损益调整”科目，贷记或借记“投资收益”科目；被投资单位发生净亏损，但以后年度又实现净利润的，单位在其收益分享额弥补未确认的亏损分担额等后，恢复确认投资收益，借记“长期股权投资——损益调整”科目，贷记“投资收益”科目。

需要说明的是，在事业单位报送年度决算报告时，被投资单位大多未完成年度财务报告审计。在这种情况下，事业单位可以先根据被投资单位未经审计的年度财务报告的净损益和持股比例确认投资收益；待下一年度收到经审计的年度财务报告时，调整应确认的投资收益与原确认的投资收益的差额，计入以前年度盈余调整。

【例9－21】资料：20×1年12月，某事业单位收到被投资单位B公司提供的未经审计的年度财务报告，注明B公司实现的净利润为200万元。B公司为该单位投资1 000万元设立的全资子公司，采用权益法进行核算。20×2年4月，收到被投资单位经审计的20×1年度财务报告，净利润为180万元。编制相关的会计分录。

①20×1年12月，编制该单位对上述资料进行财务会计记账的会计分录：

借：长期股权投资——损益调整 2 000 000

贷：投资收益——股权投资（B公司） 2 000 000

②20×2年4月，编制该单位对上述资料进行财务会计记账的会计分录：

调整差额：180－200＝－20（万元）

借：以前年度盈余调整 200 000

贷：长期股权投资——损益调整 200 000

【例9－22】资料：20×1年12月，某事业单位收到被投资单位C公司提供的年度财务报告，注明C公司当年发生亏损300万元。C公司为该单位投资1 000万元设立的全资子公司，采用权益法进行核算，以前年度累计发生亏损800万元。20×2年12月，该单位收到被投资单位C公司提供的年度财务报告，注明C公司当年盈利400万元。编制相关的会计分录。

①20×1年12月，编制该单位对上述资料进行财务会计记账的会计分录：

以前年度累计亏损800万元加上当年亏损300万元，累计亏损1 100万元。由于累计亏损已超过投资额1 000万元，超出的100万元在备查簿予以登记，作为未确认的亏损分担额，当年确认投资损失200万元。

借：投资收益——股权投资（C公司） 2 000 000

贷：长期股权投资——损益调整 2 000 000

②20×2年12月，编制该单位对上述资料进行财务会计记账的会计分录：

当年取得的盈利400万元，应当先弥补备查簿登记的未确认亏损分担额100万元，再恢复确认投资收益300万元（400－100）。

借：长期股权投资——损益调整 3 000 000

贷：投资收益——股权投资（C公司） 3 000 000

第七，按照规定报经批准处置长期股权投资，参照第七章第四节“投资”相关部分。

五、期末结账

期末，将“投资收益”科目本期发生额转入本期盈余，借记或贷记“投资收益”科目，贷记或借记“本期盈余”科目。期末结转后，该科目应无余额。

第九节 捐赠收入

一、核算范围

“捐赠收入”科目核算单位接受其他单位或者个人捐赠取得的收入。

二、确认基础和时点

捐赠收入的确认按照权责发生制原则，在满足收入确认条件时予以确认。一般地，涉及捐赠方为单位的，应当以捐赠合同或协议为依据。但是，考虑到有时捐赠方因为自然灾害、事故等原因，事实上无法履行合同或协议，因此，如难以判断捐赠合同或协议履行的可能性，应在实际收到了捐赠资金时确认捐赠收入。这样，涉及货币资金的捐赠收入的确认时点与预算会计下捐赠利息收入的确认时点完全一致。

三、明细科目设置

捐赠收入应当按照捐赠资产的用途和捐赠单位等进行明细核算。一般地，可以将捐赠资产的用途作为明细科目，并辅之以捐赠单位明细核算。

四、主要账务处理

第一，接受捐赠的货币资金，按照实际收到的金额，借记“银行存款”、“库存现金”等科目，贷记“捐赠收入”科目。

【例 9－23】 资料：20×1 年 2 月，某单位收到退休职工捐来的现金 10 万元，用于设立职工奖助金。编制相关的会计分录。

编制该单位对上述资料进行财务会计记账的会计分录：

借：银行存款	100 000	
贷：捐赠收入——职工奖助金——退休职工		100 000

同时，编制该单位对上述资料进行预算会计记账的会计分录：

借：资金结存——货币资金	100 000	
贷：其他预算收入		100 000

需要说明的是，预算收入中未单独设立捐赠预算收入科目，而是通过“其他预算收入”科目核算。

第二，接受捐赠的存货、固定资产和无形资产等非现金资产，按照确定的金额，借记“库存物品”、“固定资产”和“无形资产”等科目，按照发生的相关税费、运输费等，贷记“银行存款”等科目，按照其差额，贷记“捐赠收入”科目。

【例 9－24】 资料：20×1 年 4 月，某事业单位与 A 公司签订捐赠协议，约定 A 公司捐赠单位一批全新的办公家具，价值 35 万元。当日，该单位租用车辆自 A 公司仓库将家具运输至本单位，并支付了运输费 1 万元。编制相关的会计分录。

编制该单位对上述资料进行财务会计记账的会计分录：

借：固定资产	360 000	
贷：捐赠收入——办公用固定资产（A 公司）		350 000
银行存款		10 000

同时，编制该单位对上述资料进行预算会计记账的会计分录：

借：事业支出　　10 000

　　贷：资金结存——货币资金　　10 000

第三，接受捐赠的资产按照名义金额入账的，按照名义金额，借记“库存物品”、“固定资产”等科目，贷记“捐赠收入”科目；同时，按照发生的相关税费、运输费等，借记“其他费用”科目，贷记“银行存款”等科目。

【例 9－25】 资料：20×1 年 6 月，某事业单位与 B 公司签订捐赠协议，约定 B 公司捐赠单位一批字画。该批字画没有相关凭据且未经资产评估、同类或类似资产的市场价格也无法可靠取得。当日，该单位租用车辆自 A 公司仓库将字画运输至本单位，并支付了运输费 1 万元。编制相关的会计分录。

编制该单位对上述资料进行财务会计记账的会计分录：

借：固定资产　　1

　　贷：捐赠收入——字画（B 公司）　　1

借：其他费用　　10 000

　　贷：银行存款　　10 000

同时，编制该单位对上述资料进行预算会计记账的会计分录：

借：事业支出　　10 000

　　贷：资金结存——货币资金　　10 000

五、期末结账

期末，将“捐赠收入”科目本期发生额转入本期盈余，借记“捐赠收入”科目，贷记“本期盈余”科目。期末结转后，该科目应无余额。

第十节　利息收入

一、核算范围

“利息收入”科目核算单位取得的银行存款利息收入。这里的利息，既包括定期存款利息，也包括活期存款利息。

二、确认基础和时点

利息收入的确认原则上应当按照权责发生制原则，在满足收入确认条件时予以确认。但考虑到：一是随着信息技术手段的提高，单位利息收入在形成确认条件的同时，银行已将利息支付给单位；二是国库集中支付制度的实施。因此，单位取得的利息金额，在制度中要求单位在实际收到时确认，与预算会计下利息收入的确认时点一致。

三、明细科目设置

一般地，利息收入无需设置明细科目。

四、主要账务处理

取得银行存款利息时，按照实际收到的金额，借记“银行存款”科目，贷记“利息收入”科目。

【例9-26】资料：20×1年9月，某单位收到第三季度基本存款账户利息3万。编制相关的会计分录。

编制该单位对上述资料进行财务会计记账的会计分录：

借：银行存款	30 000	
贷：利息收入		30 000

同时，编制该单位对上述资料进行预算会计记账的会计分录：

借：资金结存——货币资金	30 000	
贷：其他预算收入		30 000

需要说明的是，预算收入中未单独设立利息预算收入科目，而是通过“其他预算收入”科目核算。

五、期末结账

期末，将“利息收入”科目本期发生额转入本期盈余，借记“利息收入”科目，贷记“本期盈余”科目。期末结转后，该科目应无余额。

第十一节　租金收入

一、核算范围

“租金收入”科目核算单位经批准利用国有资产出租取得并按照规定纳入本单位预算管理的租金收入。一般地，“国有资产”是指实物资产；“出租”是指在一定时间内让渡资产的使用权给承租人，时间可长可短，比如让渡体育场馆使用费，时间可能很短，让渡一栋房屋的使用权，可能时间相对较长。利用国有资产出租应符合国家相关资产管理规定，并按规定程序批准或备案。

由于行政单位利用国有资产出租取得的款项，按规定应上缴财政，因此，该科目原则上仅事业单位使用。

二、确认基础和时点

租金收入的确认原则上应当按照权责发生制原则，在满足收入确认条件时予以确认，无须以现实的货币资金流入为前提。

国有资产出租收入，应当在租赁期内各个期间按照直线法予以确认。

三、明细科目设置

租金收入科目应当按照出租国有资产类别和收入来源等进行明细核算。国有资产类别可以分为房屋及构筑物、专用设备、通用设备等。

四、主要账务处理

第一，采用预收租金方式的，预收租金时，按照收到的金额，借记“银行存款”等科目，贷记“预收账款”科目；分期确认租金收入时，按照各期租金金额，借记“预收账款”科目，贷记“租金收入”科目。

【例 9 - 27】 资料：20×1 年 1 月，某事业单位经批准与 A 公司签订房屋出租协议，约定将闲置的一栋楼房出租给 A 公司，租期 3 年，年租金 240 万元。协议还约定采用预付费方式，由 A 公司在每年 1 月将全年租金支付给该单位。协议签订当日，该单位收到 A 公司支付的租金 240 万元，存入基本存款账户。假定不考虑其他税费。编制相关的会计分录。

编制该单位对上述资料进行财务会计记账的会计分录：

借：银行存款　　2 400 000

　　贷：预收账款　　2 400 000

每月该单位确认租金收入时，借记“预收账款”20 万元，贷记“租金收入”20 万元。

同时，编制该单位对上述资料进行预算会计记账的会计分录：

借：资金结存——货币资金　　2 400 000

　　贷：其他预算收入——租金预算收入（房屋及构筑物）

　　2 400 000

需要说明的是，预算收入中未单独设立租金预算收入科目，而是通过“其他预算收入”科目核算。

第二，采用后付租金方式的，每期确认租金收入时，按照各期租金金额，借记“应收账款”科目，贷记“租金收入”科目；收到租金时，按照实际收到的金额，借记“银行存款”等科目，贷记“应收账款”科目。

【例 9－28】 资料：20×1 年 1 月，某事业单位经批准与 B 公司签订房屋出租协议，约定将闲置的一栋楼房出租给 B 公司，租期 3 年，年租金 240 万元。协议还约定采用后付费方式，由 B 公司在每年 12 月将全年租金支付给该单位。12 月 31 日，该单位收到 B 公司支付的租金 240 万元，存入基本存款账户。假定不考虑其他税费。编制相关的会计分录。

（1）每月确认时，编制该单位对上述资料进行财务会计记账的会计分录：

借：应收账款　　200 000

　　贷：租金收入——房屋及构筑物　　200 000

（2）12 月 31 日，编制该单位对上述资料进行财务会计记账的会计分录：

借：银行存款　　2 400 000

　　贷：应收账款　　2 400 000

同时，编制该单位对上述资料进行预算会计记账的会计分录：

借：资金结存——货币资金　　2 400 000

　　贷：其他预算收入——租金预算收入（房屋及构筑物）

　　2 400 000

需要说明的是，预算收入中未单独设立租金预算收入科目，而是通过“其他预算收入”科目核算。

第三，采用分期收取租金方式的，每期收取租金时，按照租金金额，借记“银行存款”等科目，贷记“租金收入”科目。

【例9-29】 资料：20×1年1月，某事业单位经批准与C公司签订房屋出租协议，约定将闲置的一栋楼房出租给C公司，租期3年，年租金240万元。协议还约定采用按月付费方式，由C公司在每月1日将当月租金支付给该单位。协议签订当日，该单位收到C公司支付的房租20万元，存入基本存款账户。假定不考虑其他税费。编制相关的会计分录。

编制该单位对上述资料进行财务会计记账的会计分录：

借：银行存款　　200 000

　　贷：租金收入——房屋及构筑物　　200 000

同时，编制该单位对上述资料进行预算会计记账的会计分录：

借：资金结存——货币资金　　200 000

　　贷：其他预算收入——租金预算收入（房屋及构筑物）　200 000

需要说明的是，预算收入中未单独设立租金预算收入科目，而是通过“其他预算收入”科目核算。

五、期末结账

期末，将“租金收入”科目本期发生额转入本期盈余，借记“租金收入”科目，贷记“本期盈余”科目。期末结转后，该科目应无余额。

第十二节　其他收入

一、核算范围

“其他收入”科目核算单位取得的除财政拨款收入、事业收入、上级补助收入、附属单位上缴收入、经营收入、非同级财政拨款收入、投资收益、捐赠收入、利息收入、租金收入以外的各项收入，包括现金盘盈收入、按照规定纳入单位预算管理的科技成果转化收入、行政单位收回已核销的其他应收款、无法偿付或债权人豁免的应付及预收款项、置换换出资产评估增值等。

需要注意的是：

第一，行政单位对于超过规定年限、确认无法收回的其他应收款，不计提坏账准备，经批准核销时已按照核销金额计入“资产处置费用”，在以后期间又收回时按照收回金额计入“其他收入”，不再冲减费用。

第二，事业单位对于超过规定年限、确认无法收回的应收账款、其他应收款，经批准核销时已按照核销金额计入“坏账准备”，在以后期间又收回时按照收回金额冲回“坏账准备”科目，不通过“其他收入”科目核算。

第三，事业单位以未入账的无形资产取得的长期股权投资，按照评估价值加相关税费作为投资成本，与发生的相关税费之间的差额，通过“其他收入”科目核算。

二、确认基础和时点

其他收入的确认原则上应当按照权责发生制原则，在满足收入确认条件时予以确认，无需以现实的货币资金流入为前提。按规定需要履行审批或备案程序的，报经批准后执行。

三、明细科目设置

“其他收入”科目按照其他收入的类别、来源等进行明细核算。一般地，可以根据其他收入的主要核算内容分类设置明细科目，并辅之以收入来源核算。

按照财务报表附注披露要求，收入来源需要分为“本部门内部单位”、“本部门以外同级政府部门”、“本部门以外非同级政府部门”和“其他”四种类型。其中“本部门内部单位”是指有共同主管部门的政府会计主体，比如中国科学院部下属的各科研所，共同隶属于中科院，相互可以称为本部门内部单位；“本部门以外同级政府部门”是指除本部门内部单位外，与政府会计主体属于同一预算级次的政府部门，比如上述科研所，与科技部、教育部等，都属于中央级预算单位，这些部委对于科研所而言就是本部门以外同级政府部门；“本部门以外非同级政府部门”是指与政府会计主体不属于同一预算级次的政府部门，比如上述科研所，地方行政机关对其就是非同级单位了；

“其他”是指除前三项以外的所有单位。

四、主要账务处理

（一）现金盘盈收入

每日现金账款核对中发现的现金溢余，属于无法查明原因的部分，报经批准后，借记“待处理财产损溢”科目，贷记“其他收入”科目。

【例9－30】 资料：20×1年3月，某单位财务部门在盘点当日库存现金时，发现现金长款100元。经核查未查明长款原因。此事报经单位财务部门负责人批准。编制相关的会计分录。

编制该单位对上述资料进行财务会计记账的会计分录：

借：库存现金　　100

　　贷：其他收入——现金溢余　　100

同时，编制该单位对上述资料进行预算会计记账的会计分录：

借：资金结存——货币资金　　100

　　贷：其他预算收入　　100

（二）科技成果转化收入

事业单位科技成果转化所取得的收入，按照规定留归本单位的，按照所取得的收入扣除相关费用之后的净收益，借记“银行存款”等科目，贷记“其他收入”科目。

【例9－31】 资料：20×1年5月，某事业单位经批准与A公司签订转让合同，约定转让该单位持有的1项专利权，转让价格为250万元。该专利权账面价值1万元，累计摊销0.3万元。发生与转让合同相关的税费3万元，转让款（按规定全部留归本单位）已于合同签订当日结算完毕。假定不考虑相关税费。编制相关的会计分录。

编制该单位对上述资料进行财务会计记账的会计分录：

借：银行存款　　2 500 000

　　累计摊销　　3 000

　　贷：无形资产　　10 000

　　　　银行存款　　30 000

　　　　其他收入——科技成果转化收入　　2 463 000

同时，编制该单位对上述资料进行预算会计记账的会计分录：

借：资金结存——货币资金　　2 500 000

　贷：资金结存——货币资金　　30 000

　　其他预算收入　　2 470 000

（三）收回已核销的其他应收款

行政单位已核销的其他应收款在以后期间收回的，按照实际收回的金额，借记“银行存款”等科目，贷记“其他收入”科目。

【例 9－32】 资料：20×1 年 8 月，某行政单位收回 C 公司返还订金 20 万元。该款项已在以前年度核销，并在单位备查簿中保留登记。编制相关的会计分录。

编制该单位对上述资料进行财务会计记账的会计分录：

借：银行存款　　200 000

　贷：其他收入——行政单位收回已核销其他应收款　　200 000

同时，编制该单位对上述资料进行预算会计记账的会计分录：

借：资金结存——货币资金　　200 000

　贷：其他预算收入　　200 000

（四）无法偿付的应付及预收款项

单位无法偿付或债权人豁免偿还的应付账款、预收账款、其他应付款及长期应付款，借记“应付账款”、“预收账款”、“其他应付款”、“长期应付款”等科目，贷记“其他收入”科目。

【例 9－33】 资料：20×1 年 12 月，某单位在对应付账款等进行全面检查时，发现当年度已到付款期的 D 公司工程质保金应付款 5 万元，因 D 公司已经破产清算完毕，确实无法偿付。编制相关的会计分录。

编制该单位对上述资料进行财务会计记账的会计分录：

借：应付账款　　50 000

　贷：其他收入——无法偿付或债权人豁免的应付及预收款项　　50 000

（五）置换换出资产评估增值

置换换入的库存物品、固定资产、无形资产等验收入库，按照确定的成本，借记“库存物品”、“固定资产”等科目，按照换出资产的账面余额，贷记相关资产和资产备抵（“固定资产累计折旧”、“无形资产累计摊销”）科目，按照置换过程中发生的其他相关支出，贷记“银行存款”等科目，换出资产评估增值的，按照评估价值高于资产账面价值或账面余额的金额，贷记“其他收入”科目。

【例9-34】资料：20×1年10月，某事业单位与E事业单位签订协议，约定将该单位一台价值80万元的专用设备置换给E单位，同时换入E单位一批专用物资。专用设备折旧期8年，已计提折旧60万元。经评估，该事业单位专用设备价值25万元。物资已验收入库，单位已支付运输费1万元。假定未发生相关税费。编制相关的会计分录。

编制该单位对上述资料进行财务会计记账的会计分录：

借：库存物品	250 000	
固定资产累计折旧	600 000	
贷：固定资产		800 000
银行存款		10 000
其他收入——置换换出资产评估增值		40 000

同时，编制该单位对上述资料进行预算会计记账的会计分录：

借：其他支出	10 000	
贷：资金结存——货币资金		10 000

（六）以未入账的无形资产取得的长期股权投资

以未入账的无形资产取得的长期股权投资，按照评估价值加相关税费作为投资成本，借记“长期股权投资”科目，按照发生的相关税费，贷记“银行存款”、“其他应交税费”等科目，按其差额，贷记“其他收入”科目。

【例9-35】资料：20×1年11月，某事业单位经批准与F公司签订投资合同，约定以该单位持有的1项专利技术进行投资，投资评估价格2 500万元。发生与投资合同相关的税费30万元，投资款（按规定全部留归本单位）和相关税费已于合同签订当日结算完毕。编制相关的会计分录。

编制该单位对上述资料进行财务会计记账的会计分录：

借：长期股权投资	25 300 000	
贷：银行存款		300 000
其他收入——以未入账无形资产投资		25 000 000

同时，编制该单位对上述资料进行预算会计记账的会计分录：

借：其他支出	300 000	

贷：资金结存——货币资金　　300 000

（七）其他情形

确认（一）至（六）以外的其他收入时，按照应收或实际收到的金额，借记“其他应收款”、“银行存款”、“库存现金”等科目，贷记“其他收入”科目。

五、期末结账

期末，将“其他收入”科目本期发生额转入本期盈余，借记“其他收入”科目，贷记“本期盈余”科目。期末结转后，该科目应无余额。

第十章

费用类科目的核算

费用是政府会计主体履行职能、开展业务活动发生的资源耗费和损失。本章阐述了费用的概念、分类、确认和计量原则，辨析费用和预算支出的区别与联系，并就每个具体费用科目逐项进行分析和说明。

第一节 费用概述

一、费用的概念

《政府会计准则——基本准则》第四十五条规定，“费用是指报告期内导致政府会计主体净资产减少的、含有服务潜力或者经济利益的经济资源的流出”。把握这个概念，要注意以下几个关键点：

（一）费用是经济资源的流出

政府会计主体在开展业务活动过程中，会耗费经济资源，导致经济资源的流出，包括已经发生的各项资产耗费，也包括虽未发生资产耗费但形成了未来将要偿付的债务等。凡未发生经济资源耗费的交易或事项，不属于费用。

（二）流出的经济资源应含有服务潜力或者经济利益

政府会计主体的经济资源流出，应为提供专业服务或产生经济利益的经济资源流出。凡未提供服务或不产生经济利益的经济资源流出，不属于费用。

（三）费用会导致净资产减少

费用的形式为资产的减少或负债的增加导致的净资产减少，但是不包含专用基金和无偿调出资产等净资产的减少。

（四）费用是报告期内的费用

报告期是指从某一时间点起始至另一时间点终止的期间，可以是月度，也可以是季度，还可以是半年度，最长可达到年度。因此，费用从时间范围看，可以分为月度费用、季度费用、半年度费用和年度费用。

需要注意的是，现行《行政单位财务规则》第十八条规定“支出是指行政单位为保障机构正常运转和完成工作任务所发生的资金耗费和损失”；《事业单位财务规则》第十八条规定“支出是指事业单位开展业务及其他活动发生的资金耗费和损失”。这里所指的支出是按照《中华人民共和国预算法》核算的预算支出，主要是以收付实现制为基础的，与本章所提的以权责发生制为基础核算的费用是两个口径，不能混淆。

二、费用的分类

《政府会计制度》根据资金耗费或损失的方向即费用的功能分类，共设置了8个费用科目。为了清晰、准确地反映政府会计主体资源耗费的用途，研究分析各类资源耗费情况和对政府会计主体的影响，以及满足不同政府会计报表使用者的需要，可以将费用分为八大类：

（一）业务活动费用

业务活动费用与单位设立宗旨及职责密切相关，是单位发挥其职能作用和实现事业发展目标的资金经济用途，是一个单位最主要的资金耗费，因此，需要单独分类确认和反映。

（二）单位管理费用

事业单位内设机构可以简单地分为两大类，第一类是事业单位直接提供专业业务活动及其辅助活动的内设机构；第二类是为第一类提供管理、监督和后勤保障的内设机构。以高等学校为例，第一类内设机构如学院、系（所）、研究中心等，第二类内设机构如学校办公室、审计处、后勤管理处等职能部门。第一类发生的资金耗费和损失应按照成本项目等归集到业务活动费用，第二类发生的管理活动产生的费用，则需要根据一定的分配原则分配到各成本对象中，因此，有必要单独分类确认和反映。

（三）经营费用

事业单位除了开展专业业务活动及其辅助活动之外，为事业发展需要或弥补事业经费不足，也为社会提供各种有偿服务。这些活动的目的与事业单位开展的专业业务活动目标不同，一般带有一些营利性质。因此，有必要单独分类确认和反映，并与经营收入相配比。

（四）资产处置费用

按照国家资产管理规定和财务规则要求，单位资产属于国有资产，单位应当加强资产管理，合理配置、有效利用、规范处置资产，维护资产安全完整，防止国有资产流失。因此，有必要单独分类确认和反映单位经批准处置资产时发生的费用。

（五）上缴上级费用

事业单位可以根据业务开展需要，经批准设立一些附属单位，比如设立培训中心、疗养所等。通常这些单位区别于政府会计主体，是独立运行、独立核算的，其取得的收入根据与事业单位的协定或约定，上缴一定的比例或数额。此外，根据财政部门的要求，有时事业单位也需通过上级主管单位上缴款项，因此，有必要单独分类确认和反映下级单位的上缴行为。

（六）对附属单位补助费用

事业单位在开展社会服务时，有时会从主管部门或上级单位取得一定的补助经费。这些资金一般是事业单位主管部门或上级单位为事业单位实现特定目标或完成特殊任务拨付的，带有资助性质。因此，有必要单独分类确认和反映划拨给下级单位资金的行为。

（七）所得税费用

事业单位在取得财政拨款以外、不符合税法规定免税范围的收入时，形成企业所得税缴纳义务，需要按规定计算并缴纳企业所得税。与其他经济资源流出不同，这部分经济资源流出形成的所得税费用，是事业单位依法履行纳税义务的结果，是事业单位与国家税收征管部门发生直接经济关系的体现，因此，有必要单独分类确认和反映。

（八）其他费用

单位发生的无法归集到上述七项的费用统称其他费用，包括利息费用、坏账损失、罚没支出、现金资产捐赠支出以及相关税费、运输费等。鉴于坏账损失反映了单位资产管理中出现问题可能形成损失，罚没支出反映单位存在违规行为受到了经济处罚，这些费用从发生频次和金额来看，应当是费用类科目中较低的，不应频繁发生。

由于行政单位各内设部门与其依法履职密切相关，且按照财政、税务、资产管理等不涉及发生经营、投资活动，也就不会发生所得税应缴义务。因此，上述科目中第二、第三、第五、第六、第七类仅适用于事业单位。

三、费用确认的条件

根据《政府会计准则——基本准则》第四十六条规定，费用在同时满足三个条件的情况下方能确认：

第一，与费用相关的含有服务潜力或者经济利益的经济资源很可能流出政府会计主体。首先，与费用相关的经济资源必须具有服务潜力或经济利益，也就是能够完成政府会计主体有效服务社会的任务，或者能够为政府会计主体持续经营、稳步发展产生效果；其次，政府经济资源流出的可能性较大，至少应大于50%。

第二，含有服务潜力或者经济利益的经济资源流出会导致政府会计主体资产减少或者负债增加。经济资源的流出直接反映为政府会计主体费用的增加，进而影响到政府会计主体净资产同方向变动。根据“资产－负债＝净资产”这一会计恒等式，净资产的减少必然会反映为资产同方向变动（减少）或负债反方向变动（增加）。

第三，流出金额能够可靠地计量。可靠性是指当政府会计主体能够取得反映经济资源流出金额的信息，该信息没有重要错误或偏向，并且能够如实反映其应当反映的情况供政府会计主体作为判断依据。如果信息存在重大问题或偏差，且无法如实反映情况，则不能作为政府会计主体确认费用的判断依据。

四、费用和预算支出的区别与联系

对于政府会计主体而言，费用和预算支出的确认是两个既有区别又有相同之处的事情。两者的区别主要体现在以下四个方面：

1. 核算基础不同

费用确认和计量的基础是权责发生制，而预算支出确认的基础是收付实现制。

2. 确认时点不同

费用在同时满足三个条件的情况下确认，而预算支出是在预算年度内政府会计主体依法取得并纳入预算管理的现金流出时确认。

3. 表现形式不同

费用的表现形式是产生经济资源的流出，可以表现为现金的流出，也可以表现为一项未来会产生现金流出的债务，还可以表现为实物资产的价值耗损；预算收入的表现形式仅为现金流出。

4. 确认口径不同

政府会计主体偿还的银行借款、接受服务支付的增值税以及实际交纳的增值税等，财务会计确认为负债，不属于费用；而预算会计则确认预算支出。

从上述 1 至 2 分析可以看出，由于费用和预算支出采用不同的核算基础，形成了两者的时间性差异，即在一个年度内两者确认和计量的金额大多是不同的。但从长期来看，政府会计主体发生费用和预算支出应当是一致的，比如购置固定资产时，预算会计下一次性列入预算支出，财务会计下以折旧的形式逐年确认直至净值为零。当然，在实际工作中大量存在了满足费用确认条件，同时也满足预算支出确认条件的事项，这时两者确认的时点、金额就是一致的。

从 3 至 4 分析可以看出，由于费用和预算支出概念的界定，形成了两者的永久性差异，即无论时间长短，有部分可以确认为费用的事项永远无法确认为预算支出。比如政府会计主体形成所得税缴纳义务时，确认了所得税费用；但由于预算支出中没有所得税的分类，无法确认为预算支出，只能通过预算结余减少的方式进行。

第二节 业务活动费用

一、核算范围

“业务活动费用”科目核算单位为实现其职能目标，依法履职或开展专业业务活动及其辅助活动所发生的各项费用。这里的“单位”是指政府会计主体，既包括行政单位，也包括事业单位；“依法履职”是指行政单位按照国家法律法规规定，履行赋予其承担的职责，比如财政部主要职能包括拟订财税发展战略、规划、政策和改革方案并组织实施，起草财政、财务、会计管理的法律、行政法规草案，承担中央各项财政收支管理的责任，负责管理全国的会计工作，监督和规范会计行为，制定并组织实施国家统一的会计制度等十四类事项；“依法开展专业业务活动及其辅助活动”是指根据政府利用国有资产设立事业单位的目标及相应的职责，提供教育、科技、文化、卫生、医疗、环境保护等社会公共事业产品和服务的活动。

需要注意的是，行政单位能够使用的费用类科目仅限业务活动费用、资产处置费用和其他费用。由于资产处置费用、其他费用发生频次一般不高，因此，行政单位的主要费用应当为业务活动费用。

二、确认基础和时点

业务活动费用的确认按照权责发生制原则，在满足费用确认条件时予以确认，无需以现实的货币资金流出为前提。

三、明细科目设置

（一）一般情况

一般情况，是指不考虑成本核算的情况。一般情况下，“业务活动费用”科目应当按照项目、服务或者业务类别等进行明细核算，设置相应的明细科目和具体项目。比如财政部，可以按税政业务、预算业务、社保业务等设置明细科目，然后根据每项业务的具体内容下设多个明细科目，再按照支付部门进行核算。

为了便于与预算会计体系下政府收支分类以及预算支出明细科目的协调，“业务活动费用”科目也可以设置“工资福利费用”、“商品和服务费用”、“对个人和家庭的补助费用”、“对企业补助费用”等明细科目，另外设置“折旧费及摊销费”、“计提专用基金”、“计提间接费用”等明细科目。

按照财务报表附注披露要求，费用的支付对象需要分为“本部门内部单位”、“本部门以外同级政府部门”和“其他”三种类型。其中“本部门内部单位”是指有共同主管部门的政府会计主体，比如教育部直属的各高等学校，共同隶属于教育部，相互可以称为本部门内部单位；“本部门以外同级政府部门”是指除本部门内部单位外，与政府会计主体属于同一级次的政府部门，比如教育部直属的各高等学校，与财政部、科技部等，都属于中央级预算单位，这些部委对于高等学校而言就是本部门以外同级政府部门；“其他”是指除前两项以外的所有单位。

需要注意的是，与预算支出类明细科目设置不同，财务会计下费用类明细科目无需按照国家预算管理要求设置明细科目。也就是说，费用类明细科目不需要分为基本支出和项目支出，也不需要考虑支出功能分类。

（二）成本核算

成本核算是政府会计改革的目标之一，是对政府会计主体进行绩效评价，以便提高资金使用效益。而进行绩效评价的前提是进行成本核算。为了便于进行成本核算，政府会计主体可以结合成本核算的要求设置明细科目。

1. 成本的概念

成本是指为了达到特定目标而应发生的价值牺牲。其中，特定目标即为成本对象，价值牺牲即为各种耗费，成本的概念是与成本对象相联系的，成本属于对象化的耗费。例如，制造企业生产一定种类、一定数量产品发生的各种耗费，为产品成本；教育单位为培养一定层次、一定数量的学生发生的各种耗费，为学生培养成本；各单位为取得固定资产而发生的各种耗费，为固定资产成本等。

2. 成本对象

成本对象是成本会计信息系统和控制系统的客体，是政府会计主体资源耗费的载体。政府会计主体涵盖的单位非常宽泛，不同单位的业务活动不同，其成本对象也会有所不同。然而，政府会计主体业务活动有一个共同的特点，即提供服务。例如，教育单位主要提供培养学生服务，医疗单位主要提供医疗服务，科研单位主要提供科研服务等。概括起来，政府会计主体的成本对象就是服务。不同行业、不同部门的政府会计主体，可以根据其具体的业务活动，确定其成本核算对象。

3. 成本范围

制造企业的产品成本属于制造成本，不包括管理费用、销售费用、财务费用等。这是因为企业属于营利组织，需要计算利润、缴纳所得税，按照国际惯例确定产品成本口径，便于进行利润的国际比较。然而，政府会计主体为非营利组织，计算成本的目的主要是进行绩效评价，因此，其成本范围应包括为开展业务活动发生的全部耗费，即政府会计主体的成本为完全成本。

4. 成本项目

成本项目是指成本的构成项目，是费用按照用途的分类。一般来说，制造企业的产品成本构成可以分为劳动对象的消耗、劳动力的消耗和劳动资料的消耗，分别设置“直接材料”、“直接人工”和“制造费用”成本项目。但对于政府会计主体而言，大多提供的是服务，属于非物质产品，其成本构成大多为劳动力的消耗和劳动资料的消耗，因此，可以设置“直接职工薪酬”、“运行费用”、“单位管理费用”、“折旧费及摊销费”和“间接计提费用”等成本项目。“直接职工薪酬”是指政府会计主体直接从事业务活动人员的薪酬，反映业务活动直接消耗的人力成本，是业务活动成本的重要组成部分；“运行费用”是指政府会计主体业务部门管理业务活动发生的间接耗费，包括非直接从事业务活动人员的薪酬、商品和服务费用、对个人和家庭补助费用等，反映维持业务活动的各项耗费；“折旧费及摊销费”是指政府会计主体固定资产、公共基础设施等折旧费以及无形资产摊销费，反映开展业务活动的劳动资料耗费；“单位管理费用”是指政府会计主体管理部门发生的各项耗费（事业单位单独设置“单位管理费用”总账科目，可以不再单独设置单位管理费用成本项目）。如果政府会计主体还提供物质产品，则应增设“直接材料”成本项目。

5. 结合成本核算要求的明细科目设置

为了满足成本核算需要，“业务活动费用”科目首先应当按照成本对象设置二级科目；其次，按照成本项目设置三级科目；然后按照前述一般情况下明细科目的设置方法设置其他明细科目。

四、一般情况下的主要账务处理

第一，为履职或开展业务活动人员计提的薪酬，按照计算确定的金额，借记“业务活动费用”科目，贷记“应付职工薪酬”科目。

【例 10-1】 资料：20×1 年 3 月 1 日，某行政单位人事部门计算本单位 3 月份工资为：应发工资总计 300 万元。其中，A 部门 100 万元，B 部门 30 万元，C 部门 80 万元，D 部门 90 万元。编制相关的会计分录。

编制该单位对上述资料进行财务会计记账的会计分录：

借：业务活动费用——A 部门（工资福利费用） 1 000 000
　　　　　　　　——B 部门（工资福利费用） 300 000
　　　　　　　　——C 部门（工资福利费用） 800 000
　　　　　　　　——D 部门（工资福利费用） 900 000
　贷：应付职工薪酬 3 000 000

第二，为履职或开展业务活动发生的外部人员劳务费，按照计算确定的金额，借记“业务活动费用”科目，按照代扣代缴个人所得税的金额，贷记“其他应交税费——应交个人所得税”科目，按照扣税后应付或实际支付的金额，贷记“其他应付款”、“财政拨款收入”、“零余额账户用款额度”、“银行存款”等科目。

【例 10-2】 承［例 10-1］，20×1 年 3 月 10 日，该单位采用财政直接支付方式实际发放工资，并同时计算应缴税款 70 万元。3 月 20 日，采用授权方式缴纳税款 70 万元。编制相关的会计分录。

①3 月 10 日，编制该单位对上述资料进行财务会计记账的会计分录：

借：应付职工薪酬 3 000 000
　贷：财政补助收入 2 300 000
　　　其他应交税费——应缴个人所得税 700 000

同时，编制该单位对上述资料进行预算会计记账的会计分录：

借：行政支出 2 300 000
　贷：财政拨款预算收入——一般公共预算——基本支出（人员支出）
　　　2 300 000

②3 月 20 日，编制该单位对上述资料进行财务会计记账的会计分录：

借：其他应交税费——应缴个人所得税 700 000
　贷：零余额账户用款额度 700 000

同时，编制该单位对上述资料进行预算会计记账的会计分录：

借：行政支出　　700 000

　　贷：资金结存——零余额账户用款额度　　700 000

第三，为履职或开展业务活动领用库存物品，以及动用发出相关政府储备物资，按照领用库存物品或发出相关政府储备物资的账面余额，借记“业务活动费用”科目，贷记“库存物品”、“政府储备物资”科目。

【例 10-3】 资料：20×1 年 4 月 5 日，某事业单位购置了 200 件实验用耗材，价值 10 万元。材料已验收入库，材料款已通过财政授权方式全额支付。4 月 15 日，单位内设研究中心领用该批实验耗材 40 件，价值 2 万元。编制相关的会计分录。

①4 月 5 日，编制该单位对上述资料进行财务会计记账的会计分录：

借：库存物品　　100 000

　　贷：零余额账户用款额度　　100 000

同时，编制该单位对上述资料进行预算会计记账的会计分录：

借：事业支出　　100 000

　　贷：资金结存——零余额账户用款额度　　100 000

②4 月 15 日，编制该单位对上述资料进行财务会计记账的会计分录：

借：业务活动费用——研究中心（商品和服务费用）　　20 000

　　贷：库存物品　　20 000

第四，为履职或开展业务活动所使用的固定资产、无形资产以及为所控制的公共基础设施、保障性住房计提的折旧、摊销，按照计提金额，借记“业务活动费用”科目，贷记“固定资产累计折旧”、“无形资产累计摊销”、“公共基础设施累计折旧（摊销）”、“保障性住房累计折旧”科目。

【例 10-4】 资料：20×1 年 5 月 31 日，某事业单位财务部门根据规定分类计算 E 业务活动中心相关固定资产的折旧和无形资产的摊销。其中，业务活动用房应提折旧 200 万元，通用设备应提折旧 300 万元，专用设备应提折旧 150 万元，家具应提折旧 35 万元，专利权应计摊销 25 万元。编制相关的会计分录。

编制该单位对上述资料进行财务会计记账的会计分录：

借：业务活动费用——E 中心——固定资产累计折旧（房屋及构筑物）

　　2 000 000

　　业务活动费用——E 中心——固定资产累计折旧（通用设备）

　　3 000 000

业务活动费用——E 中心——固定资产累计折旧（专用设备）
1 500 000

业务活动费用——E 中心——固定资产累计折旧（家具）
350 000

业务活动费用——E 中心——无形资产累计摊销（专利权）
250 000

贷：固定资产累计折旧（房屋及构筑物） 2 000 000

固定资产累计折旧（通用设备） 3 000 000

固定资产累计折旧（专用设备） 1 500 000

固定资产累计折旧（家具） 350 000

无形资产累计摊销（专利权） 250 000

第五，为履职或开展业务活动发生的城市维护建设税、教育费附加、地方教育费附加、车船税、房产税、城镇土地使用税等，按照计算确定应交纳的金额，借记“业务活动费用”科目，贷记“其他应交税费”等科目。

【例 10－5】 资料：20×1 年 9 月，某事业单位根据经批准对外出租房屋收入情况，计算应交纳的房产税、城镇土地使用税。其中，房产税 500 万元，城镇土地使用税 100 万元。10 月，该单位将税款 600 万元交至税务机关。编制相关的会计分录。

①9 月，编制该单位对上述资料进行财务会计记账的会计分录：

借：业务活动费用——房产出租（商品和服务费用） 6 000 000

贷：其他应交税费——房产税 5 000 000

其他应交税费——城镇土地使用税 1 000 000

②10 月，编制该单位对上述资料进行财务会计记账的会计分录：

借：其他应交税费——房产税 5 000 000

其他应交税费——城镇土地使用税 1 000 000

贷：银行存款 6 000 000

同时，编制该单位对上述资料进行预算会计记账的会计分录：

借：事业支出 6 000 000

贷：资金结存——货币资金 6 000 000

第六，为履职或开展业务活动发生其他各项费用时，按照费用确认金额，借记“业务活动费用”科目，贷记“财政拨款收入”、“零余额账户用款额度”、“银行存款”、“应付账款”、“其他应付款”、“其他应收款”等科目。

【例 10－6】 资料：20×1 年 5 月 4 日，某事业单位组织一项业务活动，发生活动费3万元，款项尚未支付给供应商。5月16日，该单位采用财政授权支付方式支付了3万元。

①5月4日，编制该单位对上述资料进行财务会计记账的会计分录：

借：业务活动费用——业务活动（商品和服务费用） 30 000

贷：其他应付款 30 000

②5月16日，编制该单位对上述资料进行财务会计记账的会计分录：

借：其他应付款 30 000

贷：零余额账户用款额度 30 000

同时，编制该单位对上述资料进行预算会计记账的会计分录：

借：事业支出 30 000

贷：资金结存——零余额账户用款额度 30 000

第七，按照规定从收入中提取专用基金并计入费用的，一般按照预算会计下基于预算收入计算提取的金额，借记“业务活动费用”科目，贷记“专用基金”科目。国家另有规定的，从其规定。

【例10-7】资料：20×1年7月，某事业单位科研部门按规定提取专用基金，计提基础事业预算收入1 000万元，计提比例3%，计提金额30万元。编制相关的会计分录。

编制该单位对上述资料进行财务会计记账的会计分录：

借：业务活动费用——科研部门（计提专用基金） 300 000

贷：专用基金 300 000

第八，发生当年购货退回等业务，对于已计入本年业务活动费用的，按照收回或应收的金额，借记“财政拨款收入”、“零余额账户用款额度”、“银行存款”、“其他应收款”等科目，贷记“业务活动费用”科目。

【例10-8】资料：20×1年3月，某事业单位使用一般公共预算的基本支出经费，以财政授权支付方式购入一批材料，材料已于购入当月在发生业务活动时被全部领用。9月，因部分材料质量存在缺陷，该单位经与供应商协商，该供应商同意退回部分货款。单位于10月收到退货款4万元，并按规定办理完毕财政授权支付额度的恢复手续。编制相关的会计分录。

编制该单位对上述资料进行财务会计记账的会计分录：

借：零余额账户用款额度 40 000

贷：业务活动费用 40 000

同时，编制该单位对上述资料进行预算会计记账的会计分录：

借：资金结存——零余额账户用款额度 40 000

贷：事业支出　　40 000

五、期末结账

期末，将“业务活动费用”科目本期发生额转入本期盈余，借记“本期盈余”科目，贷记“业务活动费用”科目。期末结转后，该科目应无余额。

第三节　单位管理费用

一、核算范围

“单位管理费用”科目核算事业单位本级行政及后勤管理部门开展管理活动发生的各项费用。这里说的“单位本级”是指事业单位作为一个法人主体，在分级管理的体制下，管理级次中最高的层级称为本级；“行政管理部门”是指不直接参与业务活动及其辅助活动，而是负责组织、协调、保障等活动的部门，比如单位的办公室、人事管理部门、财务管理部门、资产管理部门以及党委组织部门、宣传部门等。一般地，单位内设机构设立的办公室等开展的活动，作为业务活动的辅助活动进行核算；“后勤管理部门”是指单位负责水、电、煤、取暖、物业管理、绿化等各类公用事业活动管理的部门。

需要说明的是，由单位统一负担的离退休人员经费、工会经费、诉讼费、中介费等，考虑到业务活动的相关性，纳入单位管理费用核算范围。

二、确认基础和时点

单位管理费用的确认按照权责发生制原则，在满足费用确认条件时予以确认，无需以现实的货币资金流出为前提。参照企业费用的分类方法，单位管理费用相当于企业中的期间费用。

三、明细科目设置

“单位管理费用”科目应当按照项目、费用类别、支付对象等进行明细核算。一般地，可以将费用的类别即管理费用的支付用途作为一级明细科目，下设具体项目，并辅之以支付对象进行核算。

需要注意的是，与预算支出类明细科目设置不同，财务会计下费用类明细科目无需按照国家预算管理要求设置明细科目。也就是说，费用类明细科目不需要考虑是否需要分为基本支出还是项目支出，不需要考虑支出功能分类。如果单位为了与预算支出做个比对，也可以在成本项目下，按照政府收支分类科目中的经济分类设置明细科目。

四、主要账务处理

第一，为管理活动人员计提的薪酬，按照计算确定的金额，借记“单位管理费用”科目，贷记“应付职工薪酬”科目。

【例 10－9】资料：20×1 年 3 月 1 日，某事业单位人事部门计算本单位 3 月份工资为：应发工资总计 100 万元。其中，A 部门 20 万元，B 部门 20 万元，C 部门 20 万元，D 部门 40 万元。编制相关的会计分录。

编制该单位对上述资料进行财务会计记账的会计分录：

借：单位管理费用——A 部门（工资福利费用）	200 000	
——B 部门（工资福利费用）	200 000	
——C 部门（工资福利费用）	200 000	
——D 部门（工资福利费用）	400 000	
贷：应付职工薪酬		1 000 000

第二，为开展管理活动发生的外部人员劳务费，按照计算确定的费用金额，借记“单位管理费用”科目，按照代扣代缴个人所得税的金额，贷记“其他应交税费——应交个人所得税”科目，按照扣税后应付或实际支付的金额，贷记“其他应付款”、“财政拨款收入”、“零余额账户用款额度”、“银行存款”等科目。

【例 10－10】承［例 10－8］，20×1 年 4 月 10 日，该单位采用财政授权支付方式实际发放工资，并同时计算应缴税款 5 万元。4 月 20 日，缴纳税款 5 万元。编制相关的会计分录。

①4 月 10 日，编制该单位对上述资料进行财务会计记账的会计分录：

借：应付职工薪酬　　1 000 000

　　贷：零余额账户用款额度　　950 000

　　　　其他应交税费——应交个人所得税　　50 000

同时，编制该单位对上述资料进行预算会计记账的会计分录：

借：事业支出　　950 000

　　贷：资金结存——零余额账户用款额度——一般公共预算——基本支出（人员支出）　　950 000

②4 月 20 日，编制该单位对上述资料进行财务会计记账的会计分录：

借：其他应交税费——应交个人所得税　　50 000

　　贷：零余额账户用款额度　　50 000

同时，编制该单位对上述资料进行预算会计记账的会计分录：

借：事业支出　　50 000

　　贷：资金结存——零余额账户用款额度　　50 000

第三，开展管理活动内部领用库存物品，按照领用物品的实际成本，借记“单位管理费用”科目，贷记“库存物品”科目。

【例 10－11】 资料：20×1 年 5 月 15 日，某事业单位购置了 10 件办公用耗材，价值 1 万元。材料已验收入库，材料款已通过财政授权方式全额支付。5 月 25 日，单位内设办公室领用该批实验耗材 1 件，价值 0.1 万元。编制相关的会计分录。

①5 月 15 日，编制该单位对上述资料进行财务会计记账的会计分录：

借：库存物品　　10 000

　　贷：零余额账户用款额度　　10 000

同时，编制该单位对上述资料进行预算会计记账的会计分录：

借：事业支出　　10 000

　　贷：资金结存——零余额账户用款额度　　10 000

②5 月 25 日，编制该单位对上述资料进行财务会计记账的会计分录：

借：单位管理费用——办公室（商品和服务费用）　　1 000

　　贷：库存物品　　1 000

第四，为管理活动所使用的固定资产、无形资产计提的折旧、摊销，按照应提折旧、摊销额，借记“单位管理费用”科目，贷记“固定资产累计折旧”、“无形资产累计摊销”科目。

【例 10－12】 资料：20×1 年 6 月 30 日，某事业单位财务部门根据规定分类计提行政管理部门相关固定资产的折旧和无形资产的摊销。其中，办公用房应提折旧50万元，通用设备应提折旧30万元，家具应提折旧5万元。编制相关的会计分录。

编制该单位对上述资料进行财务会计记账的会计分录：

借：单位管理费用——行政部门——固定资产累计折旧（房屋及构筑物）
500 000

单位管理费用——行政部门——固定资产累计折旧（通用设备）
300 000

单位管理费用——行政部门——固定资产累计折旧（家具）
50 000

贷：固定资产累计折旧（房屋及构筑物） 500 000

固定资产累计折旧（通用设备） 300 000

固定资产累计折旧（家具） 50 000

第五，为开展管理活动发生城市维护建设税、教育费附加、地方教育费附加、车船税、房产税、城镇土地使用税等，按照计算确定应交纳的金额，借记“单位管理费用”科目，贷记“其他应交税费”等科目。

【例10-13】 资料：20×1年8月，某事业单位采购部门签订了采购合同，合同总价款100万元，印花税3万元。当月，该单位将税款3万元交至税务机关。编制相关的会计分录。

编制该单位对上述资料进行财务会计记账的会计分录：

借：单位管理费用——采购部门（商品和服务费用） 30 000

贷：银行存款 30 000

同时，编制该单位对上述资料进行预算会计记账的会计分录：

借：事业支出 30 000

贷：资金结存——货币资金 30 000

第六，为开展管理活动发生的其他各项费用，按照费用确认金额，借记“单位管理费用”科目，贷记“财政拨款收入”、“零余额账户用款额度”、“银行存款”、“其他应付款”、“其他应收款”等科目。

【例10-14】 资料：20×1年9月，某事业单位进行行政办公技能比赛，发生活动费3万元，已采用财政授权支付方式支付。编制相关的会计分录。

编制该单位对上述资料进行财务会计记账的会计分录：

借：单位管理费用——专项活动（商品和服务费用） 30 000

贷：零余额账户用款额度 30 000

同时，编制该单位对上述资料进行预算会计记账的会计分录：

借：事业支出　　30 000

　　贷：资金结存——零余额账户用款额度　　30 000

第七，发生当年购货退回等业务，对于已计入本年单位管理费用的，按照收回或应收的金额，借记“财政拨款收入”、“零余额账户用款额度”、“银行存款”、“其他应收款”等科目，贷记“单位管理费用”科目。

【例 10－15】 资料：20×1 年 5 月，某事业单位使用一般公共预算的基本支出经费，以财政授权支付方式购入一批办公耗材，已于购入当月被全部领用。6 月，因部分材料耗材质量存在缺陷，该单位经与供应商协商，该供应商同意退回部分货款。单位于 6 月收到退货款 4 万元，并按规定办理完毕财政授权支付额度的恢复手续。编制相关的会计分录。

编制该单位对上述资料进行财务会计记账的会计分录：

借：零余额账户用款额度　　40 000

　　贷：单位管理费用　　40 000

同时，编制该单位对上述资料进行预算会计记账的会计分录：

借：资金结存——零余额账户用款额度　　40 000

　　贷：事业支出　　40 000

五、期末结账

期末，将“单位管理费用”科目本期发生额转入本期盈余，借记“本期盈余”科目，贷记“单位管理费用”科目。期末结转后，科目应无余额。

第四节　经营费用

一、核算范围

“经营费用”科目核算事业单位在专业业务活动及其辅助活动之外开展非独立核算经营活动发生的各项费用。“专业业务活动及其辅助活动”是指与事业单位成立宗旨和主要职能相关的活动，类似于企业的主营业务活动；“非独立核算经营活动”是指事业单位不便或无法独立核算的，消耗物资或款项金额较小的经营活动。

经营费用主要是由事业单位利用单位自有生活服务设施、自身服务能力为社会提供各类有偿服务时发生的耗费和损失。

二、确认基础和时点

经营费用的确认按照权责发生制原则，在满足费用确认条件时予以确认，无需以现实的货币资金流出为前提。

现行的《事业单位财务规则》第二十二条规定，“事业单位在开展非独立核算经营活动中，应当正确归集实际发生的各项费用数；不能归集的，应当按照规定的比例合理分摊。经营支出应当与经营收入配比。”在这里，虽然制度并没有明确地写出使用权责发生制核算，但要求“收支配比”已经反映了经营活动的核算要求。

三、明细科目设置

“经营费用”科目按照经营活动类别、项目和支付对象等进行明细核算。一般地，可以将经营活动类别作为一级明细科目，再根据具体经营项目下设明细科目，并辅之以支付对象进行明细核算。本科目应当按照经营活动类别、项目、支付对象等进行明细核算。

四、主要账务处理

第一，为经营活动人员计提的薪酬，按照计算确定的金额，借记“经营费用”科目，贷记“应付职工薪酬”科目。

【例 10－16】 资料：20×1 年 3 月 1 日，某事业单位人事部门计算本单位经营中心 3 月份工资为：应发工资总计 200 万元。3 月 10 日，该单位实际发放工资，并同时计算应缴税款 30 万元。4 月 10 日，缴纳税款 30 万元。编制相关的会计分录。

①3 月 1 日，编制该单位对上述资料进行财务会计记账的会计分录：

借：经营费用——经营中心（工资福利费用）　　2 000 000

　　贷：应付职工薪酬　　2 000 000

②3 月 10 日，编制该单位对上述资料进行财务会计记账的会计分录：

借：应付职工薪酬　2 000 000

　　贷：银行存款　1 700 000

　　　　其他应交税费——应交个人所得税　300 000

同时，编制该单位对上述资料进行预算会计记账的会计分录：

借：经营支出　1 700 000

　　贷：资金结存——货币资金　1 700 000

③4 月 10 日，编制该单位对上述资料进行财务会计记账的会计分录：

借：其他应交税费——应交个人所得税　300 000

　　贷：银行存款　300 000

同时，编制该单位对上述资料进行预算会计记账的会计分录：

借：经营支出　300 000

　　贷：资金结存——货币资金　300 000

第二，开展经营活动领用或发出库存物品，按照物品的实际成本，借记“经营费用”科目，贷记“库存物品”科目。

【例 10－17】 资料：20×1 年 4 月 5 日，某事业单位购置了 200 件经营用板材，价值 10 万元。板材已验收入库，材料款已使用实拨资金全额支付。4 月 15 日，单位内设非独立核算的经营中心领用该批板材 40 件，价值 2 万元。编制相关的会计分录。

①4 月 5 日，编制该单位对上述资料进行财务会计记账的会计分录：

借：库存物品　100 000

　　贷：银行存款　100 000

同时，编制该单位对上述资料进行预算会计记账的会计分录：

借：经营支出　100 000

　　贷：资金结存——货币资金　100 000

②4 月 15 日，编制该单位对上述资料进行财务会计记账的会计分录：

借：经营费用——经营中心（商品和服务费用）　20 000

　　贷：库存物品　20 000

第三，为经营活动所使用固定资产、无形资产计提的折旧、摊销，按照应提折旧、摊销额，借记“经营费用”科目，贷记“固定资产累计折旧”、“无形资产累计摊销”科目。

【例 10－18】 资料：20×1 年 5 月 31 日，某事业单位财务部门根据规定分类计提 F 经营中心相关固定资产的折旧。其中，经营活动用房应提折旧 200

万元，通用设备应提折旧300万元，家具应提折旧35万元。编制相关的会计分录。

编制该单位对上述资料进行财务会计记账的会计分录：

借：经营费用——F中心——固定资产累计折旧（房屋及构筑物）
　　2 000 000
　经营费用——F中心——固定资产累计折旧（通用设备）
　　3 000 000
　经营费用——F中心——固定资产累计折旧（家具）
　　350 000
　贷：固定资产累计折旧（房屋及构筑物）　2 000 000
　　固定资产累计折旧（通用设备）　3 000 000
　　固定资产累计折旧（家具）　350 000

第四，开展经营活动发生城市维护建设税、教育费附加、地方教育费附加、车船税、房产税、城镇土地使用税等，按照计算确定应交纳的金额，借记“经营费用”科目，贷记“其他应交税费”等科目。

【例10－19】 资料：某事业单位开展经营活动，经批准对外出租房屋。20×1年9月，根据出租收入情况，该单位计算应交纳的房产税、城镇土地使用税，其中，房产税500万元、城镇土地使用税100万元。10月，该单位将税款600万元交至税务机关。编制相关的会计分录。

（1）9月，编制该单位对上述资料进行财务会计记账的会计分录：

借：经营费用——房产出租（商品和服务费用）　6 000 000
　贷：其他应交税费——房产税　5 000 000
　　其他应交税费——城镇土地使用税　1 000 000

（2）10月，编制该单位对上述资料进行财务会计记账的会计分录：

借：其他应交税费——房产税　5 000 000
　其他应交税费——城镇土地使用税　1 000 000
　贷：银行存款　6 000 000

同时，编制该单位对上述资料进行预算会计记账的会计分录：

借：经营支出　6 000 000
　贷：资金结存——货币资金　6 000 000

第五，发生与经营活动相关的其他各项费用时，按照费用确认金额，借记“经营费用”科目，贷记“银行存款”、“其他应付款”、“其他应收款”等科目。涉及增值税业务的，相关账务处理参见第八章“应交增值税”科目。

【例 10-20】资料：20×1 年 5 月 4 日，某事业单位开展一项经营活动，发生活动费 3 万元，款项尚未支付给供应商。5 月 16 日，该单位使用实拨资金支付了 3 万元。编制相关的会计分录。

①5 月 4 日，编制该单位对上述资料进行财务会计记账的会计分录：

借：经营费用——经营活动（商品和服务费用） 30 000

贷：其他应付款 30 000

②5 月 16 日，编制该单位对上述资料进行财务会计记账的会计分录：

借：其他应付款 30 000

贷：银行存款 30 000

同时，编制该单位对上述资料进行预算会计记账的会计分录：

借：经营支出 30 000

贷：资金结存——货币资金 30 000

第六，发生当年购货退回等业务，对于已计入本年经营费用的，按照收回或应收的金额，借记“银行存款”、“其他应收款”等科目，贷记“经营费用”科目。

【例 10-21】资料：20×1 年 3 月，某事业单位使用实拨资金购入一批材料，材料已于购入当月在发生经营活动时被全部领用。9 月，因部分材料质量存在缺陷，该单位经与供应商协商，该供应商同意退回部分货款。单位于 10 月收到退货款 4 万元。编制相关的会计分录。

编制该单位对上述资料进行财务会计记账的会计分录：

借：银行存款 40 000

贷：经营费用 40 000

同时，编制该单位对上述资料进行预算会计记账的会计分录：

借：资金结存——货币资金 40 000

贷：经营支出 40 000

五、期末结账

期末，将“经营费用”科目本期发生额转入本期盈余，借记“本期盈余”科目，贷记“经营费用”科目。期末结转后，本科目应无余额。

第五节　资产处置费用

一、核算范围

“资产处置费用”科目核算单位经批准处置资产时发生的费用，包括转销的被处置资产价值，以及在处置过程中发生的相关费用或者处置收入小于相关费用形成的净支出。如果在处置过程中处置收入大于相关费用形成的净收入，原则上应上缴财政。一般地，在处置过程中发生的相关费用可能会形成货币资金的流出，发生的相关收入可能会形成货币资金的流入；而转销的被处置资产价值则不会发生货币资金的流出。

单位在资产清查中查明的资产盘亏、毁损以及报废等，应当先通过“待处理财产损溢”科目进行核算，再将处理资产价值和处理净支出记入资产处置费用科目。

短期投资、长期股权投资、长期债券投资的处置，按照相关资产科目的规定进行账务处理。

二、确认基础和时点

资产处置费用的确认按照权责发生制原则，在满足费用确认条件时予以确认，无需以现实的货币资金流出为前提。

三、明细科目设置

“资产处置费用”科目应当按照处置资产的类别、资产处置的形式等进行明细核算。

资产的类别可以分为流动资产和非流动资产，也可将流动资产细分为货币资金、应收及预付款项、存货等，将非流动资产细分为长期投资、固定资产、无形资产等。根据需要，单位还可以根据报表项目进行进一步细分。

资产处置的形式按照规定包括无偿调拨、出售、出让、转让、置换、对外捐赠、报废、毁损以及货币性资产损失核销等。资产处置的程序应当符合国有资产管理规定。

四、主要账务处理

（一）不通过“待处理财产损溢”科目核算的资产处置

按照规定，单位在资产清查中查明的资产盘亏、毁损以及报废等以外的资产处置业务，不需要通过“待处理财产损溢”科目核算。

（1）注销处置资产的账面价值。在报经批准处置资产时，按照处置资产的账面价值，借记“资产处置费用”科目；按照处置固定资产、无形资产、公共基础设施、保障性住房的累计折旧或摊销，借记“固定资产累计折旧”、“无形资产累计摊销”、“公共基础设施累计折旧（摊销）”、“保障性住房累计折旧”科目，按照处置资产的账面原值（或成本），贷记“库存物品”、“固定资产”、“无形资产”、“公共基础设施”、“政府储备物资”、“文物文化资产”、“保障性住房”、“其他应收款”、“在建工程”等科目。

（2）发生处置费用。处置资产过程中发生的相关费用，按照实际发生金额，借记“资产处置费用”科目，贷记“银行存款”、“库存现金”等科目。

（3）取得处置收入。在资产处置过程中，处置收入与处置费用不会同时发生。一般来说，先发生处置费用，后取得处置收入。在会计实务操作时，发生的处置费用应及时记账，计入资产处置费用。取得处置收入时，应将处置收入与处置费用进行比较，如果处置收入小于处置费用，应将处置收入全额冲减处置费用，借记“库存现金”、“银行存款”等科目，贷记“资产处置费用”科目；如果处置收入大于处置费用，应按照处置费用的金额冲减处置费用，按照取得的处置收入，借记“库存现金”、“银行存款”等科目，按照处置资产过程中发生的处置费用金额，贷记“资产处置费用”科目，按照其差额，贷记“应缴财政款”等科目。涉及增值税业务的，相关账务处理参见第八章“应交增值税”科目。

【例 10－22】资料：20×1 年 3 月，某事业单位报经批准处置一批通用设备，该批设备因地震已全部损坏，无法使用。设备账面原值 100 万元，已提折旧 90 万元，无资产变卖收入。编制相关的会计分录。

编制该单位对上述资料进行财务会计记账的会计分录：

借：资产处置费用——固定资产（毁损）　　　　100 000

固定资产累计折旧　900 000

　贷：固定资产　1 000 000

【例 10－23】 资料：20×1 年 5 月，某事业单位报经批准处置一批库存实验用材料。该批材料因台风侵袭已全部霉变，无法使用。材料成本 50 万元，以银行存款支付材料清理费 1 万元。编制相关的会计分录。

编制该单位对上述资料进行财务会计记账的会计分录：

借：资产处置费用——存货（毁损）　500 000

　贷：库存物品　500 000

借：资产处置费用——存货（毁损）　10 000

　贷：银行存款　10 000

同时，编制该单位对上述资料进行预算会计记账的会计分录：

借：其他支出　10 000

　贷：资金结存——货币资金　10 000

【例 10－24】 资料：20×1 年 6 月，某事业单位报经批准处置一批专用设备，该批设备使用年限已超过规定年限，账面价值 800 万元，已全额计提折旧。设备变卖收入 3 万元，按规定留归该单位使用；发生运输费 5 万元。编制相关的会计分录。

编制该单位对上述资料进行财务会计记账的会计分录：

借：固定资产累计折旧　8 000 000

　贷：固定资产　8 000 000

借：资产处置费用——固定资产（报废）　50 000

　贷：银行存款　50 000

借：银行存款　30 000

　贷：资产处置费用　30 000

同时，编制该单位对上述资料进行预算会计记账的会计分录：

借：其他支出　50 000

　贷：资金结存——货币资金　50 000

借：资金结存——货币资金　30 000

　贷：其他支出　30 000

（二）通过“待处理财产损溢”科目核算的资产处置

按照规定，单位在资产清查中查明的资产盘亏、毁损以及报废等，需要通过“待处理财产损溢”科目核算。

（1）单位账款核对中发现的现金短缺，属于无法查明原因的，报经批准核销时，借记“资产处置费用”科目，贷记“待处理财产损溢”科目。

【例10－25】 资料：20×1年8月1日，某事业单位在盘库时，发现现金短缺1 000元。经询查未找到短缺原因。10月11日，经批准予以核销。编制相关的会计分录。

①8月1日，编制该单位对上述资料进行财务会计记账的会计分录：

借：待处理财产损溢　　1 000

　　贷：库存现金　　1 000

同时，编制该单位对上述资料进行预算会计记账的会计分录：

借：其他支出　　1 000

　　贷：资金结存——货币资金　　1 000

②10月11日，编制该单位对上述资料进行财务会计记账的会计分录：

借：资产处置费用——现金（货币性损失核销）　　1 000

　　贷：待处理财产损溢　　1 000

（2）单位资产清查过程中盘亏或者毁损、报废的存货、固定资产、无形资产、公共基础设施、政府储备物资、文物文化资产、保障性住房等，报经批准处理时，按照处理资产价值，借记“资产处置费用”科目，贷记“待处理财产损溢——待处理财产价值”科目。处理收支结清时，处理过程中所取得的收入小于所发生的相关费用的，按照相关费用减去处理收入后的净支出，借记“资产处置费用”科目，贷记“待处理财产损溢——处理净收入”科目。

【例10－26】 资料：20×1年2月1日，某事业单位进行年度固定资产清查，发现一台专用设备已经遗失，无法找到。设备总价50万元，已计提折旧30万元。3月1日，该单位根据清查结果上报主管部门。5月1日，根据主管部门的批复进行处理。

①2月1日转入待处理时，编制该单位对上述资料进行财务会计记账的会计分录：

借：待处理财产损溢——待处理财产价值　　200 000

　　固定资产累计折旧　　300 000

　　贷：固定资产　　500 000

②5月1日核销待处理时，编制该单位对上述资料进行财务会计记账的会计分录：

借：资产处置费用——固定资产（盘亏）　　200 000

贷：待处理财产损溢——待处理财产价值　　200 000

五、期末结账

期末，将“资产处置费用”科目本期发生额转入本期盈余，借记“本期盈余”科目，贷记“资产处置费用”科目。期末结转后，本科目应无余额。

第六节　上缴上级费用

一、核算范围

“上缴上级费用”科目核算事业单位按照财政部门和主管部门的规定上缴上级单位款项发生的费用。

二、确认基础和时点

上缴上级费用的确认按照权责发生制原则，在满足费用确认条件时予以确认。比如，在财政部门和主管部门正式下达了上缴任务，并明确了上缴内容和金额时，就可以据此确认费用，无需以现实的货币资金流出为前提。

主管部门在合并下级单位财务报表时，应当将下级单位上缴的费用与上级单位形成的收入予以抵消。

三、明细科目设置

“上缴上级费用”科目应当按照收缴款项单位、缴款项目等进行明细核算。一般地，可以将收缴款项单位作为二级明细科目，再根据缴款项目的具体内容下设明细科目。

四、主要账务处理

单位发生上缴上级支出的，按照实际上缴的金额或者按照规定计算出应当上缴上级单位的金额，借记“上缴上级费用”科目，贷记“银行存款”、“其他应付款”等科目。实际支付上缴款时，按照实际支付的金额，借记“其他应付款”科目，贷记“银行存款”等科目。

【例 10－27】 资料：20×1 年 3 月，某事业单位接到上级主管部门下达的缴款通知，注明该单位应当于 3 月 31 日前上缴 G 项目 30 万元。通知下达当天，该单位将 30 万元以财政授权支付方式上缴。编制相关的会计分录。

编制该单位对上述资料进行财务会计记账的会计分录：

借：上缴上级费用　　300 000

　　贷：其他应付款　　300 000

借：其他应付款　　300 000

　　贷：零余额账户用款额度　　300 000

同时，编制该单位对上述资料进行预算会计记账的会计分录：

借：上缴上级支出　　300 000

　　贷：资金结存——零余额账户用款额度　　300 000

五、期末结账

期末，将“上缴上级费用”科目本期发生额转入本期盈余，借记“本期盈余”科目，贷记“上缴上级费用”科目。期末结转后，本科目应无余额。

第七节　对附属单位补助费用

一、核算范围

“对附属单位补助费用”科目核算事业单位用财政拨款收入之外的收入对附属单位补助发生的费用。“附属单位”是指事业单位附属的独立核算单位，一般应为法人单位。

附属单位以协议或合同等形式，按照规定标准或比例缴纳给事业单位各项收入。但是，在附属单位开展专业业务及其辅助活动时，有时也存在收不抵支的情况，需要举办单位给予一定的资金支持。原则上，对附属单位补助的费用不得使用财政资金。

二、确认基础和时点

对附属单位补助费用的确认按照权责发生制原则，在满足费用确认条件时予以确认。比如，事业单位与附属单位签订了补助协议，或事业单位履行了决策程序形成补助决议，并明确了补助内容和金额时，就可以据此确认费用，无需以现实的货币资金流出为前提。

事业单位在合并附属单位财务报表时，应当将对附属单位补助的费用与下级单位形成的收入予以抵消。

三、明细科目设置

"对附属单位补助费用"科目应当按照接受补助单位、补助项目等进行明细核算。一般地，可以将接受补助的单位作为一级明细科目，再根据补助项目的具体内容下设明细科目。

四、主要账务处理

单位发生对附属单位补助支出的，按照实际补助的金额或者按照规定计算出应当对附属单位补助的金额，借记"对附属单位补助费用"科目，贷记"银行存款"、"其他应付款"等科目。

【例 10－28】 资料：20×1 年 3 月 5 日，某事业单位集体决策，使用自有资金对附属服务中心（法人单位）进行一次性服务补贴 50 万元。3 月 25 日，该单位财务部门将 50 万元拨付至附属服务中心基本存款账户。编制相关的会计分录。

①3 月 5 日，编制该单位对上述资料进行财务会计记账的会计分录：

借：对附属单位补助费用　　500 000

　　贷：其他应付款　　500 000

②3 月 25 日，编制该单位对上述资料进行财务会计记账的会计分录：

借：其他应付款	500 000	
贷：银行存款		500 000

同时，编制该单位对上述资料进行预算会计记账的会计分录：

借：对附属单位补助支出	500 000	
贷：资金结存——货币资金		500 000

五、期末结账

期末，将“对附属单位补助费用”科目本期发生额转入本期盈余，借记“本期盈余”科目，贷记“对附属单位补助费用”科目。期末结转后，本科目应无余额。

第八节　所得税费用

一、核算范围

“所得税费用”科目核算有企业所得税缴纳义务的事业单位按规定缴纳企业所得税所形成的费用。

《中华人民共和国企业所得税法》第一条规定：“在中华人民共和国境内，企业和其他取得收入的组织（以下统称‘企业’）为企业所得税的纳税人，依照本法的规定缴纳企业所得税。”因此，并不是只有企业才交企业所得税，而是每一纳税年度只要单位以货币形式和非货币形式从各种来源取得了收入，比如销售货物收入、提供劳务收入、转让财产收入、权益性投资收益、利息收入、租金收入、捐赠收入等，就意味着形成了企业所得税缴纳义务，在减除不征税收入、免税收入、各项扣除以及允许弥补的以前年度亏损后，均应形成应纳税所得额。上述不征税收入是指财政拨款，依法收取并纳入财政管理的行政事业性收费、政府性基金以及国务院规定的其他不征税收入。

二、确认基础和时点

所得税费用确认基础应当为按照税法规定计算的应纳税所得。税法规定，可以按月、按季等上交。

三、明细科目设置

所得税费用科目可不设置明细科目。

四、主要账务处理

发生企业所得税纳税义务的，按照税法规定计算的应交税金数额，借记“所得税费用”科目，贷记“其他应交税费——单位应交所得税”科目。实际缴纳时，按照缴纳金额，借记“其他应交税费——单位应交所得税”科目，贷记“银行存款”科目。

【例 10－29】 资料：20×1 年 4 月，某事业单位按税法规定计算应交企业所得税 200 万元。5 月，该单位将 200 万元交至税务部门。编制相关的会计分录。

①4 月，编制该单位对上述资料进行财务会计记账的会计分录：

借：所得税费用　　2 000 000

　　贷：其他应交税费——单位应交所得税　　2 000 000

②5 月，编制该单位对上述资料进行财务会计记账的会计分录：

借：其他应交税费——单位应交所得税　　2 000 000

　　贷：银行存款　　2 000 000

同时，编制该单位对上述资料进行预算会计记账的会计分录：

借：非财政拨款结余——累计结余　　2 000 000

　　贷：资金结存——货币资金　　2 000 000

五、期末结账

期末，将“所得税费用”科目本期发生额转入本期盈余，借记或贷记“本期盈余”科目，贷记或借记“所得税费用”科目。期末结转后，本科目应无余额。

第九节　其他费用

一、核算范围

本科目核算单位发生的除业务活动费用、单位管理费用、经营费用、资产处置费用、上缴上级费用、附属单位补助费用、所得税费用以外的各项费用，包括利息费用、坏账损失、罚没支出、现金资产捐赠支出以及相关税费、运输费等。根据费用发生的频次，其他费用一般为偶发的、非经常性的。

需要注意以下两点：

第一，非现金资产捐赠支出属于“资产处置费用”科目核算范围。

第二，相关税费、运输费，是指单位接受捐赠（或无偿调入）以名义金额计量的存货、固定资产、无形资产，以及成本无法可靠取得的公共基础设施、文物文化资产等发生的相关税费、运输费等，或者单位发生的与受托代理资产相关的税费、运输费、保管费等。

二、确认基础和时点

其他费用的确认原则上应当按照权责发生制原则，在满足费用确认条件时予以确认，无需以现实的货币资金流出为前提。按规定需要履行审批或备案程序的，报经批准后执行。

三、明细科目设置

本科目应当按照其他费用的类别等进行明细核算。单位发生的利息费用较多的，可以单独设置“5701 利息费用”科目。一般地，可以根据其他费用的主要核算内容分类设置明细科目，并辅之以支付对象核算。

四、主要账务处理

（一）利息费用

按期计算确认借款利息费用时，按照计算确定的金额，借款利息予以资本化的，借记“在建工程”科目，借款利息费用化的，则借记“其他费用”科目，贷记“应付利息”、“长期借款——应计利息”科目。按照国家规定，政府会计举借债务应当经过批准。

【例 10－30】 资料：20×1 年 1 月，某事业单位经批准向 A 银行办理短期借款。借款金额为 1 000 万元，期限 6 个月，年利率 4.35%，到期一次还本付息。1 月末，该单位计算应提利息为 36 250 万元。编制相关的会计分录。

编制该单位对上述资料进行财务会计记账的会计分录：

借：其他费用——利息费用　　36 250

　　贷：应付利息　　36 250

未发生纳入预算管理的货币资金变动，预算会计不需记账。在实际支付利息时，借记“其他支出”科目，贷记“资金结存——货币资金”科目。

（二）坏账损失

年末，事业单位按照规定对收回后不需上缴财政的应收账款和其他应收款计提坏账准备时，按照计提金额，借记“其他费用”科目，贷记“坏账准备”科目；冲减多提的坏账准备时，按照冲减金额，借记“坏账准备”科目，贷记“其他费用”科目。

【例 10－31】 资料：20×1 年 12 月 31 日，某事业单位对收回后不需上缴财政的应收账款和其他应收款进行全面检查，分析其可收回性，发现当年 3 月一笔应收账款可能无法收回，产生坏账损失，涉及金额 10 万元。该单位采用个别认定法计提坏账准备。编制相关的会计分录。

编制该单位对上述资料进行财务会计记账的会计分录：

借：其他费用——坏账损失　　100 000

　　贷：坏账准备　　100 000

（三）罚没支出

单位发生罚没支出的，按照实际缴纳或应当缴纳的金额，借记“其他费用”科目，贷记“银行存款”、“库存现金”、“其他应付款”等科目。

【例 10－32】资料：20×1 年 7 月 31 日，某事业单位接到税务机关正式通知，对该单位少缴个人所得税行为进行处罚，罚金 20 万元、滞纳金 3 万元。该单位在收到通知当日将罚金及滞纳金交至税务机关。编制相关的会计分录。

编制该单位对上述资料进行财务会计记账的会计分录：

借：其他费用——罚没支出 230 000

　　贷：银行存款 230 000

同时，编制该单位对上述资料进行预算会计记账的会计分录：

借：其他支出 230 000

　　贷：资金结存——货币资金 230 000

（四）现金资产捐赠

单位对外捐赠现金资产的，按照实际捐赠的金额，借记“其他费用”科目，贷记“银行存款”、“库存现金”等科目。

【例 10－33】资料：20×1 年 8 月 31 日，某事业单位经批准向因地震受损的地方小学捐赠现金 10 万元。编制相关的会计分录。

编制该单位对上述资料进行财务会计记账的会计分录：

借：其他费用——现金资产捐赠 100 000

　　贷：银行存款 100 000

同时，编制该单位对上述资料进行预算会计记账的会计分录：

借：其他支出 100 000

　　贷：资金结存——货币资金 100 000

（五）其他相关费用

单位发生的、不计入资产成本的相关税费、运输费等，按照实际支付的金额，借记“其他费用”科目，贷记“财政拨款收入”、“零余额账户用款额度”、“银行存款”、“库存现金”、“其他应付款”等科目。

五、期末结账

期末，将“其他费用”科目本期发生额转入本期盈余，借记“本期盈余”科目，贷记“其他费用”科目。期末结转后，本科目应无余额。

第十一章

净资产类科目的核算

净资产是指政府会计主体资产扣除负债后的净额。单位的净资产类科目包括本期盈余、本年盈余分配、累计盈余、专用基金、权益法调整、无偿调拨净资产和以前年度盈余调整。

第一节　本期盈余

一、本期盈余科目概述

本期盈余是指单位本期各项收入、费用相抵后的余额。

单位应当设置“本期盈余”科目，核算本期实现的盈余（或发生的亏损）。期末，单位将各类收入科目的本期发生额转入本期盈余，借记“财政拨款收入”、“事业收入”、“上级补助收入”、“附属单位上缴收入”、“经营收入”、“非同级财政拨款收入”、“投资收益”、“捐赠收入”、“利息收入”、“租金收入”、“其他收入”科目，贷记“本期盈余”科目；将各类费用科目本期发生额转入本期盈余，借记“本期盈余”科目，贷记“业务活动费用”、“单位管理费用”、“经营费用”、“所得税费用”、“资产处置费用”、“上缴上级费用”、“对附属单位补助费用”、“其他费用”科目。本科目如为贷方余额，反映单位自年初至当期期末累计实现的盈余；如为借方余额，反映单位自年初至当期期末累计发生的亏损。

年末，完成上述结转后，将“本期盈余”科目余额转入“本年盈余分配”科目，借记或贷记“本期盈余”科目，贷记或借记“本年盈余分配”科目。年末结账后，“本期盈余”科目应无余额。

二、本期盈余业务举例

【例 11－1】 资料：20×1 年 6 月，某事业单位实现的各类收入和发生的各类费用如表 11－1 所示，6 月 30 日，该单位需要结转各类收入和费用。编制相关的会计分录。

表 11－1　　单位：元

科目名称	借或贷	本月发生额
财政拨款收入	贷	2 000 000
事业收入	贷	1 000 000
上级补助收入	贷	200 000
经营收入	贷	300 000
非同级财政拨款收入	贷	150 000
投资收益	贷	60 000
捐赠收入	贷	500 000
其他收入	贷	10 000
业务活动费用	借	1 800 000
单位管理费用	借	750 000
经营费用	借	240 000
资产处置费用	借	900 000
其他费用	借	50 000

①结转各类收入，编制该单位对上述资料进行财务会计记账的会计分录：

借：财政拨款收入　2 000 000
　　事业收入　1 000 000
　　上级补助收入　200 000
　　经营收入　300 000
　　非同级财政拨款收入　150 000
　　投资收益　60 000
　　捐赠收入　500 000
　　其他收入　10 000

贷：本期盈余 4 220 000

②结转各类费用，编制该单位对上述资料进行财务会计记账的会计分录：

借：本期盈余 3 740 000

贷：业务活动费用 1 800 000

单位管理费用 750 000

经营费用 240 000

资产处置费用 900 000

其他费用 50 000

【例 11－2】 资料：20×1 年 12 月 31 日，某事业单位完成各类收入和费用的结转后，“本期盈余”科目的贷方余额为 1 200 000 元。编制相关的会计分录。

20×1 年 12 月 31 日，编制该单位对上述资料进行会计记账的会计分录：

借：本期盈余 1 200 000

贷：本年盈余分配 1 200 000

第二节　期末盈余结转与分配

一、期末盈余结转与分配概述

期末盈余的结转是指单位在年末将本期盈余转入本年盈余分配；期末盈余的分配是指单位将本年度实现的盈余进行分配。

单位应当设置“本年盈余分配”科目，核算本年度盈余分配的情况和结果。年末，将“本期盈余”科目余额转入本年度盈余分配，借记或贷记“本期盈余”科目，贷记或借记“本年盈余分配”科目。根据有关规定从本年度非财政拨款结余或经营结余中提取专用基金的，按照预算会计下计算的提取金额，借记“本年盈余分配”科目，贷记“专用基金”科目。然后，将“本年盈余分配”科目结转至累计盈余，借记或贷记“本年盈余分配”科目，贷记或借记“累计盈余”科目。年末结账后，本科目应无余额。

二、期末盈余结转与分配业务举例

【例 11 - 3】 承【例 11 - 2】，20 ×1 年 12 月 31 日，该事业单位从本期盈余转入本年度盈余分配 1 200 000 元；从本年度经营结余中提取专用基金 150 000 元。编制相关的会计分录。

①20 ×1 年 12 月 31 日，从本年度经营结余中提取专用基金，编制该单位对上述资料进行财务会计记账的会计分录：

借：本年盈余分配　　150 000

　　贷：专用基金　　150 000

同时，编制该单位对上述资料进行预算会计记账的会计分录：

借：非财政拨款结余分配　　150 000

　　贷：专用结余　　150 000

②20 ×1 年 12 月 31 日，将本年盈余分配余额结转至累计盈余，编制该单位对上述资料进行财务会计记账的会计分录：

借：本年盈余分配　　1 050 000

　　贷：累计盈余　　1 050 000

第三节　累计盈余

累计盈余是指单位历年实现的盈余扣除盈余分配后滚存的金额，以及因无偿调入调出资产产生的净资产变动额，按照规定上缴、缴回、单位间调剂结转结余资金产生的净资产变动额，以及对以前年度盈余的调整金额。

单位应当设置“累计盈余”科目，核算历年分配后的盈余（或发生的亏损）以及无偿调入调出资产产生的净资产变动金额，年末余额反映单位未分配盈余（或未弥补亏损）以及无偿调拨净资产变动的累计数。按照规定上缴、缴回、单位间调剂结转结余资金产生的净资产变动额，以及对以前年度盈余的调整金额，也通过本科目核算。

一、累计盈余的核算内容

1. 结转本年盈余分配

年末，将“本年盈余分配”科目的余额转入“累计盈余”，借记或贷记“本年盈余分配”科目，贷记或借记“累计盈余”科目。

2. 结转无偿调拨净资产

年末，将“无偿调拨净资产”科目的余额转入“累计盈余”，借记或贷记“无偿调拨净资产”科目，贷记或借记“累计盈余”科目。

3. 结转财政拨款及其他资金的结转结余

按照规定上缴财政拨款结转结余、缴回非财政拨款结转资金、向其他单位调出财政拨款结转资金时，按照实际上缴、缴回、调出金额，借记“累计盈余”科目，贷记“财政应返还额度”、“零余额账户用款额度”、“银行存款”等科目。

按照规定从其他单位调入财政拨款结转资金时，按照实际调入金额，借记“零余额账户用款额度”、“银行存款”等科目，贷记“累计盈余”科目。

4. 结转以前年度盈余调整

按照对以前年度盈余的调整金额，借记或贷记“以前年度盈余调整”科目，贷记或借记“累计盈余”科目。

5. 结转专用基金

按照规定使用专用基金购置固定资产、无形资产的，按照固定资产、无形资产成本金额，借记“固定资产”、“无形资产”科目，贷记“银行存款”等科目；同时，按照专用基金使用金额，借记“专用基金”科目，贷记“累计盈余”科目。

二、累计盈余核算举例

【例 11－4】 资料：20×1 年 12 月 31 日，某行政单位有关科目余额如下：“本年盈余分配”科目贷方余额为 450 000 元，“无偿调拨净资产”科目借方余额为 86 000 元，“以前年度盈余调整”科目借方余额为 9 000 元。编制相关的会计分录。

编制该单位对上述资料进行年末结转的会计分录：

（1）结转本年盈余分配：

借：本年盈余分配　450 000

　　贷：累计盈余　450 000

（2）结转无偿调拨净资产：

借：累计盈余　86 000

　　贷：无偿调拨净资产　86 000

（3）结转以前年度盈余调整：

借：累计盈余　9 000

　　贷：以前年度盈余调整　9 000

【例 11－5】 资料：20×1 年 1 月 25 日，某行政单位接财政部门通知，财政部门收回该单位上年未使用完的财政应返还额度 600 000 元（财政直接直付）。编制相关的会计分录。

编制该单位对上述资料进行财务会计记账的会计分录：

借：累计盈余　600 000

　　贷：财政应返还额度——财政直接支付　600 000

同时，编制该单位对上述资料进行预算会计记账的会计分录：

借：财政拨款结余——归集上缴　600 000

　　贷：资金结存——财政应返还额度（财政直接支付）　600 000

【例 11－6】 资料：20×1 年 11 月 10 日，某事业单位从上级单位调入财政拨款结余资金 100 000 元，用于补助本单位的项目支出，当日零余额账户额度数额调增。编制相关的会计分录。

编制该单位对上述资料进行财务会计记账的会计分录：

借：零余额账户用款额度　100 000

　　贷：累计盈余　100 000

同时，编制该单位对上述资料进行预算会计记账的会计分录：

借：资金结存——零余额账户用款额度　100 000

　　贷：财政拨款结转——归集调入　1 000 000

【例 11－7】 资料：20×1 年 12 月 10 日，某事业单位对非财政拨款专项结转资金各项目情况进行分析，C 项目已经完成，结余的 200 000 元按照规定缴回，当日以银行存款实际缴回该笔资金。编制相关的会计分录。

编制该单位对上述资料进行财务会计记账的会计分录。

借：累计盈余　200 000

　　贷：银行存款　200 000

同时，编制该单位对上述资料进行预算会计记账的会计分录：

借：非财政拨款结转——缴回资金　　200 000

　　贷：资金结存——货币资金　　200 000

第四节　专用基金

一、专用基金概述

专用基金是指事业单位按规定提取或设置的具有专门用途的净资产，主要包括职工福利基金、科技成果转换基金等。专用基金的来源主要有按规定从本年度非财政拨款结余或经营结余中提取、从收入中提取和按规定设置三个方面。

事业单位应当设置“专用基金”科目，核算专用基金的提取、使用等情况。该科目贷方登记提取或设置的专用基金，借方登记实际使用的专用基金，期末贷方余额反映事业单位累计提取或设置的尚未使用的专用基金。该科目应当按照专用基金的类别进行明细核算。

（一）形成专用基金

1. 从本年度非财政拨款结余或经营结余中提取

年末，根据有关规定从本年度非财政拨款结余或经营结余中提取专用基金的，按照预算会计下计算的提取金额，借记“本年盈余分配”科目，贷记“专用基金”科目。

2. 从收入中提取

根据有关规定从收入中提取专用基金并计入费用的，一般按照预算会计下基于预算收入计算提取的金额，借记“业务活动费用”等科目，贷记“专用基金”科目。

3. 按规定设置

根据有关规定设置的其他专用基金，按照实际收到的基金金额，借记“银行存款”等科目，贷记“专用基金”科目。

（二）使用专用基金

按照规定使用提取的专用基金时，借记“专用基金”科目，贷记“银行存款”等科目。使用提取的专用基金购置固定资产、无形资产的，按照固定资产、无形资产的成本金额，借记“固定资产”、“无形资产”科目，贷记“银行存款”等科目；同时，按照专用基金使用金额，借记“专用基金”科目，贷记“累计盈余”科目。

二、专用基金核算举例

【例 11－8】 资料：20×1 年 12 月 15 日，某事业单位使用非财政拨款结余中提取的专用基金购入一台专用设备，取得增值税普通发票，价税款合计 92 800 元；当日收到设备投入使用，并以财政授权支付方式支付款项。20×1 年 12 月 31 日，从本期预算收入中提取专用基金 100 000 元。编制相关的会计分录。

（1）20×1 年 12 月 15 日，购入专用设备，编制该单位对上述资料进行会计记账的会计分录：

借：固定资产　　92 800
　　贷：零余额账户用款额度　　92 800
借：专用基金　　92 800
　　贷：累计盈余　　92 800

同时，编制该单位对上述资料进行预算会计记账的会计分录：

借：专用结余　　92 800
　　贷：资金结存——零余额账户用款额度　　92 800

（2）20×1 年 12 月 31 日，从本期预算收入中提取专用基金，编制该单位对上述资料进行会计记账的会计分录：

借：业务活动费用　　100 000
　　贷：专用基金　　100 000

【例 11－9】 资料：20×1 年 12 月 31 日，某事业单位从本年度非财政拨款结余中提取 200 000 元作为职工福利基金。编制相关的会计分录。

编制该单位对上述资料进行财务会计记账的会计分录：

借：本年盈余分配　　200 000
　　贷：专用基金——职工福利基金　　200 000

同时，编制该单位对上述资料进行预算会计记账的会计分录：

借：非财政拨款结余分配　　200 000
　　贷：专用结余　　200 000

第五节　权益法调整

一、权益法调整概述

权益法调整是指事业单位持有的长期股权投资采用权益法核算时，按照被投资单位除净损益和利润分配以外的所有者权益变动份额调整长期股权投资账面余额而计入净资产的金额。

事业单位应当设置“权益法调整”科目，核算事业单位持有的长期股权投资采用权益法核算时，按照被投资单位除净损益和利润分配以外的所有者权益变动份额对长期股权投资账面余额的调整，该科目期末贷方（或借方）余额反映事业单位在被投资单位除净损益和利润分配以外的所有者权益变动中累积享有（或分担）的份额。本科目应当按照被投资单位进行明细核算。年末，按照被投资单位除净损益和利润分配以外的所有者权益变动应享有（或应分担）的份额，借记或贷记“长期股权投资——其他权益变动”科目，贷记或借记“权益法调整”科目。处置权益法核算的长期股权投资时，按照原计入净资产的相应部分金额，借记或贷记“权益法调整”科目，贷记或借记“投资收益”科目。

二、权益法调整举例

【例 11 – 10】资料：甲事业单位持有乙公司 25% 的股份，并能够对乙公司实施重大影响，甲单位对该项长期股权投资采用权益法核算。20×1 年 12 月 31 日，乙公司其他综合收益（不属于净损益和利润分配）增加 400 000 元。不考虑其他因素。编制相关的会计分录。

编制甲单位对上述资料进行财务会计记账的会计分录：

20×1 年 12 月 31 日，甲单位调整投资账面价值：

借：长期股权投资——乙公司——其他权益变动

100 000（400 000×25%）

　　贷：权益法调整　　100 000

【例 11－11】承【例 11－10】，20×2 年 9 月 30 日，甲事业单位经批准将持有乙公司 25% 的股份（取得时以支付现金方式）全部转让，转让价款为 1 450 000 元，款项收存银行。转让时，该项长期股权投资的账面价值为 1 300 000 元。其中，成本 1 000 000 元，损益调整 200 000 元，其他权益变动 100 000 元。编制相关的会计分录。

（1）20×2 年 9 月 30 日，甲单位转让长期股权投资时，编制甲单位对上述资料进行财务会计记账的会计分录：

借：银行存款	1 450 000	
贷：长期股权投资——乙公司——成本		1 000 000
——乙公司——损益调整		200 000
——乙公司——其他权益变动		100 000
投资收益		150 000

同时，编制该单位对上述资料进行预算会计记账的会计分录：

借：资金结存——货币资金	1 450 000	
贷：其他结余		1 000 000
投资预算收益		450 000

（2）20×2 年 9 月 30 日，甲单位结转权益法调整时，编制甲单位对上述资料进行财务会计记账的会计分录：

借：权益法调整	100 000	
贷：投资收益		100 000

第六节　无偿调拨净资产

一、无偿调拨净资产概述

无偿调拨净资产是指单位无偿调入或调出非现金资产所引起的净资产变动金额。

单位应当设置“无偿调拨净资产”科目，核算单位无偿调入、调出非现金资产的情况。该科目贷方登记无偿调入的非现金资产和结转调出的非现金资产，借方登记无偿调出的非现金资产和结转调入的非现金资产，年末结转后无余额。

按规定无偿调入存货、长期股权投资、固定资产、无形资产、公共基础设施、政府储备物资、文物文化资产、保障性住房等资产时，按照确定的资产成本，借记“库存物品”、“长期股权投资”、“固定资产”、“无形资产”、“公共基础设施”、“政府储备物资”、“文物文化资产”、“保障性住房”等科目，按照调入过程中发生的归属于调入方的相关费用，贷记“零余额账户用款额度”、“银行存款”等科目，按照其差额，贷记“无偿调拨净资产”科目。

按照规定经批准无偿调出存货、长期股权投资、固定资产、无形资产、公共基础设施、政府储备物资、文物文化资产、保障性住房等资产时，按照调出资产的账面余额或账面价值，借记“无偿调拨净资产”科目，按照固定资产累计折旧、无形资产累计摊销、公共基础设施累计折旧或摊销、保障性住房累计折旧的金额，借记“固定资产累计折旧”、“无形资产累计摊销”、“公共基础设施累计折旧（摊销）”、“保障性住房累计折旧”科目，按照调出资产的账面余额，贷记“库存物品”、“长期股权投资”、“固定资产”、“无形资产”、“公共基础设施”、“政府储备物资”、“文物文化资产”、“保障性住房”等科目；同时，按照调出过程中发生的归属于调出方的相关费用，借记“资产处置费用”科目，贷记“零余额账户用款额度”、“银行存款”等科目。

年末，将“无偿调拨净资产”科目的余额转入累计盈余，借记或贷记“无偿调拨净资产”科目，贷记或借记“累计盈余”科目。年末结账后，“无偿调拨净资产”科目应无余额。

二、无偿调拨净资产核算举例

【例11-12】资料：20×1年12月15日，经相关部门批准甲行政单位从乙行政单位无偿调入一台专用设备，收到的票据上注明该设备的价值为371 200元（原价464 000元，已提折旧92 800元）；当日，收到该设备且不需安装直接投入使用；甲单位以银行存款向运输公司支付运费1 100元，取得增值税普通发票。不考虑其他因素。分别编制甲单位、乙单位相关的会计分录。

（1）甲单位：

①20×1年12月15日，收到设备，编制甲单位对上述资料进行财务会计记账的会计分录：

借：固定资产　372 300

　　贷：无偿调拨净资产　371 200

　　　　银行存款　1 100

同时，编制甲单位对上述资料进行预算会计记账的会计分录：

借：其他支出　1 100

　　贷：资金结存——货币资金　1 100

②20×1 年 12 月 31 日，结转无偿调拨净资产，编制甲单位对上述资料进行财务会计记账的会计分录：

借：无偿调拨净资产　371 200

　　贷：累计盈余　371 200

(2) 乙单位：

①20×1 年 12 月 15 日，调出设备，编制乙单位对上述资料进行财务会计记账的会计分录：

借：无偿调拨净资产　371 200

　　固定资产累计折旧　92 800

　　贷：固定资产　464 000

②20×1 年 12 月 31 日，结转无偿调拨净资产，编制乙单位对上述资料进行财务会计记账的会计分录：

借：累计盈余　371 200

　　贷：无偿调拨净资产　371 200

第七节　以前年度盈余调整

一、以前年度盈余调整概述

以前年度盈余调整是指单位本年度发生的调整以前年度盈余的事项，包括本年度发生的重要前期差错更正涉及调整以前年度盈余的事项。

单位应当设置“以前年度盈余调整”科目，核算单位对以前年度盈余的增减调整情况。该科目贷方登记调整增加的以前年度盈余和结转已调整减少的金额，借方登记调整减少的以前年度盈余和结转已调整增加的金额，年末结转后无余额。调整增加以前年度收入时，按照调整增加的金额，借记有关科目，贷记“以前年度盈余调整”科目。调整减少的，做相反会计分录。调整增加以前年度费用时，按照调整增加的金额，借记“以前年度盈余调整”科目，贷记有关科目。调整减少的，做相反会计分录。盘盈的各种非流动资产，报经批准后处理时，借记“待处理财产损溢”科目，贷记“以前年度盈余调整”科目。经上述调整后，应将本科目的余额转入累计盈余，借记或贷记“累计盈余”科目，贷记或借记“以前年度盈余调整”科目。本科目结转后应无余额。

二、以前年度盈余调整核算举例

【例 11－13】资料：20×1 年 3 月，某事业单位的内部审计处对本单位的会计核算工作进行审计，发现以下事项：

①上年度 11 月接受外单位捐赠的一台价值为 600 000 元的仪器设备，财务处据此增加固定资产和专用基金各 60 万元。

②上年度 12 月购入一台办公设备，取得的增值税普通发票上注明价税款合计为 360 000 元，款项已通过银行存款支付，设备于当月投入使用，预计使用年限 10 年，按年限平均法计提折旧。财务处从当年 1 月起对该设备按月计提折旧 3 000 元，并做增加业务活动费用和固定资产累计折旧各 3 000 元的处理。

③当年 1 月进行财产清查，盘盈两台笔记本电脑，查账当年并未采购电脑，盘盈的电脑应该是以前年度取得的，已计入待处理财产损溢为 8 000 元，根据资产管理规定报经相关部门批准，本月收到批复文件。不考虑其他因素。编制相关的会计分录。

编制该单位对上述资料进行财务会计记账的会计分录。

①上年度接受捐赠未确认捐赠收入，账务处理不正确，本月应编制如下会计分录：

借：专用基金　　600 000

　　贷：以前年度盈余调整——捐赠收入　　600 000

②上年度 12 月未计提折旧，账务处理不正确，本月应编制如下会计分录：

借：以前年度盈余调整——单位管理费用/业务活动费用　　3 000

　　贷：固定资产累计折旧　　3 000

③本月收到资产处理批复文件，应编制如下会计分录：

借：待处理财产损溢　8 000

　　贷：以前年度盈余调整　8 000

④月末，结转本月以前年度盈余调整605 000元（600 000 - 3 000 + 8 000），编制如下会计分录：

借：以前年度盈余调整　605 000

　　贷：累计盈余　605 000

第十二章

报表格式与编制

第一节　报表的总体要求

单位在编制预算会计报表和财务报表时，应当满足以下几个基本要求。

一、报表编制基础和编制依据

财务报表的编制主要以权责发生制为基础，以单位财务会计核算生成的数据为准；预算会计报表的编制主要以收付实现制为基础，以单位预算会计核算生成的数据为准。

《政府会计准则——基本准则》构建了双功能、双基础、双报告的模式，其中，双报告是指每个单位都需要编制预算会计报表和财务报表。单位应当根据实际发生的交易和事项，遵循《政府会计准则——基本准则》、各项具体会计准则和《政府会计制度》进行确认、计量和记录，并在此基础上编制预算会计报表和财务报表。

单位应当编制真实、完整的预算会计报表和财务报表，不得随意改变预算会计报表和财务报表的编制基础、编制依据、编制原则和方法，不得随意改变预算会计报表和财务报表有关数据的会计口径。

二、报表的主要构成

预算会计报表至少包括预算收入支出表、预算结转结余变动表和财政拨款预算收入支出表。财务报表由会计报表及其附注构成。会计报表一般包括资产负债表、收入费用表和净资产变动表。单位可根据实际情况自行选择编制现金流量表。

在一套完整的报表中，每张报表和附注具有同等的重要程度，单位不得强调某张报表或者报表的某一部分较其他报表或部分更为重要。

三、报表要求数字真实、计算准确、内容完整、编报及时

预算会计报表和财务报表应当根据登记完整、核对无误的账簿记录和其他有关资料编制，做到数字真实、计算准确、内容完整、编报及时。

真实性强调报表的数据来自于真实的会计核算，而不是期末调账或调表。及时性强调单位应当至少按照年度编制预算会计报表和财务报表，财务报表中的资产负债表和收入费用表也可以按月编制。可比性强调同一单位不同期间和同一期间不同单位的报表相互可比，报表项目的列报在各个会计期间保持一致，不得随意变更。

四、比较信息的列报

单位在列报当期预算会计报表和财务报表时，至少应当提供所有列报项目上一个可比会计期间的比较数据，列报比较信息的要求适用于报表的所有组成部分。

五、表首的列报要求

单位在预算会计报表和财务会计报表的表首应当披露以下基本信息：①编报单位的名称，如果单位名称发生了变更的，还应明确标明；②资产负债表披露资产负债表日，预算收入支出表、预算结转结余变动表、财政拨款预算收入支出表、收入费用表、现金流量表、净资产变动表披露报表涵盖的会计期间；③货币名称和单位，应当以人民币作为记账本位币列报，标明“单位：元”。

六、报表的签章要求

预算会计报表和财务报表应当由单位负责人和主管会计工作的负责人、

会计机构负责人（会计主管人员）签名并盖章。

第二节　预算会计报表的构成和格式

预算会计报表由三张报表构成，分别是预算收入支出表、预算结转结余变动表和财政拨款预算收入支出表，这三张预算会计报表都是年度报表，单位仅需要在年末编制。

虽然《政府会计制度》并未改变预算管理制度，但是预算会计报表与《事业单位会计制度》和《行政单位会计制度》中规定的报表名称和格式仍然存在区别。《事业单位会计制度》中规定的报表为资产负债表、收入支出表、财政补助收入支出表，《行政单位会计制度》中规定的报表为资产负债表、收入支出表、财政拨款收入支出表，其中的收入支出表是将收入、支出和结转结余体现在一张报表中，而《政府会计制度》中用两张报表分别体现预算收入支出和预算结转结余变动。

一、预算收入支出表

预算收入支出表，反映单位在某一会计年度内各项预算收入、预算支出和预算收支差额的情况。

（一）预算收入支出表的格式

预算收入支出表的逻辑关系是“预算收入 - 预算支出 = 预算收支差额”，因此，编报项目总体分为本年预算收入、本年预算支出和本年预算收支差额三个部分列示。

金额部分由“本年数”和“上年数”两栏构成。“本年数”栏反映各项目的本年实际发生数；“上年数”栏反映各项目上年度的实际发生数，应当根据上年度预算收入支出表中“本年数”栏内所列数字填列。具体格式如表12 - 1所示。

如果本年度预算收入支出表规定的项目的名称和内容同上年度不一致，应当对上年度预算收入支出表项目的名称和数字按照本年度的规定进行调整，将调整后金额填入本年度预算收入支出表的“上年数”栏。

表 12－1　　预算收入支出表　　会政预 01 表

编制单位：__________　　________年　　单位：元

项　　目	本年数	上年数
一、本年预算收入		
（一）财政拨款预算收入		
其中：政府性基金收入		
（二）事业预算收入		
（三）上级补助预算收入		
（四）附属单位上缴预算收入		
（五）经营预算收入		
（六）债务预算收入		
（七）非同级财政拨款预算收入		
（八）投资预算收益		
（九）其他预算收入		
其中：利息预算收入		
捐赠预算收入		
租金预算收入		
二、本年预算支出		
（一）行政支出		
（二）事业支出		
（三）经营支出		
（四）上缴上级支出		
（五）对附属单位补助支出		
（六）投资支出		
（七）债务还本支出		
（八）其他支出		
其中：利息支出		
捐赠支出		
三、本年预算收支差额		

（二）预算收入支出表“本年数”各项目的填列方法

预算收入支出表的绝大多数项目都可以直接从预算收入的 9 个会计科目和预算支出的 8 个会计科目的总账发生额直接取数，“其他预算收入”和“其他支出”除了列示总账发生额以外，还需要列示明细账的发生额，“财政拨款预算收入”中“政府性基金收入”需要列示明细账发生额。下面就预算收入支出表的各项目内容和填列方法进行具体说明。

1. 本年预算收入

（1）“本年预算收入”项目，反映单位本年预算收入总额。本项目是合计数，应当根据本表中“财政拨款预算收入”、“事业预算收入”、“上级补助预算收入”、“附属单位上缴预算收入”、“经营预算收入”、“债务预算收入”、“非同级财政拨款预算收入”、“投资预算收益”、“其他预算收入”项目金额的合计数填列。

（2）“财政拨款预算收入”项目，反映单位本年从同级政府财政部门取得的各类财政拨款。本项目应当根据“财政拨款预算收入”科目的本年发生额填列。

其中，“政府性基金收入”项目，反映单位本年取得的财政拨款收入中属于政府性基金预算拨款的金额。本项目应当根据“财政拨款预算收入”相关明细科目的本年发生额填列。

（3）“事业预算收入”项目，反映事业单位本年开展专业业务活动及其辅助活动取得的预算收入。本项目应当根据“事业预算收入”科目的本年发生额填列。

（4）“上级补助预算收入”项目，反映事业单位本年从主管部门和上级单位取得的非财政补助预算收入。本项目应当根据“上级补助预算收入”科目的本年发生额填列。

（5）“附属单位上缴预算收入”项目，反映事业单位本年收到的独立核算的附属单位按照有关规定上缴的预算收入。本项目应当根据“附属单位上缴预算收入”科目的本年发生额填列。

（6）“经营预算收入”项目，反映事业单位本年在专业业务活动及其辅助活动之外开展非独立核算经营活动取得的预算收入。本项目应当根据“经营预算收入”科目的本年发生额填列。

（7）“债务预算收入”项目，反映事业单位本年按照规定从金融机构等借入的、纳入部门预算管理的债务预算收入。本项目应当根据“债务预算收入”的本年发生额填列。

（8）“非同级财政拨款预算收入”项目，反映单位本年从非同级政府财政部门取得的财政拨款。本项目应当根据“非同级财政拨款预算收入”科目的本年发生额填列。

(9)“投资预算收益”项目，反映事业单位本年取得的按规定纳入单位预算管理的投资收益。本项目应当根据“投资预算收益”科目的本年发生额填列。

(10)“其他预算收入”项目，反映单位本年取得的除上述收入以外的纳入单位预算管理的各项预算收入。本项目应当根据“其他预算收入”科目的本年发生额填列。

“利息预算收入”项目，反映单位本年取得的利息预算收入。本项目应当根据“其他预算收入”科目的明细记录分析填列。单位单设“利息预算收入”科目的，应当根据“利息预算收入”科目的本年发生额填列。

“捐赠预算收入”项目，反映单位本年取得的捐赠预算收入。本项目应当根据“其他预算收入”科目明细账记录分析填列。单位单设“捐赠预算收入”科目的，应当根据“捐赠预算收入”科目的本年发生额填列。

“租金预算收入”项目，反映单位本年取得的租金预算收入。本项目应当根据“其他预算收入”科目明细账记录分析填列。单位单设“租金预算收入”科目的，应当根据“租金预算收入”科目的本年发生额填列。

2. 本年预算支出

(11)“本年预算支出”项目，反映单位本年预算支出总额。本项目是合计数，应当根据本表中“行政支出”、“事业支出”、“经营支出”、“上缴上级支出”、“对附属单位补助支出”、“投资支出”、“债务还本支出”和“其他支出”项目金额的合计数填列。

(12)“行政支出”项目，反映行政单位本年履行职责实际发生的支出。本项目应当根据“行政支出”科目的本年发生额填列。

(13)“事业支出”项目，反映事业单位本年开展专业业务活动及其辅助活动发生的支出。本项目应当根据“事业支出”科目的本年发生额填列。

(14)“经营支出”项目，反映事业单位本年在专业业务活动及其辅助活动之外开展非独立核算经营活动发生的支出。本项目应当根据“经营支出”科目的本年发生额填列。

(15)“上缴上级支出”项目，反映事业单位本年按照财政部门和主管部门的规定上缴上级单位的支出。本项目应当根据“上缴上级支出”科目的本年发生额填列。

(16)“对附属单位补助支出”项目，反映事业单位本年用财政拨款收入之外的收入对附属单位补助发生的支出。本项目应当根据“对附属单位补助支出”科目的本年发生额填列。

(17)“投资支出”项目，反映事业单位本年以货币资金对外投资发生的支出。本项目应当根据“投资支出”科目的本年发生额填列。

(18)“债务还本支出”项目，反映事业单位本年偿还自身承担的纳入预算管理的从金融机构举借的债务本金的支出。本项目应当根据“债务还本支出”科目的本年发生额填列。

(19)“其他支出”项目，反映单位本年除以上支出以外的各项支出。本项目应当根据“其他支出”科目的本年发生额填列。

“利息支出”项目，反映单位本年发生的利息支出。本项目应当根据“其他支出”科目明细账记录分析填列。单位单设“利息支出”科目的，应当根据“利息支出”科目的本年发生额填列。

“捐赠支出”项目，反映单位本年发生的捐赠支出。本项目应当根据“其他支出”科目明细账记录分析填列。单位单设“捐赠支出”科目的，应当根据“捐赠支出”科目的本年发生额填列。

3. 本年预算收支差额

(20)“本年预算收支差额”项目，反映单位本年各项预算收支相抵后的差额。本项目应当根据本表中“本期预算收入”项目金额减去“本期预算支出”项目金额后的金额填列；如相减后金额为负数，以“－”号填列。

下面将对以上内容进行总结，并在预算收入支出表中直观体现各栏目的填列方式，具体见表12－2。

表12－2　　预算收入支出表填列总结

会政预01表

编制单位：________　　________年　　单位：元

项　目	本年数	上年数
一、本年预算收入	合计数①	
（一）财政拨款预算收入	总账本期发生额	
其中：政府性基金收入	明细账本期发生额	
（二）事业预算收入	总账本期发生额	
（三）上级补助预算收入	总账本期发生额	
（四）附属单位上缴预算收入	总账本期发生额	
（五）经营预算收入	总账本期发生额	
（六）债务预算收入	总账本期发生额	
（七）非同级财政拨款预算收入	总账本期发生额	
（八）投资预算收益	总账本期发生额	

续表

项　目	本年数	上年数
（九）其他预算收入	总账本期发生额	
其中：利息预算收入	明细账本期发生额	
捐赠预算收入	明细账本期发生额	
租金预算收入	明细账本期发生额	
二、本年预算支出	合计数②	
（一）行政支出	总账本期发生额	
（二）事业支出	总账本期发生额	
（三）经营支出	总账本期发生额	
（四）上缴上级支出	总账本期发生额	
（五）对附属单位补助支出	总账本期发生额	
（六）投资支出	总账本期发生额	
（七）债务还本支出	总账本期发生额	
（八）其他支出	总账本期发生额	
其中：利息支出	明细账本期发生额	
捐赠支出	明细账本期发生额	
三、本年预算收支差额	合计数①－合计数② （如为负数，以“－”号填列）	

二、预算结转结余变动表

预算结转结余变动表反映单位在某一会计年度内预算结转结余的变动情况。

（一）预算结转结余变动表的格式

预算结转结余变动表的逻辑关系是“年末预算结转结余＝年初预算结转结余＋年初余额调整＋本年变动金额”，因此，编报项目总体分为年初预算结转结余、年初余额调整、本年变动金额和年末预算结转结余四个部分列示。在这四个部分的列示中，每个部分都按资金性质的不同，分为财政拨款结转结余和其他资金结转结余进行分类列示，其他资金结转结余包括非财政拨款结转、非财政拨款结余、专用结余和经营结余。

金额部分由“本年数”和“上年数”两栏构成。“本年数”栏反映各项目的本年实际发生数。本表“上年数”栏反映各项目的上年实际发生数，应当根据上年度预算结转结余变动表中“本年数”栏内所列数字填列。

如果本年度预算结转结余变动表规定的项目的名称和内容同上年度不一致，应当对上年度预算结转结余变动表项目的名称和数字按照本年度的规定进行调整，将调整后金额填入本年度预算结转结余变动表的“上年数”栏。具体格式见表12－3。

表12－3 **预算结转结余变动表** 会政预02表

编制单位：__________ __________年 单位：元

项　目	本年数	上年数
一、年初预算结转结余		
（一）财政拨款结转结余		
（二）其他资金结转结余		
二、年初余额调整（减少以“－”号填列）		
（一）财政拨款结转结余		
（二）其他资金结转结余		
三、本年变动金额（减少以“－”号填列）		
（一）财政拨款结转结余		
1. 本年收支差额		
2. 归集调入		
3. 归集上缴或调出		
（二）其他资金结转结余		
1. 本年收支差额		
2. 缴回资金		
3. 使用专用结余		
4. 支付所得税		
四、年末预算结转结余		
（一）财政拨款结转结余		
1. 财政拨款结转		
2. 财政拨款结余		
（二）其他资金结转结余		
1. 非财政拨款结转		
2. 非财政拨款结余		
3. 专用结余		
4. 经营结余（如有余额，以“－”号填列）		

（二）预算结转结余变动表“本年数”各项目的填列方法

预算结转结余变动表的目的是详细反映预算结转结余各项目的变动情况

和预算结转结余的构成情况，所以本表中的绝大多数项目都需要从结转结余类科目的明细账中取数。下面就预算结转结余变动表的各项目内容和填列方法进行具体说明。

1. 年初预算结转结余

“年初预算结转结余”项目，反映单位本年预算结转结余的年初余额。本项目应当根据本项目下“财政拨款结转结余”、“其他资金结转结余”项目金额的合计数填列。

（1）“财政拨款结转结余”项目，反映单位本年财政拨款结转结余资金的年初余额。本项目应当根据“财政拨款结转”、“财政拨款结余”科目本年年初余额合计数填列。

（2）“其他资金结转结余”项目，反映单位本年其他资金结转结余的年初余额。本项目应当根据“非财政拨款结转”、“非财政拨款结余”、“专用结余”、“经营结余”科目本年年初余额的合计数填列。

2. 年初余额调整

“年初余额调整”项目，反映单位本年预算结转结余年初余额调整的金额。本项目应当根据本项目下“财政拨款结转结余”、“其他资金结转结余”项目金额的合计数填列。

（1）“财政拨款结转结余”项目，反映单位本年财政拨款结转结余资金的年初余额调整金额。本项目应当根据“财政拨款结转”、“财政拨款结余”科目下“年初余额调整”明细科目的本年发生额的合计数填列；如调整减少年初财政拨款结转结余，以“－”号填列。

（2）“其他资金结转结余”项目，反映单位本年其他资金结转结余的年初余额调整金额。本项目应当根据“非财政拨款结转”、“非财政拨款结余”科目下“年初余额调整”明细科目的本年发生额的合计数填列；如调整减少年初其他资金结转结余，以“－”号填列。

3. 本年变动金额

“本年变动金额”项目，反映单位本年预算结转结余变动的金额。本项目应当根据本项目下“财政拨款结转结余”、“其他资金结转结余”项目金额的合计数填列。

（1）“财政拨款结转结余”项目，反映单位本年财政拨款结转结余资金的变动。本项目应当根据本项目下“本年收支差额”、“归集调入”、“归集上缴或调出”项目金额的合计数填列。

①“本年收支差额”项目，反映单位本年财政拨款资金收支相抵后的差

额。本项目应当根据“财政拨款结转”科目下“本年收支结转”明细科目本年转入的预算收入与预算支出的差额填列；差额为负数的，以“－”号填列。

②“归集调入”项目，反映单位本年按照规定从其他单位归集调入的财政拨款结转资金。本项目应当根据“财政拨款结转”科目下“归集调入”明细科目的本年发生额填列。

③“归集上缴或调出”项目，反映单位本年按照规定上缴的财政拨款结转结余资金及按照规定向其他单位调出的财政拨款结转资金。本项目应当根据“财政拨款结转”、“财政拨款结余”科目下“归集上缴”明细科目，以及“财政拨款结转”科目下“归集调出”明细科目本年发生额的合计数填列，以“－”号填列。

（2）“其他资金结转结余”项目，反映单位本年其他资金结转结余的变动。本项目应当根据本项目下“本年收支差额”、“缴回资金”、“使用专用结余”、“支付所得税”项目金额的合计数填列。

①“本年收支差额”项目，反映单位本年除财政拨款外的其他资金收支相抵后的差额。本项目应当根据“非财政拨款结转”科目下“本年收支结转”明细科目、“其他结余”科目、“经营结余”科目本年转入的预算收入与预算支出的差额的合计数填列；如为负数，以“－”号填列。

②“缴回资金”项目，反映单位本年按照规定缴回的非财政拨款结转资金。本项目应当根据“非财政拨款结转”科目下“缴回资金”明细科目本年发生额的合计数填列，以“－”号填列。

③“使用专用结余”项目，反映本年事业单位根据规定使用从非财政拨款结余或经营结余中提取的专用基金的金额。本项目应当根据“专用结余”科目明细账中本年使用专用结余业务的发生额填列，以“－”号填列。

④“支付所得税”项目，反映有企业所得税缴纳义务的事业单位本年实际缴纳的企业所得税金额。本项目应当根据“非财政拨款结余”明细账中本年实际缴纳企业所得税业务的发生额填列，以“－”号填列。

4. 年末预算结转结余

“年末预算结转结余”项目，反映单位本年预算结转结余的年末余额。本项目应当根据本项目下“财政拨款结转结余”、“其他资金结转结余”项目金额的合计数填列。

（1）“财政拨款结转结余”项目，反映单位本年财政拨款结转结余的年末余额。本项目应当根据本项目下“财政拨款结转”、“财政拨款结余”项目金额的合计数填列。

本项目下“财政拨款结转”、“财政拨款结余”项目，应当分别根据“财政拨款结转”、“财政拨款结余”科目的本年年末余额填列。

(2)“其他资金结转结余”项目，反映单位本年其他资金结转结余的年末余额。本项目应当根据本项目下“非财政拨款结转”、“非财政拨款结余”、“专用结余”、“经营结余”项目金额的合计数填列。

本项目下“非财政拨款结转”、“非财政拨款结余”、“专用结余”、“经营结余”项目，应当分别根据“非财政拨款结转”、“非财政拨款结余”、“专用结余”、“经营结余”科目的本年年末余额填列。

下面将对以上内容进行总结，并在预算结转结余变动表中直观体现各栏目的填列方式。具体见表 12－4。

表 12－4　　预算结转结余变动表填列总结　　会政预 02 表

编制单位：__________　　__________年　　单位：元

项　目	本年数	上年数
一、年初预算结转结余	合计数①	
（一）财政拨款结转结余	财政拨款结转和结余总账年初余额加总	
（二）其他资金结转结余	非财政拨款结转和结余、专用结余和经营结余总账年初余额加总	
二、年初余额调整（减少以“－”号填列）	合计数②	
（一）财政拨款结转结余	财政拨款结转和结余明细账本年发生额加总	
（二）其他资金结转结余	非财政拨款结转和结余明细账本年发生额加总	
三、本年变动金额（减少以“－”号填列）	合计数③＝小计数 a＋小计数 b	
（一）财政拨款结转结余	小计数 a	
1. 本年收支差额	财政拨款结转明细账本年预算收支差额	
2. 归集调入	财政拨款结转明细账本年发生额	
3. 归集上缴或调出	财政拨款结转和结余明细账本年发生额加总	
（二）其他资金结转结余	小计数 b	
1. 本年收支差额	非财政拨款结转明细账、其他结余和经营结余总账本年预算收支差额	
2. 缴回资金	非财政拨款结转明细账本年发生额	
3. 使用专用结余	专用结余明细账本年发生额	
4. 支付所得税	非财政拨款结余明细账本年发生额	
四、年末预算结转结余	合计数④＝合计数①＋②＋③＝小计数 c＋d	
（一）财政拨款结转结余	小计数 c	
1. 财政拨款结转	总账年末余额	

续表

项　目	本年数	上年数
2. 财政拨款结余	总账年末余额	
（二）其他资金结转结余	小计数 d	
1. 非财政拨款结转	总账年末余额	
2. 非财政拨款结余	总账年末余额	
3. 专用结余	总账年末余额	
4. 经营结余（如有余额，以“－”号填列）	总账年末余额	

三、财政拨款预算收入支出表

财政拨款预算收入支出表反映单位本年财政拨款预算资金收入、支出及相关变动的具体情况。财政拨款预算收入支出表是为了全面反映财政拨款资金的取得和使用而设置的，财政拨款资金的取得和使用必须要严格遵守财政预算管理的规定和要求，通过该表可以了解、评价财政拨款资金的执行情况，进行预算管理决策。

（一）财政拨款预算收入支出表的格式

财政拨款预算收入支出表的格式与原来《行政单位会计制度》的财政拨款收入支出表的格式类似，纵向表头反映的是支出项目，横向表头反映的是收入项目，形成一个二维的收支分析报表，更好地反映收入与支出之间的对应关系。

纵向表头的“项目”栏内各项目，应当根据单位取得的财政拨款种类分项设置。其中“项目支出”项目下，根据每个项目设置；单位取得除一般公共财政预算拨款和政府性基金预算拨款以外的其他财政拨款的，应当按照财政拨款种类增加相应的资金项目及其明细项目。

横向表头实质上是将“预算结转结余变动表”中与财政拨款有关的项目从左侧的纵向项目栏转移到“财政拨款预算收入支出表”横向表头，因此，横向表头的逻辑关系与“预算结转结余变动表”的逻辑关系是一致的，即“年末财政拨款结转结余＝年初财政拨款结转结余＋年初财政拨款结转结余调整＋本年变动金额”，其中，本年变动余额＝本年归集调入＋本年归集上缴或调出＋单位内部调剂＋本年财政拨款收入－本年财政拨款支出。具体见表 12－5。

表 12 – 5 **财政拨款预算收入支出表** 会政预 03 表

编制单位：__________ __________年 单位：元

项目	年初财政拨款结转结余		调整年初财政拨款结转结余	本年归集调入	本年归集上缴或调出	单位内部调剂		本年财政拨款收入	本年财政拨款支出	年末财政拨款结转结余	
	结转	结余				结转	结余			结转	结余
一、一般公共预算财政拨款											
（一）基本支出											
1. 人员经费											
2. 日常公用经费											
（二）项目支出											
1. ××项目											
2. ××项目											
……											
二、政府性基金预算财政拨款											
（一）基本支出											
1. 人员经费											
2. 日常公用经费											
（二）项目支出											
1. ××项目											
2. ××项目											
……											
合计											

（二）财政拨款预算收入支出表各项目的填列方法

（1）“年初财政拨款结转结余”栏中各项目，反映单位年初各项财政拨款结转结余的金额。各项目应当根据“财政拨款结转”、“财政拨款结余”及其明细科目的年初余额填列。本栏中各项目的数额应当与上年度财政拨款预算收入支出表中“年末财政拨款结转结余”栏中各项目的数额相等。

（2）“调整年初财政拨款结转结余”栏中各项目，反映单位对年初财政拨款结转结余的调整金额。各项目应当根据“财政拨款结转”、“财政拨款结余”科目下“年初余额调整”明细科目及其所属明细科目的本年发生额填列；如调整减少年初财政拨款结转结余，以“－”号填列。

（3）“本年归集调入”栏中各项目，反映单位本年按规定从其他单位调入的财政拨款结转资金金额。各项目应当根据“财政拨款结转”科目下“归集调入”明细科目及其所属明细科目的本年发生额填列。

（4）“本年归集上缴或调出”栏中各项目，反映单位本年按规定实际上缴的财政拨款结转结余资金，及按照规定向其他单位调出的财政拨款结转资金金额。各项目应当根据“财政拨款结转”、“财政拨款结余”科目下“归集上缴”科目和“财政拨款结转”科目下“归集调出”明细科目，及其所属明细科目的本年发生额填列，以“－”号填列。

（5）“单位内部调剂”栏中各项目，反映单位本年财政拨款结转结余资金在单位内部不同项目等之间的调剂金额。各项目应当根据“财政拨款结转”和“财政拨款结余”科目下的“单位内部调剂”明细科目及其所属明细科目的本年发生额填列；对单位内部调剂减少的财政拨款结余金额，以“－”号填列。

（6）“本年财政拨款收入”栏中各项目，反映单位本年从同级财政部门取得的各类财政预算拨款金额。各项目应当根据“财政拨款预算收入”科目及其所属明细科目的本年发生额填列。

（7）“本年财政拨款支出”栏中各项目，反映单位本年发生的财政拨款支出金额。各项目应当根据“行政支出”、“事业支出”等科目及其所属明细科目本年发生额中的财政拨款支出数的合计数填列。

（8）“年末财政拨款结转结余”栏中各项目，反映单位年末财政拨款结转结余的金额。各项目应当根据“财政拨款结转”、“财政拨款结余”科目及其所属明细科目的年末余额填列。

下面将对以上内容进行总结，并在财政拨款预算收入支出表中直观体现各栏目的填列方式，具体见表12－6。

表 12－6

财政拨款预算收入支出表填列总结

会政预 03 表

编制单位：＿＿＿＿＿　　＿＿＿＿＿年　　单位：元

项目	年初财政拨款结转结余		调整年初财政拨款结转结余	本年归集调入	本年归集上缴或调出	单位内部调剂		本年财政拨款收入	本年财政拨款支出	年末财政拨款结转结余	
	结转	结余				结转	结余			结转	结余
一、一般公共预算财政拨款 （一）基本支出 1. 人员经费 2. 日常公用经费 （二）项目支出 1. ××项目 2. ××项目 …… 二、政府性基金预算财政拨款 （一）基本支出 1. 人员经费 2. 日常公用经费 （二）项目支出 1. ××项目 2. ××项目 …… 合计	财政拨款结转及其明细科目年初余额	财政拨款结余及其明细科目年初余额	财政拨款结转和结余“年初余额调整”明细科目本年发生额	财政拨款结转“归集调入”明细科目本年发生额	财政拨款结转结余“归集上缴”财政拨款结转“归集调出”明细科目本年发生额（以“－”号填列）	财政拨款结转“单位内部调剂”明细科目本年发生额（减少以“－”号填列）	财政拨款结余“单位内部调剂”明细科目本年发生额（减少以“－”号填列）	财政拨款预算收入及其所属明细科目的本年发生额	行政支出和事业支出及其所属明细科目本年发生额中的财政拨款支出合计数	财政拨款结转及其明细科目年末余额	财政拨款结余及其明细科目年末余额

四、预算会计报表之间的勾稽关系

预算会计三张报表的部分数字之间存在勾稽关系，可以用来做三张表之间的检查对照。

预算收入支出表与预算结转结余表的勾稽关系，预算结转结余变动表中的“财政拨款结转结余本年收支差额”加上“其他资金结转结余本年收支差额”，等于预算收入支出表的“本年预算收支差额”。

财政拨款预算收入支出表与预算收入支出表和预算结转结余表的勾稽关系，因为“财政拨款预算收入支出表”横向表头实质上是从“预算结转结余变动表”左侧的与财政拨款有关的项目转移过来的，所以两张表之间的财政拨款收入支出项目之间存在勾稽关系。①“财政拨款预算收入支出表”的“年初财政拨款结转结余”总计数，等于“预算结转结余变动表”第一部分“年初预算结转结余”中的“财政拨款结转结余”。②“财政拨款预算收入支出表”的“调整年初财政拨款结转结余”总计数，等于“预算结转结余变动表”第二部分“年初余额调整”中的“财政拨款结转结余”。③“财政拨款预算收入支出表”的“本年归集调入”总计数，等于“预算结转结余变动表”第三部分“本年变动金额”中的“财政拨款结转结余”的“归集调入”。④“财政拨款预算收入支出表”的“本年归集上缴或调出”总计数，等于“预算结转结余变动表”第三部分“本年变动金额”中的“财政拨款结转结余”的“归集上缴或调出”。⑤“财政拨款预算收入支出表”的“本年财政拨款收入”总计数，等于“预算收入支出表”的“财政拨款预算收入”。⑥“财政拨款预算收入支出表”的“本年财政拨款收入”总计数减去“本年财政拨款支出”总计数，等于“预算结转结余变动表”第三部分“本年变动金额”中的“财政拨款结转结余”的“本年收支差额”。⑦“财政拨款预算收入支出表”的“年末财政拨款结转结余”总计数，等于“预算结转结余变动表”第四部分“年末预算结转结余”中的“财政拨款结转结余”。

第三节　财务报表的构成和格式

财务报表由“四表一注”构成，分别是资产负债表、收入费用表、净资产变动表、现金流量表和附注，其中，现金流量表可以由单位自行选择是否编制。

一、资产负债表

资产负债表反映单位在某一特定日期全部资产、负债和净资产的情况。

（一）资产负债表的格式

资产负债表采用账户式结构，逻辑结构是“资产＝负债＋净资产”的会计恒等式，资产项目列在表的左侧，按照流动性由强到弱的顺序排列，包括流动资产和非流动资产。负债和净资产项目列在表的右侧，负债项目按照到期日的远近顺序排列，包括流动负债和非流动负债，净资产按照项目内容排列。受托代理资产和受托代理负债分别在资产总额和负债总额行项目之上单独列示。

资产负债表的每个项目都要同时填列“期末余额”和“年初余额”，“年初余额”栏内各项数字，应当根据上年年末资产负债表“期末余额”栏内数字填列。如果本年度资产负债表规定的项目的名称和内容同上年度不一致，应当对上年年末资产负债表项目的名称和数字按照本年度的规定进行调整，将调整后数字填入本表“年初余额”栏内。

如果本年度单位发生了因前期差错更正、会计政策变更等调整以前年度盈余的事项，还应当对“年初余额”栏中的有关项目金额进行相应调整。

与原来的《行政单位会计制度》和《事业单位会计制度》相比，资产负债表中的资产项目和负债项目都有增加，净资产科目变化最大，不再包括非流动资产基金等各类基金和结转结余，这是因为《政府会计准则》中的财务会计的净资产要素与预算会计的预算结余要素不同，净资产是权责发生制的财务会计计量的结果。《政府会计制度》中共设置了7个净资产要素的会计科目，其中的“本期盈余”、“本年盈余分配”、“以前年度盈余调整”、“无偿调拨净资产”4个会计科目年末无余额，仅“累计盈余”、“专用基金”和“权益法调整”3个会计科目年末有余额，因此，在年度资产负债表中，净资产仅列示“累计盈余”、“专用基金”和“权益法调整”三项。“本期盈余”和“无偿调拨净资产”在年末转入“累计盈余”之前有科目余额，所以，在月度资产负债表中，净资产列示“累计盈余”、“专用基金”和“权益法调整”、“本期盈余”和“无偿调拨净资产”五项。

资产负债表的具体格式见表 12－7。

表 12－7 **资产负债表** 会政财 01 表

编制单位：__________ ______年______月______日 单位：元

资产	期末余额	年初余额	负债和净资产	期末余额	年初余额
流动资产：			流动负债：		
货币资金			短期借款		
短期投资			应交增值税		
财政应返还额度			其他应交税费		
应收票据			应缴财政款		
应收账款净额			应付职工薪酬		
预付账款			应付票据		
应收股利			应付账款		
应收利息			应付财政补贴款		
其他应收款净额			应付利息		
存货			预收账款		
待摊费用			其他应付款		
一年内到期的非流动资产			预提费用		
其他流动资产			一年内到期的非流动负债		
流动资产合计			其他流动负债		
非流动资产：			流动负债合计		
长期股权投资			非流动负债：		
长期债券投资			长期借款		
固定资产原值			长期应付款		
减：固定资产累计折旧			预计负债		
固定资产净值			其他非流动负债		
工程物资			非流动负债合计		
在建工程			受托代理负债		
无形资产原值			负债合计		
减：无形资产累计摊销					
无形资产净值					
研发支出					
公共基础设施原值					

续表

资产	期末余额	年初余额	负债和净资产	期末余额	年初余额
减：公共基础设施累计折旧（摊销）					
公共基础设施净值					
政府储备物资					
文物文化资产					
保障性住房原值					
减：保障性住房累计折旧			净资产：		
保障性住房净值			累计盈余		
长期待摊费用			专用基金		
待处理财产损溢			权益法调整		
其他非流动资产			无偿调拨净资产（月报）		
非流动资产合计			本期盈余（月报）		
受托代理资产			净资产合计		
资产总计			负债和净资产总计		

（二）资产负债表各项目“期末余额”的填列方法

资产负债表的期末余额一般根据资产、负债和净资产类科目的期末余额填列，具体可以分为以下几类。

1. 直接根据总账科目余额填列

“短期投资”、“财政应返还额度”、“应收票据”、“预付账款”、“应收股利”、“应收利息”、“待摊费用”、“长期股权投资”、“固定资产原值”、“固定资产累计折旧”、“工程物资”、“在建工程”、“无形资产原值”、“无形资产累计摊销”、“研发支出”、“公共基础设施原值”、“公共基础设施累计折旧（摊销）”、“政府储备物资”、“文物文化资产”、“保障性住房原值”、“保障性住房累计折旧”、“长期待摊费用”、“待处理财产损溢”、“短期借款”、“应交增值税”、“其他应交税费”、“应缴财政款”、“应付职工薪酬”、“应付票据”、“应付账款”、“应付政府补贴款”、“应付利息”、“预收账款”、“其他应付款”、“预提费用”、“预计负债”、“受托代理负债”、“累计盈余”、“专用基金”、“权益法调整”、“无偿调拨净资产”、“本期盈余”等科目，应当根据总账科目的余额填列。

2. 根据几个总账科目余额计算填列

（1）“货币资金”项目，应当根据“库存现金”、“银行存款”、“零余额账户用款额度”、“其他货币资金”科目的期末余额的合计数填列；若单位存在通过“库存现金”、“银行存款”科目核算的受托代理资产，还应当按照前述合计数扣减“库存现金”、“银行存款”科目下“受托代理资产”明细科目的期末余额后的金额填列。

（2）“存货”项目，应当根据“在途物品”、“库存物品”、“加工物品”科目的期末余额的合计数填列。

（3）“其他流动资产”项目，应当根据除本表中所列各项之外的其他各项流动资产科目期末余额的合计数填列。

（4）“其他非流动资产”项目，应当根据除本表中所列各项之外的其他各项非流动资产科目期末余额的合计数填列。

（5）“其他流动负债”项目，应当根据除本表中所列各项之外的其他各项流动负债科目期末余额的合计数填列。

（6）“其他非流动负债”项目，应当根据除本表中所列各项之外的其他各项非流动负债科目期末余额的合计数填列。

3. 根据有关科目余额减去其备抵科目余额后的净额填列

（1）“应收账款净额”项目，应当根据“应收账款”科目的期末余额，减去“坏账准备”科目中对应收账款计提的坏账准备的期末余额后的金额填列。

（2）“其他应收款净额”项目，应当根据“其他应收款”科目的期末余额减去“坏账准备”科目中对其他应收款计提的坏账准备的期末余额后的金额填列。

（3）“固定资产净值”项目，应当根据“固定资产”科目期末余额减去“固定资产累计折旧”科目期末余额后的金额填列。

（4）“无形资产净值”项目，应当根据“无形资产”科目期末余额减去“无形资产累计摊销”科目期末余额后的金额填列。

（5）“公共基础设施净值”项目，应当根据“公共基础设施”科目期末余额减去“公共基础设施累计折旧（摊销）”科目期末余额后的金额填列。

（6）“保障性住房净值”项目，应当根据“保障性住房”科目期末余额减去“保障性住房累计折旧”科目期末余额后的金额填列。

4. 根据总账科目和明细账科目余额分析计算填列

（1）“一年内到期的非流动资产”项目，应当根据“长期债券投资”等科目的明细科目的期末余额分析，将在1年内（含1年）到期的长期债券投资金额填列至“一年内到期的非流动资产”。

（2）“长期债券投资”项目，应当根据“长期债券投资”科目的期末余额减去其中将于1年内（含1年）到期的长期债券投资余额后的金额填列。

（3）“受托代理资产”项目，应当根据“受托代理资产”科目的期末余额与“库存现金”、“银行存款”科目下“受托代理资产”明细科目的期末余额的合计数填列。

（4）“一年内到期的非流动负债”项目，应当根据“长期应付款”、“长期借款”等科目的明细科目的期末余额分析，将于1年内（含1年）偿还的非流动负债的金额填列至“一年内到期的非流动负债”。

（5）“长期借款”项目，应当根据“长期借款”科目的期末余额减去其中将于1年内（含1年）到期的长期借款余额后的金额填列。

（6）“长期应付款”项目，应当根据“长期应付款”科目的期末余额减去其中将于1年内（含1年）到期的长期应付款余额后的金额填列。

5. 根据本表中的项目计算合计数填列

（1）“流动资产合计”项目，应当根据本表中“货币资金”、“短期投资”、“财政应返还额度”、“应收票据”、“应收账款净额”、“预付账款”、“应收股利”、“应收利息”、“其他应收款净额”、“存货”、“待摊费用”、“一年内到期的非流动资产”、“其他流动资产”项目金额的合计数填列。

（2）“非流动资产合计”项目，应当根据本表中“长期股权投资”、“长期债券投资”、“固定资产净值”、“工程物资”、“在建工程”、“无形资产净值”、“研发支出”、“公共基础设施净值”、“政府储备物资”、“文物文化资产”、“保障性住房净值”、“长期待摊费用”、“待处理财产损溢”、“其他非流动资产”项目金额的合计数填列。

（3）“资产总计”项目，应当根据本表中“流动资产合计”、“非流动资产合计”、“受托代理资产”项目金额的合计数填列。

（4）“流动负债合计”项目，应当根据本表“短期借款”、“应交增值税”、“其他应交税费”、“应缴财政款”、“应付职工薪酬”、“应付票据”、“应付账款”、“应付政府补贴款”、“应付利息”、“预收账款”、“其他应付款”、“预提费用”、“一年内到期的非流动负债”、“其他流动负债”项目金额的合计数填列。

（5）“非流动负债合计”项目，应当根据本表中“长期借款”、“长期应付款”、“预计负债”、“其他非流动负债”项目金额的合计数填列。

（6）“负债合计”项目，应当根据本表中“流动负债合计”、“非流动负债合计”、“受托代理负债”项目金额的合计数填列。

（7）“净资产合计”项目，应当根据本表中“累计盈余”、“专用基金”、“权益法调整”、“无偿调拨净资产”（月度报表）、“本期盈余”（月度报表）项目金额的合计数填列。

（8）“负债和净资产总计”项目，应当按照本表中“负债合计”、“净资产合计”项目金额的合计数填列。

下面将对以上内容进行总结，并在资产负债表中直观体现各栏目的填列方式。具体见表12－8。

表12－8　资产负债表填列总结

会政财01表

编制单位：__________　______年______月______日　单位：元

资产	期末余额	年初余额	负债和净资产	期末余额	年初余额
流动资产：			流动负债：		
货币资金	加总		短期借款	总账	
短期投资	总账		应交增值税	总账	
财政应返还额度	总账		其他应交税费	总账	
应收票据	总账		应缴财政款	总账	
应收账款净额	净额		应付职工薪酬	总账	
预付账款	总账		应付票据	总账	
应收股利	总账		应付账款	总账	
应收利息	总账		应付财政补贴款	总账	
其他应收款净额	净额		应付利息	总账	
存货	加总		预收账款	总账	
待摊费用	总账		其他应付款	总账	
一年内到期的非流动资产	分析		预提费用	总账	
其他流动资产	加总		一年内到期的非流动负债	分析	
流动资产合计	合计		其他流动负债	加总	
非流动资产：			流动负债合计	合计	
长期股权投资	总账		非流动负债：		
长期债券投资	分析		长期借款	分析	
固定资产原值	总账		长期应付款	分析	
减：固定资产累计折旧	总账		预计负债	总账	
固定资产净值	净额		其他非流动负债	加总	

续表

资　产	期末余额	年初余额	负债和净资产	期末余额	年初余额
工程物资	总账		非流动负债合计	合计	
在建工程	总账		受托代理负债	总账	
无形资产原值	总账		负债合计	合计	
减：无形资产累计摊销	总账				
无形资产净值	净额				
研发支出	总账				
公共基础设施原值	总账				
减：公共基础设施累计折旧（摊销）	总账				
公共基础设施净值	净额				
政府储备物资	总账				
文物文化资产	总账				
保障性住房原值	总账				
减：保障性住房累计折旧	总账		净资产：		
保障性住房净值	净额		累计盈余	总账	
长期待摊费用	总账		专用基金	总账	
待处理财产损溢	总账		权益法调整	总账	
其他非流动资产	加总		无偿调拨净资产（月报）	总账	
非流动资产合计	合计		本期盈余（月报）	总账	
受托代理资产	分析		净资产合计	合计	
资产总计	合计		负债和净资产总计	合计	

二、收入费用表

收入费用表反映单位在某一会计期间内发生的收入、费用及当期盈余情况。

（一）收入费用表的格式

收入费用表的逻辑关系是“本期收入－本期费用＝本期盈余”，因此，编报项目总体分为本期收入、本期费用和本期盈余三个部分列示。

编制月度收入费用表时，金额部分由“本月数”和“本年累计数”两栏构成。“本月数”栏反映各项目的本月实际发生数，“本年累计数”栏反映各项目自年初至报告期期末的累计实际发生数。例如，编制9月份的收入费用表，“本月数”反映9月份一个月的收入、费用和盈余，“本年累计数”反映1－9月共九个月的收入、费用和盈余。

编制年度收入费用表时，金额部分由“本年数”和“上年数”两栏构成。“本年数”反映本年度各项目的实际发生数。“上年数”反映上年度各项目的实际发生数，“上年数”栏应当根据上年年度收入费用表中“本年数”栏内所列数字填列。

如果本年度收入费用表规定的项目的名称和内容同上年度不一致，应当对上年度收入费用表项目的名称和数字按照本年度的规定进行调整，将调整后的金额填入本年度收入费用表的“上年数”栏内。如果本年度单位发生了因前期差错更正、会计政策变更等调整以前年度盈余的事项，还应当对年度收入费用表中“上年数”栏中的有关项目金额进行相应调整。

收入费用表的具体格式见表12－9。

表12－9 **收入费用表** 会政财02表

编制单位：＿＿＿＿＿ ＿＿＿年＿＿＿月 单位：元

项　目	本月数	本年累计数
一、本期收入		
（一）财政拨款收入		
其中：政府性基金收入		
（二）事业收入		
（三）上级补助收入		
（四）附属单位上缴收入		
（五）经营收入		
（六）非同级财政拨款收入		
（七）投资收益		
（八）捐赠收入		
（九）利息收入		
（十）租金收入		
（十一）其他收入		
二、本期费用		
（一）业务活动费用		
（二）单位管理费用		

续表

项　目	本月数	本年累计数
（三）经营费用		
（四）资产处置费用		
（五）上缴上级费用		
（六）对附属单位补助费用		
（七）所得税费用		
（八）其他费用		
三、本期盈余		

（二）收入费用表“本月数”或“本年数”各项目的填列方法

收入费用表的绝大多数项目都可以直接从收入的11个会计科目和费用的8个会计科目的总账发生额直接取数，其中，“财政拨款收入”中“政府性基金收入”需要列示明细账发生额。下面就收入费用表的各项目内容和填列方法进行具体说明。

1. 本期收入

（1）“本期收入”项目，反映单位本期收入总额。本项目应当根据本表中“财政拨款收入”、“事业收入”、“上级补助收入”、“附属单位上缴收入”、“经营收入”、“非同级财政拨款收入”、“投资收益”、“捐赠收入”、“利息收入”、“租金收入”、“其他收入”项目金额的合计数填列。

（2）“财政拨款收入”项目，反映单位本期从同级政府财政部门取得的各类财政拨款。本项目应当根据“财政拨款收入”科目的本期发生额填列。

“政府性基金收入”项目，反映单位本期取得的财政拨款收入中属于政府性基金预算拨款的金额。本项目应当根据“财政拨款收入”相关明细科目的本期发生额填列。

（3）“事业收入”项目，反映事业单位本期开展专业业务活动及其辅助活动实现的收入。本项目应当根据“事业收入”科目的本期发生额填列。

（4）“上级补助收入”项目，反映事业单位本期从主管部门和上级单位收到或应收的非财政拨款收入。本项目应当根据“上级补助收入”科目的本期发生额填列。

（5）“附属单位上缴收入”项目，反映事业单位本期收到或应收的独立核算的附属单位按照有关规定上缴的收入。本项目应当根据“附属单位上缴收入”科目的本期发生额填列。

（6）“经营收入”项目，反映事业单位本期在专业业务活动及其辅助活动之外开展非独立核算经营活动实现的收入。本项目应当根据“经营收入”科目的本期发生额填列。

（7）“非同级财政拨款收入”项目，反映单位本期从非同级政府财政部门取得的财政拨款，不包括事业单位因开展科研及其辅助活动从非同级财政部门取得的经费拨款。本项目应当根据“非同级财政拨款收入”科目的本期发生额填列。

（8）“投资收益”项目，反映事业单位本期股权投资和债券投资所实现的收益或发生的损失。本项目应当根据“投资收益”科目的本期发生额填列；如为投资净损失，以“-”号填列。

（9）“捐赠收入”项目，反映单位本期接受捐赠取得的收入。本项目应当根据“捐赠收入”科目的本期发生额填列。

（10）“利息收入”项目，反映单位本期取得的银行存款利息收入。本项目应当根据“利息收入”科目的本期发生额填列。

（11）“租金收入”项目，反映单位本期经批准利用国有资产出租取得并按规定纳入本单位预算管理的租金收入。本项目应当根据“租金收入”科目的本期发生额填列。

（12）“其他收入”项目，反映单位本期取得的除以上收入项目外的其他收入的总额。本项目应当根据“其他收入”科目的本期发生额填列。

2. 本期费用

（13）“本期费用”项目，反映单位本期费用总额。本项目应当根据本表中“业务活动费用”、“单位管理费用”、“经营费用”、“资产处置费用”、“上缴上级费用”、“对附属单位补助费用”、“所得税费用”和“其他费用”项目金额的合计数填列。

（14）“业务活动费用”项目，反映单位本期为实现其职能目标，依法履职或开展专业业务活动及其辅助活动所发生的各项费用。本项目应当根据“业务活动费用”科目本期发生额填列。

（15）“单位管理费用”项目，反映事业单位本期本级行政及后勤管理部门开展管理活动发生的各项费用，以及由单位统一负担的离退休人员经费、工会经费、诉讼费、中介费等。本项目应当根据“单位管理费用”科目的本期发生额填列。

（16）“经营费用”项目，反映事业单位本期在专业业务活动及其辅助活动之外开展非独立核算经营活动发生的各项费用。本项目应当根据“经营费用”科目的本期发生额填列。

（17）“资产处置费用”项目，反映单位本期经批准处置资产时转销的资产价值以及在处置过程中发生的相关费用或者处置收入小于处置费用形成的净支出。本项目应当根据“资产处置费用”科目的本期发生额填列。

（18）“上缴上级费用”项目，反映事业单位按照规定上缴上级单位款项发生的费用。本项目应当根据“上缴上级费用”科目的本期发生额填列。

（19）“对附属单位补助费用”项目，反映事业单位用财政拨款收入之外的收入对附属单位补助发生的费用。本项目应当根据“对附属单位补助费用”科目的本期发生额填列。

（20）“所得税费用”项目，反映有企业所得税缴纳义务的事业单位本期计算应交纳的企业所得税。本项目应当根据“所得税费用”科目的本期发生额填列。

（21）“其他费用”项目，反映单位本期发生的除以上费用项目外的其他费用的总额。本项目应当根据“其他费用”科目的本期发生额填列。

3. 本期盈余

（22）“本期盈余”项目，反映单位本期收入扣除本期费用后的净额。本项目应当根据本表中“本期收入”项目金额减去“本期费用”项目金额后的金额填列；如为负数，以“－”号填列。

三、净资产变动表

净资产变动表反映单位在某一会计年度内净资产项目的变动情况。

（一）净资产变动表的格式

净资产变动表应当以矩阵的形式列示，纵向列示导致净资产变动的交易或事项，按净资产变动的来源对一定时期内净资产变动情况进行全面反映，横向按期末净资产各组成部分及其总额列示交易或事项对净资产的影响。

净资产变动表纵向项目的逻辑关系是，“本年年末余额＝本年年初余额＋本年变动金额”，其中，本年年初余额＝上年年末余额＋以前年度盈余调整，所以列报分为上年年末余额、以前年度盈余调整、本年年初余额、本年变动余额、本年年末余额五个部分。净资产变动表横向项目反映期末净资产各组成部分，因为年末净资产类只有“累计盈余”、“专用基金”、“权益法调整”三个科目有余额，所以，横向的项目列报“累计盈余”、“专用基金”、“权益法调整”三个项目及净资产合计。

净资产变动表仅需要按年编报，金额部分由“本年数”和“上年数”两栏构成。本表“本年数”栏反映本年度各项目的实际变动数。本表“上年数”栏反映上年度各项目的实际变动数，应当根据上年度净资产变动表中“本年数”栏内所列数字填列。如果上年度净资产变动表规定的项目的名称和内容与本年度不一致，应对上年度净资产变动表项目的名称和数字按照本年度的规定进行调整，将调整后金额填入本年度净资产变动表“上年数”栏内。

净资产变动表的具体格式见表 12 - 10。

（二）净资产变动表“本年数”各项目的填列方法

（1）“上年年末余额”行，反映单位净资产各项目上年年末的余额。本行各项目应当根据“累计盈余”、“专用基金”、“权益法调整”科目上年年末余额填列。

（2）“以前年度盈余调整”行，反映单位本年度调整以前年度盈余的事项对累计盈余进行调整的金额。本行“累计盈余”项目应当根据本年度“以前年度盈余调整”科目转入“累计盈余”科目的金额填列；如调整减少累计盈余，以“ - ”号填列。

（3）“本年年初余额”行，反映经过以前年度盈余调整后，单位净资产各项目的本年年初余额。本行“累计盈余”、“专用基金”、“权益法调整”项目应当根据其各自在“上年年末余额”和“以前年度盈余调整”行对应项目金额的合计数填列。

（4）“本年变动金额”行，反映单位净资产各项目本年变动总金额。本行“累计盈余”、“专用基金”、“权益法调整”项目应当根据其各自在“本年盈余”、“无偿调拨净资产”、“归集调整预算结转结余”、“提取或设置专用基金”、“使用专用基金”、“权益法调整”行对应项目金额的合计数填列。

（5）“本年盈余”行，反映单位本年发生的收入、费用对净资产的影响。因为年末结转时，“本期盈余”科目余额转入“本年盈余分配”，“本年盈余分配”根据有关规定提取“专用基金”后剩余金额转入“累计盈余”，所以“本年盈余”转入“本年盈余分配”的金额会增加或减少“累计盈余”，本行“累计盈余”项目应当根据年末由“本期盈余”科目转入“本年盈余分配”科目的金额填列；如转入时借记“本年盈余分配”科目，则以“ - ”号填列。

表 12－10　　**净资产变动表**　　会政财 03 表

编制单位：__________　　__________年　　单位：元

项　目	本年数				上年数			
	累计盈余	专用基金	权益法调整	净资产合计	累计盈余	专用基金	权益法调整	净资产合计
一、上年年末余额								
二、以前年度盈余调整（减少以“－”号填列）		——	——			——	——	
三、本年年初余额								
四、本年变动金额（减少以“－”号填列）								
（一）本年盈余		——	——			——	——	
（二）无偿调拨净资产		——	——			——	——	
（三）归集调整预算结转结余		——	——			——	——	
（四）提取或设置专用基金			——				——	
其中：从预算收入中提取	——		——		——		——	
从预算结余中提取			——				——	
设置的专用基金	——		——		——		——	
（五）使用专用基金			——				——	
（六）权益法调整	——	——			——	——		
五、本年年末余额								

注：“——”标识单元格不需填列

（6）“无偿调拨净资产”行，反映单位本年无偿调入、调出非现金资产事项对净资产的影响。本行“累计盈余”项目应当根据年末由“无偿调拨净资产”科目转入“累计盈余”科目的金额填列；如转入时借记“累计盈余”科目，则以“-”号填列。

（7）“归集调整预算结转结余”行，反映单位本年财政拨款结转结余资金归集调入、归集上缴或调出，以及非财政拨款结转资金缴回对净资产的影响。本行“累计盈余”项目应当根据“累计盈余”科目明细账记录分析填列；如归集调整减少预算结转结余，则以“-”号填列。

（8）“提取或设置专用基金”行，反映单位本年提取或设置专用基金对净资产的影响。本行“累计盈余”项目应当根据“从预算结余中提取”行“累计盈余”项目的金额填列。本行“专用基金”项目应当根据“从预算收入中提取”、“从预算结余中提取”、“设置的专用基金”行“专用基金”项目金额的合计数填列。

“从预算收入中提取”行，反映单位本年从预算收入中提取专用基金对净资产的影响。本行“专用基金”项目应当通过对“专用基金”科目明细账记录的分析，根据本年按有关规定从预算收入中提取基金的金额填列。

“从预算结余中提取”行，反映单位本年根据有关规定从本年度非财政拨款结余或经营结余中提取专用基金对净资产的影响。本行“累计盈余”、“专用基金”项目应当通过对“专用基金”科目明细账记录的分析，根据本年按有关规定从本年度非财政拨款结余或经营结余中提取专用基金的金额填列；本行“累计盈余”项目以“-”号填列。

“设置的专用基金”行，反映单位本年根据有关规定设置的其他专用基金对净资产的影响。本行“专用基金”项目应当通过对“专用基金”科目明细账记录的分析，根据本年按有关规定设置的其他专用基金的金额填列。

（9）“使用专用基金”行，反映单位本年按规定使用专用基金对净资产的影响。因为使用专用基金购置固定资产、无形资产的，借记“固定资产”、“无形资产”科目，贷记“银行存款”科目，同时，借记“专用基金”科目，贷记“累计盈余”科目，所以使用专用基金时，“专用基金”减少，“累计盈余”增加。本行“累计盈余”、“专用基金”项目应当通过对“专用基金”科目明细账记录的分析，根据本年按规定使用专用基金的金额填列；本行“专用基金”项目以“-”号填列。

（10）“权益法调整”行，反映单位本年按照被投资单位除净损益和利润分配以外的所有者权益变动份额而调整长期股权投资账面余额对净资产的影响。本行“权益法调整”项目应当根据“权益法调整”科目本年发生额填列；若本年净发生额为借方时，以“-”号填列。

(11)“本年年末余额”行，反映单位本年各净资产项目的年末余额。本行“累计盈余”、“专用基金”、“权益法调整”项目应当根据其各自在“本年年初余额”、“本年变动金额”行对应项目金额的合计数填列。

(12) 本表各行“净资产合计”项目，应当根据所在行“累计盈余”、“专用基金”、“权益法调整”项目金额的合计数填列。

下面将对以上内容进行总结，并在净资产变动表中直观体现各栏目的填列方式，具体见表12-11。

四、现金流量表

现金流量表反映单位在某一会计年度内现金流入和流出的信息。单位可根据实际情况自行选择编制现金流量表。

现金流量表所指的现金，是指单位的库存现金以及其他可以随时用于支付的款项，包括库存现金、可以随时用于支付的银行存款、其他货币资金、零余额账户用款额度、财政应返还额度，以及通过财政直接支付方式支付的款项。现金流量是指现金的流入和流出。

(一) 现金流量表的格式

现金流量表应当按照日常活动、投资活动、筹资活动的现金流量分别反映。单位应当采用直接法编制现金流量表。

现金流量表的逻辑关系是“日常活动产生的现金流量净额+投资活动产生的现金流量净额+筹资活动产生的现金流量净额+汇率变动对现金的影响额=现金净增加额”。其中，现金流量净额=现金流入-现金流出。

现金流量表的金额部分由“本年金额”和“上年金额”两部分构成，其中，“本年金额”栏反映各项目的本年实际发生数，“上年金额”栏反映各项目的上年实际发生数，应当根据上年现金流量表中“本年金额”栏内所列数字填列。

现金流量表的具体格式见表12-12。

表 12－11　　**净资产变动表填列总结**

会政财 03 表

编制单位：＿＿＿＿＿　　＿＿＿＿＿年　　单位：元

项目	本年数				上年数			
	累计盈余	专用基金	权益法调整	净资产合计	累计盈余	专用基金	权益法调整	净资产合计
一、上年年末余额	总账上年年末余额	总账上年年末余额	总账上年年末余额	合计数①				
二、以前年度盈余调整（减少以“－”号填列）	以前年度盈余调整转入	——	——	合计数②		——	——	
三、本年年初余额	小计数 a	小计数 b	小计数 c	合计数③＝①＋②＝小计数 a＋b＋c				
四、本年变动金额（减少以“－”号填列）	小计数 d	小计数 e	小计数 f	合计数④＝小计数 d＋e＋f				
（一）本年盈余	本期盈余转入本年盈余分配	——	——			——	——	
（二）无偿调拨净资产	无偿调拨净资产转入	——	——			——	——	
（三）归集调整预算结转结余	累计盈余明细账分析填列	——	——			——	——	
（四）提取或设置专用基金			——				——	
其中：从预算收入中提取	——	专用基金明细账	——		——		——	
从预算结余中提取	以“－”号填列	专用基金明细账	——				——	
设置的专用基金	——	专用基金明细账	——		——		——	
（五）使用专用基金	专用基金明细账	以“－”号填列	——				——	
（六）权益法调整	——	——	本年发生额		——	——		
五、本年年末余额	小计数 g＝a＋d	小计数 h＝b＋e	小计数 i＝c＋f	合计数⑤＝③＋④＝小计数 g＋h＋i				

注：“——”标识单元格不需填列

表 12－12　　　　**现金流量表**　　　　会政财 04 表

编制单位：__________　　　　__________年　　　　单位：元

项　目	本年金额	上年金额
一、日常活动产生的现金流量：		
财政基本支出拨款收到的现金		
财政非资本性项目拨款收到的现金		
事业活动收到的除财政拨款以外的现金		
收到的其他与日常活动有关的现金		
日常活动的现金流入小计		
购买商品、接受劳务支付的现金		
支付给职工以及为职工支付的现金		
支付的各项税费		
支付的其他与日常活动有关的现金		
日常活动的现金流出小计		
日常活动产生的现金流量净额		
二、投资活动产生的现金流量：		
收回投资收到的现金		
取得投资收益收到的现金		
处置固定资产、无形资产、公共基础设施等收回的现金净额		
收到的其他与投资活动有关的现金		
投资活动的现金流入小计		
购建固定资产、无形资产、公共基础设施等支付的现金		
对外投资支付的现金		
上缴处置固定资产、无形资产、公共基础设施等净收入支付的现金		
支付的其他与投资活动有关的现金		
投资活动的现金流出小计		
投资活动产生的现金流量净额		
三、筹资活动产生的现金流量：		
财政资本性项目拨款收到的现金		
取得借款收到的现金		
收到的其他与筹资活动有关的现金		
筹资活动的现金流入小计		
偿还借款支付的现金		
偿还利息支付的现金		
支付的其他与筹资活动有关的现金		
筹资活动的现金流出小计		
筹资活动产生的现金流量净额		
四、汇率变动对现金的影响额		
五、现金净增加额		

（二）现金流量表“本年金额”各项目的填列方法

1. 日常活动产生的现金流量

（1）“财政基本支出拨款收到的现金”项目，反映单位本年接受财政基本支出拨款取得的现金。本项目应当根据“零余额账户用款额度”、“财政拨款收入”、“银行存款”等科目及其所属明细科目的记录分析填列。

（2）“财政非资本性项目拨款收到的现金”项目，反映单位本年接受除用于购建固定资产、无形资产、公共基础设施等资本性项目以外的财政项目拨款取得的现金。本项目应当根据“银行存款”、“零余额账户用款额度”、“财政拨款收入”等科目及其所属明细科目的记录分析填列。

（3）“事业活动收到的除财政拨款以外的现金”项目，反映事业单位本年开展专业业务活动及其辅助活动取得的除财政拨款以外的现金。本项目应当根据“库存现金”、“银行存款”、“其他货币资金”、“应收账款”、“应收票据”、“预收账款”、“事业收入”等科目及其所属明细科目的记录分析填列。

（4）“收到的其他与日常活动有关的现金”项目，反映单位本年收到的除以上项目之外的与日常活动有关的现金。本项目应当根据“库存现金”、“银行存款”、“其他货币资金”、“上级补助收入”、“附属单位上缴收入”、“经营收入”、“非同级财政拨款收入”、“捐赠收入”、“利息收入”、“租金收入”、“其他收入”等科目及其所属明细科目的记录分析填列。

（5）“日常活动的现金流入小计”项目，反映单位本年日常活动产生的现金流入的合计数。本项目应当根据本表中“财政基本支出拨款收到的现金”、“财政非资本性项目拨款收到的现金”、“事业活动收到的除财政拨款以外的现金”、“收到的其他与日常活动有关的现金”项目金额的合计数填列。

（6）“购买商品、接受劳务支付的现金”项目，反映单位本年在日常活动中用于购买商品、接受劳务支付的现金。本项目应当根据“库存现金”、“银行存款”、“财政拨款收入”、“零余额账户用款额度”、“预付账款”、“在途物品”、“库存物品”、“应付账款”、“应付票据”、“业务活动费用”、“单位管理费用”、“经营费用”等科目及其所属明细科目的记录分析填列。

（7）“支付给职工以及为职工支付的现金”项目，反映单位本年支付给职工以及为职工支付的现金。本项目应当根据“库存现金”、“银行存款”、“零余额账户用款额度”、“财政拨款收入”、“应付职工薪酬”、“业务活动费用”、“单位管理费用”、“经营费用”等科目及其所属明细科目的记录分析填列。

（8）“支付的各项税费”项目，反映单位本年用于缴纳日常活动相关税费而支付的现金。本项目应当根据“库存现金”、“银行存款”、“零余额账户用款额度”、“应交增值税”、“其他应交税费”、“业务活动费用”、“单位管理费用”、“经营费用”、“所得税费用”等科目及其所属明细科目的记录分析填列。

（9）“支付的其他与日常活动有关的现金”项目，反映单位本年支付的除上述项目之外与日常活动有关的现金。本项目应当根据“库存现金”、“银行存款”、“零余额账户用款额度”、“财政拨款收入”、“其他应付款”、“业务活动费用”、“单位管理费用”、“经营费用”、“其他费用”等科目及其所属明细科目的记录分析填列。

（10）“日常活动的现金流出小计”项目，反映单位本年日常活动产生的现金流出的合计数。本项目应当根据本表中“购买商品、接受劳务支付的现金”、“支付给职工以及为职工支付的现金”、“支付的各项税费”、“支付的其他与日常活动有关的现金”项目金额的合计数填列。

（11）“日常活动产生的现金流量净额”项目，应当按照本表中“日常活动的现金流入小计”项目金额减去“日常活动的现金流出小计”项目金额后的金额填列；如为负数，以“－”号填列。

2. 投资活动产生的现金流量

（12）“收回投资收到的现金”项目，反映单位本年出售、转让或者收回投资收到的现金。本项目应该根据“库存现金”、“银行存款”、“短期投资”、“长期股权投资”、“长期债券投资”等科目的记录分析填列。

（13）“取得投资收益收到的现金”项目，反映单位本年因对外投资而收到被投资单位分配的股利或利润，以及收到投资利息而取得的现金。本项目应当根据“库存现金”、“银行存款”、“应收股利”、“应收利息”、“投资收益”等科目的记录分析填列。

（14）“处置固定资产、无形资产、公共基础设施等收回的现金净额”项目，反映单位本年处置固定资产、无形资产、公共基础设施等非流动资产所取得的现金，减去为处置这些资产而支付的有关费用之后的净额。由于自然灾害所造成的固定资产等长期资产损失而收到的保险赔款收入，也在本项目反映。本项目应当根据“库存现金”、“银行存款”、“待处理财产损溢”等科目的记录分析填列。

（15）“收到的其他与投资活动有关的现金”项目，反映单位本年收到的除上述项目之外与投资活动有关的现金。对于金额较大的现金流入，应当单列项目反映。本项目应当根据“库存现金”、“银行存款”等有关科目的记录分析填列。

（16）“投资活动的现金流入小计”项目，反映单位本年投资活动产生的现金流入的合计数。本项目应当根据本表中“收回投资收到的现金”、“取得投资收益收到的现金”、“处置固定资产、无形资产、公共基础设施等收回的现金净额”、“收到的其他与投资活动有关的现金”项目金额的合计数填列。

（17）“购建固定资产、无形资产、公共基础设施等支付的现金”项目，反映单位本年购买和建造固定资产、无形资产、公共基础设施等非流动资产所支付的现金；融资租入固定资产支付的租赁费不在本项目反映，在筹资活动的现金流量中反映。本项目应当根据“库存现金”、“银行存款”、“固定资产”、“工程物资”、“在建工程”、“无形资产”、“研发支出”、“公共基础设施”、“保障性住房”等科目的记录分析填列。

（18）“对外投资支付的现金”项目，反映单位本年为取得短期投资、长期股权投资、长期债券投资而支付的现金。本项目应当根据“库存现金”、“银行存款”、“短期投资”、“长期股权投资”、“长期债券投资”等科目的记录分析填列。

（19）“上缴处置固定资产、无形资产、公共基础设施等净收入支付的现金”项目，反映本年单位将处置固定资产、无形资产、公共基础设施等非流动资产所收回的现金净额予以上缴财政所支付的现金。本项目应当根据“库存现金”、“银行存款”、“应缴财政款”等科目的记录分析填列。

（20）“支付的其他与投资活动有关的现金”项目，反映单位本年支付的除上述项目之外与投资活动有关的现金。对于金额较大的现金流出，应当单列项目反映。本项目应当根据“库存现金”、“银行存款”等有关科目的记录分析填列。

（21）“投资活动的现金流出小计”项目，反映单位本年投资活动产生的现金流出的合计数。本项目应当根据本表中“购建固定资产、无形资产、公共基础设施等支付的现金”、“对外投资支付的现金”、“上缴处置固定资产、无形资产、公共基础设施等净收入支付的现金”、“支付的其他与投资活动有关的现金”项目金额的合计数填列。

（22）“投资活动产生的现金流量净额”项目，应当按照本表中“投资活动的现金流入小计”项目金额减去“投资活动的现金流出小计”项目金额后的金额填列；如为负数，以“-”号填列。

3. 筹资活动产生的现金流量

(23)“财政资本性项目拨款收到的现金”项目，反映单位本年接受用于购建固定资产、无形资产、公共基础设施等资本性项目的财政项目拨款取得的现金。本项目应当根据“银行存款”、“零余额账户用款额度”、“财政拨款收入”等科目及其所属明细科目的记录分析填列。

(24)“取得借款收到的现金”项目，反映事业单位本年举借短期、长期借款所收到的现金。本项目应当根据“库存现金”、“银行存款”、“短期借款”、“长期借款”等科目记录分析填列。

(25)“收到的其他与筹资活动有关的现金”项目，反映单位本年收到的除上述项目之外与筹资活动有关的现金。对于金额较大的现金流入，应当单列项目反映。本项目应当根据“库存现金”、“银行存款”等有关科目的记录分析填列。

(26)“筹资活动的现金流入小计”项目，反映单位本年筹资活动产生的现金流入的合计数。本项目应当根据本表中“财政资本性项目拨款收到的现金”、“取得借款收到的现金”、“收到的其他与筹资活动有关的现金”项目金额的合计数填列。

(27)“偿还借款支付的现金”项目，反映事业单位本年偿还借款本金所支付的现金。本项目应当根据“库存现金”、“银行存款”、“短期借款”、“长期借款”等科目的记录分析填列。

(28)“偿付利息支付的现金”项目，反映事业单位本年支付的借款利息等。本项目应当根据“库存现金”、“银行存款”、“应付利息”、“长期借款”等科目的记录分析填列。

(29)“支付的其他与筹资活动有关的现金”项目，反映单位本年支付的除上述项目之外与筹资活动有关的现金，如融资租入固定资产所支付的租赁费。本项目应当根据“库存现金”、“银行存款”、“长期应付款”等科目的记录分析填列。

(30)“筹资活动的现金流出小计”项目，反映单位本年筹资活动产生的现金流出的合计数。本项目应当根据本表中“偿还借款支付的现金”、“偿付利息支付的现金”、“支付的其他与筹资活动有关的现金”项目金额的合计数填列。

(31)“筹资活动产生的现金流量净额”项目，应当按照本表中“筹资活动的现金流入小计”项目金额减去“筹资活动的现金流出小计”金额后的金额填列；如为负数，以“－”号填列。

4.“汇率变动对现金的影响额”

“汇率变动对现金的影响额”项目，反映单位本年外币现金流量折算为人民币时，所采用的现金流量发生日的汇率折算的人民币金额与外币现金流量净额按期末汇率折算的人民币金额之间的差额。

5.“现金净增加额”

“现金净增加额”项目，反映单位本年现金变动的净额。本项目应当根据本表中“日常活动产生的现金流量净额”、“投资活动产生的现金流量净额”、“筹资活动产生的现金流量净额”和“汇率变动对现金的影响额”项目金额的合计数填列；如为负数，以“-”号填列。

五、财务报表之间的勾稽关系

财务报表四张报表的部分数字之间存在着勾稽关系，可以用来做四张表之间的检查对照。

“净资产变动表”与“资产负债表”的勾稽关系，资产负债表中的净资产反映的是一个期间净资产变动的结果，净资产变动表反映的是一个期间内净资产变动过程，两张表之间存在必然联系。①“净资产变动表”的第一部分“上年年末余额”的“累计盈余”、“专用基金”和“权益法调整”，分别等于“资产负债表”中“累计盈余”、“专用基金”和“权益法调整”三个项目的年初余额；②“净资产变动表”的第五部分“本年年末余额”的“累计盈余”、“专用基金”和“权益法调整”，分别等于“资产负债表”中“累计盈余”、“专用基金”和“权益法调整”三个项目的期末余额；③“净资产变动表”的第四部分“本年变动金额”的“提取或设置专用基金”减去“使用专用基金”，反映专用基金本年变动金额，等于“资产负债表”中“专用基金”期末余额减去“专用基金”年初余额；④“净资产变动表”的第四部分“本年变动金额”的“权益法调整”，反映权益法调整的本年变动金额，等于“资产负债表”中“权益法调整”期末余额减去“权益法调整”年初余额。

“净资产变动表”与“收入费用表”的勾稽关系，“净资产变动表”的第四部分“本年变动金额”的“本年盈余”，等于“收入费用表”中最后一行“本期盈余”。

六、附注

附注是对在会计报表中列示的项目所作的进一步说明，以及对未能在会计报表中列示项目的说明。附注是财务报表的重要组成部分。凡对报表使用者的决策有重要影响的会计信息，不论本制度是否有明确规定，单位均应当充分披露。

附注主要包括下列内容：

（一）单位的基本情况

单位应当简要披露其基本情况，包括单位主要职能、主要业务活动、所在地、预算管理关系等。

（二）会计报表编制基础

（三）遵循政府会计准则、制度的声明

（四）重要会计政策和会计估计

单位应当采用与其业务特点相适应的具体会计政策，并充分披露报告期内采用的重要会计政策和会计估计。主要包括以下内容：

（1）会计期间。

（2）记账本位币，外币折算汇率。

（3）坏账准备的计提方法。

（4）存货类别、发出存货的计价方法、存货的盘存制度，以及低值易耗品和包装物的摊销方法。

（5）长期股权投资的核算方法。

（6）固定资产分类、折旧方法、折旧年限和年折旧率；融资租入固定资产的计价和折旧方法。

（7）无形资产的计价方法；使用寿命有限的无形资产，其使用寿命估计情况；使用寿命不确定的无形资产，其使用寿命不确定的判断依据；单位内部研究开发项目划分研究阶段和开发阶段的具体标准。

（8）公共基础设施的分类、折旧（摊销）方法、折旧（摊销）年限，以及其确定依据。

（9）政府储备物资分类，以及确定其发出成本所采用的方法。

（10）保障性住房的分类、折旧方法、折旧年限。

（11）其他重要的会计政策和会计估计。

（12）本期发生重要会计政策和会计估计变更的，变更的内容和原因、受其重要影响的报表项目名称和金额、相关审批程序，以及会计估计变更开始适用的时点。

（五）会计报表重要项目说明

单位应当按照资产负债表和收入费用表项目列示顺序，采用文字和数据描述相结合的方式披露重要项目的明细信息。报表重要项目的明细金额合计，应当与报表项目金额相衔接。报表重要项目说明应包括但不限于下列内容：

1. 货币资金的披露格式如表 12－13 所示：

表 12－13

项　目	期末余额	年初余额
库存现金		
银行存款		
其他货币资金		
合计		

2. 应收账款按照债务人类别披露的格式如表 12－14 所示：

表 12－14

债务人类别	期末余额	年初余额
政府会计主体：		
部门内部单位		
单位 1		
……		
部门外部单位		
单位 1		
……		
其他：		
单位 1		
……		
合计		

注 1："部门内部单位" 是指纳入单位所属部门财务报告合并范围的单位（下同）。

注 2：有应收票据、预付账款、其他应收款的，可比照应收账款进行披露。

3. 存货的披露格式如表 12－15 所示：

表 12－15

存货种类	期末余额	年初余额
1.		
……		
合计		

4. 其他流动资产的披露格式如表 12－16 所示：

表 12－16

项　　目	期末余额	年初余额
1.		
……		
合计		

注：有长期待摊费用、其他非流动资产的，可比照其他流动资产进行披露。

5. 长期投资

（1）长期债券投资的披露格式如表 12－17 所示：

表 12－17

债券发行主体	年初余额	本期增加额	本期减少额	期末余额
1.				
……				
合计				

注：有短期投资的，可比照长期债券投资进行披露。

（2）长期股权投资的披露格式如表 12－18 所示：

表 12－18

被投资单位	核算方法	年初余额	本期增加额	本期减少额	期末余额
1.					
……					
合计					

（3）当期发生的重大投资净损益项目、金额及原因。

6. 固定资产

（1）固定资产的披露格式如表 12－19 所示：

表 12－19

项　　目	年初余额	本期增加额	本期减少额	期末余额
一、原值合计				
其中：房屋及构筑物				
通用设备				

续表

项　　目	年初余额	本期增加额	本期减少额	期末余额
专用设备				
文物和陈列品				
图书、档案				
家具、用具、装具及动植物				
二、累计折旧合计				
其中：房屋及构筑物				
通用设备				
专用设备				
家具、用具、装具				
三、账面价值合计				
其中：房屋及构筑物				
通用设备				
专用设备				
文物和陈列品				
图书、档案				
家具、用具、装具及动植物				

（2）已提足折旧的固定资产名称、数量等情况。

（3）出租、出借固定资产以及固定资产对外投资等情况。

7. 在建工程的披露格式如表 12－20 所示：

表 12－20

项目	年初余额	本期增加额	本期减少额	期末余额
1.				
……				
合计				

8. 无形资产

（1）各类无形资产的披露格式如表 12－21 所示：

表 12－21

项目	年初余额	本期增加额	本期减少额	期末余额
一、原值合计				
1.				
……				

续表

项目	年初余额	本期增加额	本期减少额	期末余额
二、累计摊销合计				
1.				
……				
三、账面价值合计				
1.				
……				

（2）计入当期损益的研发支出金额、确认为无形资产的研发支出金额。

（3）无形资产出售、对外投资等处置情况。

9. 公共基础设施

（1）公共基础设施的披露格式如表 12－22 所示：

表 12－22

项　　目	年初余额	本期增加额	本期减少额	期末余额
原值合计				
市政基础设施				
1.				
……				
交通基础设施				
1.				
……				
水利基础设施				
1.				
……				
其他				
……				
累计折旧合计				
市政基础设施				
1.				
……				
交通基础设施				
1.				
……				
水利基础设施				
1.				
……				
其他				

续表

项　　目	年初余额	本期增加额	本期减少额	期末余额
……				
账面价值合计				
市政基础设施				
1.				
……				
交通基础设施				
1.				
……				
水利基础设施				
1.				
……				
其他				
……				

（2）确认为公共基础设施的单独计价入账的土地使用权的账面余额、累计摊销额及变动情况。

（3）已提取折旧继续使用的公共基础设施的名称、数量等。

10. 政府储备物资的披露格式如表12－23所示：

表12－23

物资类别	年初余额	本期增加额	本期减少额	期末余额
1.				
……				
合计				

注：如单位有因动用而发出需要收回或者预期可能收回、但期末尚未收回的政府储备物资，应当单独披露其期末账面余额。

11. 受托代理资产的披露格式如表12－24所示：

表12－24

资产类别	年初余额	本期增加额	本期减少额	期末余额
货币资金				
受托转赠物资				
受托存储保管物资				
罚没物资				
其他				
合计				

12. 应付账款按照债权人类别披露的格式如表 12-25 所示：

表 12-25

债权人类别	期末余额	年初余额
政府会计主体：		
部门内部单位		
单位 1		
……		
部门外部单位		
单位 1		
……		
其他：		
单位 1		
……		
合计		

注：有应付票据、预收账款、其他应付款、长期应付款的，可比照应付账款进行披露。

13. 其他流动负债的披露格式如表 12-26 所示：

表 12-26

项目	期末余额	年初余额
1.		
……		
合计		

注：有预计负债、其他非流动负债的，可比照其他流动负债进行披露。

14. 长期借款

(1) 长期借款按照债权人披露的格式如表 12-27 所示：

表 12-27

债权人	期末余额	年初余额
1.		
……		
合计		

注：有短期借款的，可比照长期借款进行披露。

（2）单位有基建借款的，应当分基建项目披露长期借款年初数、本年变动数、年末数及到期期限。

15. 事业收入按照收入来源的披露格式如表 12－28 所示：

表 12－28

收入来源	本期发生额	上期发生额
来自财政专户管理资金		
本部门内部单位		
单位 1		
……		
本部门以外同级政府单位		
单位 1		
……		
其他		
单位 1		
……		
合计		

16. 非同级财政拨款收入按收入来源的披露格式如表 12－29 所示：

表 12－29

收入来源	本期发生额	上期发生额
本部门以外同级政府单位		
单位 1		
……		
本部门以外非同级政府单位		
单位 1		
……		
合计		

17. 其他收入按照收入来源的披露格式如表 12－30 所示：

表 12－30

收入来源	本期发生额	上期发生额
本部门内部单位		
单位 1		
……		
本部门以外同级政府单位		

续表

收入来源	本期发生额	上期发生额
单位 1		
……		
本部门以外非同级政府单位		
单位 1		
……		
其他		
单位 1		
……		
合计		

18. 业务活动费用

（1）按经济分类的披露格式如表 12－31 所示：

表 12－31

项　　目	本期发生额	上期发生额
工资福利费用		
商品和服务费用		
对个人和家庭的补助费用		
对企业补助费用		
固定资产折旧费		
无形资产摊销费		
公共基础设施折旧（摊销）费		
保障性住房折旧		
计提专用基金		
……		
合计		

注：有单位管理费用、经营费用的，可比照（业务活动费用）此表进行披露。

（2）按支付对象的披露格式如表 12－32 所示：

表 12－32

支付对象	本期发生额	上期发生额
本部门内部单位		
单位 1		
……		
本部门以外同级政府单位		
单位 1		

续表

支付对象	本期发生额	上期发生额
……		
其他		
单位1		
……		
合计		

注：有单位管理费用、经营费用的，可比照（业务活动费用）此表进行披露。

19. 其他费用按照类别披露的格式如表12－33所示：

表12－33

费用类别	本期发生额	上期发生额
利息费用		
坏账损失		
罚没支出		
……		
合计		

20. 本期费用按照经济分类的披露格式如表12－34所示：

表12－34

项　目	本年数	上年数
工资福利费用		
商品和服务费用		
对个人和家庭的补助费用		
对企业补助费用		
固定资产折旧费		
无形资产摊销费		
公共基础设施折旧（摊销）费		
保障性住房折旧费		
计提专用基金		
所得税费用		
资产处置费用		
上缴上级费用		
对附属单位补助费用		
其他费用		
本期费用合计		

注：单位在按照本制度规定编制收入费用表的基础上，可以根据需要按照此表披露的内容编制收入费用表。

（六）本年盈余与预算结余的差异情况说明

为了反映单位财务会计和预算会计因核算基础和核算范围不同所产生的本年盈余数与本年预算结余数之间的差异，单位应当按照重要性原则，对本年度发生的各类影响收入（预算收入）和费用（预算支出）的业务进行适度归并和分析，披露将年度预算收入支出表中“本年预算收支差额”调节为年度收入费用表中“本期盈余”的信息。有关披露格式如表 12 - 35 所示：

表 12 - 35

项　目	金　额
一、本年预算结余（本年预算收支差额）	
二、差异调节	
（一）重要事项的差异	
加：1. 当期确认为收入但没有确认为预算收入	
（1）应收款项、预收账款确认的收入	
（2）接受非货币性资产捐赠确认的收入	
2. 当期确认为预算支出但没有确认为费用	
（1）支付应付款项、预付账款的支出	
（2）为取得存货、政府储备物资等计入物资成本的支出	
（3）为购建固定资产等的资本性支出	
（4）偿还借款本息支出	
减：1. 当期确认为预算收入但没有确认为收入	
（1）收到应收款项、预收账款确认的预算收入	
（2）取得借款确认的预算收入	
2. 当期确认为费用但没有确认为预算支出	
（1）发出存货、政府储备物资等确认的费用	
（2）计提的折旧费用和摊销费用	
（3）确认的资产处置费用（处置资产价值）	
（4）应付款项、预付账款确认的费用	
（二）其他事项差异	
三、本年盈余（本年收入与费用的差额）	

（七）其他重要事项说明

1. 资产负债表日存在的重要或有事项说明。没有重要或有事项的，也应说明。

2. 以名义金额计量的资产名称、数量等情况，以及以名义金额计量理由的说明。

3. 通过债务资金形成的固定资产、公共基础设施、保障性住房等资产的账面价值、使用情况、收益情况及与此相关的债务偿还情况等的说明。

4. 重要资产置换、无偿调入（出）、捐入（出）、报废、重大毁损等情况的说明。

5. 事业单位将单位内部独立核算单位的会计信息纳入本单位财务报表情况的说明。

6. 政府会计具体准则中要求附注披露的其他内容。

7. 有助于理解和分析单位财务报表需要说明的其他事项。

第十三章

新旧会计制度衔接

财政部于2017年10月24日印发了《政府会计制度》（财会〔2017〕25号），自2019年1月1日起施行。为了确保新旧制度顺利衔接、平稳过渡，促进新制度的有效贯彻实施，财政部于2018年2月1日制定了《〈政府会计制度——行政事业单位会计科目和报表〉与〈行政单位会计制度〉有关衔接问题的处理规定》和《〈政府会计制度——行政事业单位会计科目和报表〉与〈事业单位会计制度〉有关衔接问题的处理规定》（财会〔2018〕3号）。新旧制度衔接规定是政府会计主体执行政府会计制度的重要依据之一。本章阐述了新旧制度衔接的原则、步骤和方法，并分别就行政单位、事业单位举例说明。另外，考虑到执行《政府会计制度》的单位不再执行《国有建设单位会计制度》，也单独就基本建设并账问题举例分析。

第一节 新旧会计制度衔接概述

一、新旧会计制度的衔接原则

本次新旧会计制度的衔接，涉及原《行政单位会计制度》、原《事业单位会计制度》等多个会计制度，而新制度则统一涵盖了所有行政事业单位。原制度向新制度的转换，需要把握以下原则：

（一）全面性

政府会计主体应当根据新旧会计制度的衔接规定，全面梳理本单位业务，结合实际情况，按要求做好基础准备工作并自2019年1月1日起全面执行新会计制度，不得漏做、少做或不做。

（二）一致性

无论是执行《行政单位会计制度》还是《事业单位会计制度》，或者是执行行业会计制度，政府会计主体应当对具有同一标准的会计科目执行同样的转换规则，不得因本单位原来采取的会计处理方法不准确、不恰当影响制度转换结果。

（三）一贯性

新会计制度自2019年1月1日起执行，新旧会计制度转换衔接以后，年初余额的口径应符合新制度的规定，即年初的存量业务与当年的增量业务应采用相同的会计处理方法。

（四）可核查

政府会计主体进行新旧会计制度衔接应做好资料的准备工作，编制转换分录，形成转换文稿，并做好相关材料的整理、归档，使得新制度下会计科目数字准确、来源清晰。

二、新旧会计制度的衔接步骤

新旧会计制度衔接时，单位应当按照新制度要求对原有会计信息系统进行及时更新和调试，按“先财务后预算”、“财务会计先转换后追溯调整”，“预算会计先追溯调整后转换”的顺序，通过以下步骤，实现数据正确转换，确保新旧账套的有序衔接。

第一，2018年12月31日原账结转后，收入、支出总账及明细科目应当为零。单位应当根据原账2018年12月31日的科目余额编制科目余额表，并按照衔接规定要求，列示明细科目余额。

截至2018年12月31日尚未进行基建“并账”的单位，应当首先参照《新旧行政单位会计制度有关衔接问题的处理规定》、《新旧事业单位会计制度有关衔接问题的处理规定》等，将基建账套相关数据并入2018年12月31日原账中的相关科目余额，再按照本次衔接规定将2018年12月31日原账相关会计科目余额转入新账相应科目。

第二，单位应当编制新旧会计制度财务会计总账及明细科目对照表。与原制度相比，新制度有新增明细核算需求、分类要求或涉及科目拆分、集并的，原账总账及明细科目还应按新制度规定补充相关信息。比如应收账款需要按政府会计主体和其他单位进行分类，并在政府会计主体中分为部门内部单位和部门外部单位两类。这在原制度中未做要求，转换前应当予以补充完整。

第三，按照新制度设立 2019 年 1 月 1 日的新账。

第四，按照衔接规定要求，登记新账的财务会计科目余额，将未入账事项登记新账科目，并对相关新账科目余额进行调整。具体方法详见本节第三部分和第四部分。

第五，按照登记及调整后新账的各会计科目余额，编制单位 2019 年 1 月 1 日的科目余额表，作为新账各会计总账及其明细科目的期初余额。

第六，根据前述第一步编制的科目余额表，按照衔接规定要求，追溯调整新账预算会计各预算结余科目 2019 年年初余额，并进行结转。

第七，根据新账各财务会计总账及其明细科目期初余额，按照新制度编制 2019 年 1 月 1 日资产负债表。

第八，做好新旧制度衔接材料的整理、归档工作，以便以后单位或外部审计进行核对和复查。

三、财务会计科目新旧制度衔接

单位在登记新账的财务会计科目余额时：

首先，应根据将原账科目余额按编制的新旧制度科目余额对照表（参见《衔接规定》附表 1)，编制记账凭证，进行衔接转换，将原账科目余额转入新账财务会计科目，作为各科目年初余额。衔接转换后，新账资产、负债、净资产各类科目余额之和等于原账各该类科目余额之和。

其次，编制记账凭证，对原未入账的事项进行补充登记，并将补充登记事项的确认依据作为原始凭证。未入账事项是指按照新制度要求核算的业务，包括但不限于：补登应收账款、应收股利、在途物品、政府储备物资、公共基础设施、文物文化资产、保障性住房、受托代理资产等资产类科目；补记未入账的盘盈资产；补充确认预计负债和应付质量保证金等。

最后，编制记账凭证，对新账的相关财务会计科目余额按照新制度规定的核算基础进行追溯调整。包括但不限于：

（1）全面梳理无需上缴财政的应收账款和其他应收款，如发生不能收回的迹象，提取坏账准备。

（2）逐项核查长期债券投资明细，根据债券投资是否分期付息，以票面金额和票面利率计算确定长期债券投资应收利息，补记长期债券投资应收利息。

（3）按照权益法核算长期股权投资的，依据被投资单位2018年12月31日财务报表的所有者权益账面余额，以及单位持有被投资单位的股权比例，计算应享有或应分担的被投资单位所有者权益的份额，调整长期股权投资的账面余额。

（4）计提固定资产折旧、公共基础设施折旧（摊销）、保障性住房折旧等，补提无形资产摊销。

单位计提折旧或补提摊销时，应当按照财政部《政府会计准则第3号——固定资产》应用指南的要求确定各类应计提折旧的固定资产的折旧年限，并全面核查截至2018年12月31日固定资产、公共基础设施、保障性住房、无形资产等情况，明确这些资产的预计使用年限、已使用年限、尚可使用年限等。

（5）逐项核查长期借款明细，根据长期借款利息是费用化还是资本化，以借款金额、借款期限、利率计算确定长期借款应付利息，补记应付利息。

需要说明的是，追溯调整可以在新旧制度衔接转换时同时进行；也可以在新制度首次执行期的期末进行，属于对以前年度的影响金额调整相关科目的年初数，属于对本年度的影响金额计入当期收入或费用。如果调整事项金额较小的情况下，也可按照重要性原则计入当期收入或费用。

四、预算会计科目新旧制度衔接

为了便于新制度的顺利实施，使预算会计体系科目年初数与以后年度发生额的核算口径一致，根据原账科目分析结果（参见《衔接规定》附表2），预算会计各科目年初余额的衔接转换应以原账净资产涉及预算的科目余额为基础，按照收付实现制编制记账凭证，进行追溯调整后予以确定，使衔接转换后预算会计各科目的年初数符合新制度的要求。调整的基本思路是：原账中虚增净资产的事项，应调减预算结余类科目余额；原账中虚减净资产的事项，应调增预算结余类科目余额。

预算结余类科目转换前，应当按照涉及资金的类别，分别按照财政拨款结转、财政拨款结余、非财政拨款结转、非财政拨款结余和专用结余五类，将相关科目的科目余额进行细分，为后续转换做好基础工作。

由于预算收入类、预算支出类会计科目年初无余额，在新旧会计制度转换时，单位无需对预算收入类、预算支出类会计科目进行新账年初余额登记。

单位存在2018年12月31日前需要按照新制度预算会计核算基础调整预算会计科目期初余额的其他事项的，应当比照衔接规定调整新账的相应预算会计科目期初余额。

第二节 新制度与《行政单位会计制度》的衔接及举例

由于财务会计收入类、费用类科目以及预算会计预算收入类、预算支出类科目年末结转后余额为零，因此，不涉及新旧制度衔接问题，单位无需进行转账处理。自2019年1月1日起，行政单位应当按照新制度设置收入类、费用类、预算收入类、预算支出类科目并进行账务处理。

一、财务会计资产类科目衔接

（一）直接进行转换的原账科目

原账中科目余额直接转入新账相应科目的有：“库存现金”、“零余额账户用款额度”、“财政应返还额度”、“应收账款”、“预付账款”、“无形资产”、“累计摊销”、“公共基础设施”、“政府储备物资”、“受托代理资产”、“待处理财产损溢”科目。

需要注意：

（1）原账的“库存现金”科目余额中属于新制度规定受托代理资产的金额，转入新账“库存现金”科目下的“受托代理资产”明细科目。

（2）新制度设置了“无形资产累计摊销”科目，该科目的核算内容与原账“累计摊销”科目的核算内容基本相同，只是科目名称发生了变化。因此，可直接进行转换。

（3）如果单位在原账中已按规定在“公共基础设施”、“政府储备物资”

中核算了公共基础设施、政府储备物资，且“固定资产”科目中只核算了按照新制度规定的固定资产内容的，可直接将“公共基础设施”、“政府储备物资”科目余额对应转入新账“公共基础设施”、“政府储备物资”科目。

（4）为了便于预算会计的衔接转换，“预付账款”科目余额应当按照支付资金的类别，分为在财政拨款结转、非财政拨款结转和非财政拨款结余列支的预付账款。

（二）涉及科目拆分的原账科目

1. “银行存款”科目

新制度设置了“银行存款”和“其他货币资金”两个科目，与原账中“银行存款”科目对应。因此，需要对原账中“银行存款”科目进行分析，将原账中核算的属于新制度规定的其他货币资金的金额，转入新账的“其他货币资金”科目；将原账“银行存款”科目余额减去其中属于其他货币资金金额后的差额，转入新账的“银行存款”科目。其中，还应当将原账“银行存款”科目余额中属于新制度规定受托代理资产的金额，转入新账“银行存款”科目下的“受托代理资产”明细科目。

2. “其他应收款”科目

新制度设置了“在途物品”科目，原账“其他应收款”科目中核算的已经付款、尚未收到物资的，应当将相应金额转入新账的“在途物品”科目；将原账“其他应收款”科目余额减去其中属于在途物品金额后的差额，转入新账的“其他应收款”科目。

3. “存货”科目

新制度设置了“库存物品”和“加工物品”科目，与原账中“存货”科目对应。因此，需要对原账中“存货”科目进行分析，将原账的“存货——委托加工存货成本”科目余额转入新账的“加工物品”科目；将原账的“存货”科目余额减去属于委托加工存货成本余额后的差额，转入新账的“库存物品”科目。

单位在原账的“存货”科目中核算了按照新制度规定的政府储备物资的，应当将原账的“存货”科目余额中属于政府储备物资的金额，转入新账的“政府储备物资”科目。

4. “固定资产”科目

新制度设置了“固定资产”、“公共基础设施”、“政府储备物资”、“文物文化资产”、“保障性住房”等科目，与原账中“固定资产”科目对应。因此，需要对原账中“固定资产”科目进行分析，根据资产内容将相应资产的账面余额，分别转入新账的“固定资产”、“公共基础设施”、“政府储备物资”、“文物文化资产”和“保障性住房”科目。如果单位在原账中已按规定在“公共基础设施”、“政府储备物资”中核算了公共基础设施、政府储备物资，且“固定资产”科目中只核算了按照新制度规定的固定资产内容的，可直接将“固定资产”科目余额转入新账“固定资产”科目。

需要注意的是，为了便于进行预算会计的衔接转换，“其他应收款”科目余额应当按照其性质，分为未来支出类（如暂付的职工差旅费等）、周转类（如暂付的包装物押金等）和已经确认收入类（如应收的保险公司赔款等）；未来支出类的其他应收款还应按照资金类别，分为未来在财政拨款结转、非财政拨款结转和非财政拨款结余列支的其他应收款。

（三）涉及科目归并的原账科目

原账中不存在涉及科目归并的总账科目。

（四）需要重点关注的原账科目

1.“累计折旧”科目

新制度设置了“固定资产累计折旧”、“公共基础设施累计折旧（摊销）”科目，与原账中“累计折旧——固定资产累计折旧”和“累计折旧——公共基础设施累计折旧”分别对应。单位已经计提了固定资产折旧或公共基础设施折旧的，应当将原账中“累计折旧”明细科目余额，对应转入新账的总账科目。

新制度增设了“保障性住房累计折旧”科目。单位在原账的“固定资产”科目中核算了按照新制度规定应当记入“公共基础设施”、“保障性住房”科目的内容，且已经计提了固定资产折旧并记入“累计折旧——固定资产累计折旧”科目的，转账时，应当将原账的“累计折旧——固定资产累计折旧”科目余额中属于公共基础设施累计折旧（摊销）、保障性住房累计折旧的金额，分别转入新账的“公共基础设施累计折旧（摊销）”、“保障性住房累计折旧”科目。

2.“在建工程”科目

新制度设置了“在建工程”、“工程物资”和“预付账款——预付备料款、预付工程款”科目，与原账中“在建工程”科目对应。因此，需要对原账中“在建工程”科目进行分析，将原账的“在建工程”科目余额（基建

“并账”后的金额，下同）中属于工程物资的金额，转入新账的“工程物资”科目；将原账“在建工程”科目余额中属于预付备料款、预付工程款的金额，转入新账“预付账款”相关明细科目；将原账的“在建工程”科目余额减去工程物资和预付备料款、预付工程款金额后的差额，转入新账的“在建工程”科目。

二、财务会计负债类科目衔接

（一）直接进行转换的原账科目

原账中科目余额直接转入新账相应科目的有：“应缴财政款”、“应付职工薪酬”、“应付政府补贴款”、“其他应付款”、“长期应付款”、“受托代理负债”科目。

需要注意，为了便于进行预算会计的衔接转换，“应付职工薪酬”科目余额应当按照其支付资金的类别，分为未来在财政拨款结转、非财政拨款结转和非财政拨款结余列支的应付职工薪酬。“其他应付款”科目余额应当按照其性质，分为已经确认支出类（如应付的质量保证金等）和周转类（如收取的押金等）两类；已经确认支出类的其他应付款还应按照支付资金的类别，分为未来在财政拨款结转、非财政拨款结转和非财政拨款结余列支的其他应付款。

（二）涉及科目拆分的原账科目

负债类涉及科目拆分的是“应缴税费”科目。

新制度设置了“应交增值税”和“其他应交税费”两个科目，与原账中“应缴税费”科目对应。因此，需要对原账中“应缴税费”科目进行分析，将原账的“应缴税费——应缴增值税”科目余额转入新账“应交增值税”科目中的相关明细科目；将原账的“应缴税费”科目余额减去属于应交增值税余额后的差额，转入新账的“其他应交税费”科目。

1. 为了便于进行预算会计的衔接转换，“应缴税费——应缴增值税”科目余额应当按照其支付资金的类别，分为未来在非财政拨款结转和非财政拨款结余列支的应交增值税。

2. 为了便于进行预算会计的衔接转换，“应缴税费——其他应缴税费”科目余额应当按照其支付资金的类别，分为未来在财政拨款结转、非财政拨款结转和非财政拨款结余列支的其他应交税费。

根据原账“应收账款”科目核算规定，出租资产尚未收到款项时，按照应收未收金额借记“应收账款”科目，贷记“其他应付款”科目。收回应收账款时，借记“银行存款”等科目，贷记“应收账款”科目；同时，借记“其他应付款”，按照应缴的税费，贷记“应缴税费”科目，按照扣除应缴税费后的净额，贷记“应缴财政款”科目。从上述核算规定分析得出，这部分“应缴税费”和“应缴财政款”不纳入单位预算支出，因此，在进行预算会计的衔接转换时这部分税费无需调整。

（三）涉及科目归并的原账科目

原账中不存在涉及科目归并的总账科目。

（四）需要重点关注的原账科目

负债类需要关注的是“应付账款”科目。

新制度设置了“应付账款”科目，该科目的核算内容与原账“应付账款”科目的核算内容基本相同，但是，原账“应付账款”科目中核算的应付质量保证金，改在新账的“其他应付款”科目核算。转账时，单位应当将原账的“应付账款”科目余额中属于尚未支付质量保证金的余额，转入新账的“其他应付款”科目；将原账的“应付账款”科目余额减去其中属于尚未支付质量保证金的余额后的差额，转入新账的“应付账款”科目。

需要说明的是，由于原账“应付账款”科目的核算规定是在确认时同时确认“待偿债净资产”，偿付时确认经费支出，因此，进行预算会计的衔接转换无需调整。

三、财务会计净资产类科目衔接

（一）直接进行转换的原账科目

原账中不存在直接进行转换的总账科目。

（二）涉及科目拆分的原账科目

原账中不存在涉及科目拆分的总账科目。

（三）涉及科目归并的原账科目

净资产类科目中涉及科目归并的是“财政拨款结转”、“财政拨款结余”、“其他资金结转结余”科目。

新制度设置了“累计盈余”科目，核算内容包含原账中“财政拨款结转”、“财政拨款结余”、“其他资金结转结余”科目。因此，转账时需要将上述三个原账科目余额，逐个转入“累计盈余”科目。

（四）需要重点关注的原账科目

净资产类科目中需要重点关注的是“资产基金”、“待偿债净资产”两个科目。鉴于新制度下已通过资产类相关科目实现了权责发生制，转换时原账科目不予保留，将原账“资产基金”科目贷方余额转入新账的“累计盈余”科目贷方，将原账的“待偿债净资产”科目借方余额转入新账的“累计盈余”科目借方。

四、财务会计补充未入账事项

由于 2019 年 1 月 1 日资产负债表中报表项目有金额的仅为资产类、负债类和净资产类科目，而净资产为资产减去负债的差额，因此，补充未入账事项以涉及资产漏记或负债漏记的事项为主。资产多记、少记或负债多记、少记的事项属于会计差错，按照会计差错更正进行账务处理。

1. 补充登记未入账资产

（1）在途物品。行政单位在新旧制度转换时，应当将 2018 年 12 月 31 日前未入账的在途物品按照新制度规定记入新账。登记新账时，按照确定的在途物品初始入账成本，借记“在途物品”科目，贷记“累计盈余”科目。

行政单位在原账的“其他应收款”科目中核算了已经付款、尚未收到物资的，应当进行资产重分类，无需进行补充登记。

（2）经管类资产。行政单位在新旧制度转换时，应当将 2018 年 12 月 31 日前未入账的经管类资产，如政府储备物资、公共基础设施、文物文化资产、保障性住房，按照新制度规定记入新账。登记新账时，按照确定的政府储备物资、公共基础设施、文物文化资产、保障性住房初始入账成本，分别借记“政府储备物资”、“公共基础设施”、“文物文化资产”、“保障性住房”科目，贷记“累计盈余”科目。

行政单位在原账的“固定资产”科目中核算了按照新制度规定应当记入“公共基础设施”、“保障性住房”科目内容的，应当进行资产重分类，无需进行补充登记。

（3）受托代理资产。行政单位在新旧制度转换时，应当将2018年12月31日前未入账的受托代理物资按照新制度规定记入新账。登记新账时，按照确定的受托代理物资成本，借记“受托代理资产”科目，贷记“受托代理负债”科目。

（4）盘盈资产。行政单位在新旧制度转换时，应当将2018年12月31日前未入账的盘盈资产按照新制度规定记入新账。登记新账时，作为前期会计差错更正事项，按照确定的盘盈资产及其成本，分别借记有关资产科目，按照盘盈资产成本的合计金额，贷记“累计盈余”科目。

2. 补充登记未确认负债

行政单位在新旧制度转换时，应当将2018年12月31日按照新制度规定确认的预计负债记入新账。登记新账时，按照确定的预计负债金额，借记“累计盈余”科目，贷记“预计负债”科目。

3. 行政单位存在2018年12月31日前未入账的其他事项的，应当比照上述规定登记新账的相应科目。

五、财务会计科目调整事项

与事业单位相比，行政单位财务会计科目调整事项有两项。

（一）补提折旧

（1）行政单位在原账中尚未计提固定资产折旧、公共基础设施折旧（摊销）的，应当全面核查截至2018年12月31日固定资产、公共基础设施的预计使用年限、已使用年限、尚可使用年限等，并按照新制度规定于2019年1月1日对尚未计提折旧的固定资产、公共基础设施补提折旧，按照应计提的折旧金额，借记“累计盈余”科目，贷记“固定资产累计折旧”、“公共基础设施累计折旧（摊销）”科目。

（2）行政单位在原账的“固定资产”科目中核算了按照新制度规定应当记入“公共基础设施”、“保障性住房”科目内容的，应当比照第（1）项规定补提公共基础设施折旧（摊销）、保障性住房折旧，按照应计提的折旧（摊销）金额，借记“累计盈余”科目，贷记“公共基础设施累计折旧（摊销）”、“保障性住房累计折旧”科目。

（3）行政单位对于登记新账时首次确认的公共基础设施、保障性住房，应当于 2019 年 1 月 1 日以后，按照其在登记新账时确定的成本和尚可使用年限计提折旧（摊销），折旧（摊销）的金额不作为新旧衔接内容，在 2019 年 1 月 1 日资产负债表中反映。

（二）补提摊销

行政单位在原账中尚未计提无形资产摊销的，应当全面核查截至 2018 年 12 月 31 日无形资产的预计使用年限、已使用年限、尚可使用年限等，并按照新制度规定于 2019 年 1 月 1 日对尚未摊销的无形资产补提摊销，按照应计提的摊销金额，借记“累计盈余”科目，贷记“无形资产累计摊销”科目。

六、预算会计预算结余类科目衔接

2019 年 1 月 1 日，新账预算会计仅预算结余类科目有年初余额。在衔接时应逐一确定预算结余类科目数额。确定时，除考虑原账中净资产科目年末余额外，还应根据原账与新账由于会计核算方法变化，造成原账中净资产虚增或虚减的事项所涉及的金额，对预算结余类科目年初余额进行调整。净资产虚增事项包括收入多记或支出少记，净资产虚减事项包括收入少记或支出多记，前者应调减预算结余类科目余额，后者应调增预算结余类科目余额。一般地，行政单位仅涉及净资产虚增事项。

（一）“财政拨款结转”科目及对应的“资金结存”科目余额

新制度设置了“财政拨款结转”科目及对应的“资金结存”科目。在新旧制度转换时，行政单位按照新制度规定将原账其他应收款中的暂付款项计入预算支出的，应当对原账的“财政拨款结转”科目余额进行逐项分析，按照减去已经支付财政资金尚未计入预算支出（如其他应收款中的暂付款项等）的金额的差额，登记新账的“财政拨款结转”科目及其明细科目贷方。计算公式如表 13－1 所示：

表 13－1 中：

（1）“原未列支，未减净资产，已付资金，虚增预算结余”是指业务发生时，按原制度要求借记往来类资产科目，同时贷记银行存款等科目，这些资金已实际支付，但未反映为各类支出，使得在年末支出结转时无法冲减其他

表 13-1

调整方向	内　　容	调整原因
	原账的“财政拨款结转”科目余额	
减：	其他应收款（财政资金暂付部分）	原未列支，未减净资产，已付资金，虚增预算结余
加：	其他应付款（财政资金已付部分）	原已列支，减少净资产，未付资金，虚减预算结余
等于：	新账的“财政拨款结转”科目余额	

结余；由于资金已经支付，新制度执行后没有现金流出，按新制度要求无法列入预算支出并于年末冲减预算结余，使得同一业务从未减少单位预算结余，因此，需要在制度转换时予以减去。

（2）“原已列支，减少净资产，未付资金，虚减预算结余”是指业务发生时，按原制度要求借记各类支出，同时贷记往来类负债科目，各类支出在年末结转时冲减了其他结余；但由于资金尚未支付，新制度执行后一旦发生资金支付，按新制度要求须列入预算支出并于年末冲减预算结余，使得同一业务两次减少了单位预算结余，因此，需要在制度转换时予以转回。

需要说明的是，周转类的其他应收款，在收回时直接减少其他应收款，不确认预算收入；周转类的其他应付款，在收回时直接减少其他应付款，不确认预算支出；未来收入类的其他应付款，在核销时直接确认未来期间的财政拨款，不作为当期预算收入。因此，上述三项在预算会计衔接转换时，不需要进行调整。

（二）“财政拨款结余”科目及对应的“资金结存”科目余额

新制度设置了“财政拨款结余”科目及对应的“资金结存”科目。在新旧制度转换时，行政单位按照原账的“财政拨款结余”科目余额，登记新账的“财政拨款结余”科目及其明细科目贷方。

需要说明的是，由于涉及预付账款的部分，按现行财政拨款结转、财政拨款结余分类，是归属于财政拨款结转反映的，因此，原账财政拨款结余科目余额可以直接转为新账相应科目。即：原账的“财政拨款结余”科目余额=新账的“财政拨款结余”科目余额。

（三）“非财政拨款结转”科目及对应的“资金结存”科目余额

新制度设置了“非财政拨款结转”科目及对应的“资金结存”科目。在新旧制度转换时，行政单位按照新制度规定将原账其他应收款中的暂付款项计入预算支出的，应当对原账的“其他资金结转结余——项目结转”科目余额进行逐项分析，按照减去已经支付非财政拨款专项资金尚未计入预算支出（如其他应收款中的暂付款项等）的金额后的差额，登记新账的“非财政拨款结转”科目及其明细科目贷方；同时，按照相同的金额登记新账的“资金结存——货币资金”科目借方。计算公式如表13－2所示：

表13－2

调整方向	内　　容	调整原因
	原账的“非财政拨款结转”科目余额	
减：	其他应收款（非财政专项资金暂付部分）	原未列支，未减净资产，已付资金，虚增预算结余
加：	其他应付款（非财政专项资金已付部分）	原已列支，减少净资产，未付资金，虚减预算结余
等于：	新账的“非财政拨款结转”科目余额	

表13－2中：

（1）“原未列支，未减净资产，已付资金，虚增预算结余”是指业务发生时，按原制度要求借记往来类资产科目，同时贷记银行存款等科目，这些资金已实际支付，但未反映为各类支出，使得在年末支出结转时无法冲减其他结余；由于资金已经支付，新制度执行后没有现金流动，按新制度要求无法列入预算支出并于年末冲减预算结余，使得同一业务从未减少单位预算结余，因此，需要在制度转换时予以调减。

（2）“原已列支，减少净资产，未付资金，虚减预算结余”是指业务发生时，按原制度要求借记各类支出，同时贷记往来类负债科目，各类支出在年末结转时冲减了其他结余；但由于资金尚未支付，新制度执行后一旦发生资金支付，按新制度要求须列入预算支出并于年末冲减预算结余，使得同一业务两次减少了单位预算结余，因此，需要在制度转换时予以调增。

需要说明的是，周转类的其他应收款，在收回时直接减少其他应收款，不确认预算收入；周转类的其他应付款，在收回时直接减少其他应付款，不确认预算支出。因此，上述两项在预算会计衔接转换时，不需要进行调整。

（四）“非财政拨款结余”科目及对应的“资金结存”科目余额

新制度设置了“非财政拨款结余”科目及对应的“资金结存”科目。在新旧制度转换时，行政单位按照新制度规定将原账其他应收款中的暂付款项计入预算支出的，应当对原账的“其他资金结转结余——非项目结余”科目余额进行逐项分析，按照减去已经支付非财政拨款非专项资金尚未计入预算支出（如其他应收款中的暂付款项等）的金额后的差额，登记新账的“非财政拨款结余”科目及其明细科目贷方；同时，按照相同的金额登记新账的“资金结存——货币资金”科目借方。计算公式如表 13－3 所示：

表 13－3

调整方向	内　　容	调整原因
	原账的“非财政拨款结余”科目余额	
减：	其他应收款（非财政补助非专项补助资金暂付部分）	原未列支，未减净资产，已付资金，虚增预算结余
加：	其他应付款（非财政补助非专项补助资金已付部分）	原已列支，减少净资产，未付资金，虚减预算结余
等于：	新账的“非财政拨款结余”科目余额	

表 13－3 中：

（1）“原未列支，未减净资产，已付资金，虚增预算结余”是指业务发生时，按原制度要求借记往来类资产科目，同时贷记银行存款等科目，这些资金已实际支付，但未反映为各类支出，使得在年末支出结转时无法冲减事业基金；由于资金已经支付，新制度执行后没有现金流动，按新制度要求无法列入预算支出并于年末冲减预算结余，使得同一业务从未减少单位预算结余，因此，需要在制度转换时予以调减。

（2）“原已列支，减少净资产，未付资金，虚减预算结余”是指业务发生时，按原制度要求借记各类支出，同时贷记往来类负债科目，各类支出在年末结转时冲减了非财政补助专项资金；但由于资金尚未支付，新制度执行后一旦发生资金支付，按新制度要求须列入预算支出并于年末冲减预算结余，使得同一业务两次减少了单位预算结余，因此，需要在制度转换时予以调增。

需要说明的是，周转类的其他应收款，在收回时直接减少其他应收款，不确认预算收入；周转类的其他应付款，在收回时直接减少其他应付款，不确认预算支出。因此，上述两项在预算会计衔接转换时，不需要进行调整。

（五）“专用结余”科目及对应的“资金结存”科目余额

行政单位不涉及“专用结余”科目。

（六）“资金结存”科目

行政单位应当按照原账的“财政应返还额度”科目余额登记新账的“资金结存——财政应返还额度”科目借方；按照新账的“财政拨款结转”和“财政拨款结余”科目贷方余额合计数，减去新账的“资金结存——财政应返还额度”科目借方余额后的差额，登记新账的“资金结存——货币资金”科目的借方。新账的“非财政拨款结转”和“非财政拨款结余”科目的贷方余额，登记新账的“资金结存——货币资金”科目的借方。

（七）行政单位存在2018年12月31日前需要按照新制度预算会计核算基础调整预算会计科目期初余额的其他事项的，应当比照上述规定调整新账的相应预算会计科目期初余额。

七、举例

【例13－1】资料：A行政单位根据财政部《关于印发〈政府会计制度——行政事业单位会计科目和报表〉与〈行政单位会计制度〉〈事业单位会计制度〉有关衔接问题处理规定的通知》的规定，进行新旧制度转换。有关资料如下：

（1）2018年12月31日，A单位原账科目余额及部分明细见表13－4。

表13－4 **科目余额表**

2018年12月31日 金额单位：万元

科目名称	借方余额	科目名称	贷方余额
资产类		负债类	
库存现金	30	应缴国库款	1 000
银行存款	11 470	应缴税费	50
财政应返还额度——授权支付	39 430	——非增值税	50
应收账款	1 000	应付职工薪酬	600
预付账款	610	应付账款	1 420
——财政拨款支付	500	——应付质量保证金（财政拨款待付）	420
——非财政专项支付	110	——应付质量保证金（非财政专项待付）	1 000

续表

科目名称	借方余额	科目名称	贷方余额
其他应收款	1 300	应付政府补贴款	200
——支出类（财政拨款支付）	900	其他应付款	3 140
——支出类（非财政专项支付）	350	——周转类（保证金）	1 000
——周转类（押金）	50	——待转类（未纳入行政单位预算管理的转拨资金）	2 140
存货*	4 000	负债合计	6 410
固定资产	70 000	净资产类	
在建工程	31 320	财政拨款结转	39 080
——预付款类（财政资金支付）	10 000	财政拨款结余	600
——其他类	21 320	资产基金	110 930
无形资产***	5 000	——预付账款	610
		——存货	4 000
		——固定资产	70 000
		——在建工程	31 320
		——无形资产	5 000
		待偿债净资产	-1 420
		其他资金结转结余	8 560
		——项目结转	8 000
		——非项目结余	560
		净资产合计	157 750
资产合计	164 160	负债与净资产合计	164 160

* 全部为库存物品。

（2）经盘点，发现2018年12月31日前未入账的政府储备物资一批，价值1 000万元。

（3）经盘点，发现2017年12月31日及以前未入账的办公桌椅5套，根据同期购入办公桌椅的记录价值1万元。

（4）A单位在原账中尚未计提固定资产折旧。根据截至2018年12月31日固定资产的预计使用年限、已使用年限、尚可使用年限等，计算出该单位应计提的折旧为21 000万元。

（5）A单位在原账中尚未计提无形资产摊销。根据截至2018年12月31日无形资产的预计使用年限、已使用年限、尚可使用年限等，计算出该单位应补提的摊销金额为3 000万元。

请根据上述资料，编制A单位新旧会计制度转换所需会计分录和2019年1月1日新账科目余额表。

（1）进行财务会计类科目转换。

①资产类科目转换。

借：库存现金　300 000
　　银行存款　114 700 000
　　财政应返还额度　394 300 000
　　应收账款　10 000 000
　　预付账款　106 100 000（6 100 000 + 100 000 000）
　　其他应收款　13 000 000
　　库存物品　40 000 000
　　固定资产　700 000 000
　　在建工程　213 200 000（313 200 000 - 100 000 000）
　　无形资产　50 000 000
　　贷：库存现金　300 000
　　　　银行存款　114 700 000
　　　　财政应返还额度　394 300 000
　　　　应收账款　10 000 000
　　　　预付账款　6 100 000
　　　　其他应收款　13 000 000
　　　　存货　40 000 000
　　　　固定资产　700 000 000
　　　　在建工程　313 200 000
　　　　无形资产　50 000 000

②负债类科目转换。

借：应缴国库款　10 000 000
　　其他应交税费　500 000
　　应付职工薪酬　6 000 000
　　应付政府补贴款　2 000 000
　　其他应付款
　　　45 600 000（31 400 000 + 4 200 000 + 10 000 000）

贷：应缴国库款　10 000 000
　　应缴税费　500 000
　　应付职工薪酬　6 000 000
　　应付账款　14 200 000
　　应付政府补贴款　2 000 000
　　其他应付款　31 400 000

③净资产类科目转换。

借：财政拨款结转　390 800 000
　　财政拨款结余　6 000 000
　　资金基金　1 109 300 000
　　其他资金结转结余　85 600 000
　　累计盈余　14 200 000
　　贷：累计盈余　1 591 700 000
　　　　待偿债净资产　14 200 000

④补充未入账事项。

借：政府储备物资　10 000 000
　　贷：累计盈余　10 000 000
借：固定资产　10 000
　　贷：累计盈余　10 000

⑤财务会计科目调整事项。

借：累计盈余　210 000 000
　　贷：固定资产累计折旧　210 000 000
借：累计盈余　30 000 000
　　贷：无形资产累计摊销　30 000 000

⑥2019 年 1 月 1 日 A 单位财务会计科目余额表，如表 13 – 5 所示。

表 13 – 5　　财务会计科目余额表

2019 年 1 月 1 日　　金额单位：万元

科目名称	借方余额	科目名称	贷方余额
资产类		负债类	
库存现金	30	应缴国库款	1 000
银行存款	11 470	其他应交税费	50
财政应返还额度	39 430	应付职工薪酬	600

续表

科目名称	借方余额	科目名称	贷方余额
应收账款	1 000	应付账款	0
预付账款	10 610	应付政府补贴款	200
其他应收款	1 300	其他应付款	4 560
库存物品	4 000	负债合计	6 410
固定资产	70 001		
固定资产累计折旧	-21 000		
政府储备物资	1 000		
在建工程	21 320	净资产类	
无形资产	5 000	累计盈余	134 751
无形资产累计摊销	-3 000	净资产合计	134 751
资产合计	141 161	负债与净资产合计	141 161

（2）进行预算会计类科目转换。

①“财政拨款结转”科目及对应的“资金结存”科目余额。

原账的“财政拨款结转”科目余额 39 080 万元 - “其他应收款”（财政资金预付部分）900 万元 + “应缴税费”科目余额 50 万元 + “应付职工薪酬”科目余额 600 万元 = 新账的“财政拨款结转”科目余额 38 830 万元。

借：资金结存——财政应返还额度（授权支付）　　388 300 000

　　贷：财政拨款结转　　388 300 000

②“财政拨款结余”科目及对应的“资金结存”科目余额。

原账的“财政拨款结转”科目余额 600 万元 = 新账的“财政拨款结余”科目余额 600 万元。

借：资金结存——财政应返还额度（授权支付）　　6 000 000

　　贷：财政拨款结余　　6 000 000

③“非财政拨款结转”科目及对应的“资金结存”科目余额。

原账的“其他结转结余”科目余额中专项拨付 8 000 万元 - “其他应收款”（非财政资金专项部分）350 万元 = 新账的“非财政拨款结转”科目余额 7 650 万元。

借：资金结存——货币资金　　76 500 000

　　贷：非财政拨款结转　　76 500 000

④“非财政拨款结余”科目及对应的“资金结存”科目余额。

原账的“其他结转结余”科目余额中专项拨付 560 万元 - “其他应收款”

（非财政资金专项部分）0 = 新账的“非财政拨款结余”科目余额 560 万元。

⑤“资金结存”科目核对。

原账中“财政应返还额度——授权支付”科目余额 39 430 万元 = 新账中“资金结存——财政应返还额度（授权支付）”科目余额 39 430 万元。

原账中“库存现金”科目余额 30 万元 + “银行存款”科目余额 11 470 万元 - “应付政府补贴款”科目余额 200 万元 - “其他应付款”科目余额中待转类 2 140 万元 - “其他应付款”科目余额中周转类 1 000 万元 + “其他应收款”科目余额中周转类 50 万元 = 新账中“资金结存——货币资金”科目余额 8 210 万元。

说明：应付政府补贴款、其他应付款中未纳入行政单位预算管理的转拨资金和其他应付款中收取的押金、保证金等周转类，虽然银行存款已增加，但因不纳入预算管理，因此，需要自银行存款中减去。其他应收款中支付的押金、保证金等周转类虽然银行存款已减少，但因不纳入预算管理，因此，需要自银行存款中加回。

⑥2019 年 1 月 1 日 A 单位预算会计科目余额表，如表 13 - 6 所示。

表 13 - 6　　预算会计科目余额表

2019 年 1 月 1 日　　金额单位：万元

科目名称	借方余额	科目名称	贷方余额
资金结存		财政拨款结转	38 830
——货币资金	8 210	财政拨款结余	600
——财政应返还额度	39 430	非财政拨款结转	7 650
		非财政拨款结余	560
合计	47 640	合计	47 640

第三节　新制度与《事业单位会计制度》的衔接及举例

由于财务会计收入类、费用类科目以及预算会计预算收入类、预算支出类科目年末结转后余额为零，因此，不涉及新旧制度衔接问题，单位无需进行转账处理。自 2019 年 1 月 1 日起，事业单位应当按照新制度设置收入类、费用类、预算收入类、预算支出类科目并进行账务处理。

衔接规定未列举的原账科目如果存在余额，单位应当比照衔接规定列举的相应科目进行衔接转换。新账的科目设有明细科目的，应将原账中对应科目的余额加以分析，分别转入新账中相应科目的相关明细科目。

一、财务会计资产类科目衔接

（一）直接进行转换的原账科目

原账中科目余额直接转入新账相应科目的有：“库存现金”、“零余额账户用款额度”、“财政应返还额度”、“短期投资”、“应收票据”、“应收账款”、“预付账款”、“其他应收款”、“无形资产”、“累计摊销”科目。

需要注意以下几点：

（1）原账的“库存现金”科目余额中属于新制度规定受托代理资产的金额，转入新账“库存现金”科目下的“受托代理资产”明细科目。

（2）新制度设置了“无形资产累计摊销”科目，该科目的核算内容与原账“累计摊销”科目的核算内容基本相同，只是科目名称发生了变化。因此，可直接进行转换。

（3）为了便于进行预算会计的衔接转换，“应收票据”和“应收账款”科目余额应当按照确认收入的资金类别，分为计入非财政拨款结转和非财政拨款结余的应收票据、应收账款。

（4）为了便于预算会计的衔接转换，“预付账款”科目余额应当按照支付资金的类别，分为在财政拨款结转、非财政拨款结转和非财政拨款结余列支的预付账款。

（二）涉及科目拆分的原账科目

1.“银行存款”科目

新制度设置了“银行存款”和“其他货币资金”两个科目，与原账中“银行存款”科目对应。因此，需要对原账中“银行存款”科目进行分析，将原账中核算的属于新制度规定的其他货币资金的金额，转入新账的“其他货币资金”科目；将原账“银行存款”科目余额减去其中属于其他货币资金金额后的差额，转入新账的“银行存款”科目。其中，还应当将原账“银行存款”科目余额中属于新制度规定受托代理资产的金额，转入新账“银行存款”科目下的“受托代理资产”明细科目。

2. “其他应收款”科目

新制度设置了“在途物品”科目，如果原账在“其他应收款”科目中核算的已经付款且收到相关发票、但尚未收到物资的，应当将相应金额转入新账的“在途物品”科目；将原账“其他应收款”科目余额减去其中属于在途物品金额后的差额，转入新账的“其他应收款”科目。

3. “存货”科目

新制度设置了“在途物品”、“库存物品”和“加工物品”三个科目，与原账中的“存货”科目对应。因此，需要对原账中的“存货”科目进行分析，将原账的“存货——委托加工存货成本”科目余额转入新账的“加工物品”科目；将原账的“存货”科目余额减去属于委托加工存货成本余额后的差额，转入新账的“库存物品”科目。

事业单位在原账的“存货”科目中核算了按照新制度规定的工程物资、政府储备物资、受托代理物资的，应当将原账的“存货”科目余额中相关部分的金额，转入新账的“工程物资”、“政府储备物资”、“受托代理资产”科目。

4. “长期投资”科目

新制度设置了“长期股权投资”和“长期债券投资”科目，与原账中的“长期投资”科目对应。因此，需要对原账中的“长期投资”科目进行分析，将原账的“长期投资”科目余额中属于股权投资的金额，转入新账的“长期股权投资”科目；将原账的“长期投资”科目余额中属于债券投资的金额，转入新账的“长期债券投资”科目。

5. “固定资产”科目

新制度设置了“固定资产”、“公共基础设施”、“政府储备物资”、“文物文化资产”、“保障性住房”五个科目，与原账中“固定资产”科目对应。因此，需要对原账中“固定资产”科目进行分析，根据资产内容将相应资产的账面余额，分别转入新账的“固定资产”、“公共基础设施”、“政府储备物资”、“文物文化资产”和“保障性住房”科目。如果单位在原账“固定资产”科目中只核算了按照新制度规定的固定资产内容的，可直接将科目余额转入新账“固定资产”科目。

6. 注意事项

(1) 为了便于进行预算会计的衔接转换，“其他应收款”科目余额应当按照其性质，分为未来支出类（如暂付的职工差旅费等）、周转类（如暂付的包装物押金等）和已经确认收入类（如应收的保险公司赔款等）；未来支出类的其他应收款还应按照资金类别，分为未来在财政拨款结转、非财政拨款结转、非财政拨款结余和专用结余列支的其他应收款。

（2）为了便于进行预算会计的衔接转换，“存货”类科目余额应当按照其支付资金的类别，分为未来在财政拨款结转、非财政拨款结转、非财政拨款结余和专用结余列支。

（三）涉及科目归并的原账科目

原账中不存在涉及科目归并的总账科目。

（四）需要重点关注的原账科目

1. “累计折旧”科目

新制度设置了“固定资产累计折旧”、“公共基础设施累计折旧（摊销）”科目，与原账中“累计折旧——固定资产累计折旧”和“累计折旧——公共基础设施累计折旧”分别对应。单位已经计提了固定资产折旧或公共基础设施折旧的，应当将原账中“累计折旧”明细科目余额，对应转入新账的总账科目。

新制度增设了“保障性住房累计折旧”科目。单位在原账的“固定资产”科目中核算了按照新制度规定应当记入“公共基础设施”、“保障性住房”科目的内容，且已经计提了固定资产折旧并记入“累计折旧——固定资产累计折旧”科目的，转账时，应当将原账的“累计折旧——固定资产累计折旧”科目余额中属于公共基础设施累计折旧（摊销）、保障性住房累计折旧的金额，分别转入新账的“公共基础设施累计折旧（摊销）”、“保障性住房累计折旧”科目。

2. “在建工程”科目

新制度设置了“在建工程”、“工程物资”和“预付账款——预付备料款、预付工程款”科目，与原账中“在建工程”科目对应。因此，需要对原账中“在建工程”科目进行分析，将原账的“在建工程”科目余额（基建“并账”后的金额，下同）中属于工程物资的金额，转入新账的“工程物资”科目；将原账“在建工程”科目余额中属于预付备料款、预付工程款的金额，转入新账“预付账款”相关明细科目；将原账的“在建工程”科目余额减去工程物资和预付备料款、预付工程款金额后的差额，转入新账的“在建工程”

科目。

二、财务会计负债类科目衔接

（一）直接进行转换的原账科目

原账中科目余额直接转入新账相应科目的有“短期借款”、“应付职工薪酬”、“应付票据”、“应付账款”、“预收账款”、“长期借款”和“长期应付款”科目。

需要注意以下几点：

（1）为了便于进行预算会计的衔接转换，“应付职工薪酬”科目余额应当按照其支付资金的类别，分为未来在财政拨款结转、非财政拨款结转和非财政拨款结余列支的应付职工薪酬。

（2）为了便于进行预算会计的衔接转换，“应付票据”和“应付账款”科目余额应当按照确认支出的资金类别，分为在财政拨款结转、非财政拨款结转和非财政拨款结余列支的应付票据、应付账款。

（3）为了便于进行预算会计的衔接转换，“预收账款”科目余额应当按照未来确认收入的资金类别，分为计入非财政拨款结转和非财政拨款结余的预收账款。

（二）涉及科目拆分的原账科目

负债类涉及科目拆分的是“应缴税费”科目。

新制度设置了“应交增值税”和“其他应交税费”两个科目，与原账中“应缴税费”科目对应。因此，需要对原账中的“应缴税费”科目进行分析，将原账的“应缴税费——应缴增值税”科目余额转入新账“应交增值税”科目中的相关明细科目；将原账的“应缴税费”科目余额减去属于应交增值税余额后的差额，转入新账的“其他应交税费”科目。

需要注意以下几点：

（1）为了便于进行预算会计的衔接转换，“应缴税费——应缴增值税”科目余额应当按照其支付资金的类别，分为未来在非财政拨款结转和非财政拨款结余列支的应交增值税。

（2）为了便于进行预算会计的衔接转换，“应缴税费——其他应缴税费”科目余额应当按照其支付资金的类别，分为未来在财政拨款结转、非财政拨款结转和非财政拨款结余列支的其他应交税费。

（三）涉及科目归并的原账科目

负债类涉及科目归并的是“应缴国库款”、“应缴财政专户款”科目。

新制度设置了“应缴财政款”科目，原制度设置了“应缴国库款”、“应缴财政专户款”科目。转账时，事业单位应当将原账的“应缴国库款”、“应缴财政专户款”科目余额，转入新账的“应缴财政款”科目。

（四）需要重点关注的原账科目

负债类需要重点关注的是“其他应付款”科目。

事业单位在原账的“其他应付款”科目中核算了属于新制度规定的受托代理负债的，应当对该科目内容进行梳理，将原账的“其他应付款”科目余额中属于受托代理负债的余额，转入新账的“受托代理负债”科目。

需要注意的是，为了便于进行预算会计的衔接转换，“其他应付款”科目余额应当按照其性质，分为已经确认支出类（如应付的质量保证金等）和周转类（如收取的押金等）两类；已经确认支出类的其他应付款还应按照支付资金的类别，分为未来在财政拨款结转、非财政拨款结转和非财政拨款结余列支的其他应付款。

三、财务会计净资产类科目衔接

（一）直接进行转换的原账科目

原账中科目余额直接转入新账相应科目的是“专用基金”科目。

（二）涉及科目拆分的原账科目

原账中不存在涉及科目拆分的总账科目。

（三）涉及科目归并的原账科目

净资产类科目中涉及科目归并的是“事业基金”、“非流动资产基金”、“财政拨款结转”、“财政拨款结余”、“其他资金结转结余”科目。

新制度设置了“累计盈余”科目，核算内容包含原账中“事业基金”、“财政拨款结转”、“财政拨款结余”、“其他资金结转结余”科目。因此，转账时需要将上述原账科目余额，逐个转入“累计盈余”科目。依据新制度，无需对原制度中“非流动资产基金”科目对应内容进行核算，因此，直接将原账“非流动资产基金”科目余额转入新账“累计盈余”科目。

（四）需要重点关注的原账科目

净资产类科目中需要重点关注的是“经营结余”科目。新制度设置了“本期盈余”科目，该科目的核算内容包含了原账“经营结余”科目的核算内容。新制度规定“本期盈余”科目余额最终转入“累计盈余”科目，如果原账的“经营结余”科目有借方余额，转账时，单位应当将原账的“经营结余”科目借方余额，转入新账的“累计盈余”科目借方。

四、财务会计补充未入账事项

由于2019年1月1日资产负债表中报表项目有金额的仅为资产类、负债类和净资产类科目，而净资产为资产减去负债的差额，因此，补充未入账事项以涉及资产漏记或负债漏记的事项为主。资产多记、少记或负债多记、少记的事项属于会计差错，按照会计差错更正进行账务处理。

1. 补充登记未入账资产

（1）应收账款、应收股利、在途物品。事业单位在新旧制度转换时，应当将2018年12月31日前未入账的应收账款、应收股利、在途物品按照新制度规定记入新账。登记新账时，按照确定的入账金额，分别借记“应收账款”、“应收股利”、“在途物品”科目，贷记“累计盈余”科目。

事业单位在原账的“其他应收款”科目中核算了已经付款、尚未收到物资的，应当进行资产重分类，无需进行补充登记。

（2）经管类资产。事业单位在新旧制度转换时，应当将2018年12月31日前未入账的经管类资产，如政府储备物资、公共基础设施、文物文化资产、保障性住房，按照新制度规定记入新账。登记新账时，按照确定的政府储备物资、公共基础设施、文物文化资产、保障性住房初始入账成本，分别借记“政府储备物资”、“公共基础设施”、“文物文化资产”、“保障性住房”科目，贷记“累计盈余”科目。

事业单位在原账的“固定资产”科目中核算了按照新制度规定应当记入“公共基础设施”、“保障性住房”科目内容的，应当进行资产重分类，无需进行补充登记。

（3）受托代理资产。事业单位在新旧制度转换时，应当将 2018 年 12 月 31 日前未入账的受托代理物资按照新制度规定记入新账。登记新账时，按照确定的受托代理物资成本，借记“受托代理资产”科目，贷记“受托代理负债”科目。

（4）盘盈资产。事业单位在新旧制度转换时，应当将 2018 年 12 月 31 日前未入账的盘盈资产按照新制度规定记入新账。登记新账时，作为前期会计差错更正事项，按照确定的盘盈资产及其成本，分别借记有关资产科目，按照盘盈资产成本的合计金额，贷记“累计盈余”科目。

2. 补充登记未确认负债

（1）预计负债。事业单位在新旧制度转换时，应当将 2018 年 12 月 31 日按照新制度规定确认的预计负债记入新账。登记新账时，按照确定的预计负债金额，借记“累计盈余”科目，贷记“预计负债”科目。

（2）应付质量保证金。事业单位在新旧制度转换时，应当将 2018 年 12 月 31 日前未入账的应付质量保证金按照新制度规定记入新账。登记新账时，按照确定未入账的应付质量保证金金额，借记“累计盈余”科目，贷记“其他应付款”科目［扣留期在 1 年以内（含 1 年）］、“长期应付款”科目（扣留期超过 1 年）。

3. 事业单位存在 2018 年 12 月 31 日前未入账的其他事项的，应当比照上述规定登记新账的相应科目。

五、财务会计科目调整事项

与行政单位相比，事业单位按权责发生制原则需进行财务会计科目调整的事项为 6 项，增加计提坏账准备、权益法调整、计提应收应付利息等 4 项内容。

（一）计提坏账准备

新制度要求对事业单位收回后无需上缴财政的应收账款和其他应收款提取坏账准备。在新旧制度转换时，单位应当按照 2018 年 12 月 31 日无需上缴财政的应收账款和其他应收款的余额计算应计提的坏账准备金额，借记“累计盈余”科目，贷记“坏账准备”科目。

新制度要求事业单位于每年年末，对收回后不需上缴财政的应收账款和其他应收款进行全面检查，分析其可收回性，对预计可能产生的坏账损失计提坏账准备、确认坏账损失。也就是说，不存在坏账损失可能的，无需计提坏账准备。

（二）按照权益法调整长期股权投资账面余额

对按照新制度规定应当采用权益法核算的长期股权投资，在新旧制度转换时，事业单位应当在“长期股权投资”科目下设置“新旧制度转换调整”明细科目，依据被投资单位 2018 年 12 月 31 日财务报表的所有者权益账面余额，以及事业单位持有被投资单位的股权比例，计算应享有或应分担的被投资单位所有者权益的份额，调整长期股权投资的账面余额，借记或贷记“长期股权投资——新旧制度转换调整”科目，贷记或借记“累计盈余”科目。

在事业单位上报财务报表之后，如事业单位取得被投资单位经审计的财务报告，则事业单位据此进行的账务处理作为转换时年初数的调整因素，按照需调整的数额借记或贷记“长期股权投资——新旧制度转换调整”科目，贷记或借记“累计盈余”科目。

（三）确认长期债券投资期末应收利息

事业单位应当按照新制度规定于 2019 年 1 月 1 日补记长期债券投资应收利息，按照长期债券投资的应收利息金额，借记“长期债券投资”科目（到期一次还本付息）或“应收利息”科目（分期付息、到期还本），贷记“累计盈余”科目。

（四）补提折旧

事业单位在原账中尚未计提固定资产折旧、公共基础设施折旧（摊销）的，应当全面核查截至 2018 年 12 月 31 日固定资产、公共基础设施的预计使用年限、已使用年限、尚可使用年限等，并按照新制度规定于 2019 年 1 月 1 日对尚未计提折旧的固定资产、公共基础设施补提折旧，按照应计提的折旧金额，借记“累计盈余”科目，贷记“固定资产累计折旧”、“公共基础设施累计折旧（摊销）”科目。

事业单位在原账的“固定资产”科目中核算了按照新制度规定应当记入“公共基础设施”、“保障性住房”科目内容的，应当比照第 1 项规定补提公共基础设施折旧（摊销）、保障性住房折旧，按照应计提的折旧（摊销）金额，借记“累计盈余”科目，贷记“公共基础设施累计折旧（摊销）”、“保障性住房累计折旧”科目。

（五）补提摊销

事业单位在原账中尚未计提无形资产摊销的，应当全面核查截至2018年12月31日无形资产的预计使用年限、已使用年限、尚可使用年限等，并按照新制度规定于2019年1月1日对尚未摊销的无形资产补提摊销，按照应计提的摊销金额，借记“累计盈余”科目，贷记“无形资产累计摊销”科目。

（六）确认长期借款期末应付利息

事业单位应当按照新制度规定，于2019年1月1日补记长期借款的应付利息金额，对其中资本化的部分，借记“在建工程”科目，对其中费用化的部分，借记“累计盈余”科目，按照全部长期借款应付利息金额，贷记“长期借款”科目（到期一次还本付息）或“应付利息”科目（分期付息、到期还本）。

六、预算会计预算结余类科目衔接

2019年1月1日，新账预算会计仅预算结余类科目有年初余额。在衔接时应逐一确定预算结余类科目数额。衔接转换时，应当以原账中净资产相关科目年末余额为基础，并根据原账净资产与新账预算结余口径不一致的事项所涉及的金额，对新账预算结余类科目年初余额进行调整。

原账相关净资产与新账预算结余口径不一致的事项主要包括：

（1）原账确认收入，增加了净资产，但尚未收到资金，不应计入预算结余，以原账相关净资产为基础确定新账预算结余，导致预算结余虚增。因此，对于这类事项，在衔接转换时，应当以原账相关净资产科目余额为基础，调减这类事项涉及的金额，确定新账预算结余年初数。这类事项主要包括：应收票据、应收账款、其他应收款中的应收赔款等。

（2）原账未确认支出，未减少净资产，但已经支付资金，应减少预算结余，以原账相关净资产为基础确定新账预算结余，导致预算结余虚增。因此，对于这类事项，在衔接转换时，应当以原账相关净资产科目余额为基础，调减这类事项涉及的金额，确定新账预算结余年初数。这类事项主要包括：短期投资、预付账款、其他应收款中的暂付款、存货等。

（3）原账未确认收入，未增加净资产，但已经收到资金，应计入预算结余，以原账相关净资产为基础确定新账预算结余，导致预算结余虚减。因此，对于这类事项，在衔接转换时，应当以原账相关净资产科目余额为基础，调增这类事项涉及的金额，确定新账预算结余年初数。这类事项主要包括：短期借款、预收账款、长期借款等。

（4）原账确认支出，减少了净资产，但尚未支付资金，不应减少预算结余，以原账相关净资产为基础确定新账预算结余，导致预算结余虚减。因此，对于这类事项，在衔接转换时，应当以原账相关净资产科目余额为基础，调增这类事项涉及的金额，确定新账预算结余年初数。这类事项主要包括：应付职工薪酬（贷方余额）、应付账款、其他应交税费、其他应付款的质量保证金等。

（5）应交增值税。原制度规定，增值税属于价外税，不计入收入和支出；但新制度规定，收取的增值税销项税额计入预算收入，支付的增值税进项税额和交纳的增值税计入预算支出，以原账相关净资产为基础确定新账预算结余，导致预算结余少计。为了保持新账应交增值税的年初余额和本年发生额的会计处理一贯性，应当在原账相关净资产科目余额的基础上，调增应交增值税（贷方余额），确定预算结余。如果应交增值税科目年末为借方余额，则在确定预算结余时应当调减。

需要说明的是：

（1）周转类其他应收款（如暂付的押金等）和周转类其他应付款（如暂收的押金等），由于在未来收回或支付现金时，不计入预算收支，因此，衔接转换时，不需要进行调整。

（2）存货年末余额中，有些已经付款，按照新制度规定应当确认预算支出，可以按照前述方法进行调整；有些尚未付款，对应的是应付票据和应付账款，但是尚未付款的存货可能已经领用，计入相关支出，因此实务中无法将尚未付款的存货与应付票据、应付账款一一对应。为了简化衔接转换，可以假定存货全部已经付款，应付票据、应付账款对应的存货已经全部领用，存货与应付票据、应付账款分别按照前述方法进行调整。

例如，存货年末余额 100 万元，其中已经付款的为 80 万元，未付款的为 20 万元；应付账款年末余额 50 万元，其中 30 万元的存货已经领用，计入支出。为了简化衔接转换工作，不必区分已经付款的存货和尚未付款的存货，可以按照前述方法，在相关净资产科目余额基础上，直接调减存货 100 万元，未来领用时不再确认预算支出；调增应付账款 50 万元，未来支付时确认预算支出。

（3）应交增值税衔接转换问题。应收票据、应收账款年末余额可能包含应收增值税销项税额，应付票据、应付账款年末余额可能包含应付增值税进项税额；同样道理，应交增值税年末余额中有可能包含未收到现金的增值税销项税额和未支付现金的进项税额。按照原制度和新制度的规定，未收到现金的增值税销项税额和未支付现金的进项税额既不影响净资产，也不影响预算结余，衔接转换时，应同时扣除应收票据、应收账款和应交增值税科目余额中未收到现金的增值税销项税额，以及应付票据、应付账款和应交增值税科目余额中未支付现金的进项税额。但是，由于实务中较难区分应收的价款和增值税以及应付的价款和增值税，为了简化衔接转换工作，可以不必区分应收的价款和增值税以及应付的价款和增值税，按照前述方法分别进行调整。

例如，应收账款年末余额 220 万元，其中，应收价款为 200 万元，应收增值税销项税额为 20 万元；应付账款年末余额 53 万元，其中，应付价款为 50 万元，应付增值税进项税额为 3 万元；应交增值税年末贷方余额 30 万元，其中，应收增值税销项税额与应付增值税进项税额的差额为 17 万元（20 - 3），其余 13 万元为通过现金收付的未交增值税。衔接转换时，应收增值税销项税额与应付增值税进项税额的差额 17 万元，既不影响净资产，也不影响预算结余，不需要进行调整。应收价款 200 万元原账确认了收入，计入了净资产，但未收到现金，不应计入预算结余，导致预算结余虚增，衔接转换时，应调减预算结余 200 万元；应付价款 50 万元，确认了支出，减少了净资产，但未支付现金，不应减少预算结余，导致预算结余虚减，衔接转换时，应调增预算结余 50 万元；通过现金收付的未交增值税 13 万元，不影响净资产，但按照新制度规定应计入预算收入，衔接转换时，应调增预算结余 13 万元；合计调减 137 万元（200 - 50 - 13）。

由于将应收账款、应付账款年末余额划分为价款和增值税有较大的主观性（收付部分款项是先收付增值税还是先收付价款，或按比例收付价款和增值税），且逐笔分析的工作量较大，为了简化衔接转换工作，且应收增值税、应付增值税与未通过现金收付的应交增值税调整相同数额（本例为 17 万元），因此，可以不必再划分应收、应付的价款及增值税，可以一并调整，本例衔接转换时，可以直接调减应收账款 220 万元，调增应付账款 53 万元，调增应交增值税 30 万元，合计调减预算结余 137 万元（220 - 53 - 30），与前述调整结果相同。

以原账相关净资产年末余额为基础调增确定新账预算结余的具体方法如下：

（一）“财政拨款结转”科目及对应的“资金结存”科目余额

新制度设置了“财政拨款结转”科目及对应的“资金结存”科目。在新旧制度转换时，事业单位应当以原账“财政拨款结转”科目的年末余额为基础，对与“财政拨款结转”科目相关的对应科目进行逐项分析，按照调整后的金额，登记新账的“财政拨款结转”科目及其明细科目贷方。计算公式如表13－7所示：

表13－7

调　整	内　容	调整原因
	原账的“财政补助结转”科目余额	
加：	应付票据、应付账款（财政拨款结转资金应付部分）	原已列支，减少净资产，未付资金，虚减预算结余
	其他应付款（财政拨款结转资金应付部分）	原已列支，减少净资产，未付资金，虚减预算结余
	应付职工薪酬（财政拨款结转资金应付部分）	原已列支，减少净资产，未付资金，虚减预算结余
	其他应交税费（财政拨款结转资金应付部分）	原已列支，减少净资产，未付资金，虚减预算结余
减：	预付账款（财政拨款结转资金预付部分）	原未列支，未减净资产，已付资金，虚增预算结余
	其他应收款（财政拨款结转资金暂付部分）	原未列支，未减净资产，已付资金，虚增预算结余
	存货（使用财政拨款结转资金购入且尚未领用部分）	原未列支，未减净资产，已付资金，虚增预算结余
等于：	新账的“财政拨款结转”科目余额	

表13－7中：

（1）“原已列支，减少净资产，未付资金，虚减预算结余”是指业务发生时，按原制度要求借记各类支出，同时贷记往来类负债科目，各类支出在年末结转时冲减了事业基金；但由于资金尚未支付，新制度执行后一旦发生资金支付，按新制度要求须列入预算支出并于年末冲减预算结余，使得同一业务两次减少了单位预算结余，因此，需要在制度转换时予以转回。

（2）“原未列支，未减净资产，已付资金，虚增预算结余”是指业务发生时，按原制度要求借记往来类资产科目，同时贷记“银行存款”等科目，这些资金已实际支付，但未反映为各类支出，使得在年末支出结转时无法冲减事业基金；由于资金已经支付，新制度执行后没有现金流出，按新制度要求无法列入预算支出并于年末冲减预算结余，使得同一业务从未减少单位预算结余，因此，需要在制度转换时予以减去。

（二）“财政拨款结余”科目及对应的“资金结存”科目余额

新制度设置了“财政拨款结余”科目及对应的“资金结存”科目。在新旧制度转换时，事业单位应当按照原账的“财政拨款结余”科目年末余额，登记新账的“财政拨款结余”科目及其明细科目贷方。

需要说明的是，由于涉及到的与“财政拨款结转”科目相同的调整事项，按现行财政拨款结转、财政拨款结余分类，应当归属于财政拨款结转，因此，原账“财政拨款结余”科目余额可以直接转为新账相应科目。

按照原账“财政应返还额度”科目余额登记新账“资金结存——财政应返还额度”科目的借方。按照新账“财政拨款结转”和“财政拨款结余”科目贷方余额减去新账“资金结存——财政应返还额度”科目借方余额后的差额，登记新账“资金结存——货币资金”科目的借方。

（三）“非财政拨款结转”科目及对应的“资金结存”科目余额

新制度设置了“非财政拨款结转”科目及对应的“资金结存”科目。在新旧制度转换时，事业单位应当以原账“其他资金结转结余——项目结转”科目年末余额为基础，对与“其他资金结转结余——项目结转”科目相关的对应科目进行逐项分析，按照调整后的金额，登记新账的“非财政拨款结转”科目及其明细科目贷方；同时，按照相同的金额登记新账的“资金结存——货币资金”科目借方。计算公式如表 13－8 所示：

表 13－8

调　　整	内　　容	调整原因
	原账的“非财政补助结转”科目余额	
加：	应付票据、应付账款（非财政补助专项资金应付部分）	原已列支，减少净资产，未付资金，虚减预算结余
	其他应交税费（非财政补助专项列支部分）	原已列支，减少净资产，未付资金，虚减预算结余

续表

调　整	内　容	调整原因
	应付职工薪酬（非财政补助专项列支部分）	原已列支，减少净资产，未付资金，虚减预算结余
	其他应付款（支出类，非财政补助专项列支部分）	原已列支，减少净资产，未付资金，虚减预算结余
	预收账款（预收非财政补助专项部分）	原未列收，未增净资产，已收资金，虚减预算结余
	应交增值税（未来非财政补助专项列支部分）	原未计入净资产，已收资金，少计预算结余
减：	应收票据、应收账款（计入非财政补助专项资金部分）	原已列收，增加净资产，未收资金，虚增预算结余
	其他应收款（确认收入类，计入非财政补助专项资金部分）	原已列收，增加净资产，未收资金，虚增预算结余
	预付账款（非财政补助专项资金预付部分）	原未列支，未减净资产，已付资金，虚增预算结余
	其他应收款（支出类，非财政补助专项资金暂付部分）	原未列支，未减净资产，已付资金，虚增预算结余
	存货（使用非财政补助专项资金购入）	原未列支，未减净资产，已付资金，虚增预算结余
等于：	新账的“非财政拨款结转”科目余额	

表 13 - 8 中：

（1）“原已列支，减少净资产，未付资金，虚减预算结余”是指业务发生时，按原制度要求借记各类支出，同时贷记往来类负债科目，各类支出在年末结转时冲减了非财政补助专项资金；但由于资金尚未支付，新制度执行后一旦发生资金支付，按新制度要求须列入预算支出并于年末冲减预算结余，使得同一业务两次减少了单位预算结余，因此，需要在制度转换时予以调增。

（2）“原未列收，未增净资产，已收资金，虚减预算结余”是指业务发生时，按原制度要求借记银行存款等资产科目，同时贷记往来类负债科目，这些资金已实际收到，但未反映为各类收入，使得在年末收入结转时无法增加非财政拨款结转；由于资金已经收到，新制度执行后没有现金流动，按新制度要求无法列入预算收入并于年末增加预算结余，使得同一业务从未增加单位预算结余，因此，需要在制度转换时予以调增。

（3）“原未计入净资产，已收资金，少计预算结余”是指增值税业务发生时，按原制度规定不确认收入和支出；不影响净资产，但这些资金已经收支，新制度执行后将有现金流出，按新制度要求列入预算支出并于年末减少预算结余，因此，需要在制度转换时予以调增。

（4）“原已列收，增加净资产，未收资金，虚增预算结余”是指业务发生时，按原制度要求借记往来类资产科目，同时贷记收入科目，这些资金尚未收到，但反映为各类收入，使得在年末收入结转时增加非财政拨款结转；由于资金尚未收到，新制度执行后将有现金流入，按新制度要求列入预算收入并于年末增加预算结余，使得同一业务两次增加单位预算结余，因此，需要在制度转换时予以调减。

（5）“原未列支，未减净资产，已付资金，虚增预算结余”是指业务发生时，按原制度要求借记往来类资产科目，同时贷记“银行存款”等科目，这些资金已实际支付，但未反映为各类支出，使得在年末支出结转时无法冲减非财政拨款结转；由于资金已经支付，新制度执行后没有现金流动，按新制度要求无法列入预算支出并于年末冲减预算结余，使得同一业务从未减少单位预算结余，因此，需要在制度转换时予以调减。

（四）“非财政拨款结余”科目及对应的“资金结存”科目余额

新制度设置了“非财政拨款结余”科目及对应的“资金结存”科目。在新旧制度转换时，事业单位应当以原账的“事业基金”和“专用基金”（扣除非财政拨款结余分配形成的专用基金部分）科目余额为基础，对与“事业基金”和“专用基金”（扣除非财政拨款结余分配形成的专用基金部分）科目相关的对应科目进行逐项分析，按照调整后的金额，登记新账的“非财政拨款结余”科目及其明细科目的贷方；同时，按照相同的金额登记新账的“资金结存——货币资金”科目借方。计算公式如表13－9所示：

表13－9

调　　整	内　　容	调整原因
	原账的“事业基金”科目余额、“专用基金”（扣除非财政拨款结余分配形成的专用基金部分）科目余额之和	
加：	应付票据、应付账款（非财政补助非专项资金应付部分）	原已列支，减少净资产，未付资金，虚减预算结余

续表

调　整	内　容	调整原因
	其他应交税费（非财政补助非专项列支部分）	原已列支，减少净资产，未付资金，虚减预算结余
	应付职工薪酬（非财政补助非专项列支部分）	原已列支，减少净资产，未付资金，虚减预算结余
	其他应付款（支出类，非财政补助非专项列支部分）	原已列支，减少净资产，未付资金，虚减预算结余
	预收账款（预收非财政补助非专项部分）	原未列收，未增净资产，已收资金，虚减预算结余
	短期借款、长期借款	原未列收，未增净资产，已收资金，虚减预算结余
	应交增值税（未来非财政补助专项列支部分）	原未计入净资产，已收资金，少计预算结余
减：	应收票据、应收账款（计入非财政补助非专项资金部分）	原已列收，增加净资产。未收资金，虚增预算结余
	其他应付款（支出类，非财政补助非专项资金暂付部分）	原已列收，增加净资产。未收资金，虚增预算结余
	短期投资	原未列支，未减净资产，已付资金，虚增预算结余
	预付账款（非财政补助非专项资金预付部分）	原未列支，未减净资产，已付资金，虚增预算结余
	其他应付款（支出类，非财政补助非专项资金暂付部分）	原未列支，未减净资产，已付资金，虚增预算结余
	存货（使用非财政补助非专项资金购入）	原未列支，未减净资产，已付资金，虚增预算结余
不调整	长期投资（用现金资金取得的长期股权投资部分）	原未列支，已付资金，已调净资产结构
	长期投资（长期债券投资部分）	原未列支，已付资金，已调净资产结构
等于：	新账的“非财政拨款结余”科目余额	

表 13－9 中：

(1)“原已列支，减少净资产，未付资金，虚减预算结余”是指业务发生时，按原制度要求借记各类支出，同时贷记往来类负债科目，各类支出在年末结转时冲减了非财政补助专项资金；但由于资金尚未支付，新制度执行后一旦发生资金支付，按新制度要求须列入预算支出并于年末冲减预算结余，使得同一业务两次减少了单位预算结余，因此，需要在制度转换时予以调增。

（2）“原未列收，未增净资产，已收资金，虚减预算结余”是指业务发生时，按原制度要求借记银行存款等资产科目，同时贷记往来类负债科目，这些资金已实际收到，但未反映为各类收入，使得在年末收入结转时无法增加事业基金；由于资金已经收到，新制度执行后没有现金流动，按新制度要求无法列入预算收入并于年末增加预算结余，使得同一业务从未增加单位预算结余，因此，需要在制度转换时予以调增。

（3）“原未计入净资产，已收资金，少计预算结余”是指增值税业务发生时，按原制度规定不确认收入和支出；不影响净资产，但这些资金已经收支，新制度执行后将有现金流出，按新制度要求列入预算支出并于年末减少预算结余，因此，需要在制度转换时予以调增。

（4）“原已列收，增加净资产，未收资金，虚增预算结余”是指业务发生时，按原制度要求借记往来类资产科目，同时贷记收入科目，这些资金尚未收到，但反映为各类收入，使得在年末收入结转时增加事业基金；由于资金尚未收到，新制度执行后将有现金流入，按新制度要求列入预算收入并于年末增加预算结余，使得同一业务两次增加单位预算结余，因此，需要在制度转换时予以调减。

（5）“原未列支，未减净资产，已付资金，虚增预算结余”是指业务发生时，按原制度要求借记往来类资产科目，同时贷记“银行存款”等科目，这些资金已实际支付，但未反映为各类支出，使得在年末支出结转时无法冲减事业基金；由于资金已经支付，新制度执行后没有现金流动，按新制度要求无法列入预算支出并于年末冲减预算结余，使得同一业务从未减少单位预算结余，因此，需要在制度转换时予以调减。

（6）“原未列支，已付资金，已调净资产结构”是指按照原制度不确认为支出，而按照新制度需要确认预算支出的业务。需要注意的是，虽然新旧衔接中说明此项要进行调整，但考虑到业务在发生时，原制度要求借记“长期投资”科目，贷记银行存款科目，同时借记“事业基金”科目，贷记“非流动资产基金”科目。原制度账务处理结果已经减少了事业基金，由于新旧制度转换时非财政拨款结余以原账中的事业基金为基数进行调整，如果再次进行冲减，使得同一业务两次对同一科目进行处理。因此，虽然新旧衔接规定中标注需要调整，但在实际操作时此类业务在转换时可以忽略。

（五）“专用结余”科目及对应的“资金结存”科目余额

新制度设置了“专用结余”科目及对应的“资金结存”科目。在新旧制度转换时，事业单位应当按照原账“专用基金”科目年末余额中通过非财政补助结余分配形成的金额，借记新账的“资金结存——货币资金”科目，贷记新账的“专用结余”科目。

如果“专用结余”科目涉及的资金存在其他应收款的，则需要进行调整。计算公式如表 13－10 所示：

表 13－10

调　整	内　容	调整原因
	原账的“专用基金”科目余额中通过非财政补助结余分配形成的部分	
减：	其他应收款（支出类，专用结余资金预付部分）	原未列支，未减净资产，已付资金，虚增预算结余
等于：	新账的“专用结余”科目余额	

表 13－10 中，“原未列支，未减净资产，已付资金，虚增预算结余”是指业务发生时，按原制度要求借记往来类资产科目，同时贷记银行存款等科目，这些资金已实际支付，但未反映为专用基金减少；由于资金已经支付，新制度执行后没有现金流动，按新制度要求无法列入专用结余减少，使得同一业务从未减少单位专用结余，因此，需要在制度转换时予以减去。

（六）“经营结余”科目

新制度设置了“经营结余”科目及对应的“资金结存”科目。如果原账的“经营结余”科目期末有借方余额，在新旧制度转换时，事业单位应当按照原账的“经营结余”科目余额，借记新账的“经营结余”科目，贷记新账的“资金结存——货币资金”科目。

（七）“其他结余”、“非财政拨款结余分配”科目

新制度设置了“其他结余”和“非财政拨款结余分配”科目。由于这两个科目年初无余额，在新旧制度转换时，事业单位无需对“其他结余”和“非财政拨款结余分配”科目进行新账年初余额登记。

七、举例

【例 13－2】 资料：B 事业单位根据财政部《关于印发〈政府会计制度——行政事业单位会计科目和报表〉与〈行政单位会计制度〉〈事业单位会计制度〉有关衔接问题处理规定的通知》的规定，进行新旧制度转换。有关资料如下：

1. 2018 年 12 月 31 日，B 单位原账科目余额及部分明细见表 13－11。

表 13－11 **科目余额表**

2018 年 12 月 31 日 金额单位：万元

科目名称	借方余额	科目名称	贷方余额
资产类		负债类	
库存现金	30	短期借款	800
银行存款	45 600	应缴税费（非财政非专项）	350
财政应返还额度	5 300	——应交增值税	300
短期投资	100	——其他应交税费	50
应收票据	2 120	应缴国库款	300
——非财政专项	120	应缴财政专户款	200
——非财政非专项	2 000	应付职工薪酬（非财政非专项）	300
应收账款 ——非财政非专项	100	应付票据	620
预付账款	610	——非财政专项	600
——财政拨款预付	100	——非财政非专项	20
——非财政专项	500	应付账款	0
——非财政非专项	10	预收账款	740
其他应收款 其中：支出类	1 300 1 200	——非财政专项	700
——财政拨款资金	900	——非财政非专项	40
——非财政专项资金	100	其他应付款 其中：支出类	1 100
——非财政非专项资金	150	——财政拨款资金	300
——专用结余	50	——非财政专项资金	100

续表

科目名称	借方余额	科目名称	贷方余额
周转类： ——非财政非专项	20		
收入类： ——非财政非专项	80		
存货（非财政非专项）	1 600	——非财政非专项	700
——库存	1 400	长期借款	6 000
——加工	200	长期应付款	
长期投资	2 400	净资产类	
——长期债券投资	400	事业基金	34 550
——长期股权投资（现金取得）	2 000	非流动资产基金	107 400
固定资产（原值）	70 000	——长期投资	2 400
在建工程	30 000	——固定资产	70 000
无形资产（原值）	5 000	——在建工程	30 000
待处置资产损溢	0	——无形资产	5 000
		专用基金	4 500
		——职工福利基金（通过非财政拨款结余分配） ——其他	1 000 3 500
		财政补助结转	5 400
		财政补助结余	600
		非财政补助结转	1 300
合计	164 160	合计	164 160

2. 需要补充登记及调整的事项：

（1）经核查，发现2018年12月31日前已列支尚未到货的专用材料一批，价值10万元。

（2）经核查，发现2018年12月31日前未入账的政府储备物资一批，价值30万元。

（3）经盘点，发现2018年12月31日前未入账的受托管理物资一批，价值25万元。

（4）经盘点，发现2017年12月31日及以前未入账的办公桌椅20套，根据同期购入办公桌椅的记录价值 2 万元。

（5）截至 2018 年 12 月 31 日，B 单位存在应诉事项，预计法院将在 2019 年 1 月最终裁决。根据已有资料和法院类似案例，B 单位很有可能败诉，且赔偿金额约为 100 万元。

（6）截至 2018 年 12 月 31 日，B 单位存在已签合同且支付了工程款，但未支付且未确认的工程质量保证金 500 万元，其中在 2019 年 5 月支付 300 万元，2020 年 8 月支付 200 万元。

（7）经核查，截至 2018 年 12 月 31 日，B 单位应收账款中有 20 万元预计无法收回，可能产生坏账损失。

（8）B 单位账面对 D 公司投资 2 000 万元，占 100% 股权。2018 年 12 月 31 日，D 公司财务报表的所有者权益账面余额为 15 000 万元。

（9）B 单位自 2016 年 1 月 1 日起持有某长期债权 400 万元，期限 5 年，年利率 5%，到期一次还本付息。

（10）B 单位在原账中尚未计提固定资产折旧。根据截至 2018 年 12 月 31 日固定资产的预计使用年限、已使用年限、尚可使用年限等，计算出该单位应计提的折旧为 21 000 万元。

（11）B 单位在原账中尚未计提无形资产摊销。根据截至 2018 年 12 月 31 日无形资产的预计使用年限、已使用年限、尚可使用年限等，计算出该单位应补提的摊销金额为 3 000 万元。

（12）经批准，B 单位自 2018 年 1 月 1 日起借入银行借款 6 000 万元，用于支付业务活动楼建造。业务活动楼已经开工、尚未交付使用。借款期限 5 年，年利率 7%，到期一次还本，按年付息。

请根据上述资料，编制 B 单位新旧会计制度转换所需会计分录和 2019 年 1 月 1 日新账科目余额表。

1. 进行财务会计类科目转换

（1）资产类科目转换：

借：库存现金	300 000
银行存款	456 000 000
财政应返还额度	53 000 000
短期投资	1 000 000
应收票据	21 200 000
应收账款	1 000 000
预付账款	6 100 000

其他应收款	13 000 000	
库存物品	14 000 000	
加工物品	2 000 000	
长期债券投资	4 000 000	
长期股权投资	20 000 000	
固定资产	700 000 000	
在建工程	300 000 000	
无形资产	50 000 000	
贷：库存现金		300 000
银行存款		456 000 000
财政应返还额度		53 000 000
短期投资		1 000 000
应收票据		21 200 000
应收账款		1 000 000
预付账款		6 100 000
其他应收款		13 000 000
存货		16 000 000
长期投资		24 000 000
固定资产		700 000 000
在建工程		313 200 000
无形资产		50 000 000

（2）负债类科目转换：

借：短期借款	8 000 000	
应缴财政款	5 000 000	
应交增值税	3 000 000	
其他应交税费	500 000	
应付职工薪酬	3 000 000	
应付票据	6 200 000	
预收账款	7 400 000	
其他应付款	11 000 000	
长期借款	60 000 000	
贷：短期借款		8 000 000
应缴税费		3 500 000

应缴国库款 3 000 000
应缴财政专户款 2 000 000
应付职工薪酬 3 000 000
应付票据 6 200 000
预收账款 7 400 000
其他应付款 11 000 000
长期借款 60 000 000

（3）净资产类科目转换

借：财政拨款结转 54 000 000
财政拨款结余 6 000 000
非财政拨款结转 13 000 000
非流动资产基金 1 074 000 000
事业基金 345 500 000
专用基金 45 000 000
贷：累计盈余 1 492 500 000
专用基金 45 000 000

2. 补充登记及补充未入账调整事项

（1）借：在途物品 100 000
贷：累计盈余 100 000

（2）借：政府储备物资 300 000
贷：累计盈余 300 000

（3）借：受托代理资产 250 000
贷：受托代理负债 250 000

（4）借：固定资产 20 000
贷：累计盈余 20 000

（5）借：累计盈余 1 000 000
贷：预计负债 1 000 000

（6）借：累计盈余 5 000 000
贷：其他应付款 3 000 000
长期应付款 2 000 000

（7）借：累计盈余 200 000
贷：坏账准备 200 000

（8）借：长期股权投资——新旧制度转换调整
130 000 000（150 000 000 - 20 000 000）

贷：累计盈余　　130 000 000

（9）借：长期债券投资——应计利息

6 000 000（40 000 000 × 5% × 3）

贷：累计盈余　　6 000 000

（10）借：累计盈余　　210 000 000

贷：固定资产累计折旧　　210 000 000

（11）借：累计盈余　　30 000 000

贷：无形资产累计摊销　　30 000 000

（12）借：在建工程　　4 200 000

贷：应付利息　　4 200 000

3. 2019 年 1 月 1 日 B 单位新账财务会计科目余额表（见表 13 – 12）

表 13 – 12　　财务会计科目余额表

2019 年 1 月 1 日　　金额单位：万元

科目名称	借方余额	科目名称	贷方余额
资产类		负债类	
库存现金	30	短期借款	800
银行存款	45 600	应缴财政款	500
财政应返还额度	5 300	应交增值税	300
短期投资	100	其他应交税费	50
应收票据	2 120	应付职工薪酬	300
应收账款	100	应付票据	620
预付账款	610	应付账款	0
其他应收款	1 300	应付利息	420
坏账准备	20	预收账款	740
在途物品	10	其他应付款	1 400
库存物品	1 400	长期借款	6 000
加工物品	200	长期应付款	200
长期债券投资	460	预计负债	100
长期股权投资	15 000	受托代理负债	25
固定资产（原值）	70 002	净资产类	
固定资产累计折旧	21 000	累计盈余	137 732
在建工程	30 420	专用基金	4 500
无形资产	5 000		
无形资产累计摊销	3 000		
政府储备物资	30		
受托代理资产	25		
合计	153 687	合计	153 687

4. 进行预算会计类科目转换

(1)“财政拨款结转”科目及对应的“资金结存”科目余额。

原账的“财政补助结转”科目余额 5 400 - “预付账款”(财政资金预付部分) 100 - “其他应收款”(财政资金预付部分) 900 + “其他应付款”(财政资金应付部分) 300 = 新账的“财政拨款结转”科目余额 4 700(万元)。

借：资金结存——财政应返还额度(授权支付)　　47 000 000

　　贷：财政拨款结转　　47 000 000

(2)“财政拨款结余”科目及对应的“资金结存”科目余额。

原账的“财政补助结余”科目余额 600(万元) = 新账的“财政拨款结余”科目余额 600(万元)

借：资金结存——财政应返还额度(授权支付)　　6 000 000

　　贷：财政拨款结余　　6 000 000

(3)“非财政拨款结转”科目及对应的“资金结存”科目余额。

原账的“非财政补助结转”科目余额 1 300 - “应收票据”(非财政专项) 120 - “预付账款”(非财政专项) 500 - “其他应收款”(非财政资金专项部分) 100 + “应付票据”(非财政专项) 600 + “预收账款”(非财政专项) 700 + “其他应付款”(非财政专项) 100 = 新账的“非财政拨款结转”科目余额 1 980(万元)。

借：资金结存——货币资金　　19 800 000

　　贷：非财政拨款结转　　19 800 000

(4)“非财政拨款结余”科目及对应的“资金结存”科目余额。

原账的“事业基金”科目余额 34 550 + “专用基金”科目余额扣除非财政拨款结余分配形成的专用基金部分 3 500 - “短期投资” 100 - “应收票据”(非财政非专项) 2 000 - “应收账款”(非财政非专项) 100 - “预付账款”(非财政非专项) 10 - “其他应收款”(支出类，非财政资金非专项) 150 - “其他应收款”(收入类，非财政资金非专项) 80 - “存货” 1 600 + “短期借款” 800 + “长期借款” 6 000 + “应付票据”(非财政非专项) 20 + 应缴税费(非财政非专项) 350 + 应付职工薪酬(非财政非专项) 300 + “预收账款”(非财政非专项) 40 + “其他应付款”(非财政非专项) 700 = 新账的“非财政拨款结余”科目余额 42 220(万元)。

借：资金结存——货币资金　　422 200 000

　　贷：非财政拨款结转　　422 200 000

(5)“专用结余”科目及对应的“资金结存”科目余额。

原账的“专用基金”科目余额中通过非财政拨款结余分配的专用基金1 000 - “其他应收款”科目余额50 = 新账的“专用结余”科目余额950（万元）。

借：资金结存——货币资金　　9 500 000

　　贷：专用结余　　9 500 000

（6）“资金结存”科目核对。

原账中“财政应返还额度——授权支付”科目余额5 300 = 新账中“资金结存——财政应返还额度（授权支付）”科目余额5 300（4 700 + 600）。

原账中“库存现金”科目余额30 + “银行存款”科目余额45 600 + “其他应收款”（周转类）20 - “应缴国库款”科目余额300 - “应缴财政专户款”科目余额200 = 新账中“资金结存——货币资金”科目余额45 150（万元）（1 980 + 42 220 + 950）。

2019年1月1日A单位预算会计科目余额表如表13 - 13所示。

表13 - 13　　预算会计科目余额表

2019年1月1日　　金额单位：万元

科目名称	借方余额	科目名称	贷方余额
资金结存		财政拨款结转	4 700
——货币资金	45 150	财政拨款结余	600
——财政应返还额度	5 300	非财政拨款结转	1 980
		非财政拨款结余	42 220
		专用结余	950
合计	50 450	合计	50 450

第四节　基建并账的衔接及举例

一、基本要求

本次政府会计制度转换规定，如果单位在2018年12月31日，仍然未按照《新旧行政单位会计制度有关衔接问题的处理规定》（财库［2013］219号）《新旧事业单位会计制度有关衔接问题的处理规定》（财会［2013］2

号）等制度要求进行基建“并账”的，在本次政府会计制度转换时，需要将基建账套相关数据并入2018年12月31日原账中的相关科目余额，然后按照本次衔接规定将2018年12月31日原账相关会计科目余额转入新账相应科目。也就是说，必须“先并账后转换”。

需要说明的是，无论基本建设资金是否单独开立银行账户进行核算，均应按规定并入财务“大账”。

二、原制度的基建并账要求

（一）《新旧行政单位会计制度有关衔接问题的处理规定》的规定

行政单位应当在按国家有关规定单独核算基本建设投资的同时，将基建账相关数据并入单位按照原制度规定设置的“大账”。原制度设置了“在建工程”科目。行政单位应当在“在建工程”科目下设置“基建工程”明细科目，核算由基建账并入的在建工程成本等。

（二）将2018年12月31日基建账中相关科目余额按照以下方法并入“大账”

1. 资产类

（1）按照基建账中“现金”、“银行存款”、“零余额账户用款额度”、“财政应返还额度”科目的借方余额，分别借记“大账”中“库存现金”、“银行存款”、“零余额账户用款额度”、“财政应返还额度”科目。

（2）按照基建账中“应收有偿调出器材及工程款”、“应收票据”科目的借方余额，借记“大账”中“应收账款”科目。

（3）按照基建账中“其他应收款”、“拨付所属投资借款”、“有价证券”科目的借方余额，借记“大账”中“其他应收款”科目。

（4）按照基建账中“固定资产”科目的借方余额，借记“大账”中“固定资产”科目。

（5）按照基建账中“累计折旧”科目的贷方余额，贷记“大账”中“累计折旧”科目。

（6）按照基建账中“建筑安装工程投资”、“设备投资”、“待摊投资”、“其他投资”、“器材采购”、“采购保管费”、“库存设备”、“库存材料”、“材料成本差异”、“委托加工器材”、“预付备料款”、“预付工程款”科目的借方余额，借记“大账”中“在建工程——基建工程”科目。

（7）按照基建账中“固定资产清理”、“待处理财产损失”科目的借方余额，借记“大账”中“待处理财产损溢”科目。

2. 负债类

（8）按照基建账中“应交基建包干节余”、“应交基建收入”、“其他应交款”科目的贷方余额中属于应交财政部分，贷记“大账”中的“应缴财政款”科目；其余部分贷记“大账”中的“其他应付款”科目。

（9）按照基建账中“应交税金”科目的贷方余额，贷记“大账”中“应缴税费”科目。

（10）按照基建账中“应付工资”、“应付福利费”科目的贷方余额，贷记“大账”中“应付职工薪酬”科目。

（11）按照基建账中“应付器材款”、“应付有偿调入器材及工程款”、“应付票据”科目的贷方余额，以及“应付工程款”科目贷方余额中属于1年以内（含1年）偿还的部分，贷记“大账”中“应付账款”科目。

（12）按照基建账中“其他应付款”科目的贷方余额，贷记“大账”中“其他应付款”科目。

（13）按照基建账中“基建投资借款”、“上级拨入投资借款”、“其他借款”科目的贷方余额和“应付工程款”科目贷方余额中属于超过1年偿还的部分，贷记“大账”中“长期应付款”科目。

3. 净资产类

（14）按照基建账中“应付器材款”、“应付工程款”、“应付有偿调入器材及工程款”、“应付票据”、“基建投资借款”、“其他借款”、“上级拨入投资借款”科目贷方余额减去尚未使用的借款金额（实行贷转存办法）后的差额，借记“大账”中“待偿债净资产”科目。

（15）按照基建账中“固定资产”科目借方余额和“累计折旧”科目贷方余额的差额，贷记“大账”中“资产基金——固定资产”科目。

（16）按照基建账中“建筑安装工程投资”、“设备投资”、“待摊投资”、“其他投资”、“器材采购”、“采购保管费”、“库存设备”、“库存材料”、“材料成本差异”、“委托加工器材”、“预付备料款”、“预付工程款”科目的借方余额，贷记“大账”中“资产基金——在建工程”科目。

（17）按照基建账中“基建拨款”、“留成收入”科目余额中归属于同级财政拨款结转的部分，贷记“大账”中“财政拨款结转”科目。

（18）按照基建账中“留成收入”科目余额中归属于同级财政拨款结余的部分，贷记“大账”中“财政拨款结余”科目。

按照上述（1）～（18）中“大账”科目的借方合计金额减去贷方合计金额后的差额，贷记或借记“大账”中“其他资金结转结余”科目。

（三）《新旧事业单位会计制度有关衔接问题的处理规定》规定

事业单位应当按照新制度的要求，在按国家有关规定单独核算基本建设投资的同时，将基建账相关数据并入单位会计“大账”。原制度设置了“在建工程”科目，该科目为新设科目。事业单位应当在原账中“在建工程”科目下设置“基建工程”明细科目，核算由基建账并入的在建工程成本。

将2018年12月31日基建账中相关科目余额并入新账时，按照基建账中“建筑安装工程投资”、“设备投资”、“待摊投资”、“预付工程款”等科目余额，借记“大账”中“在建工程——基建工程”科目；按照基建账中“交付使用资产”等科目余额，借记“大账”中“固定资产”等科目；按照基建账中“基建投资借款”科目余额，贷记“大账”中“长期借款”科目；按照基建账中“建筑安装工程投资”、“设备投资”、“待摊投资”、“预付工程款”、“交付使用资产”等科目余额，贷记“大账”中“非流动资产基金”科目的相关明细科目；按照基建账中“基建拨款”科目余额中归属于财政补助结转的部分，贷记“大账”中“财政补助结转”科目；按照基建账中其他科目余额，分析调整“大账”中相应科目；按照上述借贷方差额，贷记或借记新账中“事业基金”科目。

（四）《新旧高等学校会计制度有关衔接问题的处理规定》

第一，高等学校应当按照原制度的要求，在按国家有关规定单独核算基本建设投资的同时，将基建账相关数据并入单位会计“大账”。原制度设置了“在建工程”科目，高等学校应当在原账中该科目下设置“基建工程”明细科目，核算由基建账并入的在建工程成本。将2018年12月31日基建账中相关科目余额按照以下方法并入“大账”。

（1）资金占用类。

①按照基建账中“建筑安装工程投资”、“设备投资”、“待摊投资”、“其他投资”、“预付工程款”科目的借方余额，借记“大账”中“在建工程——基建工程”科目。

②若基建账中“交付使用资产”科目借方余额中存在尚未在“大账”中登记的部分，按照该部分余额，借记“大账”中“固定资产”、“无形资产”科目。

③按照基建账中“现金”、“银行存款”、“零余额账户用款额度”、“财政应返还额度”科目的借方余额，分别借记“大账”中“库存现金”、“银行存款”、“零余额账户用款额度”、“财政应返还额度”科目。

④按照基建账中“其他应收款”科目的借方余额，借记“大账”中“其他应收款”科目。

⑤按照基建账中其他资金占用类科目的借方余额，借记“大账”中相关科目。

（2）资金来源类。

⑥对基建账中“基建拨款”科目的贷方余额进行分析：按照归属于同级财政补助结转结余的部分，贷记“大账”中“财政补助结转”、“财政补助结余”科目；按照归属于非同级财政补助结转的部分，贷记“大账”中“非财政补助结转”科目。

⑦对基建账中“基建投资借款”科目的贷方余额进行分析：按照借款本金部分，贷记“大账”中“长期借款”、“短期借款”科目；按照借款利息部分，贷记“大账”中“其他应付款”科目。

⑧按照基建账中“应付工程款”科目的贷方余额，贷记“大账”中“应付账款”、“长期应付款”科目。

⑨按照基建账中“其他应付款”科目的贷方余额，贷记“大账”中“其他应付款”科目。

⑩按照基建账中其他资金来源类科目的贷方余额，贷记“大账”中相关科目。

⑪按照以下公式计算的金额，贷记“大账”中“非流动资产基金——在建工程、固定资产、无形资产”科目。“大账”中“非流动资产基金”科目的贷记金额 = ①、②中新账非流动资产科目借方增加金额合计 − ⑦中“大账”“其他应付款”科目贷方增加金额 − ⑧中“大账”“应付账款”、“长期应付款”科目贷方增加金额合计 − ⑨中“大账”“其他应付款”科目贷方增加金额中与形成①、②中“大账”非流动资产相对应的金额。

（3）总调整。按照上述①至⑪项中“大账”科目的借方合计金额与贷方合计金额的差额，贷记或借记“大账”中“事业基金”科目。

对于高等学校已在原会计“大账”核算的基建投资事项，在进行上述并账处理时应当剔除重复因素，不得在“大账”中重复反映。

第二，高等学校执行新制度后，应当至少按月根据基建账中相关科目的发生额，在“大账”中按照原制度对基建相关业务进行会计处理。

（五）《新旧科学事业单位会计制度有关衔接问题的处理规定》

科学事业单位应当按照原制度的要求，在按国家有关规定单独核算基本建设投资的同时，将基建账相关数据并入单位会计“大账”。原制度设置了“在建工程”科目，科学事业单位应当在“大账”中该科目下设置“基建工程”明细科目，核算由基建账并入的在建工程成本。将2018年12月31日基建账中相关科目余额按照以下方法并入“大账”。

1. 资金占用类

（1）按照基建账中“建筑安装工程投资”、“设备投资”、“待摊投资”、“其他投资”、“预付工程款”科目的借方余额，借记“大账”中“在建工程——基建工程”科目。

（2）若基建账中“交付使用资产”科目的借方余额中存在尚未在“大账”中登记的部分，按照该部分余额，借记“大账”中“固定资产”、“无形资产”科目。

（3）按照基建账中“现金”、“银行存款”、“零余额账户用款额度”、“财政应返还额度”科目的借方余额，分别借记“大账”中“库存现金”、“银行存款”、“零余额账户用款额度”、“财政应返还额度”科目。

（4）按照基建账中“其他应收款”科目的借方余额，借记“大账”中“其他应收款”科目。

（5）按照基建账中其他资金占用类科目的借方余额，借记“大账”中相关科目。

2. 资金来源类

（6）对基建账中“基建拨款”科目的贷方余额进行分析：按照归属于同级财政补助结转结余的部分，贷记“大账”中“财政补助结转”、“财政补助结余”科目；按照归属于非同级财政补助结转的部分，贷记“大账”中“非财政补助结转”科目。

（7）对基建账中“基建投资借款”科目的贷方余额进行分析：按照借款本金部分，贷记“大账”中“长期借款”、“短期借款”科目；按照借款利息部分，贷记“大账”中“其他应付款”科目。

（8）按照基建账中“应付工程款”科目的贷方余额，贷记“大账”中“应付账款”、“长期应付款”科目。

（9）按照基建账中“其他应付款”科目的贷方余额，贷记“大账”中“其他应付款”科目。

(10) 按照基建账中其他资金来源类科目贷方余额，贷记“大账”中相关科目。

(11) 按照以下公式计算的金额，贷记“大账”中“非流动资产基金——在建工程、固定资产、无形资产”科目。“大账”中“非流动资产基金”科目的贷记金额 = (1)、(2) 中“大账”非流动资产借方增加金额合计 - (7) 中新账“其他应付款”科目贷方增加金额 - (8) 中“大账”“应付账款”、“长期应付款”科目贷方增加金额合计 - 减去 (9) 中“大账”“其他应付款”科目贷方增加金额中与形成 (1)、(2) 中“大账”非流动资产相对应的金额

3. 总调整。

按照上述 (1) 至 (11) 项中“大账”科目的借方合计金额与贷方合计金额的差额，贷记或借记“大账”中“事业基金”科目。

(六)《新旧中小学校会计制度有关衔接问题的处理规定》

中小学校应当按照原制度的要求，在按国家有关规定单独核算基本建设投资的同时，将基建账相关数据并入本校财务会计“大账”。原制度设置了“在建工程”科目，中小学校应当在“大账”中上述科目下设置“基建工程”明细科目，核算由基建账并入的在建工程成本。

将 2018 年 12 月 31 日原基建账中相关科目余额并入“大账”时：按照基建账中“建筑安装工程投资”、“设备投资”、“待摊投资”、“预付工程款”等科目余额，借记“大账”中“在建工程——基建工程”科目；按照基建账中“交付使用资产”等科目余额，借记“大账”中“固定资产”等科目；按照基建账中“现金”、“银行存款”、“零余额账户用款额度”、“财政应返还额度”、“其他应收款”等科目余额，分别借记“大账”中“库存现金”、“银行存款”、“零余额账户用款额度”、“财政应返还额度”、“其他应收款”等科目；按照基建账中“基建拨款”科目余额，贷记“大账”中“财政补助结转”、“财政补助结余”、“非财政补助结转”科目；按照基建账中“基建投资借款”科目余额，贷记“大账”中“短期借款”、“长期借款”等科目；按照基建账中“应付工程款”科目余额，贷记“大账”中“应付账款”、“长期应付款”科目；按照基建账中“其他应付款”科目，贷记“大账”中“其他应付款”科目；按照基建账中“建筑安装工程投资”、“设备投资”、“待摊投资”、“预付工程款”、“交付使用资产”等科目余额合计数减去“应付工程款”、“其他应付款”等科目余额合计数后的金额，贷记“大账”中“非流动

资产基金”科目相关明细科目；按照基建账中其他科目余额，分析调整“大账”中相应科目；按照上述借贷方差额，贷记或借记“大账”中“事业基金”科目。

（七）《新旧医院会计制度有关衔接问题的处理规定》

医院应当按照新制度的要求，在按国家有关规定单独核算基本建设投资的同时，将基建账相关数据并入医院会计“大账”。

医院应当在“大账”中“在建工程”科目下设置“基建工程”明细科目，核算由基建账套并入的在建工程支出。

将2018年12月31日原基建账套中相关科目余额并入“大账”时：按照基建账中“建筑安装工程投资”、“设备投资”、“待摊投资”、“预付工程款”等科目余额，增记“大账”中“在建工程——基建工程”科目；按照基建账中“交付使用资产”等科目余额，增记“大账”中“固定资产”等科目；按照基建账中“基建投资借款”科目余额，增记“大账”中“长期借款”科目；按照基建账中“基建拨款”科目余额，增记“大账”中“待冲基金”等科目；按照基建账中其他科目余额，分析调整“大账”中相应科目。

（八）《彩票机构新旧会计制度有关衔接问题的处理规定》

彩票机构应当按照原制度的要求，在按国家有关规定单独核算基本建设投资的同时，将基建账相关数据并入单位会计“大账”。原制度设置了“在建工程”科目，该科目为新设科目。彩票机构应当在“大账”中“在建工程”科目下设置“基建工程”明细科目，核算由基建账并入的在建工程成本。

将2018年12月31日原基建账中相关科目余额并入“大账”时：按照基建账中“建筑安装工程投资”、“设备投资”、“待摊投资”、“预付工程款”等科目余额，借记“大账”中“在建工程——基建工程”科目；按照基建账中“交付使用资产”等科目余额，借记“大账”中“固定资产”等科目；按照基建账中“基建投资借款”科目余额，贷记“大账”中“长期借款”科目；按照基建账中“建筑安装工程投资”、“设备投资”、“待摊投资”、“预付工程款”、“交付使用资产”等科目余额，贷记“大账”中“非流动资产基金——在建工程”科目；按照基建账中“基建拨款”科目余额中归属于财政专户核拨资金结转的部分，贷记“大账”中“财政专户核拨资金结转”科目；按照基建账中其他科目余额，分析调整“大账”中相应科目；按照上述借贷方差额，贷记或借记“大账”中“事业基金”科目。

三、新旧制度基本建设类科目转换

1. 原账日常并账要求

原制度中，基建账数据定期并账的基本原理是：将本期基建账中发生的经济业务或事项划分类别，对每类经济业务或事项所涉及的基建账相关科目的本期发生额进行分析，据此按照新制度规定在“大账”中进行账务处理。以高等学校为例，基建账数据并入“大账”的主要账务处理举例如下：

（1）预付工程款业务。对基建账中“预付工程款”科目本期借方增加额，以及“基建拨款”、“零余额账户用款额度”、“银行存款”等科目的本期贷方相关发生额进行分析，在“大账”中：按照基建账中本期预付的基建工程款金额，借记“在建工程——基建工程”科目，贷记“非流动资产基金——在建工程”科目；同时，借记“教育事业支出”、“科研事业支出”、“行政管理支出”、“后勤保障支出”、“经营支出”等科目，贷记“财政补助收入”、“零余额账户用款额度”、“银行存款”等科目。

（2）结算工程款业务。对基建账中“建筑安装工程投资”等科目本期借方增加额、“预付工程款”科目本期贷方发生额、“应付工程款”科目本期贷方和借方发生额，以及“基建拨款”、“零余额账户用款额度”、“银行存款”等科目的本期贷方相关发生额进行分析，在“大账”中做如下会计处理：

①按照基建账中“建筑安装工程投资”等科目本期借方增加额（一般为根据工程价款结算账单确认的金额）减去已经预付的工程款金额后的金额，借记“在建工程——基建工程”科目，贷记“应付账款”或“长期应付款”科目。

②按照基建账中本期实际支付的应付工程款金额，借记“应付账款”或“长期应付款”科目，贷记“非流动资产基金——在建工程”科目；同时，借记“教育事业支出”、“科研事业支出”、“行政管理支出”、“后勤保障支出”、“经营支出”等科目，贷记“财政补助收入”、“零余额账户用款额度”、“银行存款”等科目。

（3）其他工程支出业务。对基建账中“设备投资”、“待摊投资”、“其他投资”等科目的本期借方增加额，以及“基建拨款”、“零余额账户用款额度”、“银行存款”等科目的本期贷方相关发生额进行分析，在“大账”中：按照基建账中上述基建投资科目本期借方增加额（不包括因预计借款利息增加的金额），借记“在建工程——基建工程”科目，贷记“非流动资产基金

——在建工程”科目；同时，按照实际支付的基建投资支出，借记“教育事业支出”、“科研事业支出”、“行政管理支出”、“后勤保障支出”、“经营支出”等科目，贷记“财政补助收入”、“零余额账户用款额度”、“银行存款”等科目。

（4）工程交付使用业务。对基建账中“交付使用资产”科目的本期借方增加额，以及“建筑安装工程投资”、“设备投资”、“待摊投资”、“其他投资”科目的本期贷方发生额进行分析，在“大账”中，按照基建账中“交付使用资产”科目的本期借方增加额，借记“固定资产”科目，贷记“非流动资产基金——固定资产”科目；同时，借记“非流动资产基金——在建工程”科目，贷记“在建工程——基建工程”科目。

（5）基建借款业务。对基建账中“基建投资借款”科目的本期贷方和借方发生额，以及“银行存款”科目的本期相关发生额进行分析，在“大账”中：按照基建账中本期增加的基建借款本金，借记“银行存款”科目，贷记“长期借款”、“短期借款”科目；按照基建账中本期偿还的基建借款本金，借记“长期借款”、“短期借款”科目，贷记“银行存款”科目。

（6）基建借款利息业务。对基建账中“基建投资借款”科目的本期贷方和借方发生额、“待摊投资”科目本期借方发生额，以及“银行存款”科目的本期相关发生额进行分析，在“大账”中：按照基建账中本期增加的应付利息金额，借记“在建工程——基建工程”科目，贷记“其他应付款”科目；按照基建账中本期实际偿还的借款利息，借记“其他应付款”科目，贷记“非流动资产基金——在建工程”科目，同时，借记“其他支出”科目，贷记“银行存款”科目。基建账其他经济业务或事项的并账处理依据上述原理进行。

在2014年会计制度改革时，制度并未规定取消国有建设单位会计制度，而是仅就基本建设账并入“大账”进行了明确。从现行执行情况来看，大部分单位在并账时并未在“大账”、“在建工程”科目设置更多的明细科目，而是将其作为一个汇总科目，具体核算内容仍然在单独的基本建设账进行反映，并编制相关的固定资产投资报表。

2. 新账明细科目设置

新制度设置了“在建工程”、“工程物资”和“预付账款——预付备料款、预付工程款”科目，原制度设置了“在建工程”科目。

（1）“工程物资”科目可以按照“库存材料”、“库存设备”等工程物资类别设置明细科目。

（2）“在建工程”科目应当设置“建筑安装工程投资”、“设备投资”、“待摊投资”、“其他投资”、“待核销基建支出”、“基建转出投资”等明细科目，并按照具体基本建设项目进行明细核算。

（3）转账时，单位应当将原账的“在建工程”科目余额中属于工程物资的金额，转入新账的“工程物资”科目；将原账“在建工程”科目余额中属于预付备料款、预付工程款的金额，转入新账“预付账款”相关明细科目；将原账的“在建工程”科目余额减去工程物资和预付备料款、预付工程款金额后的差额，转入新账的“在建工程”科目。

3. 原账和新账科目对照

新旧制度相关基本建设科目对照详见表 13－14：

表 13－14　新旧会计制度基本建设类转账、登记新账科目对照表

<table>
<tr><th rowspan="2">序号</th><th colspan="3">新制度科目</th><th colspan="2">原制度科目</th></tr>
<tr><th>编号</th><th colspan="2">名　称</th><th>编号</th><th>名　称</th></tr>
<tr><td rowspan="2">1</td><td rowspan="2">1 214</td><td rowspan="2">预付账款</td><td>预付备料款</td><td rowspan="10">1511</td><td rowspan="2">在建工程（预付备料款、预付工程款部分）</td></tr>
<tr><td>预付工程款</td></tr>
<tr><td rowspan="2">2</td><td rowspan="2">1 611</td><td rowspan="2">工程物资</td><td>库存材料</td><td rowspan="2">在建工程（工程物资部分）</td></tr>
<tr><td>库存设备</td></tr>
<tr><td rowspan="6">3</td><td rowspan="6">1 613</td><td rowspan="6">在建工程</td><td>建筑安装工程投资</td><td rowspan="6">在建工程（除上述以外其他）</td></tr>
<tr><td>设备投资</td></tr>
<tr><td>待摊投资</td></tr>
<tr><td>其他投资</td></tr>
<tr><td>待核销基建支出</td></tr>
<tr><td>基建转出投资</td></tr>
</table>

四、举例

【例 13－3】 资料：C 事业单位单独核算基本建设工程相关业务，未将相关支出并入财务“大账”中“在建工程”科目，而是采用报表合并方式编制部门决算。2018 年 12 月 31 日，C 单位进行新旧会计制度转换工作。基建账科目余额等相关数据如表 13－15 所示：

表 13－15　　金额单位：万元

科目名称	借方余额	科目名称	贷方余额
建筑安装工程投资	42 820	基建拨款	203 890
——财政拨款	30 000	——财政拨款结转	31 780
——非财政非专项	12 820	——非财政专项结转	21 450
待摊投资（非财政非专项）	101 820	——其他	150 660
其他投资（非财政非专项）	5 520	应付工程款（2019 年 5 月支付，非财政非专项）	7 000
待核销基建支出（非财政非专项）	3 300		
基建转出投资（非财政非专项）	1 050		
交付使用资产（非财政非专项，未在大账登记）	18 160		
银行存款	30 000		
财政应返还额度	1 780		
预付账款（预付备料款，非财政专项）	6 440		
资金占用合计	210 890	资金来源合计	210 890

要求：编制 C 单位对上述资料进行并账及新旧转换的会计分录（为了简化举例，基建收入、支出以及追溯调整业务省略）。

C 单位有关会计处理如下：

1. 2018 年 12 月 31 日先将基建账数据并入财务“大账”

借：在建工程——基建工程（建筑安装工程投资）　428 200 000
　　　　　　——基建工程（待摊投资）　1 018 200 000
　　　　　　——基建工程（其他投资）　55 200 000
　　　　　　——基建工程（待核销基建支出）　33 000 000
　　　　　　——基建工程（基建转出投资）　10 500 000
　　　　　　——基建工程（预付备料款）　64 400 000
　　固定资产　181 600 000
　　银行存款　300 000 000
　　财政应返还额度　17 800 000
　　贷：事业基金　79 900 000
　　　　财政补助结转　17 800 000
　　　　非财政专项结转　150 100 000

应付账款 70 000 000

非流动资产基金——固定资产 181 600 000

——在建工程 1 609 500 000

说明：

（1）基建账“预付账款”科目余额6 440万元，并账时转为在建工程。

（2）基建账“基建拨款——财政补助结转”科目余额31 780万元，其中，建筑安装工程投资使用财政拨款30 000万元，并账时转为非流动资产基金，其余1 780万元并账时转为财政拨款结转。

（3）基建账“基建拨款——非专项财政结转”科目余额21 450万元，其中，预付备料款使用非财政专项资金6 440万元，并账时转为非流动资产基金，其余15 010万元并账时转为非财政拨款结转。

（4）基建账“基建拨款——其他”科目余额150 660万元，其中，建筑安装工程投资12 820万元、待摊投资101 820万元、其他投资5 520万元、待核销基建支出3 300万元、基建转出投资1 050万元、固定资产18 160万元，合计142 670万元，并账时转为非流动资产基金，其余7 990万元并账时转为事业基金。

（5）根据以上分析，并账时转为非流动资产基金（固定资产）18 160万元，转为非流动资产基金（在建工程）160 950万元（30 000 + 6 440 + 142 670 - 18 160），合计179 110万元。

（6）基建并账以后，基建支出在年末结账时冲减相关基建拨款，净资产中不再单独反映累计基建拨款等信息，单位应当设置备查簿记录累计基建拨款等信息。

2. 2019年1月1日新旧制度转换

（1）财务会计衔接转换。

①资产类衔接转换。

借：在建工程——基建工程（建筑安装工程投资） 428 200 000

——基建工程（待摊投资） 1 018 200 000

——基建工程（其他投资） 55 200 000

——基建工程（待核销基建支出） 33 000 000

——基建工程（基建转出投资） 10 500 000

预付账款 64 400 000

固定资产 181 600 000

银行存款 300 000 000

财政应返还额度　　17 800 000

贷：在建工程——基建工程（建筑安装工程投资）　　428 200 000

——基建工程（待摊投资）　　1 018 200 000

——基建工程（其他投资）　　55 200 000

——基建工程（待核销基建支出）　　33 000 000

——基建工程（基建转出投资）　　10 500 000

——基建工程　　64 400 000

固定资产　　181 600 000

银行存款　　300 000 000

财政应返还额度　　17 800 000

说明：

按照新制度规定，预付备料款应当在“预付账款”科目核算，衔接转换时，将“在建工程——预付备料款”科目余额6 440万元，转入“预付账款科目。”

②负债及净资产类科目衔接转换。

借：事业基金　　79 900 000

财政拨款结转　　17 800 000

非财政专项结转　　150 100 000

应付账款　　70 000 000

非流动资产基金——固定资产　　181 600 000

——在建工程　　1 609 500 000

贷：应付账款　　70 000 000

累计盈余　　2 038 900 000

（2）预算会计衔接转换。

①财政拨款结转衔接转换。

财政拨款结转＝原账“财政补助结转”科目余额1 780万元。

借：资金结存——财政应返还额度　　17 800 000

贷：财政拨款结转　　17 800 000

②非财政拨款结转衔接转换。

非财政拨款结转＝原账“非财政专项结转”科目余额15 010万元。

借：资金结存——货币资金　　150 100 000

贷：非财政拨款结转　　150 100 000

说明：

原账“在建工程——预付备料款”6 440 万元视为确认支出，转为新账“预付账款”6 440 万元，预算会计同样视为支出，因此在本例非财政拨款结转衔接转换时，不需要单独调整。

③非财政拨款结余衔接转换。

非财政拨款结余 = 原账“事业基金”科目余额 7 990 + “应付账款”科目余额 7 000 = 14 990（万元）

借：资金结存——货币资金　　149 900 000

　　贷：非财政拨款结余　　149 900 000

④核对。

原账“银行存款”科目余额 30 000 = 新账“资金结存”科目余额 30 000（15 010 + 14 990）。

第十四章

政府会计信息化

第一节 通过财务信息系统实现政府会计核算模式

一、综述

即将在2019年1月1日起施行的《政府会计制度》构建了“财务会计和预算会计适度分离并相互衔接”的会计核算模式，以适应权责发生制政府综合财务报告制度改革的需要，规范行政事业单位会计核算，提高会计信息质量。

对应的政府会计信息化产品也应采用适度分离又相互衔接的政府会计核算模式，既能兼顾现行部门决算报告制度的需要，又能满足部门编制权责发生制财务报告的要求，并且避免部门和单位采用两套会计信息系统进行核算的复杂性，使公共资金管理中预算管理、财务管理和绩效管理相互联结、融合，全面提高管理水平和资金使用效率。

在《政府会计制度》规划的全新会计核算模式下，会计和财务管理的职能、方法、基础和管理理念都有了新的变化，会计核算和财务管理工作发生了较大的业务伸延和职能角色转变，这些因素都推动和加快了财务信息化建设的步伐，业财融合以及会计核算精细化无疑成为当前财务发展的方向和财务核算管理的需要。

二、信息化核算模型

图 14－1 描绘了《政府会计制度》财务信息化软件的基础架构，涵盖基础信息设置、双分录凭证录入、凭证影像化、凭证复核、出纳复核及银校互联、凭证记账、月末年末结转，会计账表及报表生成等重要环节。

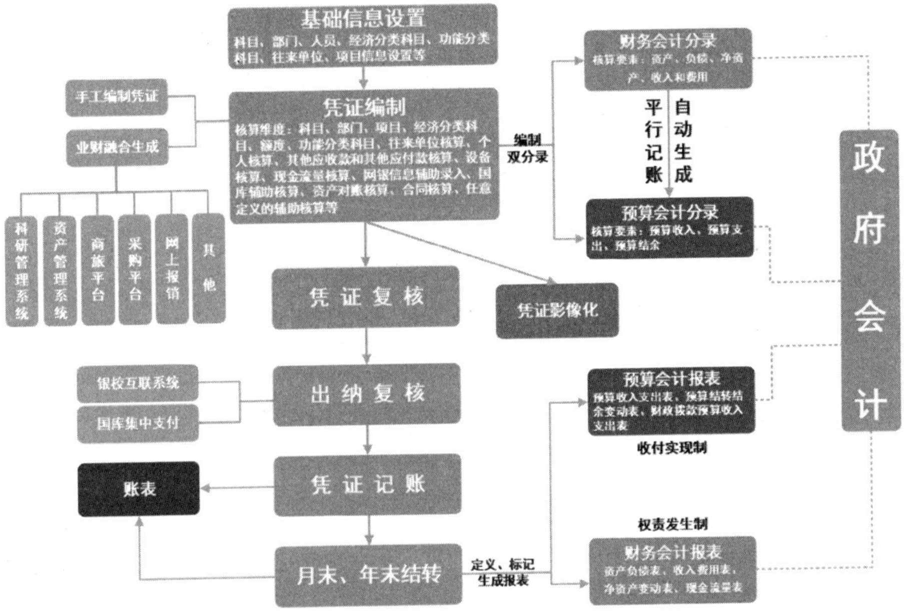

图 14－1　政府会计信息化软件基础架构

政府会计信息化基础档案信息设置，包含财务科目、预算科目、经济分类科目、功能分类科目、部门信息、项目核算信息、往来单位、个人等基础核算要素信息。这些信息涵盖资产、负债、净资产、收入、费用五个财务会计要素和分类科目以及预算收入、预算支出、预算结余三个预算会计要素和分类科目，既能反映资产负债情况和收入费用情况，也能反映预算执行情况。

政府会计核算模式中，财务信息化系统包含了财务会计和预算会计科目信息以及一套完整的项目信息。根据核算需要，所有科目都可以进行项目核算，所有资金都应该按照项目设置规则分类设置项目，系统中财务会计与预算会计所设置项目代码应一致。财务信息系统可以实现财务会计与预算会计项目的关联关系，做好对应控制，预算会计所用项目代码财务会计一定使用、但财务会计所用项目代码预算会计不一定使用（如受托代理资产与受托代理负债）。

为了满足政府会计精细化核算要求，系统凭证录入环境应当尽可能地纳入更多的核算维度，包含财务会计科目、预算会计科目、支出功能分类科目核算、支出经济分类科目、单位内设部门、项目核算、预算额度、往来单位核算、个人核算、其他应收款和其他应付款核算、设备核算、现金流量核算、网银信息辅助录入、国库辅助核算、资产对账核算、合同核算、任意定义的辅助核算等。如此众多的核算维度给凭证编制带来了更大的工作量，为了提高编制效率，财务信息化系统需要引入先进的业财融合管理概念，使更多的凭证可以通过系统互联方式自动生成，比如常见的科研管理、资产管理、差旅报销、试剂耗材采购、日常报销等业务都可以通过对接科研管理系统、资产管理系统、商旅平台、商城采购平台、网上报销平台等业务系统完成，做到既准确又高效。

在会计双体系核算中，财务会计账务处理与预算会计账务处理具有一定的关联关系，在对经济业务事项进行会计账务处理后，财务信息化系统可以平行记账、关联地“自动”作出预算会计账务处理，从而大大降低《政府会计制度》实施的难度和成本。

通过财务信息系统实现政府会计核算模式，最重要的是实现财务会计与预算会计差异化记录、标识和分析。软件中兼容权责发生制和收付实现制，满足未来编制两种报表的需要。初始化时设置出永久性差异、时间性差异标记以及货币资金差异，在凭证编制中设置与核算相关的各种标记，这样在凭证复核、出纳复核、银校互联支付、凭证记账、月末年末结转后，可以自动生成会计账表。通过报表软件定义取数公式可以自动生成财务会计报告（权责发生制）、决算报告（收付实现制）。

随着存储和扫描技术的发展，凭证影像化管理成为了政府会计核算模式应用的重要一环，以先进的影像管理技术为基础，配合相关的系统硬件，将纸面凭证转换成电子影像文件，并实现自动建立索引、查询、调阅、存贮等功能的一整套解决方案。通过实施凭证影像化系统，财务部分可以有效地解决传统手工纸面凭证管理面临的难题，大大提高财务服务的质量，如图 14－2 所示。

三、政府会计信息化设置示例

按照会计制度的规定设立并管理会计科目。会计科目分八大类，分类设置总账及明细科目，并通过多维度的辅助核算达到管理目标（如图 14－3 所示）。

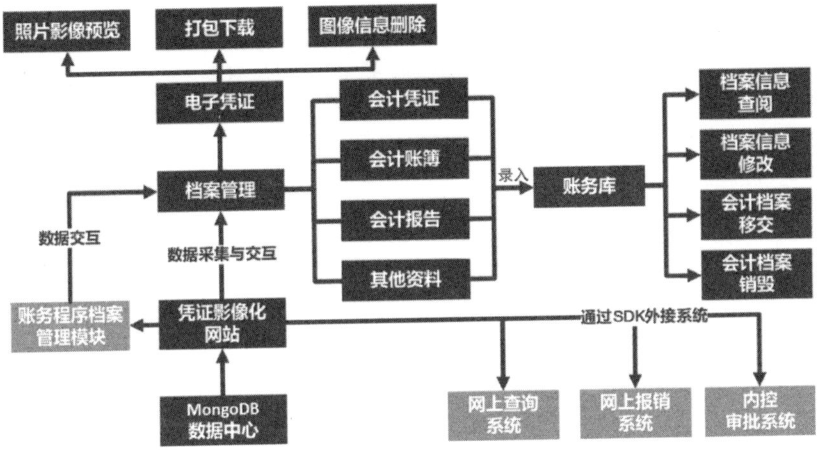

图 14－2　凭证影像化系统

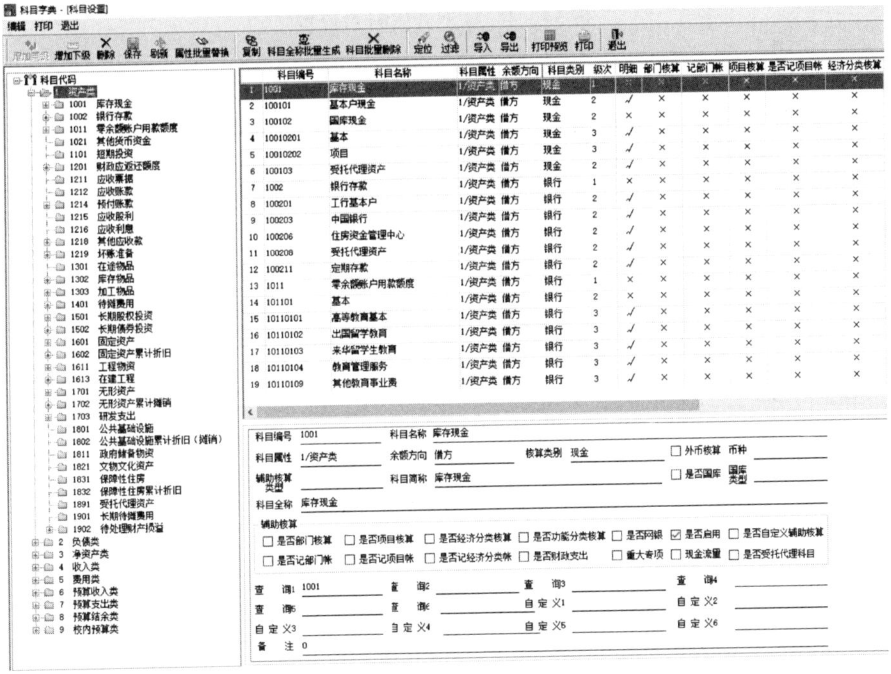

图 14－3　会计科目设置

按照政府收支分类改革规定设置经济分类科目，作为会计科目的辅助科目，使用灵活、便于统计，起到简化科目设置的作用（如图 14－4 所示）。

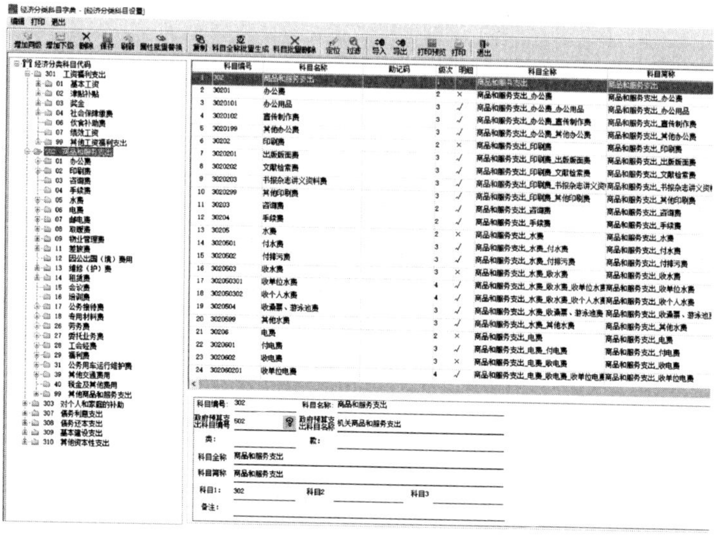

图 14-4　经济分类科目设置

按照政府收支分类改革规定设置功能科目，根据经费来源设置，一般用于预算收入、预算支出科目的辅助核算，便于快捷编制各类预算会计报表（如图 14-5 所示）。

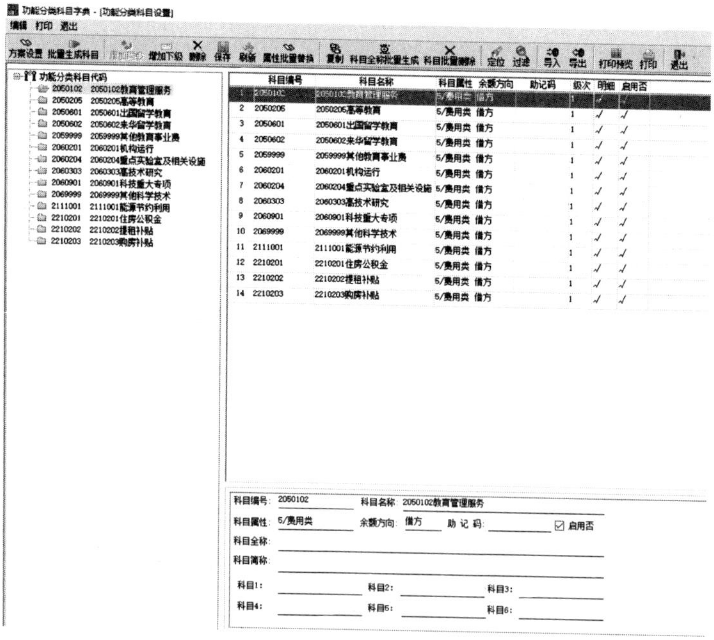

图 14-5　功能分类科目设置

将凭证进行分类，每一种凭证类型单独排号。凭证类型可纳入权限管理，可以定义单独的打印格式（如图 14 -6 所示）。

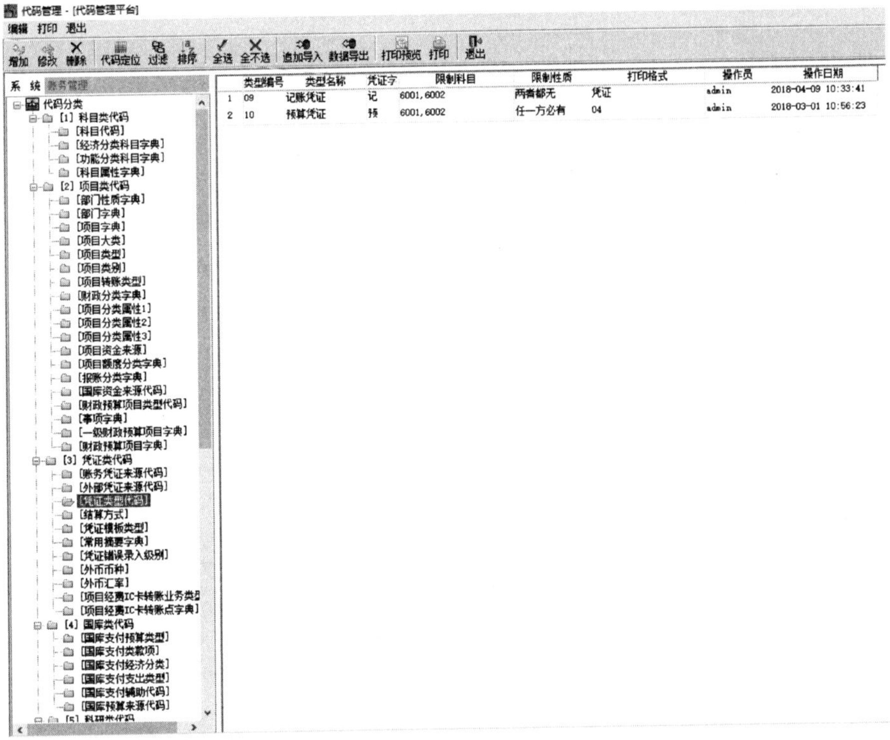

图 14 -6　凭证类型设置

设置本单位的部门信息，包括部门编码、名称、性质、负责人等，在财务信息系统中所有模块都要使用部门信息（如图 14 -7 所示）。

在部门之下设置人员信息，包括内部职工、外部人员和学生。人员信息是重要的辅助核算内容，许多经济业务都需要核算到人，如项目负责人、费用报销、往来款、开发票、收费、收入发放等（如图 14 -8 所示）。

设置往来单位档案信息。单位信息是重要的辅助核算内容，收入来源、支付对象、应收应付等往来业务都需要核算到单位。往来单位应区分类型以便分类统计，往来单位应附带税号、开户银行、账号等信息，用于开发票和对公支付（如图 14 -9 所示）。

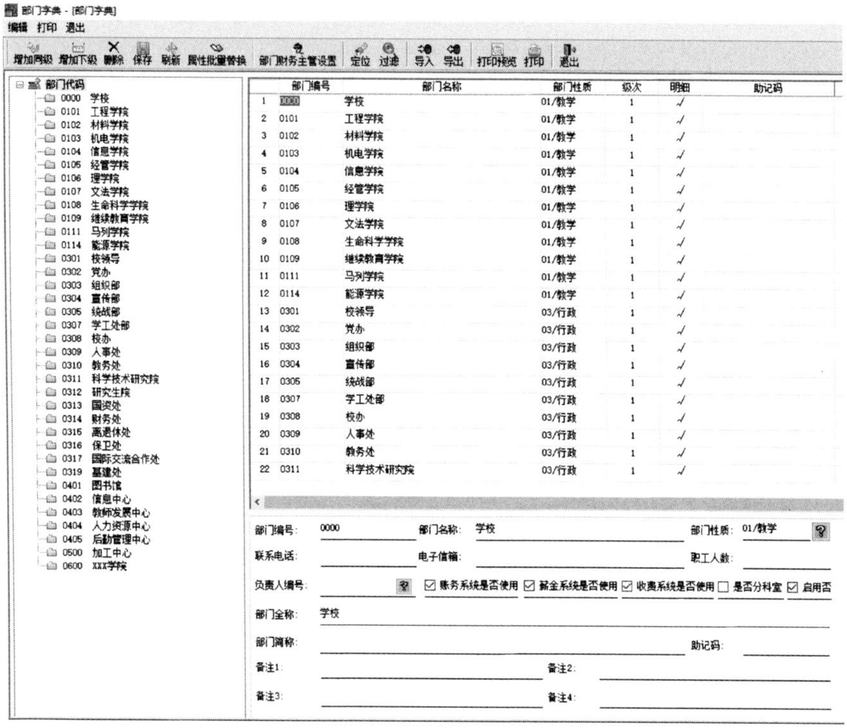

图 14-7 部门设置

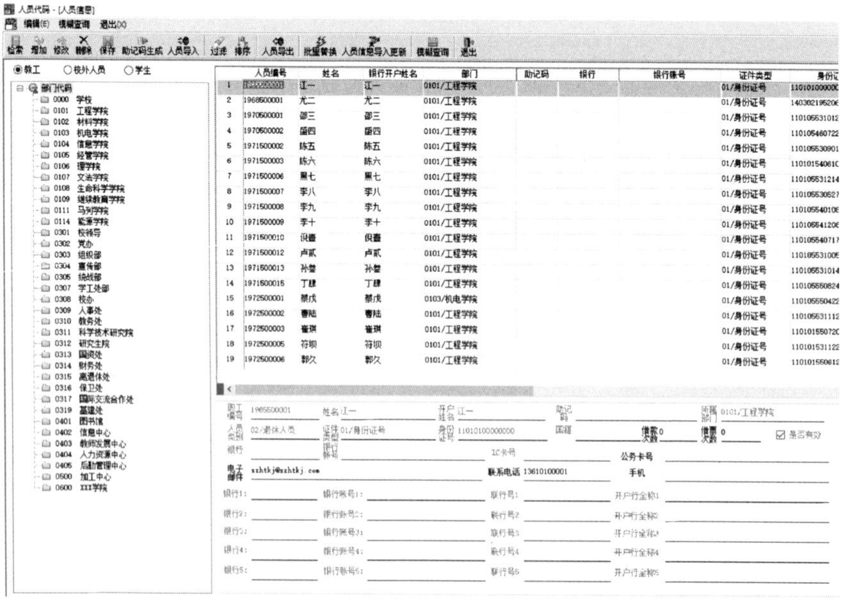

图 14-8 人员设置

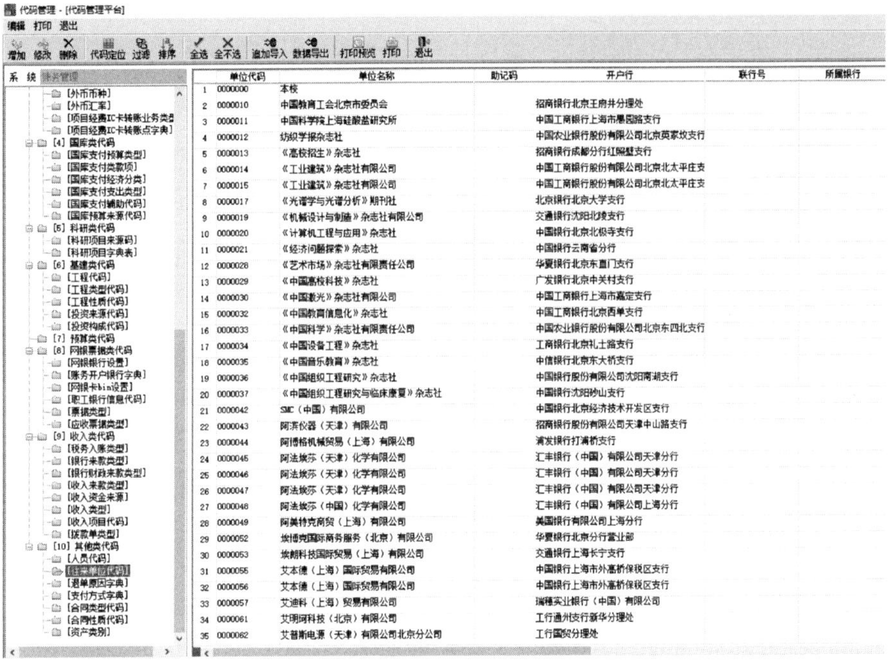

图 14－9　往来单位设置

项目核算是政府会计核算模式中最重要的概念之一，这里所指的“项目”可以是一个部门控制的人员或公用经费、成本核算对象、科研课题、专款拨款项目等。在日常财务核算中，经常需要对某些“项目”（如部门经费、科研课题等）进行专门核算。在手工核算方式下，通常通过设置明细科目的方法来进行。这种通过设置明细科目以达到分项目核算的方法使科目明细表极为繁杂，增加了会计信息化数据的冗余，同时也不利于各项日常财务信息的归集，为此财务信息系统引入了项目核算。项目核算是政府会计信息化特有的核算方式。在项目核算方式下，通常将项目按其类别进行专门管理，并在项目和核算科目之间建立联接，即每个项目有其对应的科目，每个科目有其对应的项目。在进行与其专项相关的业务处理时，每笔会计分录同时对应该核算科目和项目信息，使科目核算与项目核算既相对独立，又彼此统一。项目信息中包含了预算会计科目的基本信息（如经费拨款来源信息、政府收支功能分类的相关信息等），也包含了财务核算的开支范围和控制信息，根据项目的相关控制信息，可以自动生成预算会计平行分录信息（如图 14－10 所示）。

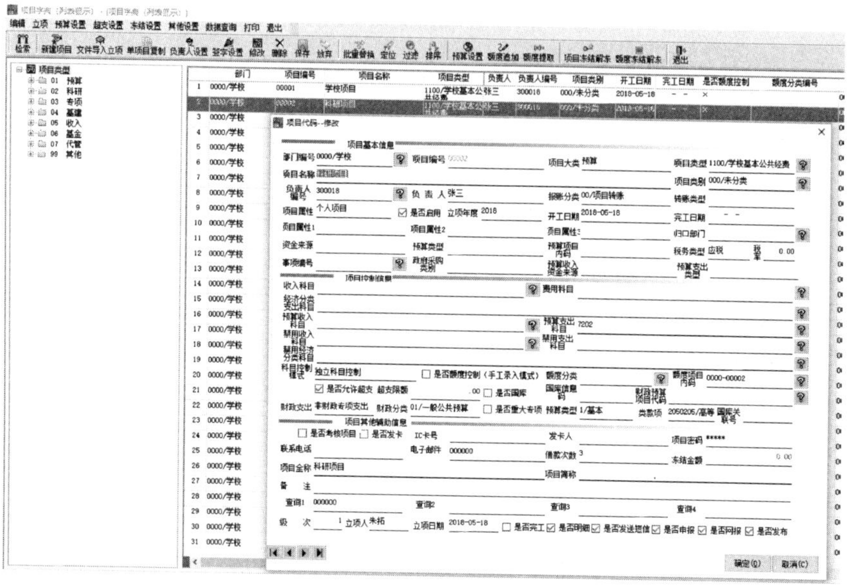

图 14－10　项目核算设置

在基础信息设置完成之后，在财务软件中进行期初建账，增加 00 会计期间，用于年初初始化，初始化凭证记账后只更改年初数。年初数凭证只允许录入资产、负债、净资产、预算结余类的科目。账表支持自定义栏目显示，支持部门和项目、经济分类及辅助账核算。年初数凭证不支持自动生成双分录，需要直接录入或导入初始化分录。期初建账完成之后即可进入正常业务做账，如图 14－11 所示。

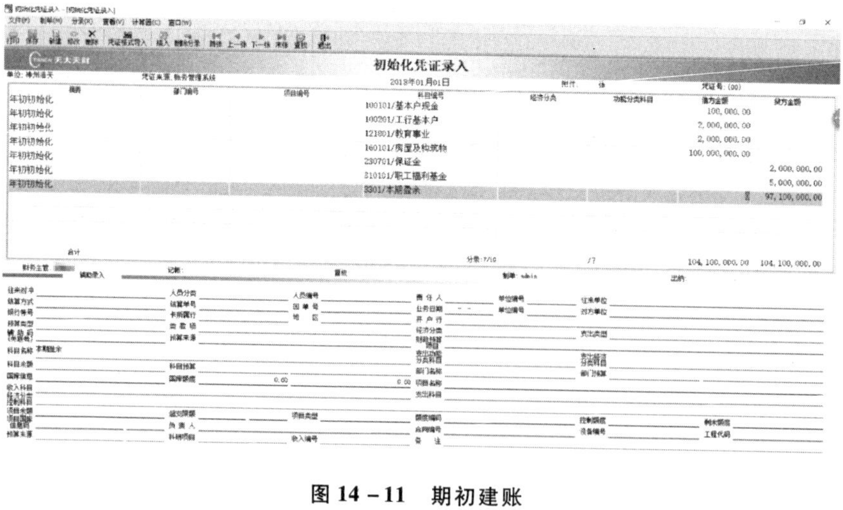

图 14－11　期初建账

系统还可以设置政府会计核算的控制信息，包括费用控制、项目余额超支控制、财政预算项目超支控制，国库集中支付信息平衡控制、电子发票验真及重复报账管理等控制设置。

此外，还应该通过信息化建立可扩展的项目库信息，设置项目时必须带的信息要十分明确、清晰，可分为基础信息、控制信息、其他信息，为财务会计和预算会计提供必要的基础信息和控制信息。

基于财务会计和预算会计两套科目体系和一套项目控制体系，预算会计科目实现项目余额的增减控制，利用经济分类科目、功能分类科目、凭证类型、部门、人员、往来单位等基础信息，财务人员可编制财务会计记账凭证分录，或其他业务系统自动生成财务会计记账凭证分录，同时软件根据财务会计科目和预算科目的对照关系以及项目体系中包含的财务核算和预算核算的相关信息自动生成平行预算分录，在进行凭证复核、出纳管理、记账、月末结转或年末结转后，实现政府会计的核算功能。

第二节　应用财务软件进行日常核算举例

一、综述

新《政府会计制度》特别规定，不论行政单位，还是事业单位，其会计核算都应当具备财务会计与预算会计双重功能，实现财务会计与预算会计适度分离并相互衔接，全面、清晰地反映单位财务信息和预算执行信息。

伴随《政府会计准则——基本准则》（以下简称《基本准则》）的发布，政府会计主体已清晰地呈现出了“双目标”（即“政府会计应当编制决算报告和财务报告”）、“双系统”（即“政府会计由预算会计和财务会计构成。”）和“双基础”（即“预算会计实行收付实现制”、“财务会计实行权责发生制”）的技术特征。尽管政府会计主体存在“双目标”和“双系统”的客观需求，但受制于同一会计主体的限定，当同时涉及预算会计系统和财务会计系统的某一交易事项发生时，必须通过双重账务处理的方式（即“双分录”），才能既确保同一政府会计主体的账、证、表、实四大要素核对相符，又能分别实现政府分别编制决算报告和财务报告的“双目标”。

因此，财务信息化系统对行政事业单位发生的资产、负债等经济业务采用权责发生制为基础的会计核算，对收入、支出等经济业务采用收付实现制为基础的会计核算。如果一笔业务同时存在收入、支出和非货币资产或负债变化的，则采用“平行分录”分别进行收入、支出和非货币资产或负债等的核算。财务软件判断预算平行分录生成的依据是将纳入本期内部门预算资金的现金流入或流出政府会计主体的经济业务活动，都要生成预算平行分录，如表 14 – 1 所示。

表 14 – 1

不纳入部门预算业务 不做预算分录	纳入部门预算但不涉及货币 资金业务不做预算分录 （以下除外）	纳入部门预算且涉及货币 资金业务要做预算分录 （以下除外）
受托代理资产与负债 应交财政款 转拨附属单位预算 收到预拨下年预算 收到或支付对方交纳的质保金、押金、招投标保证金等	确认上年预拨预算 国库直接支付款项 提取科研项目管理费 从非财政拨款结余中提取专用基金	从实拨资金户提现

新《政府会计制度》规范了“双分录”具体会计处理方法，要求纳入部门预算管理的现金收支业务，在采用财务会计核算的同时应当进行预算会计核算；对于其他业务，仅需进行财务会计核算。为使行政单位和事业单位会计人员熟练掌握“双分录”会计核算方法，新《政府会计制度》清楚划分了“双分录”归属核算基础，并在附录“主要业务和事项账务处理举例”中首次采用表格的形式，同时划分出某项具体业务或事项的财务会计处理方法和预算会计处理方法，扩大了“双分录”核算范围。

二、预算平行分录生成方案

财务信息化系统实现了凭证编制“双分录”平行记账，有效地解决了会计核算兼容收付实现制和权责发生制的问题，将会计各个要素始终贯穿在一起，达到了既反映行政单位财务状况，又反映预算执行情况的目的。用户只需选择当前所发生的业务场景，系统自动提供与场景相匹配的财务会计及预算会计分录，提高用户编制凭证的效率和质量。

财务软件会计核算中的双分录触发机制，主要包括如下原则：

第一，触发次序：先关注科目即现金、银行科目的变动，再审查对方科目和项目；

第二，设置触发模板，分为正常触发和特殊触发；

第三，注意收入支出模板中财务会计与预算会计不对等的部分；

第四，延时触发中个人所得税支出用设置新归集项目方式解决。

为了更好地辅助财务人员做好双分录凭证，财务软件中设置了复杂的校验规则，通过自动触发机制生成预算分录，可以大大降低新制度实施的难度，主要触发规则如表 14－2 所示：

表 14－2

序号	财务会计科目分录	预算会计科目分录
1	（1）费用类科目（贷方时用借方红字表示）：业务活动费用 5001、单位管理费用（计提管理费除外）5101、经营费用 5201、资产处置费用 5301、上缴上级费用 5401、对附属单位补助费用 5501、所得税费用 5801、其他费用 5901 （2）负债类科目借方：应交增值税 2101（含进项税额）、其他应交税费 2102、应付票据 2301、应付账款 2302、应付政府补贴款 2303、应付利息 2304、其他应付款（应付性质的款项）2307、长期应付款 2502、预计负债 2601 （3）资产类科目借方：预付账款 1214、其他应收款（视同支出、不做待处理时）1218、在途物品 1301、库存物品 1302、加工物品 1303、待摊费用 1401、长期债券投资 1502、固定资产 1601、工程物资 1611、在建工程 1613、无形资产 1701、研发支出 1703、公共基础设施 1801、政府储备物资 1811、文化文物资产 1821、保障性住房 1831 （4）净资产类目借方：专用基金 3101	只转借方为预算支出科目（对方科目含现金流出科目）
2	（1）收入类科目贷方（冲回借方用贷方红字表示）：财政拨款收入 4001、事业收入 4101、上级补助收入 4201、附属单位上缴收入 4301、经营收入 4401、非同级财政拨款收入 4601、投资收益 4602、捐赠收入 4603、利息收入 4604、租金收入 4605、其他收入 4609 （2）资产类科目贷方：应收票据 1211（转为经营预算收入）、应收账款（非上缴财政款回款）1212、应交增值税 2101（销项税额） （3）负债类科目贷方：预收账款 2305	只转贷方为预算收入科目（对方科目含现金流入科目）

续表

序号	财务会计科目分录	预算会计科目分录
3	（1）借方：短期借款2001、长期借款2501转为债务预算支出 （2）贷方：短期借款2001、长期借款2501转为债务预算收入	借方转为预算支出，贷方转为预算收入（对方含现金流入流出）
4	其他应收款1218做待处理业务时	借方转预算支出，贷方转为预算支出（红字）（对方含现金流入流出）
5	库存现金1001、银行存款1002、零余额账户用款额度1011、其他货币资金1021、财政应返还额度1201	借贷双方都转为资金结存（不含代管类现金即受托代理资产现金）
6	其他应付款（暂收性质）2307，对方含收入科目，暂收款确认收入时	非现金科目借方转为资金结存借方（不含现金流入或流出）
7	单位管理费用5101，计提管理费用时，对方含预提费用科目2401，转为非财政拨款结转——项目间接费用或管理费； 本年盈余分配3302年底按预算会计计提专用基金，对方含专用基金科目3101，转为非财政拨款结余分配	非现金科目借方转预算结余借方（不含现金流入或流出）
8	预提费用科目2401，对方含单位管理费用5101，转为非财政拨款结余——项目间接费用或管理费； 专用基金3101，对方含本年盈余分配3302，转为专用结余	非现金科目贷方转预算结余贷方（不含现金流入或流出）
9	在费用类科目或资产类科目生成预算支出时，以现金科目为基准生成预算资金结存分录，费用类或资产类科目应该减去负债类科目贷方（如应付账款、长期应付款、其他应付款）的金额； 在收入类科目生成预算收入时，收入类科目应该减去资产类科目（非现金类科目）借方科目（如应收账款等）的金额	排除规则，就是差额生成规则
10	不纳入本部门预算的资金，如受托代理资产或负债产生的现金流入或流出，收到或支付对方交纳的质保金、押金、招投标保证金等，应缴纳财政收到的现金（学费、住宿费、资产处置收入、应缴纳财政的应收账款收回），直接计入专用基金的资金；不在本期预算收到的现金，如收到下一期预算的预拨款，待确认收入的其他应付款中的暂收款	排除规则，有现金流入或流出，不生成预算分录的情况

三、预算平行分录生成示例

【例 14－1】某普通高等学校工薪其他收入发放处理（假定单独设置了“教育支出”科目）。

某普通高等学校项目 A 发放教职工奖金费用 6 000 元，代扣个人所得税 1 200 元，实际发放额 4 800 元。代扣个人所得税通过项目 B 归集，并统一上报税务。有关的平行登记处理如表 14－3 所示。

表 14－3

<table>
<tr><th></th><th>财务会计</th><th>预算会计</th></tr>
<tr><td rowspan="2">平行登记</td><td>①发放职工薪酬收入：
借：
项目：A
科目：500102/业务活动费用——科研费用
经济分类科目：3010215/工资福利支出——津贴补贴——科研绩效
金额：6 000

贷：
科目：22010301/应付职工薪酬——其他个人收入——在职人员
金额：6 000</td><td rowspan="2">借：
项目：A
科目：72010102/教育支出——财政拨款支出——项目支出
经济分类科目：3010215/工资福利支出——津贴补贴——科研绩效
金额：6 000

项目：B
科目：72010102/教育支出——财政拨款支出——项目支出
经济分类科目：30240/商品和服务支出——税金及其他费用
金额：－1 200

贷：
科目：800101/资金结存——货币资金
金额：4 800</td></tr>
<tr><td>②代扣个人所得税：
借：
科目：22010301/应付职工薪酬——其他个人收入——在职人员
金额：1 200

贷：
项目：B
科目：21020101/其他应交税费——应缴个人所得税——工薪
金额：1 200</td></tr>
</table>

续表

	财务会计	预算会计
平行登记	③支付税后薪酬收入： 借： 科目：22010301/应付职工薪酬——其他个人收入——在职人员 金额：4 800 贷： 科目：100201/银行存款——基本户 金额：4 800	
	④缴纳个人所得税： 借： 项目：B 科目：21020101/其他应交税费——应缴个人所得税——工薪 金额：1 200 贷： 科目：100201/银行存款——基本户 金额：1 200	借： 项目：B 科目：72010102/教育支出——财政拨款支出——项目支出 经济分类科目：30240/商品和服务支出——税金及其他费用 金额：1 200 贷： 科目：800101/资金结存——货币资金 金额：1 200

本例中，为了实现项目经费 A 通过预算科目的实时扣减，同时也要满足政府会计中预算会计收付实现制的模式，引入 B 项目实现对个人所得税的归集和 A 项目的延迟交税。图 14－12 为相关业务的平行登记示例。

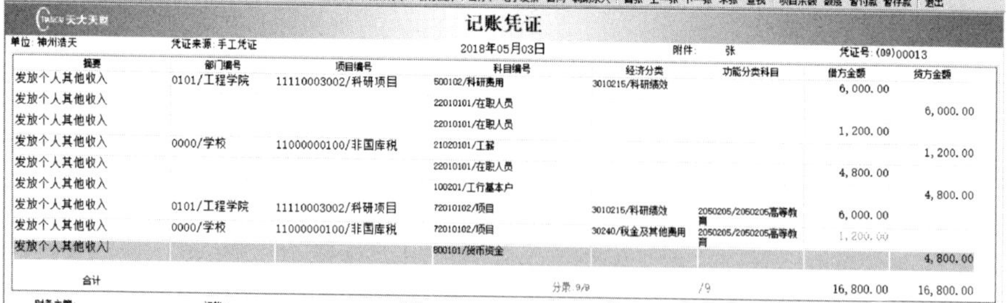

摘要	部门编号	项目编号	科目编号	经济分类	功能分类科目	借方金额	贷方金额
发放个人其他收入	0101/工程学院	11110003002/科研项目	500102/科研费用	3010215/科研绩效		6,000.00	
发放个人其他收入			22010101/在职人员				6,000.00
发放个人其他收入			22010101/在职人员			1,200.00	
发放个人其他收入	0000/学校	11000000100/非国库税	21020101/工薪				1,200.00
发放个人其他收入			22010101/在职人员			4,800.00	
发放个人其他收入			100201/工行基本户				4,800.00
发放个人其他收入	0101/工程学院	11110003002/科研项目	72010102/项目	3010215/科研绩效	2050205/2050205高等教育	6,000.00	
发放个人其他收入	0000/学校	11000000100/非国库税	72010102/项目	30240/税金及其他费用	2050205/2050205高等教育	1,200.00	
发放个人其他收入			800101/货币资金				4,800.00
合计			分录 9/9	/9		16,800.00	16,800.00

图 14－12　发放个人其他收入平行登记示例

【例 14－2】某高等学校劳务费发放处理。

项目 A 发放校外人员劳务费用 4 000 元，代扣个人所得税 640 元，并发放实际发放额 3 360 元。代扣个人所得税通过项目 B 归集，并统一上报税务。相关业务的平行登记如表 14－4、表 14－5、图 14－13、图 14－14 所示。

表 14－4

	财务会计	预算会计
平行登记	①发放校外人员劳务费并代扣个人所得税，下发税后收入 借： 项目：A 科目：500102/业务活动费用——科研费用 经济分类科目：3022699/商品和服务支出——劳务费——其他劳务费 金额：4 000 贷： 项目：B 科目：21020102/其他应交税费——应缴个人所得税——劳务报酬 金额：640 科目：100201/银行存款——基本户 金额：3 360	①发放校外人员劳务费并代扣个人所得税，下发税后收入 借： 项目：A 科目：72010102/教育支出——财政拨款支出——项目支出 经济分类科目：3022699/商品和服务支出——劳务费——其他劳务费 金额：4 000 项目：B 科目：72010102/教育支出——财政拨款支出——项目支出 经济分类科目：30240/商品和服务支出——税金及其他费用 金额：－640 贷： 科目：800101/资金结存——货币资金 金额：3 360

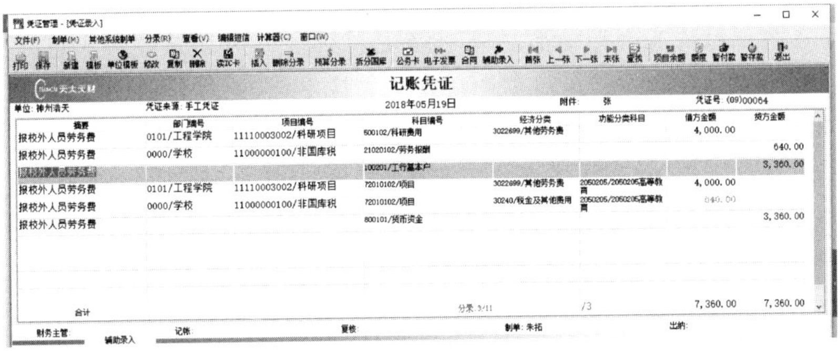

图 14－13　劳务费发放处理平行登记示例

表 14 – 5

	财务会计	预算会计
平行登记	②缴纳个人所得税 借： 项目：B 科目：21020102/其他应交税费——应缴个人所得税——劳务报酬 金额：640 贷： 科目：100201/银行存款——基本户 金额：640	②缴纳个人所得税 借： 项目：B 科目：72010102/教育支出——财政拨款支出——项目支出 经济分类科目：30240/商品和服务支出——税金及其他费用 金额：640 贷： 科目：800101/资金结存——货币资金 金额：640

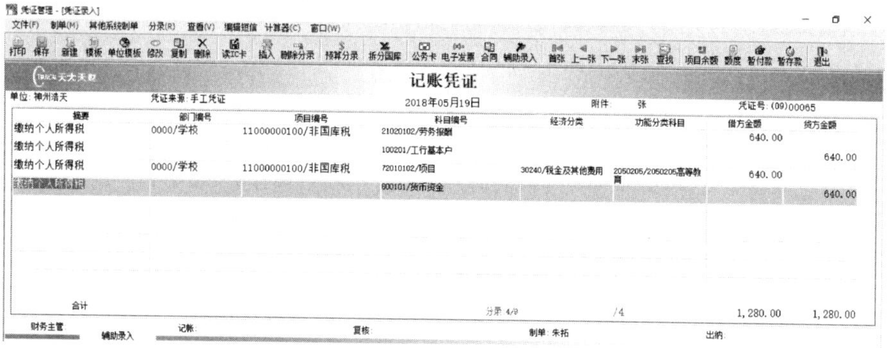

图 14 – 14 缴纳个人所得税平行登记示例

【例 14 – 3】 某高等学校资产申购、冻结、预付、结算、验收入账（设备对接）。

高等学校内设某部门准备购买一套通用设备，向资产处提出采购申请，资产处公开招标后由一家单位以 100 万元价格中标，部门决定从项目 A 中提供该经费，由财务人员将该项目的余额冻结，合同签订后，按照合同前期预付 20 万设备款，待全部调试正常后将设备入账，并扣除质保金 5 万元，至合同中正常产品质保到期后还质保金。相关业务的平行登记如表 14 – 6、表 14 – 7、图 14 – 15、图 14 – 16、图 14 – 17 所示。

表 14－6

	财务会计	预算会计
平行登记	①预付设备款： 借： 项目：A 科目：121405/预付账款——预付设备费 经济分类科目：31003/专用设备购置 金额：200 000 贷： 科目：100201/银行存款——基本户 金额：200 000	①预付设备款： 借： 项目：A 科目：72010102/教育支出——财政拨款支出——项目 经济分类科目：31003/专用设备购置 金额：200 000 贷： 科目：800101/资金结存——货币资金 金额：200 000

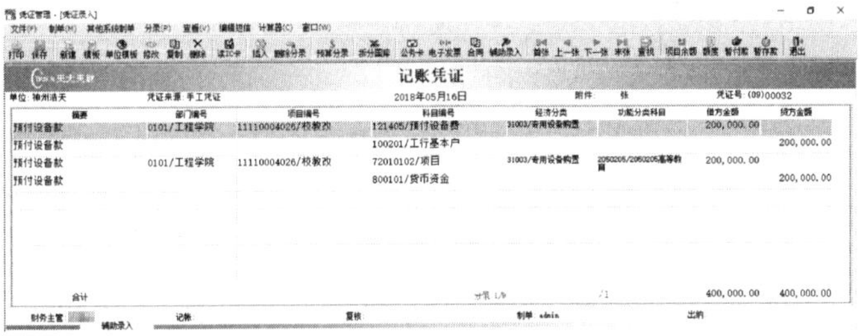

图 14－15 预付设备款业务平行登记示例

表 14－7

	财务会计	预算会计
平行登记	②设备入账冲预付款： 借： 项目：A 科目：160103/固定资产——通用设备 金额：1 000 000 贷： 项目：A 科目：121405/预付账款——预付设备费 经济分类科目：31003/专用设备购置 金额：200 000 科目：100201/银行存款——基本户 金额：750 000 项目：A 科目：2502/长期应付款 金额：50 000	②设备入账冲预付款： 借： 项目：A 科目：72010102/教育支出——财政拨款支出——项目 经济分类科目：31003/专用设备购置 金额：750 000 贷： 科目：800101/资金结存——货币资金 金额：750 000

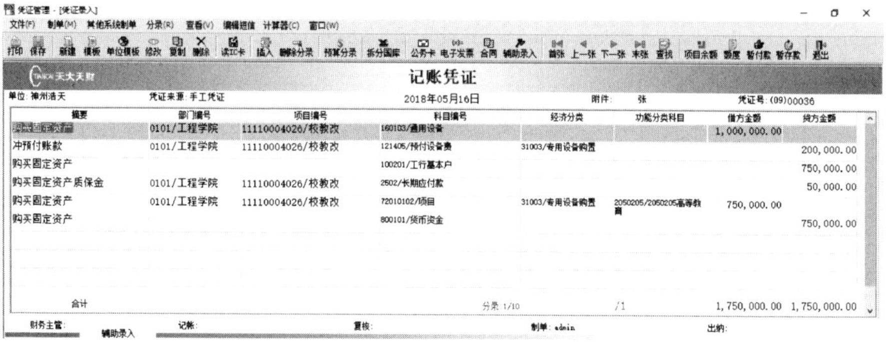

图 14－16 设备入账冲预付款平行登记示例

表 14－8

	财务会计	预算会计
平行登记	③返还质保金： 借： 项目：A 科目：2502/长期应付款 金额：50 000 贷： 科目：100201/银行存款——基本户 金额：50 000	③返还质保金： 借： 项目：A 科目：72010102/教育支出——财政拨款支出——项目 经济分类科目：31003/专用设备购置 金额：50 000 贷： 科目：800101/资金结存——货币资金 金额：50 000

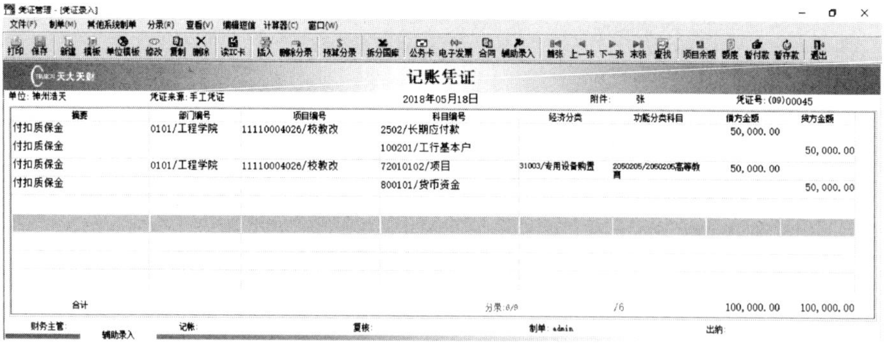

图 14－17 返还质保金业务平行登记示例

【例 14－4】某单位资产清查、盘盈盘亏、折旧、资产修缮。

某单位对下属两个项目进行资产清查，清查结果为项目 A 盘盈 5 000 元，提交清查报告后，相关部门进行待处理财产损溢处理，批准后进行前提调整。项目 B 盘亏 10 000 元，提交相关部门进行待处理财产损溢处理，然后经相应资金转入单位盈余。清查后统一对项目 A 的通用设备进行折旧核算，折旧金额 4 000 元，对项目 B 的房屋资产进行处置，从项目 A 的支出中拨出 20 000 元修缮房屋。相关业务的平行登记如表 14－9、表 14－10、表 14－11、表 14－12、图 14－18、图 14－19、图 14－20、图 14－21 所示。

表 14－9

	财务会计	预算会计
平行登记	①项目 A 盘盈： 借： 项目：A 科目：160103/固定资产——通用设备 金额：5 000 贷： 项目：A 科目：19020101/待处理财产损溢——处置资产价值——出售、出让、转让 金额：5 000 借： 项目：A 科目：19020101/待处理财产损溢——处置资产价值——出售、出让、转让 金额：5 000 贷： 项目：A 科目：3501/以前年度盈余调整 金额：5 000	贷： 项目：A 科目：66090402/其他预算收入——盘盈收入——存货盘盈收入 金额：5 000 借： 科目：800101/资金结存——货币资金 金额：5 000

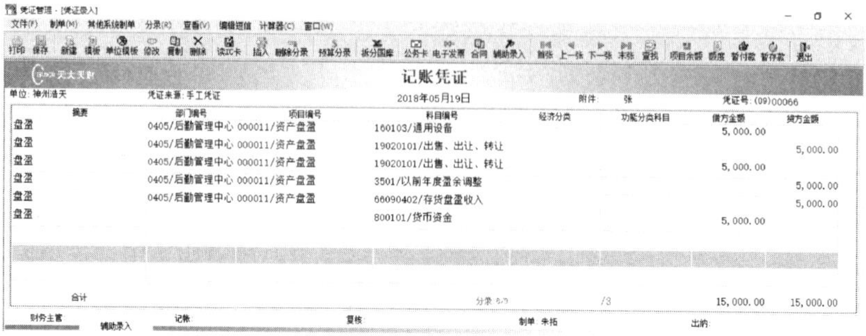

图 14－18 项目盘盈平行登记示例

表 14－10

	财务会计	预算会计
平行登记	②项目 B 盘亏： 借： 项目：B 科目：19020104/待处理财产损溢——处置净收入——盘亏 金额：10 000 项目：B 科目：160202/固定资产累计折旧——专用设备 金额：10 000 贷： 项目：B 科目：160102/固定资产——专用设备 金额：20 000 项目：B 借： 项目：B 科目：5301/资产处置费用 经济分类科目：3021899/商品和服务支出——专用材料费——其他专用材料 金额：10 000 贷： 项目：B 科目：19020104/待处理财产损溢——处置净收入——盘亏 金额：10 000	

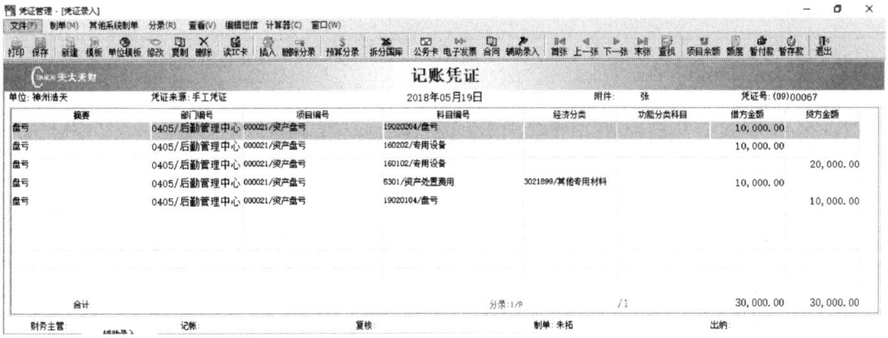
凭证管理 - [凭证录入]

记账凭证

单位：神州浩天 凭证来源：手工凭证 2018年05月19日 附件： 张 凭证号：(09)00067

摘要	部门编号	项目编号	科目编号	经济分类	功能分类科目	借方金额	贷方金额
盘亏	0405/后勤管理中心	000021/资产盘亏	19020204/盘亏			10,000.00	
盘亏	0405/后勤管理中心	000021/资产盘亏	160202/专用设备			10,000.00	
盘亏	0405/后勤管理中心	000021/资产盘亏	160102/专用设备				20,000.00
盘亏	0405/后勤管理中心	000021/资产盘亏	5301/资产处置费用	3021899/其他专用材料		10,000.00	
盘亏	0405/后勤管理中心	000021/资产盘亏	19020104/盘亏				10,000.00
合计			分录：1/9		/1	30,000.00	30,000.00

财务主管： 记帐： 复核： 制单：朱拓 出纳：

图 14－19 项目盘亏平行登记示例

表 14－11

<table>
<tr><td></td><td>财务会计</td><td>预算会计</td></tr>
<tr><td>平行登记</td><td>③固定资产折旧：
借：
项目：C
科目：510101/单位管理费用——行政管理费用
经济分类科目：31102/固定资产折旧费用——专用设备
金额：4 000

贷：
项目：C
科目：160202/固定资产——专用设备
金额：4 000</td><td></td></tr>
</table>

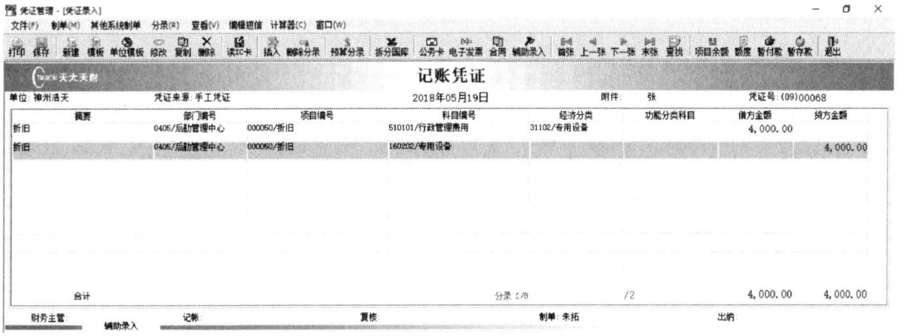
凭证管理 - [凭证录入]

记账凭证

单位：神州浩天 凭证来源：手工凭证 2018年05月19日 附件： 张 凭证号：(09)00068

摘要	部门编号	项目编号	科目编号	经济分类	功能分类科目	借方金额	贷方金额
折旧	0405/后勤管理中心	000050/折旧	510101/行政管理费用	31102/专用设备		4,000.00	
折旧	0405/后勤管理中心	000050/折旧	160202/专用设备				4,000.00
合计			分录：1/8		/2	4,000.00	4,000.00

财务主管： 辅助录入 记帐： 复核： 制单：朱拓 出纳：

图 14－20 固定资产折旧平行登记示例

表 14－12

	财务会计	预算会计
平行登记	④房屋修缮： 借： 项目：D 科目：500101/业务活动费用——教育费用 经济分类科目：3021303/商品和服务支出——维修（护）费——房屋建筑物维修 金额：20 000 贷： 科目：100201/银行存款——基本户 金额：20 000	

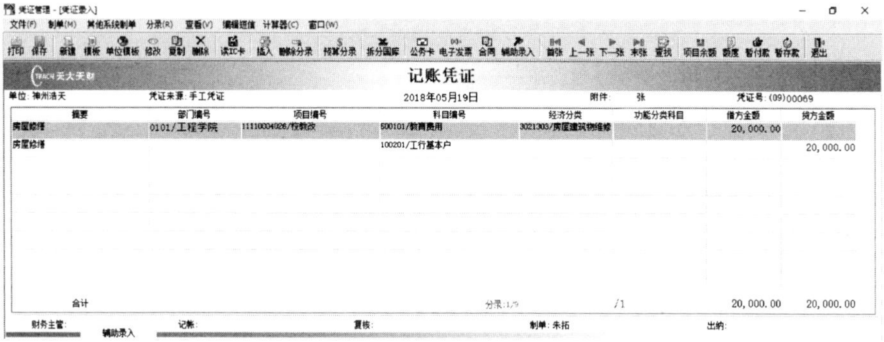

图 14－21　房屋修缮业务平行登记示例

【**例 14－5**】某高等学校其他应收款（个人往来）和其他应付款的双分录处理。

（1）其他应收款事例：

某管理部门职员张某预借差旅费 1 000 元，从 A 项目支出。10 天后，张某出差回来，实际差旅费用 1 500 元，自己垫资了 500 元。相关业务的平行登记如表 14－13、表 14－14 和图 14－22、图 14－23 所示。

表 14-13

	财务会计	预算会计
平行登记	①出差借款： 借： 项目：A 科目：121801/其他应收款——教育事业 经济分类科目：3021101/国内差旅费 金额：1 000 贷： 科目：100201/银行存款——工行基本户 金额：1 000	①出差借款： 借： 项目：A 科目：72010201/教育支出——非财政专项支出——基本支出 经济分类科目：3021101/国内差旅费 金额：1 000 贷： 科目：800101/资金结存——货币资金 金额：1 000

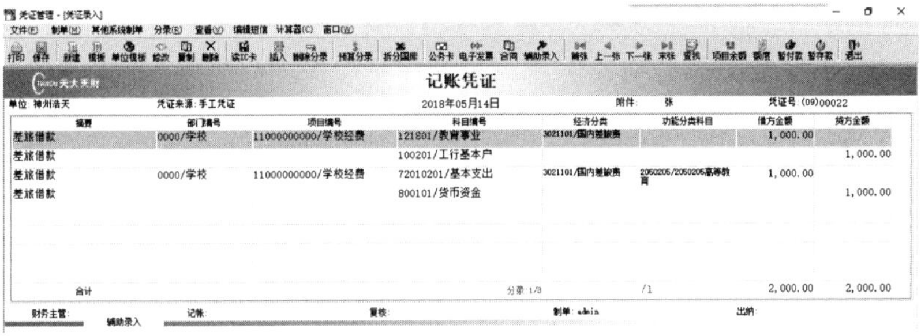

摘要	部门编号	项目编号	科目编号	经济分类	功能分类科目	借方金额	贷方金额
差旅借款	0000/学校	11000000000/学校经费	121801/教育事业	3021101/国内差旅费		1,000.00	
差旅借款			100201/工行基本户				1,000.00
差旅借款	0000/学校	11000000000/学校经费	72010201/基本支出	3021101/国内差旅费	2050205/2050205高等教育	1,000.00	
差旅借款			800101/货币资金				1,000.00
合计			分录:1/8	/1		2,000.00	2,000.00

图 14-22　出差借款业务平行登记示例

表 14-14

	财务会计	预算会计
平行登记	②出差回来报销： 借： 项目：A 科目：500101/业务活动费用——教育费用 经济分类科目：3021101/国内差旅费 金额：1 500 贷： 项目：A 科目：121801/其他应收款——教育事 金额：1 000 经济分类科目：3021101/国内差旅 科目：100101/库存现金——基本户现 金额：500	②出差回来报销： 借： 项目：A 科目：72010201/教育支出——非财政专项支出——基本支出 经济分类科目：3021101/国内差旅费 金额：500 贷： 科目：800101/资金结存——货币资金 金额：500

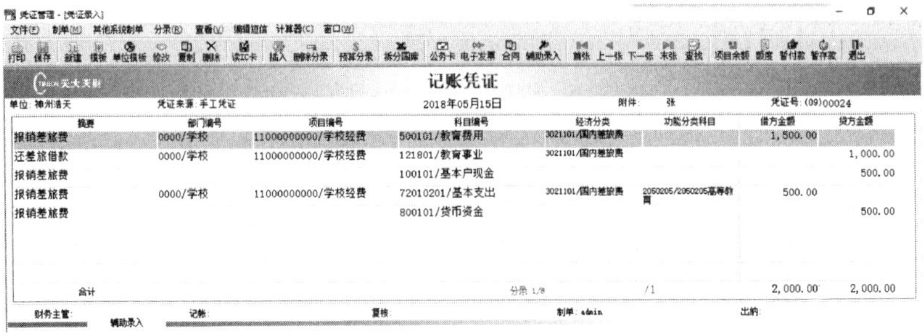

图 14－23　出差回来报销业务平行登记示例

（2）其他应付款事例：

某单位，为职工提供周转房，该职工向单位缴纳押金 3 000 元，财务收到押金记入项目 A。该职工于 3 个月内找到住处，搬出周转房，单位将押金退给该职工。相关业务的平行登记如表 14－15、表 14－16、图 14－24、图 14－25 所示。

因为押金不属于预算资金，所以不需要生成预算分录信息。

表 14－15

	财务会计	预算会计
平行登记	①收到押金的账务处理： 借： 科目：100201/银行存款——工行基本 金额：3 000 贷： 项目：A 科目：230713/其他应付款——个人押金暂存 金额：3 000	

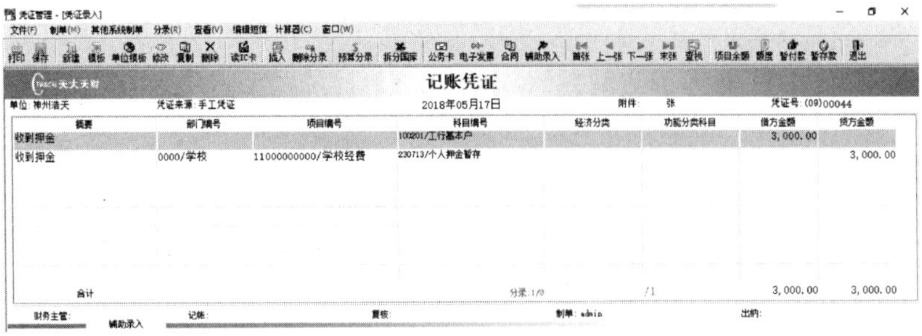

图 14－24　收到押金业务平行登记示例

表 14－16

	财务会计	预算会计
平行登记	②退押金： 借： 项目：A 科目：230713/其他应付款——个人押金暂存 金额：3 000 贷： 科目：100201/银行存款——工行基本 金额：3 000	

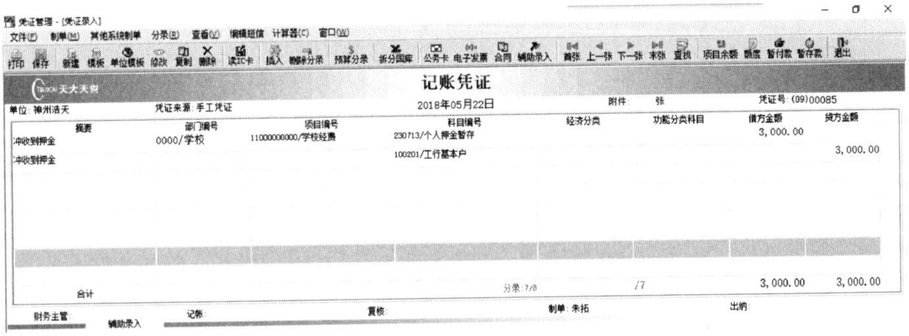

图 14－25　退押金业务平行登记示例

【例 14－6】某单位从采购商城购买试剂耗材，科研支出日常报销业务。

某单位科研部门需购买瓶装试剂，价格共计 5 000 元，准备使用项目 A 的经费，根据情况准备使用实验材料费的额度 5 000 元，资产处确定后需要在采购平台冻结项目余额及项目额度 5 000 元，待审批流程正常后，相关老师将业务单送往财务处入账，财务处首先对额度和金额进行解冻，然后按照流程从该项目支出费用。相关业务的平行登记如表 14－17 、图 14－26 所示。

【例 14－7】某科研事业单位员工差旅报销业务处理。

某科研事业单位员工在差旅出行前通过差旅服务平台进行差旅出行的申报和火车、飞机、酒店的预订（平台对接差旅服务提供商，包括同程商旅、滴滴、携程等），由差旅服务提供商直接垫付出行费用。每月固定时间差旅服务提供商直接与财务部门进行资金结算，财务系统通过接口接收平台提供的差旅出行数据，同时收到差旅服务提供商的正式发票进行账务处理。

举例如下：

某单位员工张三、李四分别通过差旅服务平台预订飞机票，项目经费分别为A、B两个项目，其中B为国库项目。发生差旅费用分别为1 000元和3 000元。月末差旅服务提供商与财务处进行结算，开具正式发票4 000元，财务接收平台的人员出行明细信息，制作凭证如表14－18、图14－27所示：

表14－17

	财务会计	预算会计
平行登记	①设备入账： 借： 项目：A 科目：500102/业务活动费用——科研费用 经济分类科目：3021801/实验材料费 金额：5 000 贷： 科目：100201/银行存款——工行基本户 金额：5 000	①设备入账： 借： 项目：A 科目：72010102/事业支出——项目 经济分类科目：3021801/实验材料费 金额：5 000 贷： 科目：800101/资金结存——货币资金 金额：5 000

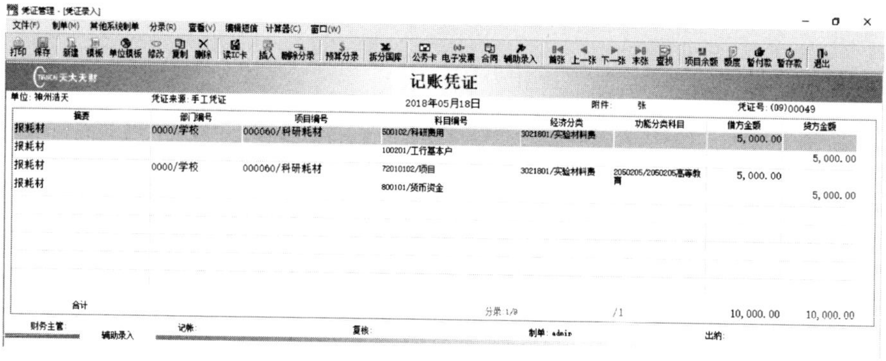

图14－26　设备入账业务平行登记示例

【例14－8】 工程投资核算。

某学校对校内某体育馆进行扩建，该体育馆的原价为2 000万元，已经计提折旧1 350万元。有关该体育馆的扩建事项如下，将拆除体育馆构件原净值记入处置费用，相关业务的平行登记如表14－19至表14－25、图14－28至图14－34所示：

表 14 - 18

	财务会计	预算会计
平行登记	借： 项目：A 科目：500102/业务活动费用——科研费用 经济分类科目：3021101/商品和服务支出——差旅费——国内差旅费 金额：1 000 项目：B 科目：500102/业务活动费用——科研费用 经济分类科目：3021101/商品和服务支出——差旅费——国内差旅费 金额：3 000 贷： 科目：100201/银行存款——工行基本户 金额：1 000 科目：10110201/零余额账户用款额度——项目——高等教育项目 金额：3 000	借： 项目：A 科目：72020102/科研支出——财政拨款支出——项目支出 经济分类科目：3021101/商品和服务支出——差旅费——国内差旅费 金额：1 000 项目：B 科目：72020102/科研支出——财政拨款支出——项目支出 经济分类科目：3021101/商品和服务支出——差旅费——国内差旅费 金额：3 000 贷： 科目：800101/资金结存——货币资金 金额：1 000 科目：80010202/资金结存——零余额账户用款额度——项目 金额：3 000

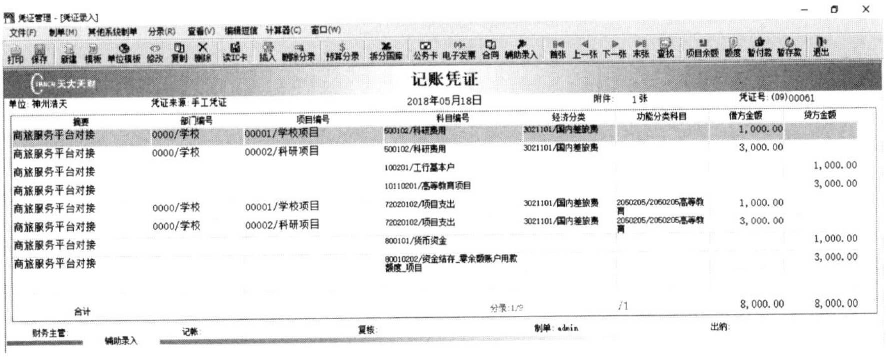

图 14 - 27 差旅费报销业务平行登记示例

表 14－19

	财务会计	预算会计
平行登记	①将原体育馆账面价值转入在建工程： 借： 项目：A 科目：1802/公共基础设施累计折旧（摊销） 金额：13 500 000 项目：A 科目：161301/在建工程——建筑安装工程投资 金额：6 500 000 贷： 项目：A 科目：1801/公共基础设施 金额：20 000 000	

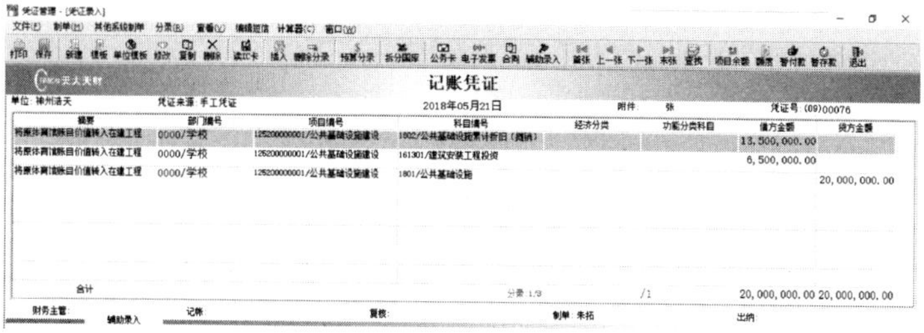

图 14－28　体育馆账面价值转入在建工程平行登记示例

表 14－20

	财务会计	预算会计
平行登记	②向施工单位预付工程款 500 万元： 借： 项目：A 科目：121406/预付账款——预付工程款 经济分类科目：31005/基础设施建设 金额：5 000 000 贷： 项目：A 科目：40010141/财政拨款收入——教育——基建经费拨款（项目） 金额：5 000 000	②向施工单位预付工程款 500 万元： 借： 项目：A 科目：72010102/教育支出——财政拨款支出——项目 经济分类科目：31005/基础设施建设 金额：5 000 000 贷： 项目：A 科目：60010141/财政拨款预算收入——教育补助收入——基建经费拨款（项目） 金额：5 000 000

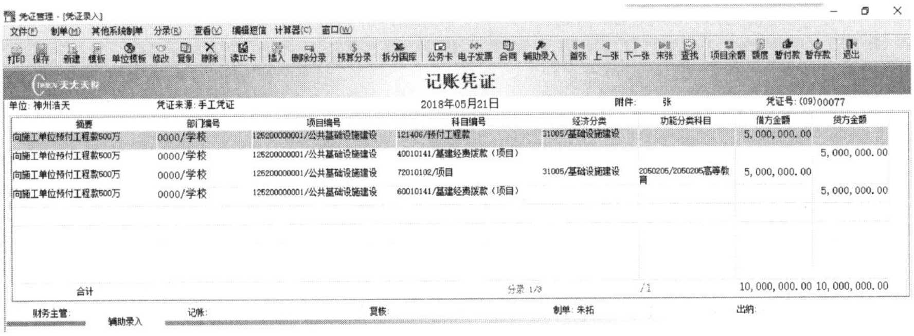

图 14－29　预付工程款业务平行登记示例

表 14－21

	财务会计	预算会计
平行登记	③收到变卖原体育馆构件残料收入 5 000 元，将拆除体育馆构件原净值（200 万元）记入处置费用： 借： 科目：100201/银行存款——工行基本户 金额：5 000 项目：A 科目：19020106/待处理财产损溢——处置资产价值——毁损及其他损失核销 金额：2 000 000 项目：A 科目：5301/资产处置费用 经济分类科目：31005/基础设施建设 金额：2 000 000 贷： 项目：A 科目：161303/在建工程——待摊投资 金额：5 000 项目：A 科目：161301/在建工程——建筑安装工程投资 金额：2 000 000 项目：A 科目：19020106/待处理财产损溢——处置资产价值——毁损及其他损失核销 金额：2 000 000	③收到变卖原体育馆构件残料收入 5 000 元，将拆除体育馆构件原净值（200 万元）记入处置费用： 借： 科目：800101/资金结存——货币资金 金额：5 000 贷： 项目：A 科目：72010102/教育支出——财政拨款支出——项目 经济分类科目：31005/基础设施建设 金额：5 000

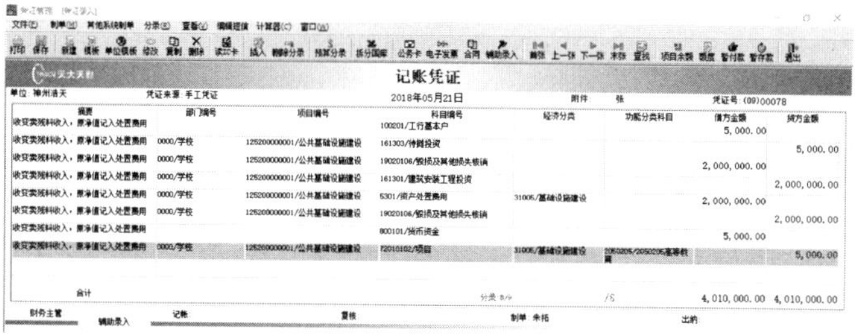

图 14-30 收变卖残收入，原净值记入处置费用业务平行登记示例

表 14-22

	财务会计	预算会计
平行登记	④结算并向施工企业支付剩余工程款 2 400 万元： 借： 项目：A 科目：161301/在建工程——建筑安装工程投资 金额：29 000 000 贷： 项目：A 科目：40010141/财政拨款收入——教育——基建经费拨款（项目） 金额：24 000 000 项目：A 科目：121406/预付账款——预付工程款 经济分类科目：31005/基础设施建设 金额：5 000 000	④结算并向施工企业支付剩余工程款 2 400 万元： 借： 项目：A 科目：72010102/教育支出——财政拨款支出——项目 经济分类科目：31005/基础设施建设 金额：24 000 000 贷： 项目：A 科目：60010141/教育支出——财政拨款支出——项目 金额：24 000 000

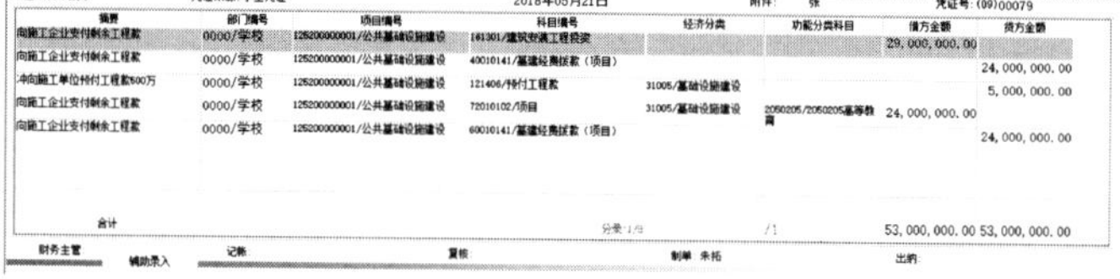

图 14-31 支付剩余工程款业务平行登记示例

表 14－23

	财务会计	预算会计
平行登记	⑤收到 70 万元施工单位交付的质量保证金： 借： 科目：100201/银行存款——工行基本户 金额：700 000 贷： 项目：A 科目：2502/长期应付款 金额：700 000	

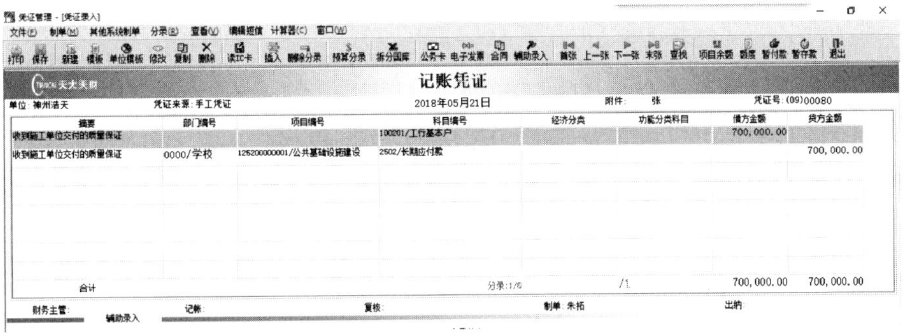

图 14－32　收到质保金业务平行登记示例

表 14－24

	财务会计	预算会计
平行登记	⑥结转待摊费用 5 000 元： 借： 项目：A 科目：161303/在建工程——待摊投资 金额：5 000 贷： 项目：A 科目：161301/在建工程——建筑安装工程投资 金额：5 000	

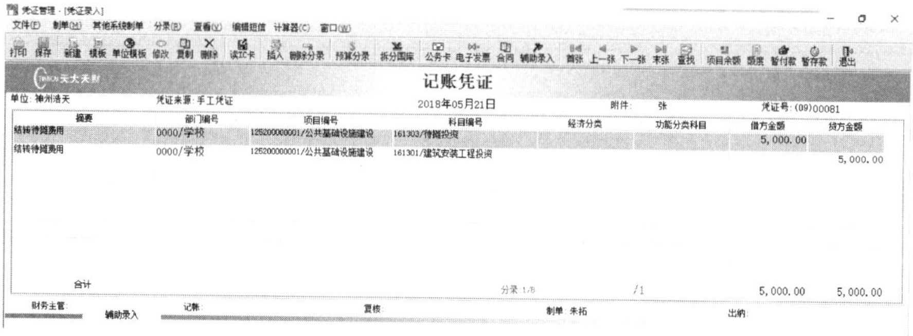

图 14－33 结转待摊费用业务平行登记示例

表 14－25

	财务会计	预算会计
平行登记	⑦工程交付使用，将在建工程成本 3 349.5 万元转为公共基础设施成本： 借： 项目：A 科目：1801/公共基础设施 金额：33 495 000 贷： 项目：A 科目：161301/在建工程——建筑安装工程投资 金额：33 495 000	

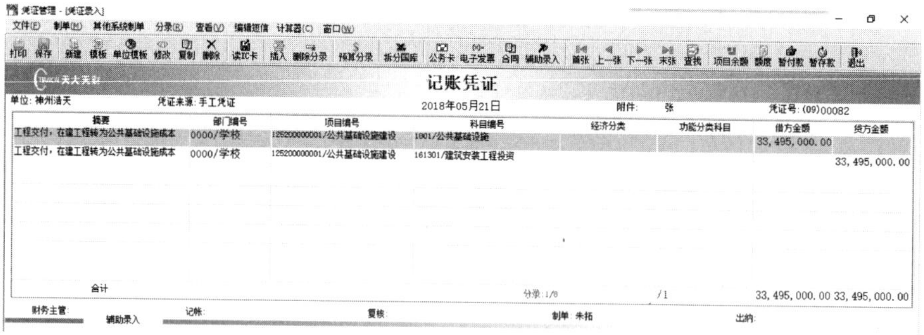

图 14－34 工程交付使用业务平行登记示例

【例 14－9】 事业收入确认核算（收学费）。

某学校收到学费 5 000 万元，全部向财政专户上缴。财政根据预算返还学校 4 000 万元。相关业务的平行登记如表 14－26 至表 14－28、图 14－35 至图 14－37 所示。

表 14－26

	财务会计	预算会计
平行登记	①收到学费，上缴财政专户： 借： 科目：100201/银行存款——工行基本户 金额：50 000 000 贷： 科目：21030201/应缴财政款——应缴财政专户——学费 金额：50 000 000	

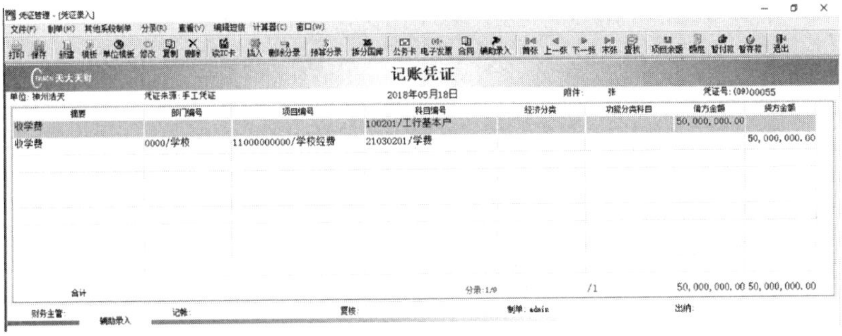

图 14－35　收到学费，上缴财政专户业务平行登记示例

表 14－27

	财务会计	预算会计
平行登记	②向财政专户上缴款项 5 000 万元： 借： 科目：21030201/应缴财政款——应缴财政专户——学费 金额：50 000 000 贷： 科目：100201/银行存款——工行基本户 金额：50 000 000	

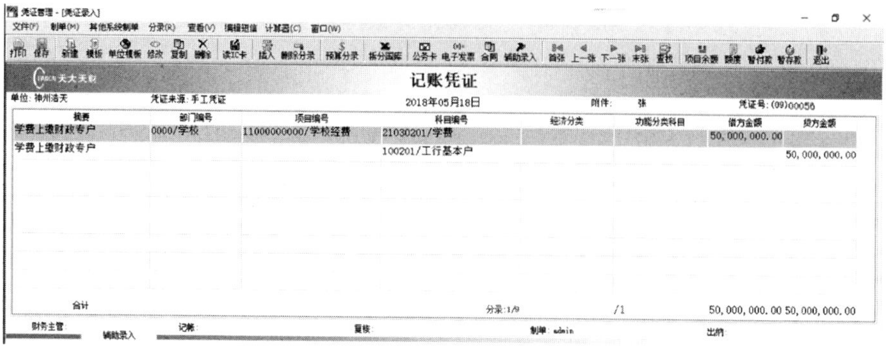

图 14－36　向财政专户上缴款项业务平行登记示例

表 14－28

	财务会计	预算会计
平行登记	③收到财政专户返还的 4 000 万元： 借： 科目：100201/银行存款——工行基本户 金额：40 000 000 贷： 科目：41010101/事业收入——教育事业收入——学费 金额：40 000 000	③收到财政专户返还的 4 000 万元： 借： 科目：800101/资金结存——货币资金 金额：40 000 000 贷： 科目：61010101/事业预算收入——教育事业收入——学费 金额：40 000 000

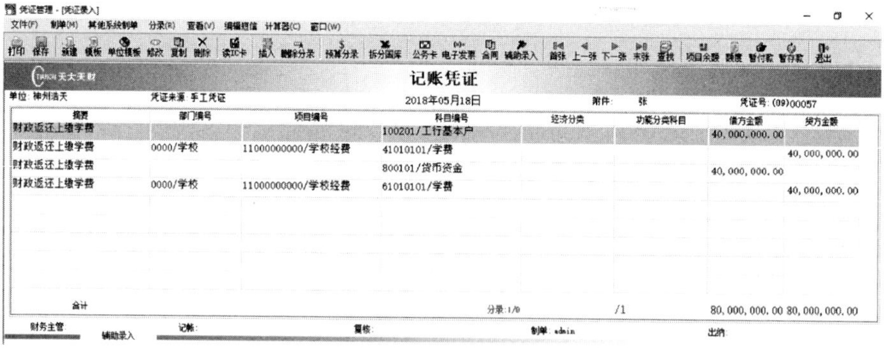

图 14－37　收到财政专户返还业务平行登记示例

【例 14－10】科研到款、计提费用、确认收入。

某单位科研人员申请了一个科研项目，项目全部金额为 20 万元，分两次到款，每次到款 10 万元。按照相关规定，到款后学院提取管理费 5 000 元，来款到位后根据科研管理规定缴纳 6 000 元增值税，项目入账后科研人员按照正常流程进行报销，在该过程中按照规定支付了 2 000 元电费，并因出差考察花费 4 000 元并随着科研的深入进行相关的报销。相关业务的平行登记如表 14－29 至表 14－32、图 14－38 至图 14－42 所示。

表 14－29

	财务会计	预算会计
平行登记	①科研来款： 借： 科目：100201/银行存款——基本户 金额：100 000 贷： 项目：A 科目：230502/预收账款——科研到款 金额：100 000 ②提管理费： 借： 项目：A 科目：510101/单位管理费用——行政管理费用 经济分类科目：3029913/商品和服务支出——其他商品和服务支出——间接经费 金额：5 000 贷： 项目：B 科目：24010102/预提费用——项目管理费及间接费——学院 金额：5 000	①科研来款： 借： 科目：800101/货币资金 金额：100 000 贷： 科目：60010111/财政拨款预算收入——教育补助收入——教育经费项目拨款（项目） 金额：100 000 ②提管理费： 借： 项目：A 科目：820103/非财政拨款结转——项目间接费用或管理费 金额：5 000 贷： 项目：B 科目：820103/非财政拨款结转——项目间接费用或管理费 金额：5 000

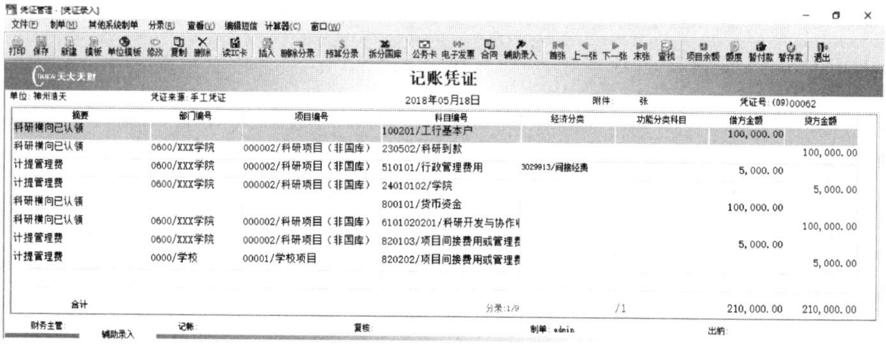

凭证管理 - [凭证录入]

记账凭证

单位：神州浩天　凭证来源：手工凭证　2018年05月18日　附件：　张　凭证号：(09)00062

摘要	部门编号	项目编号	科目编号	经济分类	功能分类科目	借方金额	贷方金额
科研横向已认领			100201/工行基本户			100,000.00	
科研横向已认领	0600/XXX学院	000002/科研项目（非国库）	230502/科研到款				100,000.00
计提管理费	0600/XXX学院	000002/科研项目（非国库）	510101/行政管理费用	3029913/间接经费		5,000.00	
计提管理费	0600/XXX学院	000002/科研项目（非国库）	24010102/学院				5,000.00
科研横向已认领			800101/货币资金			100,000.00	
科研横向已认领	0600/XXX学院	000002/科研项目（非国库）	6101020201/科研开发与协作收				100,000.00
计提管理费	0600/XXX学院	000002/科研项目（非国库）	820103/项目间接费用或管理费			5,000.00	
计提管理费	0000/学校	00001/学校项目	820202/项目间接费用或管理费				5,000.00
合计			分录:1/9		/1	210,000.00	210,000.00

财务主管：　辅助录入　记帐：　复核：　制单：admin　出纳：

图 14-38　科研来款、计提管理费业务平行登记示例

表 14-30

	财务会计	预算会计
平行登记	③缴费横向税费： 借： 项目：A 科目：230502/预收账款——科研到款 金额：100 000 贷： 项目：A 科目：4101020201/事业收入——科研事业收入——其他科研事业收入——科研开发与协作收入 金额：94 000 项目：A 科目：210107/应交增值税——简易计税 金额：6 000 借： 项目：A 科目：210107/应交增值税——简易计税 金额：6 000 贷： 科目：100201/银行存款——基本户 金额：6 000	③缴费横向税费： 借： 项目：A 科目：72020201/科研支出——非财政专项支出——基本支出 经济分类科目：30240/税金及其他费用 金额：6 000 贷： 科目：800101/资金结存——货币资金 金额：6 000

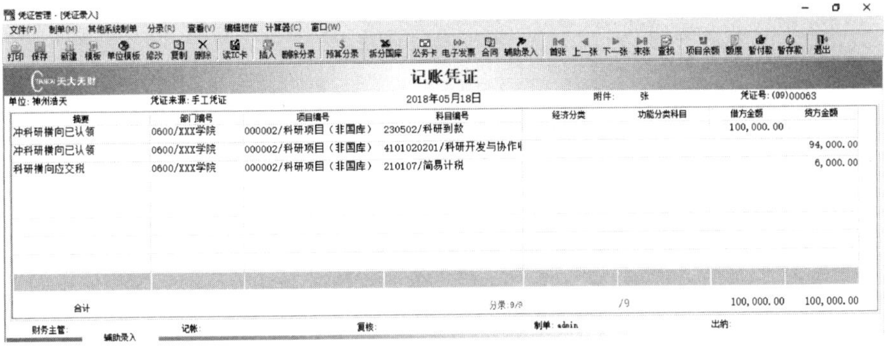

图 14－39　缴横向税费业务平行登记示例

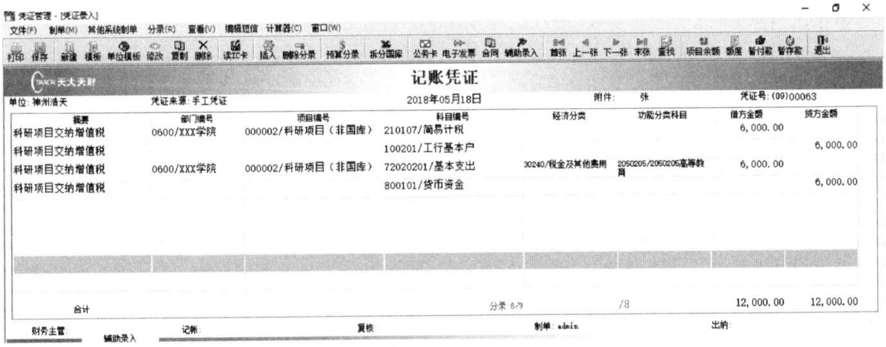

图 14－40　科研项目交纳增值税业务平行登记示例

表 14－31

	财务会计	预算会计
平行登记	④报日常报销： 借： 项目：A 科目：500102/业务活动费用——科研费用 经济分类科目：3020601/商品和服务支出——电费——付电费 金额：2 000 贷： 科目：100201/银行存款——基本户 金额：2 000	④报日常报销： 借： 项目：A 科目：72020102/科研支出——财政拨款支出——项目支出 经济分类科目：3020601/商品和服务支出——电费——付电费 金额：2 000 贷： 科目：800101/资金结存——货币资金 金额：2 000

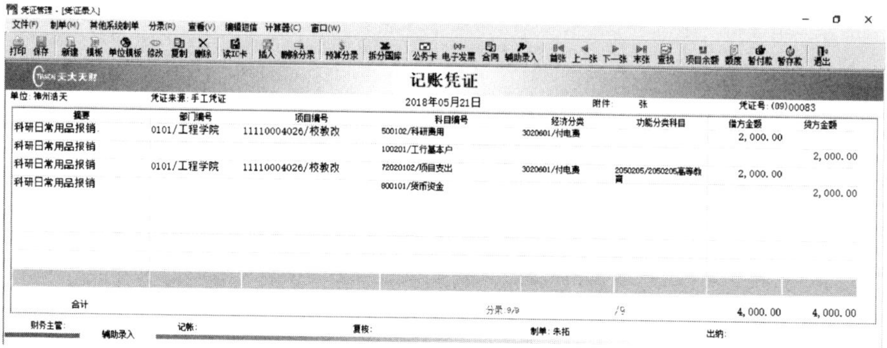

图 14－41　日常报销业务平行登记示例

表 14－32

	财务会计	预算会计
平行登记	⑤报差旅费： 借： 项目：A 科目：500102/业务活动费用——科研费用 经济分类科目：3021101/商品和服务支出——差旅费——国内差旅费 金额：4 000 贷： 科目：100201/银行存款——基本户 金额：4 000	⑤报差旅费： 借： 项目：A 科目：72020102/商品和服务支出——差旅费——国内差旅费 经济分类科目：3021101/商品和服务支出——电费——付电费 金额：4 000 贷： 科目：800101/资金结存——货币资金 金额：4 000

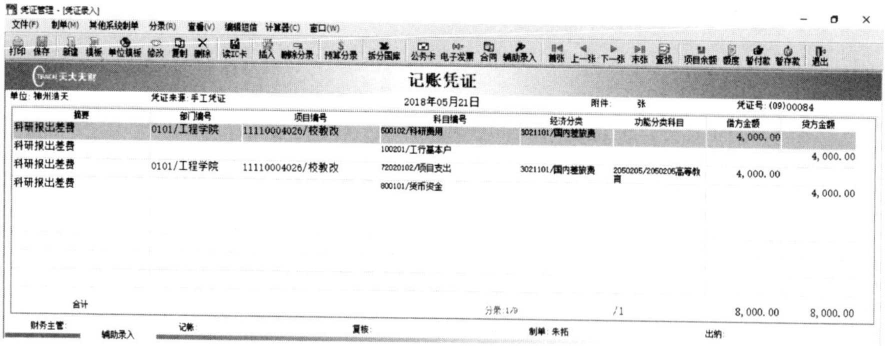

图 14－42　差旅费报销业务平行登记示例

【例 14－11】某单位采购原材料、生产产品及销售产品的业务处理。

某单位采购一批原材料，总货款为 1 000 000 元，向供应商支付货款及税款 1 102 000 元，列支在 A 项目下，进项税额 160 000 元。用这批原材料生成加工产品并销售，取得 1 392 000 元，销项税额 192 000 元，最后交纳增值税 32 000 元。相关业务的平行登记如表 14－33 至表 14－35、图14－43 至图 14－45所示。

表 14－33

	财务会计	预算会计
平行登记	①采购原材料： 借： 项目：A 科目：130201/库存物品——材料 金额：1 000 000 项目：A 科目：21010101/应交增值税——应交税金——进项税额 金额：160 000 贷： 科目：100201/银行存款——工行基本户 金额：1 102 000 项目：A 科目：230202/应付账款——应付器材款 金额：58 000	①采购原材料： 借： 项目：A 科目：7301/经营支出 经济分类科目：3021899/其他专用材料 金额：1 102 000 贷： 科目：800101/资金结存——货币资金 金额：1 102 000

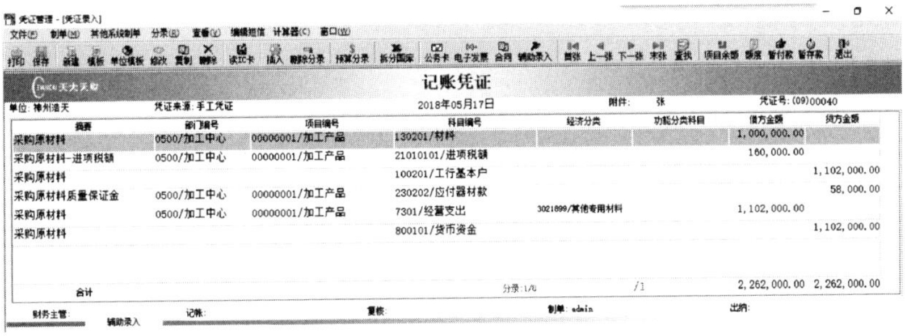
记账凭证

单位：神州浩天　凭证来源：手工凭证　2018年05月17日　附件：　张　凭证号：(09)00040

摘要	部门编号	项目编号	科目编号	经济分类	功能分类科目	借方金额	贷方金额
采购原材料	0500/加工中心	00000001/加工产品	130201/材料			1,000,000.00	
采购原材料-进项税额	0500/加工中心	00000001/加工产品	21010101/进项税额			160,000.00	
采购原材料			100201/工行基本户				1,102,000.00
采购原材料质量保证金	0500/加工中心	00000001/加工产品	230202/应付器材款				58,000.00
采购原材料	0500/加工中心	00000001/加工产品	7301/经营支出	3021899/其他专用材料		1,102,000.00	
采购原材料			800101/货币资金				1,102,000.00
合计			分录:1/6		/1	2,262,000.00	2,262,000.00

财务主管：　记账：　复核：　制单：admin　出纳：

图 14－43　采购原材料业务平行登记示例

表 14－34

	财务会计	预算会计
平行登记	②销售加工产品： 借： 科目：100201/银行存款——工行基本户 金额：1 392 000 贷： 项目：A 科目：4401/经营收入 金额：1 200 000 项目：A 科目：21010102/应交增值税——应交税金——销项税额 金额：192 000	②销售加工产品： 借： 科目：800101/资金结存——货币资金 金额：1 392 000 贷： 项目：A 科目：6401/经营预算收入 金额：1 392 000

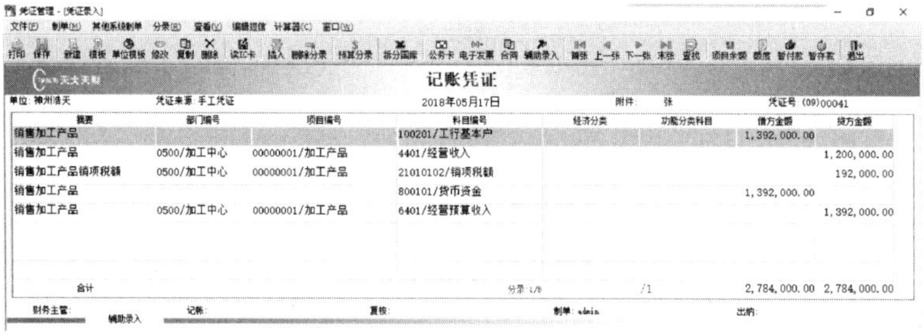

图 14－44　销售产品业务平行登记示例

表 14－35

	财务会计	预算会计
平行登记	③缴纳增值税： 借： 项目：A 科目：21010103/应交增值税——应交税金——已交税金 金额：32 000 贷： 科目：100201/银行存款——工行基本户 金额：32 000	③缴纳增值税： 借： 项目：A 科目：7301/经营支出 经济分类科目：30240/税金及其他费用 金额：32 000 贷： 科目：800101/资金结存——货币资金 金额：32000

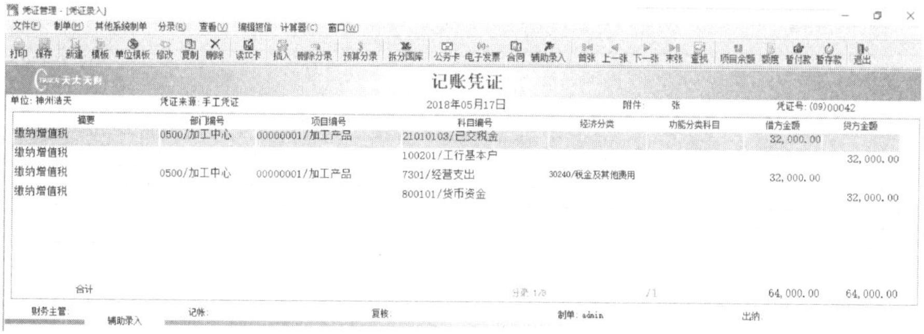

图 14-45　缴纳增值税业务平行登记示例

第三节　应用财务软件编制报表举例

一、综述

根据《政府会计准则——基本准则》第五条的规定，行政事业单位应当编制决算报告和财务报告。

政府决算报告是综合反映政府会计主体年度预算收支执行结果的文件。政府决算报告应当包括决算报表和其他应当在决算报告中反映的相关信息和资料。

政府财务报告包括政府综合财务报告和政府部门财务报告，是反映政府会计主体某一特定日期的财务状况和某一会计期间的运行情况和现金流量等信息的文件。政府财务报告应当包括财务报表和其他应当在财务报告中披露的相关信息和资料。

政府综合财务报告是指由政府财政部门编制的，反映各级政府整体财务状况、运行情况和财政中长期可持续性的报告。

财务报表包括会计报表和附注。会计报表至少应当包括资产负债表、收入费用表和现金流量表。

财务会计报表和决算报表。财务会计报表和决算报表的内容如表 14-36 所示。

表 14－36

类别	编号	报表名称	编制期
财务会计报表	会政财 01 表	资产负债表	月度、年度
	会政财 02 表	收入费用表	
	会政财 03 表	净资产变动表	年度
	会政财 04 表	现金流量表	
		附注	
预算会计报表（决算报表）	会政预 01 表	预算收入支出表	年度
	会政预 02 表	预算结转结余变动表	
	会政预 03 表	财政拨款预算收入支出表	

二、报表生成示例

财务软件中内置自定义取数公式功能，财务人员可方便地定义各报表项的取数公式，轻松获取年初借方余额、年初贷方余额、期间借贷发生额、期间借贷发生差额、期间贷借发生差额、期间累计借贷发生额、期间累计借贷差额、期间累计贷借差额、期末借方余额、期末贷方余额等数据，生成所需报表。

（一）资产负债表

资产负债表反映单位在某一特定日期全部资产、负债和净资产的情况。资产负债表应当按照资产、负债和净资产分类分项列示。其中，资产应当按照流动性分类分项列示，包括流动资产、非流动资产等；负债应当按照流动性分类分项列示，包括流动负债、非流动负债等。

资产负债表“年初余额”栏内各项数字，应当根据上年年末资产负债表“期末余额”栏内数字填列。如果本年度资产负债表规定的各个项目的名称和内容同上年度不相一致，应对上年年末资产负债表各项目的名称和数字按照本年度的规定进行调整，填入本表“年初余额”栏内。

按照新制度要求，资产负债表新增了如下无形资产类科目等，如图 14－46所示。

在财务软件中设置资产负债表各项的取数公式，如图 14－47 所示。

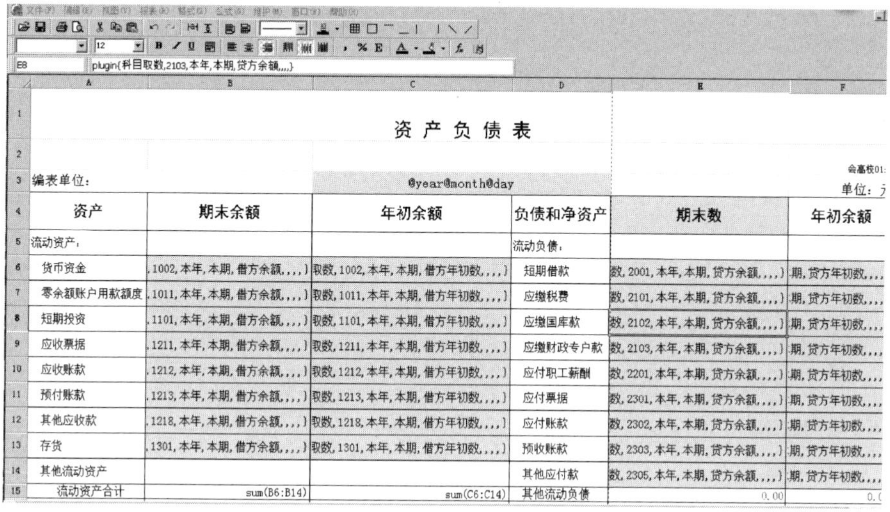

		资产负债表			
编表单位：		@year@month@day			单位：元
资产	期末余额	年初余额	负债和净资产	期末数	年初余额
流动资产：			流动负债：		
货币资金	,1002,本年,本期,借方余额,,,,}	取数,1002,本年,本期,借方年初数,,,,}	短期借款	数,2001,本年,本期,贷方余额,,,,}	期,贷方年初数,,,
零余额账户用款额度	,1011,本年,本期,借方余额,,,,}	取数,1011,本年,本期,借方年初数,,,,}	应缴税费	数,2101,本年,本期,贷方余额,,,,}	期,贷方年初数,,,
短期投资	,1101,本年,本期,借方余额,,,,}	取数,1101,本年,本期,借方年初数,,,,}	应缴国库款	数,2102,本年,本期,贷方余额,,,,}	期,贷方年初数,,,
应收票据	,1211,本年,本期,借方余额,,,,}	取数,1211,本年,本期,借方年初数,,,,}	应缴财政专户款	数,2103,本年,本期,贷方余额,,,,}	期,贷方年初数,,,
应收账款	,1212,本年,本期,借方余额,,,,}	取数,1212,本年,本期,借方年初数,,,,}	应付职工薪酬	数,2201,本年,本期,贷方余额,,,,}	期,贷方年初数,,,
预付账款	,1213,本年,本期,借方余额,,,,}	取数,1213,本年,本期,借方年初数,,,,}	应付票据	数,2301,本年,本期,贷方余额,,,,}	期,贷方年初数,,,
其他应收款	,1218,本年,本期,借方余额,,,,}	取数,1218,本年,本期,借方年初数,,,,}	应付账款	数,2302,本年,本期,贷方余额,,,,}	期,贷方年初数,,,
存货	,1301,本年,本期,借方余额,,,,}	取数,1301,本年,本期,借方年初数,,,,}	预收账款	数,2303,本年,本期,贷方余额,,,,}	期,贷方年初数,,,
其他流动资产			其他应付款	数,2305,本年,本期,贷方余额,,,,}	期,贷方年初数,,,
流动资产合计	sum(B6:B14)	sum(C6:C14)	其他流动负债	0.00	0.(

图 14－46 资产负债表有关科目示例

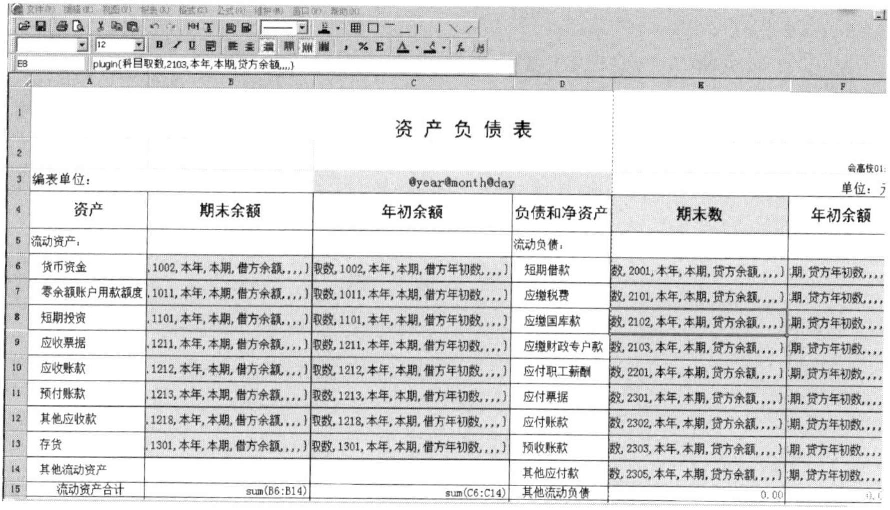

		资产负债表			
编表单位：		@year@month@day			单位：元
资产	期末余额	年初余额	负债和净资产	期末数	年初余额
流动资产：			流动负债：		
货币资金	,1002,本年,本期,借方余额,,,,}	取数,1002,本年,本期,借方年初数,,,,}	短期借款	数,2001,本年,本期,贷方余额,,,,}	期,贷方年初数,,,
零余额账户用款额度	,1011,本年,本期,借方余额,,,,}	取数,1011,本年,本期,借方年初数,,,,}	应缴税费	数,2101,本年,本期,贷方余额,,,,}	期,贷方年初数,,,
短期投资	,1101,本年,本期,借方余额,,,,}	取数,1101,本年,本期,借方年初数,,,,}	应缴国库款	数,2102,本年,本期,贷方余额,,,,}	期,贷方年初数,,,
应收票据	,1211,本年,本期,借方余额,,,,}	取数,1211,本年,本期,借方年初数,,,,}	应缴财政专户款	数,2103,本年,本期,贷方余额,,,,}	期,贷方年初数,,,
应收账款	,1212,本年,本期,借方余额,,,,}	取数,1212,本年,本期,借方年初数,,,,}	应付职工薪酬	数,2201,本年,本期,贷方余额,,,,}	期,贷方年初数,,,
预付账款	,1213,本年,本期,借方余额,,,,}	取数,1213,本年,本期,借方年初数,,,,}	应付票据	数,2301,本年,本期,贷方余额,,,,}	期,贷方年初数,,,
其他应收款	,1218,本年,本期,借方余额,,,,}	取数,1218,本年,本期,借方年初数,,,,}	应付账款	数,2302,本年,本期,贷方余额,,,,}	期,贷方年初数,,,
存货	,1301,本年,本期,借方余额,,,,}	取数,1301,本年,本期,借方年初数,,,,}	预收账款	数,2303,本年,本期,贷方余额,,,,}	期,贷方年初数,,,
其他流动资产			其他应付款	数,2305,本年,本期,贷方余额,,,,}	期,贷方年初数,,,
流动资产合计	sum(B6:B14)	sum(C6:C14)	其他流动负债	0.00	0.(

图 14－47 资产负债表各项的取数公式示例

应用财务软件编制资产负债表举例详见图 14－48。

（二）收入费用表

收入费用表反映单位在某一会计期间内全部收入、费用及净资产的变动情况。收入费用表“本月数”栏反映各项目的本月实际发生数。在编制年度收入费用表时，应当将本栏改为“本年数”栏，反映本年度各项目的实际发

资 产 负 债 表

会政财01

编表单位：神州浩大　　2018-1-5　　单位：元

资产	期末余额	年初余额	负债和净资产	期末余额	年初余额
流动资产：			流动负债：		
货币资金	86848864.67	86848864.67	短期借款		
短期投资			应缴增值税	45201.56	45201.56
财政应返还额度	12000000	12000000	其他应交税费	111616.39	111616.39
应收票据			应缴财政款	30,510,000	30,510,000
应收账款净额			应付职工薪酬	2163051.82	2163051.82
预付账款	61343454.12	61343454.12	应付票据	367879.64	367879.64
应收股利			应付账款		
应收利息			应付政府补贴款		
其他应收款净额			应付利息	57879.64	57879.64
存货	343656	343656	预收账款		
待摊费用			其他应付款		
一年内到期的非流动资产			预提费用		
其他流动资产			一年内到期的非流动负		
流动资产合计	160535074.79	160535074.79	其他流动负债	3465.3	3465.3
非流动资产：			流动负债合计		
长期股权投资	9122242.23	9122242.23	非流动负债：		
长期债权投资			长期借款	215556.34	215556.34
固定资产原值	3456223.62	3456223.62	长期应付款		
减：固定资产累计折旧	55426.31	55426.31	预计负债		
固定资产净值			其他非流动负债		
工程物资			非流动负债合计		
在建工程	90795010.24	90,795,010.24	受托代理负债		
无形资产原值			负债合计	33474650.61	33474650.61
减：无形资产累计摊销					
无形资产净值					
研发支出					
公共基础设施原值					
减：公共基础设施累计折旧					
公共基础设施净值					

图 14－48　资产负债表示例

生数。收入费用表“本年累计数”栏反映各项目自年初起至报告期末止的累计实际发生数。编制年度收入费用表时，应当将本栏改为“上年数”，反映上年度各项目的实际发生数；如果本年度收入费用表规定的各个项目的名称和内容同上年度不一致，应对上年度收入费用表各项目的名称和数字按照本年度的规定进行调整，填入本年度收入费用表的“上年数”栏内。

在财务软件中设置收入费用表各项的取数公式。如图 14－49 所示。

收　入　费　用　表

会高校02表

编制单位：　　@year@month@day

项目	本月数	本年累计数
一、本期收入	围取数，450102，本年，本期，贷借差额，，，}	，，}+plugin{科目取数，450102，本年，本期，累计贷借差额，，，}
（一）财政补助收入	@-plugin{科目范围取数，40010101，本年，本	plugin{科目范围取数，450104，本年，本期，累计贷借差额，，，}
1. 财政教育拨款	围取数，450103，本年，本期，贷借差额，，，}	，，}+plugin{科目取数，450103，本年，本期，累计贷借差额，，，}
2. 财政科研拨款	数，4001020209，本年，本期，贷借差额，，，}	in{科目范围取数，4001020209，本年，本期，累计贷借差额，，，}
3. 财政其他拨款	围取数，450104，本年，本期，贷借差额，，，}	plugin{科目范围取数，450104，本年，本期，累计贷借差额，，，}
4. 非税收入拨款		
（二）事业收入	范围取数，4102，本年，本期，贷借差额，，，}	，，}@=plugin{科目取数，4102，本年，本期，累计贷借差额，，，}
1. 教育事业收入	范围取数，4101，本年，本期，贷借差额，，，}	@=plugin{科目取数，4101，本年，本期，累计贷借差额，，，}
2. 科研事业收入	范围取数，4102，本年，本期，贷借差额，，，}	@=plugin{科目取数，4102，本年，本期，累计贷借差额，，，}
其中：非同级财政拨款	围取数，410201，本年，本期，贷借差额，，，}	@=plugin{科目取数，410201，本年，本期，累计贷借差额，，，}
（三）上级补助收入	范围取数，4201，本年，本期，贷借差额，，，}	@=plugin{科目取数，4201，本年，本期，累计贷借差额，，，}
（四）附属单位上缴收入	范围取数，4301，本年，本期，贷借差额，，，}	@=plugin{科目取数，4301，本年，本期，累计贷借差额，，，}
（五）经营收入	范围取数，4401，本年，本期，贷借差额，，，}	@=plugin{科目取数，4401，本年，本期，累计贷借差额，，，}
（六）其他收入	围取数，450102，本年，本期，贷借差额，，，}	，，}+plugin{科目取数，450102，本年，本期，累计贷借差额，，，}
其中：非同级财政拨款		
捐赠收入	取数，45010102，本年，本期，贷借差额，，，}	ugin{科目范围取数，45010102，本年，本期，累计贷借差额，，，}
二、本期支出	科目取数，5401，本年，本期，借贷差额，，，}	，，}@=plugin{科目取数，5401，本年，本期，累计借贷差额，，，}

图 14－49　收入费用表各项的取数公式示例

应用财务软件编制收入费用表如图 14－50 所示。

收入费用表

会政财02表

编制单位一　2018-1-1　单位元

项目	本月数	本年累计
一、本期收入		
（一）财政拨款收入	24454565.31	24454565.31
其中：政府性基金收入	14000000	14000000
（二）事业收入	2352245.13	2352245.13
（三）上级补助收入		
（四）附属单位上缴收入	432234.65	432234.65
（五）经营收入		
（六）非同级财政拨款收入	1435232.34	1435232.34
（七）投资收益		
（八）捐赠收入		
（九）利息收入		
（十）租金收入		
（十一）其他收入		
二、本期费用		
（一）业务活动费用	1543324.32	1543324.32
（二）单位管理费用	453213.12	453213.12
（三）经营费用	124512.31	124512.31
（四）资产处置费用		
（五）上缴上级费用		
（六）对附属单位补助费用		
（七）所得税费用		
（八）其他费用		
三、本期盈余	26553227.68	26553227.68

图 14－50　收入费用表示例

（三）净资产变动表

净资产变动表反映单位在某一会计年度内净资产项目的变动情况。净资产变动表中“本年数”栏反映本年度各项目的实际变动数。“上年数”栏反映上年度各项目的实际变动数，应当根据上年度净资产变动表中“本年数”栏内所列数字填列。如果上年度净资产变动表规定的项目的名称和内容与本年度不一致，应对上年度净资产变动表项目的名称和数字按照本年度的规定进行调整，将调整后的金额填入本年度净资产变动表“上年数”栏内。

应用财务软件编制净资产变动表举例如图 14－51 所示。

（四）现金流量表

现金流量表反映单位在某一会计年度内现金流入和流出的信息。现金流量表中所指的现金，是指单位的库存现金以及其他可以随时用于支付的款项，包括库存现金、可以随时用于支付的银行存款、其他货币资金、零余额账户用款额度、财政应返还额度，以及通过财政直接支付方式支付的款项。

	A	B	C	D	E	F	G	H	I
1	净资产变动表								
2									会财政03表
3	编制单位：神州浩天			一年					单位：元
4		本年数				上年数			
5	项目	累计盈余	专用基金	权益法调整	净资产合计	累计盈余	专用基金	权益法调整	净资产合计
6	一、上年年末余额	36314.33			1536314.33	06545.85			1406545.85
7	二、以前年度盈余调整（减少以“-”号填列）		-	-			-	-	
8	三、本年年初余额	36314.33			1536314.33	06545.85			1406545.85
9	四、本年变动金额（减少以“-”号填列）								
10	（一）本年盈余	23423.31	-	-	123423.31	93423.31	-	-	93423.31
11	（二）无偿调拨净资产	56345.17	-	-	56345.17	36345.17	-	-	36345.17
12	（三）归集调整预算结转结余		-	-			-	-	
13	（四）提取或设置专用基金			-				-	
14	其中：从预算收入中提取	-		-	-	-		-	-
15	从预算结余中提取			-				-	
16	设置的专用基金	-		-	-	-		-	-
17	（五）使用专用基金			-				-	
18	（六）权益法调整	-	-		-	-	-		-
19	五、本年年末余额	716082.8			34716082.8	36314.33			1536314.33

图 14－51 净资产变动表示例

现金流量表应当按照日常活动、投资活动、筹资活动的现金流量分别反映。本表所指的现金流量，是指现金的流入和流出。现金流量表中的“本年金额”栏反映各项目的本年实际发生数；“上年金额”栏反映各项目的上年实际发生数，应当根据上年现金流量表中“本年金额”栏内所列数字填列。单位应当采用直接法编制现金流量表。

“现金流量”统计是新会计制度的一项重要改革，它是指一个单位在一定会计期间内按照“收付实现制”而产生的现金（包括现金等价物）流入、流出的数量。在“科目设置”中，我们为“库存现金”、“银行存款”、“零余额账户用款额度”等科目（包括其明细科目）选中按“现金流量”核算，如图 14－52 所示。

在录入凭证过程中，当使用到这三类科目时，需要选择“现金流量”的项目（系统已预置，在“现金流量项目定义”功能中），这样在一个会计期间的末期，系统会从会计凭证中直接获得有关现金流量的信息并自动生成“现金流量表”。系统已预设的现金流量项目如图 14－53 所示。

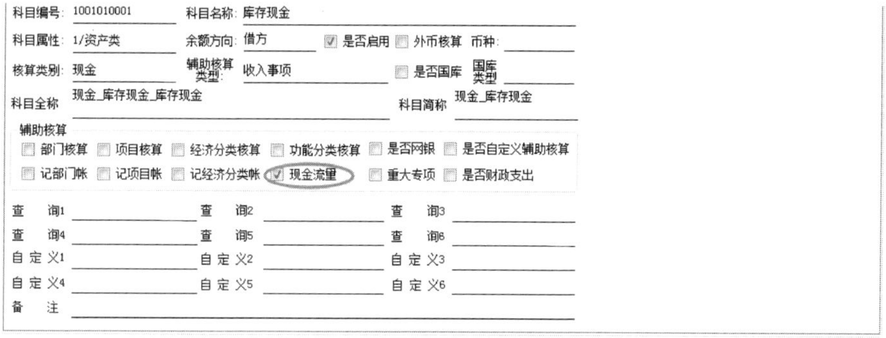

图 14－52　现金流量核算示例

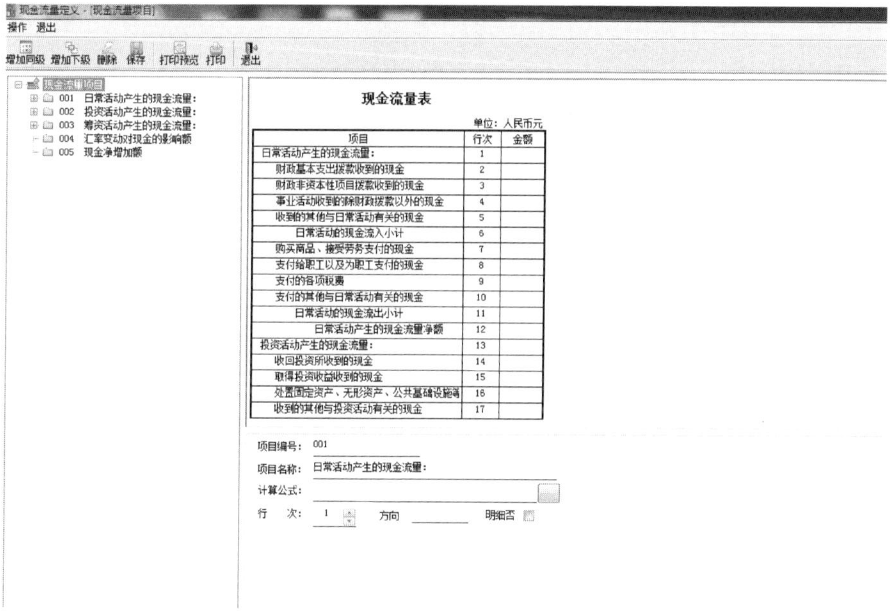

图 14－53　系统预设的现金流量项目示例

在日常制单过程中，当用到设置为“现金流量”的科目时，系统会让使用者选择此笔业务应归属于哪一类前面定义过的现金流量项目。今后按月生成的“现金流量表”，就是由当月所有凭证中所输入的有关现金流量项目的辅助信息汇总生成的，如图 14－54 所示。

输入完成后，点击〖保存〗按钮，保存刚才的输入，可将科目代码表打印输出。注意：如果一个科目有余额或发生额时，当在它下面增加下级科目时，系统默认将已有的余额或发生额转到第一个增加的明细科目中。

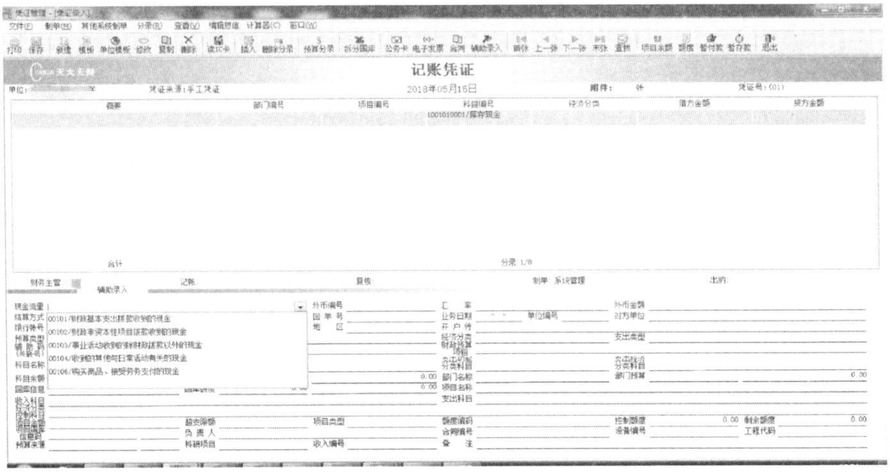

图 14－54　现金流量项目的辅助信息示例

除了在凭证录入中输入现金流量信息，还可在【出纳管理】→【现金流量核算项目录入】，批量录入现金流量信息，选择需要录入现金流量的记录，单击【项目录入】，选择现金流量项目，【保存】，如图 14－55 所示。

图 14－55　现金流量项目录入示例

应用财务软件编制的现金流量表如图 14－56 所示。

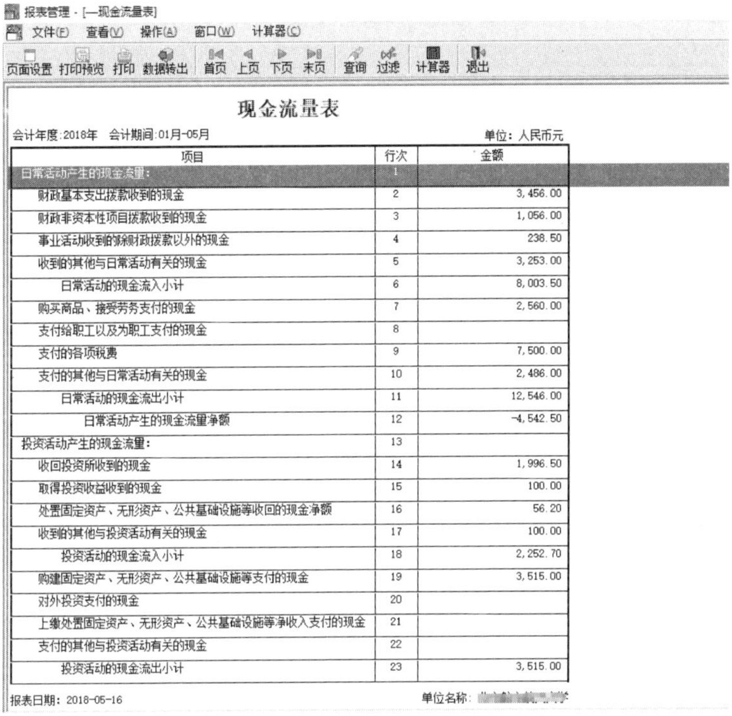

报表管理 - [—现金流量表]

文件(F)　查看(V)　操作(A)　窗口(W)　计算器(C)

页面设置　打印预览　打印　数据转出　首页　上页　下页　末页　查询　过滤　计算器　退出

现金流量表

会计年度:2018年　会计期间:01月-05月　　单位：人民币元

项目	行次	金额
日常活动产生的现金流量：	1	
财政基本支出拨款收到的现金	2	3,456.00
财政非资本性项目拨款收到的现金	3	1,056.00
事业活动收到的除财政拨款以外的现金	4	238.50
收到的其他与日常活动有关的现金	5	3,253.00
日常活动的现金流入小计	6	8,003.50
购买商品、接受劳务支付的现金	7	2,560.00
支付给职工以及为职工支付的现金	8	
支付的各项税费	9	7,500.00
支付的其他与日常活动有关的现金	10	2,486.00
日常活动的现金流出小计	11	12,546.00
日常活动产生的现金流量净额	12	-4,542.50
投资活动产生的现金流量：	13	
收回投资所收到的现金	14	1,996.50
取得投资收益收到的现金	15	100.00
处置固定资产、无形资产、公共基础设施等收回的现金净额	16	56.20
收到的其他与投资活动有关的现金	17	100.00
投资活动的现金流入小计	18	2,252.70
购建固定资产、无形资产、公共基础设施等支付的现金	19	3,515.00
对外投资支付的现金	20	
上缴处置固定资产、无形资产、公共基础设施等净收入支付的现金	21	
支付的其他与投资活动有关的现金	22	
投资活动的现金流出小计	23	3,515.00

报表日期：2018-05-16　　单位名称：

图 14－56　现金流量表示例

(五) 预算收入支出表

预算收入支出表反映单位在某一会计年度内各项预算收入、预算支出和预算收支差额的情况。预算收入支出表中“本年数”栏反映各项目的本年实际发生数。“上年数”栏反映各项目上年度的实际发生数，应当根据上年度预算收入支出表中“本年数”栏内所列数字填列。如果本年度预算收入支出表规定的项目的名称和内容同上年度不一致，应当对上年度预算收入支出表项目的名称和数字按照本年度的规定进行调整，将调整后的金额填入本年度预算收入支出表的“上年数”栏。

应用财务软件编制预算收入支出表如图 14－57 所示。

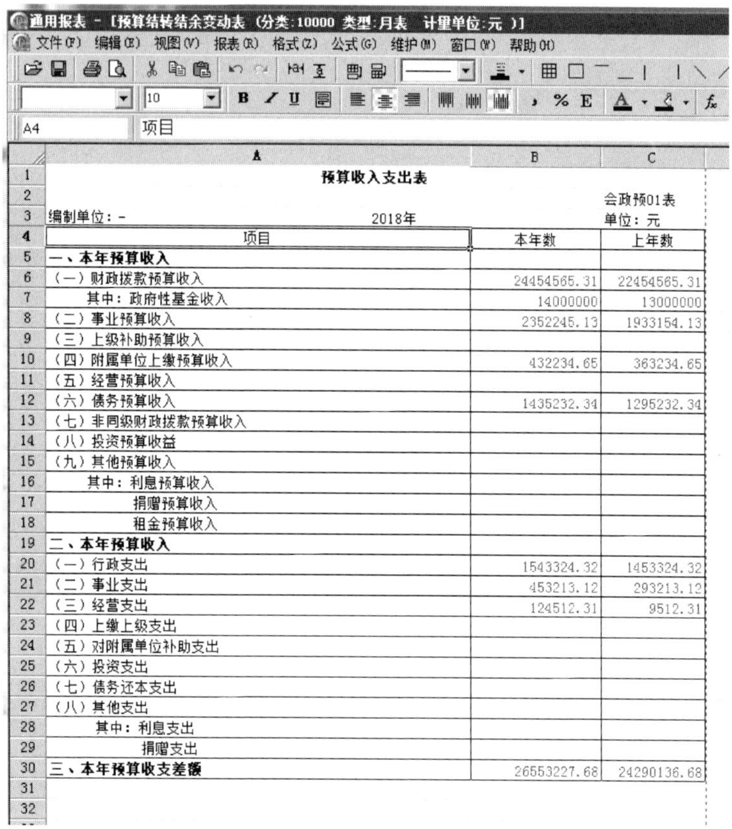

预算收入支出表		
		会政预01表
编制单位：- 2018年		单位：元
项目	本年数	上年数
一、本年预算收入		
（一）财政拨款预算收入	24454565.31	22454565.31
其中：政府性基金收入	14000000	13000000
（二）事业预算收入	2352245.13	1933154.13
（三）上级补助预算收入		
（四）附属单位上缴预算收入	432234.65	363234.65
（五）经营预算收入		
（六）债务预算收入	1435232.34	1295232.34
（七）非同级财政拨款预算收入		
（八）投资预算收益		
（九）其他预算收入		
其中：利息预算收入		
捐赠预算收入		
租金预算收入		
二、本年预算收入		
（一）行政支出	1543324.32	1453324.32
（二）事业支出	453213.12	293213.12
（三）经营支出	124512.31	9512.31
（四）上缴上级支出		
（五）对附属单位补助支出		
（六）投资支出		
（七）债务还本支出		
（八）其他支出		
其中：利息支出		
捐赠支出		
三、本年预算收支差额	26553227.68	24290136.68

图 14－57 预算收入支出表示例

（六）预算结转结余变动表

预算结转结余变动表反映单位在某一会计年度内预算结转结余的变动情况。预算结转结余变动表中“本年数”栏反映各项目的本年实际发生数。“上年数”栏反映各项目的上年实际发生数，应当根据上年度预算结转结余变动表中“本年数”栏内所列数字填列。如果本年度预算结转结余变动表规定的项目的名称和内容同上年度不一致，应当对上年度预算结转结余变动表项目的名称和数字按照本年度的规定进行调整，将调整后金额填入本年度预算结转结余变动表的“上年数”栏。预算结转结余变动表中“年末预算结转结余”项目金额等于“年初预算结转结余”、“年初余额调整”、“本年变动金额”三个项目的合计数。

应用财务软件编制预算结转结余变动表如图 14－58 所示。

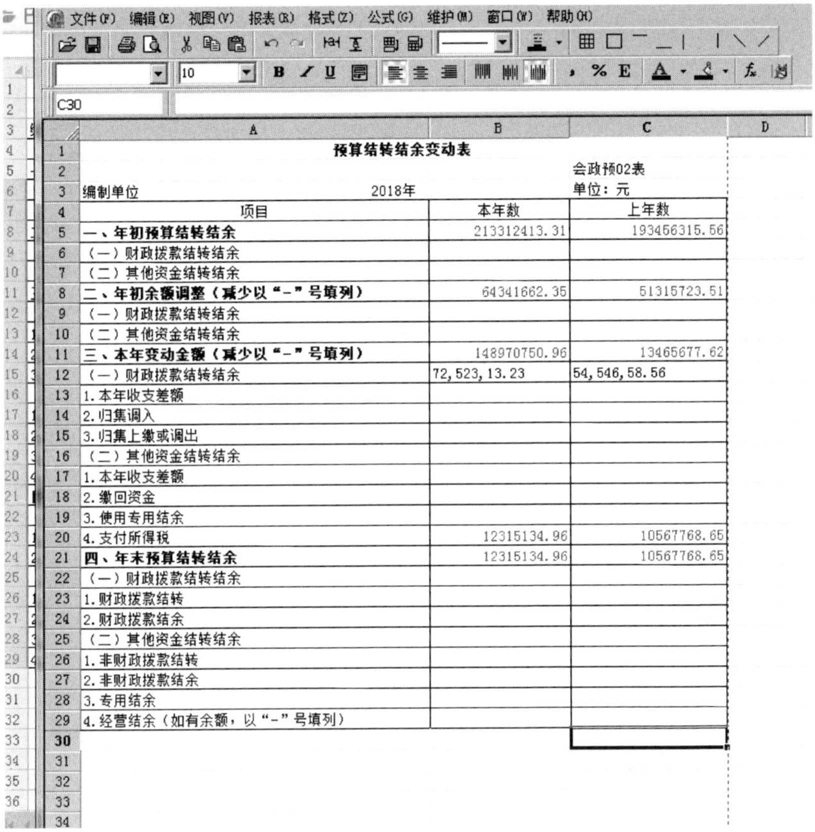

预算结转结余变动表

会政预02表

编制单位 2018年 单位：元

项目	本年数	上年数
一、年初预算结转结余	213312413.31	193456315.56
（一）财政拨款结转结余		
（二）其他资金结转结余		
二、年初余额调整（减少以“-”号填列）	64341662.35	51315723.51
（一）财政拨款结转结余		
（二）其他资金结转结余		
三、本年变动金额（减少以“-”号填列）	148970750.96	13465677.62
（一）财政拨款结转结余	72,523,13.23	54,546,58.56
1.本年收支差额		
2.归集调入		
3.归集上缴或调出		
（二）其他资金结转结余		
1.本年收支差额		
2.缴回资金		
3.使用专用结余		
4.支付所得税	12315134.96	10567768.65
四、年末预算结转结余	12315134.96	10567768.65
（一）财政拨款结转结余		
1.财政拨款结转		
2.财政拨款结余		
（二）其他资金结转结余		
1.非财政拨款结转		
2.非财政拨款结余		
3.专用结余		
4.经营结余（如有余额，以“-”号填列）		

图 14-58 预算结转结余变动表示例

（七）财政拨款预算收入支出表

财政拨款预算收入支出表反映单位本年财政拨款预算资金收入、支出及相关变动的具体情况。财政拨款预算收入支出表中“项目”栏内各项目，应当根据单位取得的财政拨款种类分项设置。其中“项目支出”项目下，根据每个项目设置；单位取得除一般公共财政预算拨款和政府性基金预算拨款以外的其他财政拨款的，应当按照财政拨款种类增加相应的资金项目及其明细项目。

应用财务软件编制财政拨款预算收入支出表如图 14-59 所示。

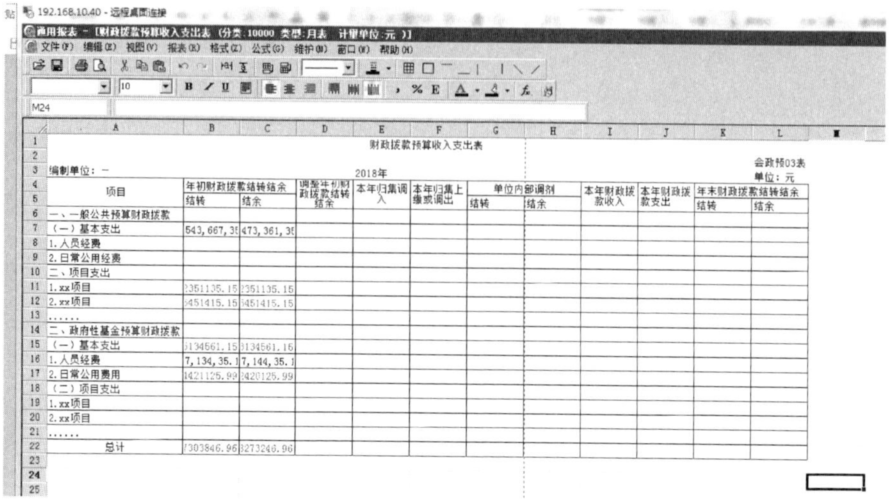

财政拨款预算收入支出表

编制单位：一　　　2018年　　　会政预03表　单位：元

项目	年初财政拨款结转结余		调整年初财政拨款结转结余	本年归集调入	本年归集上缴或调出	单位内部调剂		本年财政拨款收入	本年财政拨款支出	年末财政拨款结转结余	
	结转	结余				结转	结余			结转	结余
一、一般公共预算财政拨款											
（一）基本支出	543,667,35	473,361,35									
1.人员经费											
2.日常公用经费											
二、项目支出											
1.xx项目	2351135.15	2351135.15									
2.xx项目	5451415.15	5451415.15									
……											
二、政府性基金预算财政拨款											
（一）基本支出	5134561.15	3134561.16									
1.人员经费	7,134,35.1	7,144,35.1									
2.日常公用费用	1421125.99	2420125.99									
（二）项目支出											
1.xx项目											
2.xx项目											
……											
总计	7303846.96	3273246.96									

图 14－59　财政拨款预算收入支出表示例

附录：

政府会计改革落地实施案例

——基于重庆市水利局政府会计改革先行先试案例介绍

面对政府会计改革给财务人员、财务工作带来的挑战，如何运用信息技术降低改革带来的复杂性及实务操作的工作量？如何运用信息技术实现新旧数据智能转换，确保新旧账套有序衔接？如何降低政府财务报告编制难度？本章通过分析重庆市水利局先行实施新政府会计制度中实际遇到的问题与难点，介绍如何通过信息系统的构建与优化帮助财务人员应对改革，并为行政事业单位落地实施政府会计准则与制度提供实践经验。

一、案例单位基本情况

重庆市水利局是重庆市人民政府主管水利、水务行业的政府职能组成部门，主要负责保障水资源的合理开发利用；负责生活、生产经营和生态环境用水的统筹兼顾和保障；负责水资源保护工作；负责计划用水、节约用水工作；承担水利突发公共事件应急管理的责任；承担水利工程建设与运行安全监管的责任；负责大中型水利水电工程移民及后期扶持管理工作；指导水文工作；负责农村水利等工作。

重庆市水利局组织机构由以下部分组成：内设机构 19 个，局直属事业单位 11 个，局直属企业单位 2 个。单位类型涵盖行政单位、事业单位及企业。其中，重庆市水利局本级（行政单位）及直属 11 家事业单位均属于政府会计核算体系的适用对象和执行主体。

二、制度落地实施概况

（一）制度落地实施背景介绍

2017 年 10 月 24 日，《政府会计制度》（以下简称《制度》）出台后，重庆市财政局选取了一批具有不同行政职能、行业特点的单位提前实施《制度》，重庆市水利局被选为先行实施单位，具体工作由重庆市水利局财务处牵头承办。市水利局领导对先行实施工作高度重视，列入 2018 年重点工作，并制订专题工作方案，多措并举，确保政府会计改革顺利落地实施，为 2019 年全面实施《政府会计制度》积累经验。

此次政府会计改革重构了“准则 + 制度”的核算体系，核算的规则、方法、逻辑均发生了变化。这些变化为重庆市水利局创新财务管理机制、构建智慧水利财务提供了难得的机遇，同时也对财务工作提出了更高的要求，带来了极大的挑战。

1. 引入财务会计核算内容带来的复杂性

《制度》全面引入以权责发生制为核算基础的财务会计，增加了业务理解难度、实务操作也更加复杂。有财务会计就会存在会计职业判断。虽然《制度》在制定的过程中遵循了务实简化原则，减少了很多会计职业判断，但是针对部分不确定性会计事项，财务人员核算时仍需要做出职业判断。比如，核算单位自行研究开发的项目时，就需要判断项目研究阶段和开发阶段的时点；《制度》中还引入了坏账准备等减值概念，事业单位应当于每年年末，对收回后不需上缴财政的应收账款和其他应收款进行全面检查，分析判断其可收回性，对预计可能产生的坏账损失计提坏账准备、确认坏账损失。

针对财务会计核算内容带来的复杂性，除了加强财务人员自身学习与专业能力提升外，如何运用信息技术手段辅助财务人员进行财务会计核算，成为先行实施《制度》过程中亟待解决的难题。

2. “平行记账”带来的挑战

“平行记账”是此次政府会计改革的一大创新变化，即对于纳入部门预算管理的现金收支业务，在进行财务会计核算的同时也应当进行预算会计核算；对于其他业务，仅需要进行财务会计核算。

这一基于八要素的核算新规则，彻底改变了政府会计的核算模式。对于财务人员的实务操作来说，需要判断哪些业务需要进行平行记账；哪些业务仅需要进行财务会计核算。带来的不仅是工作量的增加，还很可能出现错记、漏记的情况。如何进一步简化实务操作？如何减少是否需要平行记账的判断？如何减轻工作量，降低业务理解的难度？如何避免“平行记账”时的错记、漏记，实现精准核算？这些问题都是政府会计准则与制度实施过程中遇到的问题和难点。

3. 编制政府财务报告工作量大、专业性强

依据《准则》与《制度》中“双报告”的要求，通过财务会计核算形成财务报告，通过预算会计核算形成决算报告。其中，财务报告编制的重点与难点就在于大量的合并报表的编制以及内部事项抵消分录的编制和调整。由于编制政府财务报告工作量大、专业性强，对会计人员的专业能力提出了更高的要求。

4. 电子会计档案管理新要求

2015 年 12 月 11 日，中华人民共和国财政部、国家档案局令第 79 号发布修订后的《会计档案管理办法》，自 2016 年 1 月 1 日起施行。该管理办法肯定了电子会计档案的法律效力，电子会计凭证的获取、报销、入账、归档、保管等均可以实现电子化管理。允许符合条件的会计凭证、账簿等会计资料不再打印纸质归档保存，同时要求建立会计档案鉴定销毁制度，完善销毁流程，推动会计档案销毁工作有序开展。该管理办法将节约大量纸质会计资料的打印、传递、整理成本以及归档后的保管成本，减少社会资源耗费，推动节能减排，有利于形成绿色环保的生产方式。

5. 现有信息系统无法满足政府会计改革新要求

近年来，重庆市水利局将水利预算执行和保障水利财政资金使用安全、资金使用效率与效果摆在水利工作的突出位置来抓，局机关与直属各单位都结合实际建设了相应的财务管理信息系统，通过信息技术辅助业务管理，取得了明显成效。但按照政府会计改革的要求，单位现有的信息系统已经无法满足政府会计核算新要求；同时由于水利系统自身组织结构庞大，下属单位数量多、纵深管理跨度大等特点，以及其他一些客观原因的影响，目前局机关以及各直属单位财务信息系统与业务信息系统自成体系，形成了局本级内部以及与直属单位之间的信息孤岛。

（1）现有会计信息系统不能满足政府会计核算新要求。

①现有会计信息系统无法实现“基于 8 要素的 1 套账”。此次政府会计改革，重构了“财务会计和预算会计适度分离并相互衔接”的会计核算模式，重构的新模式并非在两套账中分别进行会计核算，而是在 1 套账中既要体现

预算执行信息又要体现财务信息。而现有会计信息系统只能满足预算会计或财务会计的单一会计核算，无法满足“双功能”核算的新要求。

②现有会计信息系统无法实现“平行记账”核算模式。《制度》中提出的财务会计和预算会计“平行记账”的核算要求，虽然核算规则发生了变化，但是仍然是针对某一个经济业务或事项，进行会计核算，只是通过财务会计和预算会计两个不同的维度同时反映同一个经济业务或事项。而现有会计信息系统无法实现在一张凭证或两张关联的凭证中同时反映财务会计和预算会计这两个维度的信息。

（2）业务信息系统与会计信息系统未实现有效的衔接共享。

《政府会计准则——基本准则》中对政府会计信息质量提出了更高的要求。从财务报告和决算报告的目标以及信息使用者的需要出发，要求在会计核算内容和范围上着力提高会计信息的可靠性、全面性；在财务会计中全面引入权责发生制，着力提高会计信息的相关性。

由于以往核算型财务管理模式属于事后管理，业务信息和财务信息相对割裂，未形成有效的衔接共享，有着滞后性和被动性的缺陷。例如，此次政府会计改革中基于权责发生制会计核算要求，全面确立了“实提”折旧和摊销的政策要求。但目前重庆市水利局资产管理系统中的数据与会计信息系统中的数据存在不一致的情况，且资产管理系统中自动计提折旧（摊销）的功能以及自动生成折旧（摊销）凭证的功能并不完善，为补提及计提折旧（摊销）带来了不小的挑战。由于资产数据与核算数据未实现有效的衔接共享，无法实现财务的精准核算，从而无法保证资产账与财务账的一致性，也就无从保障会计信息的可靠性、全面性、相关性。

（二）制度落地实施过程介绍

面对政府会计改革提供的机遇与带来的挑战，如何落实好政府会计改革，是重庆市水利局迫切需要解决的重要课题。

为保证政府会计制度顺利实施，重庆市水利局成立领导小组及制度实施工作小组，制订实施计划，做好实施分工，加强制度学习；汇集政府会计理论研究、实务工作和信息化建设等各方力量，形成以“整体规划、分阶段推进、信息化落地”的实施思路，先对本级及直属单位经济业务或事项进行梳理，统一规划科目体系、统一规范核算规则，最后通过信息系统落地。

《制度》的贯彻与实施离不开统筹规划以及对制度的深入学习，同时也离不开会计信息化建设。可以说，会计信息化建设是《制度》顺利落地实施中的关键因素。此次政府会计改革重构了政府会计核算体系，对于会计信息系统而言，也必须重构才能够满足此次政府会计改革的新要求。在《制度》先行实施过程中，北京用友政务软件有限公司为重庆市水利局提供信息技术支撑，并与市水利局共同总结经验，提出信息化落地“六步走”的实施策略，将改革落地化繁为简。

截至 2018 年 7 月，重庆市水利局政府会计信息系统已经上线，并按照政府会计新《制度》顺利运行 2 个月。

三、信息化落地“六步走”助力政府会计制度顺利实施

（一）科目规划、向导建账

1. 统一规划科目体系，统一规范核算规则

重庆市水利局依据《制度》核算要求，根据政府收支分类改革、国库集中支付改革的要求，结合主管单位财务监管需求及直属单位实际，通过对科目体系、水利项目、收支项目等进行梳理，统一规划科目体系，统一规范核算规则，确定采用“明细科目＋辅助核算”的方式，实现多维度组合核算、组合查询、报表快速编制。科目体系的规划以及核算规则的明确，既兼顾财务会计与预算会计矩阵式明细核算的要求，又能满足编制政府部门财务报告与决算报告的要求，如图 15－1 所示。

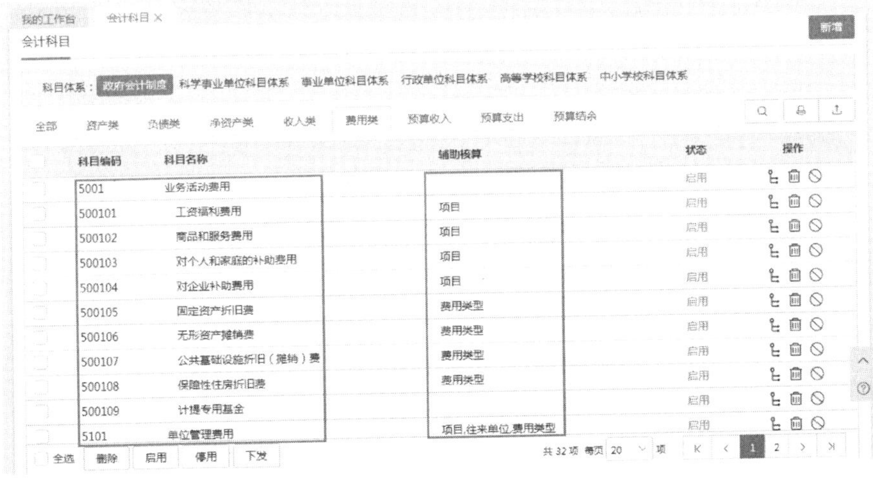

图 15－1 “明细科目＋辅助核算”的多维核算模式

2. 向导式建账、实现 1 套账“双功能”

通过向导式建账功能，按照系统引导，建立新账。实现科目体系、核算规则、业务场景凭证模板的智能匹配、统一下发，实现在 1 套账中体现财务会计和预算会计的“双功能”，如图 15－2 所示。

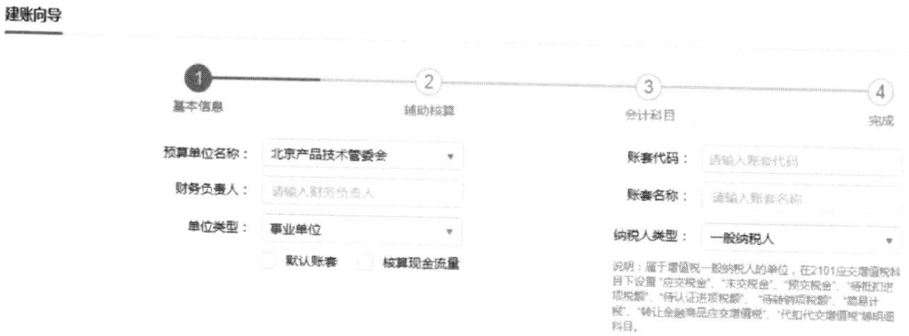

图 15－2　向导式建账

（二）新旧衔接、智能转换

根据《〈政府会计制度——行政事业单位会计科目和报表〉与〈行政单位会计制度〉有关衔接问题的处理规定》和《〈政府会计制度——行政事业单位会计科目和报表〉与〈事业单位会计制度〉有关衔接问题的处理规定》（财会〔2018〕3 号）的要求，通过系统中新旧数据衔接功能实现新旧数据智能转换，保障新旧账套的有序衔接，如图 15－3 所示。

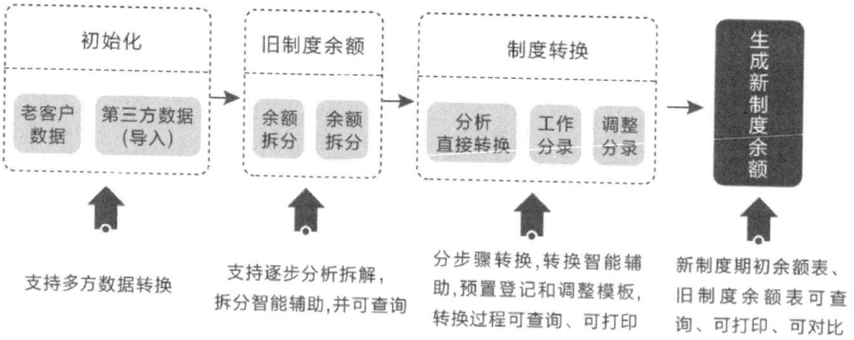

图 15－3　新旧数据智能转换

（三）智能记账、准确易用

新旧数据转换完成后，在新账中正式按照新《制度》进行账务处理。针对《制度》引入财务会计核算内容带来的复杂性以及“平行记账”带来的工作量，通过政府会计信息系统可实现“智能记账”以及“自动记账”两种模式。通过两种记账模式的运用，有效地降低了财务人员对业务理解的难度，简化了实务操作，极大的减轻了凭证编制的工作量。

1. 智能记账

系统通过“场景化记账”以及记账过程实时校验提醒实现“智能记账”。

（1）场景化记账。所谓“场景化记账”是指人工编制凭证时，系统会按照经济业务或事项的内容智能推荐凭证模板，财务人员只需简单的 3 步操作就可完成凭证编制。例如，当单位收到代理银行转来的“财政授权支付额度到账通知书”时，财务人员只需进行以下 3 步操作，即可完成该经济业务的账务处理。

第一步，录入业务场景关键词（系统支持模糊查询），例如，输入“额度到账”，如图 15－4 所示。

图 15－4　输入业务场景关键词

第二步，系统会根据业务场景智能判断是否需要“平行记账”，并匹配对应的凭证模板，如图 15－5 所示。

第三步，双击凭证模板，录入金额并选择辅助核算内容即可完成凭证编制。

目前系统已预置近 700 个业务场景，2 000 多条分录，基本满足行政事业单位 70%～80% 的经济业务或事项的核算内容。重庆市水利局结合自身及直属单位的实际业务，将系统中的业务场景进一步细化，从而更好地满足本级及直属单位的核算要求，如图 15－6 所示。

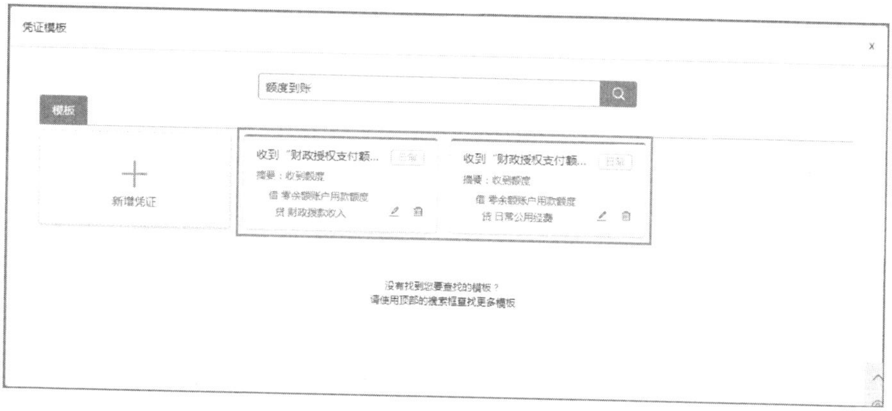

图 15-5 凭证模板自动匹配

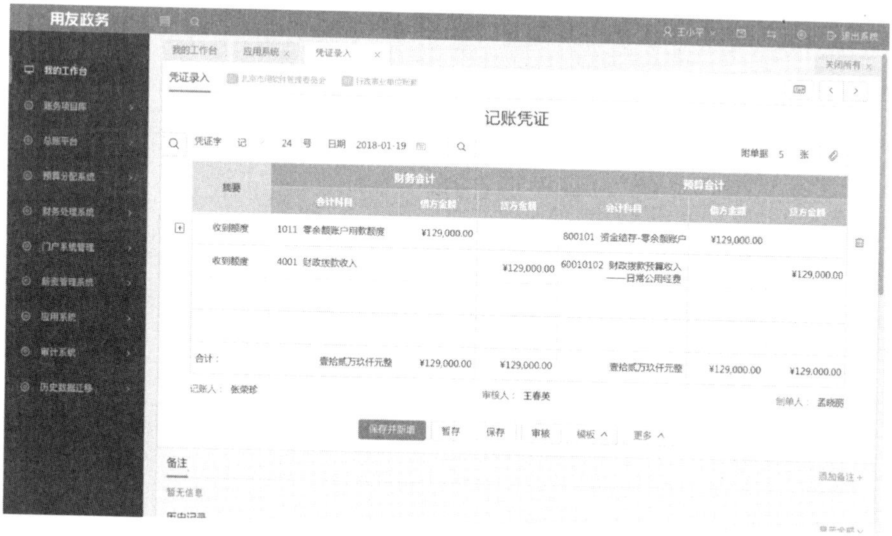

图 15-6 场景化平行记账

（2）记账过程实时校验提醒。系统预置多种校验规则，人工编制凭证时，通过实时的规则校验与提醒，避免账务处理过程中的漏记、错记，确保会计信息的准确性、可用性。

①是否需要“平行记账”校验。人工编制凭证时，系统会智能校验核算的经济活动或事项是否需要进行“平行记账”，避免账务处理过程中漏记、错记，保证凭证准确性、完整性、关联性，如图 15-7 所示。

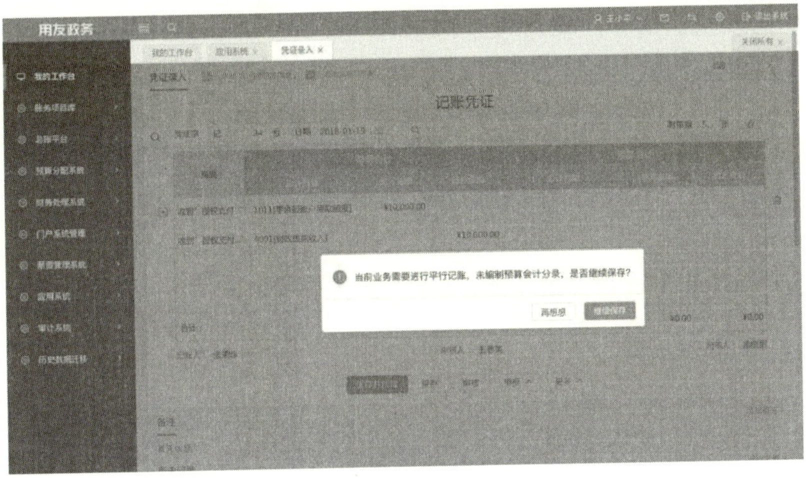

图 15－7 是否需要平行记账校验

②关联科目校验。通过系统可设置财务会计科目与预算会计科目的关联关系，实现人工编制凭证过程中科目关联性校验及智能提醒，避免账务处理过程中错记科目，保证凭证的准确性、完整性、关联性。例如，财务会计借方选择“零余额账户用款额度”，预算会计借方选择的是“资金结存——货币资金”，保存凭证时，系统会自动弹出提醒“财务会计分录中有 1011 零余额账户用款额度，对应的预算会计分录中应有 800101 资金结存——零余额账户用款额度，是否继续保存凭证?”（如图 15－8 所示）。

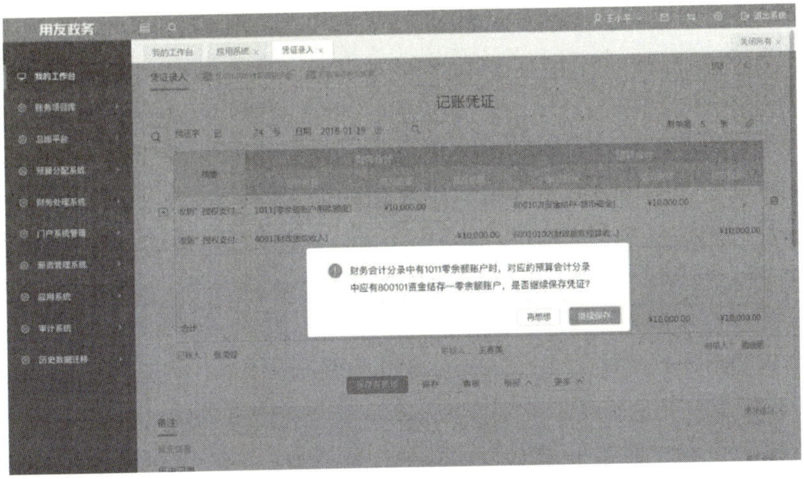

图 15－8 关联科目校验

2. 自动化记账

通过业务系统与政府会计信息系统之间的衔接，实现业务数据与财务数据的融合共享，从而实现“自动化记账”，打通信息孤岛，消除信息沟通障碍，保证信息的及时性、提高信息的准确性。

（1）自动生成凭证。通过与财政国库集中支付系统、单位内部各业务系统（如网上报销系统、采购管理系统、工资管理系统、合同管理系统）衔接，90%的记账凭证可实现自动生成，如图15－9所示。

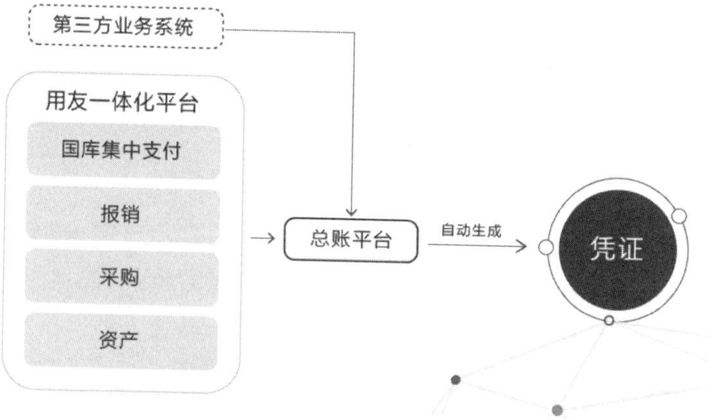

图15－9 自动生成凭证

（2）自动计提折旧（摊销）、自动生成折旧（摊销）凭证。依据《〈政府会计准则第3号——固定资产〉应用指南》要求，固定资产应当按月计提折旧，当月增加的固定资产，当月开始计提折旧；当月减少的固定资产，当月不再计提折旧。

通过与单位内部资产管理系统衔接，实现资产全生命周期管理；实现按照新的折旧计提时点自动计提折旧，并按照应计提的折旧金额自动生成折旧凭证，自动传递到政府会计信息系统中，满足单位内部资产管理要求以及政府会计核算新要求，如图15－10至图15－12所示。

3. “平行记账”3种凭证展现方式

系统提供3种“平行记账”凭证展现方式，分别是“单凭证左右模式”、“单凭证上下模式”以及“双凭证模式”。重庆市水利局通过前期规划并结合单位实际，最终选择“单凭证左右模式”的展现方式。单凭证模式相较于双凭证模式，更加充分地体现了“平行记账”的核心，也就是通过财务会计与预算会计两个不同的维度同时反映一个经济业务或事项。

图 15－10　折旧计提时点

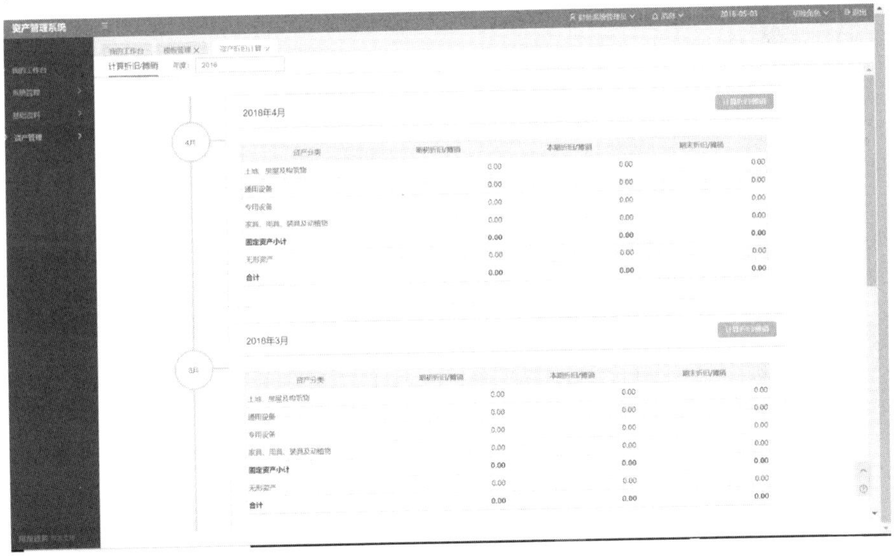

图 15－11　月末自动折旧

（1）单凭证左右模式。单凭证左右模式是指在一张凭证中左右分区展现财务会计信息与预算会计信息，同时保证财务会计自平衡与预算会计自平衡，如图 15－13 所示。

图 15－12 自动生成折旧凭证传递到会计信息系统中

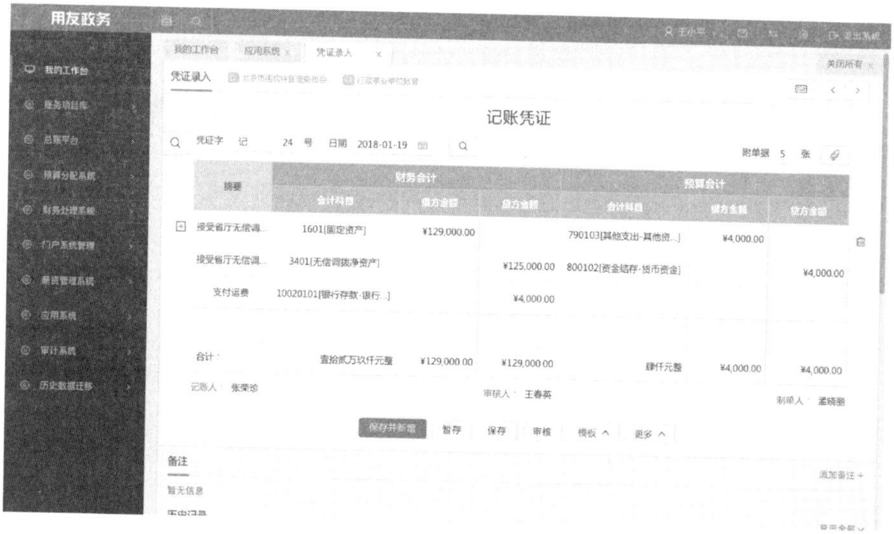

图 15－13 单凭证左右模式

（2）单凭证上下模式。单凭证上下模式是指在一张凭证中以上下分录行的方式展现财务会计信息与预算会计信息，每一条分录行都做了标识，财务会计以“财”字标识，预算会计以“预”字标识，同时保证财务会计自平衡与预算会计自平衡，如图 15－14 所示。

（3）双凭证模式。双凭证模式是指在一个界面中通过两张关联的凭证体现财务会计信息与预算会计信息。财务会计凭证与预算会计凭证各自编号、各自平衡、相互关联，如图 15－15 所示。

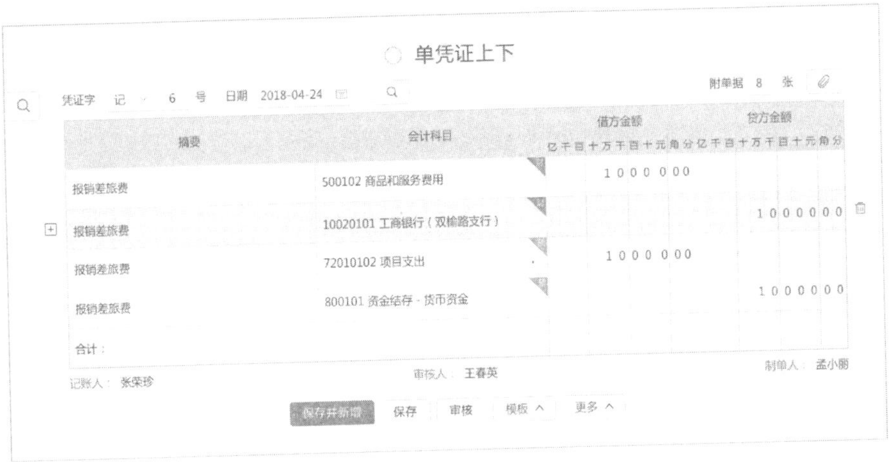

图 15－14 单凭证上下模式

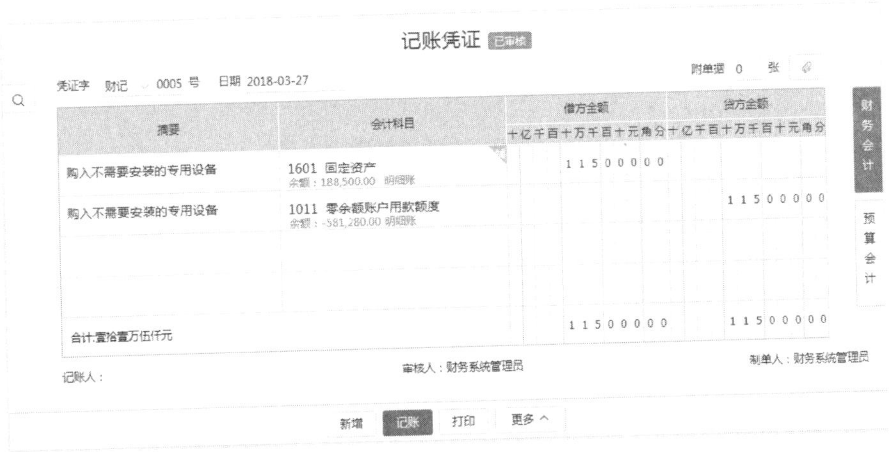

图 15－15 双凭证模式

（四）账簿查询、灵活高效

1. 完善的备查登记簿

备查簿对完善政府会计核算，加强单位内部管理，强化重要经济业务或事项的监督，准确编制财务会计报表及附注内容等具有重要意义。

依据《制度》中备查登记的要求，系统预置应付票据备查簿、坏账备查簿、应付款收回备查簿等 13 种备查登记簿，实现对不能记载或记载不全的经济业务或事项进行补充登记，以备查询及相应的账务处理。例如，核销的应收账款需要在备查簿中保留登记；收到商业汇票时可以先通过备查登记簿逐笔登记每一应收票据的种类、号数、出票日期、到期日、票面金额等，然后自动生成凭证，也可以先编制凭证后自动备查登记，如图 15 - 16 所示。

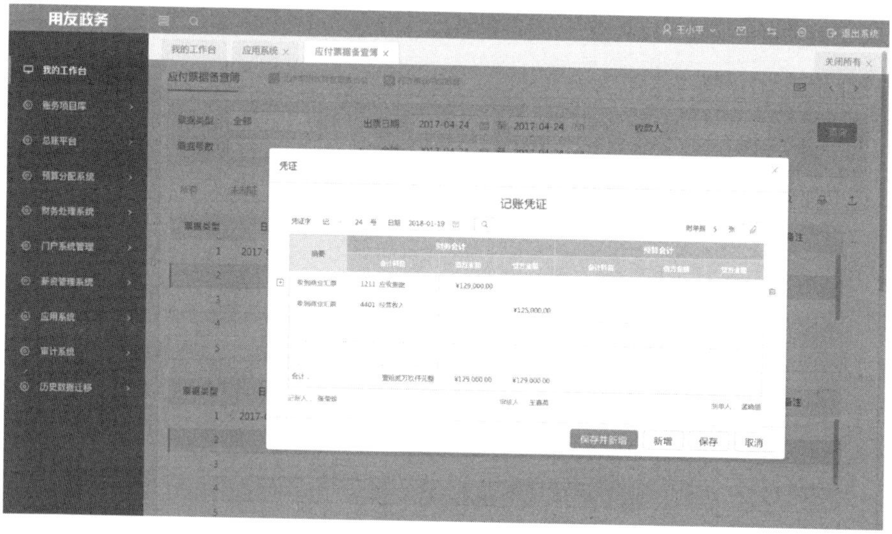

图 15 - 16 备查登记并自动生成凭证

2. 账表多维组合查询

为了满足《制度》中财务会计科目与预算会计科目矩阵式明细核算的要求，以及各类财务报表、预决算报表和数据汇总统计分析的需要，重庆市水利局采用“明细科目 + 辅助核算”的多维组合核算模式，会计核算时按照支出功能分类、部门预算经济分类、项目、部门、拨款种类、费用类型、债务单位（或个人）等分类，进行多维辅助核算，从而实现同一笔业务的多角度管理。

账表查询时，支持基于 8 要素的总账、明细账、余额表的整体查询，也支持基于财务会计 5 要素与基于预算会计 3 要素的总账、明细账、余额表的分别查询。

对数据进行汇总、统计、分析时，系统支持按照支出功能分类、部门预算经济分类、项目、部门、拨款种类、费用类型、债务单位（或个人）等分类多维度任意组合查询，如图 15 - 17 所示。

3. 主管单位财务监管查询

系统支持主管单位对直属单位的证、账、表、簿的集中查询，可实现总账、明细账、余额表、凭证、原始凭证的穿透式查询，实时掌握直属单位预算执行情况和资金往来情况，满足主管单位监督、汇总、统计、分析的需要，如图 15 - 18 所示。

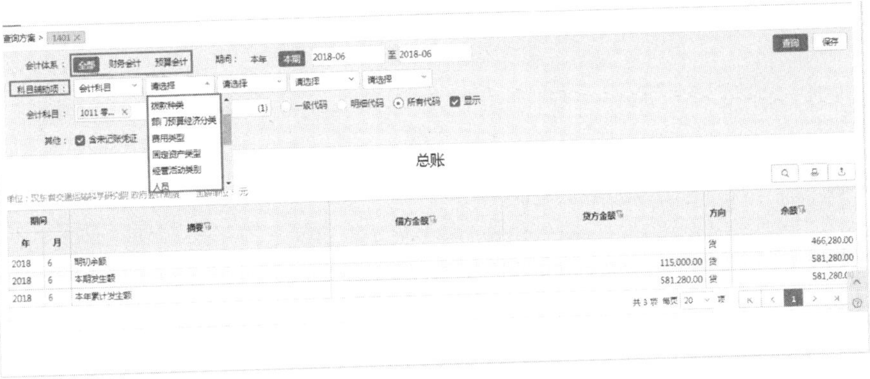

图 15－17 多维任意组合查询

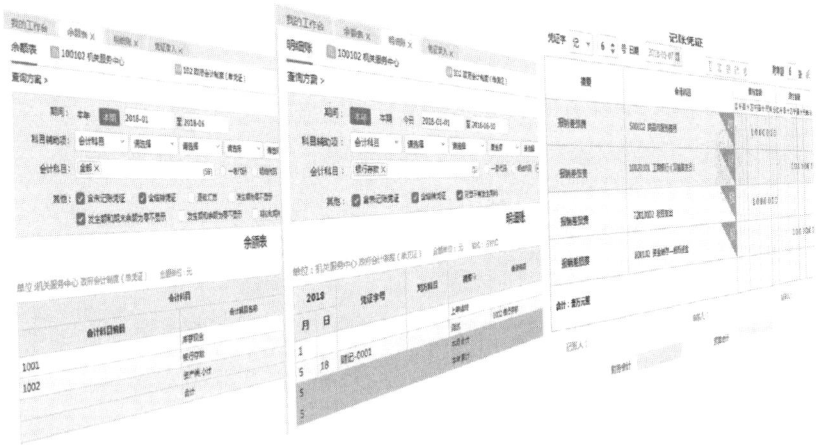

图 15－18 证、账、表、簿穿透式查询

（五）期末处理、一键智能

满足财务会计月末、年末处理以及预算会计的年末处理。系统预置财务会计期末结转、年末结转凭证模版，预置预算会计年末结转凭证模版，并按照单位类型（行政单位、事业单位）进行区分。通过系统实现自动执行月末、年末结转，凭证生成，结账检查及结账；完整规范，无遗漏无差错，如图 15－19 所示。

（六）报告生成、化繁为简

满足“双报告”要求，即通过财务会计核算形成财务报告，通过预算会计核算形成决算报告，智能实现主附表数据追溯联查。

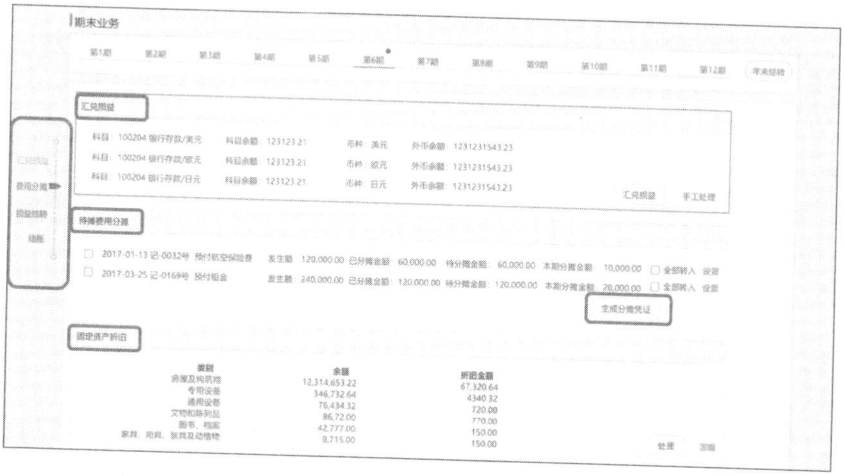

图 15－19 智能期末处理

1. 系统自动取数智能生成财务报表、附注及预算会计报表

财务报表的编制主要以权责发生制为基础，以财务会计核算生成的数据为准。财务报表由会计报表及其附注构成。系统自动取数并智能生成资产负债表、收入费用表、净资产变动表、现金流量表以及附注，如图 15－20、图 15－21 所示。

预算会计报表的编制主要以收付实现制为基础，以预算会计核算生成的数据为准。系统自动取数并生成预算收入支出表、预算结转结余变动表、财政拨款预算收入支出表等。

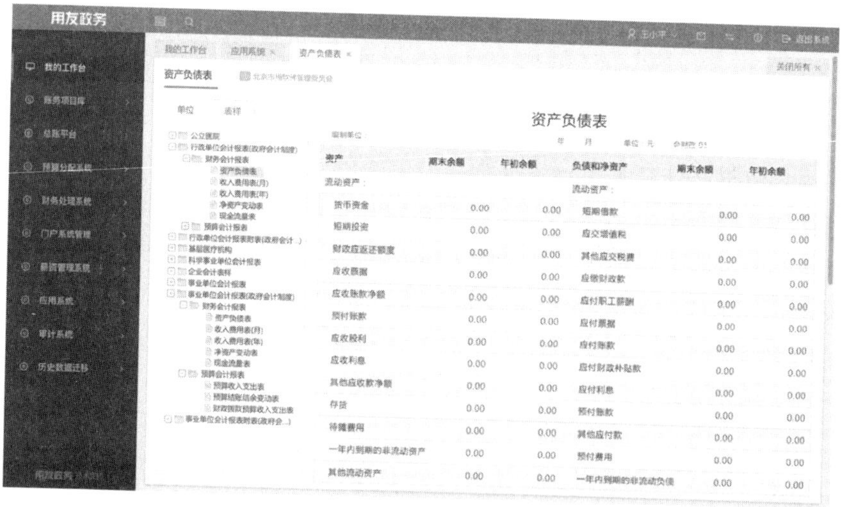

图 15－20 财务报表、预算会计报表自动取数智能生成

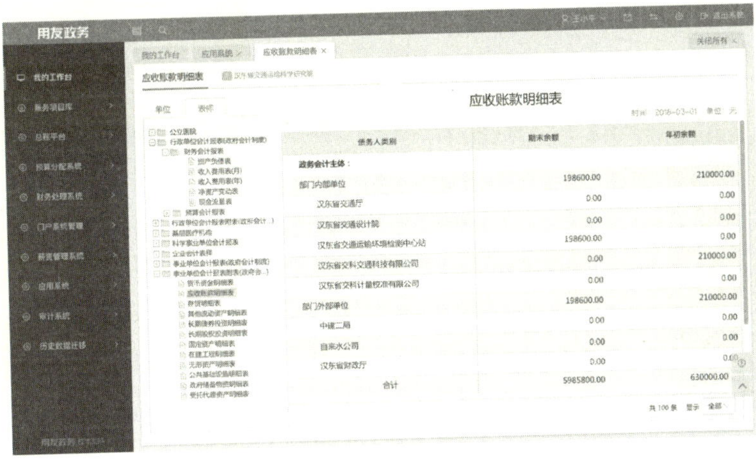

图 15－21　附注自动取数智能生成

2. 系统自动取数智能生成“本年盈余与预算结余差异调节表”

（1）从数据源头确认差异项。编制“本年盈余与预算结余差异调节表”在《制度》模拟测试阶段就是一大难题。虽然正式发布的《制度》中简化了该表的编制内容，并将其从主表移至附注中，但对于部分单位仍然很难区分财务会计和预算会计因核算基础和核算范围不同所产生的差异。

针对这一制度落地实施过程中的难点，系统预置差异项内容，并在自动生成凭证或按照业务场景人工编制凭证时，系统会根据经济活动或事项自动匹配差异项，年末自动取数并生成“本年盈余与预算结余差异调节表”，如图 15－22 所示。

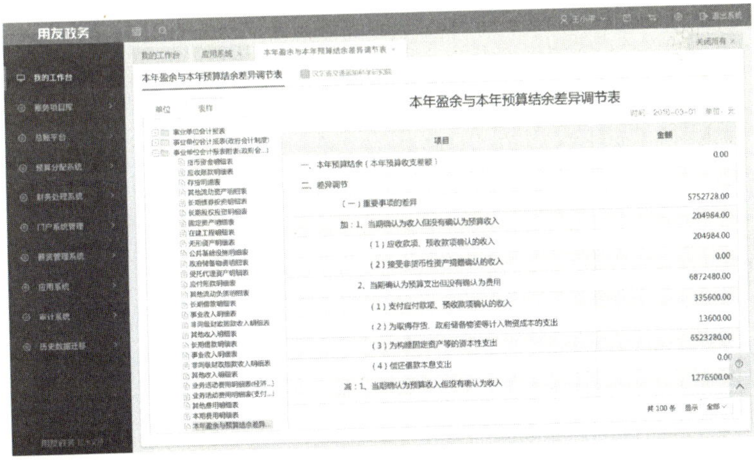

图 15－22　“本年盈余与预算结余差异调节表”自动取数智能生成

（2）差异项明细追溯联查。对于“本年盈余与预算结余差异调节表”中的每一个差异项，都可实现差异项明细的追溯联查，如图 15－23 所示。

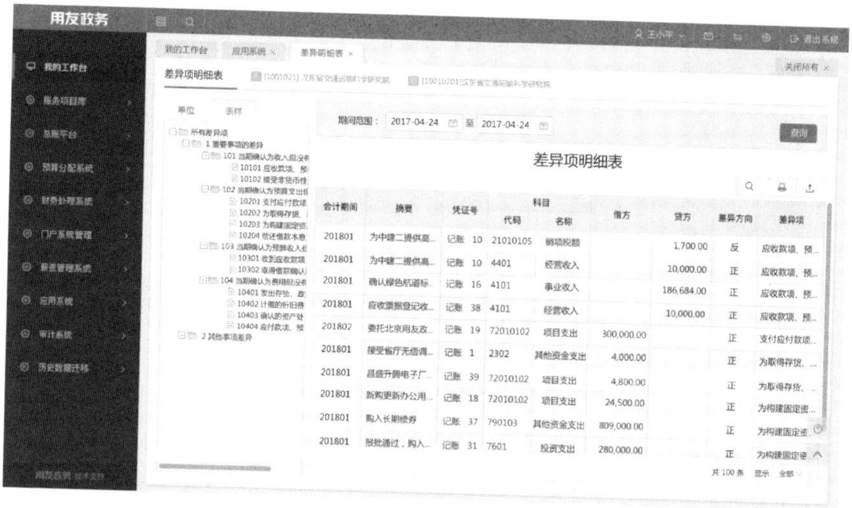

图 15－23 差异项明细表

3. 与政府财务报告系统衔接、智能生成财务报告

与用友政务政府财务报告系统无缝衔接，一键提取核算数据，智能实现内部事项抵消，生成图文并茂的政府部门财务报告。简化财务报告编制操作，降低合并报表编制难度，保证政府财务报告数据的准确性，数据传递的及时性，如图 15－24 所示。

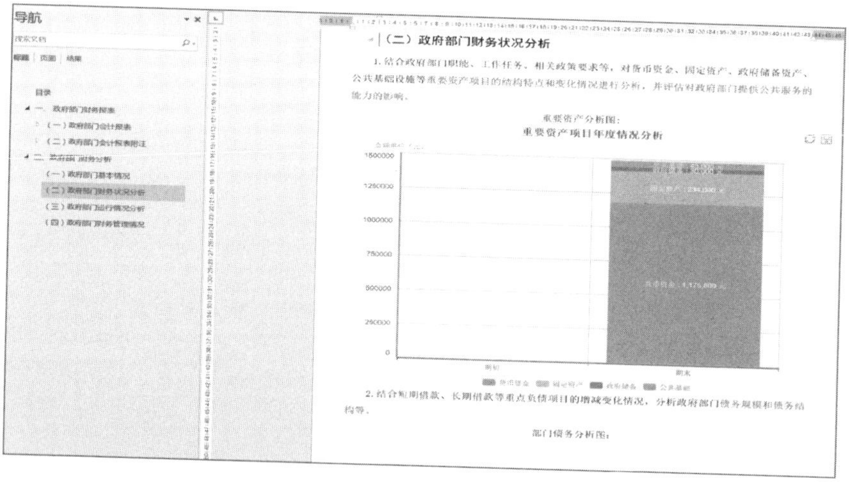

图 15－24 自动取数智能生成政府部门财务报告

4. 自动取数智能生成决算报表

系统预置财政部门当年下发的决算报表，并嵌入取数公式，单位在年末结账后，可在系统中自动取数生成符合决算要求的报表，避免因为手工录入、计算操作所带来的数据问题，提高数据的准确性、完整性、可用性；将财务人员从高强度的报表填报工作中解脱出来，快速、准确地完成决算报表的编制工作，如图 15 – 25 所示。

图 15 – 25 自动取数智能生成决算报表

5. 数据挖掘、深度利用

通过对业务、财务数据进行汇总、整理、分析，可实现按照不同的角度来评估资金的收支运用情况，系统提供比较分析、结构分析、占比分析等功能，辅助决策者对未来的发展方向和目标进行量化的分析及论证，从而做出科学的预测、决策。

以可视化的方式进行数据展现，无需输入任何查询条件，实现多图表直观呈现，并提供由总体到明细的穿透式查询，支持大屏动态展示。让会计信息真正看得懂，决策用得上，如图 15 – 26 所示。

四、信息化落地经验总结

重庆市水利局以“整体规划、分阶段推进、信息化落地”的实施思路，统筹规划科目体系、统一规范核算规则，兼顾政府收支分类改革及国库集中支付改革要求的同时，满足编制政府部门财务报告与决算报告的要求。

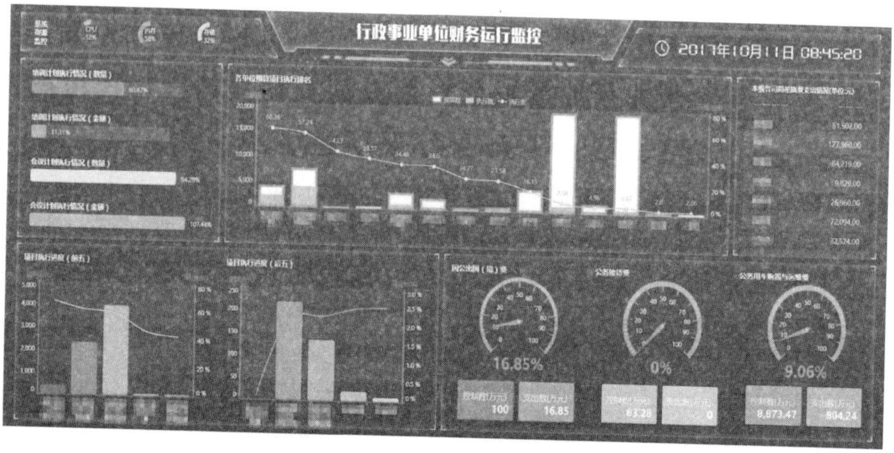

图 15－26　可视化数据分析、大屏动态展示

通过构建政府会计信息系统，实现单位在一个会计信息系统中体现财务会计与预算会计既适度分离又相互衔接的政府会计核算模式；有效地降低了财务人员对业务理解的难度，简化了实务操作，极大地减轻了凭证编制的工作量，提高会计处理效率，告别低价值重复劳动，释放财务生产力；实现财务与业务的一体化融合，实现数据的分析利用，创造财务新价值。